U0932531

本书为河北省高等学校人文社会科学重点研究基地
『董仲舒与传统文化研究中心』委托项目成果，由基地资助出版

董仲舒研究文库

第十三辑

主　　编　魏彦红
常务副主编　马惠钦
副　主　编　曹迎春　卫立冬　耿春红
李建明　崔明稳

巴蜀书社

图书在版编目（CIP）数据

董仲舒研究文库. 第十三辑/魏彦红主编. —成都：巴蜀书社，2022.10
ISBN 978-7-5531-1801-7

Ⅰ. ①董… Ⅱ. ①魏… Ⅲ. ①董仲舒（前 179—前 104）—哲学思想—思想评论—文集 Ⅳ. ①B234.55—53

中国版本图书馆 CIP 数据核字（2022）第 175890 号

董仲舒研究文库（第十三辑） 魏彦红 主编

责任编辑	陈亚玲
出 版	巴蜀书社 成都市锦江区三色路 238 号新华之星 A 座 36 层 邮编 610023 总编室电话：(028)86361843
网 址	www.bsbook.com
发 行	巴蜀书社 发行科电话：(028)86361851
经 销	新华书店
照 排	四川胜翔数码印务设计有限公司
印 刷	成都蜀通印务有限责任公司（028）64715762
版 次	2022 年 10 月第 1 版
印 次	2022 年 10 月第 1 次印刷
成品尺寸	148mm×210mm
印 张	22.375
字 数	700 千
书 号	ISBN 978-7-5531-1801-7
定 价	128.00 元

2021 中国·衡水董仲舒与儒家思想国际研讨会暨中华孔子学会董仲舒研究委员会学术年会开幕式

中共衡水市委常委、宣传部部长刘立斌在“2021 中国·衡水董仲舒与儒家思想国际研讨会”上致辞

衡水学院党委书记王守忠在“2021中国·衡水董仲舒与儒家思想国际研讨会”上致辞

中国实学研究会会长、中央党校王杰教授在“2021中国·衡水董仲舒与儒家思想国际研讨会”上致辞

中华孔子学会董仲舒研究委员会会长、上海交通大学余治平教授在“2021中国·衡水董仲舒与儒家思想国际研讨会”上致辞

美国夏威夷大学成中英教授做主旨演讲

四川大学舒大刚教授做主旨演讲

中国人民大学向世陵教授做主旨演讲

深圳大学景海峰教授做主旨演讲

四川师范大学黄开国教授做主旨演讲

台湾政治大学董金裕教授做主旨演讲

复旦大学谢遐龄教授做主旨演讲

山东大学黄玉顺教授做主旨演讲

清华大学方朝晖教授做主旨演讲

日本北九州大学邓红教授做主旨演讲

中国人民大学韩星教授做主旨演讲

小组讨论

北京师范大学蒋重跃教授做主旨演讲

韩国安养大学孙兴彻教授做主旨演讲

同济大学曾亦教授做主旨演讲

黑龙江大学柴文华教授做主旨演讲

西南民族大学杨翰卿教授做主旨演讲

河北省董仲舒研究会会长李奎良教授做学术总结

第四届“董子杯”全国书法大展开幕

与会学者参观书法展

《德音润泽：董仲舒名言品鉴》出版

衡水学院河北省高校人文社科重点研究基地“董仲舒与传统文化研究中心”发展规划顺利通过专家论证

北京市文旅传播企业衡水文化考察团访问衡水学院董子学院

董子学院作品喜获第四届中华经典诵写讲大赛(衡水赛区)一等奖

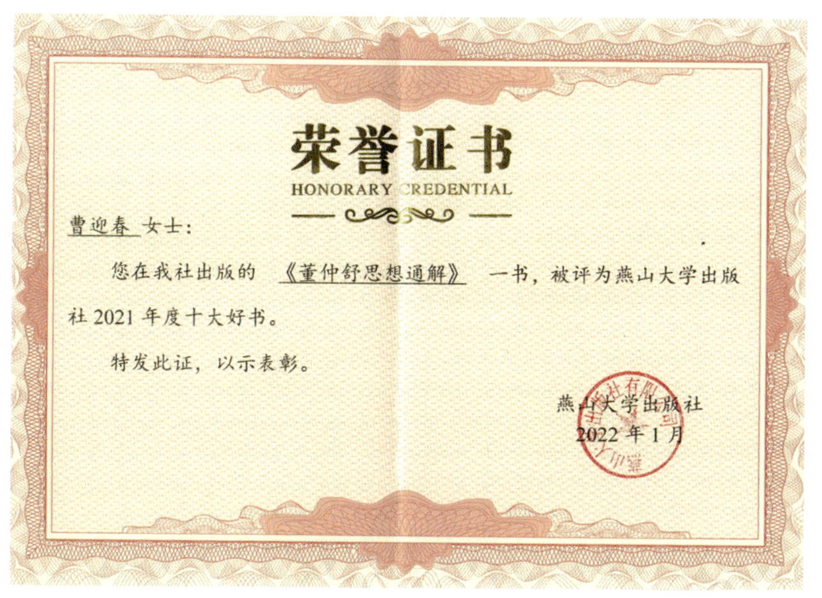

荣誉证书

HONORARY CREDENTIAL

曹迎春 女士：

您在我社出版的《董仲舒思想通解》一书，被评为燕山大学出版社2021年度十大好书。

特发此证，以示表彰。

燕山大学出版社

2022年1月

曹迎春获得“十大好书”证书

荣誉证书

HONORARY CREDENTIAL

代春敏 女士：

您在我社出版的《董仲舒思想通解》一书，被评为燕山大学出版社 2021 年度十大好书。

特发此证，以示表彰。

燕山大学出版社

2022 年 1 月

代春敏获得“十大好书”证书

荣誉证书

“博士三人行”宣讲（曹迎春 白立强 代春敏）

在 2022 年衡水市基层理论宣讲三项推选展示活动中被评为“好品牌”。

中共衡水市委宣传部　中共衡水市委讲师团　衡水市社科联

二〇二二年八月

董子学院“博士三人行”宣讲团获评 2022 年衡水市基层理论宣讲好品牌

目　录

儒学研究

董仲舒地位影响、历史评价研究

董仲舒哲学思想研究

董仲舒政治思想研究

序　盛世文化的代表

周桂钿

两千多年前的儒家提出了最高的社会理想和现实的社会理想。最高理想是“大道之行也，天下为公”的大同社会。最高理想很难实现，现实社会是“大道既隐，天下为家”的家天下。家天下也有兴衰成败的问题，兴盛时，社会安定，经济发展，人民安居乐业。这叫小康社会。如果天下分裂，社会大乱，战争爆发，经济崩溃，人民流离失所。这就是乱世。中国历史上经常出现乱世与治世的交替。大乱后有大治，治以后又乱，分久必合，合久必分。治理得好，可以安定数百年。治理不好，连续动乱，难有安定的日子。中国人的梦想首先是实现小康的现实理想，而最高理想只是追求的目标，时过两千多年，还没实现，再过两千年，也未必能实现。因此，我们要争取的首先是现实理想，那就是小康社会。

儒家认为尧、舜之前是公天下的大同社会，就是公有制的原始社会。从禹开始出现家天下，这是私有制的社会。儒家还认为，在禹、汤、文武、成王、周公执政时期是小康社会。这时的家天下，社会安定，没有战争，秩序良好。这是三代的前期。接着后来就逐渐变坏了。夏桀和商纣当政都是乱世，才被汤、武所取代。特别在周朝末期，天下大乱，周天子没有权威，礼崩乐坏，各诸侯分裂割据，年年纷争，大国强国吞并小国弱国，最后七强纷争进入战国时代，最终由秦国吞并六国统一天下，建立秦朝，筑长城，统一文字与度量衡，改封建制度为郡县制度。秦虽然统一了，由于执政缺乏德教，不久又陷入大乱，很快又灭亡了。继承秦朝的是汉朝，虽然改朝了，而家天下的格局没有改变，一直延续到清朝，达四千五百多年。家天下在四千多年中，虽然不断改朝换代，家天下的格局没有变化，虽有改革与创新，只是在完善这种制度。新朝代刚建立往往比较好，社会安定，经济发展，人民安居乐业，呈现盛世状况。延续一段时间后，就逐渐腐败，进入乱世，被人民推翻，被有德者取代。在中国历史上有汉唐盛世。汉朝与唐朝的前期与三代前期相似，都可以称为盛世即小康社会。

大同是儒家的最高理想，很难达到，小康则是可以实现的现实的理想社会。大同与小康就成为古今中国人的共同之梦。

尧舜之前还没有出现私有制的原始社会，儒家称为“天下为公”的时代。当时社会状况，我们不清楚。夏、商、周三代，孔子对于夏、商的社会制度已经不太清楚，礼制大概已经出现。后代考古可以确定商代有甲骨文和祭祀文化。至于周代，孔子有比较多的了解，主要的有周公制礼作乐，创造礼乐文化，又实行分封建国的封建制度，细节保存在儒家的典籍中。秦王朝建立时，实行郡县制，取代封建制，同时废除许多礼乐细节。春秋时代已经礼崩乐坏，这时改朝的冲击，使礼乐细节荡然无存。

汉代秦之后，许多儒生企图恢复周礼，由于资料不全，他们收集残篇断简，加上想象猜测，重新创造出与时代相适应的礼乐制度来。“礼之用，和为贵”，礼乐的作用最重要的就是使社会和谐。汉初统治者为了巩固得来不易的政权，采取了一系列措施，协调各种社会关系，消除危险因素。在稳定的条件下，发展生产，保障供给，让人民安居乐业。人民富裕以后，就开始奢侈，而当官的就抢先腐败，教育就变得特别重要。正如孟子所说，生活好了，不接受教育，就会变得与禽兽差不多。刘邦巩固政权，文、景时代使百姓富裕，汉武帝开始独尊儒术，大办教育，发展文化事业。汉初这三阶段形成了盛事景象：社会稳定，经济发展，文化提高。

文化提高，培育了史学家。史学家记述了盛世景象。司马迁、班固等著名史学家，记录了汉代社会的状况。在盛世之下有许多社会问题，是动乱的萌芽，任其发展，就会毁灭这个盛世。这里有丰富的经验与教训。还有一些著作，如陆贾《新语》，贾谊《新书》，桓宽《盐铁论》等，都从不同角度阐述了治理天下的深刻理论。特别是董仲舒，不置产业，专心理论探索，提出一些重要思想，对后代有深刻的影响，如“大一统论”，形成民族意识。为民族统一做出贡献的，是民族英雄；分裂民族，出卖民族利益的，是民族败类、汉奸卖国贼。又如“独尊儒术”，奠定了以儒学为主干的中华民族精神。因此，董仲舒被称为经学大师，“为儒者宗”，“为群儒首”，上承孔子，下启朱熹，堪称中华文明史上三大圣之一。

孔子生于春秋时代的乱世，朱熹生于南宋末世，只有董仲舒生于西汉前期的盛世。因此，董仲舒哲学即董学不愧为盛世文化的代表。

董仲舒故里广川，今属河北衡水市，衡水学院的学者们重视本地先贤，潜心研究，又组织全国性会议，交流研究成果和体会。现将这些论文汇集出版，编辑邀我作序，我以为好事，当即应允，在视力很差的情况下，闭目思考，写下以上文字，权充序，请读者指正！

序

蒋重跃

《衡水学院学报》主编魏彦红教授要我为他们将要出版的《董仲舒与儒学研究》系列文集作一篇序，其中的文章多出自他们学报的特色专栏“董仲舒与儒学研究”。我欣然接受了这项任务。为什么呢？一来是因为这个主题与我的学术领域相关，对于它的学术意义和价值，我多少还能有所了解；二来是因为办特色栏目对于高校社科学术期刊的发展具有重要的意义，作为全国高等学校文科学报研究会理事会的负责人，我的确感到有话可说。

毫无疑问，董仲舒是中国古代历史上第一流的学者和思想家。在他生活的时期，王朝统治正在从“清静无为”向“以孝治天下”（其实是“以霸王道杂之”）过渡，很自然地，学术思想上也就要从黄老之学向儒学转向。董仲舒的思想就是儒学向意识形态最高地位攀升的代表。他的“天人三策”对于汉武帝实施思想统治产生了重大影响；他对《春秋》学的研究继承了先秦公羊家传统，被当时的思想界和学术界公认为一家，并进而规范了两汉公羊学的基本走向。董仲舒在当时的政治、思想、文化、教育、学术等诸多方面都留下了影响。他在世时就受到最高统治者和学界的隆重礼遇，身后长期受到尊崇。不过，在特定的历史时期，他也会遭遇相反的命运，受到世人的批评、误解，甚至污蔑和谩骂。时至今日，关于董仲舒，仍有许多问题需要不断地探索和研究。例如，他对天人关系的认识究竟是毫无价值的宗教迷信，还是饱含真知灼见的理性反省？他的一统思想、三统论、三世说究竟是稀奇古怪的歪理邪说，还是别有会心的奇思妙想？他对公羊家法有怎样的贡献？他的学术活动在人类知识发展史上占有怎样的地位？他的思想在今天还有哪些意义和价值？这些问题的确大有研究的必要。

在中国历史上，像董仲舒这样的大思想家并不多见，如果回念两千多年的悠久历程，放眼中国乃至全世界的广袤地域，这个话题就更显得弥足珍贵了。在我国当下的中等学校和高等院校文史哲的相关教材和学术著作中，是不会丢掉董仲舒的。专以董仲舒为题的学术著作也有十几种出版，学术论文就更多了，以董仲舒本人为题的论文每年都会有五十篇左右在正式学术期刊发表，但却没有一种学术期刊是专以董仲舒及与董仲舒相关的思想文化现象为主题的，这不能不说是一个缺憾。怎么办呢？

2007 年，就在董仲舒的家乡，《衡水学院学报》创设了“董仲舒研究”专栏，弥补了学术界的这个缺憾。为了办好这个栏目，《衡水学院学报》的主编和编辑不辞辛劳，做了大量工作。他们在全国范围内发出征稿函和约稿函，专程拜访董学专家，参加相关学术研讨会，举办全国董仲舒思想高端学术论坛，还通过网络（博客、微博等）挖掘稿源。他们的努力得到了丰厚的回报，许多著名的董学专家学者纷纷把自己的研究心得贡献出来。在短短的几年里，他们与众多董学研究知名学者建立并保持了良好的合作关系，专栏共刊登了一百多篇董仲舒研究论文，其中不乏精品力作，所以才有本文集的系列出版。

《衡水学院学报》创办“董仲舒与儒学研究”专栏是一个有代表性的案例，它说明，综合性学术期刊创办特色栏目是必要的，更是可行的。

首先，在我国的学术研究和学术期刊界，有一个问题一直困扰着人们，即一方面是有许多学术专题研究成果需要发表，另一方面却是没有足够的与之相应的专题期刊以供论文发表。这样的研究课题和领域有许多，历史人物方面涉及思想家、教育家、文学家、政治家、军事家等等，地域文化方面涉及齐鲁、闽越、河海、三晋、关陇、巴蜀、岭南等等，行业文化方面涉及盐铁、纺织、印刷、演艺等等。与此相适应，各个主题下的研究队伍也相对集中。但与之相对应的专题性学术刊物却不多。那么，怎样才能更有效地把众多优秀的专题论文发表出来，以满足学术研究的需要呢？在现有的管理体制下，唯有在综合期刊中考虑创办专题栏目这条路可走。

其次，随着高等教育的快速发展，如何为提高高校的学术研究水平和教学的学术含量服务，也成了摆在高校学术期刊人面前的一个大问题。要做到这一点，提高自身的学术水平就是当务之急。除了少数办刊历史悠久、学术资源丰厚的“大刊”“名刊”，对于众多创刊时间短、经验相对欠缺、资源相对薄弱的学术期刊来说，要想在短时间内取得整体进步是不现实的。如果结合各自的实际，发挥某一方面的优势，创办特色栏目，先把一个或少数几个栏目办好，然后再把优势扩展到全刊，最终推动全刊整体进步，倒是切实可行的。

正是因为瞅准了以上两点，2003 年以来，教育部哲学社会科学名刊建设工程中才专门设立名栏建设计划，至今已经评选出三批共五十余家学报。同时，全国高等学校文科学报研究会在三届评优活动中，专门设立“特色栏目”一项，2014 年，共评选出 217 个优秀特色栏目，鼓励高校学术期刊在创办特色栏目上大胆探索。其中《衡水学院学报》的“董仲舒与儒学研究”专栏连续两届入选研究会评选的特色栏目。政府主管部门和行业组织的这些举措，极大地激发了高校学术期刊创办特色栏目的积极性。目前，许多高校学术期刊都在出点子，想办法，一个争相创办、办好特色栏目的活动正在蓬蓬勃勃地开展起来。《衡水学院学报》的“董仲舒与儒学研究”毫无疑问是其中的一个优秀代表。

创办特色栏目当然要有热情。不过，话又说回来了，创办特色栏目不能脱离实际，要认真研究选题的可行性，切实掌握研究基础和学术队伍的实际情况，保证刊发的学术成果是水到渠成的，而不是揠苗助长出来的。简单说，要在特色和学术水平两者之间形成一种合理的张力或平衡，这才叫质量，才值得去做，才有望获得成功。从本系列文集所选的论文可以看出，《衡水学院学报》在追求特色和水平之间的平衡上做出了他们的努力，应该给予充分肯定。

以上就我所知，对本系列文集的缘起和背景略做介绍，希望对读者的阅读和了解有所助益。

《董仲舒与儒学研究》专栏特约主持人按语

余治平

改革开放之后的董学研究，周桂钿教授用力最专，贡献卓著。在他看来，孔子、朱熹都没有生活在盛世时代。但董仲舒生活的主要时代是武帝的盛世时代。《天人三策》中所讲的社会问题及其解决方法，大一统、调均、教育、官不与民争利、选贤使能，仍有重要的参考价值。尽管盛世与否尚有争议，但其跃然纸上的现实情怀，还是值得肯定的。李宗桂教授早在青年时期就立志研究董学，在《春秋繁露》文本上，练过童子功。他把董仲舒纳入儒家内圣外王之道的谱系中予以考察和诠释，孔子尽管开启了内圣外王之道的先河，但并未从理论上、制度上和整个社会的群体实践的发展战略层面入手去落实问题。在儒学发展史上，董仲舒第一次把内圣外王熔铸为具有适度张力的有机系统，将先秦儒家内圣外王理想变成活生生的现实。春秋大一统的政治理念，三纲五常的道德体系，德主刑辅、礼法合用的治国理政方略，使伦理政治化、政治伦理化。这些都极富启发意义。其“两千年之学，董学；两千年之政，汉政”一句，则概括了董仲舒思想的巨大影响，也更为吸睛。

以天制君，是董学的一大核心主张。黄朴民、李槥璐的论文则将其嵌入到中华文明巫觋系统与政事系统如何形成的宏大历史场景下予以解读，凸显其非常重要的学术价值。西周即有“太史寮”与“卿事寮”（太师、太保主事），至春秋，卫献公称“政由宁氏，祭则寡人”

（《左传》襄公二十六年）。但王权集中的呼声和要求也一直高涨，《尚书·商书·盘庚》强调“予一人”，而“惟辟作威，惟辟作福”已是常态。西周时的天子，是政治上的天下最高领袖，宗法生活中的天下大宗，天下军队的当然统帅，在经济上则如《诗经》所说的“溥天之下，莫非王土”。大约在西周末年，怨天疑天、重民疑神思想勃兴。至春秋，则进一步演绎为“重民轻神”，直至“天人相分”，人们更喜欢说“天道远，人道迩”，民神关系被重新定位，民是主而神是次，民为本而神为末。《左传》桓公六年曰：“夫民，神之主也。是以圣王先成民而后致力于神。”庄公三十二年曰：“国将兴，听于民；将亡，听于神。”社会政治生活偏向重民而不可据神意行动。昭公十八年，周内史叔兴、郑国子产初步提出“天人相分”，主张“吉凶由人”“天道远，人道迩，非所及也”。《孙子兵法·用间篇》直接说：“先知者，不可取于鬼神，不可象于事，不可验于度。”战国时代，“天人相分”观念则蔚然成风，深入人心。儒家《荀子·天论》强调“大天而思之，孰与物畜而制之；从天而颂之，孰与制天命而用之”。兵书《尉缭子·天官第一》也附和曰：“天官时日，不若人事也！”这便使得人们应有的宗教情怀全无，不再对“天意”、大自然之赋予怀有敬畏和感恩之心，也荡灭了社会批判的是非之心，唯独剩下利益追逐上的功利之心。反映在现实政治实践领域，则是最大地保证了君主高度专制集权的无限膨胀、无限扩大，再也没有任何力量能够进行必要的制衡与约束。而曾经在政治治理中扮演过重要角色的巫史系统，也被彻底边缘化，到秦汉帝国时代便被“倡优畜之”了。对董仲舒的“天人合一”理论，不必纠缠于其神秘主义色彩，而应超越其貌似荒诞不经的形式与逻辑，充分发掘其内在理性精神与政治文化价值。董仲舒的“天人感应”与“天人合一”之间存在着一种“体”与“用”的内在逻辑关系。“合一”是“体”，而“感应”则是“体”之“用”。他巧妙地凭借“天”的名义，“郊重于宗庙，天尊于人也”（《春秋繁露·郊事对》），在绝对的君权之上设置了绝对的神权，以道统控御政统，以神权限制君权。董仲舒的“天人合一”理论虽然尊天，却饱含理性精神，充满政治智慧。这些见解都可以刷新人们对董子天人学说的认知，启发良多，有效推进了董学深入前行。

秦汉以降，新兴政权大多起于草莽，其对旧王的残余势力唯恐杀之不及，常常是片甲不留、寸土不留、血腥镇压、斩草除根，让人不禁毛骨悚然、心魂颤巍，平民政治的残忍与病蔽尽显不遗。在我看来，“存二王之后”是上古中国贵族政治文明的一大优良传统，既可论证自身王权顺承天意的合法性，也体现出对过往圣王明君的尊重。《春秋繁露·符瑞》曰：“一统乎天子，而加忧于天下之忧也。务除天下所患，而欲上通五帝，下极三王，以通百王之道，而随天之终始。”让“二王之后”在相对独立的封国内部维持各自的祭祀、服色、礼乐，不对新王称臣，而只称客，满足了新王“通三统”的精神要求，能够有效地把新兴政权纳入整个历史谱系中去，展示自身道统与前朝道统的一致性和连贯性。这种做法的政治成本很低，却能够起到收拾人心、笼络天下、建构“大一统”意识形态的积极效果。

汉代学术是一个大漏斗，先秦百家汇聚到这里，汉后各学又从这里源出。董仲舒对“六艺”之学都有继承，其与《易》的关联，虽有学者关注，但少有展开论述。谢金良教授指出，董仲舒的天人关系思想源于《周易》，其对天人关系的理解也有可能来源于《周易》思维模式。阅读《春秋繁露》一书则可以发现，董仲舒关于美的来源、美的生成、美的表现形态构成有机统一，并以“中和之美”的崭新观念呈现出来，对后世影响甚大，值得深入挖掘和研究。董仲舒与黄老道家的关系历来不乏探赜，白延辉、张天奇两位学者则就黄老学对董子人性论的作用和影响展开论述，他们认为，董仲舒“性者生之质”的概念界定、“为人者天”的人性根源、“阳性阴情”的性情论、“顺性成善”的治国思想，均表现出明显的黄老道学的学术倾向和痕迹。对黄老人性论的吸收、容纳，则构成董仲舒不同于孟荀以善恶论人性的重要特征。其论证周详，文献征引有力，值得一读。

董仲舒是西汉公羊学大家，《史记·儒林列传》称：“汉兴至于五世之间，唯董仲舒名为明于《春秋》，其传公羊氏。”其对当时和后世的学术影响都非常大。张俊娅博士立足于《春秋繁露》文本，梳理并分析其中的《春秋》经传叙事特征。《春秋繁露》中的“春秋”，已经不是宽泛意义上的百国春秋，毋宁专指经过孔子编撰整理过的《春秋》。《春秋繁露》有 5 处称“传”的文字，却在三传中找不到出处，“是董仲舒自己的阐发，亦有可能是汉代将所有对儒家经典的阐释均称为传”。富有见地，给人启发。至于董仲舒用“《春秋》指《公羊传》”“董仲舒时已立春秋公羊学博士”则有待商榷。《春秋繁露》所述之事与《左传》雷同便断定其“引用《左传》”“视《左传》为史料”，也尚需谨慎判断。

（原载于《衡水学院学报》2021 年第 2 期）

以礼义概括《春秋》之主旨，始于司马谈的《论六家要旨》，“《春秋》者，礼义之大宗也”。著名哲学家、社会学家谢遐龄教授近年来把学术视野投向董学，创获颇多，精彩纷呈。他从礼学进路阐释董仲舒，新见迭出，别有一番洞天而引人入胜。在他看来，孔子身当乱世，“王路废而邪道兴”，所以才发心拨乱反正。董仲舒则身当太平盛世，天下统一，吏治蒸蒸。从高祖到武帝初期，在整个国家机器任职的主流人才都崇尚武力与刑罚，流行的是黄老之术那种让弱者任强者欺凌、自生自灭的治国思路。这种思路在远古小国或许适用，汉初战乱之后与民休息也还可用，但在社会财富积累之后，权贵渐兴，王室富豪骄横肆虐，在天下一统的郡县制国家则难免导致社会秩序和江山稳固被破坏的灾难性后果。董子要求“在位者不能以恶服人”，可谓切中时弊，所张大的恰恰是儒家天道为仁的理念，这便“为儒家在中华民族取得永恒主导地位奠定了坚实基础”。其“屈民而伸君，屈君而伸天，《春秋》之大义”一句应该被看作礼学的基本构架。古人心目中的天人关系，既是思想观念，也是现实结构，因而神人一体、宗教与政治一体。天人、君民在一个结构中，切勿以当代思想解读为分开的两个结构合并成一个，也不能解读为君主的权谋、利用宗教统治民众。天、天子、民众是一个结构中的三环。“屈君而伸天”所教育的对象是统治集团的成员们及其接班人，目的是让他们敬畏上天，不要滥用权力而胡作非为。这是礼学的深刻用意。而古礼中最重要的则是祭礼，祭礼最重要的是祭祀天地，就是董学特有的“屈君”之术。郊社、禘尝之类的宗教活动是最重要的国务活动。常有论者曰“董子尊君”，其实仅对了一半，且是一小半，董子更尊天。“祭天、祭祖越隆重，天子越谦卑，不会出现个人迷信现象。”礼制既是政治制度，又是宗教制度，体现了宗教与政治之一体性。祭祀要追溯到最古的帝王，历代帝王须选择杰出的配祀，则是“奉天法古”之落实。由此想表明，“中国社会的国家宗教是从远古连贯下来的”，至少五千年；历代皇室都认为，既然君权天授，“作为受命的天子，自己就是这个国家宗教的教主继任者”，因而怎样祭天，祭祀时配多少先祖、前朝帝王，就成了重大实践问题。这些见解都非常新鲜、深邃而富有启发，值得董学界揣摩和消化。

清华大学丁四新教授长期从事出土文献研究，成果丰硕，声名远扬，近年来也开始关注董学、支持董学。他挖掘了“三纲”的历史渊源，梳理了其流变脉络。从《论语・颜渊》篇的“君不君，臣不臣，父不父，子不子”，到郭店简《六德》“君子所以立身大法三，其绎之也六，其衍十又二”和《成之闻之》篇的“天降大常，以理人伦，制为君臣之义，著为父子之亲，分为夫妻之别”，再到《左传》昭公二十五年的“为君臣上下，以则地义，为夫妇外内，以经二物，为父子，兄弟，姑姊，甥舅，昏媾，姻亚，以象天明”，到《彖传・家人》卦的“父父，子子，兄兄，弟弟，夫夫，妇妇，而家道正”，到《逸周书・常训解》的“八政：夫、妻、父、子、兄、弟、君、臣”，直至《韩诗外传・卷三》的“百王之法，若别白黑；应当世之变，若数三纲；行礼要节，若运四支；因化之功，若推四时；天下得序，群物安居，是圣人也”，“三纲”之名的形成是有过程的，显然出现在董仲舒之前，而不是董子的发明，其具体内容更不可能首先由董子提出。在汉初，“三纲”一名已成为一个公共话语词汇，故若“以董子为‘三纲’一词的发明人而开罪董子，进而谩骂董子，这是不讲事实、不求证据的态度，是不正确的”。董子以天道观或阴阳学说为理论武器，将“三纲”上升为天意在伦理世界的具体呈现和落实，而提出了“王道之三纲可求于天”的重要命题。这是迄今把“三纲”观念形成史说得最清楚、最系统的一篇学术论文，为董子辩诬、开罪得力，贡献巨大，值得肯定。

义利关系在儒家一向是热门话题，常说常新。写过《中国正义论》大著的黄玉顺教授站在政治伦理、分工正义和分配正义的独特维度而强调，董仲舒名言“正其义不谋其利，明其道不计其功”已经把同属于一个权力主体群体的官吏、君王，与民众相对置。“义”是权力的本质特征，即“正其义”是权力主体的政治伦理义务；而“利”则是民众的本质特征，即“谋其利”是民众的生存发展权利。“义不谋利”的要求并非针对民众，而只针对权力主体。对于君臣、官吏阶层，“义利之辨”可以提升到天理的高度。按照董仲舒所揭示的“分予”的“天理”，天子、贵族、官吏等权力主体的政治伦理原则就是“义不谋利”、不得“与民争利”。当权者为民谋利乃是权力的最高正义，而与民争利则是权力的最大不义。这种疾呼振聋发聩，既是对历史世界正义价值的积极阐发，又是对现实社会的诸多不公现象的有力针砭，值得引起董学界的高度重视。

宋大琦教授以研究儒家礼法学闻名。在他看来，汉儒以天人阴阳之庙栖孔孟仁义之魂。孔孟从人的本初存在的情感、情实入手，延伸及公共政治，最后都要落实回个人感性情实的最初出发点。而以董仲舒为代表的汉学天命政治学却以天命、天道为出发点，把情感、情实纳入天道，而完成个体性与公共性的统一。天人关系亦是伦理关系，天定人命，人仿天秩。这一套架构超越了孔孟。董仲舒的政治哲学先言天命、构建天道，再从天人同构之原理构建静态的政治制度，从天人感应之原理预言动态的政治行为。孔孟“由仁义行”，董学则先定仁义。仁义在孔孟是原概念、出发点、不证自成，而在董仲舒则被安排进天学知识框架中。这些区分精当准确而又简洁明了，体现出作者深厚的哲学理解能力和诠释能力，具有很好的学术价值。但其言汉代经学“规模之宏大远超孔孟，然而其精微根本之处又不如孔孟”，则有待商榷。

在中国，“大一统”不仅是历史存在，还是中国人的信仰。刘丹忱教授指出，董仲舒的所谓“大一统”，实质上是天、地、人三才贯通之道，不仅涉及国家统一、社会安定，更关切文化统一、思想稳定。统一的思想文化必然要求制定国家法律制度，否则老百姓会无所适从。主张文化的“大一统”则超越了《公羊传》统一历法的意义，赋予了国家政权统一和意识形态统一的含义，这是董仲舒深刻影响中国历史进程的一个重要理念主张。西汉以后，“大一统”转述为中国政治语境下的“王权一统”，在此基础上则建立起疆域、民族、文字、服饰等各方面高度集中统一的庞大国家。富有见地，值得一读。

自20世纪90年代以来，公羊家的经权学说就颇受学者青睐，涌现出诸多高论佳作。周灏博士以扎实的春秋学知识和文本解读功夫探讨了《春秋繁露》中的权变哲学。难能可贵的是他还能够用元伦理学的观点予以分析权变的形成机制，并断定“权变的概念应属目的论而不是义务论”。然而，公羊家的权变需要语境，融入一切背景、理性、情感因素之后的行为选择，遵守经常而不违反礼法，仍在“可以然之域”，因而唯有圣人才可以行权，很难将权归入“目的论”“义务论”任何一个抽象概念。

董仲舒对孟、荀的继承和突破，始终为董学界所议论。在李慧子博士看来，董仲舒在天人思想、人心论、人性论和制度论上整合了孟荀思想，并且以此为基础结合阴阳五行学说完成了儒学体系建构，并为汉帝国提供了行之有效的国家意识形态。李慧子论文对于董仲舒统合孟荀思想工作的学术梳理，有助于我们深入分析孟荀思想的异同与意义，也可以纠正宋明理学重孟抑荀之偏，还能够为建构当代儒学提供学理根基与思想启迪，因而具有很好的学术价值。

（原载于《衡水学院学报》2021年第3期）

现代新儒家牟宗三曾自续儒学“道统”，立孔子为教主，上承韩愈、朱熹，不顾战国至两汉五百多年的断档，依傍《论语》《孟子》《中庸》《易传》而重建儒学之道统，推明宋儒心性道气，而完全撇开汉代经学，漠视董仲舒，舍董学精髓，而视其为“杂儒”“旁枝”。劳思光《中国哲学史》也不遗余力地贬低董仲舒，“天人相应之说既兴，价值根源遂归于一‘天’；德性标准不在于自觉内部，而寄于天道；以人合天，乃为有德。于是，儒学被改塑为一‘宇宙论中心之哲学'"，而“悉属幼稚无稽之猜想。儒学有此一变，没落之势不可救矣”。当下台湾著名儒家学者、“牟门弟子”八大代表人物之一的杨祖汉教授从道德存心和“自律”伦理出发，试图以“权说”“实说”调和董子的“天人论”与“义利辨”的内在紧张。他详论宋儒程颐、朱熹对“不急其功”与“不计其功”的郑重区分，强调“董子之语，表示了道德行为必须是存心纯粹，必须只因为义，完全不考虑利，只为了明道，而不计算行为可以达到的事功。能有如此纯粹存心的行动，才算是道德的行动”，进而发现董仲舒的观点并不如劳思光所判。其虽长于哲学分析，但也能使用经学来做论证，已经注意到董子人性论中“性禾善米”说与“贵心重志”动机决定论的公羊家精神特征。至于说董仲舒“不合孔孟的儒学，而为宇宙论中心，对此董仲舒须负很大的责任”，则显得囿于心性之学而不知“轴心时代”里宇宙图式建构、世界观确立是大势所趋，更何况董仲舒突破了孔孟宇宙观静态、定性、模糊、粗犷的泛泛之说，积极援引阴阳五行之学，为天道注入动力系统，而使儒学宇宙论进入理性化、动态化、实证化、明晰化、精致化阶段。董仲舒在汉初时代能够立足于儒而汲取道、法、墨、阴阳诸家之长，“法天而立道”，以“中民”为德教对象，强调发挥儒之仁义对人性、人心、人格的塑建和改造作用，顺承天道与发挥道德主体性并不构成矛盾，因而推进了儒学，发展了儒学，真正“为群儒首”“为儒者宗”；并且，还能够建言武帝，促成儒学成为帝国之国家宗教，使儒学的许多理想转化为现实的政制纲常，无疑极大地超越了孔孟的能力范围。故单单称董仲舒思想为“宇宙论中心之哲学”，则显然有失偏颇，必须予以纠正！

董仲舒学说在近代中国的兴起当得益于康有为的大力提倡和助推。曾亦教授专门著有《共和与君主：康有为晚期政治思想研究》一书。清儒多尊何休，但董子为汉儒宗，其地位良非何休可比，故康有为取迳董氏以治《春秋》。孔子之道在《春秋》，孟子能传孔子之道，以其深于《公羊》而尊《春秋》。荀子得孔子粗末，仅传小康、据乱之道。孟子则传平世大同之仁道，能得孔子精微。康有为虽将孟、荀并举，却谓孟子为《公羊》“正传”，荀子则为《穀梁》太祖。“汉世去孔子不远，用《春秋》之义以拨乱改制，惟董子开之。”董子因《公羊》以通《春秋》，因《春秋》以通六经，其得孔子道体，甚于孟荀。但董仲舒所发新王改制之非常异义、诸微言大义，皆出经文外，又出《公羊》外，远不像何休之拘泥字句。但康有为欲以董子为《公羊》大宗，又不得不抑胡毋生、何休一脉。康有为蒐采罗列董子《春秋》之例，以见何休例之所本，以为刘逢禄取道《繁露》而解《公羊》，始为知学。“康有为尊董，实以其学术门径颇近乎董子故也”，崇尚义理，而疏于体例。康有为具列《繁露》所言礼者，以见孔子改制之大端。康有为倡导变法，以中国数千年政治为君主专制，西方君主立宪则为升平之制，民主共和为太平之法。但何休则不然，忒强调尊君权。康有为推翻元明以来五百年治术、言语皆以朱子为教主的传统，而把董仲舒称为两汉四百年之教主。至隋唐，朝野政治、法律、言议莫不见孔子《春秋》之义，皆赖董子之功。宋儒专以义利之辨而诬汉唐人不能传道，可谓一孔之见！这些论述学术含量高，都深得康有为学术之精髓，也是今文董学的真知灼见，值得重视。

在传统中国哲学里，“命”是一个核心词汇，政治哲学以天命为中心，个体自我完善则皆以性命为中心。何善蒙教授《〈春秋繁露〉论“命”》一文具有填补董学空白的性质，值得深读。在汉代，宏观的社会政治、微观的个体生命，对于“命”都有着强烈的需求。汉室的建立需要从天命论中诠释出皇权合法性，并由此而进入有效的现实社会政治架构。对个人命运的追问，也在汉代延续，司马迁《史记》很多篇章都极其明显地表达了对于个体命运问题的反思。《白虎通》正命、遭命和随命的“三命”说，就是对于命运问题非常直接的讨论，影响深远。董仲舒《春秋繁露》论及“命”，达 126 次。“受命之符”指政治的合法性源于天命，而天命转移则以德为依据，夏、商、周三统改制是顺应天命的自然结果。个体之命也源于天，可表现为源于天而具有道德属性“大命”，受君王政令影响的是“变命”。董仲舒通过受命、符命的双向互动而构建出一个非常扎实、直接可感的天命论，以便为儒学政治化奠定基础；也揭示了命运的多样性和变化性，开启了后世关于个体命运问题讨论的新领域。这些探讨都具有非常重要的学术价值和启发意义。

陈德和、高婷婷富有创意，试图在董仲舒的人性论、教化论与作为新兴学科的教育人类学之间建立有效联系，辨明董仲舒之义理“在现代学术中可能之身影”。董子论人性论突出了人性之可教化与人性之可造化，而教育人类学也主张人之存在本质具有可塑性、可教育性。“后人每以为董仲舒主张三纲五常是为专制王权护航，并猖狂破坏道德理想而甘居于奴性之社会，实则不然，董仲舒之苦心当如儒家之夙愿，意在求目的王国之实现与道德宇宙之建立，因此，先求之于君，期待明主贤君能以大德而居大位，又期待此君能借身教言教而示范于民，以达教化之目的。”得君行道是实现天下治平最节约、最省事、最便捷的路径，这才真正理解了自孔子开始儒家者徒为什么都汲汲为政的原因了。利用君王威权推行教化，可以赢得成效最大化，而其成本核算则最低。

元与天的关系是董学研究经久不息的话题。秦际明副教授指出，天是董仲舒思想体系的最高范畴，是一切存在的本质，是一切存在的出发点与归宿。董仲舒把“元年春王正月”六字之排序看作是“治统不同层次的排序”，元是太初，是一，是一切意义的起始。天、王、诸侯、境内之治统次第皆因得元而正。得元而后天之端正，而阴阳调和、四时有序。天正而后王政正，仁义之道行，以至于五者俱正，大化流行。新君即位每一次改元，都是一次损益前制、纠正错误的契机。治统之立源于天命，而天命之端在于元之深，其实质含义则在于行王道、施仁政，而解救天下黎元。通过改制，调和文质，使治道有效补救偏弊，从而使民人归于五常之伦、性命之正，成就善质。元的实现与成就包含着相互交织的两条基本路径，一是政，二是教。这些见解都很有创新意识，值得董学界关注。

王传林教授认为，董仲舒从“《春秋》之序辞”角度诠释“元年，春，王正月”，演绎出“大一统”思想的多维内涵，既有对儒家王道政治的理想化期许，又有对秦时以李斯与秦始皇为首抑儒与焚书历史行为的反对与校正，也有对《尚书》《诗经》所蕴“大一统”精神的回应与开新。“通三统”以“大一统”为政治前提，“通三统”常成为新王朝收拢旧邦遗民、继承传统的重要手段。新王与先王共存，改制与复古交织，这是董子处理古今文化关系的高明之处。这些都抓住了“大一统”和“通三统”的要害，值得称赏。但称《春秋》和《公羊传》所绎出的两个“大一统”是“强调天下总系于周之一统”，故《公羊传》将此处的“王正月”解释为“周文王受天命、改正朔”，则谙于孔子“素王”的基本诉求。

三位年轻学者的论文也各有亮点。在刘晓婷博士看来，董仲舒借助于《春秋》文本语境而把君主分离为政治性和个人性的二重身份，前者是代表国家的社稷身份，后者则表现为父子、兄弟、亲亲的伦理身份或代表宗族延续性的宗庙身份。君主的个人性身份优先于其政治性身份，德位必须一致，因此君主修炼个人道德便显得至关重要，具有决定性。但以“亲亲”约束“尊尊”之说，则与《春秋》意旨相去甚远。吴杰博士指出，董仲舒的“君权天制”论在强化君主权威的同时，也为君主行政制定了规范，要求其“法天而治”，推行仁政。董仲舒虽将君权神化，客观上强化了君主的权威，但他并不主张君权至高无上。董仲舒的“君权天制”论与法家的“君权绝对”论、西方的“君权神授”论有天壤之别。这些都很有“了解之同情”。但结尾称董仲舒的“君权”论始终未脱离先秦儒家的思想范畴，无论如何打扮，不过是“新瓶装旧酒”罢了，则显得不那么“同情”了！于超艺博士透过《春秋》经文和阐发《春秋》微言大义的《公羊传》，借助于董仲舒、何休对《公羊传》的解读，而对儒家恕道进行了一次直观而深入的诠释。“仁之法在爱人，不在爱我。义之法在正我，不在正人”是孔子“躬自厚而薄责于人”（《论语·卫灵公》）的意义延伸，体现了董仲舒所要推崇的恕道。《公羊传》的“君子辞”，董仲舒之“缘人情，赦小过”，何休的“量力不责”，都在强调为当事人设身处地地加以考虑，以同情之心宽宥因种种不得已的因素而造成的过失。还能够注意到“为贤者讳”的宽恕并不能够完全等同于恕道。《公羊传》对贤者之恶的宽恕，无论是功过相抵，还是“善善也乐终”“善善及子孙”，不能算作出于推己及人之将心比心的恕道。这些观点值得鼓励和肯定。

（原载于《衡水学院学报》2021 年第 5 期）

近代以来，所谓“罢黜百家、独尊儒术”的问题一直引起热议，甚至已经在我所主持的国家社会科学基金重大课题《董仲舒传世文献考辨与历代注疏研究》中列为一大公案。本栏先后发表过邓红、吴光、秦进才、丁四新等教授的相关论述。董金裕教授强调“董仲舒思想实已融汇诸子百家，岂有罢黜其学之理”，汉武帝立五经博士，并不等于“独尊儒术”，仍准许诸子百家公开讲习，由其传承不断。依罢、尊的语意判断，立则两立，破则两破。评议“罢尊公案”，必须区分帝国主导意识形态与一般学术存在，前者只能定于一家，占学宫，立博士，成经学，作为官方指定的权威话语体系则不可挑战；后者则作为正常的学术形式，任其在民间社会生成、流行和发展，并不受到来自经学的欺凌和威胁，官方甚至也可以为其提供必要的实质性资助。作者始终以“杂有”一词描述董子对阴阳家之说的吸收、改造和消化，则尤为刺眼，既低估了董子开辟新儒家的博大思想情怀及其所依赖的深厚资源基础，又不得董子在“轴心时代”为中华文化构建天道宇宙观之深刻蕴涵。

儒家的学术内容不只有“道气心性”的面向，更有“礼乐刑政”的维度。方朝晖教授以其丰厚的中西学养而富有创新性地探讨“儒家治道”，显然是对心性之儒研究范式的一次重要突破。文章虽仍不脱框架性、纲领式气息，但也很有学术价值和启发意义。把不是建立在强力而是建立在道义基础上的社会当作儒家治道的最高理想，并上升到“文明原理”的高度。“力术止，仁道行”，反对以力服人，主张以道义治天下，则是儒家文明原理的最高原则。董仲舒《春秋繁露·王道》篇“什一而税，教以爱，使以忠，敬长老，亲亲而尊尊，不夺民时”的主张，恰是基于公平、公正，特别是保护弱者，而构建理想社会。董仲舒阐释《春秋》的“正始”之道，主张天下安定系于“元”或“一”的“大一统”思想则体现出儒家治道鲜明的“统合主义”精神。文明理想可以超越国族主义，而在全天下建立理想世界。这些都是董仲舒儒学研究难得的真知灼见，值得引起董学界同仁的重视。

董仲舒传世文献的真伪，历来都有争议。邓红教授归纳出以宋代程大昌、清代程延祚、当代戴君仁、日本庆松光雄为代表的“推论派”，以日本田中麻纱巳、近藤则之为代表、以思想内容判断文献真伪的“唯理派”和江新、程苏东的“文献互见派”，三者于方法上都存在问题。仅凭《汉书·董仲舒传》或《汉书·五行志》没有五行说就否定整个《繁露》，在逻辑上说不过去，因为其反证亦伪，只要指出《繁露》与《汉书》的重合，便可说明其可信性。按照“推论派”寻找伪篇的方法，《繁露》至少有七个方面内容的篇章都是“董仲舒真篇”，故借助义理解说而代替文献考证，大有掉进“循环证明”的风险。“文献互见派”则相对谨慎，回到文献考证领域，值得肯定。但说《繁露》五行篇出自刘向，其滑稽则无异于判董仲舒抄袭刘向。只对五行诸篇做文献互见式的真伪检查犯了成见在前的错误，不免也会掉进“推论派”的陷阱，重蹈其覆辙。不能获得新出土文献的支撑，没有决定性论据，三派结论则都是推论，不能令人信服。用现代学术标准去审视两千多年前的历史文献，就会发现几乎所有的中国古代经典都存在真伪问题，董仲舒的文献缺陷和《繁露》的硬伤破绽还算是比较轻微的。“是等把所有的董仲舒的生平事迹疑窦和《春秋繁露》的文献问题都解决清楚了，才去研究董仲舒的学术和思想呢，还是对那些疑窦视而不见呢?”最后的这种发问则非常有力，值得董学界深思。

公羊家之“异外内”，包括夷夏内外、鲁与诸夏两个面向，既有“内诸夏而外夷狄”，也有“内其国而外诸夏”，所要凸显的是“素王”孔子之治世，由内而外，由近而远，先正京师，后正鲁国，然后诸夏中国，然后夷狄，王化礼教逐级放射，以至于天下和洽。但于“三世”，其辞法、书法皆有所异，须予以分别阐述。董、何皆尊此法。郭晓东教授敢于率先标榜并坚守经学路线，助推春秋学的当代精进。作者基于清人苏舆的发明而在董、何之间仔细辨析，找出异同。通过“别外”以“尊内”而“王鲁”，由夷夏之辨而进退褒贬，董、何相一致。对“善稻之会”中“不殊卫”的解释，董仲舒却以吴为鲁之同姓，而非何休的分疏夷夏内外。至于“黄池之会”，何休以为诸夏背天子事夷狄，有大耻故用讳辞、微辞，吴以中国之礼大会天下而被进称子，但董子则称不以为外以近内，毋宁“变而反道乃爵不殊”。实际上这只是董、何解释视角是站在诸夏、还是吴国的不同，并不构成观点对冲和义理矛盾，更无从说“董子之说或别有师说传承”或“可能是董仲舒传《穀梁》家言”。董子是公羊大家，长于义理发挥，解决的是现实时政的天下大课题，不能用何休章句之儒的学术“系统性”标准予以比拟和束缚。因为文献阙如而“通过何休理解董仲舒”，但起码还须剔除东汉所盛行的忠孝一体、君天等齐的奴性和谶纬穿凿的气息。“张三世”内容丰富，饱含小国、夷狄之君的爵位、卒葬、月日、大夫有无等书法内容，不可单把“异外内”看作是它的“一体之两面”。《春秋繁露校释》（校补本）之《奉本》《观德》篇皆由于首奎先生所执笔，而非主编钟肇鹏。

古代中国，诸侯有国，大夫有家，天子则有天下。儒学致力于“得君行道”，故其施教对象首先应该是天子。张丰乾教授致力于为董仲舒“天下观”寻找学理脉络和思想根基，其学术方向值得肯定。他在“天下”视域中概括出董仲舒的“《春秋》十指”，基于“天之大经”而强调“正天端”与“治天下之端”的必要性、“天下如视诸掌上”的可能性，凸显“人最为天下贵”的主体性。虽然主张“一统于天下”，但也要求不能靠威武压覆民众。这些都是非常通透的哲学识见，十分难得。

吸收阴阳五行说而重新诠释儒家、发展儒家，是董仲舒新儒家的一大亮点。王文涛教授对董仲舒五行观的《管子》来源做出了富有成效的探索，认真分析了《繁露》五行篇对先秦以来五行说、四时教令说的融摄，极大地推进了董学五行说的深入研究。《管子》之《四时》《幼官》篇将一年分为四季，在夏、秋之间加中央之土。董仲舒把五行在四时中难以安排的土德列为五行之主，给予最尊崇的地位。将五季分别与人事相匹配，创立了帝国政制和天人学说。《管子·五行》与《春秋繁露·五行之义》都把五行与一年 360 日相联系，每一行统治 72 日。木、火、土、金、水五行依次当事，导致五季的天文、地象各有不同，人类活动也相应变化，以顺五行之理。董仲舒吸收《管子》违时生祸的思想，将其改造为五行违逆生祸，并主张五行有变，国君当施之以德，大力解救。这些见解都很有学术价值，启发良多。

战国末期至秦汉时代是中国人宇宙观、世界观形成的关键时期，董仲舒宇宙图式的产生和确立具有标志性意义。夏世华副教授利用1977年安徽阜阳双古堆M1西汉汝阴侯墓出土的六壬式盘重新诠释董仲舒阴阳学说的宇宙论图式，更为清晰、系统地阐发了董子以阴阳、五行为内核的宇宙论思想，富有新意。作者提出，应该恢复古代中国地图阅读上南下北、左东右西的方位。董子虽没有完整地列举二十八宿之名以及相应的斗建法则，但他关于三正、三统的论述，应该基于秦汉之际较为流行的二十八宿图式以及斗建法则。汝阴侯墓六壬式盘是战国中晚期逐步成熟的盖天说宇宙论的基本图式，可作为理解董仲舒宇宙论相关论述的现成图式。

（原载于《衡水学院学报》2021年第6期）

余治平（1965—），男，江苏洪泽人，上海交通大学人文学院长聘教授，博士生导师，董仲舒国际儒学研究院院长。

儒学研究

儒家治道：预设与原理①

方朝晖

本文以先秦文献为基础，用现代语言来总结过去两千多年儒家治道思想。在方法上，我试图尽量站在局外人即第三者的角度，力图避免站在儒家话语体系内部自说自话。

本文对于儒家治道的研究，包括所提出来的儒家治道的预设、原理、原则等，并不是出于建构现代儒家治道理论，或出于挖掘儒家治道的现代意义这样一些实用的目的，尽管我从不否认后者的重要意义。本文的思路是：能不能作为第三者，站在现代人立场，用现代人的思维逻辑给儒家几千年的治道一个合理的解释？比如，儒家这一整套治道思想究竟建立在什么样的最高预设或终极根据上？儒家的很多治道原理，比如大同思想、王道思想、民本思想、风俗思想、义利思想等，如果归结起来，是否可以理出其间的头绪，找到其内在的关系和逻辑，特别是找出其最高原理？

如果我们能找到这些问题的答案，也许可以给现代人提供一个好的视角，至少可以让我们站在现代立场来更好地理解古人。这对于理解儒家思想的现代意义，或许有更大帮助。总之，我的最终落脚点是解释，而不是为了某种现代需要而建构一套新的理论，更不是为了倡

① 基金项目：本文为山东省泰山学者、尼山世界儒学中心孔子研究院特聘专家项目。

导某种方案或理论。

一、方法

我们首先遇到的一个问题是，儒家治道在不同儒家学者那里含义并不一致，千百年来，在不同时期、不同学派那里，它的含义一直有变化。为此，我尝试借用马克斯·韦伯的“理想型”[①] 概念，或者更准确地说，借用库恩的“范式”（paradigm）概念来研究。这并不是说我自己自觉地采取某种范式来研究古人，而是像库恩总结历史上的科学家群体一样，发现古人的治道思想和实践中所实际存在的某种思维范式。我的思路是，虽然儒家治道思想有历史演变，但在所有这些演变背后，是否存在一些共同的基本假定，预设了一些共同的原理和原则，支撑着一系列治道措施的提出和实施？这些预设、原理、原则等合在一起，构成一个像思想模型一样的东西，成为后世各种不同观点或思想的基础或模板；它所蕴含着的治道理想，及其代表的思维方式，成为激活后世各种观点或思想的原动力。这也许更类似于库恩的“范式”，不过是今人为古人总结出来的，指古人治道思想贯穿数千年的思想范式。

在提出儒家治道范式的过程中，我尽力把它放在西方文化乃至全球文化的大背景下来思考，我希望用一种能够对人类其他文化中人解说的语言，而不是一套自说自话、只有中国人或只有儒家学者才能读懂的语言。它试图说明，如果在其他文化中没有形成这套治道理论，

---

① “理想型”德文 Idealtypus，英文 Ideal Type，中译“理想型”“理想类型”“理念类型”等。韦伯本人的论述参马克斯·韦伯《社会科学方法论》（韩水法、莫茜译，中央编译出版社 2005 年版，第 1－61 页。）；Max Weber，*Economy and Society*：*An Outline of Interpretative Sociology*，eds. Guenther Roth and Claus Wittich，Berkeley and Los Angeles，California：University of California Press，1978，pp. 20－22，etc；马克斯·韦伯《经济与社会》（上册，全二册。约翰内斯·温克尔曼整理，林荣远译，商务印书馆 1997 年版，第 39－84 页。重点看第 39－42、52－54 页等处分析）。英文介绍参“维基百科”（en. wikipedia. org）“Ideal Type”词条。

部分原因可能是因为后者没有儒家治道那样的预设和原理，或者没有儒家治道原则赖以产生的文化心理土壤。接下来，我也愿意邀请所有学者与我一起来探讨：我所总结的儒家治道的预设、原理、原则及其关系，是不是真的成立？

二、预设

首先，我认为，儒家治道思想（当然也包括多数先秦诸子的治道思想）建立在如下一些最高预设之上：

1. 此世界（this-world）是人类无可逃避的唯一归宿。

2. 人间问题的根本解决之道就在此岸（this-world），而不在彼岸（another world）或超验世界（the transcendent world）。所谓“超验世界”，主要指超越于此世界之外的其他世界，比如死后、上帝之城、“三千大千世界”、康德意义上的“物自体”等。

3. 人间问题的根本解决是可能的，确实存在一种可能意义上的完美的理想人间世界。

具体来说，儒家预设了理想社会可以通过人为的努力——学——来实现。这与西方社会科学的努力方向是迥然不同的。后者视社会为一与自然类似的客观对象，社会科学的主要工作是尽可能研究其中的客观规律。当然，19世纪下半叶以来，越来越多的学者强调对人类社会不能像自然界一样客观地研究，人文一社会科学遵循与自然科学不同的法则。尽管如此，今天整个社会科学领域所盛行的方法仍然体现了认知主义（intellectualism）的特点，其主要意图在于探索人间世界的各种规则或规律，而不把寻求解决方案、指导原理当作直接和首要的任务。相反，如果一项研究直接以现实解决方案或指导原理为目标，这很容易被理解为不是学术研究，违反了学术规则。

这与儒家传统完全不同，儒家传统的主要任务是提供人间世界问题之全面、彻底、根本的解决方案或指导原理，因此它虽然可能包含或吸收认知主义的成果，但本质上绝对不是认知主义的。它所崇尚的研究世界的方式，对于西方社会科学来说是非常陌生，甚至无法想象的。大概没有哪位西方社会科学家认为自己的任务是寻求人间世界之全面、彻底、根本的解决方案，他们一方面不敢想象学问有如此巨大的功能，另一方面也甚至可能认为那是莫名其妙、违反学理的，即使他们也有很多人会对诸多现实问题展开了全面而根本的探索或研究，并在某些领域提出了自己的方案或对策。柏拉图的《理想国》，马克思的共产主义，似乎对于人间世界提供了某种全面的图景。不过，柏拉图只是针对现实问题提出了一套对策，但他同时并不认为现实世界是人类的终极归宿，他所描绘的理想国家图景只是人类国家形态（而非人类存在形态）的较好方式；马克思的共产主义理想，是基于对人类历史发展规律的认识和发现，是18世纪历史进化论的杰作，也是当时盛行的以社会为“严格的科学对象”这一思维的产物；共产主义社会代表了马克思心目中人类历史的“最高形态”，但不能说成是马克思对人间全部问题的终极方案，尽管马克思本人对于它有着极其乐观的期待。无论是柏拉图的“理想国”学说，还是马克思的共产主义，都不代表西方人文社会科学的主流范式，这一点恰恰也与我们在儒家学说中看到的不一样。

需要指出的是，儒家之所以认为可以用学来实现人世的终极理想，是中国文化此岸取向（this-worldliness）使然。即中国文化中以此世界为真实且唯一的世界。这与希腊文化、印度文化以及一神教等预设此世界为虚幻、以超越此世界为人间世界的终极目标迥然不同。正因为中国文化预设此世间为唯一真实，因此它迫使中国人相信人间世界的出路——如果存在的话——不在于死后，不在上帝之城，不在“三千大千世界”，而只能在此世间。

三、原理

此处所谓原理，我指儒家一切治道思想的最高价值准则，也可以说是儒家治道所追求的终极理想。这些最高准则我称为治道的最高原理。不过称为原理，绝不是说儒家所提出的一切现实治理原则或方案，都是从这些原理中推导出来的，而是说都是为了实现这些原理蕴含着治理的最高理想或目标。换言之，我在这里试图提炼出，作为后世所有儒家的治道原理都以之作为最高价值准则的最高原理是什么？

下面我提出儒家治道有三个最高原理，任何人都可以根据我上面所说的标准来验证、批评或反驳我，或者提出其他原理。这三条原理是：天下原理、文明原理和大同原理。反驳它们的最好方式就是举出任何一个儒家治道思想，不是基于这几个原理作为价值准则，或者这几个原理中的某一个不是后世儒家学者所共同接受的。比如，有人可能认为民本主义是儒家治道的最高原理之一。但事实上，并不是所有儒家治道措施都以民本主义为最高价值准则，儒家的贤能原则就是与民本原则并列而同样有效的。如果说民本原则以人民为本，贤能原则就是以贤能为本。虽然古人有“天听民听”（《尚书·泰誓中》）之说，但整体上天的位置还是比民高一些，至少是更远的源头或更深的决定者。故民本主义不符合这里最高价值准则的条件，而只能作为次一级治道原则，与贤能原则并列。

1. 天下原理

所谓天下原理，我指儒家试图为一切可能意义上的人间世界寻找秩序。因此，它至少在理论上不能排斥任何一种人，不能把世界上任何地域、任何人种、任何宗教信徒当作“非人”排斥出治理范围之外，此即所谓“王者无外”（《春秋公羊传》隐公元年、桓公八年、僖公二十四年、成公十二年）。据此，儒家必须寻找一切可能意义上的人的世界的秩序。它的终极目的不是为某个国家、某个民族或某个人群的荣耀或世俗目标服务①。

千百年来，无数儒家学者在精神上无上的神圣感和优越感，正是基于天下原理所代表的天下主义精神，这表现为他们相信自己能“为万世法”（贾谊《新书·数宁》），或“为万世开太平”（张载《张子全

① 赵汀阳：《天下体系：世界制度哲学导论》（江苏教育出版社 2005 年版）。干春松认为先秦文献中的“天下”有地理、制度和价值三个方面，笔者以为这三方面在实际儒家思想中往往是糅合在一起、不能分开的（干春松：《儒家“天下观”的再发现》，《探索与争鸣》2019 年第 9 期，第 116—121 页）。

书·性理拾遗》）。在更高的层次上，他们认为自己能“赞天地之化育”（《中庸》），“参于天地”（《荀子·不苟》），“为天地立心”（张载《张子全书·性理拾遗》），这是何等崇高的事业！

这一天下原理来源于古人的天下观，它的形成也是一个历史过程①。早在20世纪初，学者们通过甲骨文、金文研究已经揭示，中国人本来信奉的是帝而不是天，天在商代远不如帝重要。尽管学者们对于帝的含义理解还有分歧，但有一点认识是共同的，帝的信仰在周初被天所代替。在先秦诸子的论著中，我们发现“天”“天下”的用法相对于“帝”居于压倒优势②。

不过先秦“天”的含义也很多，冯友兰称述天之五义[1]，其实他所谓物质之天与自然之天可合而为一（中国人从来没有西方那样完全脱离精神生命的物质概念），他所谓运命之天与其主宰之天也可合而为一（运命就是神秘的最高主宰的产物）；而他所谓义理之天，实包括法则之天与道德之天这两个方面（英文即将其“义理之天”译作 an ethical *T'ien*，即道德之天[2]）。笔者在冯友兰基础上，概括天之义为如下四种：自然义、主宰义、法则义和道德义。所谓自然义，指天代表大自然或称整个宇宙；所谓主宰义，指天主宰万物生长及人事祸福；所谓法则义，指天具有内在的规律或法则；所谓道德义，指天的行为体现了哺育、生养、怜爱万有的美德。

需要指出的是，天的这几种不同的含义往往同时并存、边界模

---

① 关于古代的天下及天下观，近年来讨论甚多。参邢义田《天下一家》（中华书局2011年版，第85—109页），王柯《从“天下国家”到民族国家》（上海人民出版社2020年版，第7—68页）。王柯认为：“‘天下思想’以‘天’为根据，所以它强调的‘天’之‘德’不仅适应于构成‘天下’主体的‘华夏’，也要适应于‘中国’周边的蛮、夷、戎、狄。因此，一直主导了中国人国家观念的‘天下思想’，自身本来就具备要求实现多民族国家的因素。”（同上，第65页）“中国人关于多民族国家的这种思维，是以‘天’的存在为前提的一种先验论的逻辑推论。……这种先验论的‘天下思想’其实是先秦时代中国多民族社会这一现象带来的结果。”（同上，第66页）

② “帝/天”的早期含义，陈梦家：《殷墟卜辞综述》，中华书局1988年版，第561—603页；郭沫若：《先秦天道观之进展》（商务印书馆1936年版。此文后收入其作《青铜时代》，参《郭沫若全集历史编》第一卷）。

糊。这主要可能因为它们是历史形成的，而不是哲学家界定出来的。虽然在周代文献，包括金文、《尚书·周书》《左传》《国语》《诗经》乃至诸子经典（特别是《墨子》）中，天依然保留了接近于人格神之义，但也指向人所生活于其中的世界整体。在天的多种含义中，有两个要素值得特别注意：首先，它常常指包括地在内的、代表整个世界的宇宙总体，它至大无外、无所不包，即代表“日月所照、霜露所坠”（《中庸》）范围内的一切所构成的整体。其次，作为这个世界整体的天又同时被人们赋予一系列神奇、神圣的内涵，人们认为它主宰着万物的生长，蕴含着万事的法则；它主导了朝代的更替，决定了人生的祸福。“维天之命，于穆不已”（《诗经·维天之命》），“唯天为大”（《论语·泰伯》），天乃人间秩序的最高来源和最高依据。这一切，导致敬天的流行。

《论语·阳货》记载孔子曰：“予欲无言。”子贡问：“子如不言，则小子何述焉?”子曰：“天何言哉? 四时行焉，百物生焉，天何言哉?”这里可以看出，孔子心目中的天是一切道理的终极依据。《孟子·尽心上》说：“知其性则知天矣。”此中的天可能同时包含前述所谓主宰义、道德义和法则义。《荀子·天论》强调政之本在天，而有所谓“天职、天功、天情、天官、天君、天养”之说，其所谓天也应同时有主宰义、法则义和道德义。《春秋繁露》极论王者察天心而行，逆则天以灾害警示之，或至于夺其位、灭其朝，这显然主要从主宰义论天。但同时他又强调天作为世界整体特征，即：天不偏爱一人，不偏弃一国，故王者代天行事，要为全天下立法，而不能偏于一国或一族，因为“天无私覆，地无私载，日月无私照”（《礼记·孔子闲居》），或借用《吕氏春秋·贵公》的说法，“天下，非一人之天下也，天下之天下也”。

天下原理表明儒家治道所尊崇的最高价值是适用于全天下的道理，而不是权力，由此自然引入儒家另一最高原理——文明原理。

2. 文明原理

从天下原理出发，形成天道主义思想是自然而然的。梁启超在其所著《先秦政治思想史》一书中总结儒家政治思想史，曾以天道主义作为儒家政治思想的首要原理。事实上，不仅儒家，先秦诸子几乎都认为，这个世界有其自身固有的道，找到了道就找到了世界的根本出路①。因此儒家治道思想在理论上是求得世界之道，在实践中则试图实现“以道治”（《新论·王霸》）。由于道是不限于地域、人群的，潜含着突破地方势力、地域限制的普遍意义，因此求道可视为对天下主义精神的落实。董仲舒《贤良对策》云：

道者，所繇适于治之路也，仁义礼乐皆其具也。（《汉书·董仲舒传》）

这里的道，有引导义，指合理途径，引申为指道义、道理。在中国文化的基本预设即“一个世界”（李泽厚语）预设下，儒家追求这个世界整体上合道，即《论语》中孔子屡称“天下有道”（《泰伯》《季氏》《微子》），《荀子·王制》称“道不过三代”，《资治通鉴·周纪中》“人主不务得道而广有其势，是其所以危也”。故而形成了所谓“道尊于势”（陆象山语）或“道统高于政统”（韩愈、朱熹等三代道统论）的思维模式。

钱穆先生曾指出，儒家千百年来追求的是道义的政治，并与强力的政治相对立。可以说，儒家治道的另一最高理想或最高价值准则，就是建立一个不是建立在强力而是建立在道义基础上的社会。我称这一理想为文明原理。文明理想超越国族主义，是要在全天下建立理想世界，是天下主义的自然延伸。文明原理源于儒家的夷夏之辨。虽然夷夏之辨最初源于中原与外族的区分，但演变成儒家对于文明与野蛮的界定，进一步结合到儒家治道实践中，成为以王道为核心的儒家治道思想，本文称为儒家治道的文明原理。

如果说在《尚书·洪范》等经典中，王道还主要是指先王之道，包括尧、舜、禹、汤、文、武、周公等，但孟子、荀子及董仲舒等人语境中，它已经变成了指一种与以力服人相对立的理想统治方式。当

---

① 《老子》第60章：“以道莅天下。”《文子·道德》：“以道治天下。”《墨子·尚同下》：“大用之，治天下不窕，小用之，治一国一家而不横者，若道之谓也。”《韩非子·饰邪》：“先王以道为常，以法为本。”

然王道的含义在历史上有演变过程，特别是到了宋明理学家那里，它演变成以内圣为主要特征。但我想，王道的含义虽有变，但儒家治道预设最理想的治理不是建立在以力服人基础上，而是建立在以道义为基础、让人心悦诚服基础上这一点没变。因此，我把以道义治理、追求人民心悦诚服、反对以力服人与霸道相对立的王道精神称为儒家治道的文明原理。

首先，王道思想反对以力服人。孔子也许是对这一治道原理有鲜明自觉的第一人，《论语·季氏》记载孔子说："远人不服，则修文德以来之。"孟子对这一治道原理阐发得最为清楚，《孟子·公孙丑上》称"以德行仁者王""以力假仁者霸"；《孟子·离娄下》甚至进一步否定一切试图"服人"的统治方式、哪怕是出于善意，故主张"以善养人"，取代"以善服人"。

其次，王道思想主张以道义治天下。孟子为王道作为治道原理提供的一个理由就是"得道者多助，失道者寡助"（《孟子·公孙丑下》）。跟孟子一样，荀子也说："行一不义，杀一无罪，而得天下，仁者不为也。"（《荀子·王道》）①

这两条我认为可算儒家文明原理的最高原则。在这两个原则下，儒家学者也从不同角度描述了儒家的文明社会理想。比如《孟子·梁惠王上》从民生和人伦来描述这种理想社会状态："省刑罚，薄税敛，深耕易耨；壮者以暇日修其孝悌忠信，入以事其父兄，出以事其长上，可使制梃以挞秦楚之坚甲利兵矣。"

---

① 孟子、荀子对王道的表述略有差别，如果说孟子更重视仁，荀子则更重视义。所谓"义立而王，信立而霸，权谋立而亡"（《荀子·王霸》），荀子似乎区分了王、霸和强三个不同层次的统治方式（《荀子·王制》）。荀子也说：王者"仁眇天下，义眇天下，威眇天下"（《荀子·王制》）。到汉代学者桓谭，则明确地统合仁义来理解王霸之别，他所谓"三王由仁义，五霸用权智"（《新论·王霸》）含义更加全面。此外，王道还有一些其他的含义，比如贯通天地人（《春秋繁露·王道通三》）、实施礼乐政刑（《礼记·乐记》）、"养生丧死无憾"（《孟子·梁惠王上》）、贵贱亲疏有序（《白虎通·礼乐》）、任贤惩奸赏罚分明（《荀子·王制》）等等。方朝晖《王道考义》（《学灯》2020年春季第3期）。

董仲舒对理想社会的描述更多体现公平、公正，特别是弱者得到保护，他称五帝三王之世“什一而税，教以爱，使以忠，敬长老，亲亲而尊尊，不夺民时，使民不过岁三日，民家给人足，无怨望忿怒之患、强弱之难，无谗贼妒疾之人，民修德而美好，被发衔哺而游，不慕富贵，耻恶不犯，父不哭子，兄不哭弟，毒虫不螫，猛兽不搏，抵虫不触”（《春秋繁露·王道》）。

更多的学者从人与人、下与上相亲爱来描述理想社会，《礼记·乐记》说：“四海之内，合敬同爱矣。礼者，殊事合敬者也；乐者，异文合爱者也。”《孔子家语·王言解第三》上的描述是：“上之亲下也，如手足之于腹心；下之亲上也，如幼子之于慈母矣。上下相亲如此，故令则从，施则行，民怀其德，近者悦服，远者来附。”

最有名的也许是《礼记·礼运》篇，称理想社会为“大道之行也，天下为公”的世界，其内容则更多地体现了礼让、尊贤、自觉、有序等，如“尚辞让，去争夺”“选贤与能，讲信修睦，故人不独亲其亲，不独子其子。……货恶其弃于地也，不必藏于己；力恶其不出于身也，不必为己。是故谋闭而不兴，盗窃乱贼而不作，故外户而不闭”，与其说是大同理想，不如说是文明理想[①]。

也许我们可以用今人语言，这样来表述儒家的文明社会理想：社会道德进步、社会风气良好、人伦关系正常、社会秩序良好、人人相亲相爱、个人安全感强。从细节上讲具体来说还有如：拾金不昧，夜不闭户，老吾老以及人之老、幼吾幼以及人之幼，“无讼”（如成康之世刑措四十年不用），欺诈、盗窃、谋杀、害人等现象的大幅减少。这些思想在儒家文献中还可以找到大量表述，我想其核心精神就是：一种不是靠强制而是靠德化形成的良好秩序社会，其中社会公正得到了最全面彻底的贯彻，人与人之间的关系（包括上下关系）以敬礼亲

① 朱熹等人曾怀疑《礼运》篇是道家作品，主要原因可能是未强调爱有差等的原则，我想至少就其所代表的文明秩序而言，一直是儒家，甚至百家的共同社会生活理想。如果诸子在这方面没有区别，那么朱熹那样说的原因就是他重视的是与各家相区别的、儒家在具体方案方面的差等原则等。

爱为主，人们的道德自觉空前高涨，成为维护社会秩序的庞大资源。

3. 大同原理

钱穆先生在论述中国历史发展的特点时说："于整块中为团聚，为相协，故常务于"情"的融合，而专为中心之翕。……我民族国家精神命脉所系，固不在一种力之向外冲击，而在一种情之内在融和也。盖西方制为列国争存之局，东方常抱天下一统之想。"[3]钱穆先生概括中国历史发展之务于和谐统一（今人亦称为"和合"[4—5]），极为精辟。此思维方式本文称为大同原理，我认为也可称为统合原理①。

台湾大学佐藤将之认为，在"荀子论理的脉络中，'一'和'统'概念便在此方面扮演着主要角色"[6]322。其实，这种观念早在荀子之前就为儒家所倡导。《孟子·梁惠王上》记载孟子回答梁襄王"天下恶乎定"时，就明确地说"定于一"。《春秋公羊传》隐公元年以"大一统"释"王正月"，并在成公十五年提出"王者欲一乎天下"。后来荀子、董仲舒均对"一""统"的含义做了进一步阐释。《春秋繁露·玉英》云：

> 《春秋》之道，以元之深，正天之端，以天之端，正王之政，以王之政，正诸侯之即位，以诸侯之即位，正竟内之治。五者俱正，而化大行。

其中所谓"元"，即天地之始、化生万物者。董仲舒解释道："元者，始也，言本正也。"（《春秋繁露·王道》）这个"元"，就是"大一统"的"一"。这段话阐释《春秋》的"正始"之道，其精神是，天下安定系于"元"，即系于"一"。"大一统"思想体现了儒家治道鲜明的统合主义精神。

不过，古人所谓"大一统"并不等于今人所谓大统一，因为它强调的是在道义治理下所自然实现的融合，而不是武力征服和野蛮强制的统一。衡量统合是否成功的标志是和谐，故大同原理的另一重要含义是和。我们知道，儒家治道的使命是"保合大和"（《周易·乾·彖》），故"德莫大于和"（《春秋繁露·循天之道》）。所谓和并不单纯

---

① 《礼运》论"大同"一段，一般认为是儒家大同理想的经典描述，不过其内容更接近于前面所讲的文明理想，因为它讲的重心并不是本文所讲的统合。

是功能上的配合默契，而包含心理感应、心心相应的意思，所谓“圣人感人心而天下和平”（《易·咸·象》），和谐与统一相结合，“爱敬尽于事亲，而德教加于百姓，刑于四海”（《孝经·天子章》），“以天下为一家、中国为一人”（《礼记·礼运》），唯此方可造就一大同世界。故梁启超比较中西方政治思想差异说：“彼辈奖厉人情之析类而相嫉，吾侪利导人性之合类而相亲。”[7]7725

佐藤将之认为荀子的“统合世界观”包括：1）身体、自然世界及社会的推类整合；2）时间、空间、万物及人类的统合[6]295。儒家治道的理想目标在于实现人群内部的和谐、统一，次及整个国家、整个天下的和谐、统一，最高理想则是人与天地宇宙的和谐、统一，即“天人合一”。可以发现，虽然百家皆有统合思想，但儒家在实践中主张由近及远的过程，先是人间世界各个部门、各个阶层（君臣上下之间）乃至各个邦国（如协和万邦）之间的协和；然后是人与自然的协和；如果从历史的角度看，也要实现人与过去历史时代的协和；再后是整个宇宙的大统一，其最高理想天人和合，即“天人合一”。具体说来，大同原理有如下目标①：

1. 整体生命的和谐、统一。可理解为针对个体生命内部各器官、各方面甚至各阶段而言，有所谓“和实生物”（《国语·郑语》），“和故百物不失”“和故百物皆化”（《礼记·乐记》）。

2. 整体国家的和谐、统一。董仲舒曾以心脏比喻国君，以眼睛比喻上士，以四肢比喻群臣，以肝肺脾肾比喻辅佐；从人体当中心、眼、四肢、内脏、血气之间的和谐无间及融合统一来说明一国内部上下之间的理想关系（《春秋繁露·天地之行》）。《春秋繁露·奉本》称：“海内之心，悬于天子；疆内之民，统于诸侯。”荀悦也有类似的

---

① 佐藤将之强调荀子的“统合世界观”包括：1）身体、自然世界及社会的推类整合；2）时间、空间、万物及人类的统合。“荀子论理的脉络中，‘一’和‘统’概念便在此方面扮演着主要角色”，其次还有“参”，即参与天地（方：指与天地和合）。参佐藤将之《参于天地之治：荀子礼治政治思想的起源与构造》（台湾大学出版中心2016年版，第295—319页）。

说法，称“天下国家一体也，君为元首，臣有股肱，民为手足”（《申鉴·政体》）。

3. 整个人世的和谐、统一，即“协和万邦”（《尚书·尧典》）。司马迁认为，天子的职责就是“总一海内而整齐万民”（《史记·礼书》）；董仲舒认为，天子之所以有此职责，是因为“海内之心，悬于天子；疆内之民，统于诸侯”（《春秋繁露·奉本》）。总之，“王者欲一乎天下”（《公羊传》成公十五年），或者说，要使“天下”“定于一”（《孟子·梁惠王上》）。

4. 整个宇宙的和谐、统一，即所谓“保合大和”（《易·乾·彖》），也可以说“八音克谐，神人以和”（《尚书·舜典》）。如何实现？荀子重视规则，主张“上取象于天，下取象于地，中取则于人”，则“群居和一之理尽矣”（《荀子·礼论》）；董仲舒重视圣贤，认为“惟圣人能属万物于一，而系之元也”（《春秋繁露·重政》）。

和谐、统一的统合思想，古人常表述为“大和”“和一”“和同”“合同”“合和”“和合”“协和”等。《尚书大传》有“合和四海”，《春秋繁露·楚庄王》“天下未遍合和”，皆用“合和”。而《尚书大传》《韩诗外传》《孔丛子》称“阴阳和合”，陆贾《新语》称“乾坤以仁和合”，皆用“和合”。《礼记·郊特牲》讲“天地合而后万物兴焉”“阴阳和而万物得”，乃是合、和并用。此外，“和同”（《礼记·月令》）、“大和”（《易象传》）、“和一”（《荀子·礼论》）也与“和合”“合和”等含义相通。

和谐统一思想使得中国人自古追求大同主义、天下一家及大一统，这些思想实包涵以全世界为一总体的和谐安宁为最高理想。所谓天下一家、九州大同、四海之内皆兄弟，皆是此理想之体现。从上面也可看出，统合思想非儒家独有，百家往往认同[①]。

和谐统一思想略近于怀特海所谓有机体的世界观，也与涂尔干所

① 《鬼谷子·忤合》：“古之善背向者，乃协四海，包诸侯，忤合之地，而化转之，然后求合。”此外，墨子讲兼爱，实亦欲建立一人人相亲相爱之大同社会。类似的文献也可找到不少。

谓“有机整合”（organic integration）概念沾点边（不过涂尔干有机整合是针对分工发达的现代社会而言的）。此外，莱布尼茨的“前定和谐说”、斯宾诺莎的实体自因说，费希特、谢林、黑格尔的唯心主义哲学，就其设定世界按照预定规则统合于绝对者而言，皆有与儒家统合原理存在思维方式上相近之处，一大区别是后者没有心理感应成分，且德国先验唯心论中的整体主义是以超验世界为基础的，在中国文化中不存在一个完全独立于此岸世界的超验的有机整体。另外，这些西方哲学家的思想体系，绝非为治道发明，没有强烈的救世目的和治平理想。

四、原则

儒家治道的最高理想如果说是建立一个天下一家、人人爱敬的大同世界，这一理想世界如何实现则是另一回事。可以说，前面所说的儒家治道的三大原理，并未预设具体实现它们的途径是什么，我说过它们只代表中国人所追求的最高理想，或者说治道方面的最高价值准则。事实上这几个原理为多数先秦诸子所共同接受，但是各家后来提出来的方案却大不一样。各家的治道原则和措施只能在各家学说中来总结，而这些原则、措施的深层根源，则需要结合人类政治的普遍性与中国文化的特殊习性来分析。

现在我们来看儒家治道的其他原理，我称为次级原理或分原理，以及具体方案。让我先把儒家治道理论分成如下几个层次：

- 第一层：预设
- 第二层：原理
- 第三层：分原理（即次级原理，本文接下来称原则）
- 第四层：措施

所谓措施，我指儒家提出来的具体的治理措施，比如任贤、去谗、远色、明察、修己、刑赏、风化、均平之类。其详细内容下面探讨。最重要的是所谓分原理，我指其作为指导原理的地位不及最高原理，但相对于方案来说，它们又处于更高层次的指导位置。这一类分原理，我初步认为有至少如下几个（为了区别起见，我不称它们为原理，而称为原则）：

- 德治原则
- 贤能原则
- 人伦原则
- 礼法原则
- 风化原则
- 义利原则
- 民本原则

这样我一共概括出 7 条儒家治道的分原理，本文称为治道原则。具体来说：

（1）“为政以德”（《论语·为政》），“以德化民”（《史记·孝文本纪》），“明明德于天下”（《大学》），故有德治原则。

（2）“尊贤使能，俊杰在位”（《孟子·公孙丑上》），“论德而定次，量能而授官，皆使人载其事，而各得其所宜”（《荀子·君道》），即贤能原则。

（3）“纪人伦，序万物”（《新书·修正语上》），“原父子之亲，立君臣之义”（《礼记·王制》），即人伦原则。

（4）“明贵贱，辨等列”（《左传》隐公五年），“定亲疏”“别同异”（《礼记·曲礼》），即礼法原则。

（5）“风以动之，教以化之”“经夫妇，成孝敬，厚人伦，美教化，移风俗”（《毛诗序》），即风化原则。

（6）“国不以利为利，以义为利也”（《大学》），“明仁、爱、德、让，王道之本也”（《汉书·刑法志》），即义利原则。

（7）“天视自我民视，天听自我民听”（《尚书·泰誓中》[①]），“省刑罚，薄税敛”“制民之产，必使仰足以事父母，俯足以畜妻子；乐岁终身饱，凶年免于死亡”（《孟子·梁惠王上》），即民本原则。

---

① 见引于《孟子·万章上》。

总而言之，德治原则倡以德治国，人伦原则即人伦为本（包括先秦的五伦说，汉代三纲六纪说等），礼法原则讲礼法关系，风化原则强调风俗、风气，义利原则强调义利关系，民本原则强调民生、民权。这些被作为治道原则提出的理据主要是：它们每一个都表现为一系列治理措施，至少有上面罗列的3—5个不同的治理措施，同时又算不上最高原理；另外，能称为原则的条目，都具有跨时代、跨学派的普遍意义。比如说民本原则在不同时代、不同学者那里含义是有所不同的，但作为一个基本原则是历朝历代儒家所共同普遍尊奉的。或者如果我们做一个统计性分析的话，应当能发现从这些原则出发来阐发儒家治道的频率应当最高。也就是说，能称为治理原则的，是儒家治道学说中除最高原理之外最有代表性、最能体现儒家治道基本特征的治理原则。

当然，这些原则之间有一定的重叠性。比如贤能原则体现了德治原则，但差别在于：前者重领导者自身的德性，后者重领导者任人之方。又如人伦原则与礼法原则具有深刻的内在关联，在一定程度上礼法原则（即礼大于法的原则，或者礼治原则）乃是对人伦原则的贯彻，但人伦原则偏重伦理道德，而礼法原则偏重制度规范。风化原则重视风俗、风气，但也与德治原则、义利原则有关，因为后者涉及风俗形成的机制。

今以梁启超《先秦政治思想史》、萧公权《中国政治思想史》、徐复观《学术与政治之间》、牟宗三《政道与治道》等书所论儒家治道思想条目，验之以先秦、两汉儒家文献（如《尚书·尧典》《尚书·洪范》，《论语·为政》《论语·尧曰》《孟子·梁惠王》《荀子王制》《荀子·王霸》《春秋繁露·王道》《春秋繁露·王道通三》等），得儒家治道思想十余条，曰：敬天、明德、修己、正始（大一统）、任贤、明察、黜陟、刑罚、风俗、礼乐、正名、五伦、孝悌、纲纪、重农、养民、薄赋、轻徭、开言、纳谏、去谗、王霸、重义、重农等。这些条目大体皆可纳入前述三原理七原则，今以表1来显示儒家治道的关系结构：

表 1 儒家治道层次

预设	此世界真实且唯一，它的理想目标可以人为达到
原理	天下原理　文明原理　大同原理
原则	德治原则　贤能原则　人伦原则　礼法原则　风化原则　义利原则　民本原则
措施	敬天、王道、明德、修身、正己、正始、大一统、明察、赏罚、均寡、黜陟、礼乐、正名、五伦、亲亲、孝悌、纲纪、养民、重农、薄赋、轻徭、开言、纳谏、尊贤、去谗、杜奸、重义、五常、三纲、君道、臣道、皇极、移风、易俗……

我说过，原理只是一些最高价值准则或理想，不能直接从中推出后面的原则，但是后面这些原则和措施却是实现这些理想的必由之路。而在原理/原则与措施之间，却有一定的对应关系。措施从某种意义上讲是原则的具体化或落实。原则高于措施的地方正在于它，同一条原则可以衍生出多个措施来。比如从德治原则出发，可以衍生出明德、修身、正己、正始、大一统，德治原则也与三纲（主要是君为臣纲）、君道、正名、均平、重义等相关；尊贤、明察、赏罚、黜陟主要体现了贤能原则，同时亦与义利原则有关；从人伦原则可以衍生出五伦、三纲、六纪、亲亲、孝悌等措施；而开言、纳谏、去谗、杜奸是君道，亦属于贤能原则，但也与德治原则和人伦原则有关；皇极是君德，涉及德治原则，但从《洪范》上看与风化原则更相关。即是说，同一条措施可以同时与几个原则有关。而敬天、王道一类措施当然直接与前面所说的三条原则有关，但敬天涉及礼治，王道也属于德治原则范畴。五常、重义、均寡等措施涉及义利原则，但也与风化原则间接有关。民生、重农显然属于民本原则。

五、特色

接下来，我想重点论述，通过对儒家治道的预设、原理、原则和措施的层次关系的梳理，我们似乎就可以对儒家治道所体现出来的特色有更好的把握。本文认为，儒家治道有三个重要特色，这些特色尤其体现了中国文化的习性，也可以说它们有一部分是我曾经说过的此岸取向、关系本位和团体主义这一文化无意识的产物。下面我将逐一论述儒家治道的三个特色：治人主义、统合主义和心理主义。这些特色可进一步帮助我们理解为什么中国传统学问中以治道为中心，为什么中国传统学问中没有出现强烈的认知主义精神，没有出现以法治、人权、自由以及民主等概念为核心的治理思想。

1. 治人主义

儒家治道的一个最重要特点，在我看来就是治人（本文称为治人主义）。这里所谓治人，不是整人，更不是人治。“治人”一词，较早出现于《左传》襄公二十一年、《穀梁传》僖公二十二年、《中庸》《孟子·滕文公上》《礼记·祭统》《礼记·冠义》《荀子·君道》《荀子·乐论》《荀子·礼论》《荀子·解蔽》等先秦文献中。正式作为一术语出现可能是《荀子·君道》“有治人，无治法”之说①。

梁启超曾称儒家政治思想为人治主义。其所谓“人治主义”是指“希望有圣君贤相在上，方能实行”[7]78。然而他又指出：“儒家所谓人治主义者，绝非仅恃一二圣贤在位以为治，而实欲将政治植基于‘全

① “治人”之“治”本义为“理”。笔者考证出，此字在六国文字中常写作辞、𤔲、乿等，三字皆从𤔔而来，后者本义为“理乱丝”。《荀子·修身》：“少而理曰治。”《类篇》：“治，亦理也。”《广韵·至韵》：“治，理也。”朱熹《诗集传·绿衣》：“治，谓理而织之也。”《孟子·滕文公上》：“劳心者治人，劳力者治于人。”《说文解字·一部》：“吏，治人者也。”此处“治”均指管理；《春秋穀梁传》僖公二十二年：“治人而不治则反其知。”《礼记·冠义》：“可以为人，而后可以治人也。”此处“治”指领导；《春秋繁露·玉杯》：“春秋正是非，故长于治人。”此处“治”指校理；《礼记·礼运篇》：“圣人所以治人七情。”此处“治”指调理；《春秋繁露·仁义法》：“所以治人与我者，仁与义也。”此处“治”指教理（教化）。又：《左传》襄公二十一年：“轨度其信，可明征也，而后可以治人。”《中庸》：“知所以修身，则知所以治人。”《礼记·祭统》：“治人之道莫急于礼。”《荀子·乐论》：“乐也者，治人之盛者也。”此数处“治”皆指政治统治。据《四部丛刊》电子版等统计，“治人”一词在《左传》《穀梁传》中各出现1次，《孟子》3次，《礼记》5次（除异义3次），《荀子》6次（除异义2次），《韩诗外传》1次，《春秋繁露》8次，《孔子家语》2次，《史记》5次。由此可见，“治人”一词在先秦及汉初文献中已较频繁出现。

民’之上，荀子所谓‘有治人，无治法’，其义并不谬，即孔子‘人能弘道，非道弘人’之旨耳。”[7]82 “要而论之，儒家之言政治，其唯一目的与唯一手段，不外将国民人格提高。以目的言，则政治即道德，道德即政治。以手段言，则政治即教育，教育即政治。”[7]83 据此，则梁氏之人治主义与本文治人主义含义有同有异。梁氏虽亦从正名、风化、礼治、仁政等不同角度论述其人治主义，但与本文区别在于：从语义看，梁氏从施政主体着眼（但亦注意到施政对象），治人主义主要从施政对象着眼。本文所以不称“人治主义”者，亦因为流俗已将其等同于独裁主义矣。此外，萧公权先生也曾将儒家与墨家同称为“人治派”，与梁启超相似，他的理由也是儒、墨以君子或贤人为政治主体①。萧氏人治概念与本文治人主义虽有重叠，但基本含义不类，因本文治人主义主要是就对人的塑造与影响而言。

我所谓“治人”，指对于人、人心、人伦的塑造或影响。所谓治人主义，指儒家通过改变人来实现理想的治理，就是理顺人心和人伦，具体包括修己安人、理人伦、重贤能、化风俗、顺民心等。以前面所概括儒家治道的7条原则来说，至少有5条明显地体现了治人的特点，即德治原则、贤能原则、人伦原则、礼法原则、风化原则，均体现从改变人入手来施治。

治人的含义应当联系治法来理解，其中的治均为动词。治人与治法相对。“有治人，无治法”“法不能独立，类不能自行；得其人则存，失其人则亡”（《荀子·君道》）。法家重于治法，儒家重于治人。这不是说儒家不要法，而是以法为辅。本文在狭义上使用“法”一词，主要指书面硬性的法律和制度②。

---

① 萧公权：《中国政治思想史》，联经出版事业股份有限公司 1982 年版。萧氏说：“儒家政治，以君子为主体。”“墨子论政，亦注重贤人。”（第 23—24 页）儒墨共同之处是认为“治乱之关键，系于从政治国者之品性”（第 23 页）。

② 《韩非子·难三》：“法者，编著之国籍，设之于官府而布之于百姓者也。”《周礼·天官·大宰》：“以八法治官府。”孙诒让疏：“法本为刑法，引申之，凡典礼文制通谓之法。”（孙诒让：《周礼正义》，王文锦等点校，全十四册，中华书局 1987 年版，2000 年重印，第 63 页）。

中国历史上有治人与治法关系的大量讨论。尽管明末黄宗羲《明夷待访录》提出“治法重于治人”的观点，但这似乎更多地出于亡国之痛的愤激之言，有矫枉过正之嫌，并不反映儒家的一贯传统。从清人贺长龄所编《皇朝经世文编》中所录有关“治人”与“治法”的大量言论可以看出①，黄宗羲的观点并没有被后世多数学者所接受。

我们可以把古人的法粗略地理解为制度，治人主义的精神实质就是相信人而不是制度，才是改变现实的最主要因素。但是“治人主义”这一术语千万不要误解为整人，那就不是儒家治道了，甚至让人联想到法家的治术了。

儒家为什么选择了治人主义路线？我认为，治人主义体现了儒家对中国文化习性的认识：中国治理的根本在于人。一切问题归根结底都是人的问题。只要人的问题不解决，一切政策、法律、制度都是空谈。如果说儒家在历史上比法、墨、道更成功，原因和秘密也在于此。从根本上说，治人主义的治道路线充分体现了中国文化的关系本位习性。

现代学者或欲据此认为儒家治道背离现代法治思想，然而也是不了解中国文化的习性所致。他们没有认识到，“治人”之所以重于“治法”，是因为中国文化是建立在此岸取向和关系本位上的文化，人、人心、人情、人脉、人群因素永远是影响中国政治最强大的力量。中国人自古相信“制度是死的，人是活的”，在现实中对他们真正有效的治理必须从人情和人心出发，而不能指靠抽象的法律或一刀切的制度来解决问题。早在西周青铜器铭文中即已反映出来的“明德慎罚”思想，以及我们在下面所罗列的儒家治道的基本纲领，包括德治、礼治、任贤、人伦、义利、风化等治道范畴，皆鲜明地体现了治

---

① 贺长龄：《皇朝经世文编》卷一一《治体五·治法上》、卷一二《治体六·治法下》，此书有道光刻本、光绪刻本等，藏于国内各地图书馆等。今人翻印本有台湾《中国近代史料丛刊第七十四辑》本（沈云龙主编，台北：文海出版社 1966 年版），以及此书台湾大学 1980 年版、学苑出版社 2010 年版、广陵书社 2011 年版等。电子检索参《国学大师网》提供的书中（http://www.guoxuedashi.com/search/?shu=6388e&l=1），以“治法”为检索词，即可发现其中多数观点。

人的特点。

2. 统合主义

统合主义在前述儒家治道的大同原理得到了鲜明的表达。统合精神背后深层的寓意是，只有全世界合为一和谐整体才算找到真正归宿，即所谓“以天下为一家，以中国为一人”（《礼记·礼运》）。如何理解统合主义成为儒家治道的鲜明特色呢？

美国著名汉学家白鲁恂（Lucian W. Pye，1921－2008）认为，中国文化有强烈的集权和专制倾向，不能容忍多个权力中心并存并处于竞争状态；在中国人看来，分权会导致帮派之争（factionalism），破坏和谐秩序①。白氏点出了数千年来中国历史的内在张力，即分与合的矛盾。我们可能从小就听说过，中国古代历史上有所谓“分久必合、合久必分”。所谓合指统一的中央集权政治；所谓分，指社会和地方的独立分治。合的极端而典型的体现，就是秦朝为代表的集权与专制。它不顾人民死活，不许行业自治，不给社会以空间，不让思想有自由。它对于地方的管理，主要靠行政命令和武力镇压。这种高度集权和专制的政体，为人们深恶痛绝，往往不能长久。分的极端而典型的体现，则是以春秋战国所代表的分裂与混战，在中国历史上出现过不止一次。它最大的特点是中央权威丧失殆尽，地方势力各行其是；诸侯争霸，国无宁日，生灵涂炭。它的另一特点是利和力成为社会生活中的主导力量，由于道德价值为人不齿、人心个个唯利是图，社会秩序彻底崩溃，社会信任和安全感普遍丧失。这种状态，被儒家称为礼崩乐坏。如果说主张合的主要理论代表是法家，主张分的理论代表也许道家接近些。

---

① Lucian W. Pye, *Asian Power and Politics, the Cultural Dimensions of Authority*, with Mary W. Pye, Cambridge, Massachusetts and London, England: the Belknap Press of Harvard University Press, 1985, pp. 183－191。白氏认为，相比之下，日本长期的封建传统，使得多个权力中心并存得以容忍。幕府将军只是多个大名中最大的那一个。又，日本人的多权力中心观也与其家庭结构有关。日本的长子继承全部财产制度与中国诸子均分财产不同，导致了别子为宗普遍；在日本家庭中，父权与母权并存，并相互竞争。

无论是分，还是合，哪一个走到极端，都会造成巨大的破坏和悲剧，也是任何中国统治者必须严肃面对和绝力避免的。但是，分、合虽相互对立，却又共同需要。道理很简单，只有分没有合，就变成了分裂与混乱；只有合没有分，就变成了集权与专制。分与合这种既共同需要又相互矛盾的关系，决定了它们对于中国社会发展的特殊重要性，处理不好容易导致一统就死，一放就乱。可以说，分与合的矛盾主导了中国历史几千年①。

研究过欧洲历史的人知道，希腊人喜欢分裂和自治，安于分裂和自治。古希腊同一民族至少有一百五十多个城邦（有人说甚至有近千个城邦），小的只有几千人，大的也不过几十万人（其中公民只有数万人），即可自称为一个“国家”，享有充分的主权，不受外人统治。希腊人并不认为国家越大越好。亚里士多德曾在《政治学》第七卷探讨了一个理想的城邦人口和疆域的限制，以能在物质上自给自足、人际上相互熟识为原则，超过了这个限度将不利于建立理想城邦（1325B33－1327A10）。吴寿彭考证认为，在亚氏心目中，“一邦公民人数不能超过万人”“等于一近代国家一个小城市或一乡镇的境界和人口”②。这种把“分”发展到极致的传统，在罗马帝国崩溃后的西

① 对于中国古代分与合的变奏规律的研究，参葛剑雄《统一与分裂——中国历史的启示》（增订版，中华书局 2008 年版）。金观涛、刘青峰研究了中国历史的“超稳定结构”问题，侧重于社会子系统（包括政治的、经济的和文化的）之间的相互配合，试图从这个角度来解释中国古代社会结构的“大一统”之谜。参氏著《兴盛与危机——论中国社会超稳定结构》（增订本，香港中文大学出版社 1992 年版）。

② 亚里士多德：《政治学》，吴寿彭译，商务印书馆 1965 年版，第 356 页“脚注”。关于古代希腊城邦世界的“多中心”特点，参顾准《希腊城邦制度——读希腊史笔记》（中国社会科学出版社 1982 年版，第 3—7 页）。

欧再次出现过[1]。金观涛、刘青峰曾用“马铃薯”与“混凝土”之别来分别形容西方和中国古代社会结构之别[2]。然而，这种希腊式的分而不合传统，在中国文化中似乎走不通。春秋战国就是与希腊类似的分而不合，但由于长期战乱，人心思定，最终走上了合的道路。

既然中国文化不适合于走希腊式分而不合的道路，又不适合于秦朝式合而不分的道路，那么它是如何摆脱分与合的张力的呢？如果说，在现实中，中国历史上的多数王朝走的是一条寓分于合的中道的话；那么可以说，在理论上，儒家的王道学说提供的就是试图提供彻底解决分一合矛盾的方案。我们都知道，儒家坚决反对无止境的分。孔子的《春秋》讲尊王、正名分，后世的“三纲”提倡“君为臣纲”、事君以忠，讲的皆是此理。孔子说：“天下有道，则礼乐征伐自天子出；天下无道，则礼乐征伐自诸侯出。”（《论语·季氏》）“八佾舞于庭，是可忍也，孰不可忍也?”（《论语·八佾》）尊王是《春秋》核心宗旨之一。可以说，儒家治道一方面旗帜鲜明地反对分裂，整个儒家的《春秋学》讲的正是此道；另一方面认为可用王道来克服分裂的危机，前面所讲的文明原理以及德治原则、贤能原则、礼法原则、风化原则、民本原则、义利原则等，反映的正是这种思想。

---

① 萧功秦比较中西方文明历史的差异，认为欧洲文明的演化方式具有“小规模、多元性与竞争性”特点，是“由于欧洲地理的多样性，有利于形成具有独立的小国家或小共同体”；而中国的地理环境及农耕文明，造就了中国文明的“大一统”趋势。“秦汉大一统是同质共同体互动的必然趋势，另一方面，大一统专政帝国反过来又运用国家高度的权威进一步采取同化政策。”他认为中国文化从同质个体凝聚成一个整体，主要靠的是“分”的方式。“分”指各得其分、定分止争，并从“礼”的角度把它制度化，从而“有效地避免无休止地对稀缺资源如财富、名誉、地位、权力的争夺，整个秩序的平衡也就得以保证”。相比之下，日本社会宏观结构具有与欧洲类似的“小规模、多元性、分散性的结构特点”，这是日本比中国更能适应西方挑战，成功现代化的原因。参萧功秦《从千百史看百年史——从中西文明路径比较看当代中国转型的意义》，《社会科学论坛》2007年第1期，第5—31页。

② 西方古代社会小国林立，缺乏足够通讯联系，彼此分散而不相属，类似于一袋马铃薯；中国古代社会则政治、经济、文化各子系统相互交融，呈“一体化”面貌，故形成稳定的大一统格局，类似于一堆混凝土。参金观涛、刘青峰：《兴盛与危机——论中国社会超稳定结构》（增订本），香港中文大学出版社1992年版，第21—22页。

为什么儒家治道的统合主义长期在中国历史上受欢迎，甚至可以说长盛不衰呢？我认为统合主义受欢迎的真正根源，是中国文化的此岸取向和关系本位。此岸取向导致人们对世界不安宁的担心超乎一切，关系本位导致对关系不和谐的忧虑超乎一切。近年来大陆学界“和合论”“和合哲学”等多个类似学说的提出，反映了一批当代中国学者自觉吸取传统资源重建现代中国政治合法性基础的努力，也许可看作古代治道传统的现代回声。

3. 心理主义

美籍华裔学者孙隆基先生站在文化心理学的角度试图说明，中国文化对于人的设计与西方文化迥然不同，即中国文化把人设计成身一心的联动结构，而西方文化是把人设计成灵（魂）一肉（体）的分裂结构。我试以表 2 示之[8]：

表 2　中西文化对人的设计

	外	内	深层结构
中国“人”	身	心	安心安身
西方“人”	肉（体）	灵（魂）	动态超越

从表 2 可以看出，心在中国文化中的独特含义。表面上中国人的心与西方人的灵魂对应，但灵魂在希腊以来西方文化中是不死的，可以脱离肉体以及整个世俗世界存在。然而，中国人的心绝对不是什么不死的灵魂，更不可能脱离肉体和世俗世界独存。中国人的心的另一最大特点是无法在西方语言及人类多数语言中翻译，因为它是理性和感性不分的，在英文常常不得不译为 heart-mind。即：在许多语言中分别代表大脑和心脏的两种功能，统一在汉语中的心这个词汇上。也就是说，在中国人看来，一方面，心是感性的，外部世界的感应直接导致内心的感受（feeling，emotions）。心与外界的密切感应，导致中国人把安心当作生命存在的理想方式，中国人的一切幸福似乎依赖于或体现为心满意足、心安理得、心神安逸。但是另一方面，心又是理性的，古人云“心之官则思”（《孟子·告子上》）；有心还是无心、用

心还是不用心，是衡量一个人是否负责任的关键。

心既是被动感受又是理性主宰，既有道德意志又有幸福追求的两面性，意味着它是生命中最强大、最重要的力量（朱子“心统性情”说也体现了这一点），因此对个人来说，可以说中国人因心而活着，西方人则因灵魂而活着。也因此，掌握了一个人的心，就是掌握了这个人。换言之，掌握一个人的最佳方式是令其交心，使其用心，拿出真心；而一个统治的成功与否，并不完全取决于今人所谓政绩、程序合理等因素，而主要体现为“得民心”。我曾论证这说明了中国政治的合法性，未必如西方政治那样，可以政绩合法性、程序合法性以及意识形态合法性为主①，而以民心合法性为主。从治道来讲，最成功的政治从来都是让人心悦诚服，即所谓“天下之民归心”（《论语·尧曰》）。孟子则曰：“天下不心服而王者，未之有也。”（《孟子·离娄下》）前面我们所说的王道政治（文明原理），其所谓文明与野蛮区别的标准之一，就是天下心服、四海归心。孟子之所以说“善政得民财，善教得民心”（《孟子·尽心上》），正是基于对中国文化中“心的逻辑”的领悟。

最后，由于心既有感性又有理性，自古以来中国政治都以感动人心来建立其统治基础。心的感性特征使人易受感动，心的理性特征使人能做出行动。《易·咸·彖》曰：

> 圣人感人心而天下和平。观其所感，而天地万物之情可见矣！

圣人之治的最大成效之一在于能感动人心，“天地万物之情”均是衡量所感成效的依据。这段强调圣人、圣王对天下人感召，要能感动千千万万人的心。儒家强调，一旦这种感动成功，就能立即转化为无比强大的社会力量和不可估量的道德资源，成为衡量政治治理成败

① 赵鼎新总结三种合法性，即意识形态合法性、绩效合法性和程序合法性。参赵鼎新：《当今中国会不会发生革命?》，《二十一世纪》2012 年 12 月号，第 4—16 页；赵鼎新：《“天命观”及政绩合法性在古代和当代中国的体现》，《经济社会体制比较》2012 年第 1 期，第 116—121、164 页。

的关键标志，出现人人“可使制梃以挞秦楚之坚甲利兵”（《孟子·梁惠王上》）的奇迹。《论语》亦屡言为政者“恭己正南面”“譬如北辰，居其所而众星拱之”，《中庸》称“君子不动而敬，不言而信”“不赏而民劝，不怒而民威于斧钺”，亦反映中国人一旦心服，立即转化成无穷无尽的政治合法性力量。

另一方面，中国文化的关系本位还导致人心与人心相互感应，而产生强大的“风动”效应，出现天下人闻风而动、风起云涌地追随的场面，即我们今天常讲的万众一心、众志成城、同心同德的理想社会。孔子说：“德之流行，速于置邮而传命。”（《孟子·公孙丑上》）讲的正是这种风动效应。孟子也说：

> 今王发政施仁，使天下仕者皆欲立于王之朝，耕者皆欲耕于王之野，商贾皆欲藏于王之市，行旅皆欲出于王之涂，天下之欲疾其君者，皆欲赴诉于王。其若是，孰能御之？（《孟子·梁惠王上》）

孟子告诉齐宣王，让天下臣服的方法很简单。只要你“发政施仁”，即可以让天下人都来归顺。按照我们今天的正常思维，任何政治也不可能完美无缺，怎么可能做到“使天下仕者皆欲立于王之朝，耕者皆欲耕于王之野，商贾皆欲藏于王之市，行旅皆欲出于王之涂，天下之欲疾其君者，皆欲赴诉于王”呢？孟子凭什么如此信心满满呢？这和他在告诉梁惠王“地方百里，而可以王”（《孟子·梁惠王上》）的自信来源是一样的，因为他洞察出了中国文化中人心的逻辑，那就是“乐民之乐者，民亦乐其乐；忧民之忧者，民亦忧其忧”（《孟子·梁惠王上》），只要统治者能“举斯心加诸彼”（《孟子·梁惠王上》），则人民虽无“恒心”，但其心亦很容易被感动，结果就是人民对你归心。文王之所以能“一怒而安天下之民”（《孟子·梁惠王下》），其真正秘密也在于此。

现在我们可以理解，为什么儒家那么重视风化，其原因之一当然也与人心之感应作用大有关。好的治理要善于运用中国文化中上述心的逻辑，运用得好，立即创造出神奇的效应。东汉学者荀悦在论治道时，提出“惟察九风以定国常”，主张国君要“原心”以“绥民中”

（《申鉴·政体》），他并提出“治世之臣所贵乎顺者三，一曰心顺，二曰职顺，三曰道顺”，以“心顺”为首。王符《潜夫论·本政》则进一步提出“天以民为心，民安乐则天心顺，民愁苦则天心逆”的观点。这些说明他们深知唯有以君心感民心，创造良好的风气，才能实现大治。这与《论语·尧曰》“兴灭国，继绝世，天下之民归心焉”的思维逻辑是一样的，区别只在于得民心的具体措施上。当然，风俗的政治意义有超越于具体文化的普遍价值，孟德斯鸠、托克维尔等西方政治理论家也重视风俗的作用，区别在于他们并没有将理想政治状况的基础建立在风化上。

由上我们试图说明，儒家治道的心理主义特点，认为这要从中国文化的此岸取向、关系本位及与之相应的身心观有关。这里，我所谓“心理主义”之“理”作动词，故心理主义也可称理心主义。要说明的是，我所用心理主义一词切不可用英文 psychologism 或其他以 psyche一为词首的单词来翻译，因为英文中 psychology 主要研究人的非理性的情绪因素，与古汉语中的“心”具有强烈的理性思维和道德责任的含义大别。

六、小结

本文从预设、原理、原则、措施、特点等五个方面及其关系结构出发，总结了我所认识到的儒家治道的范式。对于我所概括总结出来的原理和原则，任何人都可以根据我的标准来质疑和讨论，我在这里强调的不是某种观点或立场，而是可不可以这样来概括儒家治道，这样来理解它？

在我看来，儒家治道在千百年历史上存在一种内在的“范式”或“理想型”，它并不涵盖所有人、所有观点，而只是一种“范式”。它像一块模板，虽非各家共守，却激活了后世千百年的治道追求；它是一种范式，虽经岁月冲洗，仍昭示出某种共同的背景预设；它是一套理想，虽常隐而不宣，竟成为各种治道的活力之源。在我看来，这套治道范式对古人的支配带有无意识的特点。

另一个值得深入分析、也是我计划下一步要做的工作是，如何从文化习性的角度来解释中国文化中盛行的治道原则，包括前面所讲的七原则。我相信，中国文化中盛行的治道原则及治道原理，甚至从总体上讲中国文化中盛行治道这一现象（今天中国学界依然如此），均与中国文化的三个预设——此岸取向、关系本位和团体主义有关。

我们能从本文总结的儒家治道原理和原则引申出对当代治理有意义的启发吗？启发总是有的，但如果认为这里面包含彻底解决当代国家治道问题的方案，也许是奢望了。不过，我相信，儒家的这套治道原理及其精神，包括德治、贤能、礼法、风化之类，一定会深深印在当代及未来中国治理的政治实践中，而儒家治道的最高原理，即至少其中的文明原理和大同原理，至今仍然为中国人深信不疑。我曾探讨儒家孝治思想与当代社会建设的一致性，不过孝治属于儒家治道的人伦原则，而当代社会市民社会的自治并不完全是人伦关系问题。但是如果回溯到文明原理，即以道义治天下，则可以说，当然社会空间的自治与理性化是合乎儒家的道义原理的。

总之，我希望自己提出的儒家治道体系代表儒家思想传统中最有活力的思想原型（或称理想型），对于今天理解历代儒家治道及其演变有所帮助。

参考文献：

[1] 冯友兰. 中国哲学史：上册［M］. 北京：中华书局，1947：55.

[2] Fung Yu-lan. *A History of Chinese Philosophy*, vol. 1, the period of the philosophers (from the beginnings to circa 100 B. C.) ［M］. translated by Derk Bodde. Princeton: Princeton University Press, 1952: 31.

[3] 钱穆. 钱穆先生全集［M］. 新校本. 北京：九州出版社，2011：21—22.

[4] 张立文. 和合学概论：21世纪文化战略构想［M］. 北京：中国人民大学出版社，2006.

[5] 张立文. 和合哲学论［M］. 北京：人民出版社，2004.

[6] 佐藤将之. 参于天地之治：荀子礼治政治思想的起源与构造［M］.

台北：台湾大学出版中心，2016.

［7］梁启超．饮冰室合集：第十三册［M］．典藏版．北京：中华书局，2015：71.

［8］孙隆基．中国文化的深层结构［M］．桂林：广西师范大学出版社，2004.

原载于《衡水学院学报》2021年第6期。

方朝晖（1965—），男，安徽枞阳人，清华大学人文学院教授，博士生导师，哲学博士。

古代中国关于历史进程问题的理论思考①

蒋重跃

在很早的时候，中国思想家就对历史进程问题做了深入的思考，提出了种种有利于中华文明主体不断延续和发展的设想和方案。大家知道，中华文明五千年绵延不绝。但原因是什么？这是国内外学术界都在思考的大问题。从思想史的角度，我觉得，中国古代关于历史进程问题的思考，对于维护和推动中华文明主体的发展和延续具有重要的作用，它们已经熔铸到中华文明主体之中，成为中华文明历史发展观的一部分。本文要谈的是中国古代的思想家关于历史进程问题的理论性思考。这些内容从前都讨论过，但是，今天从关注中华文明主体的前途和命运的角度来谈，一定会有新的体会和发现。不当之处，敬请指教。

一、“天命”与“人心”：西周初年的王朝更替观

关于历史发展进程和社会形态，特别是关于历史发展阶段的学术研究，在中国有着悠久的传统，至少在三千多年前的周代，就有了可靠的证据。较早的具有理论性的历史进程观念是王朝赓续历史观。

中国传统学术脱胎于周代国家保存的经典——五经。其中的《尚

① 基金项目：本文为国家社科基金委托专项项目“新时代中国特色历史学基本理论问题研究”（项目编号：18VXK006）阶段性成果。

书》有《虞书》《夏书》（后人编辑时两者合一，称《虞夏书》）《商书》《周书》四个部分，这说明在《尚书》形成过程中，就已经有了“三代”“四代”观念。据《左传》记载：文公七年，晋郤缺言于赵宣子曰中就有“《夏书》曰：‘戒之用休，董之用威，劝之以九歌勿使坏’”的话。《左传》襄公三年，晋侯要祁奚举荐贤才，出于公心，祁奚先举仇人解狐，可惜解狐去世；后举儿子祁午，祁午得任，时人不以为偏私，《左传》的“君子曰”引“《商书》曰：‘无偏无党，王道荡荡。’”春秋战国年间称引《周书》的就更多了，此不赘述。可见，至少在东周（其中大部分时间称为“春秋战国时期”），《尚书》是有三代划分的，也就是说那时已经有了初步的历史分期意识，划分的标准，就是朝代，按照今天的说法，这叫作“王朝体系”，20 世纪以来的人会觉得这种划分方法了无生气，不足挂齿。现在看来，里面是大有深意的。

首先是历史发展阶段论的意识。《尚书》号称政典，保存了虞、夏、商、周四个王朝的典、谟、训、誓、诰、命，系重要政治人物发表的讲话和文告，后代儒家尊为经典，历史学家奉为最早的历史典籍。

其次是历史发展原因论的意识。《尚书》按朝代分编篇目，对于后人应该还另有意义，那就是提示我们要重视王朝统治和王朝更替及其原因。在这方面，古代的杰出人物曾经做过非常有价值的思考，对中华文明的发展做出了较大贡献，产生了深远影响，其中最值得称道的是周公。

周公是文王的第四子，武王的弟弟。他协助武王伐纣成功。灭商不久武王去世。周公辅佐年幼的成王，平息了朝内重臣的党争和朝内重臣与殷纣王之子武庚的联合叛乱，又经过三年东征，彻底平息了商朝势力在东方的死灰复燃；同时，他完善宗法制，实行分封制，把对全国的统治水平提升到了一个新的高度。周代国祚从公元前 11 世纪，一直延续到公元前 3 世纪，号称八百年，不能不说与周公有重要关系。

周公对历史发展观念的贡献主要表现在他对商周易代的理性思考上。周本是僻居西土的小邦（《多士》：“我小国”，《大诰》：“我小邦周”），虽然在多方面做了长期的准备，但真的一朝灭掉巨大的商朝（《多士》：“天邑商”，《召诰》：“大邦殷”“大国殷”，《诗·大雅·大明》：“大商”），自己也是不敢相信的。面对这样的历史变局，周公的内心毫无疑问受到了强烈的震撼。他不得不做深刻的反省。《周书》中保存了周公与大臣的谈话和发布的文告，反映了他对这次王朝更替的历史意义所做的富有创新意义的理论思考。

周公并没有把周灭商仅仅看作是一次普通的王朝更替，他把周灭商与商灭夏联系起来思考，从中发现了某种规律性的东西，那就是天命的更改。曾几何时，面对着起义的诸侯势力的逼近，作为商朝君主的殷纣王仍然狂妄地宣称："我生不有命在天！"（《西伯戡黎》）他迷信商朝稳稳地拥有天命庇护。当然，他这样想，也不是没有道理的。古代治国理政的要务有两条：一是祭祀，一是军事（《左传》成公十三年："国之大事，在祀与戎"）。据殷墟考古，商朝在祭祀上和军事上都表现出了无与伦比的盛大，这一点周人心里面最清楚。所以，太王、王季、文王几代人都在积极努力，创造条件，做灭商的准备。"文王受命"就是一个不可否认的事实。可是尽管如此，商朝的强大仍然是周人惧惮的。在周公心里，这个号称拥有天命的强大王朝被小邦周灭掉，如果不是上天的意志，单凭人力，无论如何也是不敢想象的。

商朝敬鬼神重祭祀而且强大无比，结果却失去天命庇佑而土崩瓦解，从这一重大历史变局，周公发现天命是不可信的，它不会因为武力强大和祭祀丰厚就保佑一个政权。我们在《周书》中读到的"若天棐忱……天命不易，天难谌……天不可信"（《君奭》），"天棐忱辞"（《大诰》），"唯命不于常"（《康诰》）这类文字，都是周公发出的对天的疑问。在他看来，曾经拥有天命庇佑的，也会丢掉天命（"墜厥命"）；而曾经没有天命庇佑的，却可以得到天命（"受厥命"），殷周递嬗不就是活生生的例证么[①]？

那么，对于天命转移的本质应该怎样认识呢？周公在这个问题上取得了重要的理论性收获，他的见识堪称思想史上的一座里程碑。

据《尚书·召诰》，周公把这场王朝更替叫作"皇天上帝，改厥元子"，认为殷周递嬗其实是上天更换了太子（天子），成王尽管年幼，

① 《酒诰》："弗弔，天降丧于殷，殷既坠厥命，我有周既受……惟时受有殷命哉。"《君奭》："惟天降命……故我至于今，克受殷之命。"

那也是上天的太子啊!(《召诰》:“呜呼!有王虽小,元子哉。”[①])《尚书·多士》保留了周公对殷商遗民中的重要政治人物的讲话:说是上天降下厄运到你们商朝头上,让我们周替天行道,结束你商朝的天命,我们不敢违抗上天之命。这和你们祖先商汤灭夏是同样的道理。你们的祖先从商汤到帝乙都能够修明道德,用心祭祀,不失天命。但后来的继任者却越来越淫逸,不敬上天,所以上帝就不保佑你们了。如今,我们周王承担上帝之命,灭掉你朝。我想你们也知道,你们先人的史册上肯定有“殷革夏命”的记载,我们灭掉你们“天邑商”,这不是我们的罪过,实在是天命不可违啊!天下就像家庭一样,天命的变换,就像家里改换元子(嫡长子)啊!周朝代替商朝,那就是上天把原来的元子(商朝君主)废掉,更换了新的元子(周朝君主)。

这样说当然可以,但问题是上天为什么要改换元子?商朝为什么会丢掉元子的身份,周朝为什么会得到了元子的身份呢?周公经过反思后认定那是因为商朝无德,而周朝有德啊!他在《召诰》中指出:我们以史为鉴,看到了夏朝和商朝的前车之覆:夏朝本来拥有天命,所以统治了那么多年,可是却因为不能敬德,而丢掉了天命;商朝也曾拥有天命,所以统治了那么多年,可是也因为不能敬德,而丢掉了天命。所以我周朝要努力敬德[②]!春秋时期的宫之奇曾说过:“故《周书》曰:‘皇天无亲,惟德是辅。’”什么是有德?是武力强大吗?商朝那样强大,可却不免灭亡。是享祀丰洁吗?商朝祭祀的丰厚虔敬大概也是无人能比得了,可却同样逃脱不了灭亡的命运。那还有什么东西会让商朝失去上天的护佑呢?战国时期,孟子引用《尚书·泰

① 《诗·大雅·公刘》:“食之饮之,君之宗之。”毛传:“为之君,为之大宗也。”《诗·大雅·板》:“大宗维翰。”毛传:“王者天下之大宗。”可见,在周人传统中,君主的确是作为元子(即大宗或称宗子)看待的。

② 《召诰》:“我不可不监于有夏,亦不可不监于有殷。我不敢知曰,有夏服天命,惟有历年;我不敢知曰,不其延。惟不敬厥德,乃早坠厥命。我不敢知曰,有殷受天命,惟有历年;我不敢知曰,不其延。惟不敬厥德,乃早坠厥命。今王嗣受厥命,我亦惟兹二国命,嗣若功。……王其疾敬德……我受天命,丕若有夏历年,式勿替有殷历年。欲王以小民受天永命。”

誓》的“天视自我民视，天听自我民听”可以帮助理解。《泰誓》是《尚书》中的一篇，内容记载的是周武王大会诸侯于孟津，举行誓师活动，声讨殷纣王。今本《尚书》中的《泰誓》三篇是伪古文，不可信。但《孟子》引用的《泰誓》这句话则说明至少在战国时期人们读到的《泰誓》中有这句话。意思是说：原来老天是看到了、听到了民的疾苦和呼吁，才决心改换元子的啊。周公也认识到，上天是根据民的要求来行事的啊（《大诰》：“天棐忱辞，其考我民。”）。

接下来，周公继续思考。天命既然是可以更改和转移的，周朝刚刚拿到的这个天命也同样会有得而复失之虞呀。怎样才能长久地保有这个天命呢？按理，上天既然是应民的呼吁而改换天命，那么，要想保住天命，就一定要保住民心。《逸周书·度邑》：“王曰：‘旦，予克致天之明命，定天保，依天室。’”《史记·周本纪》：“王曰：‘定天保，依天室，悉求夫恶，贬从殷王受。’”张守节正义：“武王答周公云，定知天之安保我位，得依天之宫室，退除殷纣之恶。”武王对周公说，他认识到了要想保住天命，就不能像殷纣王那样作恶。周公更进一步提出了“敬天保民”的施政纲领，指出：上天既已把中国的臣民和疆土都付给先王，今王也只有施行德政来和悦、教导殷商那些迷惑的人民，用来完成先王所受的使命。像这样治理殷民，我想你将传到万年，同王的子子孙孙永远保有殷民①。

① 《梓材》原文：“皇天既付中国民越厥疆土于先王，肆王惟德用，和怿先后为迷民，用怿先王受命。已！若兹监，惟曰欲至于万年，惟王子子孙孙永保民。”此外还有《康诰》：“惟乃丕显考文王，克明德慎罚；不敢侮鳏寡，庸庸，祗祗，威威，显民，用肇造我区夏，越我一、二邦以修我西土。惟时怙冒，闻于上帝，帝休，天乃大命文王，殪戎殷，诞受厥命越厥邦民。……天畏棐忱；民情大可见，小人难保。往尽乃心……亦惟助王宅天命，作新民。”《无逸》：“昔在殷王中宗，严恭寅畏，天命自度，治民祗惧，不敢荒宁。肆中宗之享国七十有五年。其在高宗……其在祖甲……自时厥后立王，生则逸，生则逸，不知稼穑之艰难，不闻小人之劳，惟耽乐之从。自时厥后，亦罔或克寿。或十年，或七八年，或五六年，或四三年。……呜呼！厥亦惟我周太王、王季，克自抑畏。文王卑服，即康功田功。……文王受命惟中身，厥享国五十年。”《酒诰》也记载了周公谆谆教诲康叔，如何治理殷朝故地，如何明德慎罚，如何保有万民的道理。

《诗经》有许多篇章是西周时期的作品，也可在一定程度上反映西周初年的历史情况。《大雅·文王》就有“天命靡常”“聿修厥德”“宜鉴于殷”的思想；《大雅·大明》则有“文王有明德，故天复命武王也……厥德不回，以受方国”，“天难忱斯”“天位殷适，使不挟四方……有命自天，命此文王，于周于京，缵女维莘，长子维行”“笃生武王，保右命尔，燮伐大商”等诗句。《大雅·皇矣》《大雅·荡》《周颂·昊天有成命》《周颂·桓》等也有类似思想内容。这些与《尚书》的天命人心说完全一致。

上述周公的话，可以较好地回答本文的问题。由此我们就明白了，古代中国的历史进程观念在西周建立伊始，就得到了一次意义深远的升华：以王朝更替为极端形式的历史变化的根本原因不是别的，就是天命和民心！由此，古代中国就有了以王朝更替为形式，以天命、人心为根本的历史进程观念。

需要强调的是，周公的历史观念和殷周变革一样，是中华文明从原始宗教信仰时代向理性主导时代的重要转折点，此后中国政治文化和历史思想的发展都得益于这次转折。这样看来，周公历史观念在中华文明的发展和转型中具有至关重要的意义，它指出了历史发展的新方向，标志着历史发展的新阶段。

二、“古今”与“同异”：春秋战国的时代变革观

春秋战国时期，中华文明又经历了一次重大的变革，在这个历史时期，涌现出一大批杰出的思想家，他们对历史发展进程问题也做出深入的思考，取得了重要的理论创获，加固了原来的基础，为此后中华文明的发展做出了贡献。大体说来，这些成果可以分为王朝体系的历史进程观念和非王朝体系的历史进程观念，前者是延续以往而有深化，后者发展较快，且取得丰硕成果。但是不论哪一种，都以古今关系作为探讨的核心问题，试图从中发现历史进步或退步的规律性的东西。

（一）王朝体系中的历史进程观念

梳理这一时期的资料，可以看到沿着王朝体系的思路继续思考而有重要进展的一路，这一路以孔子关于三代礼制演变方式的理论思考较有代表性。在《论语·为政》中孔子回答子张的问题时说过："殷因于夏礼，其损益可知也；周因于殷礼，其损益可知也。"孔子说的是礼的历史发展的过程和样式。在古代中国，所谓礼其实是国家的根本制度，所以它与朝代的命运息息相关，一个朝代有一个朝代的礼制。朝代更迭，如果仅仅是变换统治者，其他不变，那显然变革的层次较浅。如果朝代更迭同时发生了礼制的变革，那就说明历史的变革走入了较深的层次。孔子用礼制的变革来说明三代变化的情况，是有理论意义的。这个意义就在于探讨了历史发展的样式，回答了历史究竟是以怎样的方式发展的问题。这在人类思想史上是一个重大的理论问题。对于人类而言，历史发展究竟是以一个代替一个，或一个消灭一个的方式实现的呢，还是以其他的方式实现的？对于古代中国思想家而言，新起的王朝是彻底清除前一王朝的礼制，还是在前朝礼制的基础上减损不适宜的部分，增补新的更加需要的因素？孔子主张后者。他的三代损益说与后世所说的扬弃（aufheben）有着某种暗合，是关于发展问题的辩证思想。

（二）非王朝体系的历史进程观念

当时的思想界发生了另一个同样具有理论创造意义的重要变化，那就是在王朝体系之外发明了以时代主题划分历史阶段的历史观。许多思想家大胆地突破王朝体系，根据各自确定的时代主题重新划分历史阶段，由此做出了重要的理论贡献。具体做法又可分为以下若干种：

1. 古与今（先王与后王）

儒家的历史进程观念不是只有三代损益说，还有古今关系说。在儒者看来，历史又可分为"古"和"今"两大段。孔子和孟子都崇尚遥远的古代，特别是尧舜时代。在他们的心目中，古今区分和比较的标准是道德状况，特别是代表人物的道德水平和境界的差别。上古时代的尧舜是道德典范，是儒者心目中的圣人。与古代相比，在道德修养上，儒者自己生活的时代（“今”）则显得粗鄙和落后。孔子虽然讲过三代在礼制上是后代对前代做了损益，承认历史是有所发展的，这种发展甚至有着某种进步的倾向，但是，在“古今”这个范畴中，特别是在道德境界上，后代（“今”）无论如何是无法与唐虞时代（“古”）相比的。这个说法，其实是把他们生活时代的“后王”与唐虞时代的尧舜这样的“先王”（圣人）相比较，所以才得出了那样的结论。总之，把历史分为古今两大段，断定今不如古，成为儒家传统的主流。

在古今关系的范畴上，不同时期的儒家观点是有所不同的，到了战国后期的荀子那里，法先王还是法后王就成了讨论古今关系的重要话题，荀子的观点突出地表现了儒家论说方式的变化。荀子的哲学思想有本质主义倾向，他认为：“夫道者，体常而尽变。”（《解蔽》）道体恒常，空间上无所不在，时间中无往不复，历史上虽有古今的划分，但古今的道却是相同的，所以古今在本质上就是相同的了。他在《不苟》篇中说：“故千人万人之情，一人之情是也；天地始者今日是也；百王之道，后王是也。君子审后王之道，而论于百王之前，若端拜而议。”荀子认为，人与人有相同之处，千人万人的性情，无非就是一人之性情；天地从远古开始与以今天为开始是一样的；以往的帝王之道无非就是当今的帝王之道。荀子不但相信普遍规律的存在，更相信实证方法的重要，相信人类经验的重要性。他说：“故曰：欲观圣王之迹，则于其灿然者矣，后王是也。彼后王者，天下之君也。舍后王而道上古，譬之是犹舍己之君而事人之君也。故曰：欲观千岁，则数今日；欲知亿万，则审一二；欲知上世，则审周道；欲知周道，则审其人所贵君子。故曰：以近知远，以一知万，以微知明。此之谓也。”（《非相》）荀子为什么这么有信心提出用当下作为判断往古真实与否的标准呢？因为他确信古与今有相同的本质，可以用相同的标准来判断，而今是确定可证的。他说：“夫妄人曰：古今异情，其所以治乱者异道（据王念孙校改）。而众人惑焉。彼众人者，愚而无说，陋而无度者也。其所见焉，犹可欺也，而况于千世之传也。妄人者，门庭之间，犹可诬欺也，而况于千世之上乎。圣人何以不欺？曰圣人者，以己度者也。故以人度人，以情度情，以类度类，以说度功，以道观尽。古今一度也。类不悖，虽久同理。故乡乎邪曲而不迷，观乎杂物而不惑，以此度之。五帝之外无传人，非无贤人也，久故也；五帝之中无传政，非无善政也，久故也；禹汤有传政而不若周之察也，非无善政也，久故也；传者久则论略，近则论详。略则举大，详则举小。愚者闻其略而不知其详，闻其详而不知其大也。是以文久而灭节，族久而绝。"（《非相》）古今帝王，根本之处本来是相同的，"百王之道一是也"（《儒效》）。那为什么想要了解古代帝王，则要查看当今的后王呢？因为时间久远，古代帝王的事迹难免缺略，不若当今帝王的历史记载翔实。道理没有别的，就这么简单，即强调经验的重要性，这是荀子哲学思想中的重要观点，不符合这个标准的就认为是荒谬的。他说："道过三代谓之荡（杨注：'道过三代已前，事已久远，则为浩荡难信也。'），法二后王谓之不雅。"（《儒效》）

从经验和实证的意义上荀子强调法后王，但在历史本体上，他始终坚持古今王者皆同。"上莫不致爱其下，而制之以礼。上之于下，如保赤子，政令制度，所以接下之人，百姓有不理者如毫末，则虽孤独鳏寡，必不加焉。故下之亲上，欢如父母，可杀而不可使不顺，君臣上下，贵贱长幼，至于庶人，莫不以是为隆正。然后皆内自省，以谨于分。是百王之所以同也，而礼法之枢要也。……"（《王霸》）"以德兼人者王，以力兼人者弱，以富兼人者贫，古今一也。"（《议兵》）"凡礼，事生，饰欢也；送死，饰哀也；祭祀，饰敬也；师旅，饰威也；是百王之所同，古今之所一也。"（《礼论》）"故善言古者，必有节于今；善言天者，必有征于人。"（《性恶》）凡此种种，在仁爱、礼法、道德、政治上，古今的道理是相通的，也是相同的。正是在这个意义上，荀子不但不反对，其实也是主张法先王的①。

总而言之，荀子的本意是承认古今相同而不变，只是由于时代久

---

① 《荀子·非相》："凡言不合先王，不顺礼义，谓之奸言；虽辩，君子不听。法先王，顺礼义，党学者，然而不好言，不乐言，则必非诚士也。"按"党"，郝懿行、俞樾据《方言》"党，知也"，谓晓喻之意。

远，无法确证，所以才有法后王之说，而在思想内容上，后王与先王并无二致。

当然，如果要吹毛求疵，也会在《荀子》中发现历史变动的思想痕迹。荀子在说到王制的内容时，有这样一段文字："王者之论，无德不贵，无能不官，无功不赏，无罪不罚，朝无幸位，民无幸生，尚贤使能，而等位不遗，析愿禁悍，而刑罚不过，百姓晓然皆知夫为善于家而取赏于朝也，为不善于幽而蒙刑于显也，夫是之谓定论，是王者之论也。"（《王制》）这里的王者，也就是后王，即三代以来之王，也就是有文献记载的夏、商、周三朝的君主，特别是开国的英明君主。在他看来，这些所谓的后王，足以说明任何时代杰出君主的政治业绩，完全可以帮助人们理解儒家的先辈所盛赞的尧舜那样的远古先王。仔细分析引文内容会发现，在这里的"王者之论"中，所谓"无能不官""无功不赏""无罪不罚""朝无幸位""民无幸生"掩盖不住新时代的色彩，是战国时代的现象。在不经意间，荀子心目中的王制已然不同于他的先辈所描述的内容，而包含着新时代的因素了。

荀子思想中有新时代的某些内容，这不奇怪，任何思想家都会在自己的思想中留下时代的痕迹，这不足以说明他对历史发展的态度和观点。更能说明问题的是，荀子认为"古今一度"，衡量古今的标准是同一个，所谓"类不悖，虽久同理"，在讨论问题的范畴（"类"）不变的情况下，时间再长久，理还是相同的，这就是说，历史在根本上是没有变化的（后代董仲舒的"天不变，道亦不变"是否与之相似，值得关注）。荀子是儒家，他谈论"王道""仁义""礼制""民本"等等，与孔子、孟子没有什么不同，但是，在他的这些观点下面起支撑作用的却是只见其同不见其异的古今观，也就是根本不变的历史进程观念，比较起来，反倒不如孔子和孟子对待礼制所持的时中和宽容的态度更为辩证，更为合乎理性。谭嗣同把古代中国扼杀人性的礼教主义的帽子戴在荀子头上，不是没有道理的。尽管荀子重视实证，强调经验，主张无征不信，因此而坚持法后王的观点，但那只限于可否验证的方法论意义上，不足以证明他有今胜于古的进步历史观，他对历史进程的真实看法是：古今一度，没有根本的变化。

2. 异与宜

战国中后期，法家兴起，他们热衷于讨论大时代阶段论的问题，在历史进程观念上取得了令人振奋的进展。

法家喜欢划分历史阶段，他们总会用历史阶段的划分来加强法治改革的论证力度。《商君书》是法家著作，其中就有历史进程思想的重要内容。《商君书·算地》篇指出，神农时代，教导民众从事农耕，是因为当时民众有力气但不聪明，所以才要向神农学习智慧；汤武时代，用强力征伐诸侯，是因为当时的民众有智慧但无气力，所以才会屈服于汤武的强力。如今，世道机巧，人民奸诈，就像汤、武时代，如果实行神农的办法，那就会使国家惑乱啊。《商君书》的《开塞》篇是司马迁在《史记·商君列传》中提到的篇章。其中有“上世亲亲而爱私，中世上贤而说（悦）仁，下世贵贵而尊官。上贤者以道相出也，而立君者使贤无用也。亲亲者以私为道也，而中正者使私无行也。此三者非事相反也，民道弊而所重易也，世事变而行道异也”。不同的历史阶段，有不同的时代主题，时代变了，行事的规则也要变。这里的论述有承弊易变的思想，值得重视。《画策》“事不同，皆王者，时异也”。《赏刑》篇对商、周时代的汤、武修文教还是表扬的，只不过这种表扬是历史的评价，是承认它的历史合理性。但他们又坚信，不同时代的主题不能相互超越，“当今”时代如果用儒家盛赞的治理古代的办法来治理，那就是不合时宜的。可见，法家的治国理念主要是建立在因时制宜、与时俱进的历史进程观念上面的；法家的历史进程思想是按主题划分时代的，有什么样的时代就有什么样的主题，不同时代之间没有高下优劣之分，与其争论孰优孰劣，不如说清楚哪个更适宜。“异”和“宜”是法家历史进程思想的重要关键词。

在历史进程问题上，同属于法家的《韩非子》也做出了突出贡献，其中《五蠹》最为有名。《五蠹》开篇讲述历史分期问题。把历史分为“上古之世”“中古之世”“近古之世”，下文还提到了“当今之世”，这样就是把历史划分为四个阶段。所谓“上古之世”，又划分为“有巢氏”“燧人氏”两个阶段。有巢氏解决了人民少而禽兽多造成的居住安全问题，所以成为天下的王；燧人氏解决了生食伤害腹胃的问题，也成了天下之王。“中古之世”，洪水泛滥，鲧、禹治水。“近古之世”桀纣暴乱，结果出现汤武革命。可见，上古、中古时代说的都是人与自然斗争的主题，上古主要靠有巢氏、燧人氏这样的圣人提供智慧；中古则主要靠禹组织社会力量。近古则以社会政治斗争为时代主题。韩非不是职业历史学家，他做这样的历史阶段划分不是要建立一个学科体系，而是为了说明一个历史阶段只能用适宜于那个历史阶段的办法来治理。把一个时代的办法用到另一个时代，是行不通的。说到这，他讲述了那个著名的守株待兔的寓言故事，然后下了一个结论，说：“今欲以先王之政，治当世之民，皆守株之类也。”韩非并非一般地否定先王之政，而是反对把先王之政搬到后世，他讲历史阶段划分的目的就是要论证一个时代只能用适宜于这个时代的办法，不能超越时代。

接下来，韩非用人口由少到多，财富由相对丰足到相对不足，人民由相安无事到相互争斗来说明为什么古代不用法治，而“当今”离不开法治的原因，他的论证是有效的。

韩非还用上古时代尧、禹生活艰苦而劳作不休，后世县令即使去世，家里还可以几代享受他所积累的财富，来说明为什么古代可以轻易地辞去天子之位，而后世绝不会辞去县令职务的原因。显示了他相信物质因素在人类历史活动中具有基础作用的唯物史观的倾向。

再接下来，韩非用文王行仁义而得天下，徐偃王行仁义而亡其国的历史记载，说明，仁义只能行于古代，而不能用于后世的道理。由此得出结论：“世异则事异，事异则备变。”正因为有这样的结论，所以，在历史上，不同阶段具有各自的时代主题，那就是“上古竞于道德，中世逐于智谋，当今争于气力”。韩非的论证同样表现了“异”和“宜”的特点。

文章的后半部分先是以历史上和现实生活中种种事例批评儒墨两家所说的先王兼爱天下就像父母爱子女一样的观点；最后详细说明为什么五蠹之民会成为国家的祸害，因而必须去除的理由。

荀子曾是韩非的授业老师，他坚持古今相同，古代的王与后代的王治理天下的道理是一样的。那为什么要讲法后王呢？荀子讲法后王，不是说先王的道不好，不适合后代，而是说因为时代久远，关于先王之道的说法无法得到验证，所以传说中的先王之道是没有意义的。只有后王（即三代之王），于文献有征（例如《尚书》），他们的治理之道才是有意义的。韩非承认先王之道在先王自己那个时代还是管用的，可是用来治理后代就不行了。正是在不可超越时代的意义上，他才反对在后代使用古代先王之道。法家不同意儒家的地方，不是对先王之道有仇，只是在适宜还是不适宜的问题上，与儒家不同。不过，从历史理论上说，荀子过于强调古今相同，忽视古今差异，对历史变革认识不足，不如儒家前辈孔子和孟子，也不如自己的后辈，法家的韩非。不过，韩非过于强调古今差异，忽视古今相同和相通，这会纵容法治绝对化的倾向，是应该警惕的。

3. 变与通

《周易》是重要的古代典籍，据学者研究，《易传》大概成书于战国中后期，关于历史进程，它有独特的贡献，主要集中于历史变革内在原因及其样式的思考上。

《易·系辞上》："一阴一阳之谓道，继之者善也，成之者性也。"道是万物发展的内在根据，它由阴阳构成，二者互动，推动事物发展。综合前人研究，大意是：道就是一阴一阳，刚柔对立，变化不息。"继"是断与续的统一，是发展的开端，给予事物以发展、成长的生命（动力），所以说是善；"成"则是道的安顿，道安顿在哪里，那里就必会有成，那里的事物就必会拥有自己的存在根据，所以叫作性。这一切都是说的历史发展过程，它的原因就是一阴一阳的对立互动。

《易·系辞下》："神农氏没，黄帝尧舜氏作。通其变，使民不倦，神而化之，使民宜之。易穷则变，变则通，通则久。是以自天佑之，吉无不利。黄帝尧舜垂衣裳而天下治，盖取诸乾、坤。"这段古史传说表明神农氏之后，黄帝、尧、舜相继而立，他们传承神农氏的治国之道，还针对国内形势加以变化，使百姓丰衣足食，百姓因此而得以安居乐业。接着，作者对其中蕴含的历史理性做出了精彩的总结和概括：事物的发展到了终极（穷）的时候，就要加以变化，由此才会创造出新的发展空间，这样就通达了，有了这样的通达，事物就会因为进一步发展而长久。上天的庇佑，不在于享受既成事实，而在于创造发展机会，这样，才会无往不利。

周易宣扬的“穷则变，变则通，通则久”，对于中国古代历史思想具有极其重要的理论概括意义。西汉史家司马迁子承父业，完成通史巨著《史记》，在中国历史和史学史上，确立了不可撼动的地位。他对自己的期许是要上承史官家族的光荣传统，做到“究天人之际，通古今之变，成一家之言”。他的抱负，已经成为激励和指引中国历代史家的精神力量。特别是他开创的通史传统，表现了中国人对通史的独特情怀。中国史学著作，体例上有通史，有断代史的区分，认识上，不论哪种，都必须包含穷变通久的理解。司马迁“通古今之变”的观念，是对《易传》穷变通久的通变思想的精彩总结和提炼。中华文明延续五千年而仍然充满勃勃生机，得益于中国人对穷变通久的认同，得益于“通古今之变”的精神。在中国人看来，社会发展遇到困难和阻遏，就要实施改革，通过改革找到新的发展出路，社会的生命体就可以延续下去、健康发展。中华文明绵延不绝，不就是穷变通久的最生动的诠释吗？

这里所说的关于历史进程的思想表面看来还是王朝赓续，但那是进步呢，还是原地踏步呢，还是退步呢？据我所知，当时很少有人主张历史不变论；对于历史是否进步，很多思想家持稳健的态度，不急于下结论。但是对于历史的倒退，却有很多思想家是有明确的肯定态度的。

4. 进与退

历史是进步的，还是退步的？这是今人提出的问题，在古代，关于历史是否进步的问题，没有引起学者们多大的兴趣；而对于历史是否在退步，倒是真的有人做了认真的思考，而且因此，尊古卑今竟然成了一股思潮。

尊古卑今，在春秋战国社会急遽变革的时代，自然会获得一部分人士的青睐，主要是那些在变革中失去或有可能失去优势地位的人士。老子应该是这类人中的一个典型。

老子曾任周守藏室之史，学术地位崇高，孔子曾三次问礼于他。随着官学下移，文献散轶，老子离开周室，不知所终。今本《老子》（又名《道德经》）据说是老子的著作，其中有一些今不如古的思想内容，值得研究。

《老子》第三十八章集中表达了一种文化或文明退化观念。他认为，最好的德行是从不自以为有德，这才叫有德；等而下之的德行总不忘了宣扬自己有德，所以它就叫作无德；真正的有德是无为，这种无为说的是做事不以功利为目的；而无德的则是凡做事必以功利为目的；仁爱做得最好的就是主动做事但无功利之心；义做得最好的是主动做事但讲求功利目标；礼做得最好的是努力做事，如果没有回报，就会强迫人家有所表示。人类（的历史）是失去了道然后才会有德，失去了德然后才会有仁，失去了仁然后才会有义，失去了义然后才会有礼。礼标志着忠信的浇薄，是祸乱的开始啊。聪明只是表面上有道，那是愚蠢的开始啊。所以，大丈夫要坚守厚道，躲避浇薄，要以朴实为本，不以华彩为荣①。老子在这里指出了历史由淳朴厚道到繁华浇薄的退步过程。这说明，他对历史进程的这种情况表示了担忧和失望。

老子还根据人类社会的运行是挑战和迎战之间张力的实现过程，提出，大道废弛，仁义就产生了（仁义之所以需要，不是因为大道废弛了么?）；智慧发达，虚伪就嚣张了（虚伪之所以出现，不是因为智慧发达么?）；六亲不和，孝慈就发明了（父慈子孝的伦理道德之所以必要，不是因为世上有了六亲不和么?）；国家昏乱，忠臣就值钱了（朝中之所以会有忠臣，不是因为国家昏乱么?）②。在老子眼里，人类社会的历史不就是厚道的消失，而浇薄的猖獗么！

---

① 《老子》第三十八章："上德不德，是以有德；下德不失德，是以无德。上德无为而无以为，下德为之而有以为。上仁为之而无以为，上义为之而有以为，上礼为之而莫之应，则攘臂而扔之。故失道而后德，失德而后仁，失仁而后义，失义而后礼。夫礼者，忠信之薄而乱之首。前识者，道之华而愚之始。是以大丈夫处其厚，不居其薄；处其实，不居其华。故去彼取此。"

② 《老子》第十八章："大道废，有仁义；慧智出，有大伪；六亲不和，有孝慈；国家昏乱，有忠臣。"

正因为有这样的历史观，所以，老子认为人民争夺，是因为有人尚贤；人民偷盗，是因为有难得之货；民心扰乱，是因为引起欲望的事太多①。他断定，文化发达了才会造成严重恶果，色彩多了令人眼花，音响杂了令人耳聋，味道美了令人口伤，游猎过度令人心狂，货物珍奇令人乖张②。

老子之所以在理论上设计这种文化倒退的历史观，是为了给自己的文化主张提供一个理论前提。他主张禁绝圣智，放弃仁义，去除技巧和利益，这样，就不会有盗贼，人民就会恢复真正的慈爱和孝顺，而得到真正的利益③。要做到这一点，最好的办法，就是恢复到小国寡民的状态去④。

老子的这个思想在庄子那里得到了响应，庄子描绘了“至德之世”的图景，比《老子》八十章所描绘的“小国寡民”生活图景还要更加原始，人简直到了与禽兽为伍、与自然相融的境界了。

孔子也有倒退论的倾向，这与他所憧憬的理想世道（周公的时代）惨遭陵夷的现实是分不开的。《论语·季氏》记载：“孔子曰：天下有道，则礼乐征伐自天子出；天下无道，则礼乐征伐自诸侯出。自诸侯出，盖十世希不失矣；自大夫出，五世希不失矣。陪臣执国命，三世希不失矣。天下有道，则政不在大夫。天下有道，则庶人不议。”又记载孔子评论鲁国说：“禄之去公室，五世矣。政逮于大夫，四世矣。故夫三桓之子孙微矣。”这是孔子对周代礼制发展到了春秋时代这段历史的认知，是客观历史的某一侧面的反映，具有一定的真

---

① 《老子》第三章：“不尚贤，使民不争；不贵难得之货，使民不为盗；不见可欲，使民心不乱。是以圣人之治，虚其心，实其腹；弱其志，强其骨。常使民无知无欲，使夫智者不敢为也。为无为，则无不治。”

② 《老子》第十二章：“五色令人目盲，五音令人耳聋，五味令人口爽，驰骋畋猎令人心发狂，难得之货令人行妨。是以圣人为腹不为目，故去彼取此。”

③ 《老子》第十九章：“绝圣弃智，民利百倍；绝仁弃义，民复孝慈；绝巧弃利，盗贼无有。此三者，以为文不足，故令有所属，见素抱朴，少私寡欲。”

④ 《老子》第八十章：“小国寡民，使有什伯之器而不用，使民重死而不远徙。虽有舟舆，无所乘之；虽有甲兵，无所陈之；使人复结绳而用之。甘其食，美其服，安其居，乐其俗。邻国相望，鸡犬之声相闻，民至老死不相往来。”

实性。

被认为是儒家经典的《礼记·礼运》篇所讲的大同至小康的历史变化，也反映了在道德意义上历史退步的情况。

先秦时期道家、儒家，都抓住了历史的某一个侧面，例如礼制，并以这种制度初创时的理想为标准，来看春秋时代的现实状况，自然得出了历史倒退的结论来。至于历史还有除此之外的其他方面，则不是他们愿意看到的。这就是为什么他们的历史观是片面的原因了。

5．线与环

历史受时间规范，直观上更容易理解为线性的。但是，如果非要把历史看作是某几种元素以其他样式运行，那线性的历史就会被改造成非线性的；如果非要把历史看作是某几种元素的轮转，那历史就会被看成是环形的。史学史上往往把这种情况叫作循环史观。

先秦时期最为典型的循环史观是邹衍的五德终始说。

阴阳和五行本来是分头发展的，阴阳是寒暑的抽象表达，与气候相关，最初的阴阳观念用于节气和历法，寒暑相依互动，随四时转移而消长。后来，阴阳与五行相结合，由四时而四方，而五方，而五时，逐渐形成了一个思想的系统。

司马谈在《论六家之要指》中论列六家，第一家就是阴阳。后来刘向《别录》、刘歆《七略》、班固《汉书·艺文志》都把阴阳家列于九流十家之中。

邹衍的著作早已散逸，学者发现今本《吕氏春秋》中有《应同》篇，内容应该是邹衍五德终始说的遗存。为了方便理解，我们把文字翻译为今语如下：

> 凡是古代帝王即将兴起的时候，上天必定先向天下的人民显示出征兆来。黄帝的时候，上天先显现出大蚯蚓大蝼蛄。黄帝说：“这是土气胜了。”土气胜了，所以黄帝时服色崇尚黄色，做大事取法土的品德。到了禹的时候，上天先显现出草木秋冬时节不凋零的景象。禹说：“这是木气胜了。”木气胜了，所以夏朝的服色崇尚青色，做大事取法木的品德。到汤的时候，上天先显现水中出现刀剑。商汤说：“这是金气胜了。”金气胜了，所以商朝

的服色崇尚白色，做大事取法金的品德。到周文王的时候，上天先显现由火幻化的红色乌鸦衔着丹书停在周的社庙上。周文王说："这是火气胜了。"火气胜了，所以周朝的服色崇尚红色，做大事取法火的品德。代替火的必将是水，上天将先显现水气胜了的景象。水气胜了，所以新王朝的服色应该崇尚黑色，做大事应该取法水的品德。如果水气到来，却不知气数已经具备，从而取法于水，那么，气数必将转移到土上去。①

邹衍是齐国人，他发明五德终始说本来是想为齐国取代周天子而设计，所以，主张用水德（阴阳家认为齐国的德运属水，因为按古代天文，齐国被认为是星空中玄枵在地上的分野，两者相应，玄枵居北方，按阴阳家五方说为北方属水，故齐国被认为有水德之瑞）灭掉火德（当时的阴阳家认为是周的德运）。水德若没有发挥作用，那接下来还可转到土德（齐国田氏的祖先是大舜，黄帝苗裔，按当时阴阳家的说法，有土德之瑞）上去。

邹衍发明的五德终始说是相胜说，或曰相克说，即木、金、火、水、土、木（金克木、火克金、水克火、土克水、木克土、金克木）……后一个战胜并取代前一个，不断地循环下去。这个发明的实质是把五行相克的循环与王朝更替关联起来，这样，就把阴阳家关于自然要素之间的关系比附为王朝之间的历史关系，由此形成了一种特殊的历史观念。

可惜，邹衍本意是要为齐国服务的这个成果，后来被秦王政采用，成为秦国取代周室，统一天下的意识形态，而水德之瑞，又成为秦朝治国理政的基本原则，最终酿成灾祸。秦朝的二世而亡，迷信五

① 《吕氏春秋·应同》："二曰：凡帝王者之将兴也，天必先见祥乎下民。黄帝之时，天先见大螾大蝼。黄帝曰：'土气胜。'土气胜，故其色尚黄，其事则土。及禹之时，天先见草木秋冬不杀。禹曰：'木气胜。'木气胜，故其色尚青，其事则木。及汤之时，天先见金刃生于水。汤曰：'金气胜。'金气胜，故其色尚白，其事则金。及文王之时，天先见火赤乌衔丹书集于周社。文王曰：'火气胜。'火气胜，故其色尚赤，其事则火。代火者必将水，天且先见水气胜。水气胜，故其色尚黑，其事则水。水气至而不知数备，将徙于土。"

德终始说不能不说是一个重要原因。

五德终始说历史观虽以自然界的五种自然物及其关系为主要内容，但在历史领域，则说的是王朝更替问题，所以也可放在王朝体系的历史观中加以理解。

限于认识习惯，古代中国的思想家还没有达到概念思维的高度，所以不能在“历史”概念的层次上和结构中来谈论历史进程问题，而只能根据个人的兴趣所在，撷取历史的某个侧面或某个因素，把自己的思想加以发挥，借以表达某种准历史观念的东西，这是今天的读者需要给予理解的。

三、“三统”与“三世”：两汉的大一统进程观

两汉时期，古代中国的历史观得到了较大的发展，西汉的三统说和东汉的三世说最有代表性，是古代中国历史观，特别是历史进程和社会发展阶段说的两座高峰，对后世产生了深远影响。

（一）董仲舒的三统说

中国历史具有连续性的特点，这已经成为学术界的共识。所谓连续，绝不是没有变化的延伸，没有变化的延伸不能叫作连续，只好称作停滞，因为那样，就只有时间在流逝，作为历史主体的人类社会没有发生结构性的变革。由此可见，所谓历史进程或社会发展阶段，它的前提绝不仅仅是时间流逝，一定还有社会的某些重要的构成要素和结构发生了变革。在中国，这种构成要素和结构的变革的确发生过无数次，这样的变革并不改换文明的主体，不但不改换，反倒使中华文明的主体因此而更加生机勃勃。

西周初年，周公关心周王朝的长治久安问题，他以殷为鉴，对殷周递嬗和商汤灭夏做了比较研究，发现天命和人心才是王朝更替之所以实现的根本原因。按照他的理解，三代演进之所以可能，是因为决定王朝统治的天命发生了转移，而天命之所以转移是因为民心转移了。

春秋战国时期，思想家们关注古今同异问题。孔子讲三代礼制发展是通过损益实现的，礼制有变，但损益则是古今相同的，未来即使

百世，也不会改变；荀子根据道常而尽变的理论前提，认为古今相同，没有根本的变化。道家承认不同历史阶段是有差异的，但他们持退步论历史观，认为随着物质条件的发达，道德状况却每下愈况。儒家虽有三代礼制发展的损益说，但在古今关系的问题上，大体赞同退步说，认为当时的统治者即使最优秀的也远远比不了上古时代的圣君尧舜。法家则热衷于根据统治方法的不同划分历史阶段，认为历史的不同阶段存在着根本的差异，每个阶段都有每个阶段的问题和解决问题的办法，一个时代不能采用另一个时代的办法，适合于古代的，不能使用到后代；所谓古代的圣人，不过是那个时代产生的人物，他们再伟大，也解决不了后代的问题。《易传》则根据阴阳对立统一的原理来说明历史发展的根本原因；又以穷变通久为历史进程或社会发展阶段论做了最富哲学意味的解说。邹衍的五德终始说则用五种自然物的某种循环关系比附王朝更替的规律，神秘色彩浓厚，却在历史上产生了重大影响。

汉承秦制，略加修补，形成了郡国并行体制，至此，春秋战国五百年政治制度的变革大体完成，摆在统治者和思想家面前的理论任务，是要回答如何上应天命，下顺民心，避免秦朝二世而亡的历史厄运，把王朝统治的天下秩序延续下去的问题。也就是说，如何实现大一统就成了统治者和思想家最为关注的大问题。

董仲舒在阐发他的公羊家大一统思想的过程中用三统说表达了他的历史进程观念。

战国秦汉间，出现了围绕着《春秋》及三传的经学学术活动，后世统称“《春秋》学”。董仲舒是这个时期的《春秋》学大师，他服膺《公羊传》。公羊学擅长阐发《春秋》的“微言大义”，《春秋》开篇曰：“隐公元年，春，王正月。”《公羊传》云：“元年者何？君之始年也。春者何？岁之始也。王者孰谓？谓文王也。曷为先言王而后言正月？王正月也。何言乎王正月？大一统也。”《春秋》所书元年的“元”字有没有微言大义，除了一个“始”字，《公羊传》并无更多的说解；而董仲舒却在《天人三策》和《春秋繁露》中做了比较详细的解释。《天人三策》的第一策指出，“一”是万物由来的开始，“元”

则有“本”的意思。《春秋》把“一”叫作“元”，就是表示要强调开始（即“大始”），而且要端正根本。所谓端正根本，就是从人君开始端正人心。在《春秋繁露·玉英》篇中也有较为充分的论述。该篇认为，《春秋》之道就是用“元”的深远来正天时的开始（“春”），用天时的开始来正“王”政的开始（“正月”），用王政的开始来正诸侯的“即位”，用诸侯的即位来正境内的治理。这就是公羊家所谓的“五始”。在董仲舒看来，《春秋》重元，最终应该落脚在国君的即位上。所以，他用《春秋》有关即位的几则史事和相关的书法来说明《春秋》具有“大始”的精神，这就是为什么《春秋》开篇要用“元”这个字来代替“一”的原因了。他认为“元”就是“本”，“一”则是“万物之所从始”，“谓一为元”，不过是为了“大始”而“正本”。

把“一”理解为“万物之所从始”，除了强调以“德教”为本以外，对于历史研究来说，还有重要的理论意义。“一”是对经验事实进行抽象的结果，它舍弃了杂多的经验内容，所以才可表示“万物之所从始”；同时“一”既然是“万物之所从始”，那就是说它不止一个，可以是多个，说天地之始为“一”可以，说某物之始为“一”，同样可以，这样，“一”就成了“多”。如果把“一”换成“元”，也就是说天地之始可以叫作“元”，万物之始同样可以叫作“元”。“一”或“元”本身就包含着一与多的矛盾，矛盾运动就构成了事物的发展过程，或者说“元”本身的内在矛盾，就构成了历史的无限发展过程。《春秋》二百四十二年，书“元年”者十二，乃鲁国十二公即位始年的标记，所谓“元”就是一个历史阶段的开始和前一历史阶段终结的标志，《春秋》重元，既是对历史发展阶段的重视，又是对历史无限发展可能的重视。历史上无数的阶段性发展造成其无限发展的可能，或者说，无限的历史发展就存在于无数的历史阶段（“断”）的无限相连（“续”）之中。

以上分析了董仲舒对《春秋》隐公元年之“元”所做的解说，揭示其中包含着的断与续相统一的历史观念，下面来看看他在“王正月”的解说中又有怎样的历史思想。其文具见《三代改制质文》，篇幅较长，恕不备引，下文逐层择要解释之。

与《左传》《穀梁》不同，《公羊传》提出“王者孰谓？谓文王也”。董仲舒紧紧抓住这一条，由文王引申为一般的“王者”，即受命而王者，从而对《春秋》“王正月”做了具有创新意义的解释：既然“王正月”的“王”指的是文王，而文王又是西周受命称王的第一人，那就是强调“王者必受命而后王”，这样，《公羊传》的“大一统”就必然成为“改正朔，易服色，制礼乐，一统于天下”，就成为“所以明易姓，非继人，通以己受之于天也”。正因为王者受命，易姓而王，所以要“制此月以应变”，要“作科以奉天地”。这就从形式到内容都注入了一个新的精神：王者受命改制！有了这个精神，隐公元年的“王正月”和《公羊传》的“大一统”，就从颁行周王正朔，变为王者的“应变”。这就是董仲舒从《公羊传》中挖掘出的微言大义，它使《春秋》学出现了一个重大的转机。

“大一统”一旦被赋予“王者受命改制”的精神，就必然造成自我的否定和更迭，就必然使《公羊》学朝着新的革命的方向前进。董仲舒以“通三统”为代表的“复”的思想，就是这种发展的重要成果。

什么是“王者改制作科”？“科”即条、目，指具体的统治规范。所谓“一统”，即“改制作科”在历法上的表现，也就是改正朔。每年十二个月，每月一种颜色，每种新的历法都依其相应正月的颜色（正色）而定，这叫作“正”。但“正”的更迭不是无限的，只能是从当下向以往逆推三次再回到原位。这就叫“三而复”，这样，“一统”就变成了“三统”，分别由当下和以往共三个王朝担当。这三个王朝之前的王者就被从先前的“三统”中排除出去，“绌”为“五帝”，而五帝的第一位，则绌为“九皇”，第二位上升为第一位，向后顺数到五为限，这就叫作“五而复”。礼乐各象其宜，顺数四而相复。皆作国号，迁宫邑，改官名，制礼作乐。揆诸历史，汤受命而王，根据天命把国号从夏变为商，以当白统；以夏为亲，以虞为故（即以虞、夏、商为“三代”）；绌唐尧为五帝，叫作“帝尧”；以神农为五帝之首，称“赤帝”；相应的，定都于下洛之阳，宰相叫尹，以《濩乐》为国乐，礼尚质。文王受命而王，把国号从殷变为周，以当赤统，以殷为亲，以夏为故（即以夏、商、周为三代）；绌虞舜为五帝，叫作帝舜；以轩辕为五帝之首，叫作“黄帝”；把神农推为九皇；相应的，定都于丰，相称宰，以《武乐》为国乐，礼尚文……《春秋》时当黑统，以鲁国为新王，绌夏为五帝，叫作帝禹；以周为亲，以宋（殷后）为故，以《招武》为国乐……这段文字包含着重要的历史思想，基本思路是这样的：历史的动因是王者应天改制，新朝代要改变国号、官制、礼乐，对前两个朝代要由近及远亲之故之，三个朝代各顺时依次当黑白赤三色之一，这就是“三统”。再向前逆推，第四个王朝则由“三王”绌为“五帝”，称“帝某”，而五帝之首的“帝某”则推为“九皇”（“九皇”之首的古代帝王则归为“民”，是为“九而复”）。而向后顺推，每一新王朝莫不如此。总之，黑白赤三统持续更迭，相应地，“五帝”“九皇”的某些特征也应该是循环的，这就是“五而复”“九而复”。

董仲舒的这个历史发展观有怎样的根据呢？或者说，“统”变换的根据是什么？而且为什么是“三”呢？根据以上所述，可知，三统转移的内在根据就在于“大一统”受命改制的根本大义上面。当然，三统之所以为三，则与三正相关。为什么是三正？这与天文、历法、节气、物候这些自然条件有关。所谓黑统，以建寅之月即立春所在之月为岁首。所谓白统，即以建丑之月为岁首。所谓赤统，即以建子之月即冬至所在之月为岁首。三者各自的礼仪法度施政各随其统而有变化。从天文历法的角度说，以冬至月为岁首（即建子之月）最有根据，太阳回归年恰于此月终始。而从农业生产的角度说，以立春所在之月（即建寅之月）为岁首同样也有道理。因为从本月开始，中原地区开始进入春耕季节，这也意味着华夏人民一年的生活周期从这个月开始了。三正恰好在这两个月份之间。由此可见，三统说有实际的根据，这是一种理性的说明。

不过，在政治和自然两者之间，董仲舒当然更看重前者。他说：“三统之变”是由“三代改正，必以三统天下”造成的。所谓“法天奉本，执端要以统天下，朝诸侯也”。“其谓统三正者，曰：正者，正也，统致其气，万物皆应，而正统正，其余皆正，凡岁之要，在正月也。法正之道，正本而末应，正内而外应，动作举措，靡不变化随从，可谓法正也。”总之，董仲舒认识到由大一统到通三统，其内在契机就在于“王正月”。

除了上面所说的“三而复”“五而复”“九而复”以外，董仲舒还有“四而复”和“再而复”之说。所谓“四而复”，即“王者以制，一商一夏，一质一文”。“一商一夏”与“一质一文”除了在细节上有所差异外，重要的内容几乎全同。由此可见，所谓“四而复”几乎可用“再而复”来表现。

仔细分析，可以发现，董仲舒阐明的这许多的“复”，是有所不同的，可大致分为两类。其一，以“改正朔，易服色”为标准，“三而复”“五而复”“九而复”……归入一类，形成相互连接的不同阶段，由今而古，直至无穷。其二，以阴阳、质文为标准，“四而复”“再而复”归入一类。两者内部都是循环的，而且像四时那样，终而复始，穷则反本，从古至今，可贯穿各个历史阶段。以“三统”（“三而复”）为代表的前一种循环，与礼法制度关系密切，更多地表现了时代的宗法精神，相对来说更显出具体的历史色彩；而以“质文”（“再而复”）为代表的后一种循环，则表现了施政的精神气质，表现出一定的理论色彩。无论如何，它们在以下意义上可以统一起来：历史必将在王者改制的多重循环（复）中无限地发展（往）下去。正如董仲舒所言：“《春秋》大一统，天地之常经，古今之通谊（义）也。”[①]“复”原于“大一统”，相应的，也就成了“天地之常经，古今之通谊”。

（二）西汉中后期的三统论与五德终始说

司马迁吸收董仲舒公羊学思想，把三统说与三代王朝结合起来。他在《史记·高祖本纪》赞中写道：“太史公曰：夏之政忠。忠之敝，小人以野，故殷人承之以敬。敬之敝，小人以鬼，故周人承之以文。文之敝，小人以僿，故救僿莫若以忠。三王之道若循环，终而复始。周秦之间，可谓文敝矣。秦政不改，反酷刑法，岂不缪乎？故汉兴，

① 班固：《汉书》，中华书局1962年版，第2523页。

承敝易变，使人不倦，得天统矣。朝以十月。车服黄屋左纛。葬长陵。”此说以忠、敬、文标志夏、商、周三代文化特点，准确而精彩，有可取之处。在这段文字中，作者发现了每一种文化都包含着矛盾的情况，有利有弊。忠有诚恳朴实的一面，还有粗鄙野蛮的另一面，由此形成敝，救敝的办法就是敬；敬有虔诚严肃的一面，还有迷信拘谨的另一面，由此形成敝，救敝的办法就是文；文有文明礼貌的一面，还有繁复伪善的另一面，由此形成敝，救敝的办法就是忠。这种发现前朝文化的矛盾，发挥优点，补救弊端的思路，也就是承弊易变，同样表现了辩证思维的特点。以忠救僿，以敬救野，以文救鬼，以忠救僿……循环往复，每一阶段的承弊易变都很有针对性，这说明这时的历史思想正向具体化深入，是进步的表现。总之，这个思想对于历史研究有很强的理论指导意义，是一项宝贵的历史遗产。

不过，凡事有利亦有弊。随着阴阳五行学说和谶纬迷信泛滥，学者口中的古代帝王或朝代不断增溢，三代之上除了五帝、九皇，又出了三皇，越往后名号和系统越是复杂。这种单纯以编造古史系统为能事的做法，理论意义不大，不是本书所要关注的问题了。

西汉后期对于历史进程观念来说值得一提的，是刘歆设计的新的帝德谱。

战国后期，邹衍设计了相胜的五德终始说，以为齐国取代周室服务，结果却被秦王政采用，用来取代周室，并对统一后的全国实施严苛的统治。

西汉后期，为了王莽以禅让方式取代汉室大造舆论，刘歆煞费苦心，把五德终始说从相胜说生生地扭转为相生说。他按照木、火、土、金、水、木……的相生顺序，重新排列了故史系统。根据新的排序，王朝统治顺序就变成了这样的：

太昊帝砲牺氏，首德始于木

炎帝神农氏，以火承木

黄帝轩辕氏，火生土，故为土德

少昊金天氏，土生金，故为金德

颛顼高阳氏，金生水，故为水德

帝喾高辛氏，水生木，故为木德

唐帝陶唐氏，木生火，故为火德

虞帝有虞氏，火生土，故为土德

伯禹夏后氏，土生金，故为金德

成汤商，金生水，故为水德

武王周室，水生木，故为木德

汉高祖皇帝汉，木生火，故为火德

王莽利用这项新成果，宣称自己的祖上来自齐国田氏、陈国有妫氏、大舜有虞氏、黄帝轩辕氏，所以拥有土德之瑞，正巧取代拥有火德的汉室。

在三世说出现之前，董仲舒的“三统说”和刘歆的“五德终始说”甚为流行，它们都可以纳入所谓的“历史循环论”的范畴，也可以划归历史进程观念中的“王朝体系说”。

（三）何休的三世说

何休是东汉人，公羊学家，他的《春秋公羊传解诂》是公羊学的里程碑式的作品。在这部作品中，他对三世说做了系统的阐述。既是对春秋二百四十二年的阶段划分，更是对历史发展进程及社会形态的一种认识，在历史理论上具有重要意义和深远影响，堪称中国的历史哲学。

何休的三世说系对《公羊传》“所见异辞，所闻异辞，所传闻异辞”的阐发。《公羊传》三次提到这句话（隐公元年、桓公二年、哀公十四年）。意思是说，孔子作《春秋》，所记载的二百四十二年的史事可以划分为“所见”（指孔子亲身见到）、“所闻”（指孔子听说）和“所传闻”（指孔子听前人转述）三个时段，各个时段的史事记载方法有所不同，同样的事情，发生在不同阶段，遣词用语是不同的，这就叫作“异辞”（措辞不同，或曰“书法”不同）。据此认为，孔子作《春秋》有“所见异辞”“所闻异辞”“所传闻异辞”的不同。

到了西汉时期，董仲舒发展了这个说法，他把春秋十二公分置于三个时段，并统计了每一时段的具体时间，指出三个时段之所以“异辞”是根据时间远近、恩情薄厚决定的。不过，他没有明确提出“三世”的概念，更没有说明三个时段在春秋历史上的地位，他所关心的还只是“异辞”，并未涉及历史发展阶段问题。尽管如此，这些为何休三世说的提出，奠定了学术基础。

在《公羊解诂》中，有多处论及三世说（见《公羊解诂》隐公元年、宣公十一年、昭公六年、昭公三十年、哀公十四年等），最有代表性的要数对隐公元年的阐释：

> 何休说，《春秋》昭、定、哀所记载的史事，发生在孔子及其父亲叔梁纥生活时期，这叫做所见，即孔子亲眼得见。文、宣、成、襄所记载的史事，发生在孔子祖父时期，所以叫做所闻，即孔子听到亲历那些史事的祖辈的述说。隐、桓、庄、闵、僖记载的史事，发生在孔子的高祖、曾祖在世时，对于孔子来说，只能是传说了，所以叫做所传闻。在我们今天的人看来，对于所见、所闻和所传闻得来的史事进行书写，肯定在详略上会有所不同。可是何休的兴趣不在时间远近和详略异同上，他所关心的是另一个问题。他说，什么叫做“异辞”？所谓异辞，说的是因为时间远近的不同，表现出来的情义就有厚薄深浅的不同，这对于协调人伦，管理社会，就有不同的意义。对于所见之世的人，因为与自己和父亲的恩义较深，所以记载大夫去世时，不管有罪无罪都详细书写日期，“丙申，季孙隐如卒”就是一例。对于所闻之世的人，因为是祖父时，与自己的恩义稍微减弱，在记载大夫去世时，无罪者书写日期，有罪者不书写日期，“叔孙得臣卒”就是有罪者不书写日期的例证。对于所传闻之世的人，那是高祖、曾祖时，那时的人于自己的恩义更加浅了，记载大夫去世，有罪无罪都不书写日期，“公子益师、无骇卒”就是例证。行文至此，何休作出一个违反常规的举动，他把这三个阶段前后颠倒过来，反过来看，最早的所传闻之世在先，那时还处在衰乱之中，用心粗略，只能团结本邦，对抗华夏的其他邦国。这阶段的史事在书写时要优先内政，记载大事，省略小事，国内的小恶记录下来，国外的小恶就不予记录。记载大国时写到大夫级别的，记载小国则只笼统称人；在国内召开的非常规的会议给予记

载，在国外召开的非常规的会议则不予记载。到了所闻之世，可以看到治理上进入升平阶段，诸夏各邦团结起来，相互认同而抵御夷狄，关于这个阶段的史事，在国外召开的非常规的会议也要书写，小国也要写到大夫级别，宣十一年秋“晋侯会狄于攒函”，襄二十三年“邾娄劓我来奔”是为例证。到了所见之世，治理已经进入太平阶段，夷狄都懂得了礼义，天下远近不论小国大国，就像一家一样，这时的史事就要用心来写，不厌其深不惮其详，所以要推崇仁义，对于不合礼义地使用两个字的取名方法要给予批评，晋国的魏曼多，鲁国的仲孙何忌就是例证。之所以有三世，按照礼，要为父母服丧三年，为祖父母服丧一年，为曾祖父母服齐衰三个月。爱的顺序要从对父母的爱开始，所以《春秋》从哀公开始，向上追溯到隐公，就是整理好祭祀父祖的顺序。所以二百四十二年，选取十二公，符合完整的天数，作为规矩；又因为周朝礼制的崩坏，恰好在鲁惠公和隐公之际。……①

由以上这番话可以看出何休的三世说对公羊学做出了重大贡献，特别是在历史进程思想上取得重要突破，具体言之有以下几点：

其一，把作为《春秋》书法的异辞问题，发展为历史进程思想，

① 所见者，谓昭、定、哀，己与父时事也。所闻者，谓文、宣、成、襄，王父时事也。所传闻者。谓隐、桓、庄、闵、僖、高祖、曾祖时事也。异辞者，见恩有厚薄，义有深浅，时恩衰义缺，将以理人伦，序人类，因制治乱之法。故于所见之世。恩己与父之臣尤深，大夫卒，有罪无罪皆日录之，“丙申，季孙隐如卒”是也。于所闻之世，王父之臣恩少杀，大夫卒，无罪者日录，有罪者不日，略之，“叔孙得臣卒”是也。于所传闻之世，高祖、曾祖之臣恩浅，大夫卒，有罪无罪皆不日，略之也，“公子益师、无骇卒”是也。于所传闻之世，见治起于衰乱之中，用心尚粗桷，故内其国而外诸夏。先详内而后治外，录大略小，内小恶书，外小恶不书。大国有大夫，小国略称人；内离会书，外离会不书是也。于所闻之世，见治升平，内诸夏而外夷狄，书外离会，小国有大夫。宣十一年秋“晋侯会狄于攒函”，襄二十三年“邾娄劓我来奔”是也。至所见之世，著治大平，夷狄进至于爵，天下远近小大若一，用心尤深而详，故崇仁义，讥二名。晋魏曼多，仲孙何忌是也。所以三世者，礼，为父母三年，为祖父母期，为曾祖父母齐衰三月。立爱自亲始，故《春秋》据哀录隐，上治祖祢，所以二百四十二年者，取法十二公，天数备足，著治法式，又因周道始坏，绝于惠、隐之际。……

将春秋二百四十二年划分为“所传闻世”“所闻世”“所见世”前后相续的三个阶段，而且正式命名曰“三世”，并且用“衰乱”“升平”“太平”来概括三世治乱的特点。

其二，对“三世”在统一局面、文明程度、国家以及“天下”治理等的发展过程做了系统说明。“衰乱世”尚处在团结本邦对抗其他华夏邦国的阶段，有点像古希腊的城邦世界；升平世则推进到团结华夏抵御夷狄的阶段，华夏文明地区得到统一，有点像近代欧洲的民族国家阶段；到了太平世，夷狄都进步到了礼义水平上，天下远近不论小国大国就像一家一样。可见，所谓三世，既是说政治上朝着“天下”统一于“天子”和种族平等和睦的方向发展，又是说中国文化、中华文明达成统一。在公羊学的意义上，“夷狄”与“诸夏”的划分标准是文明程度而不是种族或血缘，所谓“外夷狄”是因为“夷狄”未能在礼乐文化与文明方面华夏化，“夷狄进至于爵”是因为“夷狄”已经在礼乐文化与文明方面华夏化，所谓“天下远近小大若一”，是因为随着时代进步、文明程度提高，在先进的礼乐文化文明方面不论“诸夏”还是“夷狄”都没有区别了，达成了统一。由于“夷狄”在先进的华夏礼乐文化文明方面得到提升而达到平等的程度，“夷狄”与“诸夏”的差别消除，自然不必再“外夷狄”。

其三，通过对“三世”的描述，生动地表明“衰乱世”“升平世”“太平世”各自在历史中的地位，表明“三世”是三个不同而又前后递进的历史发展阶段，一世比一世治，一世比一世王化更普及，一世比一世道德境界更高，一世比一世统一趋势加强、民族融合程度更发展，从而使春秋二百四十二年的历史呈现为一种阶段性发展的进步过程。

其四，《公羊传》的“所见”“所闻”“所传闻”在时间上是从后向前不断推演的三个阶段，当然属于《春秋》书法范畴，也表现了仁爱的伦理层次。但在行文中间却把顺序翻转过来，成了“所传闻”“所闻”“所见”阶段，这样，《春秋》二百四十二年就成了时间上从前向后分阶段发展和进步、空间上由内向外分阶段扩大延展，时空合一，体现了向理想目标发展进步的趋势。

再深入一步，又会发现，何休的三世说虽然以《春秋》做立论的凭依，所说的道理却又不限于春秋时期，你看他描写三世的时候，显然是倾尽了全副情感和想象力，已经沉浸在了忘我甚至癫狂的境界。他所说的“天下远近小大若一”，哪里还是春秋二百四十二年的历史？即使放到他本人生活的汉朝，也远远未能达到啊。那他下这么大气力精心描绘春秋三世，究竟是为了什么？刘家和先生说，他是在为人类历史制作一个缩小的模型。我认为，这是他的世界观和人生理想的一次情不自禁的流露。

不幸的是，何休的苦心在古代未必能够得到理解，尤其是把春秋二百四十二年看作由“衰乱”而“升平”而“太平”的过程，与传统的看法不相符合，而断定昭、定、哀三公时期为太平之世更是令人不解。正因如此，公羊学的这类言论被认为背离历史，成了“非常异义可怪之论”，也就是被认为是缺乏真实历史基础的奇谈怪论。

今天，何休历史进程思想所表现出来的某种悖论，已经由当代学者给予合理的解释，认为那是历史本身的悖论在何休思想上的表现，或者叫反映①，如此而已。至于何休的三世说，应该承认那是古代中国人关于历史进程思想的最高成就，是中国的历史哲学！如果思想史可以比作连绵起伏的群山，那何休的三世说毫无疑问应该是其中的一座高峰！

四、“文”与“势”：古代中后期历史进程观中的目的论与必然性

先秦两汉时期，中国人在历史进程思想上的创造性达到了相当高的程度，主要问题都提了出来，像历史发展演化的方式问题、历史发展变化的原因问题、历史发展变化的阶段问题，古今关系问题，等等，而且展开了系统深入的讨论，创造了若干具有中国特色的理论成

① 参见刘家和：《史学的悖论与历史的悖论》，《史学经学与思想》，北京师范大学出版社2005年版。

果，出现了多座理论高峰，标志着中国文明在历史思维上的高度。后世思想家和学者根据这些思想，针对自己所面临的时代课题，发挥创造力，尤其在以“文”作为历史发展的目标以及以“势”代表历史发展的必然性等问题上，贡献出具有创新意义的理论见解，把古代中国的历史思维推向一个新高度。

魏晋南北朝时期，民族融合，战乱频仍，文化交流，史学发达。隋唐时期，多族群、多文化、多宗教交融的结果，中华文明进入了雄浑博大的状态，史学之发达，出现了历史上极为繁荣的盛况。史学家和思想家对于古今关系等问题的认识也随时代的发展而有了特殊的表现。

南朝刘勰在所著的《文心雕龙·史传篇》中把史学称作“载籍”，认为是“居今识古”的产物，显然是受了荀子“以今持古”和司马迁“通古今之变”的影响①。还有，“若夫追述远代，代远多伪”，“荀况称‘录远详近’，盖文疑则阙，贵信史也”②，对荀子法后王思想的性质和意义心领神会。同时，这种怀疑远古，重视当下的倾向恰可反过来证明荀子法后王思想的实质不是反对先王之治，而是重视经验和实证。

唐武德五年（622），高祖《命萧瑀等修六代史诏》有言：“经典存言，史官纪事，考论得失，究尽变通，所以载成义类，惩恶劝善，多识前古，贻鉴将来。”③ 同样表现了司马迁“通古今之变”的精神气质。

古代中国有以史为鉴的传统，周代初年、西汉初年和唐代初年，都有反思前朝之失的经验，随后，三个朝代分别出现了“成康之治”“文景之治”“贞观之治”，看来不是没有道理的。唐太宗说过一句非常有名的话，值得重温一下：“夫以铜为镜，可以正衣冠；以古为镜，可以知兴替；以人为镜，可以明得失。”④ 这显然是周公开创的殷鉴

---

① 司马迁的“居今之世，志古之道，所以自镜也”，语出《史记·高祖功臣侯者年表》。

② 刘勰：《文心雕龙·史传篇》，周振甫，《文心雕龙今译》，中华书局 1986 年版。

③ 宋敏求：《唐大诏令集》卷八一，洪丕谟等点校本，学林出版社 1992 年版。

④ 吴兢：《贞观政要·任贤》，上海古籍出版社 1978 年版。

意识的再现，也是以“鉴”为通变的内在根据的一种表现。

这个时期，由于著史活动的兴盛，也由于文献和学术分类的进步，史学从传统学术中逐渐独立出来，成为一门非常重要的学术门类，史家逐渐把注意力从思考所谓客观历史本身，转移到史书和史学撰述的研究上面，刘知几《史通》的出现，就是明证，它标志着当时史学发达的新高度。

从宋代开始，情况有了新的变化，历史进程问题又开始受到学者和思想家的关注。

宋朝坚持强化中央集权，事无巨细，都归皇权掌控，基层的积极性受到严重窒息，庆历时期，针对上述问题，复古思潮一度兴起，孙复、石介主张恢复井田制，矛头指向“专制”之弊。他们的理论基础是《易传》的通变思想和司马迁的“通古今之变”。王安石撰《周礼新义》，提出要“以所观乎今，考所学乎古”①，荀学实证的气味较为浓烈。欧阳修则指出，中央集权，如果权力过于集中，凡事管得过细，那就等于没有治理。他认为分权制反倒可以提高基层管理的效率，甚至还认为国家管理不如社会管理更有利于文化的发展。不过，他不主张复三代之古②。今天看来，如果仅仅限于内政，欧阳修的某些见解还是有一定道理的。二程也不主张复古，但却认为研究古今之变是重要的，认为改革现实要“酌古以处时”，即学习圣人，探究当时之变③。司马光则坚持“治乱之道，古今一贯”，与荀子的“古今一度”颇为一致④。

这期间，王道、霸道之辩兴起，主张复古的都把历史断为“尧舜三代”与“秦汉以下”两截，探讨的目的都是为了说明尧舜三代之所以治，秦汉以下之所以乱的理据，为复兴三代王道大造舆论。这时所

---

① 《王文公文集》卷三六《周礼义序》，上海人民出版社 1974 年版。

② 参见《欧阳修全集》之《居士集》卷四八《策问十二首》，中国书店 1986 年版。

③ 《二程集》之《河南程氏遗书》卷一一及《河南程氏粹言》卷一、卷二上，中华书局 1981 年版。

④ 司马光：《稽古录》卷一六，北京师范大学出版社 1988 年版。

说的王道，包括井田、封建、宗法等内容，后来重点转移到了评判两汉以下天子把持天下的问题。二程、王安石都是如此。司马光则反对将王霸对立起来，坚持古今一贯，霸政并非异道，从中仍可看出与荀子思想的高度一致。

邵雍持历史循环论，第一周期，三皇、五帝、三王、五霸，与春夏秋冬相合。秦以后，任何变化，无出第一周期的范围。二程则主张历史三阶段，五帝官天下，三王家天下，秦汉以后则实行霸道。这些都是循环论，是为庆历时期改革服务的。

先秦有五德终始说，汉代有三统说，宋代循环论也较流行。针对这种情况，苏辙提出了另一种观点："盖尝以为自生民以来，天下未尝一日而不趋于文也。文之为言，犹曰万物各得其理云尔。""夫自唐虞以至于商，渐而入于文。至于周，而文极于天下。当唐虞夏商之世，盖将求周之文，而其势有所未至，非有所谓质与忠也。自周而下，天下习于文，非文则无以安天下之所不足，此其势然也。"[①] 苏辙的见解有两点值得重视，一是以"文"作为人类历史发展的目标。他所说的文，指万物各得其理，即凡物内有规则，外有文采之谓也，相当于今天所说的文化或文明。以文化或文明为历史发展的目标，多多少少有一些目的论的味道。二是以历史本身的"势"来说明历史现象之所以然，即历史发展的原因。苏辙的观点对于不顾具体条件，一味主张循环论的形式主义、神秘主义思想，显然有所针砭，也体现了更为现实、更为理性的历史主义精神。把文明当作历史发展的目标，承认历史发展是由内在的势所推动，这个观点使这一时期的历史思想达到了新的高度。

上面的见解多是出于思想家和政治家，作为史学家，郑樵认为中国史学传统有两点值得重视，一是通史，一是断代。他赞成通史，批评班固"断代为书"割裂了周秦汉之间的历史联系，造成"无复相因之义"，"使会通之道，自此失矣"。这是孔子三代损益说的发挥。郑

① 《苏辙集》之《栾城应诏集》卷一，中华书局 1999 年版。

樵的会通说，是通古今之变思想的概括，他所谓的会通，一方面说的是通史必须贯通古今，以表现相仍、相因的总体进程；另一方面，则要求史家在资料上网罗宏富，汇聚齐全。他的这个思想有纵横统一的辩证意义[①]。

叶适则指出，三代古制变为秦制，这是“其势不得不变”的[②]。他批评迷信三代，主张“因当世之宜”的思想[③]。他对“势”在历史发展中的作用的理解，有重要意义。

宋元之际，马端临则提出通史撰述要有“会通因仍之道”，他认为，朝代未必相因，但“典章经制，实相因者也”[④]，对孔子损益说做了发展，即从王朝相因发展到舍王朝而以政治经济制度、社会组织和风俗习惯来看历史的相因相革。马端临还善于用“古今异宜”来看问题，即从历史发展变化所造成的客观形势的不同来推寻典章制度的“变通张弛之故”，表现出了历史主义精神。这种思想显然受了战国商鞅、韩非的影响。他甚而认为，现实社会的改革政策，其实应该就是“救时之策，不容不然”[⑤]，意思是说，历史变化，导致政策变革，这是“不容不然”的，也就是时势使然。

明末清初，王夫之则采用类似民族志的方法研究历史，获得了别样的收获。他根据对西南少数民族生活的实地考察，对比历史文献，认为，三代以前，人与禽兽没有多大差别，三代以后，逐渐进步，到了唐代，太宗为君，魏徵为相，实行仁义，天下向化，不必等待尧舜汤武啊，“孰谓后世之天下，难与言仁义哉!”[⑥] 在他看来，历史发展的趋势和方向是由野蛮向文明，由万国分立向统一发展的，“风教日

---

① 瞿林东：《中国古代历史理论》（下卷），安徽人民出版社 2011 年版，第 61—64 页。

② 《叶适集》之《水心别集》卷六《管子》中华书局 1961 年版。

③ 《叶适集》之《水心别集》卷八《王通》，中华书局 1961 年版。

④ 马端临：《文献通考》序，中华书局 1986 年版。

⑤ 马端临：《文献通考》卷三《田赋考三》，中华书局 1986 年版。

⑥ 王夫之：《读通鉴论》卷二〇《太宗八》，中华书局 1975 年版。

趋于画一，而生民之困亦以少衰”①。这不但批驳了三统循环说，也突破了法家历史阶段论在历史是否进步的问题上的暧昧态度，有了明确的方向性，即“风教”进步的目标。王夫之还从社会制度上把历史划分为先秦的分封制和秦以后的郡县制两个阶段，并对与之相关的一系列制度的演变情况做了具体分析，发现典章制度随着时代条件的变化而必然发生变化，这叫作“事随势迁而法必变”，“汉以后之天下”只能“以汉以后之法治之”②。“洪荒无揖让之道，唐虞无吊伐之道，汉唐无今日之道，则今日无他年之道多矣。”③ 这个思想是对韩非《五蠹》篇中历史阶段论和社会变革思想的发展，它使历史不但有了阶段性，更重要的是还有了明确的发展方向。王夫之把“风教”（文明）作为历史发展的目标，认为历史发展有势在推动，他的见解应该是古代中国历史思想的又一座高峰！

章学诚《文史通义》是中国史学理论的一部名著。在《原道》篇中，对历史变异之道做了说明。他指出：“道者，非圣人智力之所能为，皆其事势自然，渐形渐著，不得已而出之，故曰天也。”④ “羲、农、轩、颛之制作，初意不过如是尔。法积美备，至唐虞而尽善焉。殷因夏监，至成周而无憾焉。譬如滥觞积而渐为江河，培塿积而至于山岳，亦其理势之自然，而非尧、舜之圣过乎羲、轩，文、武之神胜于禹、汤也。后圣法前圣，非法前圣也，法其道之渐形而渐著者也。”⑤ 这里所说的“事势自然”“理势自然”，都是历史发展本身所蕴含的某种必然性，这表明当时思想家对历史必然性已经有了深刻的理解。

章学诚还认为，三代相因，穷变通久之理也，皆时会使然：“自有天地而至于唐虞夏商，迹既多而穷变通久之理亦大备。周公以天纵生知之圣，而适当积古留传，道法大备之时，是以经纶制作，集千古

① 王夫之：《读通鉴论》卷二〇《太宗二》，中华书局 1975 年版。
② 王夫之：《读通鉴论》卷五《成帝八》，中华书局 1975 年版。
③ 《船山全书》之《周易外传》卷五《第十二章》，岳麓书社 1996 年版。
④ 章学诚：《文史通义·原道上》，叶瑛《文史通义校注》，中华书局 1994 年版。
⑤ 章学诚：《文史通义·原道上》，叶瑛《文史通义校注》，中华书局 1994 年版。

之大成，则亦时会使然，非周公之圣智能使之然也。盖自古圣人皆学于众人之不知其然而然，而周公又遍阅于自古圣人之不得不然，而知自然也。”①所谓“时会”，说的就是时代的各种机缘和合形成的“不得不然”的趋势，也就是前面提到的“事势自然”“理势自然”中的“势”，在当时是历史必然性的一种表达。

到了19世纪前期，欧洲资本主义全球扩张愈演愈烈，中国正值嘉道年间，社会出现衰像丛生的局面，龚自珍对公羊家的三世说发表了个人的理解。不同的是，他所说的三世，不是由衰乱世到升平世、太平世的进步，而是相反，是由“治世”向“乱世”和“衰世”的倒退。在他看来，第一个时期是道、学、治三者合一，相当于周代；第二个时期是诸子百家各鸣其学的时代，仍然有益于治。第三个时期师儒（儒者、经师）不学无术，不负担社会国家的责任，成为国家的蠹虫。有鉴于此，他呼唤变革，希望回复到尧舜三代。不过，他提出的更法建议，却要求回到宗法制和井田制的农宗时代②。古代中国的通变思想到了这里，虽然体现了对时势的认识，但是由于眼界所限，他建议的内容，已然无法应对日新月异的世界发展潮流。不过尽管如此，他的企望变革的急切心态，以及由此而发出的警醒世人的大声疾呼，对后来的改革者仍然具有非常珍贵的激励作用。

总之，以苏辙、王夫之、章学诚等为代表的思想家，认识到“文”是历史发展的目标，“势”（“时会”）是历史发展的内在动力和必然性，这是古代后期中国人在历史进程问题上取得的理论成就，标志着古代中国历史理论的新高度，也预示着未来的发展方向。

本文为“2021中国·衡水董仲舒与儒家思想国际研讨会暨中华孔子学会董仲舒研究委员会学术年会”提交的论文。

蒋重跃（1958—）男，湖南岳阳人，北京师范大学历史学院教授，《北京师范大学学报》（社会科学版）原主编。

---

① 章学诚：《文史通义·原道上》，叶瑛《文史通义校注》，中华书局1994年版。

② 《龚自珍全集》第1辑《乙丙之际箸议第六》，上海人民出版社1975年版。

易世·融世·出世
——儒家处世观新探

常 樯

从古今中外文化比较的视角看，按照固有印象，我们总把儒家看成是“入世”的文化流派，把儒学看成是“入世”的思想学说。儒家及儒学以其典型的入世风格，展现出自强不息、刚健有为、积极进取、建功立业的理论品格和道德主张。“入世”简直就是儒家的特色标签。这个说法，虽然属于对儒家及儒学所做出的全局式观察和总括式评论，但显得过于笼统，过于草率粗陋。更深一步讲，一些对儒家思想有情感、有认同、有研究的学人在接受“入世”说的大前提下，又通过分析研讨，还能得出儒家为“入世”与“出世”兼顾之学说的结论。是非对错先搁置到一边，就本质而言，这其实便涉及了儒家处世观的问题。

人到底该如何处世、应世，是任何一门人文科学都需要积极面对、认真思考并拿出解决方案的重大课题，关涉如何理解与处理人与自然、人与社会、人与人、身与心等各种关系，不仅具有重大的思想文化史意义，更具有重大的政治意义和社会现实意义。儒家思想作为传统中国人的主流价值观，在历史上，不可以也没有回避处世问题。只是在今日，我们依然很有必要在前贤重要理论成就的基础之上，对儒家处世观话题再行探讨，从而进一步加深对儒学及其在整个中国思想文化史上之地位的认识和了解。

一、从钱穆先生的论述说起

钱穆先生在《中国历史精神》附录一《中国文化与中国人》一文中，曾谈到儒家“圣人”与处世的话题，并专门引用了《孟子》和《论语》中的相关论述。他先引孟子语来指出三种大不相同却都值得高度肯定的人生态度：

> 在《孟子》书中，又曾举出三个圣人来，说：“伊尹圣之任者也，伯夷圣之清者也，柳下惠圣之和者也。”人处社会，总不外此三态度。一是积极向前，负责，领导奋斗，这就如伊尹。一是甚么事都不管，躲在一旁，与人不相闻问，只求一身干净，这就如伯夷。还有一种态度，在人群中，既不像伯夷般躲避在一旁，也不像伊尹般积极尽向前，只是一味随和，但在随和中也不失却他自己，这就如柳下惠。以上所举“任”“清”“和”三项，乃是每一人处世处群所离不开的三态度。在此三种态度中，能达到一理想境界的，则都得称圣人。①

钱穆先生所提到的孟子眼中之“三圣”，分别是伊尹、伯夷、柳下惠。三人在历史上的形象，并非是单一面向的，但钱先生在这里是有意按照孟子的思想倾向，把他们脸谱化、固定化了。可见他对孟子的评价，是完全认同的。为进一步强化对三圣的单一印象，钱先生又接着用最为简短的文字，对他们的事迹做出概括。对于伊尹，他概括道：“他所处时代并不理想，那时正是夏、商交替的时代，传说伊尹曾五就桀，五就汤，他一心要尧舜其君，使天下人民共享治平之乐，而他也终于成功了。”对于伯夷，他概括道：“伯夷当周武王得了天下，天下正庆重得太平之际，但他却不赞成周武王之所为，饿死首阳山，一尘不染，独成其清。”对于柳下惠，他概括道：“柳下惠则在鲁国当一小官，还曾三度受黜，但他满不在乎。他虽随和处群，但也完

① 钱穆：《中国文化与中国人》，载《中国历史精神》，九州出版社 2016 年版，第 157、158 页。

成了他独特的人格。”① 以上关于“三圣”之人生经历的高度凝练概括，其实就是为了继续强化其“任”“清”“和”的特征。为了和以上“三圣”形成呼应，钱穆先生接下来又通过转述孔子语，引出了孔子曾给予高度肯定的殷之“三仁”。他说：

> 在《论语》里，孔子也曾举了三个人。孔子说：“殷有三仁焉，微子去之，箕子为之奴，比干谏而死。”孟子云：“仁者，人也。”此所谓“三仁”，也即是处群得其道之人，也可说是“三完人”，即三个人格完整的人。当商、周之际，商纣亡国了，但在朝却有三个完人，也可说他们都是理想的人，也可说他们都是圣人。此三人性格不同，遭遇也不同。②

不得不说，钱穆先生这种先提孟子关于“三圣”之语、再述孔子关于“三仁”之语的安排，具有明显的逻辑性，“三仁”说显然是在为“三圣”说寻求思想根源和支撑。他把“三圣”称作“完人”“圣人”，显然是在支撑孟子的“三圣”说。接下来的“合并同类项”，便说明了钱先生这种一脉相承思想。他接着说：

> 我以为比干较近伊尹，大约他是一个负责向前的，不管怎样也要谏，乃至谏而死。微子则有些像伯夷，看来没办法，自己脱身跑了。后来周武王得天下，封他在宋国，他也就在宋国安住了。箕子则有些像柳下惠，他还是留在那里，忍受屈辱，近于像当一奴隶。③

依照钱穆先生的意见，以上三类圣人，表现出三种不同的处世观：

第一种：伊尹、比干是同一类型的圣人，他们身在逆境，全力以赴，积极作为，抱定自己的理想信念不动摇，哪怕付出牺牲代价也在

---

① 钱穆：《中国文化与中国人》，载《中国历史精神》，九州出版社 2016 年版，第 158 页。

② 钱穆：《中国文化与中国人》，载《中国历史精神》，九州出版社 2016 年版，第 158 页。

③ 钱穆：《中国文化与中国人》，载《中国历史精神》，九州出版社 2016 年版，第 158、159 页。

所不惜，他们身上呈现出一股强烈的历史使命感和责任感，“任”是他们的典型标签，套用曾子的话来形容他们，可谓“士不可以不弘毅，任重而道远。仁以为己任，不亦重乎？死而后已，不亦远乎？”①

第二种：柳下惠、箕子是同一类型的圣人，他们柔顺和善、泼辣豁达，在保持不触碰最低之道德红线的前提下，甘愿忍辱受屈，以此来换取“一团和气”，“和”是他们的典型标签，套用子路的话来形容他们，可谓“不仕无义。长幼之节，不可废也；君臣之义，如之何其废之？欲洁其身，而乱大伦。君子之仕也，行其义也。道之不行，已知之矣”②。

第三种：伯夷、微子是同一类型的圣人，为了坚守内心原则和道德操守，面对政治主宰力量，他们主动选择了“非暴力不合作”，“清”是他们的典型标签，套用孔子的话来形容他们，可谓“不降其志，不辱其身”③。

不论是“圣之任者”，还是“圣之清者”“圣之和者”，都属于儒家“圣人”的范畴。之于“圣人”，尽管儒道等流派皆使用，但侧重点还是有所不同的，道家之圣人，偏重对天道的遵循与顺应；儒家之圣人，偏重对人道的坚守与倡行。从这个意义上看，以上三类圣人，都得到了儒家的高度认同，当然属于儒家话语体系下的“人道”主义者了。此三圣（或曰三仁），基本上代表了儒家所能接受的三种处世观，这三种处世观并无价值意义上的高下层级之分，只是因时而异，因事而异，因人而异。如钱穆先生也这样说：“我们以《论语》《孟子》合阐，可说人之处世，大体有此三条路。此三条路都是大道，而走此三条路的也各可为圣人，为仁者。”④ 不论这些人在具体事功上有何表现，不论这些人按世俗标准是否可算成功，却“都是中国理想

① 《论语·泰伯》。

② 《论语·微子》。

③ 《论语·微子》。

④ 钱穆：《中国文化与中国人》，载《中国历史精神》，九州出版社 2016 年版，第 159 页。

文化传统中的大人物，他们承先启后，从文化大传统来讲，各有他们不可磨灭的意义和价值”①。

二、儒家处世观的三个面向

由儒家对“三圣”“三仁”的推崇便可知，儒家处世观绝不像我们一般所认为的那样，就是“出世”。事实上，儒家处世观应分为三个面向，我们将其形象地概括为：“易世”“融世”“出世”。这其实便涉及了儒家的“三分法”思维。以往我们普遍受“二分”法思维的影响，总把世界一切事物和现象做“二分”，非此即彼，非黑即白，非对即错，这种过于绝对化的思维定式，对我们认识世界、分析世界带来很大便利的同时，也造成极大局限。因此，有学者如已故庞朴先生生前就一直主张以“三分”取代“二分”，照他的说法，“世界本来便是三分的”②，“儒家以三分法划分世界”③。我们认为，在探析儒家处世观问题时，“三分”法比“二分”法更具体、更符合实际。

易世。“易世”就是积极性处世（入世）、积极性入世。易世相当于我们一般惯用的“入世”，但“入世”实在太过宽泛、笼统，我们只得将其更换为“易世”。就字面而言，“易世”强调“改变”，突出“主动作为”，且从初心和本愿上看，当然应是在朝着符合儒家价值理念和道德规范的方向前进，传统儒家立德、立功、立言的“三不朽”追求，首先就要通过易世来实现。在易世问题上，孔子真正做到了知行合一。读孔子言论可见，他也是易世主张的倾力宣扬者。纵是在他不喜欢的当政者邀他出仕时，他都蠢蠢欲动。面对阳货的征召，他答以“诺，吾将仕矣”④；佛肸召他出仕，他有意前往，并以“吾岂匏

① 钱穆：《中国文化与中国人》，载《中国历史精神》，九州出版社 2016 年版，第 159 页。

② 庞朴：《中庸与三分》，载《文史哲》2000 年第 4 期。

③ 庞朴著，冯建国编选：《孔孟之间——郭店楚简中的儒家心性说》，载《儒家精神：听庞朴讲传统文化》，中国华侨出版社 2014 年版，第 151 页。

④ 《论语・阳货》。

瓜也哉？焉能系而不食”[①] 回应子路的不满；他也曾明确向子贡表达了“沽之哉，沽之哉！我待贾者也”[②] 的易世观；他曾言“君子不器”[③]，恰是站在为易世做准备的出发点而论说的；曾子之言“士不可以不弘毅，任重而道远”[④]，同样是在鼓励人们要振奋精神、奋发有为，在易世之路上锲而不舍，驰而不息。观孔子一生事迹亦可见，他更是易世学说的积极践行者，他在不长的从政生涯中所做出的系列不凡业绩，便是最佳证明。当然，也需说明的是，“易世”不是混世、玩世、弄世、乱世、毁世，古往今来那种为了一己私利或有悖人道、人伦、人性之禽兽般劣迹恶行，或许亦有“易世”之象，结果却直接导向了恐怖与灾难，当然不属于儒家易世观的范畴。

融世。“融世”也是一种积极性处世（入世）[⑤]，但与“易世”相比，却属于消极性入世。这里我们突出一个“融”字，以与“和”保持一致，也与“易”“出”形成呼应。在孔子时代，士人实现理想抱负、造福黎元大众的最主要途径，当然是干禄。所以在孔子的思想体系中，政治哲学和为官之道占有重要篇幅，孔子本人不放弃任何从政机会，也是希望以其政治作为来成就易世梦想。换言之，以干禄为主要表现形式的易世，是孔子时代儒家处世的第一选择，若此路不通，便会退而求其次，选择融世之路——对孔子而言，从事教学活动、编订经典文献，都属于“融世”的范畴。“融世”是最容易为我们所忽略的一个面向，因为这种处世观具有“两面”性——其一，其本身是入世，与出世相比当然属于积极；其二，其本身在入世中又显得很是消极。当然，“两面”性的本质，便是中庸性，这种中庸性同样为孔子及后世儒家所推崇，反观历史上那些与“圣之和者”风格相似的人物可见，他们往往都是典型的中庸论之标准践行者。庞朴先生提出

① 《论语·阳货》。
② 《论语·子罕》。
③ 《论语·为政》。
④ 《论语·泰伯》。
⑤ 这是与“出世”相比较而言。

“三分”法思维，也是在考察儒家中庸、中和思想的基础上得出的结论[①]。同时，他还提醒我们，“儒家以三分法划分世界，但在价值评定上，他并不以上者为上，而是以中为上的。至少在孔子时候确然如此。这一点很值得注意”[②]。

出世。“出世”就是消极性处世，还可谓厌世、避世、遗世、隐世、躲世、逃世，是“易世”“融世”的对立状态，“出世”的极端表现便是去世、离世，自我了断。孔子不乏出世言论，如“用之则行，舍之则藏”[③]“道不行，乘桴浮于海”[④]“危邦不入，乱邦不居。天下有道则见，无道则隐”[⑤]“邦有道，谷；邦无道，谷，耻也”[⑥]等，他赞同南容“邦有道，不废；邦无道，免于刑戮”[⑦]的处世智慧，夸赞“邦有道，则仕；邦无道，则可卷而怀之”[⑧]的蘧伯玉是君子，对包括微子在内的那些隐士也持肯定态度。在人心不古、礼坏乐崩的时代，孔子允许别人隐匿避世，过遗世独立的生活，他尊重甚至赞同这样的做法，但他本人却并未选择这条路，他的态度很明确：“素隐行

---

① 庞朴先生在一篇文章中曾说：“中庸的所谓中，就是第三者；承认二分又承认中庸，也就在事实上承认了一分为三。世界本来便是三分的。由于二分法的先入为主，人们总习惯于称‘中’为‘中介’，视之为两极之间起联系作用的居间环节，或者是事物变化过程的中间阶段；还相信中介环节是暂时的，必将向两极分化而最终归结为二元的天下。待到二分法不足以解释一切现象时，亦有人主张一分为多。其实三就是多，多必归于三。三分法有一维、二维、三维的形态。”参见庞朴：《中庸与三分》，载《文史哲》2000 年第 4 期。在另一篇文章中，他还说：“‘物极则反’的两端是‘极’，它们的中介也是一极，而且是更重要的一极；‘三极之道’有相赞、相克和相生三种状态，生、克分列两端，它们的中和便是赞；世界并不仅仅是‘两生’，人用慧眼看到对立之间的中介、最佳关系，便是‘参视’。”参见庞朴：《对立与三分》，载《中国社会科学》1993 年第 2 期。

② 庞朴著，冯建国编选：《儒家辩证法研究》，载《儒家精神：听庞朴讲传统文化》，中国华侨出版社 2014 年版，第 151 页。

③ 《论语·述而》。

④ 《论语·公冶长》。

⑤ 《论语·泰伯》。

⑥ 《论语·宪问》。

⑦ 《论语·公冶长》。

⑧ 《论语·卫灵公》。

怪，后世有述焉，吾弗为之矣。”① 但我们不能因为孔子本人不曾践行“出世”便认为“出世”不属于儒家处世观的范畴，他高度评价出世者、十分憧憬出世之举就足以说明，他是认同“出世”的。于孔子及儒家而言，有时候，适时选择退隐，乃不得已而为之，“退隐并不是为保全自身的完全避世，而是不愿屈从心志的一种适时的选择，一旦现实境域有所改变，儒家将从消极的隐退转换为积极的出仕”②。但有人也对孔子的出世思想提出批判，认为“尽管孔子的避世思想以其强调知进知止、审时度势、见机而发的辩证思想，堪称一种高明的处世艺术，但它在本质上毕竟是一种消极避世、明哲保身的思想和行动，因而极易滑向极端自私、不负责任的纯粹的‘活命哲学’”③。对于这种同样包含着辩证思想的观点，我们只能以见仁见智来坚持“和而不同”了。概言之，出世观当然属于儒家处世观，但出世也是孔子在处世问题上的一种非主流选择、不得已之举。

归而论之，根据孔孟等原始儒家的处世观念，我们认为，儒家处世观包括“易世”“融世”“出世”三个不同的面向。这种“三分”法的思路，应比传统的“二分”法（入世、出世）更加精当合理。但我们也必须承认，在重大理论关切上，古今中外学者之间也是“英雄所见略同”的，单就儒家处世观论，“三分”与“二分”也并非难以融通：“三分”法中的“易世”“融世”相当于“二分”法中的“入世”，“三分”法中的“出世”也基本上等同于“二分”法中的“出世”。说明了“三分”与“二分”之异同，仍有必要就以上“三分”法做出两点特别说明：

其一，“三分”法不涉及绝对的情感好坏，但以对“道”的坚守为原则和主线。我们不能笼统地说，“易世”“融世”“出世”哪个是好的，哪个是不好的，我们赞同哪一个，反对哪一个，也不能说积极

---

① 《中庸》。

② 李芙馥：《先秦儒道仕隐观再探——从伯夷与叔齐归隐事件切入》，载《孔子研究》2020 年第 5 期。

③ 朱晓鹏：《论孔子的避世思想》，载《河北大学学报》1996 年第 3 期。

就是好，消极就是不好。这样带有绝对性、主观性色彩的评判，都有失公允。判断“易世”“融世”“出世”之合理性，只能以对“道”的坚守、捍卫、追求为原则和主线，换句话说，引入“道”的概念和标准，才是我们理解儒家处世观的正确思路。抛开“道”，单纯从表象上看积极与消极，便没有意义。那么，何为“道”？这当然是个宏大且见仁见智的重大理论话题，这里我们无法展开，但有一个近乎公认的解释，那便是——“道”即“人道”“仁道”，亦可说是“大人之道”“君子之道”，也可说是“尧舜之道”。孔子曰：“君子谋道不谋食。”“君子固穷，小人穷斯滥矣。”[①]“隐居以求其志，行义以达其道。”[②]“朝闻道，夕死可矣。”“士志于道。”[③]孟子在谈到伊尹时，说：“圣人之行不同也，或远或近，或去或不去，归洁其身而已矣。”[④]孟子认为伊尹因守“尧舜之道”而使自身清洁，获得汤的重用。如此一来便知，不论一个人在事功上是否有突出表现，都不妨碍他成圣成贤，都不影响他获得儒家式的高度赞誉。对此，钱穆先生亦有高论：“在中国人观念中，往往有并无事业表现而其人实是十分重要的。”“我不是说人不应有表现，人是应该有所表现，但人的意义和价值却不尽在其外面的表现上。倘使他没有表现，也会仍不失其意义与价值之所在。那些无表现的人，若必说他们有表现，则也只表现于他们内在的心情与德性上。……从中国历史上看，不论治、乱、兴、

---

① 《论语·卫灵公》。

② 《论语·季氏》。

③ 《论语·里仁》。

④ 《孟子·万章上》。

亡，不断地有一批批人永远在维持着这‘道’，这便是中国历史精神。”①

其二，“三分”法不涉及绝对的境界高下，唯以对“时”的把握为前提和要求。我们承认，就孔子学说的整体和他一生的履历可知，儒家处世观当然是首推“入世”的，或者说首选以“易世”“融世”的态度来经营人生、谋划事业②，但这并不意味着“易世”“融世”“出世”三者之间存在层次的高地、境界的上下，它们只是儒家在处世问题上的三个面向、三个方向、三种选择。那么，人到底该选择什么样的处世道路呢？这就要根据具体情况来定了，在坚守“道”的前提下，具体环境、处境如何就起到关键性作用了，也就是说，此时，“时”便是行动的首要考虑因素。所以，按照惯常思维，那种认为儒家以“入世”为最高境界的看法，便是不合适的了。孟子夸赞孔子“可以仕则仕，可以止则止，可以久则久，可以速则速”③，尊其为“圣之时者”④，其实都是在强调，于处世态度问题上要灵活行事，善于变通。有了这样的认识，我们便能对以往颇受贬抑的出世态度抱以同情和接纳了。一个人，如果兼顾到了“道”与“时”，哪怕是选择离世这样极端的出世之路，也不失为典型的儒行，孟子的杀身成仁、舍生取义思想及历代仁人志士在此思想感召下的慷慨赴死，无不是值

---

① 钱穆：《中国文化与中国人》，载《中国历史精神》，第160、161页。有学者还从儒道两家对比的角度来阐明对“道”的坚守与处世态度的关系，如李芙馥认为，“先秦儒道两家对仕与隐的态度并非简单的二元对立，而是都以‘道’为核心，以是否合于‘道’为标准来具体评判出仕与归隐。出仕与归隐作为‘道’的附随性问题，在通常理解的儒家−出仕、道家−归隐模式之外还会呈现出仕隐交替、德隐与身隐等多种样态”。参见李芙馥：《先秦儒道仕隐观再探——从伯夷与叔齐归隐事件切入》，载《孔子研究》2020年第5期。只是我们认为，儒家之“道”（人道）与道家之“道”（天道），还是有所不同的，此处不再展开这一话题。

② 姚卫群先生甚至说，在古代中国，入世思想占据主导地位，不仅儒家的主导思想如此，道教和佛教中的入世思想后来也很突出。参见姚卫群：《中西印哲学中的“出世”与“入世”观念比较》，载《深圳社会科学》2021年第3期。

③ 《孟子·公孙丑上》。在《孟子·万章下》中，还有类似表述：“可以速而速，可以久而久，可以处而处，可以仕而仕，孔子也。”下文还将引述此语。

④ 《孟子·万章下》。

得我们高度赞誉的人生选择①。

世人常言，做事要兼顾原则性与灵活性。我们经过对以上两点特别说明的分析，便可知，在处世问题上，孔子及儒家同样做到了这一点——坚守"道"，便是坚持原则性；把握"时"，便是坚持灵活性。儒家处世观是贯通"道"与"时"的行动哲学，是兼顾原则性与灵活性的实用智慧。所以，如果有人要问，孔子及儒家到底赞同哪一种处世观呢？答案只能是：都赞同，儒家处世观是即入世又出世、即易世又融世又出世的。基于这样的理解和认识，我们便会发现，在处世态度上，儒家不是单一面向的，不是非此即彼的，其全面性、融摄性也从一个侧面告诉我们，与其他文化流派、思想学说相比，儒家思想、儒学在见识及胸怀上，绝对是超乎其上的，而其鼻祖孔子也不愧为集大成者。这便是由儒家处世观所引出的下面一个重要子话题了。

三、孔子"集大成"的本义

以私淑孔子自居的孟子，曾多次把孔子与伊尹、伯夷等圣人放在一起论说。但孟子对他们的认同度和崇敬度是大不相同的，孟子毫不掩饰地说，孔子要比任何圣人都伟大。在《孟子》中有两段重要内容，值得我们注意。先看第一段：

> （公孙丑）曰："伯夷、伊尹何如？"（孟子）曰："不同道。非其君不事，非其民不使；治则进，乱则退，伯夷也。何事非君，何使非民；治亦进，乱亦进，伊尹也。可以仕则仕，可以止则止，可以久则久，可以速则速，孔子也。皆古圣人也，吾未能有行焉；乃所愿，则学孔子也。""伯夷、伊尹于孔子，若是班乎？"曰："否。自有生民以来，未有孔子也。"②

此段为孟子与公孙丑的对话。孟子以处世观来比较了孔子与伊

---

① 孔孟及儒家有极其丰富的"批评政治"思想。从"批评政治"的角度看，出世，好些时候便是一种"批评政治"。关于"批评政治"，笔者曾有专文论述，兹不赘言。

② 《孟子·公孙丑上》。

尹、伯夷三位古圣人之不同。他认为伊尹是“治亦进，乱亦进”，伯夷是“治则进，乱则退”，而孔子则比他们要全面而灵活，他是“可以仕则仕，可以止则止，可以久则久，可以速则速”，自己的目标是学习孔子，并把孔子抬高到古往今来第一人的位置。翻检《孟子》可知，此段之后，孟子又引述了宰我、子贡、有若三人的话语，道出了孔子如他描述般的那样伟大。在惜字如金的先秦时代，为强化自己的观点，圣贤们在著书立说时，也不惜把重要的事情说多遍，在《孟子》一书中，孟子还表达了与上述材料意思相近却更完备到位的观点：

孟子曰：“伯夷，目不视恶色，耳不听恶声。非其君不事，非其民不使。治则进，乱则退。横政之所出，横民之所止，不忍居也。思与乡人处，如以朝衣朝冠坐于涂炭也。当纣之时，居北海之滨，以待天下之清也。故闻伯夷之风者，顽夫廉，懦夫有立志。伊尹曰：‘何事非君？何使非民？’治亦进，乱亦进。曰：‘天之生斯民也，使先知觉后知，使先觉觉后觉。予，天民之先觉者也；予将以此道觉此民也。’思天下之民匹夫匹妇有不与被尧舜之泽者，若己推而内之沟中，其自任以天下之重也。柳下惠，不羞污君，不辞小官。进不隐贤，必以其道。遗佚而不怨，厄穷而不悯。与乡人处，由由然不忍去也。‘尔为尔，我为我，虽袒裼裸裎于我侧，尔焉能浼我哉？’故闻柳下惠之风者，鄙夫宽，薄夫敦。孔子之去齐，接淅而行；去鲁，曰：‘迟迟吾行也。’去父母国之道也。可以速而速，可以久而久，可以处而处，可以仕而仕，孔子也。”孟子曰：“伯夷，圣之清者也；伊尹，圣之任者也；柳下惠，圣之和者也；孔子，圣之时者也。孔子之谓集大成。集大成也者，金声而玉振之也。金声也者，始条理也；玉振之也者，终条理也。始条理者，智之事也；终条理者，圣之事也。智，譬则巧也；圣，譬则力也。由射于百步之外也，其至，尔力也；其中，非尔力也。”①

前面所引钱穆先生的观点，其来源正是上面这段话。孟子把孔子与伊尹、柳下惠、伯夷放在一起进行比较，得出后三者皆为“片面的圣人”，只有孔子堪做“全面的圣人”——“集大成”者！后世给予孔子“大成”之尊，由此开始。根据孟子的意思，我们也可这样来说：“任”“和”“清”都是儒家所赞同的处世观，但它们只是分别呈现了一个面向，唯有“时”可综括以上三点，用以准确全面地概括儒家处世观。如果借用孔子原话，“时”“集大成”即“无可无不可”②。用钱穆先生的话说：“只有孔子，他一人可以兼做伯夷、伊尹、柳下惠三种人格，孟子称孔子为‘圣之时’。因孔子能合此三德，随时随宜而活用，故孔子独被尊为‘大圣’，为‘百世师’。”③

由儒家处世观，孟子引出了关于孔子评价的一个重要表述——“集大成”。目前，人们普遍从两个方面来理解孔子的“集大成”性：一是在横向上，认为孔子对同时代人的思想成就进行了批判增删，把最宝贵的东西集合在了他那里；二是在纵向上，认为孔子在中国思想文化史上发挥着承前启后、承上启下、返本开新、继往开来的重要作用。今天，我们更多把孔子的“集大成”归结为后一点，更突出其在中国思想史链条上的“中介”性和“贯通”性。我们当然不否认孔子在中华文化传承创新上的重大贡献，也乐意把“集大成者”的桂冠戴在他的头上，但不得不说，就本意而言，“集大成”原并未有如此丰富的含义，孟子指向性很明确，他只是从处世观这一个角度，对孔子

① 《孟子·万章下》。

② 参见林榕杰：《从孟子论伯夷、柳下惠等圣贤看其进退观》，载《黑龙江社会科学》2011年第3期。

③ 钱穆：《中国文化与中国人》，载《中国历史精神》，九州出版社2016年版，第158页。

做出最高评价①。

还有一点非常值得注意。柯远扬先生曾言："孟子称伯夷、伊尹、柳下惠与孔子为'四圣'，并称孔子为'集大成'。这四位圣贤并非出于同一样板，而是各具特色，各有个性，切不可等量齐观。笔者认为这个'集大成'并非简单的凑合聚集，而是新发展、新创造。孔子继承先圣与'三圣'的优良传统，根据时代发展的需要而创立了仁的学说。孔子的仁学，既包括伯夷、柳下惠等内圣方面的道德修养，也吸取了传说时代的先圣尧、舜与夏、商、周的夏禹、商汤、伊尹、文王、武王、周公的内圣王之道。"② 这就是说，我们不能把"任""和""清"简单做物理式的加法，得出"时"，得出"集大成"，孔子之"集大成"本身应含有创造转化、创新发展的意思。

概而言之，孟子赋予孔子"集大成"说之本义，给后世极大的发挥空间，以至于今人只知其衍生义，而忽略了其原本即为对孔子处世观的深刻把握与阐释。孔子把处世观归结为"易世""融世""出世"，后世各家各派关于处世观的有关论述，几乎都是对孔子言论的"接着讲"，都没有跳出孔子言论的范畴。再往大处说，"处世"问题关乎人生意义与价值、社会秩序与规范、天人交感与互动，孔子一旦对这个问题做出深刻阐发，必然会对后世产生重大影响。孔子之后，战国百家言，必然将以孔子言论为源头活水。难怪谭嗣同曾言："绝大素王之学术，开于孔子。而战国诸儒，各衍其一派，著书立说，遂使后来无论何种新学，何种新理，俱不能出其范围。"③ 钱穆先生据《史

---

① 对孔子"集大成"之称的理解与使用，简直成了一种约定俗成，很少有人对此做专门研究。搜检今人论文便发现，对此话题的研讨少之又少。笔者曾搜到两篇有关论文：高书文：《"孔子之谓集大成"要义浅析》，载《大连理工大学学报（社会科学版）》2012 年第 2 期；贺严：《论孔子之谓集大成》，载《求索》2012 年第 8 期。但两篇论文相似度极高，简直如出一辙。这里我们无意猜测或深究两文关系，倒宁愿相信"英雄所见略同"。

② 柯远扬：《儒学先驱柳下惠与孔子思想之同异》，载《福建师范大学学报（哲学社会科学版）》2010 年第 5 期。

③ 谭嗣同：《论今日西学与中国古学》，载《谭嗣同全集》（下册），中华书局 1981 年版，第 399 页。

记·儒林传》“自孔子卒后，七十子之徒散游诸侯”之载，亦言：“盖自孔子身后，儒者之际遇，儒学之流衍，皆非孔子生前可比，而战国百家言遂亦以之竞起，其精神气运则皆自孔子启之也。”① 庞朴先生同样有类似论述：“大思想家之所以为大，不仅在于他提出的问题异常深刻，思人之所不敢思，发人之所未曾发，而且往往也由于他涉及的问题异常广泛，触及人类知识的方方面面。他所达到的思想上的深度与广度，标志着那个时代所可能达到的深度与广度，非一般人之力所能及。所以，一位大思想家一旦故去，他的弟子们，纵以恪守师说为务，其实所能做到的，往往是各守一说各执一端，举一隅而不以三隅反，像粉碎了的玉璧一样，分崩离析以去。历史越是靠前，情况越是如此。”② 此段高论，虽未提及孔子之名，但很明显，庞先生其实就是以孔子这位“大思想家”为例，来说明重要思想学说之传承散布特征的。加之，此段之后他紧接着便提到“儒分为八”，更印证了我们的推测。

四、小结

钱穆先生以大史学家的深邃洞见，将孔子之“三仁”论与孟子之“三圣”及“集大成”论结合在一起进行分析比较，以此来探寻中国人的人生态度、人格理想及中国历史精神，却为我们探讨儒家处世观带来了重要启发。顺着钱先生的高论，我们回溯到孔子和孟子那里，便又发现，儒家处世观并非如我们约定俗成的那样，是单纯的“入世”，或非“入世”便“出世”。我们应持“三分”法思维，把儒家处世观归纳为“易世”“融世”“出世”三个面向。为加深理解，我们可依据本文分析，列出一个简单的示意图。如下所示：

① 钱穆：《孔子传》，生活·读书·新知三联书店 2016 年版，第 134 页。

② 庞朴著，冯建国编选：《孔孟之间——郭店楚简中的儒家心性说》，载《儒家精神：听庞朴讲传统文化》，中国华侨出版社 2014 年版，第 181 页。

儒家处世观的三个面向 ↗ 易世（积极性入世）：伊尹、比干
→ 融世（消极性入世）：柳下惠、箕子
↘ 出世：伯夷、微子

儒家处世观的三个面向，既不涉及绝对的情感好坏，也不涉及绝对的境界高下，对“道”的坚守是其原则和主线，对“时”的把握是其前提和要求。所以我们认为，儒家处世观是一种贯通了“道”与“时”的行动哲学，也是一种兼顾了原则性与灵活性的实用智慧。可以说，儒家处世观是既入世又出世、既易世又融世又出世的。

此外，孔子“集大成”之称的由来，与处世观话题有着最直接的关联，孔子首先在处世问题上做到了“集大成”。孔子的“集大成”性，奠定了其作为百家之源的独特地位。后世学者，都在围绕着包括处世观在内的孔子言论，结合自身处境和理解，著书立说，终成一家之言。由此一点，亦可窥见儒家思想、儒学在整个中国思想文化史上的独特地位。以往我们常把儒家与其他各家并列开来、同等对待的做法，显然是有失公允的。

本文为“2021 中国·衡水董仲舒与儒家思想国际研讨会暨中华孔子学会董仲舒研究委员会学术年会”提交的论文。

常檣（1983—），本名常强，男，山东临清人，山东大学儒学高等研究院在读博士，就职于尼山世界儒学中心（中国孔子基金会秘书处）。

相似文本·思想亲缘·曾思孟关系

——《孟子》“思诚”章的三大论域

杨海文

《孟子》有不少单章充盈深邃的哲学内涵，《孟子·离娄上》“思诚”章（以下简称《孟子》7·12①）即是其一。这一哲学内涵需要通过思想史解读，方能得到全面而深切的敞开。包括《孟子》7·12在内的四个相似文本，其似曾相识的字句同异值得分辨，其环环相扣的思想关联值得分析，其薪火相传的学脉传承值得分疏。与传统的解读相比，我们增加了比较研究的文本数量，彰显了思想发展的亲缘属性，理顺了曾子、子思、孟子的演变历程，旨在经由《孟子》单章达成《孟子》深度解读及其思想研究的学术使命。

一、四个相似文本的字句同异

《孟子》7·12的全文为：“孟子曰：‘居下位而不获于上，民不可得而治也。获于上有道：不信于友，弗获于上矣。信于友有道：事亲弗悦，弗信于友矣。悦亲有道：反身不诚，不悦于亲矣。诚身有道：不明乎善，不诚其身矣。是故诚者，天之道也；思诚者，人之道也。至诚而不动者，

---

① 此种序号注释，以杨伯峻译注《孟子译注》（中华书局2010年版）、《论语译注》（中华书局1980年版）为据，下同；个别标点符号略有校改，兹不一一注明。

未之有也；不诚，未有能动者也。'" 译文可作："孟子说：'居于下级的职位而不让上级获信，人民不可以得到治理。让上级获信有方法：不让朋友信任，不会让上级获信。让朋友信任有方法：事奉父母而他们不愉悦，不会让朋友信任。愉悦父母有方法：反省自身而不实诚，不会让父母愉悦。实诚自身有方法：不明辨良善，不会实诚自身。所以实诚是上天的法则，追求实诚是人类的法则。至极的实诚而不感动人们的，未曾有过；不实诚，未曾有过能够感动人们的。'"

从先秦至西汉，有三个文本与《孟子》此章相似。其一见于《孔子家语·哀公问政》："在下位不获于上，民弗可得而治矣。获于上有道：不信于友，不获于上矣。信于友有道：不顺于亲，不信于友矣。顺于亲有道：反诸身不诚，不顺于亲矣。诚身有道：不明于善，不诚于身矣。诚者，天之至道也；诚之者，人之道也。夫诚，弗勉而中，不思而得，从容中道，圣人之所以体定也；诚之者，择善而固执之者也。"[①] 此段冠以"孔子曰"，亦即孔子之言。

其二见于《礼记·中庸》（以下一般简称《中庸》）："在下位不获乎上，民不可得而治矣。获乎上有道：不信乎朋友，不获乎上矣。信乎朋友有道：不顺乎亲，不信乎朋友矣。顺乎亲有道：反诸身不诚，不顺乎亲矣。诚身有道：不明乎善，不诚乎身矣。诚者，天之道也；诚之者，人之道也。诚者不勉而中，不思而得，从容中道，圣人也。诚之者，择善而固执之者也。"[②] 此段未冠以"孔子曰"，实亦孔子之言（下文详论）。

其三见于《淮南子·主术训》："国有以存，人有以生。国之所以存者，仁义是也；人之所以生者，行善是也。国无义，虽大必亡；人无善志，虽勇必伤。治国上使不得与焉；孝于父母，弟于兄嫂，信于朋友，不得上令而可得为也。释己之所得为，而责于其所不得制，悖

---

① 杨朝明、宋立林主编：《孔子家语通解》，齐鲁书社 2013 年版，第 212—213 页；按，个别标点符号略有校改。

② 阮元校刻：《十三经注疏（附校勘记）》下册，中华书局 1980 年版，第 1632 页上栏。

矣！士处卑隐，欲上达，必先反诸己。上达有道：名誉不起，而不能上达矣。取誉有道：不信于友，不能得誉。信于友有道：事亲不说，不信于友。说亲有道：修身不诚，不能事亲矣。诚身有道：心不专一，不能专诚。道在易而求之难，验在近而求之远，故弗得也。”①此段未标识说话人身份，当与《淮南子》以道家杂糅百家有关。

以上四个相似文本，其思想发生影响的年代先后当为《孔子家语》《中庸》《孟子》《淮南子》。从思想史角度看，《中庸》与《孟子》的关联众所周知，《孔子家语》与《中庸》《孟子》的关联举足轻重。

现将《孟子》此章分作四段，借以区分这四个文本在文字表述、语句组成上的同异。其中，从文字表述看第一段，《孔子家语》《中庸》《孟子》大致相同，《淮南子》与前三者差异较大；从文字表述看第二段，《孔子家语》《中庸》《孟子》大致相同，《淮南子》与前三者差异较大；《孔子家语》《中庸》《孟子》第三段的文字表述大致相同，《淮南子》无此段；《孔子家语》《中庸》第四段的文字表述大致相同，《孟子》与它们的差异较大，《淮南子》无此段。以上所述的同异，如下表所示：

	《孟子》7·12	《孔子家语·哀公问政》	《礼记·中庸》	《淮南子·主术训》
第一段	居下位而不获于上，民不可得而治也。	在下位不获于上，民弗可得而治矣。	在下位不获乎上，民不可得而治矣。	士处卑隐，欲上达，必先反诸己。
第二段	获于上有道：不信于友，弗获于上矣。信于友有道：事亲弗悦，弗信于友矣。悦亲有道：反身不诚，不悦于亲矣。诚身有道：不明乎善，不诚其身矣。	获于上有道：不信于友，不获于上矣。信于友有道：不顺于亲，不信于友矣。顺于亲有道：反诸身不诚，不顺于亲矣。诚身有道：不明于善，不诚于身矣。	获乎上有道：不信乎朋友，不获乎上矣。信乎朋友有道：不顺乎亲，不信乎朋友矣。顺乎亲有道：反诸身不诚，不顺乎亲矣。诚身有道：不明乎善，不诚乎身矣。	上达有道：名誉不起，而不能上达矣。取誉有道：不信于友，不能得誉。信于友有道：事亲不说，不信于友。说亲有道：修身不诚，不能事亲矣。诚身有道：心不专一，不能专诚。

① 刘文典撰，冯逸、乔华点校：《淮南鸿烈集解》上册，中华书局 1989 年版，第 316—317 页。

续表

	《孟子》7·12	《孔子家语·哀公问政》	《礼记·中庸》	《淮南子·主术训》
第三段	是故诚者，天之道也；思诚者，人之道也。	诚者，天之至道也；诚之者，人之道也。	诚者，天之道也；诚之者，人之道也。	
第四段	至诚而不动者，未之有也；不诚，未有能动者也。	夫诚，弗勉而中，不思而得，从容中道，圣人之所以体定也；诚之者，择善而固执之者也。	诚者不勉而中，不思而得，从容中道，圣人也。诚之者，择善而固执之者也。	

综上可知，其一，《孔子家语》《中庸》《孟子》的文字表述、语句组成大致相同，但《淮南子》的文字表述差异较大，语句组成少了两段；其二，从“不”“弗”二字用于“获上→信友→悦亲→诚身→明善”系列看，《孟子》五用“不”、三用“弗”而不工整，《孔子家语》《中庸》《淮南子》均八用“不”字而工整；其三，尽管语句有多寡、文字有同异，但四者“明善→诚身→悦亲→信友→获上”的思想旨趣基本一致；其四，《孟子》《淮南子》对《孔子家语》《中庸》的孔子之言予以继承并创新，此乃思想史的不争之实；其五，《淮南子》的涉案部分与《孟子》7·12相似，而其紧接的“道在易而求之难，验在近而求之远，故弗得也”又与《孟子》7·11的“道在迩而求诸远，事在易而求诸难”相似，此乃《淮南子》继承并创新《孟子》的例证。

二、《孟子》与《中庸》的思想亲缘

周末汉初出现了很多典籍。所谓“出现”是笼统的说法，文献学者力图确定其作品具体成书的年代，思想史家企图界定其思想发生影响的年代。这两种思考方式经常充满矛盾，所以文献学家认定有的典籍为伪书，而思想史家未必这样看。《孔子家语》在历史上就常被文献学者以及受此影响的思想史家当作伪书，我们如何看待这一问题呢？

庞朴（1928—2015）指出："以前我们多相信，《家语》乃王肃伪作，杂抄自《礼记》等书。《礼记》乃汉儒纂辑，非先秦旧籍，去圣久远，不足凭信。具体到'民之父母'一节，则认为，其五至三无之说，特别是'三无'之无，明显属于道家思想，绝非儒家者言，可以一望而知。现在上博藏简《民之父母》篇的再世，轰然打破了我们这个成见。对照竹简，冷静地重读《孔子家语·礼论》和《礼记·孔子闲居》，不能不承认，它们确系孟子以前遗物，绝非后人伪造所成。"①

杨朝明指出："《家语》不仅是专门的孔子儒学的记录，而且在规模上也超过了儒家'四书'中的任何一部。与《论语》的简略相比，《家语》有完整的场面；与《大学》《中庸》作为专题论文相比，《家语》中的思想更为全面；《史记》记录了孔子事迹，但《家语》的记录时代更早，内容更多，更加准确。孔子的思想博大精深，要准确地理解孔子，要真正走近孔子，决不能舍弃《家语》，《家语》可以当之无愧地被称为'孔子研究第一书'！"②

既然《孔子家语》"确系孟子以前遗物"，又是"孔子研究第一书"，大致可断孟子受其思想影响。古往今来，罕见有人专门研究《孟子》7·12与《孔子家语》的思想关联，问题意识匮乏；但人们对《孟子》7·12与《中庸》的思想关联津津乐道，问题意识鲜明。从权宜之计看本文的研究，我们认为：讲清了后者，可以视作讲清了前者。

从单章与单章的关联看，《孟子》7·12既可与前此的7·9贯通，又可与后此的13·4贯通。先看基于"有道"而贯通。《孟子》

---

① 庞朴：《话说"五至三无"》，载《文史哲》2004年第1期，第71页；按，已做并行处理。

② 杨朝明：《代前言：〈孔子家语〉的成书与可靠性研究》，杨朝明、宋立林主编：《孔子家语通解》，第40页；按，个别标点符号略有校改。

7·9指出："桀、纣之失天下也，失其民也；失其民者，失其心也。得天下有道：得其民，斯得天下矣；得其民有道：得其心，斯得民矣；得其心有道：所欲与之聚之，所恶勿施尔也。"这里的"有道"侧重主体之君，"求道"的次序是天下←民←心（好恶），以及心（好恶）→民→天下。《孟子》7·12指出："居下位而不获于上，民不可得而治也。获于上有道：不信于友，弗获于上矣。信于友有道：事亲弗悦，弗信于友矣。悦亲有道：反身不诚，不悦于亲矣。诚身有道：不明乎善，不诚其身矣。"这里的"有道"侧重主体之臣，"求道"的次序是获上←信友←悦亲←诚身←明善，以及明善→诚身→悦亲→信友→获上。再看基于"反身"而贯通。《孟子》7·12指出："悦亲有道：反身不诚，不悦于亲矣。"这里侧重不实诚就不能"反身"。《孟子》13·4指出："反身而诚，乐莫大焉。"这里侧重实诚就能"反身"。以上所述，《孟子》7·12基于"有道"而与7·9贯通，认为王道政治学包括君、臣两类主体，但其治世目标则一；它又基于"反身"而与13·4贯通，认为实践伦理学面临不做工夫、做工夫两类情形，但其修身旨趣无二。

宋元孟学史曾就《孟子》7·12的"明善""思诚""修身"关系引发争论。正题出自《孟子集注》卷7《离娄章句上》："此章述《中庸》孔子之言，见思诚为修身之本，而明善又为思诚之本。"[①] 朱熹（1130—1200）认为：修身本于思诚，思诚本于明善。反题出自《饶双峰讲义》卷一三《孟子三·居下位章》："《集注》'明善又为思诚之本'，似'明善'之外又有个'思诚'，恐非本文之意，盖'明善'即是'思诚'。"[②] 饶鲁（1193—1264）与朱熹针锋相对，认为思诚即是明善、明善即是思诚。合题出自《孟子通七·离娄章句上》："《通》曰：饶氏疑《集注》'明善又为思诚之本'，似'明善'之外又有个'思诚'，恐非本文之意，盖'明善'即是'思诚'。余就《集注》观

① 朱熹：《四书章句集注》，中华书局1983年版，第282页。

② 王朝璩辑：《饶双峰讲义》，《四库未收书辑刊》第2辑第15册，北京出版社2000年版，第455页下栏。

之，无可疑者。其释‘思诚’云：‘欲此理之在我者，皆真实而无伪。’释‘明善’云：‘即事以穷理。’学者未有不能即事以穷理，而可使理之在我者皆实而无伪也。况孟子言所谓‘思诚’，即《中庸》所谓‘诚之’，其功夫皆兼知行而言。《集注》所谓‘思诚者修身之本’，是修身以知行为先；‘明善又为思诚之本’，是知行之中又当以知为先也。饶氏疑之过矣。”① 胡炳文（1250—1333）抑饶申朱，认为：修身本于思诚，是言修身以知行为先；思诚本于明善，是言知行之中又当以知为先。

从《孟子》7·12“明善→诚身→悦亲→信友→获上”的次序看，可见明善既是一根而发的砥柱、又是贞下起元的枢纽，不明善就不足以思诚，不思诚就不足以修身。唐文治（1865—1954）《孟子大义》卷7《离娄上·第十二章》指出：“明善者，吾心之良知也。家庭、社会之暗塞，由吾心之良知以光明之；世界之晦昧，亦由吾心之良知以光明之。然而此良知者，不免为气质所锢，物欲所蔽，最易于汨没者也。故必居敬、穷理以涵养之，读书、取友以磨砻之，博学、审问、慎思、明辨、笃行以固守之。如是而吾身乃可以诚，反是则为暗塞，为晦昧。故曰：‘不明乎善，不诚其身矣。’此孟子传孔子、子思子之学说也。”②

《孟子》7·12两言“动”字：“至诚而不动者，未之有也；不诚，未有能动者也。”诚与动有何关联？先看杨时（1053—1135）。朱熹《孟子集注》卷7《离娄章句上》指出：“杨氏曰：‘动便是验处，若获乎上、信乎友、悦于亲之类是也。’”③ 经复核，杨时此语不见于《杨时集》。《杨时集》卷一一《语录二·余杭所闻一》第7条指出：“今之君子欲行道以成天下之务，反不知诚其身。岂知一不诚，它日

① 胡炳文著，宋健点校：《孟子通》，华东师范大学出版社2020年版，第230页；按，个别标点符号略有校改。

② 徐炜君整理：《唐文治四书大义·孟子大义》，上海人民出版社2018年版，第218页；按，个别标点符号略有校改。

③ 朱熹：《四书章句集注》，中华书局1983年版，第282页。

舟中之人尽为敌国乎？故曰：'不诚，未有能动者也。'夫以事上则上疑，以交朋友则朋友疑，至于无往而不为人所疑，道何可行哉？盖忘机，则非其类可亲；机心一萌，鸥鸟舞而不下矣，则其所能所为可谓高矣。"[①] 以上文字专释《孟子》7·12"获于上有道"至"不悦于亲矣"，可与朱注引杨时语互参。再看饶鲁。《饶双峰讲义》卷一三《孟子三·居下位章》指出："人要为君取信，必须朋友称誉荐进。然朋友所以称誉，必能修身、齐家，方有可称者。若是不悦于亲，则何可称之？有能悦亲，必出于诚心乃可。这是推原诚身，效验如此。若说诚身工夫，则无间于事亲、取友、事君、治民之际。诚到至处自能动物，则以之事亲而亲悦，以之取友而友信，以之事君而君用，以之治民而民从，初无先后之分矣。"[②]

由此可见，动即是效验，旨在昭示"获上←信友←悦亲←诚身←明善"与"明善→诚身→悦亲→信友→获上"的密不可分、浑然一体。因故，何漱霜（生卒年不详）《孟子文法研究·行为哲学编·对己篇》指出："本章系孟子示人以诚身之方及其所收之效也。盖事上得君，乃可临民；信友悦亲，全在本身。是以曾子三省，大雅矜矜，以诚为贵也。"[③] 《孟子文法读本》卷四《离娄》录吴闿生（1877—1950）眉批："'至诚'二句，拍合章首，振荡作收，矫健屈挐如蛟龙，欲去而迴其首。"[④]

《孟子》7·12七言"诚"字（先后为"反身不诚""诚身有道""不诚其身矣""是故诚者""思诚者""至诚而不动者""不诚"），是该章最重要的关键词。从《中庸》《孟子》的涉案文本看，何谓"诚""诚者""诚之者（思诚者）"？《中庸章句》第20章指出："诚者，真

---

① 杨时撰，林海权校理：《杨时集》第2册，中华书局2018年版，第304页；按，个别标点符号略有校改。

② 王朝璩辑：《饶双峰讲义》，《四库未收书辑刊》（第2辑第15册），北京出版社2000年版，第455页上栏—下栏。

③ 何漱霜：《孟子文法研究》，商务印书馆（长沙）1941年版，第25页。

④ 高步瀛：《孟子文法读本》，香港中文大学新亚书院中文系1979年版，第6页a；按，各卷分署页码。

实无妄之谓，天理之本然也。诚之者，未能真实无妄，而欲其真实无妄之谓，人事之当然也。”① 《孟子集注》卷七《离娄章句上》指出：“诚，实也。”“诚者，理之在我者皆实而无伪，天道之本然也；思诚者，欲此理之在我者皆实而无伪，人道之当然也。”② 朱熹以“实”解“诚”，以“真实无妄之谓”“理之在我者皆实而无伪”解“诚者”，以“未能真实无妄，而欲其真实无妄之谓”“欲此理之在我者皆实而无伪”解“诚之者（思诚者）”，又以“天理之本然”“人事（道）之当然”区分并勾连“诚者”“诚之者（思诚者）”，高屋建瓴，前后相续，奠定了四书学“诚论”的义理架构。其中，《孟子集注》的“诚论”又比《中庸章句》更能彰明道德实践之“理”与“我”的主体间性。《中庸章句》篇首指出：“此篇乃孔门传授心法，子思恐其久而差也，故笔之于书，以授孟子。其书始言一理，中散为万事，末复合为一理，‘放之则弥六合，卷之则退藏于密’，其味无穷，皆实学也。”③ 依据此一共识，思孟关系借助《中庸》《孟子》的涉案文本得以敞开，“实学”成为《中庸》《孟子》“诚论”的本质概括。

从《孟子集注》先于《中庸章句》撰著并成书看，《孟子集注》以“实而无伪”释“诚”，而《中庸章句》以“真实无妄”释“诚”，既是守正创新，又是兼容并蓄。一方面，《中庸章句》以“真实无妄”释“诚”，本于《河南程氏遗书》卷六《二先生语六》：“无妄之谓诚，不欺其次矣。”又本于同书卷二一下《伊川先生语七下》：“真近诚，诚者无妄之谓。”④ 合此二条，可知朱熹借“真实无妄”以守正创新程颐（1033—1107）之“真诚无妄”。另一方面，顾炎武（1613—1682）《日知录》卷一八“破题用庄子”条指出：“《五经》无‘真’

① 朱熹：《四书章句集注》，中华书局 1983 年版，第 31 页。

② 朱熹：《四书章句集注》，中华书局 1983 年版，第 282 页。

③ 朱熹：《四书章句集注》，中华书局 1983 年版，第 17 页。

④ 程颢、程颐著，王孝鱼点校：《二程集》第 1 册，中华书局 1981 年版，第 92、274 页。

字，始见于老、庄之书。”[①]《四书》亦无“真”字。字词无学派之分，观念有党性之别。从“实而无伪”到“真实无妄”，可知朱熹沿袭程颐借“真实”以兼容并蓄道家之“真”。

《朱子语类》卷一四《大学一·纲领》指出：“某要人先读《大学》，以定其规模；次读《论语》，以立其根本；次读《孟子》，以观其发越；次读《中庸》，以求古人之微妙处。”[②] 俞樾（1821—1906）《九九销夏录》卷三“四书名次”条指出：“朱子所定《四书》，本以《大学》《论语》《孟子》《中庸》为次。”[③] 从朱子四书学的心路历程看，《孟子集注》借“实而无伪”而观其发越，其“诚论”旨在彰明道德实践之“理”与“我”互涵互摄的主体间性；《中庸章句》借“真实无妄”而求其微妙，其“诚论”旨在辨析本体建构之“真”与“妄”泾渭分明的哲学本性。前者可谓侧重实践理性，后者可谓侧重纯粹理性，二者承前启后、前赴后继，此亦不可不辨。

前引与《孟子》7·12相似的《淮南子·主术训》涉案文本指出：“诚身有道：心不专一，不能专诚。”张九成（1092—1159）《孟子传》卷一五指出：“诚之为用，无所不动之意也。然世之论诚者，多错认专为诚。夫至诚无息，息非诚也。倘以专为诚，则是语言寝处、应对酬酢皆离本位矣。故世之行诚者，类皆不知通变。其弊至欲诵《孝经》以御至剧之贼，读《仁王》以消侯景之灾，此岂不取天下笑、为后世之戒哉？夫诚，难知也，难言也。惟子思一语深见诚之本体，特学者语之不详、择之不精，不能深体圣贤之意，以至如是之弊也。其语安在？其曰‘不明乎善’是也。夫人性皆善，特吾学非其道，而世无师友指示之耳。使吾知格物知至之学，内而一念，外而万事，无不穷其源流、穷其终始，穷之又穷之，至于极尽之地，人欲都

① 顾炎武著，黄汝成集释，栾保群、吕宗力校点：《日知录集释（全校本）》中册，上海古籍出版社2006年版，第1056页；按，个别标点符号略有校改。

② 黎靖德编，王星贤点校：《朱子语类》第1册，中华书局1986年版，第249页。

③ 俞樾著，崔高维点校：《九九销夏录》，中华书局1995年版，第21页；按，个别标点符号略有校改。

尽，一旦廓然，则性善昭昭，无可疑矣。此所谓‘一日克己复礼，天下归仁’也。使吾事其大夫之贤者，友其士之仁者，闻其善言而心有所省，见其善行而心有所感，一旦廓然，则性善昭然，亦无可疑矣。此孟子指文公以性善而能力行三年之丧，使百官族人称其为知，而四方来观者皆大悦而归者是也。呜呼！诚如此其大，而乃竞指专以为诚。使专谓之诚，则农夫、樵叟皆圣人矣。吁！可怪也。”[①] 以上批评如若针对《淮南子》而发，则又旨在辟异端。

《中庸》《孟子》的“诚论”是中国哲学史的重要议题，南宋陈淳（1159—1223）的《北溪字义》卷上《诚》、清代戴震（1723—1777）的《孟子字义疏证》卷下《诚（二条）》对此做过深入探讨。前者指出：“孟子又谓‘思诚者，人之道’，正是得子思此理传授处。”“‘诚’字后世都说差了。到伊川方云‘无妄之谓诚’，字义始明。至晦翁又增两字，曰‘真实无妄之谓诚’，道理尤见分晓。”“诚在人言，则圣人之诚，天之道也；贤人之诚，人之道也。”“诚与信相对论，则诚是自然，信是用力；诚是理，信是心；诚是天道，信是人道。诚是以命言，信是以性言。诚是以道言，信是以德言。”[②] 后者指出：“诚，实也。据《中庸》言之，所实者，智、仁、勇也；实之者，仁也，义也，礼也。”“质言之，曰人伦日用；精言之，曰仁、曰义、曰礼。所谓‘明善’，明此者也；所谓‘诚身’，诚此者也。质言之，曰血气心知；精言之，曰智、曰仁、曰勇。所谓‘致曲’，致此者也；所谓‘有诚’，有此者也。”“言乎其尽道，莫大于仁，而兼及义，兼及礼；言乎其能尽道，莫大于智，而兼及仁，兼及勇。是故善之端不可胜数，举仁、义、礼三者而善备矣；德性之美不可胜数，举智、仁、勇三者而德备矣。曰善，曰德，尽其实之谓诚。”[③] 两者的不同在于：

① 张九成著，杨新勋整理：《张九成集》第3册，浙江古籍出版社2013年版，第894—895页；按，个别标点符号略有校改。

② 陈淳著，熊国祯、高流水点校：《北溪字义》，中华书局1983年版，第34、32—33、34、34页；按，个别标点符号略有校改。

③ 戴震撰，汤志钧校点：《戴震集》，上海古籍出版社1980年版，第319、320、320页；按，个别标点符号略有校改。

《北溪字义》尊朱，《中庸》《孟子》的“诚论”得以还原并深化，乃以“做哲学史”的方式系统地展开四书学视域中的“诚论”；《孟子字义疏证》驳朱，《中庸》《孟子》的“诚论”得以继承并超越，乃以“做哲学”的方式创新地建构新孟学视域中的“诚论”。

从《孟子》7·12与《中庸》涉案文本的思想亲缘关系看，前者说的“至诚而不动者，未之有也；不诚，未有能动者也”，对应于后者说的“诚者不勉而中，不思而得，从容中道，圣人也。诚之者，择善而固执之者也”。前者可以译作：“至极的实诚而不感动人们的，未曾有过；不实诚，未曾有过能够感动人们的。”后者可以译作：“实诚的人不用勉强就能符合，不用思考就能得到，不慌不忙就能符合法则，这是圣人。让自身实诚的人，就是选择良善而牢固地把握它。”

尽管两者的含义各自不同，但并不表明《孟子》没有传承《中庸》这一思想。其一，《孟子》8·19指出：“舜明于庶物，察于人伦，由仁义行，非行仁义也。”译文可作：“舜明辨众物的道理，洞察人类的伦常，率由仁义而自然实行，不是勉强实行仁义。”“由仁义行”与“行仁义”即是“从容中道”与“择善固执”之意。其二，《孟子》13·15指出：“人之所不学而能者，其良能也；所不虑而知者，其良知也。”译文可作：“人们不经学习就有的能力，是自身至善的能力；不经思虑就有的知识，是自身至善的知识。”“不学而能”与“不虑而知”即是“不勉而中”与“不思而得”之意。其三，《孟子》13·30指出：“尧、舜，性之也；汤、武，身之也；五霸，假之也。”译文可作：“尧、舜是本性仁义，商汤、武王是亲身仁义，五霸是借用仁义。”又，《孟子》14·33：“尧、舜，性者也；汤、武，反之也。”译文可作：“尧、舜是本性仁义，商汤、武王是返归仁义。”“性之也”与“身之也”（“性者也”与“反之也”）即是“诚者”与“诚之者”之意。是故，《中庸》涉案文本的最后一段，已被《孟子》8·19、13·15、13·30、14·33予以认同并创新；经由《孟子》7·12的深度解读，这些思想史线索得以豁然敞开。

三、从思孟关系到曾孟关系

明代王祎（1321—1373）《王忠文集》卷四《四子论》指出："《四子》，《论语》《大学》《中庸》《孟子》也。《论语》，孔子及门人问答之微言，而记于曾子、有子之门人。《大学》，亦孔氏遗书。其《经》一章，孔子之言而曾子所记；《传》十章，则曾子之言而门人记之。《中庸》三十三章，子思之所作。《孟子》七篇，孟子所著，或曰其门人之所述也。"① 所谓"《中庸》三十三章，子思之所作"只是一般说法，但不能说《中庸》所有的文字都是子思之言，"子思之作"与"子思之言"是有区别的。如果抹杀这一区别，结果就会导致人们将与《孟子》7·12 相似的《中庸》涉案文本直接当作子思之言。它究竟是孔子之言还是子思之言呢？南宋学者的相关探讨值得重视，盖因既有视作孔子之言者，亦有视作子思之言者。

一是张九成《孟子传》卷一五指出："此一章乃子思中庸之学，而孟子于其中又扩大。"② 此说将《中庸》涉案文本视作子思之言。

二是朱熹《孟子集注》卷七《离娄章句上》指出："此章述《中庸》孔子之言，见思诚为修身之本，而明善又为思诚之本。乃子思所闻于曾子，而孟子所受乎子思者，亦与《大学》相表里，学者宜潜心焉。"③ 此说将《中庸》涉案文本视作孔子之言。所谓"此章述《中庸》孔子之言"，本于《孔子家语·哀公问政》："公曰：'为之奈何？'孔子曰：'齐洁盛服，非礼不动，所以修身也；去谗远色，贱财而贵德，所以尊贤也；爵其能，重其禄，同其好恶，所以笃亲亲也；官盛任使，所以敬大臣也；忠信重禄，所以劝士也；时使薄敛，所以子百

---

① 王祎撰，刘杰、刘同编：《王忠文集》，《景印文渊阁四库全书》第 1226 册，台湾商务印书馆 1986 年版，第 68 页上栏。

② 张九成著、杨新勋整理：《张九成集》第 3 册，第 894 页；按，个别标点符号略有校改。

③ 朱熹：《四书章句集注》，中华书局 1983 年版，第 282 页。

姓也；日省月考，既廪称事，所以来百工也；送往迎来，嘉善而矜不能，所以绥远人也；继绝世，举废邦，治乱持危，朝聘以时，厚往而薄来，所以怀诸侯也。治天下国家有九经，其所以行之者一也。凡事豫则立，不豫则废。言前定则不跲，事前定则不困，行前定则不疚，道前定则不穷。在下位不获于上，民弗可得而治矣。获于上有道：不信于友，不获于上矣。信于友有道：不顺于亲，不信于友矣。顺于亲有道：反诸身不诚，不顺于亲矣。诚身有道：不明于善，不诚于身矣。诚者，天之至道也；诚之者，人之道也。夫诚，弗勉而中，不思而得，从容中道，圣人之所以体定也；诚之者，择善而固执之者也。'"① 另可参见朱熹《中庸章句》："右第二十章。此引孔子之言，以继大舜、文、武、周公之绪，明其所传之一致，举而措之，亦犹是耳。盖包费隐、兼小大，以终十二章之意。章内语诚始详，而所谓诚者，实此篇之枢纽也。又按：《孔子家语》亦载此章，而其文尤详。'成功一也'之下有'公曰：子之言美矣至矣，寡人实固，不足以成之也'，故其下复以'子曰'起答辞。今无此问辞，而犹有'子曰'二字。盖子思删其繁文以附于篇，而所删有不尽者，今当为衍文也。'博学之'以下，《家语》无之，意彼有阙文，抑此或子思所补也欤？"②

三是张栻（1133—1180）《孟子说》卷四《离娄上》指出："此说见于子思子《中庸》之书。子思述孔子之意，而孟子传乎子思者也。"③ 此说将《中庸》涉案文本视作孔子之言。

四是饶鲁《饶双峰讲义》卷一三《孟子三·居下位章》指出："《中庸》自'天下之达道五'以下，恐只是子思之言。子思当来只为学者说，所以说'居下位'起。若孔子告哀公，则未必说居下位及取

① 杨朝明、宋立林主编：《孔子家语通解》，齐鲁书社 2013 年版，第 212—213 页；按，个别标点符号略有校改。

② 朱熹：《四书章句集注》，中华书局 1983 年版，第 32 页；按，个别标点符号略有校改。

③ 张栻著，杨世文、王蓉贵校点：《张栻全集》上册，长春出版社 1999 年版，第 355 页。

友等事。如修身、事亲、知人、知天之说，却是孔子告哀公之言。按：此段因《总注》‘此章述《中庸》孔子之言’而发，故附著于此。”[①] 此说商榷朱注，将《中庸》涉案文本视作子思之言。

总结上文，一方面，从《中庸》涉案文本与孔子、子思的关系看，基于《孔子家语·哀公问政》明确冠以“孔子曰”，可知它是经由子思传述的孔子之言，不宜径直视作子思之言；另一方面，从《中庸》涉案文本与子思、孟子的关系看，《孟子》7·12 作为思孟学派的重要文献，它是孟子通过子思及其《中庸》而弘扬孔子之道的典型体现。

一般认为《孟子》7·12 与《中庸》、子思相关，它是否也与《大学》、曾子有关呢？早在东汉末期，赵岐（？—201）已经萌生此一问题意识。《孟子正义》卷一五《离娄上·十二章》录赵岐注：“《章指》言：事上得君，乃可临民；信友悦亲，本在于身。是以曾子三省，大雅矜矜，以诚为贵也。”[②] 这里借助《论语》1·4 的“吾日三省吾身”勾连了曾子与孟子的关系，但未涉及《大学》。

作为四书学的集大成者，朱熹开始凸显此一问题。《孟子集注》卷七《离娄章句上》指出：“此章述《中庸》孔子之言，见思诚为修身之本，而明善又为思诚之本。乃子思所闻于曾子，而孟子所受乎子思者，亦与《大学》相表里，学者宜潜心焉。”[③] 至于《孟子》7·12 如何“与《大学》相表里”，朱熹未作具体说明。《论语》4·18 记孔子曰：“事父母几谏，见志不从，又敬不违，劳而不怨。”《论语集注》卷二《里仁》指出：“此章与《内则》之言相表里。几，微也。微谏，所谓‘父母有过，下气怡色，柔声以谏’也。见志不从，又敬不违，所谓‘谏若不入，起敬起孝，悦则复谏’也。劳而不怨，所谓‘与其得罪于乡、党、州、闾，宁熟谏。父母怒、不悦，而挞之流血，不敢

① 王朝璩辑：《饶双峰讲义》，《四库未收书辑刊》第 2 辑第 15 册，第 455 页下栏；按，已做并行处理。

② 焦循撰，沈文倬点校：《孟子正义》上册，中华书局 1987 年版，第 511—512 页。

③ 朱熹：《四书章句集注》，中华书局 1983 年版，第 282 页。

疾怨，起敬起孝’也。”[①] 仿此体例，《大学》借“物有本末，事有终始，知所先后，则近道矣”以彰明先后的重要性，借“意诚而后心正，心正而后身修，身修而后家齐，家齐而后国治，国治而后天下平”以夯实次序的条理性，借“自天子以至于庶人，壹是皆以修身为本”以凸显修身的根本性，即是它与《孟子》7·12相表里的荦荦大者。

受朱熹影响，后世学者逐渐关注此一问题意识。一是张居正（1525—1582）《四书直解》卷二〇《孟子卷七·离娄章句上》指出：“按：此章论诚明之学，实渊源于孔子，乃子思所闻于曾子，而孟子所受于子思者。学者宜究心焉。”[②] 据此，《孟子》7·12借助诚明之学，和盘托出孔子→曾子→子思→孟子的传承谱系。二是唐文治《孟子大义》卷七《离娄上·第十二章》指出：“《大学》言格物、致知、诚意、正心、修身，以达乎齐家、治国、平天下，此言治天下之本末也。《中庸》言明善、诚身，以达乎悦亲、交友、获上，此言治一身之本末也。”[③] 据此，《孟子》7·12基于“治一身之本末”而与《中庸》相表里，基于“治天下之本末”而与《大学》相表里。

从《孟子》7·12的单章研究看，人们大多关注其中的思孟关系，很少有人关注其中的曾孟关系。所谓从思孟关系到曾孟关系，意在提醒我们不仅要重视思孟关系的视角，而且也要重视曾孟关系的视角，这两个视角都是不可或缺的。四书学离不开孟子与曾子、《孟子》与《大学》相互关系的探讨，而经由《孟子》7·12的单章研究是扩展并深化此一问题意识的必由之路。

综上所述，《孟子》7·12包括三大论域：一是它与《孔子家语》《中庸》《淮南子》的字句同异值得分辨，二是它与《中庸》的思想关

---

① 朱熹：《四书章句集注》，中华书局1983年版，第73页；按，个别标点符号略有校改。

② 张居正撰，王岚、英巍整理：《四书直解》，九州出版社2017年版，第397页。

③ 徐炜君整理：《唐文治四书大义·孟子大义》，上海人民出版社2018年版，第218页。

联值得分析，三是它与曾子、子思的学脉传承值得分疏。张岱（1597—1679）《四书遇·孟子·离娄上·思诚章》指出："此章全与《中庸》同。《中庸》于'诚之者'处，犹有择善、固执、博学、笃行等功夫。而此但以'思诚'二字尽之，尤为简切。"① "诚而思诚"的思想义理是《孟子》7·12的重中之重。如果再进一步说清楚它与《孔子家语》、曾子的里里外外，我们就能基于思想义理而统筹兼顾，将这一单章研究做得更好，使它真正成为孟子研究与孟学史研究新的学术增长点。

原载于《中原文化研究》2021年第5期。

杨海文（1968-），男，湖南长沙人，中山大学哲学系教授，哲学博士，山东省泰山学者。

① 张岱著，朱宏达点校：《四书遇》，浙江古籍出版社2014年版，第446页；按，个别标点符号略有校改。

不断生成、动态发展的人性概念①

——安乐哲的孟子学研究

陈志伟

汉学家葛瑞汉提出并予以确定的中国传统人性论是一种生成动态过程的观念，之后被安乐哲所继承并进一步发挥，后者的相关论述在学界影响最大。自20世纪90年代初，安乐哲就持有如上观点。在他于1991年发表的文章《孟子的人性概念：它意味着人的本性吗？》②中，安乐哲系统地阐述了他对孟子人性概念的理解，并在其后的儒学研究中对此种理解一再加以细化和拓展，形成了安乐哲中国哲学研究的一个显著特色，并不仅在西方汉学界，而且也在中国本土哲学界产生了持续的影响和争议。在这篇文章中，安乐哲对孟子的人性概念做了与他的老师葛瑞汉关于“性”的考察方向相近的阐释，进一步将后者有关发展的、动态过程的人性观念加以推扬，在某种程度上把这种人性观念推向了极致。

安乐哲对孟子人性论所做的发展的动态过程式的理解，虽然他自己宣称是为了摆脱西方哲学传统的本质主义和基础主义的理论倾向，

---

① 基金项目：本文为教育部哲学社会科学重大课题攻关项目“海外汉学中的中国哲学文献翻译与研究”（项目编号：18JZD014）阶段性成果。

② 罗思文、安乐哲编：《孟子心性之学》，社会科学文献出版社2005年版，第86—124页。

希望从中国自身语境和概念出发解读传统儒学，但却不可避免地仍然带有强烈的西方色彩，即美国新实用主义哲学的方法论，尤其是由柏格森、怀特海发端，到杜威集大成的经验论和过程哲学，在安乐哲的孟子学研究中扮演了理论底色和观念框架的作用。此外，安乐哲有关孟子人性论的全新阐发，还受到中国现代新儒家代表人物之一唐君毅的影响。

一 安乐哲“儒家角色伦理学”的新实用主义哲学方法论

作为一位美国学者，安乐哲长期立足于中国传统哲学自身的概念框架和语言结构去梳理其中的观念义理，以期达到身为西方学者却摆脱西方哲学视角，从中国本土视角看待中国传统哲学的目的。这一努力虽然值得特别肯定，但从其相关作品来看，他的目的似乎并没有完全实现。而且安乐哲深受美国新实用主义哲学的影响，在对中国传统儒学的相关命题的理解上，明显没有摆脱西方哲学视角，比如他将孟子的“人性”理解为一种过程式的、不断变化、持续发展的概念，这一理解虽然在一定程度上避免了西方传统哲学的本质主义，但却落入（如美国新实用主义的代表人物威廉·詹姆斯所持有的）过程哲学以及经验主义的窠臼。在其新著《儒家角色伦理学——一套特色伦理学词汇》中，其副标题表明安乐哲仍然希望将儒家伦理学看作是相对于西方伦理学而言拥有独特的理论特色的话语体系，这一点虽然可以用传统儒学经典中的相关词汇来加以突显，但在解释这些传统词汇的过程中，自然而然地，我们只能使用像“角色”“人格”“规范”“存在”“形式”“理念”等等之类的西方概念去阐发原始儒家的特色词汇。这种解释模式，不仅关注中国哲学研究的西方汉学家无法挣脱，甚至现当代中国学者也无力完全避免。而“角色伦理学”这一概念的问题还在于，它仍然是西方特定伦理学流派的一种称呼。众所周知，西方伦理学大体上可以区分为功利主义（边沁、密尔）、义务论（康德）两大流派，这两大流派可分别称之为效果论和规范论，而随着安斯康姆

《现代道德哲学》一文的发表，对“美德伦理学”始加提倡，后又有麦金太尔的《追寻德性》一书的出版，德性伦理学被重新提起，成为与上述两大流派相并立的一种伦理学形态。安乐哲的“角色伦理学”表面上看不属于上述西方伦理学的任何一种形态，但从“角色”概念的内涵以及由此延伸出来的义务和规范要求来看，“角色伦理学”更接近于西方伦理学中的义务论或规范论，其最大问题在于，它忽略了传统儒家哲学中对德性的强调。儒家哲学有体、用之分，“用”属于工夫论的方面，而“体”则是本体论的层面，就伦理学领域来说，工夫论突显义务和规范要求，而本体论则注重内在德性的体察培养或人之为人的内在根据的探寻持守。并且更为重要的是，工夫论所突显的义务和规范要求，其根源来自人的内在德性。即使从“体用一元”的角度来看，义务和规范要求是德性的外在显现，而德性却是义务与规范的实质内容。所以，儒家伦理学从其源头来看，不能忽视其对德性的特殊关注。

安乐哲之所以在其儒学诠释中得出如上论断，细绎之实是其新实用主义的过程哲学和经验主义方法论的必然结果，而他对此并不讳言。在其强调“儒学的诠释域境”的一章中，他明确表示新实用主义的代表人物——“一位过程思想家”——威廉·詹姆斯的过程哲学对其儒学诠释的重要意义，他认为后者重申了“过程”性，并“总是呈现新秩序的变化性、特殊性、创新性与进行式呈现性”，从而“刻意带领我们脱离‘根本、永恒与超绝实体的假设推定’”①。除此之外，美国新实用主义的另一代表人物约翰·杜威的经验主义也是安乐哲诠释儒家学说的一种方法。他指出：“杜威的人类行为现象学结合了威廉·詹姆斯的过程心理学和乔治·米德的社会心理学，将人置于他们的自然和社会关系中。”② 并且他将杜威关于人性的观念与新儒家唐

① 安乐哲：《儒家角色伦理学——一套特色伦理学词汇》，孟巍隆译；田辰山等校译，山东人民出版社2017年版，第52页。

② 安乐哲：《儒家角色伦理学——一套特色伦理学词汇》，孟巍隆译；田辰山等校译，山东人民出版社2017年版，第163页，另参见第53页。

君毅的人性思想做类比，认为二者在人性问题上的看法高度一致，都质疑“人性与行为相分”的论断，把人性置于人的动态行为过程之中，而且否定存在一个单一、简单而又不可分解的作为定体的人格（灵魂），他们两人都使用奥卡姆剃刀剃除了“共相”“本质”“主体”之类的“实体”性要素或概念。在这一点上，杜威显然走得更远，在他看来，“人是习惯与冲动的动态结合”，是“习性作用表现”，而作为初始条件以将人们嵌入人群社会中的，“都必然伴随着一个教育与成长的实打实的过程”①。

显然，安乐哲解释儒家学说的基本理论背景是美国新实用主义的过程哲学和经验主义方法论，这种理论强调人是一种“形态现象”，而不是拥有某种永恒本质的存在者，在其对人的考察中，特别突出人的动态行为过程以及相互关联的社会关系，还有在此关系中不断展开的活动性，所以关系性、境况性和作为人成长的联系性就成为其人性理论的核心词汇②。表面看来，安乐哲选取的这一理论背景，用来解释儒家学说在整体上似乎是合适的，但如若细致分析，我们就将发现，新实用主义的过程哲学和经验主义方法论与儒家人性论，尤其是孟子的人性论并不契合，而是存在较为严重的扞格。比如，安乐哲举杜威所用的例子，如果将婴儿与它所依存的环境隔离开来，在缺乏被赋予的文化意义关系的接触与干预下，婴儿连一天都活不下去，甚至婴儿的一切动作和行为举止所蕴含的意义，都是来自他所出生的成人社会域境③。可见，杜威对人性的考察突显的是婴儿成长为一个健全之人的外在社会条件和文化积淀意义上的社会域境，而孟子的人性论强调的是什么呢？他说：“人之所不学而能者，其良能也；所不虑而知者，其良知也。孩提之童，无不知爱其亲者，及其长也，无不知敬

---

① 安乐哲：《儒家角色伦理学——一套特色伦理学词汇》，孟巍隆译；田辰山等校译，山东人民出版社 2017 年版，第 164—165 页。

② 安乐哲：《儒家角色伦理学——一套特色伦理学词汇》，孟巍隆译；田辰山等校译，山东人民出版社 2017 年版，第 165 页。

③ 安乐哲：《儒家角色伦理学——一套特色伦理学词汇》，孟巍隆译；田辰山等校译，山东人民出版社 2017 年版，第 166 页。

其兄也。亲亲，仁也；敬长，义也。”（《孟子·尽心上》）虽然孟子也提到了教育以及外在环境对于成人的影响，如“富岁，弟子多赖；凶岁，弟子多暴”，但紧接着他就指出：“非天之降才尔殊也，其所以陷溺其心者然也。”并以麰麦为例，虽耕耘的外在环境和条件存在差异，但其所结之实及其成熟则是相同的，以此得出“故凡同类者，举相似也”，人也如此，心有同好，就像口耳目有同好一样（《尽心上》），而这种“同”不会因外在环境条件的变化而变化。孟子强调的是异于外在社会环境的共同的内在人性，这一点与杜威的上述观点是明显不同的。

安乐哲将重视经验而贬低理性本质和先验思维的杜威的过程哲学和美国实用主义哲学运用于他对“自我”概念的理解之中，他反对西方自古希腊以来对“自我”的本质性寻求和基础主义的观念框架，在他看来，现代西方哲学实现了“自我认识的范式从基于私我的实体观转移到把人解释为过程”，而后者即视自我为过程的解释，“关注的是它潜在的多方面的‘经历’，而不是在任何一个时刻的自我同一性”[①]。安乐哲明确提到他的这种对自我的理解，受到了柏格森、怀特海和哈特桑恩（Charles Hartshorne）等人的过程哲学之先驱的深刻影响，这些现代哲学家对作为过程的自我做了精心的分析，根据这种过程哲学，“自我是由它的生成变化构成的”[②]。正是由此出发，安乐哲展开了他对中国传统儒学人性论的全新梳理和考察，可以说，过程哲学正是其理论底色，也是其解读中国传统哲学的基本观念框架。

二　安乐哲对“四端”的误解

如上述我们分析的那样，安乐哲对孟子相关文本的解读违背了孟

① 安乐哲：《自我的圆成：中西互镜下的古典儒学与道家》，彭国翔编译，河北人民出版社 2006 年版，第 270 页。

② 安乐哲：《自我的圆成：中西互镜下的古典儒学与道家》，彭国翔编译，河北人民出版社 2006 年版，第 272 页。

子的本义，即使如此，安乐哲仍然用他所信任的新实用主义过程哲学和经验主义方法论来解读孟子，并得出孟子的人性也是与杜威相类似的动态的、关系性的、由外在社会环境所决定的域境式过程概念。

安乐哲在《角色伦理学》一书的第三章“儒家人生观：至于仁”中集中阐述了孟子的人性论，[①] 这一阐述延续了他一贯的将孟子的“人性”观念理解为过程式的、不断发展的动态概念的基本模式。其中他用了不少篇幅分析孟子关于“性”的文本论述，这些分析深深地渗透着他在此书中以及其他著作中先行设定并详尽表达的美国新实用主义之过程哲学和彻底的经验主义立场。正是他的这种过程哲学和经验主义立场，使其得出了孟子人性观念“是一种前瞻的、过程的、相互联合的和彻底的域境”，并认定它讲的是“什么是成仁”的问题，而恰恰不是“仁”的问题[②]。很明显，安乐哲的这一阐释没有将儒家的体用关系理清楚，众所周知，“成仁”是儒家工夫论的问题，而“仁”则是儒家本体论的问题，虽然儒家强调体用一元或体用相即，但并没有任何儒家人物将“体”“用”像安乐哲这样混为一谈。

安乐哲将孟子的“四端”解释为“超初征兆、倾向、发芽”，并认为“端”字是孟子的一种“简单比喻语言”[③]。安乐哲以孟子如下一段话而断定其人性概念是一种过程概念：“凡有四端于我者，知皆扩而充之矣，若火之始然，泉之始达。苟能充之，足以保四海；苟不充之，不足以事父母。”（同上）其中的“扩而充之”一语使安乐哲确定，四端只是德性之萌芽，而不是完善的德性本身，要想达到或实现

① 参见安乐哲：《儒家角色伦理学——一套特色伦理学词汇》，彭国翔编译，河北人民出版社 2006 年版，第 151—170 页。

② 安乐哲：《儒家角色伦理学——一套特色伦理学词汇》，彭国翔编译，河北人民出版社 2006 年版，第 153 页。

③ 安乐哲：《儒家角色伦理学——一套特色伦理学词汇》，彭国翔编译，河北人民出版社 2006 年版，第 152 页。

完善的德性，必须经过后天的经验上的对四端的持续扩充①。

这里首先要搞清楚孟子“四端”的“端”字所指为何，其次要进一步理解“扩而充之”是什么意思。朱熹将“端”字解释为“绪”：“端，绪也。因其情之发，而性之本然可得而见，犹有物在中而绪见于外也。”② 这一解释为我们摆脱将“端”字理解为“萌芽”提供了一条思路。“绪”强调有物存在，至于此物到底处于什么状态则暂且不论，只是仅有微小的端绪被我们所觉察；而“萌芽”则直接指出物的初始状态，犹如草籽之萌发。我们看到孟子认为四端是恻隐之心、羞恶之心、辞让之心和是非之心，所以“端”是在人心里存在的某物，只不过由于心的复杂性，其中并不止有这样的不忍人之心，还有“穿踰之心”（《孟子·尽心下》），后者却不能“充”，而需要克制乃至排除，所以四端在人心中只能以“绪”的方式被我们所察觉，但这种察觉却为我们体悟人性提供了可能性，而在后来孟子以无比明确的方式强调，“四端”就是仁义礼智四种德性（《孟子·告子上》），也就是说，“四端”就是人性本身，而人性只能存在于人心之中，由此可知，恻隐之心等四端在人心里只是表现为人性的某种细微状态（道心惟微），但并非是不完善的状态。另外，“扩而充之”也不是说，由德性的不完善状态扩展到完善状态，而是说，将人心中德性的细微状态扩充到人的全身并外推至他人，如孟子的浩然之气一般。如同一寸精钢

① 安乐哲：《儒家角色伦理学——一套特色伦理学词汇》，彭国翔编译，河北人民出版社 2006 年版，第 152 页。另外，陈心怡在《儒家“敬”的观念》一文中也这样理解孟子的四端和儒家的美德概念，如其认为同情是仁的萌芽，敬是礼的萌芽等，参见方旭东主编《道德哲学与儒家传统》，华东师范大学出版社 2010 年版，第 95 页。

② 朱熹：《四书章句集注》，中华书局 1983 年版，第 239 页。李明辉据此对孟子的“端”字做了与笔者相近的分析，参见李明辉：《康德伦理学与孟子道德思考之重建》，台北：中研院文哲所 1994 年版，第 114 页。

是钢，一丈精钢也是钢一样，人心中的微细的德性之端绪是完善的德性①，扩充而至全身乃至养成浩然之气发之于外的德性，那就是人心中的德性本身。孟子用“平旦之气”（《孟子·告子上》）来说明这一点，清晨我们从睡梦中醒来，丹田一股清爽之气，孟子将之称为“平旦之气”，对此加以存养，即能最终形成浩然之气，也就是完善的德性（“苟得其养，无物不长；苟失其养，无物不消”），但“平旦之气”并非是异于浩然之气的另外一种气，它只不过是比浩然之气在规模上要小罢了，在性质上则是完全相同的。同样，四端只是在量的规模上比表现于人体之上并达之于他人的仁义礼智要小，而在性质上两者是完全相同的，并没有不完善和完善的差别。尤其重要的是，孟子将“四端”比喻为“四体”，是强调“四端”的先天实存，因为几乎人人生而具备“四体”。

因此，安乐哲受儒家情境主义的影响，对儒家心性哲学中的人性概念采取了经验的解释路径，将人性理解成一种不断养成的过程，且此过程永无休止；从另一处我们看到，安乐哲之所以有这种看法，可能是因为他将“生成中的人”② 与人性本身有所混淆，虽然人必定始终处于不断生成的过程之中，但人性不能与经验中的人的概念相混同。耿宁则由于在对孟子“四端”说的理解上产生了偏差，致使其也将儒家的人性概念视为某种过程。耿宁在诠释王阳明的“良知”概念时涉及对孟子的“四端”的理解，他将“四端”之“端”解释为一种情感性的“萌芽”或“萌动”，并认为它们是“德性的开端”，但还不

---

① 偶尔翻阅牟宗三《心体与性体》，发现他也做了一个极为类似的比较：“‘无论一钱金子或一两金子毕竟同属金子’……虽同属金子，然毕竟有分量的不同，此就是圣人与普通人之不同，乃至圣人中尧、舜与孔子之不同。”参见牟氏《心体与性体》（第一册），《牟宗三先生全集》，台北：联经出版事业股份有限公司 2003 年版，第 176 页。按照牟氏所说，这一比喻最早来自王龙溪，参见牟宗三：《〈孟子〉讲演录》，载《鹅湖月刊》第 30 卷第八期总号第 356 期。牟氏此说，也恰恰是从质与量的差别上来讲“性”的问题，即从质上说，孟子的人性不存在完善的问题，而只有在量上说，人性需要扩养，后者是工夫层面上的事情，是就具体的个人来说的。

② 安乐哲：《儒家伦理学视域下的“人”论：由此开始甚善》，谭延庚译，刘梁剑、安乐哲校订，载《华东师范大学学报（哲学社会科学版）》2016 年第 3 期。

是德性本身，只有经过后天的修养扩充（王阳明的“致良知”之“致”或孟子的“推”“扩充”“存养”），“四端”才能进一步发展成完善的德性，即人性。这种解释与安乐哲殊途同归。但他们二人的如上理解显然是值得商榷的，其必然使得孟子论述“四端”的那段颇具情境化的文字变得难以理解，从而孟子的人性论也有被误解的危险，即将人性的那种存有论上的人之逻辑根据意，转化成经验上的某种物，从而使这一物是处于变化之中的过程式的。

安乐哲对孟子人性论的如上解读，除了美国新实用主义和杜威经验论的过程哲学作为其理论底色和观念架构之外，他还深受现代新儒家的代表人物之一唐君毅有关中国传统人性论思想的影响。[①] 唐君毅在《中国哲学原论·原性篇》中对中国传统人性论予以梳理，他的解释带有很强烈的生存哲学的色彩，突出了“性”字的“生存方向”的特点，并且他强调人这种存在者在“性”的方面与其他事物相比而言的特殊性，这种特殊性就在于人能够对自身的可能性进行反思，一方面人性在时间视域内呈现出生存的倾向，另一方面，对这种生存倾向人会运用语言概念来表达它。唐君毅认为，人的生存倾向要先于语言概念，他意识到语言概念在表达时的随机性，因为“人之所面对之天地万物与理想，皆为变化无方者”，这样一来，“是否可言人有定性，则大成问题”。此种变化，其根本原因就在于人是有“灵性”的，而其他事物则在“性”的方面“为一定而不灵者”。[②] 唐君毅在这里强调的是人的可能性要远远超出于其现实性和确定性，他认为中国传统人性论突出的正是这种可能性，而人与其他事物的不同，也在于这种可能性，这就使得我们不能将人性看作是某种客观对待之事物，而应把它置于生存境遇之中来显示其倾向。在这种生存境遇之中，人对其本性的反思是一重要维度。安乐哲虽然自承其受唐君毅论“性”的影

---

① 安乐哲：《自我的圆成：中西互镜下的古典儒学与道家》，彭国翔编译，河北人民出版社2006年版，第292页。

② 唐君毅：《中国哲学原论·原性篇》，《唐君毅全集》第十八卷，九州出版社2016年版，第5页。

响颇深，但他却没有认识到后者所突出强调的中国传统儒学对人性的可能性、超绝普通事物的超验性之维度的肯定，这也难怪其对孟子人性论的先天赋予意义上的与天道观相通达的层面难以认同了。

三　过程哲学与孟子的人性论

安乐哲还用“野孩”现象来为他的孟子之“性”的动态性提供证据，他认为婴儿如果没有生活在社会群体中就不会成为正常的人，因此人的初始条件不是“不变性相的人”①。这恰恰犯了一个严重的逻辑错误，即孟子用其人性论想要论证的是人应该是什么，以及人应该做什么并由此进一步延伸为人能成为什么的问题，也就是说，孟子用其人性论提供的是人之为人的逻辑条件，这一逻辑条件是一种必要条件，所谓逻辑上的必要条件是指：一方面，如果没有 A，则必然没有 B；另一方面，如果有 A，却未必有 B；反过来说，如果有 B，则一定有 A，也就是说，在这一逻辑关系中，B 必然能推出 A，而 A 却无法必然地推出 B，但同时如果没有 A，也必然没有 B。把孟子关于人性的论述套用进来，我们可知，如果没有人性，则人一定不会成为人，但如果有人性，也不一定所有的人都最终会成为人；但是我们看到人是此世界上的客观存在者，所以孟子说人性存在。而安乐哲所举“野孩”现象，却背离了孟子的逻辑必要条件的论述方式，也就是说，即使有个别婴儿因为某种原因没有成为人，这一点并不能证明作为实质性的人性不存在。正如上文所述，葛瑞汉对孟子人性论的解读要比安乐哲“野孩”的例子所体现的孟子人性概念更符合于其本义。当然，安乐哲并没有否认孟子意义上的人性存在，而是认定不存在“不变质相（本质）”意义上的人性，希望以此摆脱西方“本质主义”的思维方式。但是，我们完全可以将孟子的“人性”理解为一种逻辑条件，这种逻辑条件保证了人之为人的可能性以及人之所为最终能够成为人

① 安乐哲：《儒家角色伦理学——一套特色伦理学词汇》，孟巍隆译，田辰山等校译，山东人民出版社 2017 年版，第 153 页。

的实质根据，而人性作为逻辑条件是可以呈现为不变的、质性的形态的，而且只有作为不变的、质性的存在形态，才有可能成其为逻辑性的先决条件，一种持续变化的、过程式的动态概念，显然不能作为这样的逻辑性先决条件，这是康德哲学给我们提供的最重要的认识之一。

安乐哲将孟子的人性理解成发展的、不断生长的、动态过程概念，其主要的理论依据是葛瑞汉对“生”和“性”的词源学考察得出的这两个字存在含义上的连续性观念，即“性”字是由“生”字演化而来，继承了“生”字的基本意义，即生长、成长的过程含义。葛瑞汉是安乐哲的老师，从师生关系上来看，后者受其师思想观念的影响，这无可厚非，但安氏将葛瑞汉并未严格确定的一种观点以不容置疑的方式加以明确，并断绝了关于孟子人性论的一切其他理解途径的可能性，其论证策略和推理方式乃至最终结论就很难让人信服。正如法国汉学家程艾蓝（Anne Cheng）对孟子思想的阐述所表明的，“生”这个字除了具有生长、生成等生命过程含义之外，还具有“天生”的意思，而孟子在一定程度上承认“生之谓性”正是从“天生”的角度运用“生”字，这一点与告子形成了鲜明的对照。按照程艾蓝之所见，对于告子来说，“生是生物性的，是动物性的生理直觉，如饥饿、怕冷、色欲”，但对于孟子而言，“生远不止于此”，因为“人除了饥饿和色欲之外，还有其他天生的东西：不忍他人受苦的恻隐之心”，那么，可以确定的是，孟子在“不忍”这一自然反应中，看到了人“天生”就有道德感①。应该说，程艾蓝的理解是符合于《孟子》文本的。安乐哲因其过程哲学和新实用主义的经验立场，看不到“生”字的“天生”义，只承认其“发生”“生成”之义，并进一步认为“性”也只有发生、生成之义，从而完全忽略或有意消除它所内含的“天生”“先天”的维度。孟子也并没有对“生之谓性”持完全赞同的态度，因此“生”字所含有的完整意义，包括生成、发生、生长、天

---

① 程艾蓝：《中国思想史》，冬一、戎恒颖译，河南大学出版社 2018 年版，第 186—187 页。

生以及先天等，他是有所抉择有所鉴别的，关键是孟子最终选择了什么作为“生”字最根本的含义并将之纳入“性”的理解之中，从《孟子》文本的相关记载来看，他偏向于“生”的“天生”和“先天”，甚至是本来具有[①]的内容，因为这两者都是“分定”（《孟子·尽心上》的，即非由外铄、恒定不变的意思。如果忽略或故意消除了“生”乃至“性”的这一层含义，孟子的人性论就将丧失其最具特色的价值。

另外，安乐哲用“不变质相的人”这一短语也反映了他同时又混同了“人性”概念和具体的某个个体之人的存在这两者。我们完全承认这个世界上不可能存在永远不变的人，人都是处于不断变化、持续生成之中的存在者，但是，人为什么会是这样？以及人怎么能够成为这样一种不断生成的可能性的存在者？孟子认为是人性使之然。而这种“人性”则是超越于一切个体存在者、作为个体存在者之所以能够成为人的一种普遍性的逻辑前提。显然，孟子意义上的“人性”并不等同于具体的、现实中的“人”，安乐哲将这两者混同起来，是他没有明确厘清儒家体用关系的一个必然结果。因为儒家工夫论是落实到具体的、现实中的个人本身的修身实践程序，而儒家本体论则带有强烈的先验意味，一方面为工夫论提供逻辑前提，另一方面为具体个人提供安身立命的终极根据。尤其是孟子的“端”字，这个字当然有“开端”“发端”之义，但这只是从修证工夫上说的，即修养工夫由此开始做起，并且这种“开端”义也同时含有“依据”义，即工夫以这种良知或德性为本源[②]。虽然安乐哲提到了王弼注解《道德经》中使用的“体用”概念，但他对这一对概念的解释仍然预设了经验主义立场和过程哲学的方法论，并且取消了“体用”之间的“本体性差异”，

---

① 程艾蓝：《中国思想史》，冬一、戎恒颖译，河南大学出版社 2018 年版，第 202 页

② 李明辉：《康德伦理学与孟子道德思考之重建》，台北：中研院文哲所 1994 年版，第 114 页。

将“体”和“用”都看作是经验中的现象世界的持续变化过程[①]。

在《孟子》文本中，与安乐哲上述解读最为相悖的一段文字在《尽心上》：“广土众民，君子欲之，所乐不存焉。中天下而立，定四海之民，君子乐之，所性不存焉。君子所性，虽大行不加焉，虽穷居不损焉，分定故也。君子所性，仁义礼智根于心。其生色也，睟然见于面，盎于背，施于四体，四体不言而喻。”朱熹解释“所性”为“得于天者”，同时又将“分定”解释为“所得于天之全体，故不以穷达而有异”[②]，因此无论是“所性”还是“分定”，孟子在这里都强调“性”是得之于天而不会发生变化的特点。另外，“君子所性，仁义礼智根于心”则是说“性”的内容是“仁义礼智”四种德性，其“本”在人心[③]，之所以说“得之于天”同时又说其“本”在人心者，是因为孟子天、性、心相贯通为一体的本体论架构：“尽其心者，知其性也。知其性，则知天矣。”其目的是“存心”“养性”“事天”的工夫论（同上），而此处的“养性”并非是将萌芽状的“性”培育成长，而是通过养气使存于内心之中的性遍布四体（“睟然见于面，盎于背，施于四体，四体不言而喻”），最终实现能够“践形”的圣人气象（《尽心上》：“形色，天性也；惟圣人，然后可以践形。”）。安乐哲将孟子的人性诠释为过程式的动态发展的社会域境，将难以与孟子这一心性哲学的形上叙事相契合。

然而，在孟子那里，作为逻辑条件的“人性”又不是预设的，而是实存的。孟子用“四体”这样的表达方式就是为了强调这一点，同时他将“四端”等同于仁义礼智四种德性，也体现了此种观念。孟子在与告子辩论过程中，通过仁义“内在”这样的说法，其意在表明“人性”的实存性，这种实存性保证了孟子的“践形”是由内而外的

① 安乐哲：《儒家角色伦理学——一套特色伦理学词汇》，孟巍隆译；田辰山等校译，山东人民出版社2017年版，第77页。

② 朱熹：《四书章句集注》，中华书局2012年版，第362页。

③ 朱熹：“根，本也。”同上。尤其是朱熹把这里的“生色”之“生”注为“发见”，而不是创生、生长，很显然他是把孟子之“性”看作是禀之于天且呈现于人的行为举止中的不变的实存。

显发过程，而不是纯粹理论预设意义上的主观虚拟。也正是在这个意义上，熊十力才强调儒家良知是“呈现”，而不是冯友兰所说的“假设”①。那么，逻辑条件会不会与实存性相违背呢？当然不会，因为在人类历史过程中，作为历史事实的实存性事件，完全也可以成为某一事物的逻辑条件。孟子显然意识到了这一点，他的“五百年有圣人出”的历史观，就是依据于上述某一事物既可以作为历史性的实存事实，又可以作为其后出现之事物的逻辑条件的观念。孟子作为实存意义上的“人性”极为明显地表现在他的人禽之辨中，他说：“人之异于禽兽者几希，庶人去之，君子存之”，其中包含的一个显见的事实是：作为一种特定能力的“人性”使人能够成为人，以行仁义礼智之事，拥有成就德性从而过道德生活的可能性，而其他动物则不能。所以，孟子的人性论是一种近似于康德意义上的先验存有论。

安乐哲关于孟子人性论是过程式的动态生成观念的理解，与孟子“践形”的理念也产生了意义上的不一致。安乐哲明确地反对用“呈现”这样的概念来展开哲学的讨论，他认为所有的“呈现哲学(philosophy of presence)”都是幻想，这种哲学观念受到现代哲学家如海德格尔、德里达和后结构主义者们的反思之后，成为被批判的对象：“企图使存在通过世界的存在物（beings）显现，宣扬逻各斯(logos)、本质或那些用概念思考的东西的逻辑形式，这些造成了一个根深蒂固的倾向，即从本来不同的事物中找出相同处，也就是从变化之流中找出模式的倾向。”② 为了反对西方的本质主义和基础主义，安乐哲选择了一种极端的解释中国传统儒学的模式，我们看到这种模式甚至与孟子文本的原义发生了冲突，即孟子明确指出仁义礼智美德以及良知良能是一种先在的呈现，而不是假设，这一点在熊十力和冯友兰的争论中被清晰地揭示出来。但其理论的底色和观念的框架使得

① 参见牟宗三：《心体与性体》（第一册），《牟宗三先生全集》，台北：联经出版事业股份有限公司 2003 年版，第 184 页。

② 安乐哲：《自我的圆成：中西互镜下的古典儒学与道家》，彭国翔编译，河北人民出版社 2006 年版，第 270—271 页。

安乐哲有意无意地忽略了孟子“践形”所明示的人性之呈现意义，因他反对一切形式的呈现哲学而错失了孟子人性论的真正内涵。正如唐君毅所言：“孟子所谓‘形色，天性也’，亦非克就人之形色之自身而谓之性；而是就人之有形色之身体之生命，为人之心性所统率与表现之所，有表现心性之功用，以言其亦为人之天性之所存。”① 唐氏所突出强调的，恰恰是安乐哲所反对的孟子人性的“呈现”义，在这一点上，唐君毅与熊十力是一致的。

结合上文分析可知，在解释孟子的人性观念时，安乐哲明显受到了美国新实用主义过程哲学的强烈影响，尤其是杜威彻底的经验主义立场，使得安乐哲难以发现孟子人性论中隐含的先验因素，这一先验因素既是逻辑上的，同时也是实存的，其实存性就在于孟子既将四端视为仁义礼智之端绪或端倪，同时又把它看作是仁义礼智本身，那么，儒家作为一种德性伦理学就呼之欲出了。关于儒家德性伦理学，后文会有集中论述。

正如有学者指出，安乐哲是从文化哲学的角度来谈孟子的人性论②，与罗思文同调，安氏的文化哲学只能是一种“文化相对主义”或“文化实用主义”立场③，即突出中国文化的特殊性及与西方文化相对而言的差异性，那么，这样一种文化哲学必然重视某种思想观念的社会性及其经验形成过程，这使得安乐哲难以理解孟子人性是先天赋予的那种近乎先验的含义，而是强调孟子人性的后天养成：“在孟子那里，人之所以异于禽兽，不是某种不可侵犯的自然赋予，而是一种暂时和始终特殊的文化修养。”④ 无论是柏格森、怀特海，还是以杜威经验论为代表的美国新实用主义，都是文化哲学的基本理路，应

① 唐君毅：《中国哲学原论·原性篇》，《唐君毅全集》第十八卷，九州出版社2016年版，第9页。

② 李文娟：《安乐哲儒家哲学研究》，中国社会科学出版社2017年版，第135页。

③ 韩振华：《他乡有夫子：西方〈孟子〉研究与儒家伦理建构》，中国社会科学出版社2017年版，第126页。

④ 安乐哲：《自我的圆成：中西互镜下的古典儒学与道家》，彭国翔编译，河北人民出版社2006年版，第288页。

该说，以这样一种文化哲学来解读孟子的人性论是远远不够的。

安乐哲对孟子人性论采取动态发展的过程式理解路径，其自称是为了避免以西方的概念框架和理论观念来绑架孟子和中国传统儒学，从而实现站在中国本位看中国传统哲学的目的，这样一种文化情怀值得赞赏和尊重，但是不是在对中国传统哲学的解读中完全不能运用西方哲学的概念框架、理论观念和方法论呢？我们看到安乐哲并没有完全做到站在中国本位看中国传统哲学，而是在其理论根底上运用了现代西方哲学的某些流派之核心概念和理论方法。安乐哲的如上观念在西方汉学界引起很多争论，比如德国汉学家罗哲海就反对安氏认为传统儒家只有“关系自我”的观念，而没有西方本质主义意义上的个体自我观念，用狄百瑞的“社会个体”（social individualism）概念来描述传统儒家的自我。[①] 尤其是安乐哲将这种文化相对主义运用于对传统儒家的政治哲学解读，从而使得儒家变成了一种为中国特殊论提供前提的理论观念，貌似中国是脱离于世界的殊异存在，引起了关于自由民主和人权话语的特殊主义和普遍主义之争，并在相关领域中对中国学界产生了重要影响。安乐哲的角色伦理学这一对传统儒家伦理学的定位也在当代中国儒学研究论域内激起德性伦理与关系伦理的巨大争论，西方汉学和国内儒家学者纷纷加入讨论，与西方伦理学中规范主义、后果主义和德性论形成了遥相呼应之势。

本文为“2021 中国·衡水董仲舒与儒家思想国际研讨会暨中华孔子学会董仲舒研究委员会学术年会”提交的论文。

陈志伟（1975—），男，山东莒南人，哲学博士，西安电子科技大学人文学院教授，主要研究方向：中国传统哲学，海外汉学，中西哲学比较。

---

① 罗哲海的如上反驳参考韩振华：《他乡有夫子：西方〈孟子〉研究与儒家伦理建构》，第 126 页。

今古文之争的方法论意义

景海峰

经有今文经与古文经之别，在表面上只是书写文字的不同；但究其内里，则来源与出处相异、时代有别；更诘问之，则显现出了思想义理上的区分。皮锡瑞（1850—1908）说："两汉经学有今古文之分。今古文所以分，其先由于文字之异。今文者，今所谓隶书，世所传熹平石经及孔庙等处汉碑是也。古文者，今所谓籀书，世所传岐阳石鼓及《说文》所载古文是也。隶书，汉世通行，故当时谓之今文；犹今人之于楷书，人人尽识者也。籀书，汉世已不通行，故当时谓之古文；犹今人之于篆、隶，不能人人尽识者也。"① 这是从文字上的差别来解释的，即汉代隶书为今文，战国时期的文字为古文。那为什么会出现不同文字的书写文本呢？这就需要从秦汉之际的历史背景来理解。

秦火之后，儒家的典籍实际上经历了一个浴火重生、拾掇残片的过程，是一次二度的重构。在重整河山、重出江湖的典籍中，有些是灰烬之中保留下来的已有书写材料的残余，有些是口耳相传重新著录的篇什，而有些则可能是以多重方式或者未明之因素最终钩稽成形的

① 皮锡瑞：《经学历史》，周予同注释，中华书局1959年版，第87页。

文本[①]。马宗霍（1897—1976）指出："古今文为汉儒所恒言，然在秦以前，通行古体，故孔子书'六经'，左丘明述《左氏传》，皆以古文。其时今体未兴，则亦无所谓古。自秦并天下，同一文字，罢其不与秦文合者，又造隶书以趣约易，体乃大变。故司马迁谓'秦拨去古文'，扬雄谓'秦划灭古文'，许慎谓'古文由此绝矣'。汉代通行隶书，诸儒传经，自必亦以隶体书之，然使古文不出，则亦无所谓今。故古今之名，实相对而立。古文为汉人所追称，今文则汉人所自别。"[②] 这中间的今、古文可以用时代来画线，但前后有交错、出处有重叠，之间又存在着改动、挪移和穿插等情况，所以实存的文本究竟是属于今文还是属于古文，可能有一些复杂的背景，也存在着模糊的地带，不宜过于简单的断定。

关于今、古文的相对性和阐释之意涵，皮锡瑞在分析这段历史过程的时候，特别指出：

> 许慎谓孔子写定六经，皆用古文；然则，孔氏与伏生所藏书，亦必是古文。汉初发藏以授生徒，必改为通行之今文，乃便学者诵习。故汉立博士十四，皆今文家。而当古文未兴之前，未尝别立今文之名。《史记·儒林传》云："孔氏有《古文尚书》，而安国以今文读之"，乃就《尚书》之古今文字而言。而鲁、齐、韩《诗》《公羊春秋》《史记》不云今文家也。至刘歆始增置《古

① 马宗霍在《中国经学史》中，将其时天下众书的出处略归为三途：一是"传自故老"，有《史记·叔孙通传》及《儒林传》《张丞相传》《十二诸侯年表》，《汉书·儒林传》及《艺文志》《楚元王交传》，许慎《说文解字序》等，提到了叔孙通、张苍、制氏、窦公、伏生、浮丘伯等博士老儒传经的事迹。二是"发自孔壁"，《孔子家语》《孔丛子》、刘歆《移太常博士书》《汉书·艺文志》及《鲁恭王传》、王充《论衡》等，均记载了孔壁藏书之事。三是"得自民间"，《汉书·河间献王传》、郑玄《六艺论》《隋书·经籍志》《经典释文·叙录》等，皆记述了献王"从民得善书"；而刘向《别录》、王充《论衡》、郑玄《六艺论》等，则提及河内女子得古文；还有河间人颜芝所藏书等。对此，马氏总结："最括三端，校论六艺，残整之迹，居然可知，散而复即，宜后儒钻研罔既矣。"参见氏著《中国经学史》，河南人民出版社 2016 年版，第 29—33 页。

② 马宗霍：《中国经学史》，河南人民出版社 2016 年版，第 35—36 页。

文尚书》《毛诗》《周官》《左氏春秋》。既立学官，必创说解。后汉卫宏、贾逵、马融又递为增补，以行于世，遂与今文分道扬镳。许慎《五经异义》有《古尚书》说、《今尚书》夏侯欧阳说、《古毛诗》说、《今诗》韩鲁说、《古周礼》说、《今礼》戴说，《古春秋》左氏说、《今春秋》公羊说、《古孝经》说、《今孝经》说，皆分别言之，非惟文字不同，而说解亦异矣。①

这说明，今、古文的区别是相对的，而且此一观念是后起的，也是根据不同时期经典的格局、传衍和诠解等多种因素、各种状况来确定的。这里边有一个历史发展变化的问题，或者说在解释和应用的过程中，今、古文有一个交错或者切换的情状，各家所传到底属今文还是古文也许是模糊的。只是到了后来，界线才越发的分明，叙述变得越来越有张力，好像原本就是一清二楚的。换句话说，今古文之分，到底是文字的不同，还是说解的相异；只是形式上的差别，还是在思想的内里有重大区分？这些问题需要认真分析和仔细辨识，而不宜简单的划线。从思想诠释的角度来理解今古文问题，可能更接近于历史的真实，也能在众说纷纭的一团乱麻中理出一些头绪来。

一、今文经学的特征

一般对今、古文经学的区分和说明，要么是从文字的形制和时代入手，要么是从文本流传的地域性差异来着眼。

前者如《汉书·景十三王传》所记："恭王初好治宫室，坏孔子旧宅以广其宫，闻钟磬琴瑟之声，遂不敢复坏，于其壁中得古文经传。"②《艺文志》载"《尚书》古文经四十六卷"。又曰："武帝末，鲁共王坏孔子宅，欲以广其宫，而得《古文尚书》及《礼记》、《论语》、《孝经》凡数十篇，皆古字也。"③《儒林传》谓："孔氏有古文

① 皮锡瑞：《经学历史》，周予同注释，中华书局1959年版，第88页。

② 班固：《汉书》（第八册），中华书局1962年版，第2414页。

③ 班固：《汉书》（第六册），中华书局1962年版，第1706页。

《尚书》，孔安国以今文字读之，因以起其家逸《书》，得十余篇，盖《尚书》兹多于是矣。”① （伪）孔安国《尚书序》曰：“及秦始皇灭先代典籍，焚书坑儒，天下学士，逃难解散，我先人用藏其家书于屋壁。……至鲁共王好治宫室，坏孔子旧宅，以广其居，于壁中得先人所藏古文虞夏商周之书，及传《论语》、《孝经》，皆科斗文字。”孔颖达《正义》解：“科斗书，古文也，所谓苍颉本体，周所用之，以今所不识，是古人所为，故名‘古文’。形多头粗尾细，状腹团圆，似水虫之科斗，故曰‘科斗’也。以古文经秦不用，故云废已久矣，时人无能知识者。”②

而后者像是《汉书·儒林传》所载：“宣帝即位，闻卫太子好《穀梁春秋》，以问丞相韦贤、长信少府夏侯胜及侍中乐陵侯史高，皆鲁人也，言穀梁子本鲁学，公羊氏乃齐学也，宜兴《穀梁》。”③ 此处，传《穀梁》者为鲁学，属于古文经；而传《公羊》者为齐学，属于今文经。对于此一问题，现代人讨论的尤多。如马宗霍谓：“齐学鲁学者，由于齐人鲁人而起。鲁为孔子讲学之邦，流风遗化，濡渐固深；齐有稷下，亦学士所集，自孟子荀卿之徒，皆尝往游。……是故汉代传经之儒，不出于齐，则出于鲁。”④ “大抵齐学尚恢奇，鲁学多迂谨；齐学喜言天人之理，鲁学颇守典章之遗。”⑤ 而齐人多传今文经，鲁人则多传古文经。钱穆（1895—1990）说：“故汉之经学，自申公《鲁诗》《穀梁》而外，惟高堂生传《礼》亦鲁学。其他如伏生《尚书》，如《齐》《韩诗》，如《公羊春秋》，及诸家言《易》，大抵皆

---

① 班固：《汉书》（第十一册），中华书局1962年版，第3607页。

② 孔颖达：《尚书正义》。《十三经注疏》，中华书局1980年影印本，第115—116页。关于科斗文字的现代考证，可参阅王国维的《科斗文字说》一文，见氏著《观堂集林》卷第七，河北教育出版社2001年版，第206—207页。

③ 班固：《汉书》（第十一册），中华书局1962年版，第3618页。

④ 马宗霍：《中国经学史》，河南人民出版社2016年版，第37页。

⑤ 马宗霍：《中国经学史》，河南人民出版社2016年版，第46页。

出齐学，莫勿以阴阳灾异推论时事，所谓‘通经致用’是也。”① 除了齐地、鲁地与今、古文经之间的直接关联之外，蒙文通（1894—1968）还讨论了晋学与楚学对于今、古文经学的影响②。

上述的时、空两个方面，再加上汉代经学发展史的几个关节点，是人们认识和讨论今、古文经学问题的主要抓手。除此之外，政治历史背景和皇帝个人的喜好，当然对于经之立于学官及其学术定位也是极其重要的。但从思想诠解的角度看，解经的复杂性和经之面貌的多样性呈现，显然还在于经典解释活动之本身，不同的动机有不一样的选择，不同的理解和解释必然会造成经典系统的复杂化和诠释结果的多样性。荀悦（148—209）说：“仲尼作经，本一而已，古、今文不同，而皆自谓真本经。古今先师，义一而已，异家别说不同，而皆自谓古今。仲尼邈而靡质，昔先师殁而无闻，将谁使折之者？秦之灭学也，书藏于屋壁，义绝于朝野。逮至汉兴，收摭散滞，固已无全学矣。文有磨灭，言有楚夏，出有先后。或学者先意有所借定，后进相放，弥以滋蔓，故一源十流，天水违行，而讼者纷如也。”③ 除了客观事实上的“文有磨灭，言有楚夏，出有先后”之外，学者在解经的过程中，“先意”有定，则主导了选择的方向性和解义的流动性，对后续的理解与解释活动便造成了深刻的影响。龚自珍（1792—1841）谓：

今文、古文同出孔子之手，一为伏生之徒读之，一为孔安国读之。未读之先，皆古文矣；既读之后，皆今文矣。惟读者人不同，故其说不同，源一流二，渐至源一流百。此如后世翻译，一语言也，而两译之，三译之，或至七译之，译主不同，则有一本至七本之异。未译之先，皆彼方语矣；既译之后，皆此方语矣。

① 钱穆：《两汉博士家法考》，见《两汉经学今古文平议》，商务印书馆 2001 年版，第 222 页。

② 参见蒙文通：《经学抉原》晋学楚学第九。《经史抉原》（蒙文通文集第三卷），巴蜀书社 1995 年版，第 93—98 页。

③ 荀悦：《申鉴·时事》，唐宇辰译注，中华书局 2020 年版，第 75 页。

其所以不得不译者，不能使此方之人晓殊方语故；经师之不得不读者，不能使汉博士及弟子员悉通周古文故。然而译语者未曾取所译之本而毁弃之也，殊方语自在也。读《尚书》者不曰以今文读后而毁弃古文也，故其字仍散见于群书及许氏《说文解字》之中，可求索也。又译字之人，必华夷两通而后能之；读古文之人，必古今字尽识而后能之。①

从思想传通和意义接受的机制来看，解释活动一如文字之翻译，选择和理解是非常重要的，典因时变、文跟人走、义随解兴。今、古文经学的差异，完全是理解和解释活动的丰富性与复杂性所导致的，没有解义过程中的变化，便没有差别的产生，思想活动之波澜壮阔的气象也就无从体现了。

今文经学以《春秋》为中心，以《春秋公羊传》为典范，而能够成为一个严密的思想系统，则端赖于董仲舒的经学解释学。《春秋》本为鲁国编年史，文简义约，其所包含的意思从字面上来了解极为有限，所陈述之史迹也是略而不明；如果仅从文本来看，它所能提供给阅读者的信息并不很多。但在经过传、记的诠解之后，《春秋》文字的意涵便大增，解释过程中所附加的内容引申出了无数的问题，对这些话题的探讨与论辩，又衍生了无穷的意义，终成一个大系统。首先是文本和作者之间的关系，透过对作者创作意图的分析，来演绎和放大文字的意蕴。孟子特别强调“孔子惧，作《春秋》”，确定了是书“自作”的性质，这就与其他的经不一样了；也就是加大了创作者在这一文本所表达的意义当中所占有的分量，作者之“意”成为这一诠释圆圈的开头。所谓“孔子作《春秋》，而乱臣贼子惧”，因为其“以寓王法”“以绳当代”，包含了深刻的创作意图，所以从写作动机出发，即可将孔子的思想带入到对《春秋》义理的分析当中。孔子讲“必也，正名乎”，对“君君、臣臣、父父、子子”的社会秩序极为重视，所以《春秋》也就寄寓了对秩序破坏者的讨伐之意；孔子追求

① 龚自珍：《大誓答问》《龚自珍全集》，王佩诤校，上海古籍出版社 1975 年版，第 75—76 页。

“志于道，据于德，依于仁，游于艺”的完美人格和天下皆为士君子的德治理想，所以《春秋》也就包含有对统治者劝戒与褒贬的意思。“《春秋》有大义，有微言。所谓大义者，诛讨乱贼以戒后世是也；所谓微言者，改立法制以致太平是也。”[①] 透过《春秋》，可以理解孔子的政治观，也可以知晓儒家的社会政治理想，所以皮锡瑞谓：“据其说，可见孔子空言垂世，所以为万世师表者，首在《春秋》一书。”[②]

由孔子作《春秋》的意义指向，将之引入到现实政治当中，即构成了西汉时期公羊学兴盛发达的背景。汉初在经历了一段“无为而治”的黄老术统治之后，中央集权的需求日渐的迫切，《公羊传》对《春秋》诸义的发挥，正好因应了这一形势。《春秋》讲“定名分”，上明三代王道，下辨政事之纪，寓褒贬于记事之文，通过历史叙述来定夺是非、扬善惩恶；《公羊传》则突显了“尊王”之意，大力发挥崇仰权力于一尊的思想。《春秋》只说个“元年春，王正月”，《公羊传》即释之：“元年者何？君之始年也。春者何？岁之始也。王者孰谓？谓文王也。曷为先言‘王’而后言‘正月’？王正月也，何言乎‘王正月’？大一统也。……”[③] 其解释的跨度之大、想象之丰富、跳跃之惊人，实足表现出过度诠释的气势与风格。春秋学尊君抑臣，迎合了帝权的威仪感与绝对性，这只是个人权力的配置问题；而“大一统”之说，则演绎出一套王朝政治的原则，既满足了现实的要求，也提供了长远的理想。《春秋》由文明之等级而分辨夷夏，宣揭“攘夷”之大义，“内其国而外诸夏，内诸夏而外夷狄”，以区别文化礼仪和制度民俗方面的亲疏远近。《公羊传》于此大加发挥，建构了一套理想化的国际关系与秩序的交往原则。僖公四年，“楚屈完来盟于师，盟于召陵”，《公羊传》阐释其文曰：“……其言盟于师、盟于召陵何？师在召陵也。师在召陵，则曷为再言盟？喜服楚也。何言乎喜服楚？楚有王者则后服，无王者则先叛。夷狄也，而亟病中國。南夷与北夷

① 皮锡瑞：《经学通论》，吴仰湘点校，中华书局 2017 年版，第 366 页。

② 皮锡瑞：《经学通论》，中华书局 2017 年版，第 367 页。

③ 《春秋公羊传》，黄铭等译注，中华书局 2016 年版，第 1—2 页。

交，中国不绝若线。桓公救中国，而攘夷狄，卒怙荆，以此为王者之事也。……”[①] 这段话的解释就已经完全超出了即事而论之的范围，是将解释者的主观意图通过言事而灌注于其中，并且用了自问自答式的引导性话语，实际展示的是诠释者自己的观念和想法。

董仲舒是公羊学的主要代表人物，其不仅传经，而且立论，不同于一般的文献老儒，他是一个经典诠释家、政治家和思想创造者。其《春秋繁露》一书，虽不名为“传”，但实际吸收了《春秋》等经籍的义理、发挥《公羊传》和诸子学的思想内容，广泛采撷，融会贯通，成立一家之言，创辟时代风气。《四库全书总目》评曰：“其书发挥《春秋》之旨多主《公羊》，而往往及阴阳五行。”“《春秋繁露》虽颇本《春秋》以立论，而无关经义者多，实《尚书大传》《诗外传》之类。”[②] 也就是说，董著的创造性诠释，本身即可视之为是《春秋》的传记，只不过是借助了《公羊传》的路径和形式。皮锡瑞指出：“汉人之解说《春秋》者，无有古于是书，而广大精微，比伏生《大传》《韩诗外传》尤为切要，未可疑为非常异义而不信也。”[③] 其诠释的内容，已远远超出了《春秋》本文的范围，所以不能只从经文所及来框限之。董仲舒通过引入阴阳五行学说，在阐发《春秋》义理的基础上，建立了一套天人感应的宇宙观，其曰：“凡物必有合。……阴者阳之合，妻者夫之合，子者父之合，臣者君之合。物莫无合，而合各有阴阳。阳兼于阴，阴兼于阳，夫兼于妻，妻兼于夫，父兼于子，子兼于父，君兼于臣，臣兼于君。君臣、父子、夫妇之义，皆取诸阴阳之道。”[④] 从天人关系的完满性到社会历史发展的有序性，皆已涵盖。所谓“《春秋》之道，大得之则以王，小得之则以霸”，“霸王之道，皆本于仁，仁，天心”[⑤]。天心即是德治之统绪的依据，由夏而

① 《春秋公羊传》，中华书局 2016 年版，第 251 页。

② 永瑢等撰：《四库全书总目》卷二九，中华书局 1965 年影印本，第 244 页。

③ 皮锡瑞：《经学通论》，吴仰湘点校，中华书局 2017 年版，第 371—372 页。

④ 董仲舒：《春秋繁露·基义》。《春秋繁露义证》，苏舆撰，中华书局 2019 年版，第 309—310 页。

⑤ 董仲舒：《春秋繁露·俞序》，中华书局 2019 年版，第 142 页。

商，由商而周，“以《春秋》当新王”，构筑起一个历史演进的序列。从《春秋》所述，由隐公到哀公，分十二世为三段：有见、有闻、有传闻，“有见三世，有闻四世，有传闻五世”，成为一个有序的演进路线，后代接续之，可以推演至无穷。在此历史的循环过程中，也必然会有不断的改制发生，所谓“《春秋》之道，奉天而法古”，圣者法天，贤者法圣。“王者必改制。……今所谓新王必改制者，非改其道，非变其理，受命于天，易姓更王，非继前王而王也”。由之，“大纲，人伦道理，政治教化，习俗文义尽如故，亦何改哉！故王者有改制之名，无易道之实”[①]。所以说“道之大原出于天，天不变，道亦不变”（《汉书·董仲舒传》）。董仲舒所创造的一套解经学，不但确证了《春秋》的神圣地位，而且赋予了其礼法、社会治理及宇宙论的性质；这样一来，经学中所揭示出的道理，便成为一种规定人类社会生活方式的律则，从而具有了极强的超验意义。

二、古文经学的文献学性质

今文经之说，缘于古文经而得名，有古文经出，方以“今文”指称现行之文本。汉武帝立五经博士，“《书》唯有欧阳，《礼》后，《易》杨，《春秋》公羊而已”（《汉书·儒林传》）。后汉光武中兴，复立五经博士，“各以家法教授，《易》有施、孟、梁丘、京氏，《尚书》欧阳、大小夏侯，《诗》齐、鲁、韩，《礼》大小戴，《春秋》严、颜，凡十四博士”（《后汉书·儒林列传》）。此前后所立诸家，皆无所谓今文、古文，或可统称之为现行之文（一般为了与刘歆的古文经相区别而称之今文）。而到了西汉末年，刘向、刘歆父子受命校理图籍，刘歆请立流传于民间的古书，这才产生了古文、今文的问题。据《汉书》载：“歆及向始皆治《易》，宣帝时，诏向受《穀梁春秋》，十余年，大明习。及歆校秘书，见古文《春秋左氏传》，歆大好之。时丞

---

① 董仲舒：《春秋繁露·楚庄王》，中华书局 2019 年版，第 15－16 页。

相史尹咸以能治《左氏》，与歆共校经传。歆略从咸及丞相翟方进受，质问大义。初《左氏传》多古字古言，学者传训故而已，及歆治《左氏》，引传文以解经，转相发明，由是章句义理备焉。歆亦湛靖有谋，父子俱好古，博见强志，过绝于人。歆以为左丘明好恶与圣人同，亲见夫子，而公羊、穀梁在七十子后，传闻之与亲见之，其详略不同。歆数以难向，向不能非间也，然犹自持其《穀梁》义。及歆亲近，欲建立《左氏春秋》及《毛诗》《逸礼》《古文尚书》皆列于学官。"①刘歆的建议，在朝中引发了一阵骚动，争端由此而起。自始之后，才有了古文经的身份问题，而与之相区别，已经列于学官的文本，则称之为今文经。今、古文经学之分，从此方得确立。

由古文经的出场过程来看，刘歆是假托于左氏的"亲见夫子"，以"所见"来力压公羊、穀梁的"所传闻"，试图在权威性上占据一个高位②。而在当时，对于刘歆的提议，"诸儒皆怨恨"，群起反对。范升斥责费直《易》和左氏《春秋》"无有本师，而多反异"；自矜本家"五经之本，自孔子始"，他们所传习的经才是亲得夫子之真传、一脉相延的③。这场斗争，从西汉末一直持续到东汉后期，绵延了百多年，几易主将，高潮迭起，大概到了熹平石经出现和郑玄"遍注群经"之后，方才告一段落。蒙文通说："刘歆之创立古学，发端于《左氏》，归重于《周官》。方其初起，尚近今文，后乃益去而益远。《尚书》初出屋壁，其立异博士者，惟逮事先后而已。至桑钦而地理乃有异说，至刘、贾而言礼制又殊，至马、郑而训读毕异，则知古学之以渐而起也。"④ 由此可见，这个变化过程是蜿蜒而曲折的，完全是因为随着经学的发展，从初始的立五经博士，到后来之传习时久，师法日繁，家派纷起，局面越来越复杂，才必然导致的结果。从文字

① 班固：《汉书·楚元王传》。《汉书》（第七册），中华书局1962年版，第1967页。

② 这也就是后来刘知几在《史通·申左》中所说的："如穀梁、公羊者，生于异国，长自后来，语地则与鲁产相违，论时则与宣尼不接。安得以传闻之说，与亲见者争先者乎？"

③ 见范晔：《后汉书·郑范陈贾张列传》（第五册），中华书局1965年版，第1228页。

④ 蒙文通：《经史抉原》（蒙文通文集第三卷），巴蜀书社1995年版，第78页。

来说，最早可能有地域上的差别，“故古文、籀文者，乃战国时东西二土文字之异名，其源皆出于殷周古文”①；而到了秦统一六国之后，“车同轨，书同文，行同伦”，篆、隶行而古、籀废，书写文字渐归于一致。故两汉之际，在古文经兴起之后，其所谓的“古文”已不是专就文字而言了，而是别有他义。王国维（1877—1927）说：“后汉之初，所谓‘古文’者，专指孔子壁中书，盖自前汉末亦然。《说文叙》记亡新六书：‘一曰古文，孔子壁中书也；二曰奇字，即古文而异者也。’”《汉书・艺文志》所著录的经籍，凡冠以“古文”字样者，亦皆为孔壁所藏之书。所以，“六艺于书籍中为最尊，而古文于六艺中又自为一派，于是‘古文’二字遂由书体之名而变为学派之名”②。

作为一个学派的古文经学，其兴起是必有缘由的，除了古文经的发现这一外在的因素和争立学官的现实利益诉求之外，在经学发展的内部，也存在着自我更新的动力。皮锡瑞谓：

> 尝疑卫、贾、马、郑皆东汉通儒，岂不知今文远有师承，乃必尊古文抑今文，诚不解其用意。今细考之，而知其故有二。一则学术久而必变。汉初《尚书》惟有欧阳而已，后乃增立夏侯。……盖小夏侯本破碎支离，恭又加以蔓衍，使人憎厌。古文家乘其敝而别开一门径，名虽古而实新，喜新者遂靡然从之，此其故一。一则文字久而致讹。伏生改古文为今文，以授生徒，取其通俗。古无刊板印本，专凭口授手钞，讹以传讹，必不能免。……故桓谭、马融并诋今文家为俗儒；当时所谓通儒刘歆、扬雄、杜林、卫宏、贾逵、许慎以及马、郑，皆精小学，以古文正今文之讹俗。……而古文之名既立，嫉今文如仇雠，依据故书，创为新说。古文本无者，以意补之；今文本有者，以意更

① 王国维：《战国时秦用籀文六国用古文说》，《观堂集林》，河北教育出版社2001年版，第187页。

② 王国维：《〈汉书〉所谓古文说》，《观堂集林》，河北教育出版社2001年版，第190—191页。

之。以为不如是不能别立一学，此其故二。[①]

这里所说的“名虽古而实新”，是指学术发展的内在要求；而“以古文正今文之讹俗”，可以说是发挥了古文经学的长处。与今文家注重讲“微言大义”的哲学诠释法不同，古文家对于历史事件的考证和材料之说明则更有兴趣，他们试图通过对文献的辑佚、缀合，将模糊不清的历史记忆陈述出来。所以叶适说：“《左氏》未出之前，学者惟《公》《谷》之听，《春秋》盖芜塞矣。……既有《左氏》，始有本末，而简书具存，实事不没，虽学者或未之从，而大义有归矣。故读《春秋》者，不可以无《左氏》，二百四十二年，明若画一，无讹缺者，舍而他求，焦心苦思，多见其好异也。”[②] 从记事性书写的史学目标来讲，作为古文经学之中枢的《左传》，提供了还原历史事件面貌的更为信实的路径，“在中国传统中，叙事必须从往事中寻找意义，这种要求与古人对记忆、系年和时序的关注，都融会到了《左传》一书中”[③]。古文经学家特别重视对历史事迹的考证，偏重于文献的发掘、整理和解读，所以必有赖于语言文字工具和语文学的工夫。故王国维说：“观两汉小学家皆出古学家中，盖可识矣。原古学家之所以兼小学家者，当缘所传经本多用古字，其解经须得小学之助，其异字亦足供小学之资，故小学家多出其中。”[④] 也就是说，古文经学和文献整理工作及语言文字的小学工夫有着密不可分的关系，这是它的特长所在，也是其学问的天然属性。

由文献整理入手，古文经学传统便特别重视对本文诠释方法的归纳，如春秋学中所探讨的“义例”，就是一个很好的例证。在今、古文二家中，虽说《公羊》一系也讲“条例”之类，但董仲舒曾明确地说过“《春秋》无达例”，在解经的类型上，并不强调义从例出或者文

① 皮锡瑞：《经学通论》，吴仰湘点校，中华书局 2017 年版，第 101—102 页。

② 叶适：《习学记言序目》卷九，中华书局 1977 年版，第 118 页。

③ 参见李惠仪：《〈左传〉的书写与解读》一书，第一章的开头及前半部分“《左传》的异质性与文本层积”，江苏人民出版社 2016 年版，第 29—55 页。

④ 王国维：《两汉古文学家多小学家说》，《观堂集林》，河北教育出版社 2001 年版，第 202 页。

本意义与历史事件的严格对应性[①]。这样，讲所谓“发凡言例”的，便以古文经学家的工夫见长，而又以《左传》诠释为最。譬如，杜预（222—285）在诠解《左氏》时，就对这方面的问题做过详尽的概括。他在《春秋序》中说：

> 其发凡以言例，皆经国之常制，周公之垂法，史书之旧章。仲尼从而修之，以成一经之通体。其微显阐幽、裁成义类者，皆据旧例而发义，指行事以正褒贬。诸称“书”“不书”“先书”“故书”“不言”“不称”“书曰”之类，皆所以起新旧，发大义，谓之变例。然亦有史所不书，即以为义者，此盖《春秋》新意，故传不言“凡”，曲而畅之也。其经无义例，因行事而言，则传直言其归趣而已，非例也。故发传之体有三，而为例之情有五。一曰微而显，文见于此，而起义在彼……。二曰志而晦，约言示制，推以知例……。三曰婉而成章，曲从义训，以示大顺，诸所讳辟……。四曰尽而不污，直书其事，具文见意……。五曰惩恶而劝善，求名而亡，欲盖而章……。推此五体，以寻经、传，触类而长之，附于二百四十二年行事，王道之正，人伦之纪备矣。[②]

这段话概括了《左氏》以例说《春秋》的基本范式，大体上有“正例”“变例”和“非例”三种情况，所谓“书法”（寓意、隐喻或者能

① 董仲舒：《春秋繁露·精华》谓：“所闻《诗》无达诂，《易》无达占，《春秋》无达辞。从变从义，而一以奉人。”（见《春秋繁露义证》，中华书局2019年版，第83—84页）。《春秋》的特点是即辞以见例，所谓“无达辞”，即是例不通行。小程子说：“《春秋》大率所书事同则辞同，后人因谓之例，然有事同而辞异者，盖各有义，非可例拘也。”（见《河南程氏经说》卷四，《二程集》（第四册），中华书局1980年版，第1092页）。明代陆粲（1494—1551）在《春秋胡氏传辩疑》一书中解释道：“昔之君子，有言‘《春秋》无达例’，如以例言，则有时而穷矣。惟其有时而穷也，是故求其说而不可得，从而为之辞。”（见《影印文渊阁四库全书》经部一六一，台湾商务印书馆1986年版，第167册，第765页）。所以，就公羊家的“无达辞”而言，强调的是《春秋》叙事之例所难拘，应该用变通的方式以达其义。

② 见《春秋左传正义》卷一，《十三经注疏》，中华书局1980年影印本，下册，第1705—1707页。

指所指）就有五类特定的情形。“正例”所指，一般以“凡”起句，共有“五十凡”，杜预认为这是周公所制，即“周公之垂法”。“变例”所言，为孔子所表达的新意，显微阐幽，即“据旧例而发义，指行事以正褒贬”。而剩余的部分，看不出明显的例证，即“因行事而言，则传直言其归趣而已”，是为“非例”。这种即辞以见例、由例而解义的方式，是《左传》解读《春秋》的基本路数。就“例”本身而言，其隐微之处，又要依据行文的特点来深入的理解，这便须弄清楚“为例之情”。“微而显”是辞微而义显，一经点破，便恍然大悟了；“志而晦”是文虽约但有成例，记叙虽然简单可是寓意却很深刻；“婉而成章”带有暗示的意思，需要读者去仔细的领会；“尽而不污”即直言其事，一看就明白了其中的是非曲直；“惩恶而劝善”表达了书写的目的性，旗帜鲜明，毫不含糊。这中间的解法，依文寻例，以例见义，通过对各种语法和修辞手段的认真释读，可以把《春秋》所表达的思想观念，从一个个的事例当中充分地彰显出来。

古文经学的解经，立足于语言文字之本身，以文本的语文属性而不是思想属性作为其关注的重点；所以在面对经籍之时，重在文献的校勘、辑佚和语文学方面的释读，而不太强调义理的阐发。即便是语言文字方面的训诂解义，也只能是随文而发、即事而谈，忌讳闳大不经的随意发挥，这便和属于齐学之背景的公羊家风格大异其趣。许慎说：“盖文字者，经艺之本，王政之始。前人所以垂后，后人所以识古。故曰：本立而道生。知天下之至赜而不可乱也。”[①] 文字为名相之始、解义之源，是观念凝聚的方式和思想表达的津梁，所以意义非同小可，古文家将之提升到了“本立而道生”（《论语·学而》）的高度。由语言文字而入于经义，解经者对于经文所展开的详细注解便形成了各种各样复杂的体式。在西汉就有传、故（或解故、故训传）、微、说（或说义）、记、章句等；而到了东汉，又有注、通、笺、学、释、删、略、问、难（或辩难）、解、条例、训旨、异同等等。清代

① 许慎：《说文叙》，《说文解字注》（段玉裁注），上海古籍出版社 1981 年版，第 763 页。

朱方增（? —1830）谓：

> 汉兴，儒者掇拾秦烬，承七十子之绪言，发为训诂，以相诠述。其载在班氏《艺文志》者，曰说、曰传、曰故、曰通、曰微，惟大、小夏侯《尚书》则曰解故。“经解”之目列于《小戴记》，刘向《别录》属之通论，郑氏《目录》以为泛论六艺，亦不以为诂经之名。自何氏有《公羊解诂》，服氏有《春秋左氏传解谊》，而诂经之以“解”名也久矣。顾汉京以后，解经之书日繁，《隋志・经部》列卷至五千二百有奇，乃流转至今，百不一存。①

可见汉儒的解经学形式之繁复。其多样化的训释方式和解释体例，由偏重于解义的传、记，逐渐地过渡到了以疏解文字为主的注和章句，而且内容变得越来越庞杂，解释也越来越烦琐。尤其是东汉以后的章句之学，多为后人所诟病，成了细碎无聊、玩文字游戏的代名词，是一种走入歧途的经院哲学。

古文经学之解经，除了立足于语言文字之辨析之外，在解释的技巧上也有自身的特点。关于古文家的解经方法，按照马宗霍《中国经学史》的归纳，大致有以下几项②：一是“以经解经”。或者为经传互引，用传文来解释经义，形成经传互释、乃至渐渐合一的状态，如《易传》之于《易经》、《左氏》之于《春秋》等。或者是引此经以解释彼经，在经与经之间形成意义的交换和语文解释方面的互文。二是“以字解经”。通过古、今文字的考论，从文字的变迁、同异等，用注音的方式来解义。段玉裁谓汉人作注，于字发疑正读，其例有三：一曰“读如”“读若”，二曰“读为”“读曰”，三曰“当为”③。此即是对汉人之以字解经方法在声韵音读方面的总结。三是“以师说解经”。

---

① 朱方增：《求闻过斋文集》卷三，《续修四库全书》集部，上海古籍出版社2002年版，第1501册，第337页。

② 参阅马宗霍：《中国经学史》第六篇“两汉之经学”，河南人民出版社2016年版，第56—58页。

③ 段玉裁：《周礼汉读考序》，《经韵楼集》，上海古籍出版社2008年版，第24页。

所谓“汉人最重师法，师之所传，弟之所受，一字毋敢出入，背师说即不用，师法之严如此”①。师说是依据于最早的经训原则，具有释义方面之来源的权威性，也是在寻求某种解释的统一性。四是“以事义解经”。即先立一事，以引经典诗语为之断案，理、事互证，同时亦阐明了经旨。这既是在解释经文，同时也是将经义通贯于日常的事物上，将解义和论事结合起来。这一类的总结，在现代的经学史或文史研究中，还有很多，举不胜举，像梁启超的《中国近三百年学术史》、钱穆的《两汉经学今古文平议》、张舜徽的《郑学丛著》等，都非常有名。

三、今古文之争

所谓今、古文之分和今文经、古文经的争论，是在一个特定的历史背景下发生的，就其本义而言，只是针对汉代经学的独特背景，即经学形态在其建构与形成的初期，需要集结和整理已有的或者残剩的文献，尽可能多的收集与挖掘可资利用的材料，以构成一个完整的经典系统。但因为秦火余烬、拾掇旧篇的缘故，或者为口耳相传、转之书写的过程，又逢大一统政治格局对地方性文化的扫荡和整合，以及立于学官、引之以利禄的巨大现实诱惑；这些非文本本身的因素，激荡起了许多波澜，掺杂于其间，搅和成一团，使得今、古文的问题变

---

① 皮锡瑞：《经学历史》，周予同注释，中华书局1959年版，第77页。所谓“师法”与“家法”，按照皮锡瑞的说法：“前汉重师法，后汉重家法。先有师法，而后能成一家之言。师法者，溯其源；家法者，衍其流也。”（《经学历史》，中华书局1959年版，第136页）马宗霍说：“凡言某经有某氏之学者，大抵皆指师法；凡言某家有某氏之学者，大抵皆指家法。”（《中国经学史》，河南人民出版社2016年版，第38—39页）凡是立于学官，依托于某部经，而成一传授系统的，便有其师法；而在一个系统之内，又有数家之分，这便形成了若干独具特色的家法。故先有师法，后有家法；师法是上位概念、是属概念，而家法是下位概念、是种概念。另外，“师法”和“家法”是有着不同层级的，也存在着不同的语境，其种属关系只是在一个特定的范围里面才能够成立；所以，在讲“师法”和“家法”的时候，又有其相对性和灵活性，这要看上下文的具体内容来决定。

得十分复杂，远远超出了学术辨析的范围。这一经学开局过程中所出现的纷杂议题，虽然经过了后世的几番整合，之后渐渐地归于平静，乃至于消弭；但其痕迹尚在，余波犹存，一直若隐若现地保留在后续的经学发展史中。经典文本本身的一些争拗实际上并没有消除，新的问题又在不断地产生，所以一遇风吹草动，今、古文的话题便又浮现出来，引发关注。特别是到了清代中叶，随着经学考据学的繁盛，倡言“微言大义”的今文经学逆反而起，潜移默运，竟然掀起了一场社会大变革的运动。一时间，今、古文经学的对峙之局不但令人瞩目，而且也为整个社会所了解并熟知；这样一来，今文经学与古文经学的问题便走入了学术的中心，引发了持续讨论。

今文经学与古文经学之辨，成为现代经学史书写的核心话题，或者我们今天在讨论儒家经典诠释学的时候，也仍然绕不开，甚至还要大费口舌，这显然与清代经学的余波有着极大的关系。对于儒家经典的现代解释，是否仍需要借道于今、古文之辨的幽深曲径，还是尽量地淡化这方面的痕迹，而直接地从文本本身来入手。或者说，今、古文之间的巨大差别与赫然对立，是清儒极力渲染之后所造成的结果，还是经学历史（尤其是汉代）本来就有的面貌。也许是本来只有几分，但在经过晚清思想大变革的普及之后，这一话题的效应被成倍的放大，已经成为一个不容置喙的常识？这些问题，如果我们是治经学史，可能不需要反思，甚至发问都显得多余；但是做经典解释学，便不同于经学研究，可能就是一个不得不提出的疑问。以《书》为例，叶适曾说过：“古文《尚书》，屋壁所出，谓科斗书也。孔安国以隶古定，即今文也。其后学《书》以楷为宗，故孔安国《书》遂为古文。然自蔡邕之流，已变从今文矣。自晋梅赜、齐姚方兴始献孔安国《尚书》，学者方复以古文行之，而唐始令卫包变从今文，学者因以今之所谓《书》者非复古文。不知字有古今，而义无古今；不然，则西方绝域之学，旁行累译，安得尽通于中国哉！人情之好恶，习俗之流传，亘古今而常在，岂特义无古今夷夏，而文亦无古今夷夏也。学者知此，则道德之意，思过半矣。”[①] 这中间的古文、今文，多有变更，不断替换，假如再考虑到文本真伪的问题（在宋人疑经、特别是阎若璩对古文《尚书》的“终极审判”之后），诠释者解经真有可能变得不知从何谈起，甚至是哑口无言了。叶适的思考对我们很有启发，他强调“义无古今”，并举了佛经翻译的例子，来说明解义对于文本处理的重要性和根本意义；虽然说今、古文的差别是客观存在的，但我们的理解和解释活动，还是可以避开“字有古今”、音有古今的无尽纠缠，而直接地从经典的意义来入手。

今文经学和古文经学的严判及对立，到底是学术的问题，还是政治的因素；是经典文本本身不能绕开的话题，还是经学学术与现实利益深度纠缠之后的结果？这也是需要我们思考的。据《后汉书》载，东汉光武帝时，欲立《费氏易》和《左氏春秋》博士，范升提出了明确的反对意见。其奏曰：“近有司请置《京氏易》博士，群下执事莫能据正。《京氏》既立，《费氏》怨望，《左氏春秋》复以比类，亦希置立。《京》《费》已行，次复《高氏》。《春秋》之家，又有《驺》《夹》。如令《左氏》《费氏》得置博士，《高氏》《驺》《夹》，五经奇异，并复求立，各有所执，乖戾分争。从之则失道，不从则失人，将恐陛下必有厌倦之听。”[②] 从这份奏议的字里行间，我们可以明显地看出，当时的朝政论议在表面上是在为古文经争立博士，而实际上，其背后都有着学术权力和现实利益的争夺；因为每立一经，即意味着学术地盘的变化和权势格局的调整。所以，皮锡瑞对此评论道：“可见汉时之争请立学者，所见甚陋，各怀其私。一家增置，余家怨望；有深虑者，当豫绝其萌，而不可轻开其端矣。”[③] 钱玄同（1887—1939）后来就说得更加直白了：

> （范升）这几句话，把当时那些治古文经者希望立学的情状说得很明白。为什么希望立学？因为立了学则可以得到高官厚禄

① 叶适：《习学记言序目》卷三七，中华书局1977年版，第545—546页。

② 范晔：《后汉书·范升传》（第五册），中华书局1965年版，第1228页。

③ 皮锡瑞：《经学历史》，周予同注释，中华书局1959年版，第81—82页。

> 也。故古文经说之异于今文经说，刘歆之目的为媚莽，东汉古文家之目的为立学。刘歆既有媚莽之目的，特造《周礼》，又伪群经以证《周礼》，其经说尚可谓有一贯之主张。至于以立学为目的之东汉古文家，则其经说只在求异于今文家；或与今文说相反，或与今文说微异，或与今文说貌异而实同，或今文本有歧说而取其一以为古文说，如是而已。①

由此可见，所谓今、古文经的争端，在很大程度上是现实政治利益的斗争，是人为地强化了其区别和有意地扩大了它们之间的裂痕，以便从中渔利。所以，周予同（1898—1981）认为："过去很多学者为古文、今文的藩篱所囿，遂致不能透视各该不同历史时期中经学的实质。"② 汤志钧也说："今文、古文，既是儒家经籍的不同统续，今文经学和古文学派又在不同时期兴起、发展以至衰亡；它们的兴起、发展以至衰亡，又有其不同的社会政治原因。"③ 这些说法不一定全面，但也揭示出了一定的道理。

今文经学与古文经学各自有什么特点，它们之间有什么区别，以及西汉末年至东汉绵延了百多年的哄争，大致经历了几个回合等，这些问题在现代的经学史书写中都有讨论，并且基本上已经形成了定式，所叙述的内容也大同小异。这一叙事模式的前提是严判今、古文，强调差异性，在今文经学和古文经学之间划了一条截然相隔的鸿沟。

但我们注意到，晚清今文经学的兴起，一方面是经学内部革新求变、试图从训诂考据的故纸堆里走出来，以经义寻求解放，所掀动起来的一场思想风暴；另一方面，其激越的形式也是对今古文纠缠的彻底了结，是经学今、古能量的一次总爆发。龚自珍作《说中古文》，提出了 12 条理由，从根本上否定有所谓古文《尚书》。谓"此中古

① 钱玄同：《重论经今古文学问题——重印新学伪经考序》，载《新学伪经考》（康有为撰），中华书局 1956 年版，第 458 页。

② 周予同：《经学和经学史》，朱维铮编校，上海人民出版社 2012 年版，第 122 页。

③ 汤志钧：《近代经学与政治》，中华书局 1989 年版，第 15 页。

文，亦张霸百两之流亚”，是刘歆之伪讬、《汉书》之误记而已。“歆也博而诈，固也侗而愿。”[①] 后来，康有为（1858—1927）在《新学伪经考》一书中，更是进一步指出：“经学纷如乱丝，于今有汉学、宋学之争，在昔则有今学、古学之辨。不知古学皆刘歆之窜乱伪撰也。凡今所争之汉学、宋学者，又皆歆之绪余支派也。经歆乱诸经、作《汉书》之后，凡后人所考证，无非歆说。征应四布，条理精密，几于攻无可攻，此歆所以能欺给二千年而无人发其覆也。”[②] 又说：“刘歆之撰伪经也，托于通人，传于校书，统一于郑玄，布濩衍溢于魏、晋、六朝之儒，决定于隋、唐之陆德明、孔颖达、贾公彦，遂至于今。”[③] 这些带有强烈倾向性的决断之语，显然不是从学术史的考辨来立论的，而是对既有叙事范式的一种根本颠覆。所以梁启超（1873—1929）说，龚氏“引《公羊》义讥切时政，诋排专制”，康氏之论“实思想界之一大飓风也”（《清代学术概论》）。这种彻底了结、另起炉灶的方式，不仅没有解决今古文的问题、迎来经学的繁盛，反而倒是为新学术的建立扫清了障碍、打下了基础。顾颉刚（1893—1980）指出：古史辨运动对于经学的清理、特别是对古文经的辨伪，完全是为了要用科学的方法来重写历史。他说：“我们对他（刘歆）攻击，则因他不是客观的整理古书，而是主观的改编古书，使得许多材料真伪混杂，新旧错乱，他随意一动笔，害我们费了不知多少工夫才得纠正；而且没有原本对照，还不知道所纠正的恰当与否。”[④] 所以新学术的建立，彻底摆脱了经学的羁绊，既不是照着古文经讲，也不是接着今文经讲，而是自己来重新开始讲。

正因如此，晚清今文经学的兴起，轰然作响，天下人皆知经学有今古文之分，但巨震过后，经学大厦也就随之坍塌了。经学史的现代

---

① 龚自珍：《说中古文》，《龚自珍全集》，上海古籍出版社 1975 年版，第 125—126 页。

② 康有为：《新学伪经考》，中华书局 1956 年版，第 16 页。

③ 康有为：《新学伪经考》，中华书局 1956 年版，第 245 页。

④ 顾颉刚：《汉代学术史略》，东方出版社 2005 年版，第 65 页。

叙述，将今、古文的问题做了详细的考论，条分缕析，判然有序。如皮锡瑞谓：

今、古文之兴废，皆由《公羊》《左氏》为之转关。前汉通行今文，刘歆议立《左氏春秋》，于是牵引古文《尚书》《毛诗》、逸《礼》诸书，以为之佐。后汉虽不立学，而古文由此兴，今文由此废。以后直至国朝，诸儒昌明汉学，亦止许、郑古文。及孔广森专主《公羊》，始有今文之学。阳湖庄氏乃推今《春秋公羊》义并及诸经，刘逢禄、宋翔凤、龚自珍、魏源继之，而三家《尚书》、三家《诗》皆能绍承绝学。凌曙、陈立师弟，陈寿祺、乔枞父子，各以心得，著为专书，二千余年之坠绪得以复明，十四博士之师传不至中绝。其有功于圣经甚大，实亦由治《公羊春秋》，渐通《诗》《书》《易》《礼》之今文义也。①

这些叙述线索，从典籍和学术传衍而言，已经非常的清楚，几近于经学史的常识。但晚清今文经学的兴起，并不是要在经学的内部来重树壁垒、以与古文经一派一较高下。其本质是借着今文经学的旗帜，而意在冲破旧学术的藩篱，以推动传统社会的变革；就像当时的学者借重于先秦诸子、佛教思想，以及大力吸收西学新知一样，都是在为新思想观念的诞生以寻求助力，为新学术的登场而廓清旧基地。正像钱穆所说的："晚清经师，有主今文者，亦有主古文者。主张今文经师之所说，既多不可信。而主张古文诸经师，其说亦同样不可信，且更见其为疲软而无力。此何故？盖今文古文之分，本出晚清今文学者门户之偏见，彼辈主张今文，遂为今文诸经建立门户，而排斥古文诸经于此门户之外。而主张古文诸经者，亦即以今文学家之门户为门户，而不过入主出奴之意见之相异而已。此如盗憎主人，入室操戈，又如随乐起舞，俯仰由人，则宜乎其所主张之终无以大胜乎今文诸师矣。"② 所以，如果是仅仅局限在过去的意义上，来重启今古文之争，则犹如再炒冷饭，滋味有限，很快就会被时代所厌弃。而龚、魏之所

① 皮锡瑞：《经学通论》，吴仰湘点校，中华书局2017年版，第137页。
② 钱穆：《两汉经学今古文平议》，商务印书馆2001年版，第5—6页。

以能发出新时代之先声，康、梁之所以能成为新学问的开山，端在于他们不只是在讲今文经学，而且也是“旧瓶装新酒”，创造了新的思想和新的学术。

这一经学思想的革命性变革，积蕴甚久，既有今文经学讲“微言大义”的传统资源，从而将《公羊》“大一统”“三世”义、“改制”说等，发挥到了极致；也有对宋以来的疑经活动之接续、并借助于古文家的考据成果，将之合为一处，汇聚成一股力量，发前人之所未发，所向披靡。梁启超说：

> 自阎若璩攻《伪古文尚书》得胜，渐开学者疑经之风。于是刘逢禄大疑《春秋左氏传》，魏源大疑《诗毛氏传》。若《周官》，则宋以来固多疑之矣。康有为乃综集诸家说，严画今古文分野，谓凡东汉晚出之古文经传，皆刘歆所伪造。正统派所最尊崇之许、郑，皆在所排击。则所谓复古者，由东汉以复于西汉。有为又宗公羊，立“孔子改制”说，谓六经皆孔子所作，尧舜皆孔子依托，而先秦诸子，亦罔不“托古改制”。实极大胆之论，对于数千年经籍谋一突飞的大解放，以开自由研究之门。①

由疑经而延伸为新的义理诠释，鼓荡了思想解放，同时又神话孔子，以借重绝对之权威来发动一场社会变革运动；这样的经学目标，已经远远不能为固有的学术传统所框限，而是最终走向了实践性的社会政治运动。“因此，经典及有关注释成为维护经典研究中家法传统的政治忠诚的基础。18 世纪常州今文经学家再次掀起今古文之争时就意识到，他们触及的不是一个无关痛痒的文献学课题，他们是在重建一种学术性的，实质上又是政治性运动的前途，这场运动曾为其他学术运动所取代。”② 这一由乾嘉考据学的纯学问形式、又重新返回到政治舞台中央的经学，既是以今、古文对峙的姿态来登场的，同时它又聚合了经学的全部力量，在社会现实的推动之下，做出了最后的搏击。

---

① 梁启超：《清代学术概论》，东方出版社 1996 年版，第 6 页。

② 艾尔曼：《经学、政治和宗族——中华帝国晚期常州今文学派研究》，赵刚译，江苏人民出版社 1998 年版，第 5 页。

原载于《社会科学》2021 年第 12 期。

景海峰（1957—），男，宁夏贺兰人，深圳大学国学院、哲学系教授，贵阳孔子学堂签约入驻学者，主要研究方向为儒学、中国哲学史。

重构三代之道：理解西汉思想发展的一条脉络

王　正

有鉴于秦王朝的二世而亡，汉代虽然“汉承秦制”，在国家制度、户籍制度、度量衡制度等很多方面承继了秦朝，但在统治方针、思想指导上则经过了长时期的反思与更新。从刘邦和陆贾的“马上、马下”对话，到文景二帝以及“萧规曹随”的黄老之道，再到汉武帝和董仲舒的贤良对策，以及之后的“霸王道杂之”与“纯任儒术”论辩，汉代人通过儒家、道家等的丰富思想资源来反思秦政弊端，同时改造法家思想，最终在西汉中后期形成了一套全新的以“六经”为旨归而“折中”诸子的思想文化系统。这一思想文化系统既是对三代之道的继承与创新，也是对诸子的采撷与承纳，还是对秦政的反思与吸收，因此可以说最终完成了对从春秋开始的思想界裂散状况的重新整合与统一。而这种新的通、一之道，成了日后两千年中国历史发展的思想基底与文化根基。

一　重新理解三代：汉初黄老道家和董仲舒的探讨

由于受到法家对三代之道彻底抛弃的影响，西汉的道家和儒家大都对三代采取了一种不是单纯尊崇，而是有所反思、有所扬弃的态度。作为汉初黄老道家代表的《淮南子》就对三代之治有比较复杂的态度。《淮南子》首先承认三代是治理上的优良典型，“故三代之称，千岁之积誉也”（《淮南子·缪称训》），“故自三代以后者，天下未尝得安其情性，而乐其习俗，保其修命，而不夭于人虐也”（《淮南子·览冥训》）。可以看到，《淮南子》之认可三代乃在于三代之治可以让人安情性、保性命、远灾虐，而其之所以能做到如此，就在于“三代之所道者，因也”（《淮南子·诠言训》）。《淮南子》和《吕览》一样，将三代之道理解为因顺之道，这凸显了其黄老道家的底色。也正因《淮南子》以黄老道家为本，所以对于儒家、墨家等所理解的三代之道都进行了批评。“今儒、墨者称三代、文武而弗行，是言其所不行也；非今时之世而弗改，是行其所非也。称其所是，行其所非，是以尽日极虑而无益于治，劳形竭智而无补于主也。”（《淮南子·泛论训》）《淮南子》批评儒家、墨家所理解的三代之治的根本点是认为儒家、墨家对于三代的理解过于保守甚至达到了胶柱鼓瑟的地步，因此三代之治反而不具有任何现实的治理意义与应用价值了。尤其对于儒家所盛称的三代礼治，《淮南子》予以了坚决批判：“夫殷变夏，周变殷，春秋变周，三代之礼不同，何古之从！……今世之法籍与时变，礼义与俗易，为学者循先袭业，据籍守旧教，以为非此不治，是犹持方枘而周员凿也。欲得宜适致固焉，则难矣！”（《淮南子·泛论训》）这里的言辞之激烈甚至让人会有商鞅与韩非子的联想，可见秦政及法家思想对汉代思想是具有深刻影响的。当然黄老道家本身也十分重视时势观念，因此在法家的影响下，《淮南子》对儒家的礼治思想，尤其是复古式的礼治思想进行了激烈批驳，认为三代的礼制已经不再适用于当时，故而新的时代必须进行新的制度建构与思想建设。因为“夫夏、商之衰也，不变法而亡；三代之起也，不相袭而王”（《淮南子·泛论训》），所以《淮南子》认为汉王朝既不可再行秦王朝的灭亡之道，也不应简单复古到更古老的三代，而应当根据当时的时势创建适合新形势、新王朝的统治方法与思想指导。就此，《淮南子》以极大的气魄试图建构新的治理理论，“三代与我同行，五伯与我齐智”（《淮南子·修务训》），“三代之法不亡，而世不治者，无三代之智也”（《淮南子·泰族训》）。新的时代的治理方法与思想指导，需要当下人发挥自己的智慧，来对三代、五霸的霸王道进行兼综采撷的创新。可见，《淮南子》一方面在一定程度上肯定三代之道的价值，但并没有一味推崇它；另一方面，《淮南子》认为应当在吸收三代、五霸之道以及儒、墨、名、法、阴阳等各家思想的基础上，创生新的治道，这就是《淮南子》的黄老思想。当然，《淮南子》自身所创发的黄老之道并没有成为其这一设想的最终成就者，因为《淮南子》所设想的诸多治理方法、制度建构及思想指导，或者不能适应西汉继续发展的历史现实，或者不能安顿在三代历史脉络下生活的民众的诸多心理要求，或者不利于“大一统”王朝的稳定性建构①。但是《淮南子》的这一思路被儒家所继承，而最终由一批儒生完成了这一创造性的建构。

在儒家构建新的通、一之道的过程中，汉武帝和董仲舒的贤良对策是一个重要事件。汉武帝的策问反映了当时统治者以及很多人对政治治理、历史发展的反思，董仲舒则尝试提出一套既吸收三代之道与儒家理论，又兼采阴阳家、道家等观念而有所创新的建构性思想。“欲闻大道之要，至论之极。……盖闻五帝三王之道，改制作乐而天下洽和，百王同之。……三代受命，其符安在？灾异之变，何缘而起？……夫帝王之道，岂不同条共贯与？何逸劳之殊也？……夫三王之教所祖不同，而皆有失，或谓久而不易者道也，意岂异哉？”（《汉书·董仲舒传》）在汉武帝的策问中，他认为五帝、三王之道是不断改变的，也即三代之治并不是一贯的，这对作为儒者的董仲舒是一个首先要解决的问题。因为在儒家看来，三代之治与三代之道作为理想的政治典型与价值寄托是一以贯之的，但经过法家、黄老道家等的影响后，儒家必须对此进行一番新的诠释，才能说服他人。董仲舒的一个重要创见是将具体的制度与制度背后的儒家之道进行了区分：就具体的制度层面而言，董仲舒承认三代之治各个不同，“臣闻制度文采玄黄之饰，所以明尊卑，异贵贱，而劝有德也。故春秋受命所先制者，改正朔，易服色，所以应天也”（《汉书·董仲舒传》），具体的制

---

① 关于《淮南子》之未能成为汉代一代之思想指导的原因，参见牟钟鉴：《〈吕氏春秋〉与〈淮南子〉思想研究》，齐鲁书社 1987 年版，第 277—288 页。

度不仅应当因不同的时势而有所改变，而且只要王者之间有所更替就应当进行改变。但这种制度层面的改变并不是对根本之道的改变，而是在不同的时势与时代将儒家理解的根本之道的不断呈现与落实。“道者，所繇适于治之路也，仁义礼乐皆其具也。”（《汉书·董仲舒传》）道是各种治理方法与制度的根本所在，现实的各种道德规范与礼乐制度都是它的现实化呈现。正因如此，“帝王之条贯同，然而劳逸异者，所遇之时异也”（《汉书·董仲舒传》），五帝、三王之道在根本上是一致的、一贯的，而之所以体现为不同的制度与方法在于时势的不同。但我们不能因为具体制度的差异而否定存在着三代一贯的根本之道。“夫乐而不乱、复而不厌者谓之道；道者万世亡弊，弊者道之失也。先王之道必有偏而不起之处，故政有眊而不行，举其偏者以补其弊而已矣。……改正朔，易服色，以顺天命而已；其余尽循尧道，何更为哉！故王者有改制之名，亡变道之实。”（《汉书·董仲舒传》）董仲舒指出，道本身是没有弊端的，但它落实于现实的制度后则这些制度会因为历史的发展而发生弊端，故这些制度必须经常改变；不过它们的改变也不是随意的，而是要使之去除因时间过久而不适用的弊端，从而使之更加符合或者恢复到原来符合大道的情况。在这样一个制度与大道分离的理论中，一个关键性的问题是大道超越于制度的普遍永恒性如何确立。

董仲舒借助于天和元的理论，来证成大道的普遍永恒性。“道之大原出于天，天不变，道亦不变。”（《汉书·董仲舒传》）人间的治道根源于天，天是永恒不变而周遍万物的，所以人间之道也是普遍永恒的。因此对于董仲舒来说，如何理解天就成了关键。在西汉时期，关于天的最重要理解有二：一是三代以来尤其是殷周之际形成的“以德辅天”意义上的主宰性、道德性的天；二是战国以来黄老道家以及阴阳家理解的既有自然性、又有规律性的天。董仲舒借助元的观念，将这两种天融合为一个新的意义上的天：“一者万物之所从始也，元者辞之所谓大也。谓一为元者，视大始而欲正本也。”（《汉书·董仲舒传》）天道的内核是元，元就是一，也就是天地万物生生不息的根本所在。在元的视野下，万物的生生运转既是天地之自然而然的情形，又是内蕴着生命之不息生成的道德价值。也就是说，经过元的观念，董仲舒的天兼具了道德性与自然性、主宰性与规律性等，而这样一种对天的丰富性理解，成为后世中国人对天的主要认识。董仲舒进一步指出，“天者群物之祖也，故遍覆包函而无所殊，建日月风雨以和之，经阴阳寒暑以成之。故圣人法天而立道，亦溥爱而亡私，布德施仁以厚之，设谊立礼以导之。春者天之所以生也，仁者君之所以爱也；夏者天之所以长也，德者君之所以养也；霜者天之所以杀也，刑者君之所以罚也。”（《汉书·董仲舒传》）天的自然性的、规律性的日月之运行、寒暑之变化，呈现着天对万物的生养消长之德，而其中的根本因素是阴阳。故而“天道之大者在阴阳。阳为德，阴为刑；刑主杀而德主生”（《汉书·董仲舒传》）。天道阳为主、阴为辅，所以在人间的治理中也应以德治为主、刑罚为辅。这种德主刑辅的理论在一定程度上即董仲舒所认可的三代之道。他由此出发，指出汉代政治在刑罚上因着继承秦政已经足够了，但是在德治即传承三代之治的道德教化方面做得还很不够，所以他提出了一系列崇尚儒家、发扬教化的政治措施与具体方法，而这些内容对此后汉代的制度建构与政治发展起到了重要作用。

总之，西汉的黄老道家和儒家通过对三代的重新理解提出了众多既吸收三代而又重新理解三代之道的思想，尤其董仲舒通过天、元思想所建立起的新的通、一之道，将三代也容纳进一个更高层次的理论中，从而构建起一个既有传承又有创新的转化型思想理论体系。

二　折中“六经”：重构大道的完成

在西汉儒家转化出新的通、一之道的过程中，如何面对先秦诸子尤其是法家及其现实化代表——秦政，是他们必须解决的一个问题。因为秦政不仅对汉代统治方法与制度建构有重要影响，而且在思想观念、治理指引上也有很强印记。

贾谊的《过秦论》是对这一问题的经典回答：“秦以区区之地，致万乘之势，序八州而朝同列，百有余年矣。然后以六合为家，崤函为宫，一夫作难而七庙堕，身死人手，为天下笑者，何也？仁心不施，而攻守之势异也。”贾谊认为，秦王朝的二世而亡在于不能对百姓施以仁义，也即德政，故而招致了百姓的怨恨乃不得不亡。当然，秦的能够崛起并统一天下是有其内在逻辑的，但贾谊指出，“故秦之盛也，繁法严刑而天下震。及其衰也，百姓怨而海内叛矣”，严刑重罚虽然可以在短时间内获得巨大的统治效果，但是它的治理效果不能够长久，因为它不能够安定百姓的生活与心意。由此贾谊认为，“故周王序得其道，千余载不绝，秦本末并失，故不能长。由是观之，安危之统，相去远矣”，以周王朝为代表的三代之治才是真正的长治久安之道，因为他们治理的目标在于“安民”，而不是统治者自身的“自足”。这样，贾谊就否定了秦政的严刑重罚，而为重建儒家德政、礼乐之治的有效性与必要性奠定了基础。

但儒者对秦政的批评并不代表统治者对秦政的彻底反思，因为秦政在统治的快速有效性上确实有其独造之妙，而且法家对君主的独尊、对国库富有的设想、对军事强大的推崇等都是符合统治者自身利益的，所以直到汉宣帝仍然十分认可汉代政治中的法家性、秦政性因素：“宣帝作色曰：‘汉家自有制度，本以霸王道杂之，奈何纯住德教，用周政乎！且俗儒不达时宜，好是古非今，使人眩于名实，不知所守，何足委任！’乃叹曰：‘乱我家者，太子也！’”（《汉书·元帝纪》）在汉宣帝的认识中，以周政为代表的三代之道乃是以德治国、重视教化的理想性的王道政治，以秦政为代表的政治治理则是现实有效的霸道政治。在他看来，君主治国需要兼用王道与霸道，也就是兼采三代之道与秦政之法，如果单纯地追求三代之治则会远离现实而陷于混乱。甚至可以说，在汉宣帝的认识中，三代之治可以作为一个美好的理想作为门面，但是落实于现实的治理还要“守”着霸道的秦政才可以。可见，儒者转化新的通、一之道所面对的一大难题是秦政与法家。虽然贾谊通过价值评判给予了法家以强大攻击，但如何在一个更高的思想系统中来扬弃的对待法家，是儒者所需要认真思考的。其实不仅是法家，道家、墨家、名家、阴阳家等诸子百家的思想都是儒家进行新的思想文化系统建构所必须认真面对和予以恰当安置的。而这就是刘歆《七略》与班固《汉书·艺文志》（以下简称《艺文志》）中以“六经”统摄诸子的工作。

在《七略》（《艺文志》）的构建中，包括儒家、道家、法家等在内的诸子百家都是“六经之支与流裔”，而“六经”之为经乃在于它们都是具有超越时空限制的普遍有效意义的：“乐以和神，仁之表也；诗以正言，义之用也；礼以明体，明者著见，故无训也；书以广听，知之术也；春秋以断事，信之符也。五者，盖五常之道，相须而备，而易为之原。故曰‘易不可见，则乾坤或几乎息矣’，言与天地为终始也。”“六经”中的《周易》乃对天道之言说，所以《周易》与天地相始终，其余五经则是对仁义礼智信这五种恒常普遍之道的呈现，故而也是具有普遍有效性的①。诸子百家之为支流则在于它们“皆起于王道既微，诸侯力政，时君世主，好恶殊方，是以九家之术蠭出并作，各引一端，崇其所善，以此驰说，取合诸侯。其言虽殊，辟犹水火，相灭亦相生也。仁之与义，敬之与和，相反而皆相成也。……使其人遭明王圣主，得其所折中，皆股肱之材已”，儒、道、墨、法、名、阴阳等诸子百家乃是对于“六经”所代表的普遍恒常之道在某一个具体时空中的呈现，所以它们都在某一些方面体现着“六经”之道，故而它们也具有一定的理论成立性与现实有效性。正是通过这样一种对普遍恒常和具体呈现的处理，《七略》（《艺文志》）将“六经”与诸子百家容纳入一个新的思想文化体系中。

《七略》（《艺文志》）这种处理方式的另外一个尝试是以“诸子出于王官”说来整合诸子百家。这一说法在现代学术的视野中遭到了胡适、古史辨派等的强烈批评，但其实刘歆、班固等的这种处理方式除了学术源头上的追溯外，更出于一种将诸子百家整合入“六经”思想系统的考虑。“儒家者流，盖出于司徒之官，助人君顺阴阳明教化者也。……道家者流，盖出于史官，历记成败存亡祸福古今之道，然后知秉要执本，清虚以自守，卑弱以自持，此君人南面之术也。……阴

① 关于“六经”作为中华传统文化的源头及其所具有的普遍恒常价值，参见姜广辉：《新经学讲演录》，中国社会科学出版社 2020 年版，第 39—61 页。

阳家者流，盖出于羲和之官，敬顺昊天，历象日月星辰，敬授民时，此其所长也。……法家者流，盖出于理官，信赏必罚，以辅礼制。……名家者流，盖出于礼官。……墨家者流，盖出于清庙之守。……从横家者流，盖出于行人之官。……杂家者流，盖出于议官。兼儒、墨，合名、法。……农家者流，盖出于农稷之官。……小说家者流，盖出于稗官。”在《七略》(《艺文志》)的记载中，诸子百家的思想都源出于国家治理中的各个部门与职官，这当然是一种追溯性的构建，但刘歆、班固等之所以要进行这种建构，是要将诸子百家都容纳入“六经”的系统中。其实在《太史公自序》的“司马谈论六家要旨”中已经指出，“夫阴阳、儒、墨、名、法、道德，此务为治者也，直所从言之异路，有省不省耳”，即诸子百家的目的都是拯救乱世、治理天下。不过，司马谈虽然指出了六家的旨归相同，却未能以一个恰当的思想系统将六家整合在一起。刘歆、班固则在司马谈、司马迁的基础上，一方面将诸子百家的“务为治”落实为源于具体的治理职官，这样诸子各自不同的“为治”方向就得到了源头上的历史性解释；另一方面将“为治”的根本归结为“六经”这一蕴含着普遍永恒之道的思想系统，由此各个不同的诸子百家就被整合入一个具有统一性的思想文化系统。

需要指出的是，在这样一个思想文化系统中，诸子百家中虽然儒家因为和“六经”的紧密关系被认为最高，但并不是没有问题的，而诸子其实同儒家一样都是“六经”的支流，故他们的学说皆有得有失，并非单纯负面。因此可以说，刘歆、班固等虽然是以儒生的身份来整合诸子百家，但他们并没有单纯贬斥诸子，而是对各家学说都肯定其具有的正面价值。如对于法家及秦政，《七略》(《艺文志》)认为它们崇信的“信赏必罚”并不是对三代之道的否定，而是可以“以辅礼制”的，即三代圣王也是要运用赏罚来治理天下的；只是三代圣王并不是单纯运用刑罚，而是以礼治为主、法治为辅，若统治者纯任刑罚而不用德政，则会陷入“残害至亲，伤恩薄厚”的自取灭亡之结果。又如对于在西汉初年政治领域占据指导意义的黄老道家，《七略》(《艺文志》)认为它确实是极其有效且高妙的“君人南面之术”，而且符合尧、舜的三代圣王之道；但如果一味依照黄老道家的理论来治国、让人人都无为，则会丢掉仁义礼智等重要的道德价值，陷入虚无主义。其他各家也都是有所长、所短的，而且即使在诸子中最高的儒家也会有背离“六经”之道的可能。可见，《七略》（《艺文志》）所构建的思想文化体系并不是为了评判诸子高低而建立的，而是为了一个更高的目标——构建一个可以统摄诸子百家的新的思想文化体系。这一新的思想文化体系并不是对历史传统的断裂，而恰恰是一种回归——回归“六经”所记载、呈现的三代通、一之道。当然，这里的三代之道并不简单是“六经”本身所记载的三代之道，也不是战国诸子所理解的三代之道，而是统摄了三代、春秋战国、秦政以及西汉的历史传统与思想理论的新的通、一之道。而此通、一之道，“可以通万方之略矣”。

总之，《七略》（《艺文志》）以“六经”之道贯通诸子百家，将诸子理解为“六经”之支流，这样就将各个不同的诸子思想整合入一个统一的思想文化系统。而“六经”之道则是西汉儒者对三代通、一之道的全新诠释：《周易》乃三代圣王对天人之道的透彻理解，《尚书》是对三代圣王英明号令的记载，《诗经》是对三代各层人士对现实政治之讽咏的记述，《礼经》《乐经》是对三代礼乐之治的经典记录，《春秋》是就春秋时代的不良政治来予以匡正进而体现三代之道的呈现。“六经”在这里被整合为一个思想文化系统，它贯通天人、融一古今、兼合诸子，为超越时空的普遍永恒性思想；而三代为这一思想的曾经实现，故为历史传统中的理想的时代。由此，《七略》（《艺文志》）将现实的“六经”、历史的三代、理想的政治、道德的价值、现实的治理融合为一体，建构出一个既继承传统而又有创新性的思想文化系统。而这一文化系统成了日后两千年中国人的思想文化基底。

本文为“2021 中国·衡水董仲舒与儒家思想国际研讨会暨中华孔子学会董仲舒研究委员会学术年会”提交的论文。

王正（1983—），男，北京丰台人，中国社会科学院哲学研究所副编审，哲学博士。

论乾坤定位与培育新时代儒商①

苗泽华

《易经·系辞》上说："天尊地卑，乾坤定矣。卑高以陈，贵贱位矣。动静有常，刚柔断矣。方以类聚，物以群分，吉凶生矣。在天成象，在地成形，变化见矣。是故刚柔相摩，八卦相荡，鼓之以雷霆，润之以风雨。日月运行，一寒一暑。乾道成男，坤道成女。乾知大始，坤作成物。乾以易知，坤以简能。易则易知，简则易从。易知则有亲，易从则有功。有亲则可久，有功则可大。可久则贤人之德，可大则贤人之业。易简，而天下之理得矣。天下之理得，而成位乎其中矣。"

一、《易经》中的乾坤定位

《易经》记载："易有太极，是生两仪，两仪生四象，四象生八卦。"《易经》中的两仪可以理解为乾坤，也可理解为天地、阴阳和男

① 基金项目：该文系 2018—2019 年度河北省高等教育教学改革研究与实践项目"新儒商人才培养改革研究——以河北地质大学商学院为例" （项目编号：2018GJJG286）、2017 年度河北省社会科学发展研究重点课题："河北省企业伦理文化与社会责任研究"（项目编号：201702120201）、河北省 2020 年度省级一流本科专业建设点：市场营销和国家第三批高等学校特色专业建设点：工商管理（项目编号：TS10689）的研究成果。

女。笔者认为，万事万物中任何对立统一的两个方面均是两仪。事实上，天地人乃至众生万物，皆在乾坤之中而不自知也。“大道至简，悟在天成。”乾坤之道，大道至简，大德从易。用心悟之，身体力行，则朴素简易；不用心悟之，不能身体力行，则玄之又玄。天地大德，贵在知行。先学道知道悟道，然后亲力亲行。力行久了，自然明道立德。学习乾坤大道，体悟《易经》智慧，传承中华文明，铸就儒商精神。

我国自有文字以来，“乾坤”二字通常用作卦名。许慎在《说文解字》上说：“乾，上出也。”段玉裁注：“此乾字之本义也。”《易经》对“乾”字有诸多解释。《易·说卦传》上说：“乾，天也。”《易·系辞传》上说：“乾，阳物也。”《易·杂卦传》上说：“乾刚坤柔。”孔子释之曰健也。健之义生于上出，上出为乾（干），下注则为湿，故乾与湿相对。在伏羲先天八卦中，乾卦是首卦；在文王六十四卦中，乾卦还是首卦。乾卦主卦（下卦）为乾，客卦（上卦）也为乾，六爻皆阳，如图1所示。乾，对应天，对应阳，对应刚，对应虚，对应雄，对应男。朱骏声在《说文通训定声》中说：“达于上者谓之乾。凡上达者莫若气，天为积气，故乾为天。”孔子所说的“天行健，君子以自强不息。”（出自《易经·乾第一》）就是《易经》对“乾”字经典准确完美之解释。敬重天，师法天，以天为学习对象，顺天而行，可养君子阳刚之气和元亨之势。

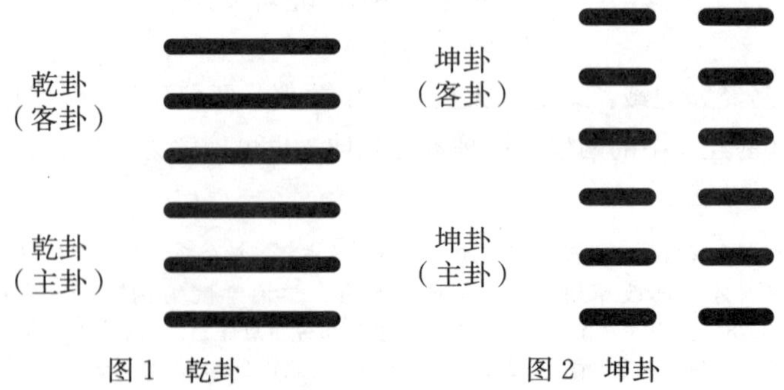

图1　乾卦　　图2　坤卦

许慎在《说文解字》上说：“坤，地也，易之卦也。”《易·说卦》

上说："坤也者，地也。"《左传·庄公二十二年》上说："坤，土也。"《宋书·乐志》上说："山岳河渎，皆坤之灵。"在伏羲先天八卦中，坤卦是第二卦；在文王六十四卦中，坤卦还是第二卦。坤卦主卦（下卦）为坤，客卦（上卦）也为坤，六爻皆阴，如图2所示。坤，对应地，对应阴，对应柔，对应实，对应雌，对应女。孔子所说的"地势坤，君子以厚德载物"（出自《易经·坤第二》），也是《易经》对"坤"字经典优美的解释。敬重地，师法地，以地为学习的对象，法地而为，可养君子阴柔之气和利贞之美。

"天行健，君子以自强不息""地势坤，君子以厚德载物"是孔子注解《易经》第一卦、第二卦之时对乾坤最为准确、经典而又美妙优雅的释义，蕴藏着源远流长的中华人文精神。乾坤对立统一，刚中有柔，柔中有刚，相互作用，相互促动，化为自然及社会不竭之动力。中华民国时期，著名学者梁启超先生作为清华大学国学院四大导师之一，曾给当时的清华学子作了《论君子》的演讲。梁先生希望清华学子们皆能继承中华传统文化与美德，并多次引用了《易经》上的"自强不息""厚德载物"等名言来激励清华学子。此后，清华人便把"自强不息，厚德载物"八个字写进了清华大学校规，后来又逐渐演变成为清华大学的校训。其实，"自强不息，厚德载物"正是乾坤大道所折射出的人文精神，也是乾坤定位的必然趋势，还是成就世间既真亦正之人品的根本。乾坤定位之道不仅合乎天地之道，也合乎阴阳之德，还合乎男女之情。其精神不仅能和谐个人身心，也能和睦家庭家族，还能和顺企业以及社会经济发展乃至世界和平。"自强不息，厚德载物"不仅仅是清华大学的校训，也是中华民族生生不息、心心相印的智慧之根与文明之源。作为新时代的儒商，首先要坚持"自强不息"的理念，不论面对多么复杂的市场环境，都要坚韧刚毅、积极进取、奋发图强；其次，要坚持"厚德载物"的理念，要善待顾客、员工、股东、供应商、经销商等利益相关者，坚持利人利己，诚实待人，厚道待物，形成共生共赢共享的经营生态氛围。

二、儒道墨法根在易经

《易经》是中华文明的象征，是中华优秀传统文化的璀璨明珠。《易经》不仅是群经之首、大道之源，也是人生之本、文明之根。《易经》不仅是中华人文经典中的经典，学问中的学问，也是哲学中的哲学，更是中华民族最伟大的智慧。老子的道家学说源于此，孔子的儒家学说也源于此，春秋战国时期的诸子百家学说还是源于此。可以说，《易经》思想与智慧是中华民族的精神命脉与文化根源。《易经》对中华民族思维与行为方式的形成与发展起着非常重要的奠基与导向作用。伏羲先天八卦的基本卦为乾坤二卦。通俗地说，乾为父，坤为母。其他六卦可以理解为父母所生的子女。震为长男，坎为中男，艮为少男；巽为长女，离为中女，兑为少女。乾坤合而为一就是太极，父母子女合为一家子。就数理而言，无极是数字 0，太极是数字 1，两仪则是数字 2。从无极到太极，就是从 0 到 1，演变为成语“无中生有”。天地万物皆是有无相生，从无到有，又从有到无，循环往复。

笔者认为，从乾坤定位的视角来看，道家居乾位，对应阳，对应虚，对应刚；儒家则居坤位，对应阴，对应实，对应柔。当然，道家文化是刚中有柔，儒家文化则是柔中有刚。道家是由天俯地，儒家则是立地仰天。儒家与道家一阴一阳，相辅相成，合为太极。不要站在儒家立场上非议道家，也不要站在道家立场上非议儒家。事实上，道家与儒家可谓乾坤位焉，天地一体。道家和儒家二者就像长江、黄河一样，同根同源，一统乾坤。

就东西方文化比较而言，东方文化的核心是“集体主义”，东方文明居乾位，对应阳；西方文化的核心是“个人主义”，西方文明则居坤位，对应阴。“集体主义”是“天”，“个人主义”是“地”。天有天道，地有地德。天地本来就合一，东方文化与西方文化也可合为太极。文化融合，相互裨益，天地人和，乾坤定矣。

从伏羲天南地北的先天定位来看，道家对应乾，对应长江，对应长江流域文化体系；儒家对应坤，对应黄河，对应黄河文化体系。长江居乾位，对应阳；黄河则居坤位，对应阴。长江为父亲河，黄河则为母亲河。长江黄河是天然而成的，而儒商则是一种人的经商行为。经商必须重道尊儒，弘扬中华优秀传统文化。

笔者认为，在儒、道、墨、法四家学说中，道家居少阳，对应方位是东方，对应的季节是春天；儒家居少阴，对应的方位是西方，对应的季节是秋天；墨家居老阳，对应的方位是南方，对应的季节是夏天；法家居老阴，对应的方位是北方，对应的季节则是冬天。一年四季，循环往复；天地四象，斗转星移；儒道墨法，交融渗透。而《易经》是儒、道、墨、法易产生发展的总源头，也是中华文明的总根脉。《易经》居于中央，而儒道墨法则居于四方，也是《易经》之四象，中华文脉之四端。如图 3 所示。儒道墨法以及诸子百家是中华民族的思想宝库，闪耀着智慧的光芒，传承着中华优秀文化的书香，为中华民族立下了伦理纲常与道德律法。做新时代的儒商，不仅要学习领悟儒道墨法及诸子百家，更要从根本上学习领会《易》之大道。《易经》正是"大道至简，悟在天成"。在企业生产经营中遵守"变"与"不变"的规律、规则，形成新儒商伦理与文化。

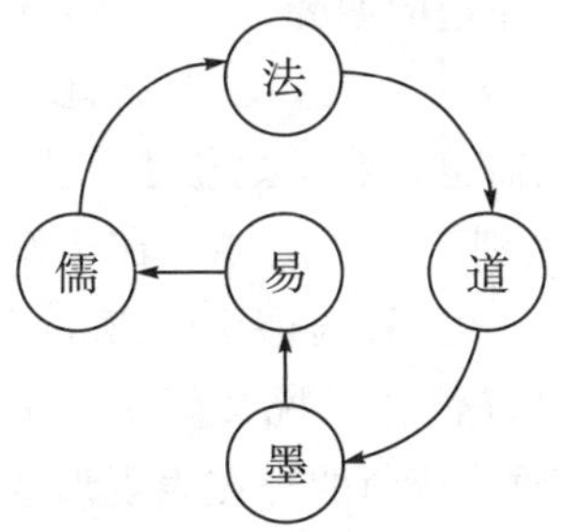

图 3　《易经》与儒道墨法的关系

习近平总书记指出："国无德不兴，人无德不立。一个民族、一个人能不能把握自己，很大程度上取决于道德价值。"一个人不能因时因势而定位，就不能身心和谐；一个企业不能因时因势而定位，就不能良性发展。乾坤定位，也是弘道而行、立德而进的过程。先天八卦把天地阴阳统一为道。老子曰："道可道，非常道。"乾坤有大道，人间有大德。做新时代的儒商，就要“弘道立德”，让人生五彩缤纷，让事业绚丽多彩，成就新儒商之事业。

天地有阴阳，人间有公私。不可否认，人皆有私心，但更要有公心。公心为乾，私心为坤。乾坤定位，也是公私在自心中的定位。笔者认为，一个人公心大于私心，才合乎道，才能涌现出大德来。个人如此，家庭如此，社会如此，世界亦如此。因此，人们坚持不懈地学习道、弘扬道，少私寡欲，克己复礼，才能合大道、立大德。人生于天地之间，就要学习领悟天地之道，学习上天的刚健，化难为易，自强不息；学习地的广袤，有容乃大，厚德载物。作为新时代的儒商要秉承“自强不息，厚德载物”的精神，承担并履行社会责任，引领社会经济高质量发展。

三、以人为本培育儒商

人人皆有欲，由欲而需，由需而求。人的欲望、需要、追求，是人类创造之动力，也是世界毁灭之业力。人立于需旁，人需和合为儒。就“儒”字而言，左边的偏旁“亻”居乾位，右边的“需”则居坤位。做人阳光一些，需求少一些，幸福就多一些，烦恼也就少一些。儒者，需人也，人需也，君子之德也，天地之道也。自古以来，儒有君子儒与小人儒之别。君子之儒，在于知人需，重人需，达人需，为人民谋幸福。君子之儒，通天地之道，立人间之德，创千秋功业，开万世太平。东汉许慎在《说文解字》上说：“商，从外知内也。”商，有内在的本质，从商的外在表现形式可以认识商的内在本质。《广雅》上说：“商，度也。”《尚书·洪范》记载：“一曰食，二曰货。”《周礼·天官·大宰》记载：“六曰商贾①，阜通货贿。”商贾是周代第六种职业。“行曰商，处曰贾。”以行走为主做买卖谓之商，以坐地为主做买卖谓之贾。王充在《论衡》上说：“巧商而善意，广

① 贾，读音 gǔ。《说文解字》上说：“贾，市也。”贾，坐卖。“商店卖物曰贾。”贾，古时特指囤积营利的坐商，后泛指商人。

见而多记。”当今，商贾统一为商，商是买卖或交易的统称。新时代儒商是由广大的企业家及商人群体构成的。新儒商的核心是人，其根脉是“仁”道。“仁”就是天地人合一，“仁”就是“人立天地之旁”，上敬天，下敬地，以人文本，实现天地人的和谐与共生。以人为本是培育新时代儒商的根本。

企业的统领者，也称为经营者、管理者，还可以称之为企业家。德高望重者未必是企业家，但真正的企业家必然是德高望重之人。人的培育需要老师的教诲，需要学校的教育，需要社会这个大熔炉的锤炼，更需要天地自然众生的不断历练与陶冶。当今，我们的高等院校为社会培育了四类人：一是德才兼备者，这是优品；二是德高才具者，这是良品，也是正品；三是无德无才者，这是废品；四是缺德才具者，这是毒品，也是危险品。第三类和第四类人尽管是少数，但在人才培育中，决不可掉以轻心。一个人，若不遵循乾坤定位之道，不知敬畏天地自然，不重视道德修养，自然就会沦为废品，甚至沦为毒品或危险品。这不仅危害自己、危害家庭、危害苍生、危害组织，还会危害国家、危害社会、危害世界、危害天地自然。

2019 年 1 月，习近平总书记在天津考察调研时，来到南开大学，特别提到张伯苓老校长有“三问”——你是中国人吗？你爱中国吗？你愿意中国好吗？习近平总书记接着说：“这既是历史之问，也是时代之问、未来之问。我们就要把这个事情做好。”爱国是人世间最深层、最持久的情感。作为中国人就要将这“爱国三问”一代又一代问下去，答下去。作为中国人，爱国爱家是我们的本分，也是我们的责任。作为中国的企业经营管理者，爱国爱企仍然是其本分与责任。在新时代，“弘扬儒学，培育新儒商”就是一种爱国情怀。

培育新时代的儒商，就要始终坚持以习近平新时代中国特色社会主义思想为指导，坚持爱国、爱企、爱家，继承并弘扬中华优秀传统文化，学习借鉴发达国家先进的技术与管理方式，适应全球化与社会主义市场经济的发展，并培育德才兼备的企业经营者与管理者。培育新儒商不仅是商科教育教学改革的使命，也是立德树人并适应经济社会发展新常态的必然选择。培育新儒商群体，才能更好推进社会和谐发展，保护自然环境、维护世界和平，创造更好更美的新天地。在现代企业管理中，人、资金、制度是三个重要的因素，其中人永远是核心。坚持以人为本，就是要挖掘人的本性，弘扬人之真，做好人之正。学会了真才可能成为道德真人，学会了正才可能成为正人君子，最终成就新儒商事业。“正”字暗合天地、五行与五常之道。正字最上面的一横对应五行之火、五常之礼；正字中间的一竖对应五行之土，五常之信；正字右边中间的一短横对应五行之金、五常之义；正字左边的一短竖对应五行之木，五常之仁；正字最底下的一横则对应五行之水、五常之智。如图 4 所示。

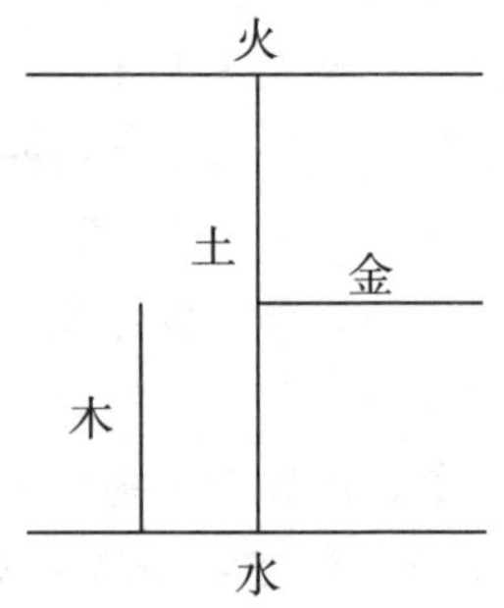

图 4　正字五行图

从乾坤定位的视角来看，正字上下两横正是天地，也是阳阴。通晓乾卦，则洞晓天机。乾道为真，求真则自强不息；体悟坤卦，则俯察地理。坤德为正，行正则厚德载物。培育新时代儒商，就要在“正”中求“真”，以“真”驭“正”，遵循天地之道，弘扬人间之德，在“人需”和“需人”之间找准平衡点，激活共生点，创造共赢点，形成共享的新机制。

培育新时代儒商，贵在培育儒商之精神，通晓天地之道理。《法言·君子》上说：“通天地之人曰儒。”鄙人曾赋诗：“大儒通天地，仁爱发乎心。弘道育儒商，正气满乾坤。”培育新儒商就要培育通晓天地大道，体悟阴阳之理，合乎人间之情，为人为己，于公于私，皆合天命，从而对人之需求进行有效管理的正人君子。培育新儒商，还要遵循五行之道，笃行五常之义，从而养成仁爱之心和敢于担当的精神。合乎人己正道，就是要合乎天地阴阳之道，正己化人，造福苍生；合乎天地阴阳，需要合乎人与己的正当需求，引导良善需求，有效管理需求。培育新儒商不仅要学儒弘儒，更要悟道成道。学儒弘儒贵在接地气成人气，重在脚踏实地、勤勤恳恳，自然春华秋实；悟道成道贵在接天气纳仙气，重在修身养性、弘道立德，自然向上向善。大力培育新儒商群体，才能更好推进社会和谐发展，保护自然环境、维护世界和平，创造更好更美的新天地。曾子曰："道得众则得国，失众则失国。是故君子先慎乎德。有德此有人，有人此有土，有土此有财，有财此有用。德者，本也。财者，末也。外本内末，争民施夺。是故财聚则民散，财散则民聚。"

培育新时代儒商，必须坚持"四个自信"，真正将习近平新时代中国特色社会主义思想融入课堂、入脑入心，正心正行，端正思想，走好人生之路。培育中华新儒商，不仅要学习中华优秀传统文化，还要借鉴西方发达国家的企业管理经验。培育新儒商需要守正待机，奋发有为。培育新儒商是日新又新，不断进取，大胆创新，在创业与守业中实现滚动发展的社会系统工程。培育中华新儒商，还必须将中华优秀传统文化引入人生教育之中，培根奠基，正化心性，吉祥人生。培育中华新儒商，要坚持以道为本，以德为先，德商、智商、情商、胆商、财商，"五商"并举，道法天地，德合阴阳。在"五商"中，德商对应木，情商对应火，财商对应土，胆商对应金，智商对应水。按照五行相生规律，则为"德商→情商→财商→胆商→智商→德商"。培育新儒商还需要高校、企业、媒体、消费群体和各级政府的大力弘扬与鼎力支持，秋雨化春风，清气满乾坤。

参考文献：

[1] 中共中央文献研究室编. 习近平总书记重要讲话文章选编 [M]. 北京：中央文献出版社、党建读物出版社，2016.

[2] 陈国庆注释. 论语 [M]. 西安：陕西人民出版社，1996.

[3] 陈国庆，张爱东注译. 道德经 [M]. 西安：三秦出版社，1995.

[4]（东汉）许慎撰，（清）段玉裁注．说文解字［M］．上海：上海古籍出版社，2014.

[5] 南怀瑾．易经系传别讲［M］．北京：东方出版社，2015.

[6] 陈树文．周易与人生智慧［M］．北京：清华大学出版社，2010.

[7] 苗泽华．中华新儒商与传统伦理［M］（第二版）．北京：经济科学出版社，2018.

[8] 康宇．儒家“五常”的道德优势及其当代意蕴［J］．求是学刊，2007，34（3）：37－41.

[9] 韩星．《中庸》“尊德性而道问学”章疏解［J］．江淮论坛，2015，（6）：103－108.

[10] 邹顺康．董仲舒“三纲五常”思想评析［J］．道德与文明，2014，（6）：17－20.

[11] 高建立．从易经、易传看先秦儒家伦理道德思想的衍生——以孔子伦理道德思想为中心［J］．江西师范大学学报（哲学社会科学版），2006，39（2）：85－89.

[12] 汤恩佳．儒教、儒学、儒商对人类的贡献［J］．韶关学院学报（社会科学），2006（2）：48－50.

[13] 韩星．齐家之道及其现代传承［J］．中国儒商，2015．4（第8期）：9－14.

[14] 公然．当论语遇上企业［M］．北京：中国纺织出版社，2004.

本文为“2021中国·衡水董仲舒与儒家思想国际研讨会暨中华孔子学会董仲舒研究委员会学术年会”提交的论文。

苗泽华（1964—），男，河北省巨鹿县人，河北地质大学管理学院教授，管理学博士，河北省政府特殊津贴专家。

董仲舒地位影响、历史评价研究

致敬董仲舒：新天人三策

黎红雷

董仲舒的“天人三策”，是中国历史上第一个以儒学为基础构建的国家治理体系。时过境迁，两千多年前提出的许多具体的治理措施，已经不适应当代社会的现实。但是，董仲舒将本来是思想探索性质的学术性儒学，转化为能够实际运用于国家和社会治理实践的制度化儒学，这种勇于开创的精神永远值得后人学习和致敬。为此，笔者不避丑陋，沿着董氏的思路，按照当代中国社会治理的需求，提出“新天人三策”，以就教于方家。

策一　崇“五尊”以重建信仰

董仲舒明确主张“尊天”，即所谓“高其位，所以为尊也”（《春秋繁露·离合根》），目的是为了树立“天”在国家治理体系中的最高权威。而“天地君亲师”作为中国传统社会的精神信仰体系，其思想来源于先秦儒家。荀子指出：“天地者，生之本也；先祖者，类之本也；君师者，治之本也。无天地恶生，无先祖恶出，无君师恶治，三者偏亡，则无安人。故礼，上事天，下事地，尊先祖而隆君师，是礼之三本也。”（《荀子·礼论》）到了清朝初年，正式确定“天地君亲师”为全国民众的共同信仰，家家户户都供奉的“神主牌”。辛亥革命以后，人们把君主赶跑了，“神主牌”变成“天地国亲师”（至今民间社会特别是农村依然存在，其中祭拜祖先更是普遍流行的信仰仪式）。如何转化这一传统社会的精神遗产，使之成为重建当代社会精神信仰的宝贵资源，是我们面临的时代课题。

一是尊天道以心存敬畏。天，是中国古代精神信仰体系的核心。“天”字的本义指人的头颅，后演变为人头顶之上的苍天，与人脚底之下的大地相对应。孔子指出：“君子有三畏：畏天命，畏大人，畏圣人之言。”（《论语·季氏》）这里的“畏”就是敬畏，“天命”指上天的意志，也可以理解为自然的规律。确立“敬畏自然”的精神信仰，对于人类社会有着根本性的意义。首先，“敬畏自然”是人类生存发展的起点。据现代科学研究，我们现在所处的宇宙的历史有200亿年，地球的历史有40亿年，人类的历史有300万年。作为天地自然造化的产物，人类一直对自己的“造化主”天地自然保持着一份敬畏之心。其次，“敬畏自然”是人类伦理道德的基点。现代人一般认为，伦理道德是人类社会处理人际关系的行为准则，似乎与天地自然无关；其实，只要我们认可人类生命来自天地自然，那就同时意味着承认天地自然是人类道德的基点。一方面，天、地、自然是人类所要处理的最根本的伦理关系；另一方面，诸如男女、夫妇、亲子等人类社会的伦理关系也无一不是天地自然造化的产物。“敬畏自然”，我们就可以找到人类伦理道德的最终根源，并确立其最高权威。最后，“敬畏自然”是人类信仰的共通点。不同的宗教，对于信仰的对象有不同的理解，并由此而带来相互间的误解、冲突乃至争斗。儒家不是宗教，但有其信仰。在儒家看来，天地是我们人类共同的父母，天底下的同类都是我的兄弟姊妹，万物都是我的朋友。这种基于天地生人而没有人格神崇拜的精神信仰，非但不与任何现有的宗教信仰发生冲突，而且可以成为这个星球上所有人类群体和谐的黏合剂，有助于消除不同宗教人群之间的误解、冲突乃至争斗，从而为世界和平带来福音。

二是亲大地以保护环境。在儒家的精神信仰体系中，“天地”经常并尊，而在具体功能的描述中，“地”更多地被赋予了养育万物的意义。大地，是养育万物的母亲，是人类赖以生存和发展的生态环境。由此，人类与大地的关系，便转化为人类如何对待自己生存于其中的生态环境的关系。在这方面，现代社会存在着两种针锋相对的观点：一种是“人类中心主义”，另一种是“自然中心主义”。从儒家的立场来看，这两种观点都有所偏颇。一方面，儒家主张人类天然地具有驾驭万物的权威和能力：“水火有气而无生，草木有生而无知，禽兽有知而无义。人有气有生有知亦且有义，故最为天下贵也。”（《荀子·王制》）另一方面，儒家看到了人类与万物之间密不可分的内在关系：“君子之于物也，爱之而弗仁；于民也，仁之而弗亲。亲亲而仁民，仁民而爱物。”（《孟子·尽心上》）质言之，儒家融合了“人类中心主义”与“自然中心主义”的合理价值，他们在肯认天地自然为最高价值根源的同时，承认天下万物也有其内在的价值，并主动承担人类作为“万物之灵”的道德义务。由此，儒家在人类利用万物的问题上形成了“取物而不尽物”的思想，用现代语言来说，就是“可持续发展”。为了实现“可持续发展”，外在的限制是完全有必要的，这其中包括了政治、经济、法律等层面的限制，但最根本的还是人们道德层面和精神信仰上的自我限制。敬畏天地自然，仁爱天下万物，并将其提升为自觉的道德行为和崇高的精神信仰，这才是人类“可持续发展”的心灵根基。

三是爱祖国以振兴中华。尊君，是中国传统精神信仰的对象之一。而在儒家看来，“尊君”的前提是“民本”。民众是国家的基础，君主则是国家的管理者，国家成为联结民众与君主的纽带。由此，“尊君”便可转化为“爱国”。从尊重历史、继承传统的角度，我们今天可以把“热爱祖国”作为我们共同的精神信仰。首先，要热爱养育我们生命的祖国大地。祖国，顾名思义就是祖先开辟的疆域、子孙赖以生存的家园。人们世世代代在这块土地上生活、劳动、奋斗，传宗接代、繁衍生息，从而形成眷恋、怀念、爱惜乃至崇敬之情，那是发自内心、油然而生、自然而然的。其次，要热爱哺育我们成长的祖国人民。儒家的仁爱思想，一方面提倡“泛爱众”，主张“四海之内皆兄弟也”（《论语·颜渊》）；另一方面，又主张“能近取譬，可谓仁之方也已”（《论语·雍也》），爱人从爱自己的家人开始，爱民从爱自己的国民开始。在儒家看来，二者内在的仁爱精神是完全一致的，并不存在矛盾。最后，要热爱陶冶我们精神的祖国文化。春秋时期的管仲，协助齐桓公“尊王攘夷”，维护华夏文化，受到了孔子的高度称赞。清儒顾炎武指出：“有亡国，有亡天下……是故知保天下，然后知保其国。保国者，其君其臣肉食者谋之；保天下者，匹夫之贱，与有责焉耳。”（《日知录》卷十三“正始”）这里的“国”可以理解为不同时期所建立的政治国家，“天下”则可以理解为代代相传的文化祖国。顾炎武的话，将保卫文化祖国的行为推到了更加崇高的地位。“天下兴亡，匹夫有责”，热爱并保护我们源远流长、博大精深的祖国文化，是所有华夏子孙的神圣使命！

四是隆祖先以继承传统。尊亲，指尊崇父母或祖先。父母和祖先不仅是生命的创造者，而且是文化传统的创造者。由此看来，“尊亲”的实质是“报本”，是对人类生命源泉的尊崇，对人类文化根源的肯定，对人类文化传统的敬重。敬重传统就要继承传统。《中庸》指出：“夫孝者，善继人之志，善述人之事也。”这里的“志”指先人的意志，“事”指先人的事业。“继”的本义为“连续”，“述”的本义为“遵循”，所谓“父作之，子述之”，就是敬重传统而继承传统的意思，它不仅是从事业的角度而言，更重要的，是精神传统的代代相传。敬重传统还要光大传统。《孝经》指出：“身体发肤，受之父母，不敢毁伤，孝之始也。立身行道，扬名于后世，以显父母，孝之终也。”在儒家看来，作为人子，其最大的孝行在于遵循仁义道德，有所建树，显扬名声于后世，从而使父母和祖先显赫荣耀。这种“光宗耀祖”思想，鼓励人们奋斗向上、自强不息、建功立业、报答父母、报效国家，是一种无论对于个人，还是对于家庭和社会都有积极意义的伦理意识。即使从消极的角度来看，“光宗耀祖”的底线是不让祖先和家人蒙羞，警醒人们不要胡作非为，这也有助于消减各种社会丑恶现象的产生。更重要的是，这种“光宗耀祖”思想，对于延续和光大一个家庭、一个族群、一个国家的精神传统，都发挥着重要的作用。敬重传统更要发展传统。孟子指出：“孔子，圣之时者也。”（《孟子·万章下》）与后人所描绘的“迂腐”形象相反，孔子虽然敬重传统，却不墨守成规，而是与时偕行、随遇而安。儒家的传统发展观，是坚持中有发展，发展中有坚持，坚持的是传统的根本精神，发展的是传统精神的表现形式。

五是敬师长以传续文化。“尊师重道”是中华民族的传统美德。“师者，所以传道授业解惑也。”（韩愈《师说》）尊重老师的意义不仅仅是尊重老师本人，而是尊重老师所传授的道理；尊师重道的目的则在于传承和延续人类文化之精神、民族道统之精义，从而使其薪火相传、经久不坠、历久弥新。传续文化，从个人的层面来看，就要重视学习。学习不仅可以使一个人出类拔萃、领袖群伦，还可以使整个人类文化传承发展、不断更新。传续文化，从国家的层面来看，就要重视教育。我们应该借鉴包括传统蒙学教育在内的儒家教育思想及其实践经验，将社会教育、家庭教育和学校教育有机地结合起来，坚持立德树人，大力推广家风、家教、家训教育，并在学校中进一步完善中华优秀传统文化教育，以培养既有道德又有智慧、既懂礼义又知廉耻、既会做人又能做事的现代新人。传续文化，自然就要敬重作为文化传续者的老师。就个人层面而言，老师是读书学习的指导者与引路人；就国家层面而言，老师是国家社会秩序的倡导者与维护者。荀子指出：“国将兴，必贵师而重傅，贵师而重傅则法度存。国将衰，必贱师而轻傅；贱师而轻傅，则人有快，人有快则法度坏。”（《荀子·大略》）在他看来，老师的地位和作用，直接关系到国家的前途和命运。国家兴盛，就一定会尊重老师；老师受到尊重，国家的法律制度就能得到保存。相反，如果国家趋于衰败，就一定会轻视老师；老师受到轻视，人们就会放纵性情，国家的法律制度就要受到破坏。所以，是否尊重老师，事关国家的兴衰存亡。今天，我们要大力弘扬尊师重道的优良传统，以促成民众好学上进，社会文明进步，人类文化持续发展！

第二 复“五常”以提升道德

董仲舒提出：“夫仁谊礼知信五常之道，王者所当修饬也。”（《汉书·董仲舒传》）从此，“仁义礼智信”被确立为中国传统社会的道德行为规范。相传成书于南宋的《三字经》即有：“曰仁义，礼智信，此五常，不容紊。”作为儒家道德体系的代表性符号，“仁义礼智信”对于当代社会的道德文明建设依然具有重要的价值。

一是修仁道以培育爱心。“仁”是孔子的原创性概念，是儒学最核心的范畴。儒家的仁学，本质上是关于人的道德伦理，是一个人如何做人、如何待人的道理。关于如何做人，儒家的回答是“为仁由己，自我完善”；关于如何待人，儒家的回答是“仁者爱人，相互关爱”。孟子指出：“君子所以异于人者，以其存心也。君子以仁存心，以礼存心；仁者爱人，有礼者敬人。爱人者，人恒爱之；敬人者，人恒敬之。”（《孟子·离娄下》）君子通过自我修养，提升德性，把仁和礼保存在心中，就必然外化为关爱别人和尊敬别人的行为举止。关爱别人的人，就永远得到别人的关爱；尊敬别人的人，也永远得到别人的尊敬。

二是守道义以公正合宜。“义”是中国古代一种含义极广的道德范畴，指的是公正合宜的道理或行动。要做到公正合宜，在个人操守上就要做到恪守道义、保持节操；在处理义利关系时就要做到取之有义、先义后利。当代人对儒家的义利观有诸多误解。其实，儒家并不反对人们谋利，而是主张谋利的行为必须符合道义的要求。孔子指出：“富与贵，是人之所欲也；不以其道得之，不处也。贫与贱，是人之所恶也；不以其道得之，不去也。”（《论语·里仁》）这就是后世所谓“君子爱财，取之有道”的最早出处。追求富足与尊贵，这是人人都有的欲望，这里并没有“君子”和“小人”之分。而道德意义上的“君子”与“小人”，其区别则在于，前者心中拥有道义的准绳，因而不符合道义而得到的利益，就不会去占有它。儒家的“义利观”，一方面主张“因民之所利而利之”（《论语·尧曰》），放手让民众谋利，官府不与民争利，这一点与现代市场经济的基本原理是兼容的；另一方面主张“义然后取，人不厌其取”（《论语·宪问》），这一点则是对市场经济的补充与完善；而孔子提出“见利思义，见危授命，久要不忘平生之言，亦可以为成人矣”（《论语·宪问》），这一点更是对

“经济人”弊病的克服与救济。人不仅是经济的动物，也是道德的动物。只有将谋取利益的经济冲动与恪守道义的道德自觉结合起来，取之有义，先义后利，人生才能富足而尊严，光荣而精彩！

三是明礼仪以和睦待人。“礼”是人际交往中的道德行为规范。儒家主张“明礼”，首先是“明礼之仪，学礼以立”。孔子将礼仪的学习与践行作为道德训练的切入点，主张“兴于诗，立于礼，成于乐”(《论语·泰伯》)，认为学礼、知礼、践礼乃是一个人形成独立人格并进而自立于社会的必要条件。其次是“明礼之义，辞让恭敬”。人们通过学习礼仪把握礼义，内心具有尊重他人的恭敬之心，对外就会表现为尊让他人的谦逊之举。最后是“明礼之用，以和为贵”。礼作为协调人际关系的道德规范，其功能在于促使人们和谐相处，促进社会和睦安定。儒家主张“礼之用，和为贵”(《论语·学而》)，肯定了和谐在社会活动和人际交往中的价值。如何处理人类社会的矛盾冲突？一种方式是通过斗争，矛盾双方不是你吃掉我，就是我吃掉你，最终结果是“胜者为王，败者为寇”，也可能是“两败俱伤”。另一种方式是通过协调，尊重双方的不同价值，谋求双方共同的利益，最终实现“双赢”。当代中国著名人类学家费孝通先生的十六字箴言：“各美其美，美人之美，美美与共，天下大同。”[1]虽然是针对处理不同文化关系而提出的，实际上对于我们正确处理各种错综复杂的人际关系也具有重要的启示。在人际交往中，我们既要尊重自己，也要尊重他人，接受差异，理解个性，从而使社会更加和谐安定，世界更加丰富多彩，充满生机和活力。

四是求智慧以行为有度。“智”是儒家最基本的德目之一。到底什么是“智”，历来众说纷纭。笔者认为，《中庸》中的“尊德问学”三句：“君子尊德性而道问学，致广大而尽精微，极高明而道中庸。”其实就是对儒家明智思想的最好诠释。“尊德性而道问学”，就是要好学求知，明辨是非；“致广大而尽精微”，就是要慎微慎独，积善成德；“极高明而道中庸”，就是要合乎中庸，德行有度。“中庸”是儒家道德的最高境界。孔子说：“中庸之为德也，其至矣乎！”(《论语·雍也》)《论语》中的道德条目不少，为什么孔子偏偏拈出“中庸”作为“至德”呢？笔者以为这同儒家伦理道德的特性有关。儒家伦理本质上是“美德伦理”，强调的是伦理道德的主体性和实践性。由此，道德主体在实践过程中的行为选择是否适度，就成为决定其道德行为是否有效的关键。“中庸”的本质就是合适，即《中庸》所言：“致中和，天地位焉，万物育焉。”由此，《中庸》所说的“极高明而道中庸”，强调的不仅是高明的道德境界，更是合乎中庸的道德行为。我们的道德建设，应该着眼于社会大众的道德行为，而不能变成空谈理想的道德说教。我们需要远大的道德理想，更需要适应现实需要的良俗美德。为此，就要将理想与现实、教化与行为、“高大上”与“平易实”结合起来，让广大人民群众喜闻乐见，便于实行，从而形成一个人人向上的良好道德氛围。

五是本信诚以成就事业。“信”和“诚”都是儒家道德的重要范畴。一般来说，“诚”指一个人内在的真诚，“信”则指一个人外在的信用。在儒家看来，“诚信”不仅是个人也是国家安身立命的根本，即所谓“人而无信，不知其可也”（《论语·为政》）“民无信不立”（《论语·颜渊》）。要达到诚信，在个人修行上就要“内诚于心，真实无欺”。真诚是自我的完善，也是一切事物的发端和归宿。一个真诚的人，能发挥自己的本性，就能进而发挥众人的本性；能发挥众人的本性，就能进而发挥万物的本性；能发挥万物的本性，就可以帮助天地培育生命；能帮助天地培育生命，就可以自立于天地之间了。要达到诚信，与人交往中就要“外信于人，言行一致”。从汉字结构来看，“信”由“人”与“言”两个字组成。《春秋穀梁传》僖公二十二年指出：“人之所以为人者，言也。人而不能言，何以为人？言之所以为言者，信也。言而不信，何以为言？信之所以为信者，道也。信而不道，何以为道？”人之所以成为人，是因为能够言语；言语之所以有意义，是因为能够表达承诺获得信誉；信誉之所以可靠，是因为符合道义，如果不符合道义，那么言语和信誉也就没有价值了。重诺守信是十分重要的，对熟人如此，对陌生人也同样如此。我们只有始终讲求信用，才能获得社会的信誉，得到他人的信任，从而取得自己人生事业的成功，同时营造一个“讲信修睦”的美好社会氛围。

策三　施“五美”以治理国政

董仲舒主张“以德治国”“德主刑辅”，要求国家统治者实行“惠民”政策，不与民争利等等。据《论语·阳货》记载：“子张问仁于孔子。孔子曰：‘能行五者于天下为仁矣。’‘请问之。’曰：‘恭、宽、信、敏、惠。恭则不侮，宽则得众，信则人任焉，敏则有功，惠则足以使人。’”在孔子看来，恭敬、宽厚、守信、勤敏、惠爱，是一个仁人应该具备的五种美德。恭敬就不会受到侮辱，宽厚就能得到人心，守信就能获得信任，勤敏就会有功绩，惠爱就能使用他人。这些论述，对于当代治国理政的理论和实践，具有重要的启示。

一是行恭敬以服务民众。孟子指出：“民为贵，社稷次之，君为轻。”（《孟子·尽心下》）人民、国家与当政者，在这三者关系中，人民最重要。有了人民，才需要建立国家；有了国家，才需要国家的管理者。因此，当政者应该时刻牢记，自己的权力是人民给的，人民才是国家的主人，官员只是人民的“公仆”。由于受官本位思想的影响，我们现在一些领导干部，“一朝权在手，便把令来行”，作威作福，对百姓颐指气使，为所欲为，霸气十足。这些官员忘记了，共产党就是为人民服务的，不为人民服务，那还叫共产党吗？中国共产党是中国各族人民利益的忠实代表，除了最广大人民群众的利益之外没有自己特殊的利益，党的宗旨是全心全意为人民服务。因此，向人民负责和向党负责、为人民说话和为党说话，从根本上说，都是一致的。党的领导干部必须俯下身子，放下架子，把自己作为人民群众的一分子，从思想上尊重群众、感情上贴近群众、行为上为了群众，发自内心地服务好群众，一时一刻也不脱离群众。只有这样，才能继续经受住执政的考验、改革开放的考验、市场经济的考验、外部环境的考验。

二是用宽政以获得民心。儒家虽然不否定法律刑罚的作用，但更看重道德教化的价值。在儒家看来，治理国家有“德”与“刑”两种手段，“德”的作用在于培养社会良善的氛围而纠正不良的风气，“刑”的作用则在于惩治危害社会的罪恶并禁止罪恶的发生。二者相比较，“德”的作用更加根本，更能保证国家的长治久安。当代中国社会，道德建设与法治建设的任务仍十分艰巨。首先，要大力提倡“以德治国”，高度凝聚社会的道德共识，引导人们向往和追求讲道德、尊道德、守道德的生活，形成向上的力量、向善的力量。其次，要全面推进“依法治国”，建设中国特色社会主义法治体系，建设社会主义法治国家，促进国家治理体系和治理能力现代化。而无论是“以德治国”还是“依法治国”，落实的关键还是当政者自身素质的提高。儒家主张：“善为吏者树德，不善为吏者树怨。”（《说苑·至公》）我们的领导干部，要真正树立“为人民服务”的大德，不要累积损害群众利益的怨气，要立党为公、执政为民、秉公执法、依法行政、严格司法、不谋私利、不求虚名，以自己的“德政”获得人民的拥护，促成国家的发展。

三是讲信用以树立威望。据《论语·颜渊》记载，“子贡问政。子曰：‘足食，足兵，民信之矣。’子贡曰：‘必不得已而去，于斯三者何先？’曰：‘去兵。’子贡曰：‘必不得已而去，于斯二者何先？’曰：‘去食。自古皆有死，民无信不立。’”这里的“民信之矣”，有人解释为“民众信任政府”；“民无信不立”，有人解释为“民众没有信用就不能自立”。其实，孔子这里是从当政者的角度立论的，“民信之”应解读为“为民所信”，“民无信”应解读为“不为民所信”，都是强调当政者应该“取信于民”的意思。社会需要秩序，政府需要权威，权威从哪里来？来自民众对政府发自内心的信任。威信、威信，“威”来自“信”，有“信”才有“威”，无“信”则无“威”；非但无“威”，还会引起民众的反感乃至反抗。当政者只有充分取得民众的信任，才有可能去发动民众、组织民众。处于社会转型时期的当代中国，更要重视“政府诚信”。政府既是社会信用制度的制定者、执行者和维护者，又是公共信用的示范者。只有一个具有公信力的政府，才有可能带领广大人民群众去实现国家发展的目标。

四是促勤政以奋发有为。按照儒家的思想，当政者要做到“敏则有功”，就要任劳任怨，率先垂范。大禹就是儒家心目中无可挑剔的典范。孔子说：“禹，吾无间然矣。菲饮食而致孝乎鬼神，恶衣服而致美乎黻冕，卑宫室而尽力乎沟洫。禹，吾无间然矣。”（《论语·泰伯》）据《史记·夏本纪》记载，禹为了治水，身先士卒，不怕劳苦，风餐露宿，过家门而不入，经过十三年的治理，终于消除了中原洪水泛滥的灾祸，让人民安居乐业，为华夏民族建立了丰功伟绩。人们为了表达对禹的感激之情，尊称他为“大禹”，即“伟大的禹”。从政当官，究竟是为个人享受还是为民众操劳？这个问题在汉代就有过争论。他们以大禹为例子，说明当政者来自民众而为民众排忧解难，胸怀天下之志而担当天下之责，只有勤勤恳恳、任劳任怨，才对得起民众的委托，也才对得起民众给自己的这份俸禄。我们的干部要通过辛勤工作而建功立业，造福于民，从而实现自己的政治抱负。

五是真惠民以共同富裕。孔子有一句名言：“有国有家者，不患寡而患不均，不患贫而患不安。盖均无贫，和无寡，安无倾。”（《论语·季氏》）当代人对这句话有不少误解。其实，这里的“有国有家者”指的是当政者，而不是民众个人或家庭；这里的“不患寡而患不均”指的是社会利益的分配原则，而不是反对发展生产、创造财富；这里的“均”指的是“均衡”而不是“平均”，其内涵不仅指财富分配而且包括社会资源、社会地位、生存状况、发展机会等各方面的全方位均衡。儒家不但不反对民众发展生产、创造财富，而且将其作为当政者推行社会利益分配的必要前提。正如荀子所说：“百姓时和、事业得叙者，货之源也；等赋府库者，货之流也。故明主必谨养其和，节其流，开其源，而时斟酌焉，潢然使天下必有余，而上不忧不足。”（《荀子·富国》）儒家不但注意社会财富的均衡分配，而且更重视整体上维护社会的安定和睦。正如《礼记·礼运》所说：“大道之行也，天下为公，选贤与能，讲信修睦。故人不独亲其亲，不独子其子，使老有所终，壮有所用，幼有所长，鳏、寡、孤、独、废疾者皆有所养。”当代中国改革开放遵循邓小平的设计，从“让一部分人先富起来”到“共同富裕”[2]，正印证了孔子思想的远见卓识。“让一部分人先富起来”，解决了计划经济所造成的平均主义“吃大锅饭”问题，促进了生产力的发展；“共同富裕”则要解决市场经济所伴随的贫富悬殊问题，必将促进社会的安定和谐。我们既要“做大蛋糕”，使人民群众真正富裕起来；也要“分好蛋糕”，让人民群众享受公平正义的温暖阳光。我们要通过建设社会主义法治体系和核心价值体系，形成科学有效的社会治理体制和公平正义的良好氛围，以确保社会既充满活力又和谐有序。总之，我们要想民所想、利民所利、安民所安，把人民群众创造社会财富的巨大潜力和享受美好生活的强烈愿望结合起来，让每个人都享有人生出彩的机会，都享有美梦成真的机会，以共同实现国家富强、民族振兴、人民幸福的“中国梦”！

参考文献：

[1] 费孝通. 人的研究在中国——个人的经历 [J]. 读书，1990（10）：3-11.

[2] 邓小平. 邓小平文选：第三卷 [M]. 北京：人民出版社，1993：110-111.

原载于《衡水学院学报》2020 年第 2 期。

黎红雷（1952-），男，海南琼海人，中山大学哲学系教授，博士生导师，博鳌儒商论坛理事长。

论董仲舒在儒学发展史中的地位

朱义禄

一、原始形态的儒学：孔孟“天命”论

原始、神学、哲学形态儒学有一个共同点，都是围绕着“天”展开的。对“天”的崇拜是儒学的主要特征，但不同时期有不一样的表现。孔子说自已有“三畏”：“君子有三畏：畏天命，畏大人，畏圣人之言。”① “畏”是指主体对对象的畏惧之心，由此产生敬重之感。“大人”是指统治者，“圣人”是指历史上的伟人。“三畏”之中，“畏天命”是放在首位的。孔子又说：“获罪于天，无所祷也。”② 意为得罪了“天”，任何祷告都是没用的。孔子的学生子夏说：“商闻之曰：死生有命，富贵在天。”③ “商闻之”，大约是来自孔子的。孔子的“天”是指“天命”，即人力无可奈何者，有不可抗拒之意。在古代社会里，人们遇到不可思议之事而难以解释，且尽了主观努力尚无济于事时，就归之于“天命”，亦即是命运。齐宣王问孟子，与邻国打交道时应该取何种原则。孟子说：“乐天者保天下，畏天者保其国，

① 《论语·季氏》。

② 《论语·八佾》。

③ 《论语·颜渊》。

《诗》云：‘畏天之威，于时保之。’”[①]“畏天之威”，即“畏天命”，为是保持国家不灭亡的缘由。这是继承孔子的。“天命”论是确立“天”的权威性与神圣性，从而使人的内心产生敬畏的信念。它不是一种理性主义的态度，而是一种人文方面的信仰，但又很难说是属于宗教信仰。

孔子敬畏“天命”，但他又不甘心接受命运的摆布，以为“天”不能对人发号施令：“天何言哉？四时行焉，百物生焉。天何言哉？”[②] 在“天命”与人事的关系中，孔子主张人应当奋发有为。孔子说：“不怨天，不尤人。下学而上达，知我者，其天乎？”[③] 这是说，要以主观努力去从事人世间活动。“下学”是学人事，“上达”是达天命。人事有否泰，故不尤人；天命有穷通。故不怨天。以至于有人嘲讽孔子，“知其不可而为之”[④]。一方面，孔子笃信“天命”；另一方面，又倡言人事上要积极作为。这是孔子思想中的内在矛盾。董仲舒的“天意”论，认同了孔子“畏天命”；但于人事有为的观点，代之以“天谴”论。宗教神秘色彩加重了，人事有为的因素就减轻了。

孔子在鬼神问题上，既主张“祭神如神在”[⑤]，又说“务民之义，敬鬼神而远之，可谓知矣”[⑥]。前者承认神的存在，在祭祀时要抱着严肃认真的态度；后者说明他对鬼神持理性主义的态度，认为对鬼神崇敬但又得要疏远些。孔子对天命鬼神的态度，是语焉不详的。中国传统文化有一个特点，大凡孔孟点出而又没详细论述的命题，后世儒者都要诠释一番。对天命鬼神，后世儒者的诠释众说纷纭。这恰恰为

---

① 《孟子·梁惠王下》。朱熹的诠释是：“畏者，严惮之意者。天命者，天所赋之正理也。”朱熹：《四书章句集注》，中华书局1988年版，第172页。“正理”即“天理”，朱熹把“天命”引向了“天理”了。

② 《论语·阳货》。

③ 《论语·宪问》。

④ 《论语·宪问》。

⑤ 《论语·八佾》。

⑥ 《论语·雍也》。

儒学的发展提供了无穷无尽的空间，是后世儒家学派众多的原因所在。下面仅就董仲舒与程朱对“天”所做出的不同于孔子的理解，结合儒学史的进程做些论述。

二、神学形态的儒学：董仲舒“天意”论

董仲舒对“天”的崇拜与孔孟有很大的区别，他把原始形态儒学发展成为神学形态儒学，这是儒学形态学上的重大变化。孔子的“天命”为董仲舒所继承：“孔子曰：‘君子有三畏：畏天命，畏大人，畏圣人之言。’彼岂无伤害于人，如孔子徒畏之哉！以此见天之不可不畏敬，犹主上之不可不谨事。”[①] “主上之不可不谨事”一语，蕴含着“天谴”说的伏笔，后面再说。董仲舒注重于“天神”。一方面，他以“天”是产生万物的根本，赋予本体论的意义：“天者万物之祖，万物非天不生。”[②] 但在他心目中占据主导地位是神灵意义上的：“天者，百神之大君。”[③]“天”是统率百神的至上神，这和春秋以来形成而为秦所遵循的祭祀五帝的做法是截然不同的，与汉武帝“天神者贵太一”的主张是相吻合的。据《史记·封禅书》记载，汉高祖刘邦在公元前205年，往东出击项羽，班师入关中，问身边的人：“秦祭祀的上帝是什么?”回答说：“四帝，有白、青、黄、赤之祠。”高祖曰：“吾闻天有五帝，而有四，何也?”左右莫知其缘由，高祖曰：“吾知之矣，乃待我而具五也。”这对话中，汉高祖是认同多神崇拜的。到公元前104年，亳人谬忌的奏议，立“太一神”，以五帝为“太一神”之佐，“天子许之”。令太祝官在长安郊野建立“太一神”祭坛，“如其方”，即依据谬忌的方法供奉祭祀[④]。武帝立“太一神”与“罢黜百家，独尊儒术”的措施同时出现，绝非偶然。

---

① 《春秋繁露·郊语》，第396页。
② 《春秋繁露·顺命》，第410页。
③ 《春秋繁露·郊语》，第398页。
④ 《史记·封禅书》。

《左传·成公十三年》载：“国之大事，在祀与戎。”祭祀与战争对国家来说，是至关重要的两件大事，这从春秋以后一直持续到清代。董仲舒以为，祭天是君主的头等大事，不对“天”祭祀，即使信仰“百神”也是无益的。祭“天”是帝王的特权，是向万民表示自己的统治是合乎“天意”的。帝王宗教意识的变更，是现实政治格局变化的反映；由多神崇拜到一个至上神的确立，是汉武帝时“大一统”格局形成的写照。不过汉武帝心中还有一个疙瘩没有解开，那就是“欲闻大道之要”，以达“永惟尤事之统”的道理①。诸多贤文学的答对难以切中汉武帝的心怀，董仲舒却以一通“天人感应”的理论曲尽汉武帝的意蕴。董仲舒的思维方式的特点，是和汉武帝的想法不谋而合。他晚年闲居在家时，“朝廷如有大议，使使者及廷尉张汤就其家问之，其对皆有明法”②。

董仲舒的神学形态儒学与孔孟的原始儒学有非常明显的差别。董仲舒以儒学为主，汲取了阴阳五行、黄老、法、墨、名家等学说，对儒学的发展与形成和发展的有着深远的影响，可以说前承孔子，后启程朱。

在先秦，儒墨对峙是明显的。孔子讲“天命”是无法变更的，墨子就做了批驳。《墨子·公孟》记载：“公孟子曰：‘贫富寿夭，错然在天，不可损益。’又曰：‘君子必学。’子墨子曰：‘教人学而执有命，是犹命人葆而去其冠也。’”公孟子显然是受孔子影响的一位士人，是笃信“天命”论的。墨子听了后马上做了反驳，说儒学讲“天命”不可改变却又要人学习，这好像叫人包着头发而不用帽子，是自相矛盾的。墨子主“非命”，断言“执有命者不仁”③。不仅否定“天命”，而且矛头直指孔子的“仁学”。墨子讲“兼爱”，主张爱无差等；孔子同样主张爱人，但以为爱有差等，这在孟子那里被发挥到极致。庄子有见于此，发了一通议论：“故有儒墨之是非，以是其所非，而

---

① 《汉书·董仲舒传》。

② 《汉书·董仲舒传》。

③ 《墨子·非命》。

非其所是，欲是其所非，而非其所是，则莫若以明。”[①] 依照韩非所说，儒墨均是当时的显学。庄子觉得，儒墨各自肯定对方要否定的，否定对方要肯定的，这样是非就无法弄清了。庄子从齐是非的角度来说的，以为儒墨之争，都是自逞一己之见，是对“道”亏损。庄子是从相对主义的视域来看待儒墨对立的，但却真实地录下了儒墨两家水火不相容的事实。董仲舒把原始儒学的“仁”与墨家的“兼爱”统一了起来。这一统一是在天神的旗帜下行进的：“天，仁也。”[②] “仁”是天意所规定的对他人所实行的爱。他说：“仁之法在爱人，不在爱我”[③]，“质于爱民。以下至于鸟兽昆虫莫不爱，不爱，奚足谓仁”[④]。天意所定下的“爱”，不仅在于爱世间所有的民众（“爱人”），而且一切有生命的个体都要关爱。这把墨子的“兼爱”发挥到了极致，范围从人拓展到一切生物。墨子的“兼爱”为董仲舒熔铸于在他的“爱民”说中。

董仲舒以为，一切生物尚且爱之，何况为万物之灵的人呢？董仲舒断言，“天意”对人世间确立了“已有大者，不得于小”的制度：“天不重与，有角不得有上齿。故已有大者，不得有小者，天数也。夫已有大者又兼小者，天不能足之，况人乎？故明圣者象天所为，为制度，使诸有大奉禄者亦皆不得兼小利，与民争利业，乃天理也”[⑤]。“天意”要确定的是，“天”给予了锋利牙齿的，就不给长角；“诸大奉禄”已经得到了“大者”，就不应该与“民”争“小利”。董仲舒一方面从理论上接受了墨子的“兼爱”，另一方面考虑到现实社会中贫富状况的客观存在，期望形成一种差序格局：“贵贱有等，衣服有制，朝廷有位，乡党有序”[⑥]“诸大奉禄者”在克制占有欲望的无限制膨胀，不“与民争利”。“民”指普通百姓，就是“贫者”：“使富者足以

---

① 《庄子·齐物论》。

② 《春秋繁露·王道通三》，第 329 页。

③ 《春秋繁露·仁义法》，第 250 页。

④ 《春秋繁露·王道通三》，第 251 页。

⑤ 《春秋繁露·度制》，第 229—230 页。

⑥ 《春秋繁露·度制》，第 231 页。

示贵而不至于骄，贫者足以养生而不至于忧，以此为度而调均之，是以财不匮而上下相安，故易治也。”[①] 董仲舒意思很清晰，他想确立一种制度，让权贵们彰显出他们的尊贵而不至于骄奢无所节制，令贫者能够维持生存而不至于为生计而担忧。这是“天意”（“天理”）的所在。与董仲舒的“塞兼并之路”“限民名田，以澹不足”的经济主张联系起来看，“大者”不得“兼小”是在避免“贫者无立锥之地”现象的产生[②]。在限制土地占有数量，以堵塞日益严重的土地兼并的同时，还强调薄赋敛、省徭投，以减轻民众的负担。董仲舒的意图是，借“天意”以确立有着差序格局的等级制度，以保证“富者”的地位；而“天意”不想“贫者”沦落到生计没法维持的地步。让“大者”与“小者”共存于现存的等级制度里，以期“上下相安”。

董仲舒通过辨析名号，吸取了先秦名家学说，断言经圣人中介的“深察名号”是“天意”所在，为他的君权神化理论提供了学理上的依据：

> 治天下之端，在审辨大。辨之大端，在深察名号。名者，大理之首章也。录其首章之意，以窥其中之事，则是非可知，逆顺自著，其几通于天地矣。是非之正，取之逆顺，逆顺之正，取之名号，名号之正，取之天地，取之天地，天地为名号之。……名则圣人所发天意，不可不深观也。[③]

这段话有几层意思：1）治理天下的根本，在于“深察名号”。2）对“名”的考察，为人世间大道理的首位。通过辨析“名号”，可以认清正确与错误的所在、可以知晓事情的正面与反面。3）“名号”是以“圣人”为中介，向人们所传达“天意”的。以善辩著称于世的名家，通过对名词、概念的研究，提出了许多一些违反常理的奇特命题，如惠施的“至大无外，至小无内”、公孙龙“白马非马”“鸡三足”等惊世骇俗之说。名实之辨，在先秦时期是诸子共同关心的课题。儒、

---

① 《春秋繁露·度制》，第228页。

② 《汉书·食货志》。

③ 《春秋繁露·深察名号》，第285页。

道、墨、名等各家，以名实之辩为中心，或赞同，或反驳，展开了争论。无论是老子的“道常无名”[①]，还是墨子的强调“非以其名也，亦以其取也”[②]，对名家均持反对的态度。儒家比较复杂一点，荀子鄙视名家，持否定的态度：“制名以指实。”[③] 孔子主张“必也正名乎”[④]，认为君、臣、父、子应当遵守各自的名分，社会的政治秩序才不至于混乱。至于“名不正，则言不顺”之说[⑤]，已成为炎黄子孙的习用语。孔子在名实之辨上有点默认名家的意味。公孙龙“鸡三足”之说，以为两只脚是实在的，加上“鸡足”的概念，就是“三”了[⑥]。这是先秦时期名家思想的主要特征。董仲舒的“名号之正”，并非是据实事以立名，而是以名作为框架来纳实，用人为的概念作为标准来裁定具体事物。这是顺沿了孔子的“正名”的主张，但又揉入了名家重视概念的思想。不过儒家与名家的结合，是在“天意”主宰下实现的。

董仲舒“天意”之“意”就是意志。从理论上说，意志具有主宰而不受外力制约的品性。荀子有个很好的说明：“心之者，形之君子也而神明之主也，出令而无所受令。自使也，自禁也，自取也，自行也，自止也。故口可去劫而使默云，形可劫而使屈申，心不可劫而使易意，是之则受，非之则辞。”[⑦] 相对于“形”而言，“心”为“神明之主”就是意志。主宰是意志的特征所在，它会发号施令而不接受任何命令。嘴巴可以不说话，形体可以使屈伸，但意志是不受任何外力制约。意志是按照自已的情况来决定的，它认为是就接受，认为非就否决。孔子说：“三军可夺帅，匹夫不可夺志。”[⑧] 这个“志”就是意

---

① 《老子》第三十二章。

② 《墨子·贵义》。

③ 《荀子·正名》。

④ 《论语·颜渊》。

⑤ 《论语·子路》。

⑥ 公孙龙：《通变论》。

⑦ 《荀子·解弊》。

⑧ 《论语·子罕》

志，与荀子所说的“心”是相一致的。董仲舒的“天”，是有着绝对权威的至上神，它掌管着人世间的一切而发号施令。这就是“天意”。

董仲舒的“天意”论，保存了孔孟原始儒学“畏天命”的内容，但做了后续的发展，强调以“天谴”说来制约君主个人的行为。“天谴”说不始于董仲舒，但发扬光大并为两汉王朝统治者所采纳，董仲舒其功至伟。董仲舒从历史事实中，深知君主个人权力过分膨胀所造成的后果。威震六合的秦王朝，竟被“氓隶之人”所颠复，这一旷古未有的悲剧令新王朝的学者深思其故。贾谊《过秦论》这一探索秦亡雄文的面世，说明了这一点。

“天谴”说的前提是君权神授：“《春秋》之法，以人随君，以君子随天。”① 在君主专制的古代，君主的一言一行就是法律，对君主行为如何进行约束，是大臣们心头中的一件大事。董仲舒说：“灾者，天之谴也，异者，天之威也。谴之而不知，乃畏之以威。《诗》云：‘畏天之威。’殆此谓也。凡灾异之本，尽生于国家之失。国家之失乃始萌芽，而天出灾异以谴告之，谴告之而不知变，乃见怪异以警骇之，警骇之尚不知畏恐，其殃咎乃至。以此见天意之仁而不欲陷人也。”② 这段话里，保留了孔孟“天命可畏”，而增加了“天谴”说，强调君主的行为出现过失时，“天”会以种种灾异来作为警告的手段。君主应尽量采取各种补救措施，显示“天意之仁”而不残害百姓：“五行变至，当救之以德，施之天下，则咎除。”③ 君主要实行德政，颁布有利于民众的措施。若听之任之，后果是严重的。在自然灾害与政权危急、战争失利时，皇帝这时要下罪己诏。汉武帝的轮台罪己诏是最著名的一个。在历数各种灾害后，汉武帝以为当今急务是严禁各级官吏对百姓的暴虐，废除擅自增加赋税的法令，鼓励百姓专心于农业生产，为天下百姓解除困苦。“朕即位以来，所为狂悖，天下愁苦，

① 《春秋繁露·玉杯》，第31页。

② 《春秋繁露·必仁且智》，第259页。

③ 《春秋繁露·五行变救》，第384页。

不可追悔。自今事有伤害百姓，糜费天下者，悉罢之。”[①]“天谴”说不具备有法律的强制性，但对君主形成一种道德上的威慑。“天谴”说无疑是“畏天命”的发展。“天谴”说不只是帝王们安抚百姓、自我反省的手段，而且成为后世儒者广泛认同的社会心理。陶望龄（1562—1609），明代后期著名的心学家。万历十七年（1589），会试第一，殿试第三，授翰林编修。他在上疏中说：“臣闻古者君相之以天下任也，其言曰：‘百姓有过，在予一人。’‘一夫不获，时予之辜。’自王以降，至于卿士、庶人，各有所省，咸引慝于躬，勉率厥职，未闻有交相委过者。人君，天之子也，谴告洊至，将自责不暇。”[②]这段材料证实了，隔了一千多年后，董仲舒的“天谴”说依旧是儒者的心灵中挥之而不去的情结。

董仲舒的儒学，是融进了阴阳五行学说，加上自己的天人感应论，来论证“三纲五常”的合理性与合法性。董仲舒以为，阴阳五行的运行，是体现了一种道德的要求。“王之三纲，可求之于天”，董仲舒的“阳尊阴卑”论，渊源是汉初的黄老之学[③]。1973年马王堆出土的《黄老帛书·称》中有这样一段话：“凡论必以阴阳大义……主阳臣阴，上阳下阴。男阳女阴，父阳子阴。兄阳弟阴。长阳少阴，贵阳贱阴，达阳穷。取妇姓生子阳，有丧阴。制人者阳，制于人者阴。”《黄老帛书》成书于战国末年，西汉初年一些学者引用过此书中相同的词语。董仲舒以赋予阴阳二气以道德属性：“君为阳，臣为阴；父为阳，子为阴；夫为阳，妻为阴。”[④]这样的伦常制度是来自“天意”所确立的制度：“阳尊阴卑，天之制也。”[⑤]董仲舒的儒学，渗透着汉

---

① 《汉书·西域传》。自汉到明清，有84位皇帝下过罪己诏，以清代比例最高。

② 陶望龄：《因旱修省陈言时政疏》，李会富编校：《陶望龄集》卷一二，上海古籍出版社2019年版，第675页。

③ 详见朱义禄：《论董仲舒的宗教道德观》，《宁波师范学院学报》1984年第4期。

④ 《春秋繁露·基义》，第350页。

⑤ 《春秋繁露·天辨在人》，第337页。阳尊阴卑的观点，较早见于《周易》之《坤卦·文言》与《系辞上》，但不像《黄老帛书》那样讲得斩钉截铁。

初黄老之学的气息："为人君者，以无为为道"① "为人君者居无为之位，行不言之教，寂而无声，静而无形，执一无端，为国源泉"② "故为人君者，谨本详始，敬小慎微，志如死灰，形如委衣，安精养神，寂寞无为"③。通过推阴阳之变化、究天人之感应，发《春秋》之大义，举"三纲"之道等一系列的论证，给孔孟的原始儒学灌注以新的理论形态与思想内容，创立了融合先秦诸子的汉代新儒学。这种以儒为主，综合了其他各家而形成的神学儒学，完全满足了君主专制统治"大一统"的要求，而这一要求是符合时代行进的需求的。

三、哲理形态的儒学：程朱的"天理"论

程朱理学把董仲舒的"天神"做了精致化的哲理意义上的改造，可以用"天理"论概括。二程首次把"天理"作为宇宙本体，建立了理本论。他们非常自豪地说，"吾学虽有所受，天理二字却是自家体贴出来的"④。这个有着独特创意的"天理"，是超越时间与空间的永恒存在："天理具备，元无欠少，不为尧存，不为桀亡。父子君臣，常理不易。"⑤ 二程认为，"万物皆只一个天理，己何与焉"⑥。天地间的万物，都是从"理"那里产生的。"不为尧存，不为桀亡"，就是说"理"是永恒不变的绝对真理，究其本质意义无非是纲常名教哲理化的抽象。在二程与朱熹那时，"理"与"天理"是同义的。对董仲舒建立在以类相通基础上的天人合一论，二程是持异议的，断言"天人本无二，不必言合"⑦。

---

① 《春秋繁露·离合根》，第165页。

② 《春秋繁露·保位权》，第175页。

③ 《春秋繁露·立元神》，第166—167页。

④ 程颢、程颐：《河南程氏外书》卷一二，王孝鱼点校，《二程集》，中华书局1981年版，第424页。

⑤ 程颢、程颐：《二程遗书》卷二上，第43页。

⑥ 程颢、程颐：《二程遗书》卷二上，第30页。

⑦ 程颢、程颐：《二程遗书》卷六，第80页。

朱熹发展了二程的思想，朱熹说：

天固是理，然苍苍者亦是天，在上而有主宰者亦是天，各随他所说。①

天之所以为天者，理而已。天非有此道理，不能为天，故苍苍者即此道理之天。故曰："其体即谓之天，其主宰即谓之帝。"如"父子有亲，君臣有义"，虽是理如此，亦须是上面有个道理教如此始得。但非如道家，真有个"三清大帝"著衣服如此坐耳！②

所谓天理，复是何物？仁、义、礼、智、信岂不是天理？君臣、父子、兄弟、夫妇、朋友，岂不是天理？③

对这些材料说明了三个方面：1）朱熹认同"天"的多义性。就中国古代儒学而言，"天"有三重含义：一是自然之天，二是义理之天，三是神灵之天。对应朱熹的话，"苍苍者亦是天"，是自然之天。"有主宰者亦是天"，那是神灵之天。"天固是理"，即义理之天，也就是"君臣、父子、兄弟、夫妇、朋友，岂不是天理?""各随他所说"，依据人们所认同的，都可以说。2）把自然之天纳入义理之天的范围里，"苍苍者即此道理之天"，这个"道理"就是以君主专制为核心、同等级制度相匹配的伦常秩序。2）否认神灵之天，只认可义理之天。"天理"不是由一个人格神来主宰的，像道教那样供奉着一个三清大帝。"父子有亲，君臣有义"的伦常秩序，是有个"道理"在其中支配着的。这个"道理"非"天理"莫属，故有"所谓天理，复是何物"的自问，而答案就在自答之中。

朱熹通过"理一分殊"说对"天理"做了哲学上的精致论证。"理一分殊"是宋明时期哲学家经常讨论的命题，研讨的是本体之理与万物之理的统一问题。在理学家的著作中，有关"理一分殊"的论

① 黎靖德编：《朱子语类》七九，黎靖德编、王景贤点校，中华书局 1986 年版，第 2039 页。

② 黎靖德编：《朱子语类》二五，第 621 页。

③ 朱熹：《朱文公文集》卷五九。

述俯拾皆是。朱熹对此论述尤为详尽，为朱熹哲学思想的核心之一。朱熹一方面认为，张载的《西铭》通体是讲“理一分殊”的；另一方面又融合华严宗“一多相容”的思想与禅宗“月印万川”的主张，把“理一分殊”作为“天理”的哲学基础。他从本体论角度出发，以为总合天地万物之理，只是一个理，分开来说，每个事物各自有一个理。千差万别的事物，都是那“理一”的完美体现。但所有“分殊”的理均是享用了整体的“理一”，是“理一”的流行发用。朱熹以君臣、父子关系做了个通俗的说明：“万物皆出此理，理皆同出一源，但所居地位不同，则理之用不一。如为君须仁，为臣须敬，为子须孝，为父须慈。物物各具此理，而物物各异其用，然莫非一理之流行也。”[①] 这就为等级秩序的合法性与道德准则的正当性，提供了本体论上的依据。

朱熹论证“理一分殊”时，吸取了佛教的思想。华严宗和禅宗，都提出过“一多相摄”的观点。常人以为“一”与“多”是有区别的，但华严宗从佛教的“缘起”说论证“一”与“多”的不可分离，得出了一多相摄相函的结论来。“缘起”说的要点是，一切事物均处于因果联系中，依照一定条件发生变化。华严宗以此来解释世界、社会、人生以及各种精神现象产生的根源。以一与十来说，十是由一所构成，一之外更无十，故一即是十；同样十构成了一，这一一外更无十。十和一依照因果关系而成，所以互相依赖，互相包含。比喻，说明同一个又不可分异的佛的法身，是无时不在的。天上只有一个月亮（理一），印在江湖河川里各有一个月亮（分殊）。江湖河川中的月亮，是天上月亮照下来的。月亮的影子可以有千变万化，但其根本只是一个。江湖河川中的千差万别的月亮（分殊），不是对天上月亮的分割，是全体享有了天上的月亮。这叫“一月普现一切水，一切水月一月摄”，这是禅宗创始人慧能的弟子玄觉说的。这里不是整体与部分的

① 黎靖德编：《朱子语类》一八，第 398 页。“理一分殊”说，是朱熹吸取了华严宗与禅宗的理论，并应用于现实伦理关系后的产物。参见朱义禄：《〈朱子语类〉选评》，上古籍出版社 2017 年版，第 64—68 页。

关系，也不是一般与特殊的关系。为了使学生相信他的“理一分殊”说，朱熹是喜欢用佛家语言来说明。朱熹常用的“月印万川”比喻，就是出自禅宗的。当把“理一分殊”应用于现实中人际关系时，因各人所处的社会地位不同，各人所遵循的理是不一样的，有“君仁”“臣敬”“子孝”“父慈”的“分殊”，但“分殊”又只能是“同出一源之理”在各人身上完美的体现。总而言之，程朱理学以精致化的哲理与形而上的思辨形式，把董仲舒“天意”论中粗糙的神学色彩冲淡了，把天神向人间发号施令的内容取消了。

“天意”论向“天理”论的嬗变，经历了千余年。这是由于社会历史的变动造成的。东汉末年，社会动荡不安。农民起义军提出了，“苍天已死，黄天当立，岁在甲子，天下大吉”的口号①。这一带有神学色彩的谶语，说明民众用自己信仰的“天”，替代了统治者“天不变，道亦不变”的“天”。原本维纲常名教的“天意”，居然被“乾坤大挪移”了。天神崇拜是生活在两汉时代人们的共识。卫道者可以用它来维护纲常名教，造反者也会利用它作出否认纲常名教的主张来。待造反者的暴动平息以后，神学形态的儒学一时丧失了它的生命力，而纲常名教对任何一个王朝的统治者来说，是须臾不可离开的。以王弼与郭象为代表的玄学大家，用道家哲理为纲常名教重新做了理论上的论证。无论是王弼的“名教本于自然”，还是郭象的“名教即自然”，骨子里都渗透着老庄的气。走得更远一些的嵇康，树出了“越名教而任自然 ”的大纛；不尊礼法的阮籍，著“无君论”一文来否定现实生活中无法回避的君臣关系。尽管如此，当局心中对儒学还是念念不忘的，只不过不如两汉时代那么显赫罢了。

当隋文帝一统天下，盛唐显示泱泱大国的气势时，儒学并未重新登上独尊的地位，倒是两汉之际传入神州的佛教，异常地兴旺起来了。佛教经经典大量地被翻译出来，形成了众多的佛教宗派。尤其是慧能创立的、具有中国本土特色的禅宗，其影响之深远，一度令儒学

① 《后汉书·皇甫嵩传》。

难与其相匹敌。禅宗成为士大夫心仪的对象，至北宋形成了“禅悦”之风。一个士大夫不能谈禅机，就没有资格去讲论哲理①。对此程颢发出了无可奈何的感叹：“昨日大会，大率谈禅，使人情思不乐，归而怅恨者久之。此说天下已成风，其何能救！古亦有释氏，盛时尚只是崇设像教，其害至小。今日之内，便先言性命道德，先驱了知者，才愈高明，则陷溺愈深。”② 程颢觉得，以前信佛是普通百姓，出些钱造佛像供奉，那是表面的事，危害并不大。现今谈禅深入到了“性命道德”这样深层次的问题了。才能愈高明，溺于禅宗就愈深。对“天下已成风”的“谈禅”禅悦，程颢萌生了“怅恨久之”的感受。程颢担心的是儒家那套君臣、父子的伦常秩序被淡化了。朱熹有一段自问自答，说禅宗如何俘获士人心灵的：“今之学者往往多归异教者，何故?”，“盖为自家这里工夫有欠缺处”，“禅者之说，则以为有个悟门，一朝入得，则前后际断，说得恁地见成捷快，如何不随他去?”③ 士大夫多沉溺于佛教，朱熹讲了两个原因：一是儒学的理论水平不高（“工夫有欠缺处”），二是禅宗的“顿悟成佛”说简捷明了，对学者有强烈的吸引力（“如何不随他去?”）。程朱汲取了佛教的哲理，对佛教不讲伦理道德则摒弃之：“佛老之学，不待深辨而明。只是废三纲五常，这一事已是极大罪名。”④ 在严辨儒佛之别的基础上，体悟出了“天理”说。程朱以“天理”为先于天地万物而存在的精神本体，是天地万物的主宰，是万物运动变化的推动者。“天理”说抹去了人格

① 已故中国哲学史名家范寿康说：“时士人如不知禅风或禅机，差不多就无论究哲理的资格。宋代的文人学士殆无一不多少具有修禅的经验。第一流的儒者之注重静坐，在于宋代，已成通例。”见《中国哲学史通论》，生活·读书·新知三联书店 1983 年版，第 386 页。

② 程颢、程颐：《二程遗书》卷二上，《二程集》第 23 页。

③ 黎靖德编：《朱子语类》卷一二六，第 3036—3037 页。相似说法颇多：“问：‘士大夫末年多溺于释氏之说者，如何?’曰：‘缘不曾理会得自家底原头，但看得些小文字，不过要做些文章，务行些故事，为取爵禄之具而已。却见得他底高，直是玄妙，又且省得气力，自家反不及他，反为他所鄙陋，所以便溺于他之说，被他引入去。”（《同上》，第 3036 页）

④ 黎靖德编：《朱子语类》卷一二六，第 3014 页。

化的神，而诉之以寓有佛教哲学的“理一分殊”说。

四、论董仲舒在古代儒学发展史中的地位

董仲舒的儒学不是原始儒学的重复，而是一种全新形态的儒学，是汲取了先秦儒学、黄老之学、阴阳五行、墨家、法家、名家的成果，熔铸而成的、符合“大一统”时代的儒学。

董仲舒在儒学发展史中的地位，大体上有三点是可以毋庸置疑的：一是把儒学从局囿齐鲁一地推向了神州大地；二是把儒学从先儒诸子之一，提升为占据主流地位的学说；三是奠定了儒家学说的哲学、政治与伦理三位一体的构架。

就第一点而言，教育与人才选拔制度起到了关键的作用。任何一个社会，要把当局的意图与思想灌输给民众，最方便的法门就是把它们贯彻到教育与人才选拔制度中。教育是根据一定的社会需要进行的培养人的活动，当教育活动与选拔人才相互结合时，而作为支配两者的儒家经典又是价值判断的标准时，它不仅成为士人们的行为准则和思维方式的决定性因素，而且必定会把儒家经典推向全国。这在李贽的《续藏书》中得到了佐证。《续藏书》一书，对明神宗以前明代人物四百余名，依照他自己的分类法，对历史人物的传记做了摘录与评价。卷四四为《儒臣传》中的人物，均为阐发《春秋》大义的。这些“经学儒臣”大体上说，西汉时期的，籍贯大多在齐鲁大地；到东汉时期，始扩展到江苏、河南、陕西等地。《后汉书》中有一条材料，说明儒家经典在边远地区是如何深入人心的。东汉中平元年（184），凉州地区（今甘肃武威）盗贼众多，“枭患多寇，谓勋曰：‘凉州寡于学术，故屡致反暴。今欲多写《孝经》，以家家习之，庶或使人致义。’”[①] 枭为宋枭，时任凉州刺史。他对手下的武将盖勋说，盗贼众多的原因，是凉州地区没有学术氛围。我想让家家都抄录《孝经》，

① 《后汉书·盖勋传》。

令人们知晓道义之所在。盖勋没有同意宋枭的主张。宋枭的主张确实有点迂，但从一个侧面反映了一个事实，即董仲舒的学说为朝廷采纳后，从局囿于齐鲁一地，拓展到了西北边陲地区了。

其次，自汉武帝接受董仲舒学说后，“独尊儒术”深入人心，儒家经学成为选拔人才的主心骨。选拔人才的制度，一般而言是整个社会的风向标，它左右着人们的价值取向与人生轨迹。汉武帝时置五经博士，汉代由博士而递升为公卿者比比皆是，如公孙弘、蔡义、张禹、匡衡、程方进等人最终都登上相位。儒家经学成为唯一可以用来谋取功名利禄的内容。“一经说至百余万言，大师众至千余人，盖禄利之路也。”[①] 一个以儒家经学作为培养和选拔人才的主要手段的教育——选士制度体系，在汉武帝以后逐步建立了起来。明经成为汉代入仕的主要途径。龚遂、孔安国、盖宽饶等皆“以明经为官”[②]。韦贤之子玄成，“以明经而历位至宰相”，由于明经可入仕，故邹鲁一带流传着这样的谚语：“遗子黄金满籝，不如一经。”[③] 令人羡慕的黄金，在儒学经学面前失却了耀眼的光辉。这一谚语到了宋代《神童诗》汪洙，易为“遗子黄金宝，何如教一经”的诗句。它们几乎家喻户晓、妇孺皆知而传诵不息，说明经学在古人心目中所具有的非凡的价值与意义。

儒家在先秦仅是众多的各家中之一家。在汉武帝独尊儒术之后，儒家经典，主要是“五经”才开始上升为圣人之言，不容随意修改而成为古代中国社会里占据主流地位的学说。如司马光一首诗中所说：“吾爱董仲舒，穷经守幽烛。所居虽有园，三年不游目。邪说远去耳，圣言饱充腹。以策发汉庭，百家始消伏。”[④] 大体上说，董仲舒的“独尊儒术”在汉代已经基本奠定了，并延续到整个古代社会[⑤]。主

① 《汉书·儒林传赞》。

② 分见《汉书》之《龚遂传》《孔安国传》《盖宽饶传》。

③ 《汉书·韦贤传》。

④ 司马光：《司马温公文集》卷一二。

⑤ 关于董仲舒的影响，周桂钿教授在《董学发微》一书中有较为详细的阐述，详见该书第 372—394 页，北京师范大学出版社 1989 年版。

要体现为四个方面：1）自汉武帝之后，朝廷正式文件特别是具有最高权威的皇帝诏书中，或援引儒家经文立论，或依据儒家经典作为决事的标准。2）以儒家经典处理政务并用来解决疑难问题，如皮锡瑞所概括的："以《禹贡》治河，以《洪范》查变，以《春秋》决狱，以三百五篇当谏书。"① 儒家经典成了法定意义上的权威。3）儒家经学成为帝王必须具备的基本素养。自汉宣帝开始，历朝君主均需自幼学习儒经。到宋代，大臣对皇帝讲解儒家经典成为制度，即经筵制度。这一制度到明代进一步臻于成熟，到清代康熙形成经筵日讲格局。在最高统治者提倡和带动下，社会各阶层攻读儒经蔚然成风。4）尊崇儒家经典的风气渗透到下层劳动人民中间，农民起义军对于具有儒家德行和学术的人，往往持尊重的态度。最为典型的唐代诗人皮日休，虽说是被劫入了农民起义军，但他没有拒绝黄巢进入长安后对他翰林学士的任命。黄巢对儒生采取了优待的政策，"甚至有的被俘的人，只要冒充一声'儒者'，便能得到释放"②。

再次，董仲舒的儒学，奠定了儒学的哲学与政治、伦理三位一体的格局。董仲舒认为，治理国家的策略是"《春秋》之道，奉天而法古"③。"奉天"是说君主要按照"天意"去治理国家："天以阴为权，以阳为经。阳出而南，阴出而北。经用于盛，权用于末。以此见天之显经隐权，前德而后刑也。"④ 孔子有"无讼"之说："听讼，吾犹人也，必也使无讼乎！"⑤ 意思是说，我审判案件与别人相同，但我的目标是要人们不诉诸法律，应当用道德来解决人与人之间的矛盾。古代官场历来崇尚"无讼"，把"无讼"作为安民之道与政绩之功的标志。熟读儒家经典的罗汝芳，在任职期间，以讲会、乡约作为治理地

---

① 皮锡瑞：《经学历史》，中华书局1959年版，第90页。关于"《春秋》决狱"，详见朱义禄：《儒家理想人格与中国文化》，复旦大学出版社2006年版，第263—265页。

② 参见皮日休：《皮子文薮》附录，萧涤非、郑庆笃整理，上海古籍出版社1981年版，第257页。

③ 《春秋繁露·楚庄王》，第14页。

④ 《春秋繁露·阳尊阴卑》，第327页。

⑤ 《论语·颜渊》。

方指导方针："暇请乡约，父老弟子群聚观听者，动以千计，风闻远迩，争讼渐息，几无讼矣。"① 法家以为，"不别亲疏，不殊贵贱，一断于法"②。董仲舒在"无讼"与"一断于法"之间，走了儒法合流之路。一方面，他强调道德教化是首位的，但法律诉讼也不排斥，即"前德而后刑"，也即"大德而小刑之意"③。"大德而小刑"是与孔孟"显经隐权"的主张，是可以相吻合。经与权是儒家的主张。经指一般的原则，权指原则的灵活运用。道德教化是原则，刑罚是这一原则的灵活运用。董仲舒断言，"前德后刑""大德小刑"，正是"显经隐权"的"天意"之体现。董仲舒把哲学与政治、伦理融为一体，奠定了后世儒学的基本框架："王者有明著之德行于世，则四方莫不响应，风化善于彼矣。故曰：悦于庆赏，严于弄赏，疾于法令。"④ "德行"与"风化"是伦理，"刑赏"与"法令"属政治，而这是"王者"奉行"天意"所做的事情。哲学与政治、伦理，是三位一体的，是密不可分的。程朱理学的"天理"也不外乎此。朱熹在回答纲常名教与等级制度的来源时说："未有这事，先有这理。如未有君臣，已先有君臣之理；未有父子，已有父子之理。"⑤ "盖天理在人，亘万古而不泯。"⑥ 在君臣、父子等伦常秩序形成之前，就已经有永恒不变而先天地存在的"理"。朱熹先把现实的伦常秩序抽象为形而上的"理"，再由"理"推道出君臣、父子应该遵循的道德规范。这与董钟舒"道之大原出于天"并无不同，只是采取了思辨的方式，不是神学的形式。程朱"天理"论与董仲舒"天意"论一样，是一个包容性极强的框子，哲学、伦理、政治、礼乐、人性等均被囊括在内。"天理"的具体内容为：1）"天理"是产生天地万物的的宇宙本体，是一种精神

① 罗怀智：《罗明德公本传》，方祖猷等点校：《罗汝芳集》，凤凰出版社 2007 年版，第 831 页。

② 《史记・太史公自序》。

③ 《春秋繁露・阳尊阴卑》，第 327 页。

④ 《春秋繁露・郊语》，第 401 页。

⑤ 黎靖德编：《朱子语类》卷九五。

⑥ 黎靖德编：《朱子语类》卷一一七，第 2808 页。

性的概念。2）“天理”为客观世界事物中存在的规律、法则。3）“天理”是现实的等级制度以及与此相应的道德规范的体现。4）“天理”是人的本性，是至善无恶的。与此相对立的“人欲”是应该灭绝的[①]。朱熹的结论是：“纲常千万年磨灭不得。”[②] 这种绝对主义的理论，以为纲常名教是不因时间、条件而发生变化的。这与董仲舒“王道之三纲，可求之于天”，如出一辙。程朱的“天理”论，同样显了儒学的特点，即融哲学、政治与伦理于一炉。

自董仲舒学说面世以后，儒家经典成为判断一切的价值标准。一如匡衡所言：“臣闻六经者，圣人所以统天地之心，著善恶之归，明吉凶之分，通人道之正，使不悖于其本性者。故审六艺之指，则人天之理可得而和，草木昆虫可得而育，此永永不息之道。”[③] 清代钱大昕接续着说：“吾于是知六经之道，大小悉备，后人詹詹智智，早不在圣贤范围之外也。”[④]儒家的经典具有宰制万态、牢笼百家的功用。举凡治国的道理、社会的准则、教育的内容、做人的规矩、科学的知识等，都可以在经书中得到权威的答复。儒学虽说有过一段比较晦暗的时期（魏晋到隋唐），但经历了宋代程朱理学“天理”论对董仲舒“天意”说的接受与改造，到了明清两代成为占据统治地位的官方意识。如黑格尔所说：“从一个范畴，通过缺点的指出，推进到另一个范畴，在我们是很容易的，——但在历史进程，这却是很困难的。世界精神从一个外范畴到另一个范畴，常常需在好几百年。”[⑤] 如果把“世界精神”换成“天”的话，从“天命”论经“天意”说中中介，再到“天理”论，岂止经历了几百年，而是走了一千余年时间。董仲舒的“天意”论，在儒学发展史中的作用，是值得深思的。

---

① 参见朱义禄：《〈朱子语类〉选评》，第101—106页。

② 黎靖德编：《朱子语类》二四，第597页。

③ 《汉书·匡衡传》。

④ 钱大昕：《潜研堂文集》卷一五《答问》。

⑤ 黑格尔：《哲学史讲演录》第一卷，贺麟、王太庆译，商务印书馆1959年版，第101页。

本文为“2021中国·衡水董仲舒与儒家思想国际研讨会暨中华孔子学会董仲舒研究委员会学术年会”提交的论文。

朱义禄（1942—），男，浙江宁波人，同济大学马克思主义学院教授。

论董仲舒思想在中国古代精神文明建设中的地位与作用

迟成勇

董仲舒是汉代经学大师，也是中国历史上著名的哲学家、思想家、教育家。他的思想集中体现在《春秋繁露》及《汉书·天人三策》论著中，也有一些思想散见于《史记·儒林列传》及《汉书》的《五行志》《艺文志》《食货志》《匈奴传》等典籍中，其政治思想、哲学思想、伦理思想、教育思想、德治思想及经济思想等构成一个庞大的几乎无所不包的思想体系。“虽然董仲舒表面上的影响多局限于汉代，但他对中国社会实际的影响则几乎贯穿了整个中央集权社会。”①从中国传统儒家思想发展史看，董仲舒思想上承孔孟、下启宋明理学，如“罢黜百家，独尊儒术”“立太学以教于国，设庠序以化于邑”“三纲五常”“正其谊不谋其利，明其道不计其功”等思想，在中国古代精神文明建设中处于承上启下的地位，发挥着继往开来的作用。

① 许抗生、聂保平、聂清：《中国儒学史·两汉卷》，北京大学出版社 2011 年版，第 144 页。

一、“罢黜百家，独尊儒术”——确立儒家思想在中国古代国家意识形态的主导地位

国家意识形态建设属于精神文明建设的重要范畴。加强国家意识形态建设，巩固主流意识形态的指导地位和作用，也是统治者治国理政的重要举措。西汉初年，虽然经过几十年的调整开始走向繁荣的时代，但董仲舒敏锐地看到繁荣背后存在的问题，如在意识形态方面，诸家杂陈，思想混乱，占统治地位的是黄老思想，而儒家思想和学说得不到应有的重视。而指导思想的多元化必然导致意识形态领域的混乱，君主无法用统一的精神武器实行教化统治，进而会危及汉王朝的统治地位。汉武帝在位 54 年，为了巩固西汉王朝，在军事上，北伐匈奴及派张骞通西域，安定北方少数民族；在经济上，采用桑弘羊《盐铁论》的建议，实行盐铁业官营，以充实国库；在文化上，采纳董仲舒“罢黜百家，独尊儒术”的建议，实现思想大一统。在汉武帝看来，大一统意味着国家的政治、经济、军事及意识形态权力都要收归帝王本身。董仲舒提出“罢黜百家，独尊儒术”思想，与汉武帝建立高度中央集权的专制制度是相吻合的。

公元前 140 年，汉武帝建元元年，下诏选举“贤良之士”，当时采用策问的方式，应诏者众多。凡讲黄老思想、纵横思想的人武帝一概不取，独取董仲舒等儒生。董仲舒从大一统的普遍法则出发，提出了“罢黜百家，独尊儒术”的主张，他说：“《春秋》大一统者，天地之常经，古今之通谊也。今师异道，人异论，百家殊方，指意不同，是以上亡以持一统。法制数变，下不知所守。臣愚以为诸不在六艺之科、孔子之术者，皆绝其道，勿使并进。邪辟之说灭息，然后统纪可一而法度可明，民知所从矣。”（《汉书·董仲舒传》）这是“罢黜百家，独尊儒术”思想的明确表达，也是董仲舒“天人三策”中极为重要的精辟论断，并得到汉武帝的认同和采纳。其实，董仲舒在“天人三策”中给汉武帝提议的原话为“推明孔氏，抑黜百家”（《汉书·董仲舒传》），而《武帝纪赞》中记载汉武帝的提法是“罢黜百家，表彰

六经”。两者的表述只是大同小异，其本质含义是一样的。据历史记载，在近代中国史上，率先揭示“罢黜百家，独尊儒术”的学者是清末民初著名思想家易白沙在《孔子平议》一文提出的[①]。由于汉武帝采纳董仲舒“罢黜百家，独尊儒术”的建议并付诸实施，从此儒家思想逐渐登上了中国古代国家意识形态的宝座，实现了国家意识形态主导思想的一元化，成为历代封建王朝的统治思想和精神支柱，直至1912年辛亥革命推翻清王朝为止。

所谓“独尊儒术”之“儒术”，已经不是原汁原味的先秦儒家孔孟思想，而是有所发展、有所创新。从思想文化发展规律看，董仲舒吸纳先秦法家、墨家、道家、名家、阴阳家等各种学派的思想元素，融进儒家思想体系，重新建构了适应汉代社会发展需要的新的思想学说体系，即汉代新儒学，使儒家学说发展到经学阶段，对中国古代学术思想产生了长达几千年的影响。“董仲舒以儒为主体‘综合’先秦阴阳、五行、法、墨、名、道诸家之说，因而‘创新’先秦孔孟的儒学。后世称之为‘新儒学’。它对中国历史上的封建专制制度有重大影响。”[②] 从儒学发展史看，从先秦儒学，到汉代新儒学，再到宋明儒学，最后到清代朴学，其中汉代新儒学处于承上启下的地位，在宋元明清之际，朱熹理学成为封建王朝的正统思想，而朱熹理学既是对孔孟儒学、董学的继承和发展，也是以儒学为核心的儒释道三家思想的综合创新。“从汉到清，董仲舒思想对思想界、政治界，都有深刻的影响。”[③] 其中，董仲舒倡导的“屈民而伸君，屈君而伸天”“天不变，道亦不变”“三纲”等思想适应中国古代封建集权政治专制的需要，因而被历代统治者所重视和运用。

其实，在先秦时代，孔子儒学从未有过独尊的地位，在春秋时

---

① 易白沙：《孔子平议》，陈飞、徐国利主编《回读百年：20世纪中国社会人文论争》第一卷（下），大象出版社2009年版，第884页。

② 刘鄂培主编：《综合创新：张岱年先生学记》，清华大学出版社2002年版，第171页。

③ 周桂钿：《十五堂中国儒学课》，北京师范大学出版社2014年版，第68页。

期，儒学和墨学同为显学；到战国时代，孔子儒学只是诸子百家中的一家，杨朱和墨翟，言满天下，成为新的显学。秦始皇统一六国后，确立法家思想的统治地位，儒家思想被排斥在外，且发生了“焚书坑儒”的恶劣事件。汉朝初年，在政治上主张无为而治，经济上实现轻徭薄赋，在思想上主张清静无为和刑名之学的黄老学说非常盛行。但是到汉武帝时，黄老思想已经不能适应从政治上和经济上进一步加强封建中央集权制的迫切需要，于是儒家思想取代黄老思想。由于董仲舒使儒家由诸子而成独尊，由一家而融汇百家，在国家意识形态建设中发挥了至关重要的作用。“罢黜百家，独尊儒术”文化政策的推行，使得儒学取得了“定于一尊”的显赫地位，在汉至清的两千多年间始终成为中华文化的主干和国家意识形态的主流。从先秦孔子创立儒学，到秦朝的“焚书坑儒”，再到西汉的“独尊儒术”，既说明儒学发展道路的曲折性，也表明了儒学登上国家意识形态主导地位的必然性。无疑，确立儒家思想在中国古代国家意识形态的主导地位，董仲舒发挥了不可替代的关键性作用。从汉武帝采纳董仲舒“推明孔氏，抑黜百家”的主张开始，儒学确立了正宗地位，一直延续两千多年，对中国古代思想发展史和国家意识形态建设起着决定性的影响。

“罢黜百家，独尊儒术”，是汉武帝实现思想大一统或国家意识形态一元化的统治政策，也是儒学思想在中国传统文化中居于核心地位的标志。董仲舒提出“罢黜百家，独尊儒术”的主张及实施，这是中国古代思想发展过程中的一个必要且重要的环节，对确立儒家思想在中国代国家意识形态的主导地位起来了关键性作用。需要特别指出的是，董仲舒提出“罢黜百家，独尊儒术”的文化政策固然以强化封建君主集权政治为目的，同时也有力地增进大汉王朝版图内人们在经济生活、文化生活乃至文化心理结构上的共同性，从而为建构中华文化共同体和增强中华民族共同体意识奠定了坚实的基础。同时还需要指出的是，“罢黜百家，独尊儒术”的提出和实施，固然有利于思想大一统进而实现政治大一统，但也造成儒家文化的单向度发展，由此导致了民族思维模式的片面发展，如在国家政治方面，推行重德轻法；在经济发展方面，实施重农抑商；在道德文化方面，倡导重义轻利等，从而也严重滞缓了中国古代社会的政治、经济和文化的发展。

二、“立太学以教于国，设庠序以化于邑”——建构以儒学为主要教育内容的长效机制

教育科学文化也属于精神文明范畴，发展教育事业是精神文明建设的重要内容。重视教育，发展教育，是中华文化的优秀传统。早在春秋时期，儒家孔子提出“有教无类”思想，打破了“学在官府”的既定格局，广招门徒，传授“六艺”“六经”，开启了兴办私学的风气，极大地推动中国古代教育的发展。《史记·孔子世家》记载：“孔子以诗、书、礼、乐、教，弟子盖三千焉，身通六艺者七十有二人。”孔子教育思想及其实践，对中国古代教育发展具有根源性意义。孟子认为“得天下英才而教育之”（《孟子·尽心上》），这是君子人生最快乐的事情之一；主张“设为庠序学校以教之”（《孟子·滕文公上》），其根本目的是“明人伦”即“父子有亲，君臣有义，夫妇有别，长幼有序，朋友有信”（《孟子·滕文公上》），培养“富贵不能淫，贫贱不能移，威武不能屈”（《孟子·滕文公下》）的“大丈夫”人格。先秦儒家重视教育可见一斑。在春秋战国时代，“在中国传统文化的三大流派（儒、道 、法）中，唯有儒家正面、公开地强调和重视文化教育，所以，无论从理论上还是实践上说，儒家的命运几乎代表了中国古代教育的命运”①。由此可知，先秦儒家重视教育思想及其实践为西汉“独尊儒术”进而推行儒学教育奠定了基本路向。

西汉初年，在文化教育方面，没有完整的教育系统，没有官方的教育机构，也没有明确的教育内容；在任用官吏方面，没有一套完整的选拔制度等。在“天人三策”中，董仲舒提出三大政策：一是独尊儒术，二是创办太学及各级各类学校，三是改革官僚制度。其中，在教育方面，董仲舒继承和发展了孔子和孟子重视教育的思想，主张对

---

① 陈超群：《中国教育哲学史》第1卷，山东教育出版社2001年版，第562页。

民众实行教化，认为教化是统治者治国理政的大事。一般而言，教化的作用主要体现在两个方面，一是对社会而言，起着移风易俗的作用；二是对国家而言，发挥培养贤才的作用。他说：古圣王“立太学以教于国，设庠序以化于邑，渐民以仁，摩民以谊，节民以礼，故其刑罚甚轻而禁不犯者，教化行而习俗美也”（《汉书·董仲舒传》），主张国家设立太学及各级学校，用仁、义、礼规范和引导民众，使刑罚设而不用，大力推行道德教化，从而达到美化习俗的作用。董仲舒又说：“夫不素养士而欲求贤，譬犹不琢玉而求文采也。故养士之大者，莫大乎太学。太学者，贤士之所关也，教化之本原也。愿陛下兴太学、置明师，以养天下之士。”（《汉书·董仲舒传》）太学是教化之本源，兴建太学可以为国家培养贤才，担任各级官吏。董仲舒还说：“圣王已没，而子孙长久安宁数百岁，此皆礼乐教化之功。”（《汉书·董仲舒传》）对民众推行教化，可以使天下得到长治久安。从董仲舒关于教育的论述看，教育机构是太学及各级各类学校，教育者是儒学大师，教育的目的在于教化民众，使他们向善避恶，成为善人，社会秩序才能得到长久维护，社会风气才能得到纯化，天下江山才能得以巩固。

从教育内容看，主要是进行儒家思想教育。董仲舒在“天人三策”提出“诸不在六艺之科、孔子之术者，皆绝其道，勿使并进”（《汉书·董仲舒传》）。从学校教育看，“独尊儒术”，就是以儒家经典为教材，进行以“三纲五常”为核心的儒学教育即“尊孔读经”教育。自汉武帝时起，儒学思想成为中国古代教育的核心内容，对中国古代教育的发展产生了深远的影响，并由此形成了所特有的经学传统。西汉“立五经博士”，推行“以经取士”的选官制度，天下学士多靡然风从，传经之学和注经之学成为专门学问，由此发展为自汉代到清朝的官方哲学——中华民族所特有的经学传统。关于儒家经典，狭义的是指汉代的“五经”，即《诗》《书》《礼》《易》《春秋》，广义的是指清代的《十三经注疏》，它包括《周易》《尚书》《诗经》《周礼》《仪礼》《礼记》《春秋左氏传》《春秋公羊传》《春秋穀梁传》《论语》《孝经》《尔雅》《孟子》，其中《孟子》到宋代时才入经的。在经学中有偏重于名物训诂的古文经学与侧重于微言大义的今文经学之分，但重视“师承”与“家法”或曰“师法”则是两者的共同性。清代学者皮锡瑞在《经学历史》中指出：“汉人最重师法，师之所传，弟子所授，一字毋敢出入，背师之说即不用。师法之严如此。”① 从中可知，经学对中国古代学术思想的影响。从隋唐开始推行的科举制度直至清朝灭亡前，儒家经典为唯一的考试内容。结果一些人为了谋取功名利禄而潜心研读儒家经典，“穷经读书考试成为进入仕途的捷径，从而又实现了孔子‘学也禄在其中’和孟子‘修其天爵而人爵从之’的理想，为儒学成为中国文化的主流打下了无可动摇的现实根基”②。当然不可否认的是，“独尊儒术”也造成了学者文人的经学思维模式的产生，因日久而僵化烦琐，最终也导致了儒学地位逐渐走向衰微。

从推行儒学为主要教育内容看，董仲舒在“天人三策”中建议汉武帝实行三大教育政策：一是独尊儒术，二是创办太学，三是改革官制。其中，董仲舒特别强调，太学是培养治国理政人才的场所，也是教化万民的根本所在。汉武帝于元朔五年（前 124）下令在长安创办太学。太学相当于现代的正规大学。从此，中国有了正规大学。长安太学是中国最古老的国立大学，也是世界上最古老的正规大学。据历史记载，汉末太学诸生至三万人，为古来未有之盛事③。从历史演变视角看，太学创建于西汉，鼎盛于东汉，历经三国两晋南北朝，历时六七百年，至隋唐时期才被国子监逐渐取代。董仲舒提出“立太学”“设庠序”及教化民众的主张及其付诸实施，把重视儒学教育抬高到左右国家前途命运的高度，一是架构中国古代推行以“尊孔读经”为主要内容的儒学教育取向；二是为中国古代推行以儒学教育为主要内容建构了长效机制；三是推进中国古代的科举选士文官制度的确立，而创办太学，培养精通经学的人才，充实到各级政府官僚机构中，这

① 皮锡瑞：《经学历史》，中华书局 1959 年版，第 136 页。

② 陈超群：《中国教育哲学史》第 1 卷，山东教育出版社 2001 年版，第 601 页。

③ 皮锡瑞：《经学历史》，中华书局 1959 年版，第 10 页。

不仅对提高社会成员的文化素质和社会文明度起了积极的促进作用，而且也培养大批的官僚后备力量，对推进中国古代政治文明发展也起着积极的作用。总之，董仲舒创办太学及其实践，直接推动了儒学的传播和发展，不仅为中国古代精神文明建设在推行儒学为主要教育内容建构起长效机制，而且为中国古代政治文明与社会文明发展夯实了重要基础。

三、“三纲五常”——明确中国古代思想道德建设的基本原则

思想道德属于精神文明范畴，思想道德建设是精神文明建设的核心内容，且决定精神文明建设的性质和方向。以儒家伦理道德为核心的思想道德建设，是中国古代精神文明建设的核心内容。任何一种思想道德体系，都有相应的道德规范、道德准则和道德原则，而道德原则在思想道德体系处于主导地位，决定着道德规范和道德准则。在中国古代社会，儒家孔子提出忠、信、恕、义、恭、宽、敏、惠等道德规范；孟子提出孝悌忠信、仁义礼智等道德规范；西汉大儒董仲舒提出“三纲五常”；至宋元明清时期，有人提出“孝悌忠信礼义廉耻”之“八德”，也有人提出“忠孝节义”之“四德”等，这些都是中国古代社会思想道德建设中的重要道德规范或道德原则，但影响最大且一以贯之的是董仲舒提出的“三纲五常”。哲学家张岱年先生指出：“三纲可以说是维护封建等级秩序的总纲，五常是封建道德的基本原则。三纲是维系封建等级秩序的三条绳索，五常则是缓和人与人之间的矛盾的行为准则。”[①] 同时，张岱年先生还强调，在中国古代，有所谓纲领条目。纲领指较高的原则，条目指具体的规范。原则与规范的区分也是相对的。原则是较高层次的规范，规范是较低层次的原则。据此可以说，“三纲五常”是中国古代思想道德建设的基本原则。

① 《张岱年全集》第3卷，河北人民出版社1996年版，第526页。

先秦时期，儒家创始人孔子讲“君君”“臣臣”“父父”“子子”；孟子讲父子、君臣、夫妇、长幼、朋友等人伦；荀子则强调“君臣、父子、兄弟、夫妇，始则终，终则始，与天地同理，与万世同久”（《荀子·王制》）。法家韩非子说：“臣事君、子事父、妻事夫，三者顺天下治，三者逆则天下乱。此天下之常道也。”（《韩非子·忠孝》）但他们都没有明确提出“三纲五常”。“三纲五常”之说始于董仲舒。董仲舒依据西汉王朝的实情，并总结秦王朝灭亡只重视法家思想而忽视伦理道德教化的教训，以“天人感应”“天人合类”作为自己伦理道德思想的哲学依据，在继承孔子以仁爱为核心的伦理道德思想的基础上，从“君君、臣臣、父父、子子”的等级制度和宗族关系出发，旗帜鲜明地提出“三纲五常”伦理思想。他说：“循三纲五纪，通八端之理，忠信而博爱，敦厚而好礼，乃可谓善。”（《春秋繁露·深察名号》）《白虎通义》云：“三纲者何谓也？谓君臣、父子、夫妇也。……故《含文嘉》曰：君为臣纲，父为子纲，夫为妻纲。”董仲舒说：“王道之三纲，可求于天。”“所谓‘可求于天’，其意义即是把‘三纲’上升为‘天道’。‘三纲’和君权神授一样，成为天授的神圣不可侵犯的伦理大纲。”① 永嘉学派的陈傅良云：“自古及今，天地无不位之理，万物无不育之理，则三纲五常无绝灭之理。”（《止斋集》卷二八）在董仲舒和宋明理学家看来，“三纲”说是千古不变的神圣不可侵犯的“绝对真理”。至“五四”新文化时期，陈独秀斥之为“奴隶道德”，他说：“自于吾国旧日三纲、五伦之道德，则既非利己，又非利人。既非个人，又非社会，乃封建时代以家族主义为根据之奴隶道德也。此种道德之在今日，已无讨论之价值。”② 哲学家张岱年先生说：“三纲是与君主政治制度相互配合的。三纲说的流行，严重压抑了人民的人格独立的主体意识，是套在人民头上的沉重枷锁。”③

---

① 金春锋：《从建构“社会共同体”看“三纲五常”的批判继承》，魏彦红主编《董仲舒与儒学研究》第 9 辑，巴蜀书社 2020 年版，第 363 页。

② 《陈独秀文章选编》（上册），生活·读书·新知三联书店 1984 年版，第 195 页。

③ 《张岱年全集》第 6 卷，河北人民出版社 1996 年版，第 403 页。

“三纲”是董仲舒为中国古代社会思想道德建设确立的基本道德原则，具有显著的负面价值。

与“三纲”密切相关的还有“五常”。“五常”即仁义礼智信。这五种基本道德规范，早在先秦时期儒家孔子、孟子已提出，如孔子曰：“人而无信，不知其可也。大车无輗，小车无軏，其何以行之哉?”（《论语·为政》）孟子曰：“仁义礼智，非外铄我也，我固有之也，弗思耳矣。”（《孟子·告子上》）但孔子、孟子都没有把仁、义、礼、智与信统合在一起。《白虎通义》云：“五性者何？谓仁义礼智信也。”董仲舒则根据“天人合类”说，并与“阴阳五行”说相比附，把仁义智礼信统合在一起，称之为“五常”。在“天人三策”中，董仲舒又说：“夫仁、谊、礼、知、信五常之道，王者所当修饬也。五者修饬，故受天之祐，而享鬼神之灵，德施于方外，延及群生也。”（《汉书·董仲舒传》）董仲舒把“五常”看成五种道德规范，同时也是君主应该养成的品德，并认为君主具备“仁义礼智信”品德，就会受到天的祐护而永享爵位，也会使百姓受到恩惠。在《春秋繁露》中，董仲舒把“三纲”与“五常”说成是“道”的内容。他说：“道之大原出于天，天不变，道亦不变。”即是说，“三纲五常”是永恒不变的“绝对真理”。哲学家张岱年先生分析道：“仁义礼智信都有其阶级性，然而也还有更根本的普遍意义。仁的根本意义是承认别人与自己是同类，在通常情况下对于别人应有同情心；义的根本意义是尊重公共利益，不侵犯别人的利益；礼的根本意义是人与人的相互交往应遵守一定的规矩；智的根本意义是肯定‘是非善恶’的区别；信的根本意义是对别人应遵守诺言。”① 仁义礼智信“五常”成为中国古代思想道德建设的最高道德规范，从一定意义上讲，无论是官僚上层还是底层百姓，都把“五常”视为自己的行为准则，在漫长的历史进程中，已经内化为中华民族的精神诉求，外化为中华民族的行为习惯。

“三纲五常”经过古代哲学家或伦理学家的不断阐释、发展和弘

---

① 《张岱年全集》第3卷，河北人民出版社1996年版，第622页。

扬，最终成为维护封建专制制度的精神支柱，在思想道德建设领域发挥着价值引领作用。理学大师朱熹把“三纲五常”看成是“天理”，他说：“宇宙之间一理而已。天得之而为天，地得之而为地，而凡生于天地之间者，又各得之以为性；其张之为三纲，其纪之为五常，盖皆此理之流行，无所适而不在。”（《朱子全书》）即是说，“三纲五常”是“天理”的表现，是永恒不变的。“三纲”“五常”虽然是中国古代社会思想道德建设的基本原则，但两者的作用与影响不能相提并论，而要做具体分析。董仲舒从秦王朝“任刑不任德”而导致灭亡的教训出发，认为应该厚德薄刑，劝告汉朝统治者不要片面地实施刑罚，而应该加强以“三纲五常”为核心的道德教化，以达到巩固政治统治的目的。具体而言，“仁义礼智信”虽然具有显著的时代局限性，但更重要的是体现人们共同遵守的道德准则，有助于协调人们之间的关系，因而具有超越时空的积极价值。而“三纲”在早期还能做到君臣、父子、夫妇之间的双向权利和义务的关系，而发展到宋元明清时期，出现了臣对君、子对父、妻对夫的绝对服从关系，如朱熹宣扬“天下无不是底父母”，又宣扬“天下无不是底君”；程颢还提出“饿死事小，失节事大”；从而把臣对君、子对父、妻对夫的关系看作绝对服从的关系，使得臣、子、妻几乎丧失了做人的尊严，塑造了屈从于君权、父权、夫权的“奴隶人格”。总之，“三纲”思想发展到宋元明清时期，不仅造成君臣、父子、夫妇关系的极度异化，而且则起着严重地阻碍社会发展的消极作用，“五常”观念对于古代精神文明的发展则起了一定的积极作用。

董仲舒从巩固和加强封建统治秩序的需要出发，借助“天人感应”“天人合类”的神学目的论和“阴阳五行”说，把君臣、父子、夫妇的尊卑关系或主从关系加以神圣化和绝对化。“对臣民来说，‘三纲’既是一种外在的强制性的社会规范，又是一种必须认真体验并付诸实践的道德修养。对君主来说，它既是要求臣民尽忠的权力，又是以此实行教化的义务。”[①] 在中国古代社会，“三纲”是神圣不可侵犯的道德原则，由于有利于君权、父权、夫权的扩张和伸展，无论是统治者还是思想家，都极力使之神圣化和绝对化，进而导致君权、父权、夫权在伦理道德上的异化，极大地戕害了臣、子、妻的独立人格和做人尊严。“五常”是根于人性而确立的道德原则，是全体社会成员都认可和接受的道德规范，它不仅规范着中国人的思维方式，还引导着中国人日常生活的方方面面，不管社会生活本身有多大变化，封建王朝如何频繁更替，它的普适性和永恒性，是不容置疑的，在历史长河中对塑造中华民族道德品质、培育中华民族精神及建构中华传统核心价值观都发挥着积极的作用。“三纲五常”作为道德基本原则，在中国古代思想道德建设中居于主导地位，规定着中国古代精神文明建设的时代走向，对塑造国民道德品质和培育民族精神发挥着至关重要的作用。

四、“正其谊不谋其利，明其道不计其功”——奠定了中华民族精神崇尚道义的底色

义是中国伦理思想史上一个十分重要的范畴。不过需要特别指出的是，谈义必言利，因为义与利是相比较而存在，相对立而统一的一对伦理学范畴。义利之辨析贯穿于中国古代伦理思想史始终。“义利问题是中国古代哲学中的一个重要问题，其中包含着个人利益与社会利益、物质需要与精神需要的关系问题，它既是一个重要的人生价值问题，也是一个重要的政治理论问题。”[②] 就义而言，从价值哲学看，义是一种道德价值或道义、公利或民族国家之大利；从伦理学看，义是主体在社会中应尽的义务。就利而言，从价值哲学看，利是指私利或功利、物质利益或物质价值；从伦理学看，利是指主体在行为活动中追求的预期目的或实际效果。从一定意义上讲，如何处理义与利的

---

① 李宗桂：《中国文化导论》，广东人民出版社 2002 年版，第 98 页。

② 张岱年主编：《中华的智慧》，中华书局 2017 年版，第 484 页。

矛盾，或曰确立怎样的义利观，小而言之，它彰显了一个人的道德观取向；大而言之，它影响着中华民族的民族精神的时代走向。西汉大儒董仲舒继承和发展先秦时代孔子、孟子重义轻利的思想，旗帜鲜明地提出“正其谊不谋其利，明其道不计其功”的义利观，对宋明时期义利之辨和理欲之辨产生了深刻影响，进而形成了中国古代儒家内部两大伦理学派即道义论和功利论。“正其谊不谋其利，明其道不计其功”的重义轻利、贵义贱利价值观，不仅影响中国古代社会思想道德建设的价值取向，而且奠定了中华民族精神崇尚道义的底色。

重义轻利，是儒家思想的基本价值取向。孔子说：“君子喻于义，小人喻于利。”（《论语・里仁》）又说：“君子义以为上。”（《论语・阳货》）还说：“富与贵，是人之所欲也；不以其道得之不处也。”（《论语・里仁》）“不义而富且贵，于我如浮云。”（《论语・述而》）但是孔子并不是完全排斥利，曾提出“因民之所利而利之”（《论语・尧曰》）的政治主张。孟子继承和发展了孔子的义利观。孟子针对梁惠王“亦将有以利吾国乎”的问题时说：“王何必曰利？亦有仁义而已矣。”（《孟子・梁惠王下》）当义与利发生冲突时，孟子主张“舍利取义”“舍生取义”，他说：“鱼，我所欲也，熊掌亦我所欲也，二者不可得兼，舍鱼而取熊掌也。生亦我所欲也，义亦我所欲也，两者不可得兼，舍生而取义者也。”（《孟子・告子》）荀子强调先义后利，他说：“义与利者，人之所两者也，虽尧舜不能去民之欲利，然而能使其欲利不克其好义也。”（《荀子・大略》）与儒家重义轻利、先义后利相比，先秦时代的墨家和法家都强调功利。墨家认为义与利不是对立的，而是统一的。墨子曰：“义，利也。”（《墨子・墨经上》）又曰：“义，志以天下为芬，而能能利之，不必用。”（《墨子・经说上》）大力倡导“国家百姓人民之利。”（《墨子・非命上》）在义利问题上，法家反对儒墨空谈仁义道德的倾向，强调趋利避害是人的本性，主张“任功不任德”“贵法不贵义”，把富国强兵作为治国理政的主要价值目标。法家代表人物韩非子说：“法之为道，前苦而长利；仁之为道，偷乐而后穷。圣人权其轻重，出其大利，故用法之相忍，而弃仁人之相怜也。”（《韩非子・六反》）也就是说，用法治理国家能够带来大利。道家既不重利，也不崇义，表达一种超越义利的价值观。

至汉代，儒学大师董仲舒将先秦儒家重义轻利价值观发挥极致。在《春秋繁露》的《对胶西王越大夫不得为仁》篇云："仁人者，正其道不谋其利，修其理不急其功。"在《汉书》中对江都王问，则表达为："夫仁者，正其谊不谋其利，明其道不计其功。"尽管两处的措辞表达有所差别，但本质含义是一致的，即崇尚道义而排斥功利，从伦理学层面看，可谓是纯粹动机论。近代教育家蔡元培指出："仲舒之伦理学，专取动机论，而排斥功利说。故曰'正其谊不谋其利，明其道不计其功。'此为宋儒所传诵，而大占势力于伦理学界者也。"① 哲学家张岱年先生指出："经过《汉书》的宣扬，'正其谊不谋其利，明其道不计其功'二语对后世发生了深远的影响。"② 至宋明时期，理学家接着董仲舒"正谊明道"思想继续深化探讨。程颢说："大凡出义则入利，出利则入义，天下之事惟义利而已。"（《河南程氏遗书》卷一一）程颐认为义利也就是公利与私利之别。他说："义与利只是个公与私也。才出义，便以利言也。"（《河南程氏遗书》卷一七）又说："虽公天下事，若用私意为之，便是私。"（《河南程氏遗书》卷一五）理学大师朱熹把义利之辨与天理人欲结合起来，他说："将天理人欲、义利、公私分别明白"（《朱子语类》卷八三），又说："其心有义利之殊，而其效有兴亡之异。"（《孟子集注》卷一二）不仅如此，朱熹还把"正其谊不谋其利，明其道不计其功"作为白鹿洞书院的教规，强调学者文人要把义放在第一位。陆九渊说："凡欲为学，当先识义利公私之辨析。今所学果为何事？人生天地间，为人自当尽人道，学者所以为学，学为人而已，非有为也。"（《陆九渊集·语录下》）"为学""为人"只是辨别义利公私而已。从总体上看，二程、朱熹等理学家继承和发展先秦孔子、孟子及汉儒董仲舒的重义轻利价值观，且在与功利派的论辩中将传统儒家道义论推向了顶峰，使之片面化和极端化。

---

① 蔡元培：《中国伦理学史》，人民出版社 2008 年版，第 66 页。

② 《张岱年全集》第 3 卷，河北人民出版社 1996 年版，第 591 页。

在宋明时期的义利之辨中，围绕董仲舒的“正其谊不谋其利，明其道不计其功”的命题，陈亮、叶适等人与二程、朱熹等理学派进行了激烈的辩论，逐步形成儒家的功利论学派。南宋思想家、永嘉学派创始人陈亮认为，义与利或曰道德价值与功利价值是统一的，强调要把取得实际功效作为道德判断的价值标准，他说：“禹无功，何以成六府？乾无利，何以具四德？”“为学，俱以读书经济为事，嗤黜空疏、随人牙后谈性命者。”（《宋元学案·龙川学案》）陈亮极力反对理学家空谈性命之学。继陈亮之后，永嘉学派的代表人物叶适在否定董仲舒义利观的基础上对程朱理学贵义贱利观点提出了严厉批评。叶适指出：“仁人者正谊不谋其利，明道不计功，此语初看极好，细看疏阔。古人以利与人，而不自居其功，故道义光明。后世儒者行仲舒之论，既无功利，则道义者乃无用之虚语耳。”（《习学记言》卷二三）也就是说，道义是不能脱离功利的，为他人、社会谋利便是道义。明末清初思想家颜元针对空谈道义而轻视功利的思想表示出极大的愤慨，并将其斥责为“腐儒之论”。他说：“盖正谊谋利，明道便计功，是欲速，是助长；全不谋利计功，是空寂，是腐儒。”（《颜习斋言行录》卷下）同时，颜元把董仲舒的名言修改为：“正其谊以谋其利，明其道而计其功。”（《四书正误》卷一）从一定意义上讲，颜元既修正了董仲舒的义利观，又批判了程朱理学的义利观，并明确主张道义与功利的结合，实际上是对中国古代义利之辨的时代总结。与儒家重义轻利的道义论相比，陈亮、叶适、颜元等倡导事功之学，主张把道义与功利结合起来，实行义利并重，可称之为儒家功利论学派。

哲学家张岱年先生指出：“中国古代伦理学说可以分为道义论与功利论两大派别。道义论肯定道德价值高于实际利益，功利论强调道德价值不能脱离实际利益。道义论以孔子、孟子、董仲舒、宋明理学为代表；功利论以墨子、李觏和陈亮、叶适为代表，两者都有所偏向。”① 但是需要指出的是，儒家道义论与功利论对中国古代社会的

① 《张岱年全集》第3卷，河北人民出版社1996年版，第517页。

影响并不是等量齐观的。儒家道义论或董仲舒的“正其谊不谋其利，明其道不计其功”的义利观在思想道德文化层面对中国古代社会的影响居于主导地位，在历代统治者的大力倡导下，自上而下，并通过儒者义利之辨、书院和民间私塾及百姓日常生活等路径全方位地渗透社会各层，深深地影响人们的道德思维方式或道德价值判断选择，塑造了中国人坚持独立人格和崇尚气节，追求高尚的道德情操和精神境界，不为物质利益所诱惑、不为暴力所屈服的顶天立地的可贵品质，培育了广大民众的正义感和是非心，形成了中华民族的浩然正气，由此奠定了中华民族精神崇尚道义的底色。从孟子的“富贵不能淫，威武不能屈，贫贱不能移”，到晋代陶渊明的“不为五斗米折腰，拳拳事乡里小人邪”，到唐代李白的“安能摧眉折腰事权贵，使我不得开心颜”，再到陆九渊的“不识一字，亦须还我堂堂地做个人”；从“精忠报国”的岳飞，到“人生自古谁无死，留取丹青照汗青”的文天祥，到“苟利国家生死以，岂因祸福避趋之”的林则徐，再到“我自横刀向天笑，去留肝胆两昆仑”的谭嗣同等等，无不彰显中华民族崇尚道义气节和秉持浩然正气的优良传统。无疑，“正其谊不谋其利，明其道不计其功”的道义论，在中国古代历史进程中对奠定中华民族精神崇尚道义的底色发挥了无与伦比的作用。

五、结语

董仲舒思想作为儒学文化遗产，已成为取之不尽用之不竭的传统思想文化资源，今天我们应该坚持古为今用、推陈出新的原则，对其进行创造性转化和创新性发展，使其成为促进中华文化发展和提升国家文化软实力的有效资源。哲学家张岱年先生指出：“世界的变化日新月异，古今的距离越来越远。但今天总是昨天的继承，如果对于古人所已取得的正确认识弃之不顾，那绝不是明智的。至于一些陈腐有害的观念，那就必须坚决地扫除之。”① 今天的中国是历史中国的发展，当代中国文化是以儒家文化为核心的中华传统文化的扬弃与发展。当代中国文化建设首先要辩证地处理好“古”与“今”即历史传统与时代精神的关系。不忘本来才能开辟未来，善于继承才能更好地创新。无疑，坚持马克思主义立场观点方法，批判继承董仲舒思想，剔除其封建性糟粕、吸取其民主性精华，并结合时代精神进行创造性转化，使其融入当代中国文化建设中，对于推进中国特色社会主义精神文明建设及培育和践行社会主义核心价值观仍然具有借鉴价值和意义。

本文为“2021中国·衡水董仲舒与儒家思想国际研讨会暨中华孔子学会董仲舒研究委员会学术年会”提交的论文。

迟成勇（1966—），男，安徽肥东人，哲学博士，南京铁道技业学院马克思主义学院副教授。

①《张岱年全集》第4卷，河北人民出版社1996年版，第174页。

董仲舒创造的儒学为什么能够成为汉代及以后中国古代社会的主流意识形态？

孟祥才

由孔子创始，曾子、子思、孟子、荀子等丰富和发展的先秦儒学，构筑了后来影响深远的儒学的基本内容、理论框架和价值理想，从而使之成为春秋晚期和战国时代“百家争鸣”中的一个具有深邃内涵和远大理想的显学名派。他们的代表人物孔、孟、荀等，终生不辞辛劳，出疆载质，仆仆奔走于列国间的黄尘古道，不厌其烦地向诸侯国君兜售自己治国安民、达成太平盛世的学说。然而，他们所有的努力都成泡影，没有收到预期的结果。倒是被他们卑视的强化君权、倡导耕战的法家和“一怒而诸侯惧，安居而天下熄”的纵横策士受到列国国君的青睐，荣登各诸侯国的庙堂，出将入相，极尽风光。第一次完成中国真正统一的秦皇朝，“以法为教”，“以吏为师”，“焚书坑儒”，给了儒学一次极其沉重的打击，使之陷于自创始以来最凄迷的低谷。不过，时间老人却将自己的钟爱倾注给了儒学。就在秦朝灭亡172年之后的西汉武帝元光元年（前134），儒学迎来了最大的一次命运转折，在汉武帝举行的举贤良文学对策中，董仲舒以他的“天人三策”拔得头筹。雄才大略的君王与勇于创新的思想巨人来了一次里程碑式的拥抱。以此为契机，汉初60年间独占鳌头的黄老之学被赶下政坛，“罢黜百家，独尊儒术”的思想文化政策出台。从此以后，儒学就成为中国古代社会两千多年来朝廷极力弘扬、百姓日益接受的主流意识形态。即使在魏晋南北朝佛教大盛、玄学炽烈的时代，儒学在意识形态领域也没有失去盟主的尊位。对于此一史实，人们不断追问：原因何在？

一

人们首先追问的是：先秦儒学曾经有过极其辉煌的岁月：创始人孔子的理想、睿智和人格超迈时贤，继起者孟子的气势、雄辩和机敏出类拔萃，而最后总其成的荀子更是以“援法入儒”将儒学改造到与政治几乎无缝对接的程度，儒学在战国时代为什么还没有被当权者接纳，反而是一而再、再而三地被冷落呢？

孔子、孟子和荀子等先秦儒学的代表人物，站在前所未有的高度上将传统的道德观念和政治思想提升到一个新的境界，使儒学具有了民族、地域的超越性，也就具有了能够担负领导中国文化使命的资格。然而，在春秋战国时期，儒学跃升为主流意识形态的条件并不具备。这是因为，从政治上看，这是列国纷争的时代。各诸侯国的统治者尽管“礼贤下士”，对当时各学派发出的声音都摆出洗耳恭听的样子，但他们对指导思想的选择却主要从实用的角度而不是从思想文化的角度，而可供选择的思想流派又是九流竞进，十家并峙，纷纷扰扰，令他们眼花瞭乱。由于儒学仅仅是与墨、道、法、名、阴阳等并立的学派之一，再加上它还没有摆脱“迂远而阔于事情”的弊端，在急功近利的统治者看来，它不过是个好看好听却不切实用的学派。而法家学派和纵横策士，则以其立竿见影的时效性更多赢得了统治者的认同。所以当时进入列国君主庙堂执掌大权的大多是法家和纵横家的代表人物。还应该特别指出的是，虽然儒家思想看起来宏阔高远，令人神往，但其理想主义色彩太浓，与现实政治显得太过疏离：德治能敌得过法制？教化能敌得过刑罚？民富就能国强？非战能够取得耕战带来的效果？未来的美好期许能置换眼前到手的实际利益？……在二者必须择一的决断面前，儒学显然不是法家和纵横策士的对手，其败阵结局几乎是无可避免的。不能不说，儒学在春秋战国时代虽“显”而终被冷落，时空错位尽管是主因，但儒学自身的迂阔也不能辞其咎。思想的光芒能否震撼当权者的心灵并使之折腰膜拜，时代提供的条件永远是第一位的。

二

西汉建立后，秦末农民战争“反无道，诛暴秦”的时代氛围形成了较宽松的舆论环境，战国诸子余绪一度十分活跃。除墨家外，其余儒、道、法、阴阳、纵横等学派都有代表人物出场活动。其中儒、道（黄老）互黜特别激烈。但在西汉初年半个多世纪的竞争中，儒学败给了黄老。原因在于，此时主张在尊君前提下“无为而治”的黄老思想既符合统治者要求稳定社会秩序的愿望，也反映了广大百姓“修养生息”的诉求，因而获得了近60年的庙堂之尊。这时的儒学尽管在艰难的条件下由一批儒生执着地传播，尽管由叔孙通定朝议实现了她与政治的初步结合，但因为传经的儒生包括叔孙通等出类拔萃之辈，一方面在理论上缺乏创新，一方面与政治的结合也仅限于实用的层面，其自身还没有改造到足以担当主流意识的水平。随着西汉历史经过文、景之治迈向峰巅，黄老思想作为主流意识的缺失日益凸现，儒学的优长则日益显现。关键是必须将儒学改造到适应汉朝统治者的需要和为广大百姓所接受。时代呼唤一个儒学大师横空出世，来完成将原始儒学改造为新儒学的使命。“如爱尔维修所说的，每一个时代都需要有自己的伟大人物，如果没有这样的人物，他就要创造出这样的人物来。”① 果然，董仲舒应着时代的呼唤，向年轻的汉武帝走来，向需要他的时代走来。两个历史伟人心有灵犀的默契互动，在思想史上产生了数以千年计的回响。

董仲舒是汉代新儒学的创始人。他创立的新儒学由天人感应的神

---

① 马克思：《1848年至1850年的法兰西阶级斗争》，《马克思恩格斯选集》第一卷，人民出版社1972年版，第450页。

学目的论、君权天授说和专制主义大一统的政治论以及性三品说和三纲五常的道德观所组成。他把墨家的天鬼观念和思孟学派的天人合一观念，用邹衍的阴阳五行学说加以改造，进一步神化天人关系，创立了一套较完整的天人感应的神学目的论，由此把被荀子以唯物论打破的天的偶像重新恢复起来。他认为天是“万物之祖”[①]，“百神之大君”[②]，是明察秋毫、赏善罚恶的自然界和人类社会的最高主宰。自然界的四时运行、风晴阴雨，人类社会的治乱安危、尊卑贵贱，都是天神“阳贵而阴贱”的意志的体现。他又用五行相胜附会君臣父子之道，神化封建制度。他进而认为，天既安排地上的正常秩序，同时又监督这一秩序的运行。为了论证封建制度的永恒性，他又鼓吹“道之大原出于天，天不变，道亦不变”[③] 的形而上学思想。这里的“道”实际上指的是全部封建的社会制度和伦理观念，而这些东西却是“万世无弊”的。既然如此，改朝换代又怎样解释呢？董仲舒于是提出了“三统”“三正”的理论。认为每一个王朝代表一统，共有黑、白、赤三统，夏朝为黑统，殷朝为白统，周朝为赤统。与之相适应，每个王朝应有不同的岁首，夏朝以阴历正月为岁首，殷朝以十二月为岁首，周朝以十一月为岁首。这就是“三正”。“三统”“三正”周而复始，王朝的更替也就只是表现为“改正朔，易服色”，而“道”却是永世不变的。这种循环命定论的历史观所论证的恰恰是封建制度的永恒论。

为了使人君保持绝对的权力和威严，董仲舒一方面论证人君“立于生杀之位，与天共持变化之势”[④] 的神圣性；一方面要求从政治上加强专制主义的集中统一：“春秋大一统者，天地之常经，古今之通谊也。”[⑤] 同时把全国臣民的思想纳入儒家学说的轨道，实行“罢黜

① 董仲舒：《春秋繁露·顺命》，清文渊阁四库全书。
② 董仲舒：《春秋繁露·郊语》，清文渊阁四库全书。
③ 董仲舒：《春秋繁露·为人者天》，清文渊阁四库全书。
④ 董仲舒：《春秋繁露·制度》，清文渊阁四库全书。
⑤ 董仲舒：《春秋繁露·王道三通》，清文渊阁四库全书。

百家，独尊儒术”的政策：

> 今师异道，人异论，百家殊方，指意不同，是以上亡以持一统，法制数变，下不知所守。臣愚以为诸不在六艺之科孔子之术者，皆绝其道，勿使并进。邪辟之说灭息，然后统纪可一而法度可明，民知所从矣。①

董仲舒一方面看到专制主义中央集权需要在政治上和思想上树立君主的绝对权威；另一方面也隐隐觉察到不受限制的君主权力一旦为所欲为，也会给国家和社会带来意想不到的灾难。于是又在君主之上精心设计了一个天神，希望利用它来对君主的活动加以约束："且天之生民，非为王也，而天立王以为民也。故其德足以安乐民者，天予之；其恶足以贼害民者，天夺之。"② 这里，董仲舒要求君主安民乐民的愿望是真诚的，自然也值得肯定。不过，他借助天神的威力限制君主滥用权力的希冀，只不过是一厢情愿而已。天的佑护毕竟靠不住，董仲舒于是更多地把注意力集中在"贤才"的选取、培植和任用上。他深知贤才对国家兴亡有着至关重要的作用，"任非其人，而国家不倾者，自古及今，未尝闻也。……任贤臣者，国家之兴也"③。他对当时官场出现的"廉耻贸乱，贤不肖浑殽""主德不宣，恩泽不流""暴虐百姓，与奸为市"④ 等现象痛心疾首，要求选任官吏"毋以日月为功，实试贤能为上，量材而授官，禄德而定位"，反对"累日以取贵，积久以致官"⑤ 的论资排辈恶习和任子制度，提出"兴太学""举贤良"，在社会上广泛选取德才兼备的知识分子为官吏，以扩大统治基础。这些观点是值得肯定的。董仲舒反对政府对劳动人民一味施以严刑峻法，主张治民以德教为主，以刑罚为辅。他说："王者承天意以行事，故任德教而不任刑。刑者不可以任以治世，犹阴者不

① 《汉书·董仲舒传》，中华书局1962年版。
② 董仲舒：《春秋繁露·尧舜不擅移汤武不专杀》，清文渊阁四库全书。
③ 董仲舒：《春秋繁露·精华》，清文渊阁四库全书。
④ 《汉书·董仲舒传》，中华书局1962年版。
⑤ 《汉书·董仲舒传》，中华书局1962年版。

可以任以成岁也。为政而任刑，不顺于天，故先王莫之肯为也。”①他敢于面对现实，以比同时代人更锐敏的眼光揭露“富者田连仟陌，贫者无立锥之地”② 的贫富对立的事实，指出劳动人民“或耕豪民之田，见税什伍”，“常衣牛马之衣，食犬彘之食”③ 的悲惨境遇，与贵族富豪们“戴高位”，“食厚禄”④，“食利而不肯学义”，横暴骄逸，形成了鲜明的对比。针对此，董仲舒提出了一系列缓和阶级矛盾和社会矛盾的主张，如“限民名田，以澹不足，塞并兼之路。盐铁皆归于民。去奴婢，除专杀之威”⑤ 等，这是两汉历史上第一个关于解决土地、奴婢问题的改良方案；又提出“不与民争利”、放弃盐铁国营、禁止官吏经营工商业以及“薄赋敛，省徭役”等经济政策，反映了他对汉代社会矛盾和阶级矛盾的清醒认识和解决矛盾的积极态度。

以上内容表明，董仲舒创立的新儒学在许多方面继承了先秦原始儒学的基本思想、范畴、概念，如孔子、孟子关于天命的理论和仁爱、仁政、德教、任贤、仁、义、礼、智、信等内容，以及缓和社会矛盾、适度减轻剥削的“民本”思想，等等，大大强化了其儒家思想的外观。同时，也大量吸收融合了先秦诸子中其他学派的一些内容。如吸收了邹衍的阴阳五行学说，作为他构筑天人感应的神学目的论和循环历史观的重要思想资料；吸收了法家的法制主义理论，作为构筑他阳爱阴刑思想的重要资料；吸收了墨家关于“尚同而下不比”的理论，作为他构筑专制主义中央集权的思想资料，等等。他特别根据汉皇朝专制主义中央集权的需要，对原始儒学做了很多修正。例如，孔子虽然讲“天命”，但却怀疑甚至否定鬼神的存在，“子不语怪、力、乱、神”⑥，“敬鬼神而远之”⑦，“未知生，焉知死?”“未能事人，焉

① 《汉书·董仲舒传》，中华书局 1962 年版。
② 《汉书·食货志》，中华书局 1962 年版。
③ 《汉书·食货志》，中华书局 1962 年版。
④ 《汉书·食货志》，中华书局 1962 年版。
⑤ 《汉书·食货志》，中华书局 1962 年版。
⑥ 《论语·述而》，《十三经注疏》，中华书局 1980 年版。
⑦ 《论语·雍也》，《十三经注疏》，中华书局 1980 年版。

能事鬼？”[①] 董仲舒却大肆宣传阴阳灾异迷信，并将其作为构筑天人感应体系的主要内容。孔子主张恢复周礼："周兼于二代，郁郁乎文哉，吾从周。”[②] 孟子主张实行井田制，制民恒产。董仲舒却强调“更化”，主张限田限奴，基本上脱掉了复古的外衣，而把注意力集中到对现行政策的调整。孔、孟等先秦儒家都主张“贤人”政治，“仲弓为季氏宰，问政，子曰：‘先有司，赦小过，举贤才。’”[③] 又讴歌禅让制，认为尧、舜、禹之间的更替就是禅让制的典型体现。在君民关系上，主张“民为贵，社稷次之，君为轻”[④]。在君臣关系上，讲究对等原则：“君之视臣如手足，则臣视君如腹心；君之视臣如犬马，则臣视君如国人；君之视臣如土芥，则臣视君如寇仇。”[⑤] 董仲舒则维护并神化绝对君权，以“三纲五常”的道德信条作为君臣、君民和其他人伦关系的准则，使君臣、君民和其他人伦关系更适应趋于凝固化的封建等级制度。虽然经过董仲舒刻意塑造的孔子形象较前更加崇高伟大，光彩夺目，但也离开了历史的真实，变成了涂满油彩的偶像，人性少而神性多了。

董仲舒改造了传统儒学，将其发展到一个新阶段。他创立了今文经学，开启了儒学神学化、儒家宗教化、孔子教主化的进程，为封建社会找到了较为理想的意识形态。他的学说为稳定和巩固大一统的专制主义中央集权的统治起了重要作用，对于以汉族为主体的中华民族的心理构建产生了不可估量的积极影响。董仲舒改造后的儒学，最贴近政治和社会，最反映社情和民心，找到了统治者和被统治者利益的结合点，正如梁启超所分析，她“严等差，贵秩序，而措而施之者，归结于君权”，“于帝王驭民，最为适合”。它“说忠孝，道中庸，与民言服从，与君言仁政，其道可久，其法易行”[⑥]。显然，董仲舒创

① 《论语・先进》，《十三经注疏》，中华书局 1980 年版。
② 《论语・八佾》，《十三经注疏》，中华书局 1980 年版。
③ 《论语・子路》，《十三经注疏》，中华书局 1980 年版。
④ 《孟子・尽心下》，《十三经注疏》，中华书局 1980 年版。
⑤ 《孟子・离娄下》，《十三经注疏》，中华书局 1980 年版。
⑥ 梁启超：《饮冰室合集・文集之七》，《饮冰室合集》第 1 册，中华书局 1989 年版。

造的儒学之所以能够成为汉武帝之后中国古代社会的主流意识形态，就是因为它已经改造到对社会需要能够弹性适应的程度。

三

与儒学进行激烈竞争的其他学派，为什么在西汉初年的竞争中最后败阵？

先秦以来的其他学派，虽然各有其特定内涵，各有其优长之处，各有其存在价值，各有其对中国传统思想文化的独特贡献，然而，除了法家思想在秦朝取得了公认的主导地位，以黄老名世的新道家在西汉初年有着近60年作为统治思想的辉煌外，其余各家思想，在两千多年的封建社会中，或者销声匿迹，或者作为主流思想的补充而存在，谁也未能像儒学那样，以统治思想长期左右封建政治的运行。其原因在于，与儒学相比，它们本身所固有的缺失无法适应不断变化的社会对主流思想文化的诉求。

墨家曾是战国前期与儒家相抗衡的影响巨大的学派。然而，在秦朝以后，它却销声匿迹，在汉初一度活跃的诸子余绪中也找不到它的身影。原因在于，一是它的某些思想观念，如“尚同”之类，已被新儒学吸纳；二是它提倡的“兼相爱，交相利”“爱无等差”等学说，纯粹是不切实际的幻想，不可能被社会普遍认同；三是其“节用”“节葬”“非乐”等思想，尽管反映了当时的个体生产者对社会贫富不均的不满情绪和提高生活水平的愿望，但又有着这种小生产者的明显局限。它认为人们的衣食住行的各种消费应以满足基本的生理需要为前提，超过这个界限，就是奢侈淫僻，所以，美好的饮食、华美的房舍、美丽的衣服、动听的音乐，一概是不必要的。它把人们的消费水平固定为一个最低标准的模式，并要求社会上所有的阶级和阶层共有这个模式。这种平均主义的保守的消费观念不利于生产的发展和人民生活水平的提高，是一种一厢情愿的空想。司马迁批评它“简而难尊"，"其事不可遍循"①，是很有道理的。墨家思想最后从社会上消失，是因为剥削者和被剥削者都认为它难以遵行。

名家在战国时期曾名噪一时，但因其学说着重于形式逻辑，缺乏完整的政治、社会、经济和伦理思想，就是形式逻辑的一些论题也陷于诡辩，所以司马迁批评它"苛察缴绕，使人不得反其意，专决于名而失人情"，"使人简而失真"②。它只是一种思维的工具，当然没有资格成为统治思想。

法家有一套完整的由法、术、势组成的专制主义中央集权的政治理论和以耕战为手段，以"富国强兵"为目的的经济理论，易于操作，立竿见影，因而受到列国统治者的青睐。秦始皇以此理论为指导，不仅完成了中国的统一，而且建立起强大的中央集权的国家，充分显示了法家理论的效用。然而，法家理论也有它致命的弱点：第一，它迷信武力和刑政，将其视为唯一的夺权和治国的手段；第二，它把人与人之间的关系看成纯粹的利害关系。君臣、父子、兄弟、夫妻、朋友、买者和卖者、地主与农民，无一不是利害关系。人与人之间不存在丝毫的道义和亲情，一切都是互相争夺、互相利用、互相坑害。对于统治者来说，法家理论有成功之道却乏长治久安之术。秦朝二世而亡的教训引起汉初君臣的深刻反思，他们明白，法家理论只能作为统治思想的一个组成部分加以应用，却千万不能将其作为旗帜树立起来。所以，在秦朝以后中国两千年的封建社会里，法家思想的命运是被统治者明骂而暗用。

以老子、杨朱、庄周等为代表的道家思想虽然清醒地看到了人类文明的发展带来的社会矛盾、贫富分化、压迫剥削等不公平现象，鼓吹自由自在、保身全性的生活，具有一定的积极意义。但是，道家思想的局限也十分突出鲜明。第一，他们对人类社会的发展持悲观态度，认为人类最美好的时代是文明出现前的史前时期，主张社会倒退

① 《史记·太史公自序》，中华书局 1959 年版。

② 《史记·太史公自序》，中华书局 1959 年版。

到“小国寡民”甚至“同与禽兽居，族与万物并”① 的时代。第二，他们追求绝对的精神自由，反对一切制度和礼法，倡导“无为而治”，实际上要把社会推向无政府状态。第三，他们强调“任自然”“保身全性”“拔一毛利天下而不为”，放弃对国家、社会和民族的责任。以黄老名世的新道家尽管与原始道家已有很大的不同，但其“无为而治”的放任理论不利于国家实施干预政策，因而只能在汉初的特殊历史条件下成为主流思想辉煌一时。在中国封建社会的历史上，道家思想虽然没有像墨家那样消亡，但它只能作为儒家的同盟军，作为主导思想的补充而存在。

发端于齐国的阴阳家偏重于哲学思想，其政治、经济和伦理方面的内容甚少或根本没有涉及，因而不具备成为统治思想的条件。况且，由于它成为董仲舒构筑新儒学的重要资料，实际上已经融入新儒学之中，阴阳家自己也就失去争当统治思想的愿望了。

其他学派，如农家的小农的平均主义空想，根本不具备实践的品格。纵横家只看重纵横捭阖的政治外交斗争策略，理论上十分贫乏。兵家虽有丰富的战略战术思想，但政治经济社会伦理思想相对薄弱，它们也没有条件单独争夺统治思想的宝座。只有经过董仲舒改造过的儒学，既保留了原始儒学那博大精深的内涵，又有选择地吸收了其他学派的理论和方法，并且基本上消除了原始儒学“博而寡要，劳而少功”“迂远而阔于事情”等弊端，成为内容最丰富，涉及政治、经济、思想、伦理、文化教育等社会生活的方方面面，最贴近百姓生活，最易为百姓所了解，又较易操作的学说。尤其重要的是，它适应中国宗法农业封建社会的特点，尽量照顾到社会上各个阶级和阶层的利益，找到了剥削者与被剥削者、统治者与被统治者利益的结合点，成为他们双方都乐于接受的理论和学说。一句话，经过改造的儒学，最适应社会的需要，最具备实践的品格，最善于顺世变异，因而能够拔出同列，登上统治思想的宝座，成为中国封建社会主流文化的核心和主要

① 《庄子·马蹄》，《诸子集成》（3），上海书店 1986 年影印出版。

组成部分。尽管两千多年间，世事不断变迁，思想文化波澜起伏，外来文化强烈冲击，儒学的统治地位却一直稳如泰山，没有丝毫的动摇。

本文为“2021中国·衡水董仲舒与儒家思想国际研讨会暨中华孔子学会董仲舒研究委员会学术年会”提交的论文。

孟祥才（1940—），男，山东临沂人，山东大学儒学高等研究院教授，博士生导师。

董仲舒思想对中华民族共同体的构建贡献及其启示

姚洪越

中华民族的形成和发展是中华文明的最重要条件和伟大成果。在中华民族五千多年的发展历程中，汉帝国的存在是一个重大的转折，其主要体现在统一的汉民族的形成和巩固。汉民族作为中华民族大家庭的核心和主干力量，为中华民族的发展延续做出了不可替代的主导性贡献。在汉帝国和汉民族的形成发展中，儒学王官学地位的确立是精神文化层面的重要支撑和保证。董仲舒的大一统思想、董仲舒的“罢黜百家、独尊儒术”的思想在确立儒学的王官学地位、形成统一强大的汉帝国、巩固牢靠的汉民族领域起着十分关键的作用，具有不可替代的历史地位。今天，我们面临着进一步铸牢中华民族共同体的时代任务，董仲舒思想的历史贡献及其当下启示是我们构建中华民族共同体的重要历史基础和宝贵资源。

一、董仲舒思想在汉民族形成发展中的历史作用

民族国家理论是当今世界影响最大的国家构建学说。中华人民共和国以民族立国，支撑中华人民共和国的民族基础就是中华民族。中华民族是 56 个民族共同组成的大家庭。中华民族内部各民族之间是

家庭成员之间的关系，谁也离不开谁。中华民族内部要像石榴籽一样紧密团结在一起。毋庸讳言，在中华民族的 56 个组成民族之中，从历史和现实来看，汉民族发挥着主导民族和核心民族的关键作用。从历史上看，汉王朝的长治久安和空前一统是汉民族形成巩固的重要条件和保障，而董仲舒的思想在汉王朝的长治久安和空前一统中又起着十分关键的重要基础性作用。

（一）董仲舒的思想为汉民族的形成发展提供了强大的政权保障

王朝的建立和发展，不仅需要具备强大的军事力量，而且需要强大的政治力量，而支撑军事力量和政治力量的重要基础是思想的力量。汉王朝建立初期的国家政治思想并不是很稳定，从汉初的道家学说占主导地位，到汉朝初期长达百余年的中央王朝与分封国家的并存，都显示了这个新生的王朝在国家治理学说的选择上，在国家政治秩序的构建上存在较大的不确定性。与道家的道法自然哲学相对应的是国家治理结构上的分封王国与中央朝廷的若即若离、暗流涌动，乃至此起彼伏的分离叛乱。董仲舒在应对汉武帝的《天人三策》中，立足于《春秋》中的大一统论述，阐释发挥了儒家的大一统思想，他指出：“《春秋》谓一元之意，一者万物之所从始也，元者辞之所谓大也。谓一为元者，视大始而欲正本也。”① “《春秋》大一统者，天地之常经，古今之通谊也。”② 董仲舒是从天的唯一性来论证天人关系、天君关系的，天是“一”，君是“一”，所以需要“大一统”。

天是“一”，只有一个天，这是不容辩驳的事实，从这个事实出发来论证“大一统”，延续了《诗经》里讲的“溥天之下，莫非王土；率土之滨，莫非王臣”的传统思想，董仲舒提出了“一统乎天子”③（《春秋繁露·符瑞第十六》）“一统于天下”④（《春秋繁露·三代改制质文第二十三》）的思想，为尊崇朝廷、定君主“天子”为一尊奠定

① 周桂钿：《董仲舒研究》，人民出版社 2012 年版，第 15 页。

② 周桂钿：《董仲舒研究》，人民出版社 2012 年版，第 205 页。

③ 《春秋繁露》，张世亮、钟肇鹏、周桂钿译注，中华书局 2012 年版，第 181 页。

④ 《春秋繁露》，张世亮、钟肇鹏、周桂钿译注，中华书局 2012 年版，第 223 页。

了思想基础。这在一方面为在汉帝国境内的“推恩令”的实施，分封国的废除，建立统一于朝廷的国家政令体系奠定了坚实的基础；在另一方面为汉帝国经营岭南、进军西南、北上大漠、挺进西北奠定了坚实的思想理论基础。汉帝国的版图远远超过了夏商周秦，汉帝国的军令政令实现了长期的高度统一，这些都开创了中国历史的先河，奠定了中国后来的基本治理版图和治理框架，为华夏民族在更加广泛的范围和更加深刻的领域向统一的汉民族的转变奠定了坚实的政权基础。

汉人，最初的含义就是大汉帝国版图之下、大汉朝廷治理之下的民众的统称。没有强大的而又长期统一稳定的国家版图、没有统一稳定版图之上的强大的中央集权以及在此基础上的政令军令统一，一个强大而又稳定的民族是不会产生的。汉帝国就是汉民族最初的最为强大的政权依托和版图依托。董仲舒的大一统思想在深刻影响了汉武帝及其后世君主的基础上，成为汉帝国的基本政治哲学的核心内容之一，也成为汉民族共有的最高核心政治价值之一。支持统一、渴盼统一、反对分裂、唾弃分离，继而成为中华文明的核心政治信仰。这个信仰、这个价值，成为支撑中华民族一次又一次地战胜分裂局面，一次又一次的走向一统，实现统一的强大动力，也使得中华民族成为世界上唯一一个在历经分裂之后每一次都会走向统一、实现凤凰涅槃、浴火重生的强大民族。

（二）董仲舒为汉民族的形成发展提供了强大的指导思想基础

“百家争鸣”，既是文化繁荣的体现，也是国家分崩的反映。国家的统一需要以思想的一统为基础，思想的一统需要以国家的统一为保障。经过长期的“礼崩乐坏”“分崩离析”，经过“暴秦”的短暂历史，初创的汉帝国没有认识到“思想一统”的重要价值，更没有做到政治哲学意义上的“思想一统”。这种思想一统包括以哪一种思想学说为指导，也包括如果构建国家的治理体系。思想的分崩与政治的动荡互为因果、相互促进，使得初期的汉帝国处于危机之中。

董仲舒的《天人三策》中，明确提出了“独尊儒术”的主张，他指出：“臣愚以为诸不在六艺之科孔子之术者，皆绝其道，勿使并进。邪辟之说灭息，然后统纪可一而法度可明，民知所从矣。”“不在六艺之科孔子学术者，皆绝其道，勿使并进。”其含义就是除了孔子学术外，都要剥夺其传播发展的权利，也就是我们常说的“罢黜百家”。“罢黜百家”的结果就是要“独尊儒术”，用孔子学术来确立统一的“统纪”和“法度”，使“民知所从”，即接受儒家的教化礼节。

“罢黜百家、独尊儒术”确立了当时最为先进的政治学说“孔子学术”的王官学的初步地位，后来通过用儒家学说进行考试考核、选举选拔、儒家学说的统领地位得到明确，中国有了统一的指导思想。思想的统一是价值统一的基础，价值统一是文化构建的基础，文化的认同是身份认同的基础。“罢黜百家、独尊儒术”，为广袤的汉帝国之上的人民提供了稳定的明确的生活价值体系，也为汉帝国的治理提供了明确的国家治理理论和国家治理体系，这种体系的建立使得汉帝国的治理达到了当时历史条件所能实现的最高水平。具有统一的版图、同一个君主领导下的同一个朝廷，认同同一个思想价值体系和国家治理体系，汉帝国境内的各地人民日渐具有了相同的文化、话语和价值，并且为了同一个帝国的任务在帝国范围内通过经商、迁徙、战争、婚姻等方式进行不断的交流融合，最终形成了强大的统一的汉民族——汉帝国之下的人组成的民族。

值得指出的是，“罢黜百家、独尊儒术”更多的是在政治生活领域、国家治理领域，在非政治生活、国家治理的领域，儒家之外的其他学说仍然有其存在的空间。即使是独尊儒术，也不是在国家治理中绝对不考虑现实需要严格按照儒家的德主刑辅学说进行治理，正如汉宣帝所说：“汉家自有制度，本以霸王道杂之，奈何纯任德教，用周政乎?”但是，即使如此，在政治教化的语言体系中，在国家治理的主导话语体系中，儒家学说的至高地位仍然是不可动摇的。在汉代以后的中国儒家各朝代中，儒家学说的地位也大抵如此。这为汉民族的形成发展奠定了坚实的思想价值基础。

（三）董仲舒为汉民族的形成发展提供了强大的历史记忆

西汉帝国和东汉帝国前后延续了400年，400年的共同价值观培育、儒家指导思想话语体系的普及，400年间人民效忠于同一个朝廷、同一个帝国，一起战斗、一起生活、一起交流，构成了汉民族强大的共有历史记忆。东汉之后，历经300年的大动乱、大动荡，但是到了公元589年，隋帝国再一次统一了南北分裂政权，紧随之后的唐帝国在更广大的范围内、在更深的层次上再现了汉帝国的辉煌。科举制度把儒家的经典作为考试的内容，儒家的独尊地位在经过历史的变迁之后再一次得到强化。300多年的隋唐，使得儒家文化成为与汉民族不可分割，成为汉民族血脉里的重要精神标识和价值基因。

从董仲舒和汉武帝倡议和推行“罢黜百家、独尊儒术”，把“大一统”思想作为主导思想、主流价值开始，经过与国家分裂时期的检验、对比和考验，到隋唐时期儒家再次作为政治指导思想和生活指导价值源泉，汉民族在长期的生活生产以及与其他民族的交往交流交融中，在于其他民族的和平冲突激荡中，不断强化自己的文化属性、不断强化自己的儒家政治和价值认同，不断明确自己的身份，使得孔子学说成为凝结广大地域汉民族认同的重要基础。

汉民族的形成、存在和发展与孔子的儒家学说的发展延续相互促进，相得益彰，孔子信仰、家国信仰、报效朝廷、敬天祭祖、仁义礼智信、家国一统等核心理念和价值为民族的发展和延续、为民族的繁衍和生息，提供了丰富的优秀基因和强大的精神支撑，成为汉民族的鲜明特征。董仲舒作为西汉前期汉帝国和汉民族发展的奠基时期的儒家思想集大成者、“大一统”思想的深入阐释者和“独尊儒术”的论证倡议者，其上述思想得到汉武帝的认可成为汉帝国的国策，并为汉代之后的中国后世王朝所整体继承和弘扬，从而发挥了其作为一个伟大的思想家、伟大的战略家、伟大的民族缔造者之一的应有地位和作用。

二、董仲舒思想在中华民族历史发展中的巨大贡献

中华民族以汉民族为核心和主导，汉民族在自身的孕育形成发展各时期，都在和其他民族进行互动交流，这些时期也都是中华民族的孕育形成和发展时期。董仲舒的思想不仅在汉民族的形成发展中起到了不可替代的巨大的历史作用，同样，其思想的传播发展及其影响，

也深刻影响了汉民族之外的中华各民族，极大地推动了中华民族的历史发展，为中华民族的孕育形成和发展做出了巨大的贡献。

（一）董仲舒思想深刻影响了汉族之外的中华其他民族

董仲舒倡导的儒家思想不仅深刻影响了汉民族，而且深刻影响了中国境内各民族。从北魏孝文帝开始大规模推行汉化（儒家化）开始，中国各个分裂时期的少数民族主导的政权、由少数民族主导的大一统政权，都把董仲舒倡导的“大一统”“罢黜百家、独尊儒术”“仁义礼智信”等思想作为重要的治国理政思想和人民生活指导价值。例如南北朝时期的北朝各政权（北魏、东魏、西魏、北齐、北周）、辽夏金等由少数民族主导建立的区域性政权，以及元和清等由少数民族主导建立的全国性政权，出于治国理政的需要，出于学习先进文化的需要，出于管理和引导汉民族被统治者的需要，都把儒学作为治国理政（特别是治理汉民族地区）的重要指导思想和指导价值。这些政权管辖下的人民，为了进行了国家管理，为了成为国家和地区的管理者，必须进行儒家文化的学习和践行，从而扩大了儒家政治文化的影响范围和历史地位。

由于汉民族是中国的第一大民族，也是中国各民族中文化生产力水平相对较高的民族，汉民族之外的各民族在与汉民族的长期交往中，有不少民族的人民逐步接受了汉字、汉文化、儒家文化，使得儒家文化为众多的民族所了解、所践行。不同民众出于生产生活需要、交流交往需要、贸易交易的需要，学习使用践行儒家文化，使得儒家文化成为具有全国性影响的重要文化现象，董仲舒倡导的、被后世发展的儒家信念和价值成为超越中原这个汉族聚集区的普遍性选择，成为众多中国境内少数民族的重要文化价值选择。

儒家思想对少数民族的深刻影响对于推进中华各民族的政治认同、思想认同、国家认同和政权认同具有奠基性的意义。中华各民族所具有的共同思想基础、共同价值选择、共同的家国情怀使得中华民族历经几千年的发展，在近代面对外来入侵的时候，在国家蒙辱、人民蒙难、文明蒙尘的时候，具有浓烈的同胞情怀，具有强烈的命运共同体意识，并且在团结反抗外来入侵的过程中，进一步推进了中华民族的强化和发展，中华民族成为包括汉民族和少数民族在内的各民族的共同认同。

（二）董仲舒思想推动了中华各民族之间的交往交流交融

儒家文化源于汉民族，但并不仅仅属于汉民族，儒家文化不强调民族属性在文化认同上的差别待遇。董仲舒在《春秋繁露》中多次解读春秋笔法中的“夷夏”之分，认为夷夏之分更多地强调价值观的选择和践行，认同儒家价值观的就是“夏”或者享受“夏”的待遇，反之，如果是“夏”，却不认同和践行儒家价值观，就用对待“夷”的态度对待。这种观点进一步增加了少数民族进军中原，少数民族政权统治汉民族的合法性和合理性。董仲舒“大一统”“德政”等思想，不仅为汉帝国的开拓提供了强大的思想基础，同时也为所有了解认同董仲舒思想的民族提供了强大的思想基础。随着董仲舒的思想的流行，少数民族主导的政权也以这些思想为指导，认为自己要进行开疆拓土，也要对其他政权的“不行德政”为理由进行征讨。董仲舒的这些思想，成为中国少数民族主导的政权进军中原的重要思想支撑。辽金和宋之间关于谁是中国的争论，蒙古和满洲在建立元帝国和清帝国时的意识形态论证，都在不同程度上有意无意地使用了“大一统”和“仁义礼智信”等董仲舒的思想。

不管是汉民族建立的政权在少数民族聚集地区的开拓和经营，还是少数民族建立的政权在汉民族聚集地区和其他少数民族聚集地区的开拓和经营，从客观上都促进了这些民族之间、这些民族民众之间的交往交流交融，增进了大家相互之间的认识、认知和认同。这些民族在同一个政权的统治管理之下，在对儒家思想和价值观的认同和践行下，逐渐地增加共同点，消除隔阂和区别，从而不断在更大的范围内和更深的程度上孕育和发展了共有的“天下一家”“中华民族”的概念。

（三）董仲舒思想是中华民族形成的重要直接推动力量

中华民族作为一个实体民族，需要一个思想文化体系作为自己的民族思想。历史上“夷夏”之辩的核心在于文化的差异，就在于思想的差异。汉民族儒家文化的主导地位，和蒙古、藏等民族的藏传佛教文化的主导地位，以及在生产生活方式上的诸多不同，成为中华民族进一步发展的重要现实因素。

董仲舒的大一统思想，为中国各民族走向一体，提供了政治上的思想保障，在“大一统”的思想影响下，不同民族建立的政权都把“统一”作为自己的政治追求，都把建立统一的、包括多个民族的政权作为自己的目标。因此，汉隋唐明等汉民族主导的政权，和元清等少数民族主导的政权，都把建立大一统的国家视为理所固然，理所当然，统一的政权为统一的民族的构建提供了强大的动力。

董仲舒思想确立的政治哲学、文化体系和价值理念，渗透在中国封建王朝的用统一的思想文化进行国家治理、人才选拔和教育教化，使得在统一国家政权管理下的各族民众，甚至使得在不同政权（但都信奉儒家文化）的各族民众，具有相对一致的思想认识、文化体系和价值选择，是不同的文化体系之间也相互渗透，在很多领域、特别是在政治领域、国家治理领域存在众多的相互认同和相互支撑。例如，在藏传佛教文化体系中，对中原王朝最高领袖是“文殊菩萨”的定位，君臣父子等人伦关系上的儒家主导，使得一个具有相对统一文化价值的民族呼之欲出，都为中华民族的形成和发展奠定了良好的基础。

值得指出的，在中华民族遭遇各种灾难，特别是近代以来面对外敌入侵的时期，面对与入侵者的巨大政治、文化、利益差异，中华各民族在共同的抗击入侵、建设国家的过程不断增强同一个国家、同一个民族的意识。在中国共产党的领导下，经过北伐战争、土地革命战争、抗日战争和解放战争、抗美援朝战争，经过土地改革、社会主义改造、社会主义建设和改革开放，中国各族人民在政治生活上、经济生活上、文化生活上具有越来越多的相同点和一致性，中华民族的成长发展、建设巩固进入了一个新的发展时期。党的十八大以来，在以习近平同志为核心的党中央的领导下，中华民族共同体意识得到了空前的提高，中华民族作为一个单一的民族的程度达到了历史的新水平。“爱我中华”成为全体中国人的最强音。

三、董仲舒思想对铸牢中华民族共同体的历史启示

董仲舒思想在中华民族的发展过程中起到了的巨大历史作用，为我们铸牢中华民族共同体奠定了坚实的基础，也提供了强大的历史启示。

（一）中央有权威、政权的高度统一

政权的统一，政令军令的统一，是民族形成巩固发展的基本政治前提。国家的分崩离析，政权的四分五裂，必然导致民众的分离、文化的分割、经济的阻碍、交流的阻隔、民族的瓦解。苏联的解体，罗马尼亚与摩尔多瓦、朝鲜和韩国、南斯拉夫的分裂和瓦解，都直接导致了民族隔阂的加深，民族差异的强化，统一民族的分裂化。

反之，长期的高度的国家政权的统一，是构建塑造巩固发展统一民族的重要前提。大汉帝国之于汉民族、吐蕃政权之于藏民族、阿拉伯帝国之于阿拉伯民族、法兰西王国之于法兰西民族，都是现有政权后然后有统一的民族。中华人民共和国的建立、巩固和发展与中华民族意识的进一步巩固和发展，同样也是明证。

在今天，铸牢中华民族共同体，要充分借鉴历史经验、充分汲取成败智慧，保持尊重但不突出、消弭而不强化中华各民族之间的差异的明智选择，逐步实现公民身份平等，让中华民族的身份成为全体国人的第一民族身份选择，把中华民族这一经过几千年发展的统一的民族不断夯实做强，让爱我中华的种子在每一个中华儿女心中生根发芽，从而不断增加所有国民在政治经济文化社会生活各领域的共同经历、平等身份、相同待遇、相同感受，不断增加中华民族内部的相似相同性质，最终实现各民族都融汇入中华民族这一民族大河中，实现中华民族的巩固有力，坚不可摧，为中华民族的伟大复兴奠定坚实的基础。

（二）指导思想的一元

董仲舒思想、儒家思想的长期指导地位，为汉民族的形成和发展提供了坚实的思想基础，为中华民族的形成发展做出了彪炳史册的历史贡献。指导思想的一元明确，指导思想的长期稳定，指导思想的与时俱进，指导思想的坚强高效，是统一民族构建的重要基础。

今天，马克思主义及其中国化成果的指导地位，是中华民族在新时代继续坚毅前行、不断发展壮大的坚实思想基础。习近平新时代中国特色社会主义思想的指导地位，是确保新时代各项事业不断发展的思想基础。我们要用习近平新时代中国特色社会主义思想为指导，以建设社会主义现代化强国和中华民族伟大复兴的中国梦为引领，不断学习贯彻落实习近平关于民族工作的重要论述，坚持中国特色解决民族问题的正确道路，“引导各族群众在思想观念、精神情趣、生活方式上向现代化迈进，使各民族人心归聚、精神相依，形成人心凝聚、团结奋进的强大精神纽带”①。用思想的统一推动民族的统一，不断为中华民族共同体提供共有的精神家园、强大的精神纽带。

（三）核心价值的认同和践行

对儒家核心价值观的认同，对“大一统”的认同，对仁义礼智信的认同，对儒家人伦关系的认同，是董仲舒思想发挥其民族整合功能的重要基础。共同的价值认同是铸牢中华民族共同体意识的重要基础。今天，我们要坚持社会主义核心价值观，培育正确的中华民族历史观、民族观、文化观、国家观，不断促进各民族民众坚定对伟大祖国、中华民族、中华文化、中国共产党、中国特色社会主义的高度认同，增强对中华民族的认同感和自豪感，构筑中华民族共有精神家园，形成各民族人心归聚、精神相依，形成人心凝聚、团结奋进的强大精神纽带。

在建设社会主义现代化强国的新征程上，在实现中华民族伟大复兴的战略全局中，我们要以社会主义核心价值观为引领，以现实伟大的事业为抓手，以党的领导为保障，以激发全民族砥砺奋进为目标，不断加强社会主义核心价值观教育，不断改进践行社会主义核心价值观的机制，让社会主义核心价值观成为整个中华民族安身立命的根本价值观，让社会主义核心价值体系成为支撑民族团结、国家发展的价值基础，为铸牢中华民族共同体提供强大的共有价值支撑。

① 《人民日报》2021年8月31日，第1版。

（四）民众的交往交流交融

董仲舒的“大一统”思想，为各民族之间进行相互交流交往交融提供了强大的思想武器。四海一家，天下一统，作为各民族的共同理念，在战争、商贸、旅游、婚嫁等各种交往交流中，各民族之间相互熟悉、相互了解、相互借鉴、相向而行，共同的经历、共同的价值、共同的记忆、共同的目标等内容不断增长，为民众的交往交流交融提供了支撑。

在今天，在党的领导下，在统一的社会主义市场经济体系、统一的社会主义法治体系、统一的社会主义文化价值的支撑和引导下，在实现中华民族伟大复兴的千秋伟业中，各族人民的交往交流交融更加密切。从“八千湘女上天山”“三千孤儿进内蒙”到全国支援西藏、对口支援西部，从建设兵团进边疆到扶贫干部下基层，从三线建设到西部开发，中华民族在建设中不断融合，在发展中不断认同，各民族在理想、信念、情感、文化上的团结统一，守望相助、手足情深日益增强，中华民族内部的民族差异在不断缩小。

值得指出的是，随着民众交往交流交融程度的不断加深，国家通用语言文字的通用范围通用程度逐渐发展，国家的法治体系更加统一，公民身份的地位不断上升，民族身份的差异逐步淡化。随着全面建成小康社会，随着各个民族都进入社会主义现代化发展新阶段，一个内部差别逐步消失，完整统一强大的中华民族正在逐步达到自己的新高峰，中华民族作为一个更加巩固、更加坚实、更加伟大的民族实体正在逐步变为现实。

本文为“2021 中国·衡水董仲舒与儒家思想国际研讨会暨中华孔子学会董仲舒研究委员会学术年会”提交的论文。

姚洪越（1974—），男，河北馆陶人，北京工商大学马克思主义学院副教授，法学博士。

董仲舒及汉代儒学与我国少数民族的传统思想观念

杨翰卿

一、从董仲舒到张九龄及与我国壮族先民之思想观念

张九龄在唐玄宗开元之世拜相之前，即开元十八年（730）七月至翌年（731）三月，任桂州（今广西桂林）刺史兼岭南道按察使。他贤于为政，长于诗文。张九龄的哲学思想虽然并不显著，在桂州刺史任上为官时间也较短促，但他遵行周孔之道，哲学上承袭董仲舒天人感应论思想，受汉儒，特别是今文经学派影响甚深。其思想特征付诸他的治政实践，所留下的观念影响或许不能以时日长短来衡量，而是视其作用大小和是否润泽过这一片社会空间与人情世事，唐开元十八年及其后的岭南桂州地区的士人大众及其壮族先民的精神世界里，大致是会有张九龄及其思想影响的一席之地的。张九龄的儒学观念及受董仲舒天人感应哲学思想的影响，在其相关疏议中有明确表达。他说：

伏以天者，百神之君，而王者之所由受命也。自古继统之主，必有郊配之义，盖以敬天命以报所受。故于郊之义，则不以德泽未洽，年谷不登，凡事之故，而阙其礼。《孝经》云："昔者周公郊祀后稷以配天。"斯谓成王幼冲，周公居摄，犹用其礼，明不暂废。汉丞相匡衡亦云："帝王之事，莫重乎郊祀。"董仲舒

又云："不郊而祭山川，失祭之序，逆于礼正，故《春秋》非之。"臣愚，以为匡衡、仲舒，古之知礼者，皆谓郊之为祭所宜先也。伏惟陛下，绍休圣绪，其命惟新。御极已来，于今五载，既光太平之业，未行大报之礼，窃考经传，义或未通。今百谷嘉生，鸟兽咸若，夷狄内附，兵革用宁。将欲铸剑为农，泥金封禅，用彰功德之美，允答神只之心。能事毕行，光耀帝载！况郊祀常典，犹阙其仪；有若怠于事天，臣恐不可以训。伏望以迎日之至，展焚柴之礼，升紫坛，陈采席，定天位，明天道，则圣朝典则，可谓无遗矣。(《请行郊祀之礼疏》)①

又说：

臣闻乖政之气，发为水旱，天道虽远，其应甚速。昔者东海杀孝妇，旱者久之，一吏不明，匹妇非命，则天为之旱，以昭其冤。况今六合之间，元元之众，莫不悬命于县令，宅生于刺史。陛下所与共理，此尤亲于人者也，多非其任，徒有其名，致旱之由，岂惟孝妇一事而已！是以亲人之任，宜得其贤；用才之道，宜重其选。而今刺史、县令，除京辅近处、雄望之州，刺史犹择其人，县令或备员而已。其余江、淮、陇、蜀、三河诸处，除大府之外，稍稍非才，但于京官之中，出为州县者，或是缘身有累，在职无声，用于牧宰之间，以为斥逐之地；或因势附会，遂忝高班，比其势衰，且无他责；又谓之不称京职，亦乃出为刺史。至于武夫，流外积资而得官，成于经久，不计于有才。诸若此流，尽为刺史，其余县令已下，固不可胜言。盖氓庶所系，国家之本务；本务之职，反为好进者所轻承；承弊之人，每遭非才者所扰。陛下圣化，从此不宣，皆由不重亲人之选，以成其弊。(《上封事书》)②

---

① 张九龄撰：《张九龄集校注》（下册），熊飞校注，中华书局 2008 年版，第 1091—1092 页。

② 张九龄撰：《张九龄集校注》（下册），熊飞校注，中华书局 2008 年版，第 846—847 页。

张九龄所论不仅直接援引董仲舒“天者，百神之君也，王者之所最尊也”（《春秋繁露·郊义》）等的君权神授、天人感应及灾异谴告诸说，而且肯定匡衡、仲舒为“古之知礼者”，以此劝谏唐玄宗行郊祀之礼、重视选拔刺史、县令等地方官吏，改革吏制，否则“以成其弊”，乃至出现“乖政之气，发为水旱”的灾异。应该说，以董仲舒为代表的汉代儒学中的一些天人感应、灾异谴告之论，现在看来，不免荒诞。“但经过原始儒学道德观念和理性的洗礼，汉代儒学的人格性‘天’，似乎不再是肆意决定人间一切的主宰者、创造者，而只是一个以灾异或瑞兆与人类行为互应的自然实在。换言之，它不能被视为是对殷周宗教观念的、具有越超性的‘天’之继承与发展，而应被理解为是在有机自然观背景下，对原始儒学自然性之‘天’的拟人的经验解释，它既不是超验的，也不是超越的。”① 张九龄继承董仲舒等汉代天人感应之学，应该说也是取其积极的意义，他终生主要以儒学理论作为其从政的指导思想，议论时政，以道事上，针砭时弊，以道匡弼，作为岭南人的唐朝之臣，张九龄的儒家风范和以儒家思想为指导而执政过岭南，对岭南及其壮族先民的思想意识和哲学观念，必然会产生一定的影响，尽管其施政岭南桂州不及期年而已。

二、以董仲舒为代表的汉代天人儒学与我国彝族先民阴阳五行的有机自然观

彝族的哲学和思想体系，以元气、阴阳（哎哺）、五行、八卦、干支、河图（付托、联姻）、洛书（鲁素、龙书）等观念元素或范畴所构成。彝族这种思想观念的哲学面貌，与先秦两汉的中原儒学具有某种程度的契合互应性。彝族文献《宇宙人文论》《宇宙源流》（亦汉译为《训书》《说文》）《西南彝志》《土鲁窦吉》（宇宙生化）等典籍，代表着其传统哲学和文化发展的理论思维水平，记载了彝族先贤对宇

① 崔大华：《儒学引论》，人民出版社2001年版，第285页。

宙起源、天地万物生成变化、宇宙结构等宇宙图景的理论观察或自然哲学的思想观念。

首先，彝族哲学丰富的元气、阴阳观念，与《易传》及汉代天人儒学相契合。有学者认为，彝族典籍《宇宙人文论》一著中“没有涉及宋代的理学，至少是宋以前写成的”①。包括该著在内的多部彝族典籍（其成书年代可能还有很大差异）所阐述的哲学思想观念，具有丰富的元气、阴阳观念，与《易传》及汉代以董仲舒为代表的天人儒学十分契合。《宇宙人文论》中说：“在天地产生之前，是大大的、空空的‘无极’景象，先是一门起了变化，熏熏的清气、沉沉的浊气产生了。清浊二气相互接触……天地同时出现了。”并注释“无极”说：“‘无极’，指天地形成以前广阔无边的混沌景象，古汉文记载宇宙的形成由‘无极’生‘太极’，太极生‘两仪’，两仪生‘四象’，四象生‘八卦’，与彝文记载……的概念相同”②。可见，彝族先贤是以“无极”为宇宙本源，而“无极”在中原先秦哲学中本是道家的思想概念，宋儒吸收并加以改造，有“无极而太极”“太极本无极”（周敦颐）之说，即把“无极”“太极”视为“虽有二名，初无两体”（朱熹）的“理”。而在汉儒的观念中，《易传·系辞》中的“太极”和《春秋》中的“元”等儒家经典中具有“最后根源”内涵的范畴，汉代时在道家思想影响下，曾被经学家作实体性的解释。如郑玄训释“太极”为“淳和未分之气也”（王应麟《周易郑注》卷七），何休训释“元”曰：“变一为元，元者，气也。无形以起，有形以分，造起天地，天地之始也”（何休《公羊解诂·隐公元年》），但经典本身是看不出这种含义的③。即是说，汉代经学家或汉儒均以“气”训释儒家经典中之“太极”（宋儒又有“无极而太极”）和“元”的概念。而在彝典《土鲁窦吉》“十生五成”篇也说：“清浊元气足，充满天地间，布满了大地，在那个时期，宇宙大地间，生宇宙九宫，独一在中

① 陈英、罗国义译：《宇宙人文论》，民族出版社1984年版，前言。

② 陈英、罗国义译：《宇宙人文论》，民族出版社1984年版，第15—16页。

③ 崔大华：《儒学引论》，人民出版社2001年版，第270页。

央，确实真的啊。”“还不止这些，这青赤元气，春夏秋冬易，四季由天定，就是这些了。”① 彝族先贤以“清浊二气”演化“无极”，即原始“无极”（混沌）之剖判，分别为清浊二气；也以“元气”论宇宙之始。这些观念与汉代儒学的“元气”“太极”观念是颇为契合的。

彝典《西南彝志》的彝文名为《哎哺啥额》。在彝文中“啥”“额”意即“清气”“浊气”。“哎”“哺”有“阳阴”“天地”“影形”“乾坤”等多义。《西南彝志》中说：“啥与额一对，他俩相结合。啥变为哎，额变为哺。”“最初的哎哺，是由阴啥，阳额形成的。阴阳交合变化，天地有天象时代，天地形成了。”② 在彝族哲学的宇宙演化系统中，“无极”“元气”演化为清浊（啥额）二气，继而有哎哺天地，其中贯穿着一个核心观念：阴阳。换言之，阴阳观念在彝族哲学中尽管还主要是一种实体性存在，但已显示出一定的抽象化程度。如《西南彝志》中反复出现的“阴阳交合变化”“阴阳两结合”“阳升阴降”“哎阳与哺阴”等，这样的阴阳对立统一观念，在极其朴素直观和经验性认识的思维形式里，孕育着向更高观念形态演变发展的理论种子。与中原儒学相比较，《易传》从道家的阴阳二气生万物的思想观念中，上升为具有抽象意义的，但主要还是表示自然界两类对立事物或性质的思想范畴——阴阳，如“乾，阳物也；坤，阴物也。阴阳合德而刚柔有体”（《系辞》下）；《易传》对这种“阳物”“阴物”，也表现出理论上升华、抽象为泛指任何两种对立现象的趋势，如“一阴一阳之谓道”（《系辞》下）、“立天之道曰阴与阳”（《说卦》）。在汉代儒学中，阴阳的这些观念内涵被保留、承袭了下来，同时又增添了新的具体的内涵。阴阳作为两种气，在汉代儒学中获得了属于空间结构的方位性规定。“阳气始出东北而南行，就其位也，西转而北入，藏其休也；阴气始出东南而北行，亦就其位也，西转而南入，屏其优

① 王子国整理翻译：《土鲁窦吉》，贵州民族出版社 1998 年版，第 69、75 页。

② 王运权、王仕举编译：《西南彝志》（修订本，第 1—2 卷），贵州民族出版社 2004 年版，第 141、24 页。

也。是故阳以南方为位，以北方为休；阴以北方为位，以南方为伏。"[①] 阴阳作为两种对立现象的表征，汉代儒学还赋予了尊与卑、德与刑等具有政治伦理性质的具体内涵。如董仲舒认为"阳贵而阴贱"，"故曰：阳，天之德，阴，天之刑也。阳气暖而阴气寒，阳气予而阴气夺，阳气仁而阴气戾，阳气宽而阴气急，阳气爱而阴气恶，阳气生而阴气杀"[②]。在先秦已形成的阴阳观念中增益进方位的空间观念内涵和政治、伦理含义，是汉代儒学的一种理论创造。彝族哲学中的阴阳观念，首先是表示清浊二气，具有升降、结合的特征和规律，亦具有成为天与地、位于上和下的空间方位内涵，这些思想观念基本上完全契合于《易传》和汉代儒学，具有大致相同的理论水平和性质。而在阴阳观念的政治、伦理性内涵方面，彝族哲学的阴阳观念，亦有哎（阳）君哺（阴）臣、阳男阴女的政治、伦理性意识，只是这方面内容远逊色于汉代儒学而显得偏于简单和疏浅。

其次，彝族哲学五行论的宇宙图景对汉代天人儒学五行论宇宙系统的回应。五行观念是彝族哲学宇宙生成论中的一个重要环节[③]，无极之元气，在"天地未产时，混混沌沌的，空空旷旷的；阴与阳二者，二者相结合，产生了清气，产生了浊气"[④]。清浊二气接触变化，产生天地；天地形成后，"清浊二气起变化，从四方漫到中央，金、木、水、火、土门门产生"[⑤]，"'五行'包括了天地间的各种物体元素；'五行'自身变化成各种事物"[⑥]。简言之，彝族哲学宇宙生成论

---

① 董仲舒撰，曾振宇傅永聚注：《春秋繁露新注》，商务印书馆 2010 年版，第 245 页。

② 董仲舒撰，曾振宇傅永聚注：《春秋繁露新注》，商务印书馆 2010 年版，第 233 页。

③ 彝族哲学中有时甚至直接将"五行"视为万物的本原或构成宇宙的基本元素。如说："这宇宙八方，统属于五行。土地的产生，生命的来源，都出自五行。"（《西南彝志·论宇宙八方变生五行》）

④ 贵州省民族研究所、毕节地区彝文翻译组：《西南彝志选》，贵州人民出版社 1982 年版，第 165 页。

⑤ 陈英、罗国义译：《宇宙人文论》，民族出版社 1984 年版，第 33 页。

⑥ 陈英、罗国义译：《宇宙人文论》，民族出版社 1984 年版，第 46 页。

的自然演化轨迹是清浊二气—天地（哎哺）—五行—万物。其中，在五行观念的这个思维环节，彝族哲学发散性地展开为多个方面：

一是世界图景的五行—五方观念。即在世界图景中属于空间结构的五方，其性质和特色以五行来体现，并分别由五行来主管。“东方木行青，南方火行赤，西方金行白，北方水行黑，中央土行黄”①，“五行中的木，它主管东方，掌握东方权；五行中的金，它主管西方，掌握西方权；五行中的火，它主管南方，掌握南方权；五行中的水，它主管北方，掌握北方权；五行中的土，生产宇宙中，它主管中央，掌握中央权”②。彝族哲学这种五行一五方观念，完全对应于汉代儒学。或者说，汉代儒学具有空间结构的五行观念基本被彝族哲学所备份下来。如董仲舒说：“是故木居东方而主春气，火居南方而主夏气，金居西方而主秋气，水居北方而主冬气。是故木主生而金主杀，火主暑而水主寒，使人必以其序，官人必以其能，天之数也。土居中央，为之天润。土者，天之股肱也。”③ 只是董仲舒具有空间结构的五行观念中，所突出出来的生杀寒暑润等道德属性，在彝族哲学中并没有得到复制。

二是人体的结构、生长发育及福禄威荣受五行支配。“当清、浊二气充溢，由‘五行’而形成天地之后，随着‘五行’的变化，形成人体的根本。‘五行’中的水，就是人的血，金就是人的骨，火是人的心，木是人的筋，土是人的肉。在‘五行’成为人体雏形之后，就开始有生命会动，仿着天体去发展变化，成为完整的人。”④ “在天地之间，天气与地气，金、木、水、火、土‘五行’，门门都在变化呢。先从左边变化，又转向右边变化，左右交替往来变化，福禄就花蓬蓬

① 王子国整理翻译：《土鲁窦吉》，贵州民族出版社1998年版，第240页。

② 毕节地区彝文翻译组译，毕节地区民族事务委员会编：《西南彝志》（第3—4卷），贵州民族出版社1991年版，第346—347页。

③ 董仲舒撰，曾振宇傅永聚注：《春秋繁露新注》，商务印书馆2010年版，第228—229页。

④ 陈英、罗国义译：《宇宙人文论》，民族出版社1984年版，第95—96页。

地繁荣起来了。"① 这种以"五行"比附人体结构等具有感性经验特色的彝族哲学，显示的是突出的类比推理的感性经验特征，这是彝族哲学现有典籍所显示的非常普遍的一种认识方法。汉代儒学同样如此。不过，汉代儒学运思中的类比推理，表面上看来，具有十分明显的，甚至比先秦原始儒学还要粗浅的感性经验的性质，但实际上，这是汉代儒学哲学理性的一种特殊的反映，它同时还具有一种理性的觉悟和很高的理性追求，即"天"或"天道"，并且认识到达到这一哲学认识目标是很艰难的，它要以易见难的推知"天道""天意"。汉代儒学所凸显的人格之天的神秘性和很高的理性追求与觉悟，基本为彝族哲学所无；而汉代儒学建立在感性经验事实上的类比推理，显示出认识上的经验狭隘性和思辨能力的弱化，却是彝族哲学与汉代儒学所共有的特征。

三是五行相生相克。五行之间的相生相克关系是彝族哲学和汉代儒学共同具有的重要内容。彝族哲学中的五行相生关系，表现为《河图》之变，即"五生十成"。具体说，是天一变化生水，地二变化生火，天三变化生木，地四变化生金，天五变化生土，并且是"天一生水地六成，地二生火天七成，天三生木地八成，地四生金天九成，天五生土地十成。一样主管一门，这'五生十成'，是天地间事物产生和发展的图形"②。简言之，五行有相生的关系，《河图》中五行相生的顺序为土生金，金生水，水生木，木生火，火生土。这种五行相生的关系，可以视为就是把汉代儒学中董仲舒将五行按木火土金水次序，提出"五行比相生"的观点，与宋易《河图》相结合并加以改造而成的。董仲舒说："五行比相生而间相胜"③，"天有五行，木火土金水是也，木生火，火生土，土生金，金生水"④。彝族哲学中的五

① 陈英、罗国义译：《宇宙人文论》，民族出版社 1984 年版，第 52 页。

② 陈英、罗国义译：《宇宙人文论》，民族出版社 1984 年版，第 60 页。

③ 董仲舒撰，曾振宇傅永聚注：《春秋繁露新注》，商务印书馆 2010 年版，第 272 页。

④ 董仲舒撰，曾振宇傅永聚注：《春秋繁露新注》，商务印书馆 2010 年版，第 221 页。

行相克关系，表现为《洛书》之变，即“十生五成”。具体说，“《洛书》图：‘一变生水，六化成之’（左变右化），‘二化生火，七变成之’（右化左变），‘三变生木，八化成之’（左变右化），‘四化生金，九变成之’（右化左变），‘五变生土，虚十四应’，这样左变右化”①。“《洛书》的‘五行’顺序是‘相克’，即土克水，水克火，火克金，金克木，木克土。”② 这种五行相克的关系在汉代儒学中，董仲舒以社会政治生活中的春官司农（木）、夏官司马（火）、季夏君官司营（土）、秋官司徒（金）、冬官司寇（水）等五官（五行③）失职，为解释对象，阐明五官失职则间相制约、诛克，比如“司马为谗……执法诛之，执法者，水也，故曰水胜火”④，而在《白虎通》中还援用人的社会生活经验来说明“五行相胜”之义，例如“众胜寡，故水胜火也；精胜坚，故火胜金；刚胜柔，故金克木；专胜散，故木胜土；实胜虚，故土胜水也”（《白虎通》卷二《五行》）。在五行框架内填充进伦理道德⑤和社会政治的内容，是汉代儒学五行相生相胜思想的特色。彝族哲学的五行相生相克思想则多属有机自然观的范围，即使论及人的生命由五行主管，如：“金、木、水、火、土，抚养着人的生命，五行相生就顺，就有福禄。”“五行的根底厚实，（人的身体就好）。若是寒暑时刻差错，饥饱不正常……五行相克，人体就会生

① 陈英、罗国义译：《宇宙人文论》，民族出版社1984年版，第54页。

② 陈英、罗国义译：《宇宙人文论》，民族出版社1984年版，第53页。

③ 董仲舒说：“天地之气，合而为一，分为阴阳，判为四时，列为五行。行者，行也，其行不同，故谓之五行。五行者，五官也，比相生而间相胜也。”（董仲舒：《春秋繁露·五行相生》）

④ 董仲舒撰，曾振宇傅永聚注：《春秋繁露新注》，商务印书馆2010年版，第277页。

⑤ 如董仲舒说：“春主生，夏主长，季夏主养，秋主收，冬主藏。藏，冬之所成也。是故父之所生，其子长之，父之所长，其子养之，父之所养，其子成之。诸父所为，其子皆奉承而续行之，不敢不致如父之意，尽为人之道也。故五行者，五行也。由此观之，父授之，子受之，乃天之道也。”（董仲舒：《春秋繁露·五行对》）

病。”[①] 也仍然没有越出有机自然观的哲学范围。

复次，彝族哲学龙书、河图所表达的八卦宇宙图式，以独具特色的民族智慧丰富着《易传》及汉代天人儒学的八卦宇宙系统论。彝典《宇宙人文论》中有两种关于宇宙万物的世界图景。一种是上述的由清浊二气产生天地（哎哺），天地（哎哺）产生五行，五行生成万物；另一种则是由清浊二气而哎哺，继而产生四方八角（四正四维），又由四方八角产生四时八节，宇宙八方又变化出五行，五行生成万物。这种宇宙演化生成的过程，比前一种更为细致周详，增进了“四方八角”“四时八节”这一时空环节和宇宙的时空结构内容。“四方八角”的“四方”，即南北东西；“八角”即“八方”，也即哎、哺、且、舍、哼、哈、鲁、朵，这是彝族八卦。“四时八节”的“四时”，应是春夏秋冬；“八节”即立春到春分，立夏到夏至，立秋到秋分，立冬到冬至，八个节气相连。彝族哲学的八卦宇宙系统，在彝族典籍《土鲁窦吉》中有“彝族八卦综合简表”和“后天八卦综合简表”，全面地表达了这一内容。

彝族哲学有机自然观中这种以八卦为框架的宇宙系统，八卦所表示的空间结构（方位）是主要的，尽管“鲁素”（龙书、洛书）、“付托”（联姻、河图）所代表的两种世界图式中，八卦各自所显示的空间方位有所区别，但每卦一方的空间观念特征是共同的。“鲁素”（龙书、洛书）所表示的是以哎哺且舍（乾坤离坎）为南北东西“四正”，以鲁朵哼哈（震巽艮兑）为东北、西南、西北、东南“四隅”的空间结构。“付托”（联姻、河图）所表示的是以鲁且哈舍（震离兑坎）为东南西北“四正”，以哎哺朵哼（乾坤巽艮）为西北、西南、东南、东北“四隅”的空间结构。在此基础上，八卦又表示人体结构（首腹目耳足股手口）、自然万物（天地金水木火土山石禾泽雷风）及其发生发展，以及时令节气等等。

彝族哲学有机自然观中这种以八卦为框架的宇宙系统，与《易

① 《训书·人生论》（《训书》亦译为《宇宙源流》），马学良主编：《爨文丛刻》（增订版，上），四川民族出版社1986年版，第23、24页。

传》和汉代天人儒学亦基本相似，或者说大体沿袭了汉代天人儒学主要是在《易传》所确定的八卦空间结构（方位）内，填入时令等内容，并给予万物发生过程一个十分细致的描述。不难看出，彝族哲学“付托”（联姻、河图）之八卦的宇宙系统所表示的空间结构（方位）与《易·说卦》传完全相同。

汉代天人儒学的八卦宇宙系统中，还有一个对万物发生过程或阶段的细致的描述。《易纬·乾凿度》说：“有太易，有太初，有太始，有太素也。太易者，未见气也。太初者，气之始也。太始者，形之始也。太素者，质之始也。气形质具而未离，故曰浑沦……形变之始。清轻者上为天，浊重者下为地。”又说：“易始于太极。太极分而为二，故生天地。天地有春秋冬夏之节，故生四时。四时各有阴阳刚柔之分，故生八卦。八卦成列，天地之道立，雷风水火山泽之象定矣。”[①] 彝族哲学的宇宙生成演化过程，由清浊二气而哎哺（天地），变化产生四方八角，四方八角产生四时八节，宇宙八方又变化出五行，五行生成万物，与汉代儒学的八卦宇宙系统对万物发生或发展阶段的细致描述基本吻合，不同的是彝族哲学富有着鲜明的民族特色。

最后，彝族哲学“人仿天成”的天人关系论与董仲舒“人副天数”论有同有异。在彝族哲学中，人与天地万物始终是彼此关联、密不可分，处于同体结构之中的，人与天的关系极其切近于董仲舒“人副天数”之说。彝典《宇宙人文论》的“人生天为本”“人类天地同”章，《西南彝志》的“论人体和天体”“论人的气血”章等均饱含有“人仿天成”的思想观念。“天上有日月，人就有一对眼睛；天上有风，人就有气；天会雷鸣，人会说话；天有晴明，人有喜乐；天有阴霾，人有心怒；天有云彩，人有衣裳；天有星辰八万四千颗，人有头发八万四千根；天的周围三百六十度，人的骨头三百六十节。这样看来，人本是天生的，是仿天体形成的。”[②] 汉儒董仲舒说：“人之人本于天……人之形体，化天数而成；人之血气，化天志而仁；人之德

① 林忠军：《〈易纬〉导读》，齐鲁书社2002年版，第79、81－82页。

② 陈英、罗国义译：《宇宙人文论》，民族出版社1984年版，第96页。

行，化天理而义；人之好恶，化天之暖清；人之喜怒，化天之寒暑；人之受命，化天之四时；人生有喜怒哀乐之答，春秋冬夏之类也。”①“是故人之身，首妢而圆，象天容也；发，象星辰也；耳目戾戾，象日月也；鼻口呼吸，象风气也；胸中达知，象神明也；腹胞实虚，象百物也。……颈以上者，精神尊严，明天类之状也；颈而下者，丰厚卑辱，土壤之比也。足布而方，地形之象也。”“天以终岁之数，成人之身，故小节三百六十六，副日数也；大节十二分，副月数也；内有五脏，副五行数也；外有四肢，副四时数也；乍视乍瞑，副昼夜也；乍刚乍柔，副冬夏也；乍哀乍乐，副阴阳也。心有计虑，副度数也；行有伦理，副天地也……于其可数也，副数，不可数者，副类，皆当同而副天一也。”② 以天比人、以人类天，天以阴阳五行、天地风云、日月星辰等自然现象发展变化，相应地就形成人在生理、心理和生活的类天结构；人的生理、心理和生活结构与已认识到的自然现象间存在着一一对应的关系。这是彝族哲学和汉代天人儒学共同具有的有机自然观特质或特色。不同的是，汉代天人儒学中那种周密的天人感应观念和人格、意志、目的之天的理论内容，彝族哲学中基本没有。循着这一思维理路进行延伸，我们甚至还可以寻绎出彝族哲学与汉代天人儒学更多、更为深刻的同与不同来，从而以见彝族哲学与汉代天人儒学间在思想观念上非常亲密的对接关系。

考察所知，彝族哲学和汉代以董仲舒为代表的天人儒学，在两个显著问题上具有共同的观念特质或思维特色：一是基本哲学观念上的有机自然观，二是思维方式方法上的类比推理。彝族哲学和汉代天人儒学的有机自然观，包括两个分别以阴阳五行和八卦为框架而建构的、既有联系亦有区别的宇宙系统。只是细辨之，彝族哲学的阴阳五行和八卦宇宙系统，基本上是按照有机自然观进行建构的，而汉代天

---

① 董仲舒撰，曾振宇傅永聚注：《春秋繁露新注》，商务印书馆 2010 年版，第 223 页。

② 董仲舒撰，曾振宇傅永聚注：《春秋繁露新注》，商务印书馆 2010 年版，第 266、267 页。

人儒学在先秦已形成的阴阳观念中不仅增益进方位的空间观念内涵，亦同时填充进政治的和伦理的含义，在五行框架内填充进伦理道德和社会政治的内容，是汉代儒学五行相生相胜思想的特色，在八卦框架内既增进伦理道德和社会政治的内容，与八卦有对应结构关系的还有八节、八风、八音等，对于各种物候、物性与八卦的对应性及万物的发生过程，汉代儒学描述得更加细微和广泛。这可以说又是彝族哲学与汉代天人儒学有机自然观的同中之异。思维方式运思方法上的类比推理，在彝族哲学和汉代天人儒学中都是凸显的，这种类比推理以建立在感性经验事实基础上来认识和把握自然现象、社会现象，体现出思辨能力上的相对偏低。但汉代天人儒学在这样的有机自然观背景下，又表现出对“天道”“天意”很高的理性追求，彝族哲学于此却相对十分淡漠，或者说只是局限于感性经验的思维层面，而疏于更进一步向“天之道”的理论内涵升进。

建立在有机自然观和类比推理基础上的彝族哲学和汉代天人儒学，还存在着两个最明显的思想观念区别：即天人感应和自然现象的社会伦理性质属性。汉代儒学在有机自然观基础上凝成的一个最主要的思想观念就是天人感应，这是汉代最发达、最活跃的思想观念。这一思想观念基本的含义是天人相通、人的善与恶的不同行为，会得到来自天的祥瑞和灾异的不同反应；天的某种兆象，预示着、对应着人世的某种事态的发生与结局。与此相联系，也就相应地引申出汉代儒学“天有意志”的目的论观念，形成具有人格特质的“天”的观念，所描述的许多天人感应现象，现在看来都近乎荒诞。而同样是建立在有机自然观基础上的彝族哲学，却基本没有天人感应的思想观念，天地万物和人类及其社会生活，无不是基于清浊二气基础上的哎哺（天地、阴阳）、五行、四时、八节、日月星辰、风霜雨雪，包括人的福禄威荣等，都是自然变化的结果，在彝族哲学中几乎不存在目的意志、人格之天的观念，这是彝族哲学与汉代天人感应儒学的一个重大差别。赋予自然现象以社会伦理道德属性，也是汉代儒学的鲜明特质，而在彝族哲学只有在八卦宇宙系统中论述哎哺且舍鲁朵哼哈之间具有父母子女的伦理特色外，一般说来是不与社会伦理道德、政治制度牵扯联系起来的，彝族哲学的有机自然观显现出单纯的性质，相比汉代天人儒学，当然也因此而变得单薄一些。

三、董仲舒与以党项羌族为主体的西夏儒学

党项羌族建立的西夏，尊崇佛教与儒学，儒学思想在西夏文化中具有重要地位，是以党项族为主体的西夏文化的有机组成部分。《续资治通鉴长编》载："自契丹侵取燕、蓟以北，拓跋自得灵、夏以西，其间所生豪英，皆为其用。得中国土地，役中国人力，称中国位号，仿中国官属，任中国贤才，读中国书籍，用中国车服，行中国法令……皆与中国等。"① 一定程度或意义上，西夏儒学代表着我国历史上党项羌这一少数民族的文化水准和精神高度。换言之，佛教和佛学在党项羌族社会有着广泛的基础和传统，但以党项羌族为代表的西夏统治者，为什么不把西夏建成一个佛教一统天下的佛国，而是在国家的官僚体制、政治文化、人才选拔、学术教育等各方面，尽仿"中国"、要用儒家思想为主导的"汉礼"来架构呢？我们认为，以党项羌族为代表的西夏统治者及其民众，在精神信仰和思想意识上保持着佛教与佛学，而在价值观念、国家建构和治世理政上，已有了新的定位、目标和追求，即推尊汉礼、倡扬儒学，至少说要儒释并尊皆用，实际上，西夏的上层建筑舞台，其政治和思想文化领域，多半天下已是儒家思想文化观念起支配地位了。或者说，以党项羌族为主体的西夏社会，其思想观念和文化意识，是在已拥有佛学佛教的前提下，要面向中原王朝寻求新的儒学思想和精神之体，即体而沿用，沿用而即体。在这一过程中，汉代儒学尤其董仲舒儒学成为西夏王朝选择的重要思想，其中董仲舒"素养士"的思想产生了重要影响。

儒学文化在西夏的推行过程中，与党项文化是通过相持或对立而实现融合的。西夏的统治者每当推尊汉礼、倡兴儒学时，往往受到不

① 李焘：《续资治通鉴长编》卷一五〇。

小的阻力。如西夏崇宗乾顺亲政后，对“士皆尚气矜，鲜廉耻，甘罹文网”感到忧患，想恢复汉礼，御史中丞薛元礼上言：“士人之行，莫大乎孝廉；经国之模，莫重于儒学。昔元魏开基，周、齐继统，无不尊行儒教，崇尚《诗》《书》，盖西北之遗风，不可以立教化也。景宗以神武建号，制蕃字以为程文，立蕃学以造人士，缘时正需才，故就其所长以收其用。今承平日久，而士不兴行，良由文教不明，汉学不重，则民乐贪顽之习，士无砥砺之心。董子所谓‘不素养士而欲求贤，譬犹不琢玉而求文采也，’可得乎？”① 乾顺与薛元礼的尊孔尚儒思想遭到一些主张蕃礼大臣的反对。不过终是乾顺采儒臣之议，以文治国，一改“重法尚武”为“重法尚文”之策，儒学在西夏的推行，也促使了儒、释进一步地融合与发展。如西夏学者曹道乐的《新集慈孝传》《德行集》褒扬儒家伦理道德、慈孝节义观念，也充满饱含“慈悲”“施舍”等佛家之说。在学术思想方面，西夏佛教在不受儒学的影响下，获得了独立甚至较大发展；西夏儒学基本是赎取、求赐和译介汉唐时期或说北宋之前的儒典和儒学文献。如《孝经》，大致成书于秦汉之际，自西汉至魏晋南北朝，注解者及百家。《尔雅》约是秦汉间学者缀缉春秋战国秦汉诸书旧文，递相增益而成，儒典至唐代有九经，等等。西夏儒学所引进和翻译成西夏文的多为这些，偶有宋初的《册府元龟》和北宋陈祥道的《论语全解》，至于南宋建立以后的儒学新的成果在西夏几乎是一无所知的。

董仲舒“素养士”的思想，是他在向汉武帝《对贤良策》，即其《天人三策》中提出来的。董仲舒说：“夫不素养士而欲求贤，譬犹不琢玉而求文采也。故养士之大者，莫大乎太学；太学者，贤士之所关也，教化之本原也。今以一郡一国之众，对亡应书者，是王道往往而绝也。臣愿陛下兴太学，置明师，以养天下之士，数考问以尽其材，则英俊宜可得矣。”② “素养士”实质是重视人才培养的思想，与此相

---

① 吴广成撰，龚世俊等校证：《西夏书事校证》卷三一，甘肃文化出版社 1995 年版，第 359 页。

② 《汉书》卷五六《董仲舒传》，中华书局 1962 年版，第 2512 页。

联系，是重视教育，董仲舒所对贤良策之“贤良”，当然是指儒之贤良、儒学之士。实现和欲得到这样的国家栋梁，即“养士之大者，莫大乎太学；太学者，贤士之所关也，教化之本原也”，即需要重视“太学”教育，加强儒学教育。董仲舒这种“素养士”的一系列思想，在西夏得到了多方面的回应和施行。

首先是西夏的科举制度。大致在夏崇宗、仁宗时期，如名相斡道冲，就是仁宗时经科举进入仕途的。西夏仁宗人庆三年，“三月，建内学。仁孝亲选名儒主之。使臣曰：自乾顺建国学，设弟子员三百，立养贤务；仁孝增至三千人，尊孔子以帝号，设科取士，又置太学、内学，选名儒训导”①。仁宗人庆四年（1147）“秋八月策举人。立唱名法，复设童子科，于是取士日甚”②。“唱名”法，是仿宋设进士科考试，即凡经皇帝殿试被录取的进士按规定要公布名次，即唱名（又名传胪）。1148 年，仁孝“复立内学，选名儒主之”③。桓宗纯祐于 1203 年，复策士，崇宗乾顺曾孙赵（李）遵顼博通群书，工隶篆，唱名第一，进士及第。遵顼后来做了西夏的皇帝，即西夏神宗。夏亡的前几年，赵（李）德旺继任皇帝后，1224 年初再次策士，赐高智耀等进士及第。高智耀，“世仕夏国”，《元史》有传。西夏统治者通过建学校、兴科举、倡儒学，为西夏培养了大量的重要人才，金国使臣斡喝出使西夏回国后，称夏国多才，较昔为盛。《西夏书事》载：“西夏子弟多贤俊。”④ 西夏科举取士的科目主要是儒家经典，西夏建国初期的“蕃学”中，即由野利仁荣主持翻译汉文儒家经典《孝经》《尔雅》及《四言杂字》等，毅宗李谅祚曾上表向宋朝求请《九经》《唐史》《册府元龟》等典籍，供西夏人学习。至仁宗以后，西夏科举

① 吴广成撰，龚世俊等校证：《西夏书事校证》卷三六，甘肃文化出版社 1995 年版，第 418 页。

② 吴广成撰，龚世俊等校证：《西夏书事校证》卷三六，甘肃文化出版社 1995 年版，第 417 页。

③ 《宋史》卷四八六《夏国传》，中华书局 1997 年版，第 14025 页。

④ 吴广成撰，龚世俊等校证：《西夏书事校证》卷三九，甘肃文化出版社 1995 年版，第 461 页。

取士几乎成为升官晋爵的主要途径。蕃、汉教授斡道冲，五岁时以《尚书》中童子举，世掌夏国史职。

其次是西夏的儒学教育。西夏立国，置蕃学、兴汉学，播扬儒学。西夏大致设立有蕃学、国学、小学、宫学、太学五种学校。1039年，元昊为培养国家急需人才，在突出本民族特色前提下，令野利仁荣负责建立蕃学。元昊自制蕃书，命野利仁荣演绎完善，教国人纪事用蕃书。又让野利仁荣用蕃语（西夏文）翻译《孝经》《尔雅》《四言杂字》等。选蕃汉官僚子弟俊秀者，入学教习，接受蕃、汉文化熏陶，所学精通且书写端正者授以官职。还令诸州各置蕃学，设教授教习之。可以看出，西夏的各级蕃学，其性质是以适宜本民族的教育和语言文字形式，推行党项文化和儒学内容的教化。至西夏崇宗乾顺时，又在蕃学之外，始建国学，“乾顺建国学，设弟子员三百，立养贤务；仁孝增至三千，尊孔子为帝，设科取士，又置宫学，自为训导”[①]。至此，国学、蕃学在西夏相辅而行。仁宗仁孝时期，学校设立更为完备，学生人数大增，西夏的儒学教育进一步发展。1144年，仁孝“令州、县各立学校”，“复立小学于禁中，凡宗室子孙七岁到十五岁皆得入学。设教授，仁孝……亦时为教训导之”[②]，表明西夏的儒学教育，已延伸到对于童蒙教育的重视。不仅如此，翌年（1145），“夏重大汉太学，亲释奠，弟子员赐予有差”[③]。这种情况明显体现出中原儒学董仲舒“兴太学以养士”思想观念的重要影响。西夏统治者对太学的重视，为儒学典籍的传播提供了更有利的条件。西夏党项籍人士编著的《蕃汉合时掌中珠》序言称：“凡君子者，为物岂可忘己，故未尝不学。为己亦不绝物，故未尝不教。学则以智成己，欲袭古迹。教则以仁利物，以救今时。兼备汉文字者，论末则殊，考本则同……今时人者，番汉语言，可以俱备。不学番言，则岂和番人之

---

① 《宋史》卷四八六《夏国传》，中华书局1997年版，第14030页。

② 吴广成撰，龚世俊等校证：《西夏书事校证》卷三五，甘肃文化出版社1995年版，第412页。

③ 《宋史》卷四八六《夏国传》，中华书局1997年版，第14025页。

众；不会汉语，则岂入汉人之数。番有智者，汉人不敬；汉有贤士，番人不崇。若此者由语言不通故也。”[①] 这一番论述，以儒家的君子、贤人为价值参照，以“番言”“汉文”相对应，阐明蕃汉两种文化间不同的语言文字形式是末，共同的儒学思想和价值观念则是其本。从学校教育来说，蕃学、国学（汉学）都以儒学教化为重要宗旨，殊途而同归，百虑而一致。

复次是西夏的儒学。西夏积极输入儒典或儒学文献。要办学兴教，教学内容是主导和灵魂，于是儒学典籍和文献则便成为基本和重要的教材。1062 年夏，西夏毅宗赵谅祚“献马五十匹，表求太宗御制诗草、隶石本，欲建书阁宝藏之。并求《九经》《唐史》《册府元龟》及中国正至朝贺仪。仁宗赐以《九经》，还所献马”[②]。1154 年秋，西夏“请市儒、释书于金。仁孝遣使请市儒、释诸书，金主许之”[③]。或从宋求请，或到周邻女真族政权的金购置，西夏对儒典或儒学文献以及佛教之书的输入是积极的。说明在西夏这个以党项羌族为主体、主导的社会，对于儒学典籍和文献的需求，在于满足其社会教育发展和士人的研读。尽管史籍中均未详明所求《九经》与所市儒书之目，是儒典或“儒书”则无疑。将以儒学为代表的中原文化与蕃学相结合、融合，是西夏学术文化的一个重要特点。精通五经的蕃汉教授斡道冲，曾将汉文《论语注》译成西夏文（《论语注》应为东汉郑玄晚年之作，郑以《张侯论》为底本，校之以《古论》而为之注），并作《解义》30 卷，称为《论语小解》，另以西夏文著《周易卜筮断》。斡道冲的著作“以国字书之，行于国中”[④]，对于沟通中原儒学

① 骨勒茂才：《蕃汉合时掌中珠》，黄振华等整理，宁夏人民出版社 1989 年版，第 5—6 页。

② 吴广成撰，龚世俊等校证：《西夏书事校证》卷二〇，甘肃文化出版社 1995 年版，第 237 页。

③ 吴广成撰，龚世俊等校证：《西夏书事校证》卷三六，甘肃文化出版社 1995 年版，第 421 页。

④ 吴广成撰，龚世俊等校证：《西夏书事校证》卷三六，甘肃文化出版社 1995 年版，第 420 页。

与党项文化的交流，促进中华民族统一，发挥了应有作用。另一党项籍学者骨勒茂才编著《蕃汉合时掌中珠》，这是一部夏汉文字对音字典，西夏乾祐二十一年（1190）刊行，其对字词意义的解释，充满了儒家文化和思想观念。如说阴阳和合，得成人身；学习文业，仁义忠信。五常六艺，尽皆全备；孝顺父母，六亲和合；……学习圣典，立身行道；世间扬名，行行禀德；国人敬爱，万人取则；等等。在西夏人自撰的文献中如此融合丰富的儒家思想观念者，又如《新集慈孝传》《德行集》（曹道乐撰集），仁孝时期刻印的大型辞书《圣立义海》等。《圣立义海》以“天地人”三才为纲领。如释“孝”：“夫孝，天之经也，地之义也，民之行也。天地之经，而民是则之，则天之名，因地之利，以顺天下，是以其孝不肃而成，其政不严而治。”[①] 此是儒学经典《孝经》第七《三才章》的主要内容。凡此种种，儒学思想观念特别是汉代儒学逐渐全面地渗透到西夏文化中，儒学的文化结构已被移植于西夏的文化，以党项羌族为主体的文化生命中，儒学实际上占据着核心的、主体的地位，具有蕃表儒里的鲜明特点。西夏仁宗乾祐十四年（1183），儒臣斡道冲卒，为奖励其在儒学方面的贡献，仁孝“令图其像，从祀学宫，俾郡县遵行之”[②]。无论汉籍或党项籍的儒臣、儒士，凡有贡献于儒学者，在西夏都受到礼重，这是一种高调彰显的儒学价值观。

最后是西夏的法律。西夏李仁孝时期制定并颁布《天盛改旧新定律令》（又称《天盛律令》《开盛律令》），天盛为仁宗年号（1149—1170）。这是一部深受儒家伦理思想影响的西夏法典，“唐宋法律制度是其借鉴和学习的主要依据。唐宋法律的立法准则与法律精神——儒家思想，对西夏法典的编纂影响显著”[③]，“有些条款明显是西夏人从

① 李范文：《李范文西夏学论文集》，中国社会科学出版社 2012 年版，第 499 页。

② 吴广成撰，龚世俊等校证：《西夏书事校证》卷三八，甘肃文化出版社 1995 年版，第 447 页。

③ 邵方：《西夏法制研究》，人民出版社 2009 年版，第 30 页。

唐宋律条全文移译来的"[①]。儒家的纲常伦理、明德慎刑观念，基本上是制定该法典的准则和标准。如该法令设"十恶"之法，计十门："一谋逆；二失孝德礼；三背叛；四恶毒；五为不道；六大不恭；七不孝顺；八不睦；九失义；十内乱。"[②] 凡是触犯"十恶"法令的一律视为"不赦"之罪，科以重刑，以示对不忠、不敬、不孝的严惩。其中"失孝德礼门"规定，对于失孝之人规定从严从重惩罚，惩治标准与"谋逆门"同。"父为子隐，子为父隐"[③] 的"亲亲相隐"是我国古代法律制度的重要原则，是法律儒家化的典型体现。主张亲属间隐罪的"亲亲相隐"并不是单方面的包容私权的法律制度，它与"告奸""连坐"之制是相辅相成的，是相互配套的司法原则[④]。这一点首先为《天盛改旧新定律令》所吸纳。《天盛改旧新定律令》"不孝顺门"规定，"除谋逆、失孝德礼、背叛等三种语允许举告，此外不许举告"。《唐律》中已然定型的谋逆、失孝等大罪不可隐罪的规定为西夏律法所承纳。除谋逆、不孝等重罪外，我国法律实施"亲亲相隐"的目的即是维护家庭内部的长幼秩序，体现为亲者讳，为尊者隐的孝悌美德，这既是儒家化的法律思想的一个典型，也是儒家伦理观念渗入国家律法体系的一个重要方面，而西夏律法承纳容隐之制，即为其伦理观念深受儒家伦理哲学影响的一个实证。儒家力倡的"慎刑""明德"等立法原则为西夏《天盛改旧新定律令》所吸取，也成了这一律令的重要立法原则。

儒家力倡的"三纲五常""为亲者讳，为尊者隐"，"慎刑""明德"等的儒家伦理观念在西夏以律法的形式确定下来，使其具有浓厚的国家强制色彩，这集中体现了儒家伦理哲学对西夏党项羌族伦理观

---

① 史金波、聂鸿音、白滨译注：《天盛改旧新定律令》(前言)，法律出版社 2000 年版，第 7—8 页。

② 史金波、聂鸿音、白滨译注：《天盛改旧新定律令》卷一，法律出版社 2000 年版，第 110 页。

③ 杨伯峻译注：《论语译注》，中华书局 1980 年版，第 139 页。

④ 张松：《睡虎地秦简与张家山汉简反映的秦汉亲亲相隐制度》，《南都学刊》2005 年第 6 期。

念的影响。法律是国家重要的管理与控制手段，也是制度文明与文化传统的结晶，而西夏律法如此深刻地受到儒学影响，足以说明，在制度文化层面，西夏对中原文化的吸纳绝不是停留于表面，表现出深入的一面。

以党项羌族为代表和主体的西夏社会，具有鲜明的儒学观念特征。吸纳、接受和融入这种儒学观念，所形成的社会作用和体现着的积极意义，无疑是十分深刻的。如果以体用范畴而观，西夏社会在儒学的沿用而即体、即体而沿用两方面，都做出了应有的努力。当然，也不能把西夏儒学与中原儒学的水准相比拟。

本文为“2021 中国·衡水董仲舒与儒家思想国际研讨会暨中华孔子学会董仲舒研究委员会学术年会”提交的论文。

杨翰卿（1956—），男，河南民权人，西南民族大学哲学学院教授，博士生导师。

董仲舒在大一统民族心理形成中的关键性作用探析

杨英法　郭广伟　戴雅娜

在我国社会历史进程中，帝王统治思想先后发生三次变化。先秦时期的法家推崇依法治国理念，成就了秦统一；西汉初年实行“无为而治”的黄老政治，逐渐恢复和发展了社会经济。两种思想在一定历史阶段都起到了推动社会发展的作用，但并未占据中国思想史太长的时间。直到汉武帝亲政后，董仲舒所倡导并被采纳的“大一统”统治思想才开始长期占据我国政治思想的统治地位。董仲舒大一统思想不仅仅是对传统儒家文化的继承，还广泛吸取了道、法、阴阳诸家思想，是适应当时汉代政治统治而形成的“新儒学”。董仲舒的“大一统”思想旨在集权中央而巩固统一，主要通过对诸侯的权力进行限制而树立天子的权威，追求的就是通过树立中央权威、统一社会认知来促进民族“大一统”①。从中华民族几千年历史发展看，董仲舒的“大一统”思想不仅定分止争，保稳护统，为汉代社会的新秩序提供了一套新的理论依据；同时，这种“大一统”观念已经深深地融入民族心理，构建了民族统一的政治信仰、统一的民族认同感和统一的社会历史文化，为中华民族屹立于世界民族之林奠定了重要的政治心理

① 董文慧：《董仲舒大一统哲学思想研究》，曲阜师范大学2016年度硕士论文。

基础。新时代，中华民族在伟大复兴进程中，需要弘扬中华民族历代传承的大一统思想和大一统民族心理，借以凝心聚力、脱危解困，筑牢亿万人民美好安康的幸福大厦。

一、董仲舒大一统思想形成的社会背景及主要内容

公元前134年，经过近百年的“无为而治”和休养生息，西汉王朝进入了经济繁荣的时代。汉武帝为了加强中央集权，变“无为”为“有为”，干出一番大事业，向那些被推荐的文学之士下制册“问大道之要”，征询新的统治思想。于是，董仲舒向汉武帝递交了一份对策书，明确提出了“一统”“尊君”的思想主张。董仲舒认为“君权神授”，天是最尊贵和至高无上的，君主是受命于天而一统天下。汉武帝看了董仲舒的这一份对策书后，惊叹不已，马上直接向董仲舒下制册“欲知上古治道与当今有何不同”。不久，董仲舒向汉武帝递交了第二份对策书，回答汉武帝说“当用文德治天下”。董仲舒还向汉武帝建议朝廷应置办太学，培养适用的统治人才。汉武帝看后，既异常兴奋又意犹未尽，再次向董仲舒下制册，询问治国之道。董仲舒就第三次向汉武帝递交了对策书，详细地论述了他的“罢黜百家，独尊儒术”的主张①。董仲舒还对汉武帝讲述“不在六艺之科、之术者，皆绝其道”的道理。六艺即诗、书、易、礼、乐、春秋等儒家的六部经典。董仲舒认为六艺中“《春秋》大一统者，天地之常经，古今之通谊也”。董仲舒的这些主张都被汉武帝采纳。他在这三次对策书中所提出的主张，因为都是与“天”“人”有关，以“天人之际”为理论根据，形成了建立在“天”、天子、百官和百姓这四个等级严密的关系基础上的“大一统”王权政治理论体系，缓和了汉代严重的社会矛盾，维护了中央集权的政权统一和国家的繁荣稳定，为汉代社会的新

---

① 秦进才：《董仲舒与“罢黜百家，独尊儒术”关系新探》，载《衡水学院学报》2020年第5期，第14页。

秩序提供了一套新的理论依据①。“大一统”观念历经中华民族几千年文明历程的积淀，逐步内化为民族共同的政治心理，成为一种具有普遍认同感的民族情愫和凝聚中华民族的精神家园。

（一）董仲舒大一统思想的形成背景

在我国，先秦时期的法家推崇的依法治国理念，为秦统一奠定了思想基础②。在汉代建立初期，“清静无为”的思想长期占据统治地位，加之文景二帝持续推行与民休息政策，数十年发展过后，汉代出现了社会繁荣稳定的景象，但其背后新的社会矛盾和社会危机开始出现并严重威胁到中央集权统治和社会的安定。政治方面，君主地位衰弱，礼崩乐坏。为了使新生政权得以长久稳定和发展，刘邦选择了依靠自己可以信赖的血缘宗亲来维护统治的分封制。但诸侯势力不断壮大，政治野心日益膨胀，出现诸侯割据、国家分裂的苗头。巩固中央集权、维护政权统一已经成为急需解决的问题。经济方面，由于土地兼并，一些农民变成佃农甚至奴隶。一些奸商为了谋取暴利开始聚敛财富、垄断盐铁商业，对国家的财政收入造成了严重的制约，使得政府和商人之间的矛盾日益突出。在边防上，西汉王朝曾长期受到北方游牧民族匈奴之威胁，西汉统治者已经不能安心于由和亲所带来的短暂的稳定，实力正在日益壮大的南方少数民族也潜着不安因素。在思想方面，由于秦朝的灭亡使人感觉法家思想不利于长治久安，道家思想又以对现实文明的批判为基本价值取向，而汉代初期的“清静无为”思想也已经完成恢复经济的重任，无法激励民族雄起、君王建功立业。

在当时各种社会矛盾日益凸显的背景下，各家学派开始竞相争斗，都希望可以通过自己的学说来维护社会稳定，使自己的思想成为正统思想，而董仲舒就是其中一位。董仲舒生活在西汉社会稳定、经

---

① 杨柳新：《董仲舒“大一统”王道政治思想的文化诠释》，载《衡水学院学报》2020 年第 2 期，第 30 页。

② 张宇：《试述秦始皇的法家治国思想》，载《新西部》（理论版）2016 年第 7 期，第 78 页。

济繁荣时期，不得私藏经书的禁令被汉惠帝废除以后，儒家经典、各家学说开始出现，汉王朝也重视和选拔人才，董仲舒有了学习各家学说、博采众长机会。他的一整套适合当时政治需要的政治理论是在继承秦朝儒家思想的基础上并合理吸收法家、道家、阴阳家的一些先进思想而成的。其“罢黜百家，独尊儒术”的主张所蕴含的大一统思想适应了当时维稳护统的需要，符合汉武帝的政治诉求①。因此，董仲舒的大一统思想得到了汉武帝高度重视和推崇，加之儒家思想早在汉武帝之前就被一些上层统治者所接受和发展，大一统思想由此便牢植于中华民族内心②。

（二）董仲舒大一统思想的主要内容

董仲舒的“大一统”思想不仅超越了《公羊传》的统一历法，还赋予了国家政权和国家意识形态的统一，并表现为中华民族几千年来的政治统一和思想文化统一。

一方面，董仲舒“大一统”思想政治上的统一是建立在“君权神授”的以封建君主制为核心的中央高度集权的政治体制之上的，其实质就是政治“大一统”统一于王权③。董仲舒认为：“天”是有意志，有目的，能支配宇宙万物的最高主宰。“天”创造了自然和人类，同时也创造了一个握有最高权力的人，就是皇帝。“天”与人并非各自孤立，而是因感应而相通。皇权受命在“天”。皇帝的意志就是“天”的意志的表现。皇帝按照“天”的意志来统治百姓。“天”常常用灾异符瑞来指导皇帝的行动。自然界日月星辰的运行，四季的变化，国家的兴亡治乱，都是天的意志的表现。甚至人的模样也是“天”按照自己的模样来生成的。他说“天”是父亲，地是母亲；“天”有四季，人有四肢；“天”有五行，人有五脏。他就这样硬把“天”和人糅合

① 季桂起：《略论董仲舒“大一统”思想的政治涵义》，载《德州学院学报》2019年第5期，第36页。

② 段有成：《论董仲舒“大一统”思想形成的社会背景及历史意义》，载《黑龙江史志》2014年第7期，第198页。

③ 季桂起：《略论董仲舒“大一统”思想的政治涵义》，载《德州学院学报》2019年第5期，第37页。

在一起。他的这套“天人感应”的学说，把君主的统治神化，这就是“君权神授”论。这一理论奠定了“大一统”政治统治下封建君主的绝对权威和坚实政治基础。

另一方面，董仲舒“大一统”思想文化上的统一是建立在以儒学为核心的国家主流意识形态之上的。春秋战国以来，诸侯异政，思想文化领域呈现诸子群芳、百家争鸣的状态。而汉朝中央集权体制建立后，通过思想文化统一以辅佐国家集权统治成为当时的世人共识。“罢黜百家，独尊儒术”由此得到认同和推行。董仲舒的儒学思想紧紧围绕封建“大一统”主题展开，吸收了孔子“君君，臣臣，父父，子子”的一整套正名理念，认为“君人者，国之本也”，“以民随君，以君随天”是春秋之法的根本宗旨，进一步提出君权至上说。董仲舒立足于君权神授思想还提出了“三纲五常”的理论，集中体现出儒家政治与伦理紧密结合的思想特征，成为后世儒家共同的信条[①]。同时，董仲舒还继承了孟子的民本思想，既主张尊君，又强调重民，提出“限民名田，以赡不足，塞兼并之路”“薄赋敛，省徭役，以宽民力”等主张。这就将人们的思想统一到儒家思想上来，既可助统治者治国安邦，也为消除百姓思维混乱、制定生活伦理纲常和行为准则提供了指南，有助于中华民族实现思想一统，进而增强民族的凝聚力和向心力。

二、大一统思想在董仲舒思想中的枢纽地位

（一）大一统思想是董仲舒政治思想所追求的基本目标

在董仲舒思想体系中，大一统思想是董仲舒思想体系的灵魂。董仲舒大一统思想不仅是对传统儒家文化的继承，更是汲取了道家、法家、阴阳家等诸子百家的思想，是适应当时汉代政治统治而形成的“新儒学”。汉初的黄老之治及分封制度，恢复了经济，但也使诸侯割

---

① 赵玉玲：《董仲舒“三纲五常”伦理观的时代价值》，载《学理论》2016 年第 3 期，第 72 页。

据严重，汉武帝时期统治阶级内部争权夺利现象严重，严重影响中央集权及君主专制。各利益集团之间争权夺利，各地诸侯割据严重，皇帝的权威如一纸空文，诸侯王们几乎无视皇帝的存在。董仲舒的“大一统”政治主张是王权大一统，注重等级原则和华夷之辨，旨在巩固中央集权制度，消减诸侯之势而提升天子权威。董仲舒着重阐发了《公羊传》中大一统的思想，又吸收了墨、法、阴阳等家学说，对《公羊传》进行了神秘主义改造，形成了天人合一的政治论这一颇具特色的政治理论体系；在现实政治中，董仲舒主张君权至上，拥护中央集权和君主专制的政治体制。为巩固这一体制，保证汉家天下的长期延续，他为君权至上的合法性、合理性、神圣性做了精心论证，其最终追求在于通过巩固君权，形成社会共识，推进中华民族在“大一统”进程中不断实现大融合。董仲舒的“大一统”思想在几千年的中国古代文明进程中不仅定分止争，保稳护统，为汉代社会的新秩序提供了一套新的理论依据；同时，这种“大一统”观念已经深深地融入民族心理，构建了民族统一的政治信仰、统一的民族认同感和统一的社会历史文化，为中华民族在数千年中屹立于世界民族之林奠定了重要的政治文化基础①。

（二）董仲舒的天人关系思想、伦理思想等思想实际是为其大一统主张做理论论证

董仲舒的天人关系思想不仅是对儒家思想的升华，更是为其大一统主张提供理论支撑。董仲舒所讲的天含义复杂，且具有浓厚的神秘主义色彩。他认为，人是天所派生的。人是天以自身为参照，有意识地创造出来的，人从外在形体到内在的感情、道德、意志等方面都体现了天的意志和规律。天在运行之中，产生了阴阳五行，并通过它们与人相沟通。同时，还认为天、地、人是构成人类社会的三个基本要素，奉天成为处理人类社会政治问题的一条基本原则。他的天人合一论树立了天的无上权威，进而提出君权天予说，阐明君权的来源和权威性，王在现实政治

① 丁为祥：《董仲舒天人关系的思想史意义》，载《北京大学学报》（哲学社会科学版）2010年第6期，第36页。

中承担着圣人沟通天人的职能。基于这样的认识，董仲舒认为君主的权力来源于天，天子秉承天的意志来治理国家，臣民服从君主就像地从属于天一样①。总体来说，董仲舒的天人关系思想奠定了君权至上和等级原则的思想基础，提高了统治阶级的政治统治同时，统一了人民的思想统一认知，为大一统思想的延续提高理论依据。

董仲舒的三纲五常伦理思想是为了巩固皇权，推进社会为有序运转。在当时阶级矛盾尖锐对立，民间思想纷乱的背景下是非常必要的。董仲舒伦理思想综合先秦诸子百家的伦理思想，以“天人感应”思想引导被统治阶级的思想，巩固了大一统的民间认知和传承。董仲舒的这种伦理观：君为臣纲、父为子纲、夫为妻纲，将这种关系归结于天，要求在伦理秩序中处在下位者要对上位者绝对忠诚并服从，使“三纲”的关系不可改变，并且普遍化。尤其是作为三纲之首的君为臣纲，确立了君主的核心地位，让其拥有至高无上的权力，使君主专制制度得到巩固和不断强化。“三纲”因之从先秦时期的一种道德伦理成为西汉以后我国古代一种重要的政治法则，虽迎合了统治者的需要，但也维持了社会的有序运转②。

三、董仲舒在大一统民族心理形成中的关键性作用

（一）董仲舒的大一统思想奠定了中国封建社会主流意识形态的基础

董仲舒提倡的“大一统”思想，儒学的独尊地位在中国传统文化中被牢固树立，奠定了中华民族长达几千年的以儒家思想为核心的国家主流意识形态的基础③。汉武帝时期，国内外的情势发生变化，外有匈奴入侵，内有君臣伦理观念忧虑，再继续使用道家黄老学说不利于解决当时所面临的问题。董仲舒提出的“罢黜百家，独尊儒术”与

① 王壮壮：《“天人关系”视域下董仲舒儒学思想的理论转向》，载《周口师范学院学报》2017 年第 3 期，第 62 页。

② 李新灵：《董仲舒大一统思想》，西北师范大学 2019 年度硕士学位论文。

③ 张卓：《董仲舒与汉代主流意识形态》，西北师范大学 2020 年度硕士学位论文。

当时汉朝所面临的问题和挑战非常适应，很好地解决了当时严重的社会危机，缓和了阶级矛盾，维护了国统和社稳。从统治者来看，董仲舒思想赋予帝王不可侵犯的权利，维护了社会稳定发展；从普通百姓看，又制定出了一套百姓的日常生活应该遵循的伦理纲常和行为准则。从社会稳定发展分析，儒学思想的核心是仁和礼。“仁”即统治者要本仁爱之心行“仁政”，让民众得生存而享幸福；“礼”即统治者要以“正名”为社会构建道德秩序，引导民众明确自身的社会地位和道德定位。民众得生存而享幸福，作乱犯上即无必要；民众认可名教秩序，自愿遵守每个人的社会角色，作乱犯上也即失去文化基础。人民群众既无作乱犯上之必要，又无造反作乱之意，社会自可长治久安。董仲舒所构建的以儒家思想为主体的思想体系也因此成为超越社会形态和阶级形态的社会统治方略和社会管理学说，董仲舒大一统思想和伦理道德由上而下，从被动至主动地被王室成员及上层社会中的多数人所接受，渐成遍行天下的社会道德准绳，并以此作为修身、齐家、施政的准则和规范。

（二）董仲舒的大一统思想丰富了儒学和整个中国传统思想文化体系

儒家学说在前汉武帝朝正式登堂入室，逐渐取代黄老思想，成为中国古代王朝统治的正统意识心态，而在这个过程中起到最关键作用的，并不是汉武帝的认可和支持，而是董仲舒对儒学的归纳和改造，他用“天人同构”的哲学框架，重构了儒学“仁”“礼”思想体系，形成了中华文明的核心价值主体，深刻影响到后世儒学的命运及其发展①。

其一，董仲舒针对儒学未对人与“天”或者“神”之间的关系给出明确归纳的问题，借用了道家的思想和阴阳家理论，指出天道的运行是通过阴和阳这两种最根本的力量来实现的，无论是在自然界，还是人类世界，都始终遵循这种天道。人是自然的一分子，就要顺应自

---

① 季桂起：《历史大转折中的文化调适——论董仲舒对儒家文化的整合与发展》，载《山东师范大学学报》（人文社会科学版）2015 年第 3 期，第 37 页。

然的天道，与之和合共生。反之，假如人忤逆了天道，上苍将通过各种不同的迹象来警示，甚至降下灾祸来纠正这种错误。通过儒学与其他流派的融合，为大一统思想奠定基础。

其二，丰富了儒家学说“仁义”治国的理念。董仲舒借用了邹衍的“五行论”和“五德终始说”，认为天地之间有五行，五行依照木克土、火克金、土克水、金克木、水克火之规律演化轮回[①]。人类社会的历史变化同自然界一样，也是受木、火、土、金、水五种物质元素支配的，历史上每一王朝的出现都体现了一种必然性，为中华民族朝代更替但文化仍旧延续提供了思想依据。

其三，董仲舒虽然遵循孔子的理念，强调教育的作用，但是更加认可法家创立的律令制度在治理国家中的不可替代性，愿意接受适度的刑罚，中国封建社会国家也基本上都延续了这种“外儒内法”的治理模式。综上，儒学经由董仲舒的归纳和改造，糅合了儒法道等家与阴阳家等主流思想，丰富了中华民族传统文化体系。

（三）董仲舒的大一统思想赋予了国家政权和国家意识形态的统一

董仲舒大一统思想通过巩固王权专制制度，维护国家政权统一，同时又通过“天人感应”论，限制专制，一定程度上保障民权。

从国家政权统一角度而言，董仲舒大一统思想的本质是利用国家政权控制各种思想的发展，以儒学为国家主体意识形态，并将这种统一理论推广和升华为民族意识，从而避免了汉初时期七国之乱对中国统一和中华民族发展带来不利影响。大汉王朝恰是借助以“天人合一”“天人感应”“三纲五常”为核心的新儒学思想体系，将“大一统”思想与封建王权巧妙结合，在巩固王权专制同时，实现了国家政权的统一。

从国家意识形态统一角度而言，汉朝在董仲舒“大一统”思想的指导下，汉帝国政治、经济得以迅速发展，对外抗击匈奴，不断扩大

① 崔锁江、代春敏：《董仲舒五行关系论的多重模式及其对相生相克的超越》，载《衡水学院学报》2019 年第 5 期，第 39 页。

版图。中华民族也迎来国家统一和民族团结的强大国家治理模式，中华民族凝聚力得以在安定平和的环境中不断发展壮大。而这种国家之政权与意识形态的统一和融合，也为后世朝代更替中始终保持国家统一提供了表率，使得历代封建统治者无不以江山一统、四海一家为统治理念。两汉以后，中华大地虽几经分裂，但始终保留统一的因素，极大地推动了中华民族凝聚力的提升。

（四）董仲舒的大一统思想推动了“大一统”理念植根于中华民族心底

董仲舒大一统思想对中华民族统一心理的形成起到举足轻重的作用，并直接转化成中华民族崇尚一统和正统的民族精神。以董仲舒为代表的儒家思想历来注重群体凝聚力的引导，推崇坚忍不拔和遵规守矩的精神品质；重视个人名分，并强调要通过纲常礼仪教化民众，以达到思想统一和社会稳定的目的。这种伦理观念、价值观、审美情趣等精神在国家政治体制的帮助下通过日常教育和科举制度等方式得以推广，并被全社会所接纳，进而逐步形成了中华民族以儒学思想为主导的中华民族传统文化。虽然中华民族历经坎坷，但这种儒学思想却从未断层，从而使得大一统思想成为华人的普遍价值取向。统一的中国也成为中华民族全体人民深入人心的崇高政治理想，并内化为中华民族独有的、稳固的、持久的民族认同感和民族凝聚力。总体说来，董仲舒的大一统思想让“大一统”理念植根于中华民族心底，促进了中华民族思想的大一统，巩固了中国人的国民意识，增强了中国人的向心力和凝聚力，从而极大地促进了中国的政治统一、民族统一，使得中国在历经两千年发展后依然能够保持秦皇汉武开疆时的基本版图①。在历史长河中，中华民族无论出现何种形式、多长时间的分裂，中国人始终不忘国家统一，这种统一的意识几乎是出自中国人天性的要求，无论天南地北，人人皆认为统一是理所当然，人人皆视能为统一做出贡献为光荣，在分裂与统一的大是大非面前，人人都有奋

① 刘丹忱：《董仲舒“大一统”理论对中华统一多民族国家的历史作用》，载《衡水学院学报》2021年第3期，第40页。

不顾身、牺牲自我的豪情。虽然，董仲舒所提出的“罢黜百家，独尊儒术”压抑了其他学派的光芒，文化创新性受到抑制。但从思想史“一元与多元交替强调”规律而言，又恰恰是强调一元的时代，正合当时所需。董仲舒这种统一意识与当初所奠定的“大一统”思想，与中国数千来的思想统一和民族认同感既一脉相承又相互促进。

（五）董仲舒的大一统思想提供了较为完善的理论与方法指导封建社会长治久安

董仲舒大一统思想为中国几千年封建社会的长治久安和民族团结稳定提供了较为完善的理论与方法论指导①。

首先，董仲舒主张“天地人乃物之本也，天生之，地养之，人成之”，其大一统思想通过将天地人看作不可分离的有机体，认为天、地、人三才合一，是天道运行的需要，也是安国护统的需要。而将天、地与人统合在一起，使它们相贯通，只有王者也即统治者能够做到这一点，通过将天地人一统化的方式和思维去处理国家和社会问题。此王道政治主张，使得天地人三者贯通，奠定了古代社会君主专权制度的基础，也是国家长治和谐的前提。

其次，董仲舒认为“天高其位而下其施，藏其形而见其光”。他认为帝王要“泛爱群生，不以喜怒赏罚，所以为仁也”。董仲舒大一统思想提出统治者要做到国家和社会的安定，须以仁爱治天下，并倡行仁政，恢复古制，轻徭薄赋。在法律方面，则建议君主应当以德治国，反映在法制领域，就是审理案件时，坚持以犯罪行为人的主观恶性作为评价标准。这些大一统的治国主张，都有效维护了国家和社会的安定，促进了社会的长治久安。

再次，董仲舒所提出的为大一统思想服务的“三纲五常”，其中“三纲”是用以约束臣民，而“五常”则延及范围包括君主，以礼区分社会等级的尊卑制度和行为标准。“三纲五常”也渐成古代广泛认同的社会道德观念和社会行为规范，至此个人、家庭、社会与政治统

---

① 孙友：《浅论董仲舒的“大一统”思想及其影响》，《赤峰学院学报》（汉文哲学社会科学版）2010年第8期，第45页。

治从行为规范到法律上都形成了内在的统一，奠定了我国整个封建社会的伦理本位和道德价值标准。而行为规范和道德标准的界定，虽然在一定程度成为束缚劳动人民精神的绳索，却也是统治者维护社会稳定的利器。

四、大一统民族心理是中华民族脱危解困、克敌制胜的法宝，必须大力弘扬

董仲舒“大一统”思想的实质即倡导、推崇和重视国家统一的思想。中国传统文化中的“大一统”思想所构建的大一统民族思维对于中国发展成为统一的多民族的统一国家具有重要的历史意义，并为中华民族的形成和发展奠定了重要的思想基础，使中国境内各兄弟民族在“大一统”的思想基础上逐步凝聚为一个“自在的民族实体”，并逐渐将“中华民族”升级为一种“自觉的民族实体”。同时，这种大一统的民族心理还是中华民族脱危解困、克敌制胜的法宝，在新时代背景下必须大力弘扬，以此为中华民族伟大复兴提供精神食粮。随着国家统一观念的更新和深化，实现民族统一成为当前中华民族发展的必然诉求。因此，基于中华民族历代传承的大一统思想和大一统民族心理，推进新时代统一战线工作，凝聚全体中华民族以爱国主义为核心的民族精神，才能更好浇铸亿万人民美好安康的幸福大厦。对于董仲舒“大一统”思想造就的大一统民族心理，必须予以弘扬。对此，建议采取如下措施。

第一，英勇顽强地抗击任何施加于中华民族的民族压迫，充分释放人民群众推动历史进步的创造力和积极性。人民群众是中华民族的历史创造者和文明缔造者，反对任何形式的针对中华民族的民族压迫能为中华民族在新的时代条件下创造新的历史提供基本条件，并且平等地享受创造历史带来的好处，这自会调动各族人民创造历史的积极性。

第二，坚定不移地维护民族团结，调动最广大人民群众参与到创造历史的活动当中。通过民族团结引导，把不同的民族的人民群众聚

集到一起，把来自不同民族的人民群众的力量合成一股团结统一的力量，并把这一力量投入创造历史的活动当中，必然能更好地创造历史。

第三，坚定不移地支持各民族齐心协力共同促进祖国的繁荣发展。民族团结的最终目标是促进祖国的繁荣发展，具体来说就是促进我国各领域、诸层次、全方位发展。民族团结的初衷就是促发展、求和谐，其本身也确实对我国经济发展和社会进步提供了助力。民众造就历史，各民族是人民群众根据语言、地域、经济生活和文化心理素质方面的不同而进行划分，其本身也就是人民群众的一部分，民族团结又以促进祖国繁荣为最终目的，这反过来又为人民群众创造历史提供了助力。

第四，坚决果断地反对任何形式的民族分裂活动，坚定维护祖国统一局面，为中华民族实现复兴提供基本政治保障。祖国的统一为人民群众创造历史提供了有利的空间，而民族团结是祖国统一的前提和保障。在历史的洪流中，历代民众挥洒着汗水，甚至热血，才开创出现如今的盛世局面。民族大一统心理是人民群众内部的一种团结精神力量，能充分发挥全国各族人民的推动历史进步的积极性和创造性，在大一统中实现全国各族人民的大团结，为中华民族伟大复兴的实现贡献力量。

本文为“2021 中国·衡水董仲舒与儒家思想国际研讨会暨中华孔子学会董仲舒研究委员会学术年会”提交的论文。

杨英法（1965—），男，河北平山人，河北工程大学马克思主义学院教授，河北省新型智库“长城文化安全研究中心”研究专家，哲学博士。

郭广伟（1983—），男，河北藁城人，河北工程大学马克思主义学院讲师，教育学博士。

戴雅娜（1983—），女，辽宁营口人，河北工程大学马克思主义学院讲师。

康熙朝董仲舒文庙从祀位次调整的述论

李先义

清朝康熙皇帝曾作《过阙里诗》言曰："銮辂来东鲁，先登夫子堂。两楹陈俎豆，数仞见宫墙。道统唐虞接，儒风洙泗长。入门抚松柏，瞻拜肃冠裳。"清朝作为中国最后一个王朝，其对文庙的重视与改革可谓历史少见，而董仲舒文庙从祀位次的调整则开启了清朝文庙改革的先河。

一、康熙朝董仲舒文庙从祀位次调整

随着明朝的灭亡与清朝的兴起，中国再一次由少数民族统一全国。此时清初的统治者面临两大难题：其一，清朝的政治文化正当性问题。如何实现清朝从儒教文明边缘地区走向儒教文明的核心？其二，清朝面对儒教文明时的文化自卑心理与武力征服的极大成功之间的矛盾问题。如何将清朝纳入正朔的历史叙事？作为儒教象征的孔庙在清朝的变革，一定程度上反映了清初统治者为解决上述问题所采取的方案和努力。

康熙二十四年（1685）十二月初五，时任福建道御史的许三礼上疏：

> 汉儒董仲舒表彰六经，其言道之大原出于天，与禅宗异学专主明心者不同。故宋儒程颢有"儒道本天，释教本心"之辨。宜

视宋时六大儒，从祀国学，进称先贤。①

许三礼此疏本意是想提高董仲舒在文庙当中的地位，但是此疏一上迅速演变成关于文庙从祀位次和原则的大讨论。次年，江南学院李振裕上《请厘正学宫从祀位次疏》认为文庙从祀位次应该按照年代、世次来进行排列②，显然李氏之言来自王士祯对从祀位次的看法。随后，廷臣关于这个问题分为三派：一派以李光地、徐乾学等为代表，支持李氏以师弟来厘正文庙从祀位次，并且以李侗和朱熹作为其论证的例子；一派则是以达哈塔、伊桑阿、沙澄等为代表，认为应该按照明朝的定制，即以道德学问为标准来厘正文庙从祀位次，并且援引颜子和孟子为例；还有一派以宋德宜为代表的调和派，认为两派的观点皆可。可以看出这场争论已经逐渐形成满汉分野，随后，纳兰明珠对满大臣的观点进行总结“满大臣之意，以师弟分次序为不然”可见此时关于文庙的争论已经逐渐演变为满汉之争，最终这次关于文庙从祀位次的讨论因为康熙发布的上谕而结束，其结果仍旧是维持明末文庙定制③。

二、董仲舒文庙从祀位次调整的提出及理由

许三礼以及后来李振裕的上疏在康熙朝引发关于文庙从祀的大讨论，可以说开启了清朝文庙改革的序幕。究其原因：首先，程朱理学的认可与董仲舒思想在一定程度上得到重视。无论是二程还是朱熹，都给予董仲舒非常高的评价。程子认为“自汉以来惟有三人近儒者气象：大毛公、董仲舒、扬雄”④，并且认为“正谊明道”一语“度越

---

① 赵尔巽：《清史稿》卷七（民国），赵尔巽等撰，《清史稿》，中华书局 1977 年版，第 9950 页。

② 四库全书存目丛书编纂委员会编：《四库全书存目丛书·集部》（第 243 册），齐鲁书社 1997 年版，第 553—554 页。

③ 《康熙起居注》，中华书局 1984 年版，第 1523—1525 页。

④ 程颢、程颐：《二程集》（第 1 册），中华书局 1931 年版，第 232 页。

诸子远矣”[①]。

朱子对董仲舒也给予高度评价，并借用班固的评语称董仲舒为“醇儒”，同时还认为董仲舒的品行、学问、道德皆超越杨雄[②]。程朱对董仲舒的肯定奠定了董仲舒在文庙的地位，并成为后世评价董仲舒的一个标准[③]，董仲舒初登文庙便来自朱子后学熊禾的大力推荐。而康熙一朝无论康熙还是朝臣大多都服膺朱子学，自然董仲舒从祀位次的问题便得到关注。

除此之外，董仲舒思想也在一定程度上受到重视。李振裕曾在《陕西乡试策问五首》中对董子的人才观进行赞赏[④]；并且，李氏还在《严宝成制义序》中肯定董仲舒之学得孔门正传[⑤]。

除了李振裕外，康熙朝的理学重臣李光地也表达对董子的尊敬，认为董子的功绩不止在于“正谊明道”等性理方面，还在于董子的政治才能[⑥]。应该说李光地确有所见，看到董子更重要的贡献在于政治的设想、架构与规训，然其蔽于宋明理学，认为董子之说在于纯粹的王道，实际上董子思想是“霸王道杂之”，通过将孔子素王化，肯定时王的权威，将汉帝国的历史叙事奠基在儒教的天道追寻之上，以时王、圣王的二分来奠定中华文明的结构。尽管如此，这些理学名臣对董子的推崇为其文庙从祀位次问题的讨论，创造了一个可能的契机。

其次，康熙对程朱理学的推崇与其虔诚的宗教气质。康熙五十一

---

① 《康熙起居注》，中华书局 1984 年版，第 1238 页。

② 黎靖德编，杨绳其、周娴君校点：《朱子语类》（第 4 卷），岳麓书社 1997 年版，第 2942—2946 页。

③ 程朱问题是辟佛老，重塑儒教的个体叙事关怀，董子真正的贡献则在于树立儒教的共同体叙事关怀。

④ 四库全书存目丛书编纂委员会编：《四库全书存目丛书・集部》（第 243 册）齐鲁书社 1997 年版，第 404 页。

⑤ 四库全书存目丛书编纂委员会编：《四库全书存目丛书・集部》（第 243 册）齐鲁书社 1997 年版，第 714 页。

⑥ 李光地著，李玉昆点校：《泉州文库・榕村语录》，《榕村语录续集（下）》，商务印书馆 2019 年版，第 525—526 页。

年（1712）曾发上谕欲将朱子升入四配[①]，由于李光地的劝阻才只将其升入“十哲之末”[②]。同时，康熙还积极编撰一批弘扬程朱理学的书籍，如《朱子全书》《性理精义》等，可见对朱子的推崇，朱子对董仲舒的评价也给康熙留下深刻影响；同时，康熙亦非常重视文庙，曾在曲阜以九叩礼拜谒先师庙，并且毁天下淫祀以尊文庙[③]。康熙对朱子学的推崇与对文庙的关注，为董仲舒从祀位次问题的提出提供了现实的可能性。

另外，康熙还是一位宗教气息特别浓厚的君主，并且对儒教尤显虔诚。康熙曾屡次申谕臣下，明确表示对佛老二教的排斥与轻视，并且明确表达对儒教的服膺，对当时民间丧礼是用佛老之仪表达强烈的不满[④]，认为需要通过对儒教的学习与服膺才能予以廓清[⑤]。于此相反的是康熙非常关注灾异[⑥]，并以“天人感应”为理论依据，反省自身德行与政治治理措施，以求挽回天意[⑦]，正是这种“儆惧”的情感使得康熙对灾异非常敏感。除此之外，康熙对祭祀活动的热情与虔诚也是历史少见。在每次祈雨祭祀中，康熙都“虔诚斋戒”[⑧]。不仅如此，祭祀之事康熙几乎都是亲力亲为，即使年过花甲，仍旧亲往祭祀，可见其对国家祀典的虔诚与热情[⑨]。正因康熙对灾异的关注与虔诚的宗教气质，也就为董仲舒文庙从祀位次问题的提出提供了一个可能的宗教环境。

最后，许三礼个人对董仲舒学说的服膺与推崇。首先，许三礼承接程朱对董仲舒的评价，认为董仲舒的重要贡献在于挽救秦汉以来功

① 《圣祖仁皇帝实录》卷二四九，中华书局1985年版，第232—233页。

② 北京图书馆：《北京图书馆藏珍本年谱丛刊》（第85册），北京图书馆出版社1999年版，第347—348页。

③ 赵尔巽等撰：《清史稿》，中华书局1977年版，第216—220页。

④ 《康熙起居注》，中华书局1984年版，第125—127页。

⑤ 《康熙起居注》，中华书局1984年版，第1841页。

⑥ 《康熙起居注》，中华书局1984年版，第120、421、633、693、1403页。

⑦ 《康熙起居注》，中华书局1984年版，第1873页。

⑧ 《康熙起居注》，中华书局1984年版，第1870页。

⑨ 《康熙起居注》，中华书局1984年版，第2452页。

利主义对世道人心的侵蚀，肯定董仲舒之学乃是孔孟正传，尤其是其“正谊明道”一语更是“力挽战国以来颓风”①。

其次，许三礼认为董仲舒的思想对儒教发展实有承上启下的作用，在《经世要言》中许氏认为董子上承孔孟正传，下启唐宋诸儒的学说：

> 董江都遇好大喜功之武帝，天人对策，溯道源天，复将尼山头面，六经正旨，特地表出，又归本仁者，发出“正谊明道”四语，力挽战国以来颓风，创开唐宋以后道脉，此其功用。总之能转挽气运，主张在手，前不让管狐定霸的力量，后可继孔孟诛乱贼、辟杨墨护道的担子。②

这是以宋明理学的形象来想象董仲舒，宋明理学尤其是朱子，其关注的核心问题便是“辟佛老”，是由于佛老的传入与扩张威胁到儒教文明，使其存在解构的风险，故而需要维护道统③，许氏此语便是以此来想象董仲舒，是在一定程度上将董仲舒朱子化，或许这是一种面对程朱理学占据主导地位时的一种无奈与妥协吧！

最后，许三礼认为董仲舒的思想最重要的一点便是标举天道，独尊儒术。“四子书无续（董仲舒、王通、周敦颐、黄宗羲），是圣学真绝也，圣根不断，圣道尝明……今于汉取董子，不但为其‘正谊明道’数语，挽救战国功利之习，开辟宋代理学之风，其尊孔氏、尊六经，实见超百代而件件溯出道之大原总在天，是学贯天人，德威幽明之圣。系犹在后儒谓其惑于禨祥，政是窥不及其涯际处也。竟于《天人三策》《繁露春秋》中纂出一书，有源有用，实冠濂洛关闽之上。”④

---

① 《康熙起居注》，中华书局1984年版，第507页。

② 《四库全书存目丛书·子部·天中许子政学合一集》，齐鲁书社1995年版，第511页。

③ 陈明：《朱子思想转折的内容、意义与问题——文化政治视角的考察》，《北京大学学报》（哲学社会科学版）2019年第6期，第34—47页。

④ 《四库全书存目丛书·子部·天中许子政学合一集》，齐鲁书社1995年版，第488页。

许氏在这里明确提出董仲舒最重要的贡献并不在于“正谊明道”之语与创开唐宋理学之风，而是将董子之学归本于天，标举天道，独尊儒术，正因如此许氏认为董仲舒之学实超过宋明诸儒。故在《读礼偶见》中，许氏将董仲舒列入道统，认为董仲舒乃是“继道统者”①。许三礼的这个观点收录于《海昌讲学集注》当中，可知此观点形成于许三礼任海宁知县之时②，而《经世要言》中的观点则是在康熙十六年之后形成③，那么我们可以做出推测，实际上许三礼对董仲舒之学服膺的根本原因并不在于程朱对董仲舒的评价，而是其对天道的阐释、对孔子的推尊，但是，随着其官场升迁，面对康熙与朝廷重臣对朱子学的推崇，许氏不得已借程朱之言来推崇董仲舒之学，并且努力论证董仲舒之学对宋明理学的影响，甚至将董仲舒描述为“创开唐宋道脉”的开创者，而这些努力一方面是为了减少推崇董仲舒时的阻力；另一方面，也是为了保全自身的仕途。这也是后期许氏努力将董仲舒朱子化的根本原因所在。

三、董仲舒文庙从祀位次调整失败的原因

虽然，由王士祯、许三礼、李振裕等人的上疏，掀起了关于文庙从祀问题的大讨论，但其结果却以失败告终。那么，为什么康熙朝首次关于文庙的讨论会形成这样的结果呢？而董仲舒文庙从祀位次的调整又为什么会失败呢？

首先，汉人士大夫之间的党争与程朱理学对董子的批评。王氏、李氏皆以世次、时代作为文庙从祀位次的标准，并且认为汉唐诸儒文庙从祀位次应在宋儒之上，而许三礼认为董仲舒应该从先儒升入先贤

---

① 《四库全书存目丛书·子部·天中许子政学合一集》，齐鲁书社 1995 年版，第 635 页。

② 赵尔巽等撰：《清史稿》，中华书局 1977 年版，第 9950—9952 页。

③ 《四库全书存目丛书·子部·天中许子政学合一集》，齐鲁书社 1995 年版，第 511 页。

之列，并且认为董仲舒的从祀地位应高于宋儒，所以，三者对于董仲舒从祀位次的安排在一定程度上来说是可以形成共识的。但是，当许三礼上疏言及董仲舒文庙从祀位次的问题时，其政敌徐乾学立即做出回应：

> 羽翼六经，汉儒亦有功，若无汉儒笺注，六经已泯没久矣，六子其何从而考究乎？况许三礼先曾条奏董仲舒宜称先贤，居六子之上，今又云六子宜在先贤之列，居仲舒之上，前后颇觉互异。①

徐乾学实际上受到其舅顾炎武的影响，认为汉唐诸儒应该位于宋时六子之上，但是，徐乾学却与许三礼在政治上互相对立②，故徐乾学将反对的矛头直指许三礼，实际上并不涉及关于董仲舒思想的争论。

不仅如此，许三礼也在《宋代六子进称先贤位上汉唐源流图记》当中，表达对李氏之言的轻视③。对于王、李之言亦不认可。正是因为双方都不认可对方关于文庙从祀问题的看法，难以形成一股合力，故最终康熙朝的这场关于庙从祀的争论只能以失败草草收场。

除此之外，董仲舒的思想从元末开始便不断受到重视，其中一个重要的原因便是宋明理学家尤其是二程与朱子对董仲舒思想的承认与推崇。朱子虽然肯定董仲舒的思想，但认为董仲舒的地位应该与陆贽在伯仲之间④，这就为董仲舒的文庙地位奠定了基调。如：康熙朝理学名臣李光地就认为董子之学在宋时六子之下⑤。自然许氏关于董仲舒文庙位次提升的奏疏难以得到他们的支持。

---

① 《康熙起居注》，中华书局 1984 年版，第 1523—1524 页。

② 赵尔巽等撰：《清史稿》，中华书局 1977 年版，第 10009—10010 页。

③ 《四库全书存目丛书・子部・天中许子政学合一集》，齐鲁书社 1995 年版，第 719 页。

④ 《四库全书存目丛书・子部・天中许子政学合一集》，齐鲁书社 1995 年版，第 2945—2956 页。

⑤ 李光地著，李玉昆点校：《泉州文库・榕村语录》《榕村语录续集（下）》，商务印书馆 2019 年版，第 502 页。

其次，满汉之争与康熙本人的态度。据载当时支持李振裕的朝臣包括徐乾学、李之芳、宋德宜、李光地等，皆是汉族士大夫；反对者则包括尹恭、沙澄等，大多数为满大臣，按纳兰明珠奏言“满大臣之意，以师弟分次序为不然”[①]。此时，这场争论已经不单单是学术问题，而是演变成满汉之争。刚开始时，这场争论并没有引起康熙的警惕，反而对大臣的争论氛围深感欣慰；但当两日后纳兰明珠上奏总结时，康熙的态度立马发生转变。正是明珠之语使康熙将这场争论与明末党争联系在一起，加之此次争论背后亦或多或少存在明末士大夫的影子（顾炎武[②]、黄宗羲[③]、刘宗周[④]等），汉族士大夫因此竟隐隐开始形成一股合力与满族大臣形成对峙，这场争论便成为一场满汉之争与明清之争，那便意味着清朝刚刚稳定的政治局面再次受到威胁，这使得康熙的态度急转直下，坚定的支持满大臣的提议，借以彰显清朝的合法性并压制满汉之争。正是因为这场讨论逐渐演变为满汉之争与合法性之争，才使得康熙急于平息这场争论，许氏之疏受此影响最终亦草草收场。

最后，许三礼本人立场的转变与董仲舒的灾异思想。许三礼前期对董仲舒可谓极尽推崇。但是，其奏疏一上便引起康熙的反感，谓其“欲沽虚名”，更令许氏始料未及的是其奏疏逐渐掀起一场政治风暴，而且不断触动着清朝统治者敏感的神经，康熙不得不因此下旨以平息这场争论。而许三礼在这种情况下为了明哲保身亦不得不做出妥协[⑤]，作为董仲舒从祀位次调整的提出者都转变了态度，那么董仲舒

---

① 李光地著，李玉昆点校：《泉州文库・榕村语录》《榕村语录续集（下）》，商务印书馆 2019 年版，第 1523—1525 页。

② 谢正光：《就〈秋柳〉诗之唱和考论顾炎武与王士祯之交谊》，《明清论丛》1999 年，第 64—79 页。

③ 赵尔巽等撰：《清史稿》，中华书局 1977 年版，第 9952 页。

④ 在《参正孔庙祀典以尊万古师道疏》明确提到文庙从祀位次当以世次作为标准。吴光主编：《刘宗周全集》（第 3 册 文编上），浙江古籍出版社 2007 年版，第 25—28 页。

⑤ 《四库全书存目丛书・子部・天中许子政学合一集》，齐鲁书社 1995 年版，第 719 页。

升格的失败也就在意料之中，而许氏本人也因此被徐乾学等人大肆嘲讽。

除此之外，董仲舒的灾异学说也是董仲舒从祀位次调整失败的原因。宋儒欧阳修曾对董子惑于“改正朔”而感到惋惜[①]，朱子亦评价董仲舒“不脱汉儒气味”[②]，即指其灾异、阴阳之说。这些思想都深深影响了康熙朝对董仲舒的评价，当时的理学名臣李光地就批评董子之学过于注重灾异[③]，李振裕也言道对董子后学表达不满[④]。正是因为董仲舒思想中对灾异学说的强调以及其后学逐渐偏向谶纬，使得董仲舒的文庙从祀位次调整难以得到受到理学影响甚深的君臣的支持。

余　论

明清之际，董仲舒的地位在一定程度上得到提升，而文庙只是这种趋势的最重要反映，所以，董仲舒文庙从祀位次的调整并不是如孙承泽所言乃是“赘词”[⑤]，而是一件具有思想史意义的事件，其意义大体上可以分为以下几点：首先，董仲舒文庙从祀位次问题的提出意味着清朝开始思考神圣与世俗的问题。康熙二十二年（1683）平定台湾，标志着清朝彻底统一全国，也意味着清朝大规模武力征服的暂时结束。同年，王士祯上疏言文庙改革事宜，掀起康熙朝首次对文庙的

---

① 欧阳修著，王云五主编：《欧阳永叔集（9）》，商务印书馆 1904 年版，第 13 页。

② 黎靖德编，杨绳其、周娴君校点：《朱子语类》（第 4 卷），岳麓书社 1997 年版，第 2946 页。

③ 李光地著，李玉昆点校：《泉州文库·榕村语录》，《榕村语录续集（下）》，商务印书馆 2019 年版，第 692 页。

④ 四库全书存目丛书编纂委员会编：《四库全书存目丛书·集部》（第 243 册），齐鲁书社 1997 年版，第 719 页。

⑤ 崇祯十四年，礼部复议崇祯皇帝关于提升北宋六子文庙从祀位次的谕旨时，欲将董仲舒一起提升，最终失败。孙氏评价：“按以六子宜加隆称，此诚明主之特见，部中议及董、王则赘词矣。”参见纪昀等编纂：《影印文渊阁四库全书》（第 868 册），北京出版社 2012 年版，第 252 页。

大讨论。这不仅仅只是一种时间上的巧合。文庙作为儒教神圣空间的典型代表，是儒教神圣性的表征，而康熙所代表的清朝在传统的儒家士大夫当中代表的是一种野蛮的征服，即极端世俗的典型代表，故清朝此时面对的便是神圣与世俗的问题，即：政治文化的合法性问题。当少数民族入主中原之后往往都会面对神圣性缺失的问题，需要去发掘神圣性权力来论证其政治文化的合法性。正如罗有枝教授所言“皇帝的神圣权力更多的是由他确定时间和空间的权力所决定的”[①]。其实，还应该加上一点，即：神圣性话语。对于清朝来说尤其如此，他们主要通过三个方面来寻求神圣性权力：首先，清初的君主（努尔哈赤、皇太极）都非常重视儒教的天命观，是要以此来塑造清朝的神圣性话语[②]；其次，清初君主也通过采用中原王朝的计时方式，来获得一种神圣性时间[③]；最后，便是通过对文庙的尊崇，企图获得一种神圣性空间的支持。神圣性话语代表着清王朝的世界图景，神圣性时空则是一种存在秩序，两者的存在则为人生规划提供可能性，其神圣权力便在其中浮现，清朝也因为神圣性权力而获得政治文化的正当性。而这与董子对神圣性权力的追寻不谋而合。首先，董子以“天”为核心建构其神圣性话语。将天作为神圣性的最终赋予者，并且以德为其依据，同时，董仲舒积极承认皇帝的权威，肯定时王的地位“臣闻天之所大奉使之王者，必有非人力所能致而自至者，此受命之符也”（《天人三策·第一策》）。这一点显然符合清朝统治者的需要，因为清朝在武力上的巨大成功，使得清朝统治者以其武力作为荣耀并且想法设法以保存这样的荣耀，实际上无论是八旗制度还是对满洲性的强调，

① 罗友枝（Evelyn Rawski）著，周卫平译：《最后的皇族》，上海人民出版社2019年版，第326页。

② 欧立德：《这将是谁人之天下？——17世纪初叶满人对历史进程的描述》，司徒琳主编：《世界时间与东亚时间中的明清变迁》（上卷），《从明到清时间的重塑》，生活·读书·新知三联书店2009年版。

③ 戴福士：《走向另一个唐朝或周朝？顺治时期中原人的观点》，司徒琳主编：《世界时间与东亚时间中的明清变迁》（上卷），《从明到清时间的重塑》，生活·读书·新知三联书店2009年版。

最终的目的都是希望保持这样的荣耀，也就是对其夺取政权的武力的保持与强调，而董仲舒对时王的认可显然使得清朝统治者既可以在追寻神圣性权力的同时，得以保有其荣耀——来自时王武力的荣耀。

其次，通过对天的阐释从而建构神圣性时间。

> 春气爱，秋气严，夏气乐，冬气哀。爱气以生物，严气以成功，乐气以养生，哀气以丧终，天之志也……天地之化如四时。（《王道通三》）

春夏秋冬是一种自然时间的变化，但是，却因为生生之天的参与而具有了神圣性，成为一种神圣性时间，使得神圣性话语得以通过神圣性时间向人显现自身的力量，故董子言“天有四时，王有四政，四政若四时，通类也，天人所同有也”（《四时之副》）。正是因为神圣性时间的建构，灾异才成为君主关注的重点，因为灾异往往是以时间上的反常而出现，显然，康熙对灾异关注与谨慎根本的原因便是对神圣性时间的虔诚。

最后，董子还着力于建构神圣性空间。

> 《春秋》大一统者，天地之常经，古今之通谊也。今师异道，人异论，百家殊方，指意不同，是以上亡以持一统；法制数变，下不知所守。臣愚以为诸不在六艺之科孔子之术者，皆绝其道，勿使并进。邪辟之说灭息，然后统纪可一而法度可明，民知所从矣。（《天人三策·第三策》）

其时并无文庙祭祀，但董子提出“罢黜百家，独尊儒术”实际上就是希望通过对儒教独尊将汉帝国建构为儒教神圣性空间的承载者。显然，董子对神圣性权力的建构符合了清朝对神圣性权力的追求，这也是董子文庙从祀位次在此时得到关注的更深层次原因。当然，董仲舒文庙从祀位次调整的失败并不意味着清朝对神圣性权力追求的失败或者拒斥，相反这正体现问题的复杂性，实际上康熙对灾异的关注和对儒教的虔诚，都堪称对神圣性权力追寻的典范，康熙的种种行为体现出他是这样一位君主：他以儒教的天作为其虔诚的信仰，以之作为其行动准则（天命、德行），同时以之作为其世界图景的核心；并且留心灾异，虔诚斋戒，关注文庙，并亲自在曲阜祭拜，以此来建构一个神圣性时空，作为清朝的存在秩序。最终，在二者的交织下康熙实现其人生规划：

> 性理一书，千言万语，不外一敬字。人君治天下，但能主敬，终身行之足矣！[①]

显然，这样的主敬的生活透露出儒教徒式的虔诚，从而将清朝纳入儒教的历史叙事，而康熙也因为其模范作用，成为与尧舜禹一样的帝王。

其次，董仲舒文庙从祀位次问题的讨论反映清朝面临的另一个问题，即：帝国的选择问题。清朝应该何去何从？清朝在武力上取得巨大的成功，并由之形成了一种强烈的荣耀，乃至于在皇太极时期这种荣耀在一定程度上影响了清朝对天下的观点[②]，并如魏斐德所言形成两种对帝国的不同设想："军事贵族的部落传统"和"金朝的传统"(实际上指的便是一种普世帝国的冲动)[③]。前者代表着维持荣耀的冲动，是对自身武力的骄傲，代表的是"时王"的权威；后者则是对天下帝国的渴望，是对"天命"追求，而这正是一种"圣王"的追求。清朝实际上陷于这两者之间的挣扎，当康熙统一全国，这个问题便演变成为帝国建构的问题，清朝应该如何来调节两种冲动带来的矛盾。一方面，康熙非常强调满汉之别，排斥学习汉俗，强调其自身的满洲性[④]，而康熙认为满汉最重要的区别在于武力，也就是对自身时王权威的崇拜和保持上。另一方面，康熙也积极参与儒教的宗教性活动与宗教讨论，并因此而获得士大夫的称赞，这都表明康熙在寻求儒教的神圣性权力支撑，即是对圣王的追寻。在康熙朝这场关于文庙从祀位次的讨论中，虽然问题是来自儒教内部并且早已有之，但是，在随后的讨论中却呈现出明显的满汉之别，这种差别并非是偶然性，而是源

---

① 《康熙起居注》，中华书局 1984 年版，第 2478 页。

② 《皇太极对帝国的目标并非指向全天下》，参见魏斐德：《洪业：清朝开国史》，新星出版社 2017 年版，第 119—127 页。

③ 魏斐德：《洪业：清朝开国史》，新星出版社 2017 年版，第 175—176 页。

④ 《康熙起居注》，中华书局 1984 年版，第 1639 页。

于时王与圣王之间的紧张。故康熙前后的态度迥然有别，正是他意识到汉人在文庙的旗帜下开始联合，并且在一定程度上削弱其神圣性权力追寻的可能，对清朝政治文化的正当性建构而言是一种损害。许三礼显然是意识到清朝所面临的政治文化正当性问题，从这个意义上来说，许三礼对董仲舒文庙从祀位次调整的上疏，更像是一种解决方案，而非是如李振裕、王士祯等人对清朝的一种“隐秘的反抗”。许氏在《经世要言》中对董仲舒的赞赏，[①] 也是许氏对自身的期许，面对同样是武力强悍的康熙，许氏所期望的便是在积极承认时王权威的基础上，为清朝追寻神圣性权力提供一种解决方案，将清朝纳入正朔的历史叙事。

最后，董仲舒文庙从祀位次问题的讨论反映出清朝面临的更为核心的问题，即：历史的建构。如何将清朝纳入儒教的历史叙事当中？如何实现从边缘部落向天下国家的历史转变？历史的目的又是什么？埃里克·沃格林认为“历史不是一条由人们及其在时间中的活动构成的溪流，而是人参与的一条以终末为方向的神性显现之流的过程”[②]。在皇太极之前，清朝的统治模式是“军事贵族的部落传统”，武力的征服更像是一种对天下的探险，在皇太极时期，清朝开始获得一种历史的进展，“宇宙论帝国”开始获得一种普世价值的支撑，开始重建清朝自身的历史。但皇太极只是清朝历史建构的开端，并且由于宇宙论秩序所带来的强大的武力荣耀，皇太极在后期实际上陷入了徘徊[③]，而清朝历史建构的初步完成则在康熙时期，一个重要的标志便是康熙力排众议统一台湾[④]，这意味着清朝在现实的层面正式埋葬明朝，实现全国统一。更重要的意义在于清朝是在一种不同于以往的历史意识的指导下解决台湾问题，而这种历史意识则来自儒教，并且由

① 《四库全书存目丛书·子部·天中许子政学合一集》，齐鲁书社 1995 年版，第 511 页。

② 埃里克·沃格林著，叶颖译：《人文与社会译丛·天下时代 秩序与历史》（卷四），译林出版社 2018 年版，第 53 页。

③ 魏斐德：《洪业：清朝开国史》，新星出版社 2017 年版，第 119—120 页。

④ 林乾：《康熙统一台湾的战略决策》，《清史研究》2000 年第 3 期，第 44—49 页。

各个朝代所发展。恩斯特·H·坎托洛维奇（Ernst H. Kantorowicz）认为国王如同基督一样存在神人二性，认为统治者“依自然本性为人，借恩典成神”，拥有人性的国王（King）是有朽的，但是，神性的国王（King）却不会逝去①。康熙对天下统一的热情与对儒教的虔诚，都是在向天下宣示：神圣的天子仍在，儒教的历史叙事并不因清朝的建立而崩溃，相反清朝是要回归到正朔的历史叙事，甚至历史因为清朝的出现而更加完整。这样的宣示在台湾的统一中初步完成，并最终在许三礼的思想中得到清晰的阐释。许氏支持董子文庙从祀位次调整的核心理由便是董子对“天”的推崇与体验，而董子正是将天作为历史的核心：

> 道之大原出于天，天不变，道亦不变，是以禹继舜，舜继尧，三圣相受而守一道，亡救弊之政也，故不言其所损益也。（《天人三策》）

这里的“道”指的便是人参与其中的以神圣之天为方向的神性显现之流的过程，许氏也希望通过对董子的推崇，使得清朝能够得到历史的进展，实现儒教的天下扩张。

虽然，许氏的上疏最终以失败收场，董仲舒在文庙的地位依旧如故，但是，许氏上疏所反映的问题——历史建构，却被清朝所继承。雍正时“曾静案”的爆发与《大义觉迷录》的出现，皆是对这一问题的再讨论。清末面临西方的冲击，康有为、苏舆等人，通过对董仲舒思想的提倡，来应对“千年未有之大变局”，便是希望通过儒教来建构国家国族挽救文明危机并且坚持清朝的主体性。从这一点来说，清朝成功地将自身纳入儒教的历史叙事当中，而董仲舒在清朝的遭遇对国家国族的建构以及清朝的历史来说，都具有深远意义。

本文为第七届“国学与大学德育”研讨会提交的论文。

李先义（1996—），男，四川成都人，湘潭大学碧泉书院在读硕士。

---

① 恩斯特·H. 坎托洛维奇著，尹景旺译：《国王的两个身体》，上海社会科学院出版社 2020 年版，第 62—72 页。

关于董仲舒评价之评价①

程志华

在儒学史中，董仲舒是一个非常特别的人物。之所以谓之特殊，在于他的思想因有新创而与原始儒学形成张力，从而引发截然不同的评价。历史地看，这种对立性评价在近百年来更为凸显。那么，如何看待这种对立性评价呢？显然，这不仅事关评价董仲舒思想本身，亦事关儒学界发展。其实，关于董仲舒评价的这种现象并非个别，学界关于荀子、法家，甚至关于孔子都曾经发生或正在发生这种对立性评价。因此，以董仲舒为个案研究，亦可以透显整个学术界的相关情况，从而为学术界的健康发展提供一点启迪。

一、董仲舒创立了一种新儒学

董仲舒的一生虽然游走于学术与政治之间，但终是以教书授徒为主。准确地讲，是基于政治目的而从事学术研究为其一生之宏旨。就其学术研究讲，主要观点或贡献可以“天”“一”“三”“百”四字来概括：所谓“天”，指其提出“天人感应”理论，以为汉代政权提供合法性。所谓“一”，指其提出“大一统”理论，以为汉代皇权提供

① 基金项目：本文为国家社科基金重点项目“王船山哲学研究”（项目编号：20FZXA004）阶段性成果。

合法性。所谓“三”，指其抽绎出“三纲五常”理论，以为汉代治权提供合法性。所谓“百”，指其提出“罢黜百家，独尊儒术”，以为汉代儒家提供合法性。当然，这四字所代表的内容并不是互相孤立的，而是有主旨而互相支持，甚至互相交叉的系统：“主旨”是为汉代初建政权之长治久安提供理论支持。在这一“主旨”下，依重要性递减排列，分别为“天”“一”“三”“百”；依重要性递加，则为“百”“三”“一”“天”。而且，“递减”与“递加”之间是双向循环的闭环，为一个理论上自恰周延的系统。

在汉初，初掌国家政权的皇帝们并未有明确的意识形态。刘邦本不喜儒家。在掌有天下之前，他对儒家嗤之以鼻甚至贬损污辱。《史记》记载：“沛公不好儒，诸客冠儒冠来者，沛公辄解其冠，溲溺其中。与人言，常大骂。”① 不过，在他掌有天下后，开始文治天下，征用儒生，求贤选能。尽管如此，刘邦的治国理念仍停留在功利主义层面，并没有形成确定的意识形态。后来，汉景帝即位，用道家思想治国；干涉政治的窦太后也推崇道家，以至于“文景之治”的短暂盛世出现。总之，董仲舒所面对的思想形势是“汉承秦制”，儒家思想长期未得以重用。

在这种形势之下，董仲舒以儒家宗法思想为骨干，以“春秋公羊学”为进路，汲取阴阳家、道家、法家等思想，以《春秋繁露》为载体，以“天人三策”为契机，建构了一套独特的儒家理论。所谓“独特”，即指前述之“天”“一”“三”“百”四字所代表的内容为孔孟原始儒学所未及。在此意义下，儒学史上首出的“新儒家”“新儒学”不是发生于宋代、明代，而是发生于汉代——董仲舒创立了原始儒学后的第一个“新儒学”，他亦为第一个“新儒家”。“宋明儒家”“宋明儒学”之所以被称为“新儒家”“新儒学”，在于宋明儒家汲取大量佛、道思想精华，表现出与传统儒学相较之明显的“独特性”。其实，在汉代，董仲舒就已经建构了这样一种“新儒学”，故他自己亦可称

① 司马迁撰、裴骃集解、司马贞索引、张守节正义：《史记》，中华书局1959年版，第2692页。

为“新儒家”。

《春秋繁露》为董仲舒以“公羊学”演绎《春秋》大义的论文集，它由后人辑录而成，书名亦为后人所加。董仲舒在讲《春秋》时曾作有《蕃露》。在古代汉语中，“蕃”与“繁”字义相通。“蕃露”原是冠冕的装饰，缀玉下垂，有联贯之象。因此，所谓《春秋繁露》意即对《春秋》大义的引申和发挥。贾公彦在《周礼·春官大司乐》中对此疏曰：“前汉董仲舒作《春秋繁露》。繁，多。露，润。为《春秋》作义，润益处多。”①

董仲舒虽然于《春秋》多有研究，而且多有创新，但其传播只限于家乡门人弟子。汉武常即位后的“举贤良对策”给董仲舒宣扬其思想提供了绝佳契机。就这三个问题讲，无论是问，还是答，其核心都是“天人关系”，故而将董仲舒的对策称为“天人三策”。汉武帝接受了董仲舒的建议，并开始在全国推行。自此，董仲舒的思想被官方认可，其所承载的儒家思想也自此开始登上国家意识形态主位。

虽然“天人三策”得到汉武帝赞许，但其背后的思想基础却是《春秋繁露》。也就是说，若无董仲舒对“春秋公羊学”的丰厚研究和独特创制，便不会有“天人三策”的结果。就董仲舒《春秋繁露》的内容讲，它表现出鲜明的理论特征：其一，他以孔子和孔子儒学为宗。否则，董仲舒便不再是儒家。例如，他称孔子为“素王”，认为《春秋》乃孔子平治天下之“大经”，故孔子是没有王位但却行王政的“素王”；孔子之所以没有王位，只是没有机遇而已。“孔子作《春秋》，先正王而系万事，见素王之文焉。由此观之，帝王之条贯同，然而劳逸异者，所遇之时异也。”② 对此，冯友兰的解释是：“照董仲舒说，直接继承周朝的既不是秦朝，也不是汉朝。他断言，实际上是

---

① 郑玄著、贾公彦疏、赵伯雄整理、王文锦审定：《周礼注疏》，北京大学出版社 2000 年版，第 674 页。

② 班固撰、颜师古注：《汉书》第八册，中华书局 1962 年版（下同），第 2509 页。

孔子受天命继周而正黑统。孔子不是实际的王，却是合法的王。”[①]而且，董仲舒认为自己的使命即是弘扬儒学，故而才有“天人三策”当中的“推明孔氏，抑黜百家”[②] 的建言。其二，他开辟了儒家的义理方向。如，孔子意在将“神文”转向“人文”，开辟了儒家人文化的路向。董仲舒则逆转了孔子的路向，将“天”视为“主宰之天”，将“人文化”的“天”重新“神文化”。再如，他将阴阳家思想引入儒家宇宙论，甚至引入儒家伦理思想，从而开启了两汉的谶纬风潮。其三，他破除了学术与政治间的樊篱，将二者融合在一起，消弭了二者间的距离。董仲舒基于“公羊学”的传统，宏观的思路是：既然不能改变世界，那么就只有改变世界观；具体的思路是：学术政治化，政治学术化。

二、学术史评价的两极端

对于一种学术思想或一个学术流派进行评价，有不同观点是常见的，因为评价者的学术背景、思想基点和理论面向可能不同。但是，对董仲舒的学术史评价却表现出明显的两极化现象——或者极端地褒扬，将其视为与孔子一样的圣人，甚至希望对其“膜拜”；或者极端地贬斥，将其完全视为皇权专制的附庸，甚至贬损其学术人格。这样一种情况久已有存在，但现代以后情况尤甚。

（一）褒扬性评价

其一，王佐之才。刘向认为，董仲舒具有“王佐之才”，为辅助成就王业的人，犹如伊尹、吕望、管仲、晏婴，甚至还要过之无不及。“董仲舒有王佐之材，虽伊、吕亡以加，管、晏之属，伯者之佐，殆不及也。”[③]“伊”指伊尹，“吕”指吕望，“管”指管仲，“晏”指

① 冯友兰著、涂又光译：《中国哲学简史》，北京大学出版社 1985 年版（下同），第 234 页。

② 班固撰、颜师古注：《汉书》第八册，第 2525 页。

③ 班固撰、颜师古注：《汉书》第八册，第 2526 页。

晏婴，“伯”为“霸”义，指齐桓公、晋文公等。

所谓“王佐之才”的说法，主要是针对董仲舒的“天人三策”而言。在《举贤良对策》中，汉武帝提出了三个问题，董仲舒分别予以回答；《对策》的问和答都围绕“天人关系”展开，故此《对策》又常称“天人三策”①。第一问是：“三代受命，其符安在?”这个问题的实质是政权的合法性。董仲舒的回答是，王权来源于“神权”，王权的合法性在“天命”。“唯天子受命于天，天下受命于天子，一国则受命于君。”② 第二问是：“灾异之变，何缘而起?”这个问题的实质是政权的正当性③。董仲舒的回答是：祥瑞为“天”为王权施政的奖赏，灾异为“天”对王权施政的“谴告”。“观天人相与之际，甚可畏也。国家将有失道之败，而天乃先出灾害以谴告之，不知自省，又出怪异以警惧之，尚不知变，而伤败乃至。以此见天心之仁爱人君而欲止其乱也。”④ 第三问是：“性命之性，或夭或寿，或仁或鄙，习闻其号，未烛厥理。”这个问题的实质是治权的正当性。董仲舒的回答是：“孔子曰：‘君子之德风，小人之德草，草上之风必偃。’故尧、舜行德则民仁寿，桀、纣行暴则民鄙夭。”⑤ 汉武帝对董仲舒的回答非常满意，甚至满意得有点“惊异”。“天子览其对而异焉。”⑥ 汉武帝之所以满意得“惊异”，根本原因在于两点：一是董仲舒从阴阳五行和天人相与角度阐释，与汉武帝所关于的现实问题直接挂钩，而不是脱离现实空谈道理；二是董仲舒的阐释迎合、解决了汉武帝所关心的政权的合法性、正当性和治权的正当性问题。

不过，刘歆对父亲刘向的观点持异议。他说：“伊、吕乃圣人之耦，王者不得则不兴。故颜渊死，孔子曰‘噫！天丧余。’唯此一人

① 班固撰、颜师古注：《汉书》第八册，第2495－2532页。

② 董仲舒撰、凌曙注：《春秋繁露》，中华书局1975年版（下同），第286页。

③ 合法性与正当性两个概念含义不同：前者指政权有没有依据，依据是什么；后者指政权的依据是否合理，是否正当；两相比较，正当性为更为深层的概念。

④ 班固撰、颜师古注：《汉书》第八册，第2498页。

⑤ 班固撰、颜师古注：《汉书》第八册，第2501页。

⑥ 班固撰、颜师古注：《汉书》第八册，第2506页。

为能当之，自宰我、子赣、子游、子夏不与焉。仲舒遭汉承秦灭学之后，《六经》离析，下帷发愤，潜心大业，令后学者有所统一，为群儒首。然考其师友渊源所渐，犹未及乎游、夏，而曰管、晏弗及，伊、吕不加，过矣。”[①] 可见，刘歆并不赞同刘向的说法。在他看来，刘向认为董仲舒有“王佐之才”，并将其比之伊尹、吕望，乃不恰当之说。伊尹和吕望相对于成汤建商和文王建周乃难得之才，重要性可比之于颜渊相对于孔子之地位。“耦”对“相对”之义，强调的是上述“王佐之才”的唯一性。然而，董仲舒之学源和地位连子游和子夏都未及，根本不能与颜渊相比，故说其如同甚至超过伊尹、吕望、管仲、晏婴，乃言过其实。不过，刘歆并未完全否定董仲舒的地位，而是视其为“群儒首”，因为他于“秦灭学”之后有“接续”之功，从而使后之学者有所依据，故而可谓“群儒首”。

其二，奠立经学。董仲舒由治“公羊学”入手，开启了“今文经学”；与之相对，形成了“古文经学”。在此意义下，“经学”的开启可谓始于董仲舒。“经学”的奠立为中国学界增添了内容，扩大了规模。其实，西方学术史中亦有“经学”这门学问，即以释《圣经》而形成的学问；这门学问对于促进基督教文化、推进诠释学理论发展起到了重要作用。中国的经学亦是如此——形成了大量的经学文献，形成了丰富的诠释理论，尽管这些理论还未达及西方诠释学的程度。

在此意义下，《汉书·五行志》称其为“儒者宗”。“汉兴，承秦灭学之后，景、武之世，董仲舒治《公羊春秋》，始推阴阳，为儒者宗。”[②] 显然，所谓“儒者宗”的两点理由非常具体：一是，董仲舒治《春秋》，续“秦灭学”后“春秋学”之统，使“春秋学”得以接续。董仲舒将“阴阳家”思想接入儒家，以“阴”“阳”和“五行”来建构其儒家式的宇宙论。在他看来，天地之间充满“阴阳之气”，而“阴阳之气”以“五行”即五种途径化生万物。他仅调整了《尚书·洪范》“五行”的顺序——将水、火、木、金、土的顺序调整为

---

① 班固撰、颜师古注：《汉书》第八册，第2526页。

② 班固撰、颜师古注：《汉书》第五册，第1317页。

木、火、土、金、水的顺序；而且除赋予“五行”“天道”职能外，亦赋予其“人道”职能——以“五行”为自然界和人类社会以及人伦发展变化的规律——故“顺之则治”，“逆之则乱”[①]。二是，董仲舒所治“春秋公羊学”较之刘向所治“春秋穀梁学”、刘歆所治“春秋左传”不同，后二者于《春秋》多有比附而于本义有乖离，唯独董氏所治“春秋公羊学”为可取之学。“宣、元之后，刘向治《穀梁春秋》，数其祸福，传以《洪范》，与仲舒错。至向子歆治《左氏传》，其《春秋》意亦已乖矣；言《五行传》，又颇不同。是以揽仲舒，别向、歆，传载眭孟、夏侯胜、京房、谷永、李寻之徒所陈行事，讫于王莽，举十二世，以傅《春秋》，著于篇。”[②]“揽”意为“引取”。

其三，人性论之开拓。董仲舒提出“性三品说”，进而主张性未善论，这些都是董仲舒理论的独特内容和理论新创。所谓“性三品说”，指人性分为“圣人之性”“中民之性”“斗筲之性”上、中、下三等。“圣人之性”指不需教化而先天就是善的人性；“斗筲之性”指虽经过教化也难以为善的人性；“中民之性”指经过教化而可以为善的人性。“中民之性”为大多数，故通常所谓“性”专指“中民之性”，而这大多数需要教化。他说：“民之号，取之瞑也。使性而已善，则何故以瞑为号？……今万民之性有其质，而未能觉。譬如瞑者待觉，教之然后善。当其未觉，可谓有质，而未可谓善。与目之瞑而觉，一概之比也。”[③] 进而，“中民之性”实乃“性未善”：“性”虽有善端，但并非已善，而实乃“未善”。此犹如“茧”与“丝”、“卵”与“雏”之关系。他说：“或曰：性有善端，心有善质，尚安非善？应之曰：非也。茧有丝而茧非丝也，卵有雏而卵非雏也。比类率然，有何疑焉。”[④] 这里，“性未善”为教化必要性提供了根据——既然“性未善”，而人又有“善端”，故后天教化便显得十分必要。因此，

① 董仲舒撰、凌曙注：《春秋繁露》，第 449—458 页。

② 班固撰、颜师古注：《汉书》第五册，第 1317 页。

③ 董仲舒撰、凌曙注：《春秋繁露》，第 365—366 页。

④ 董仲舒撰、凌曙注：《春秋繁露》，第 369 页。

他说："善如米，性如禾。禾虽出米，而禾未可谓米也。性虽出善，而性未可谓善也。米与善，人之继天而成于外也，非在天所为之内也。天所为，有所至而止。止之内谓之天，止之外谓之王教。王教在性外，而性不得不遂。"①

在周桂钿看来，董仲舒的人性论有两点可以圈点：一是认为"性有善质"，但又认为"性未善"，故概之以"性未善论"较为恰当。"'性未善'论可以很好地概括董仲舒人性论的主要特点。"② 所谓"主要特点"，意味着它在董仲舒人性论中的核心地位。二是"性三品说"，为董仲舒之新创观点。"董仲舒在人性论问题上，提出了性三品说，把人性分为上、中、下三等，即圣人之性、中民之性和斗筲之性。这是有代表性的观点。"③"性三品说"不仅具有代表性，它对于后世王充、荀悦、韩愈等相似观点还起到了开启作用。之所以说上述两点可以圈点，在于它们为孟子"性善论"、荀子"性恶论"之外的理论新创，为儒学人性论发展做出了贡献。

其四，孔子传人。王充给予董仲舒更高评价。"孝武之时，诏百官对策，董仲舒策文最善。王莽时，使郎吏上奏，刘子骏章尤美。美善不空，才高知深之验也。《易》曰：'圣人之情见于辞。'文辞美恶，足以观才。"④ 王充称赞董仲舒之策文"善"而"不空"，为"才高知深"之文，甚至可谓"圣人之情"的表达。进而，他认为董仲舒乃孔子的"真正传人"，与孔子乃"本"与"末"关系，因为孔子的核心思想，在董仲舒这里得以彰显出来。他说："孔子生周，始其本；仲舒在汉，终其末。……孔子终论，定于仲舒之言，其修雩始龙，必将有义，未可怪也。"⑤ 董仲舒"雩祭应天""土龙致雨"虽然令人生疑，但亦有情可原，不必奇怪。这里，王充对董仲舒予以"同情式理

① 董仲舒撰、凌曙注：《春秋繁露》，第373页。
② 周桂钿：《董学探微》第二版，北京师范大学出版社2008年版（下同），第91页。
③ 周桂钿：《董学探微》第二版，第90页。
④ 黄晖撰：《论衡校释》，中华书局1990年版（下同），第863页。
⑤ 黄晖撰：《论衡校释》，第1171页。

解”。基于前述，王充认为董仲舒超过所谓“诸子”。“董仲舒著书，不称子者，意殆自谓过诸子也。”① 相对照地讲，周文王的思想在孔子这里得以继承和发扬，而孔子的思想在董仲舒这里得以继承和发扬。“孔子曰：‘文王既没，文不在兹乎！’文王之文在孔子，孔子之文在仲舒。”② 王充的意思是，所谓“诸子”，其思想均是异于孔子儒家者，而董仲舒所治乃儒家《春秋》之“明经释义”，为儒家正统。

这里，所谓孔子思想在董仲舒这里得以彰显，乃是指孔子思想理论落在现实政治，也就是说，董仲舒将孔子“悬着”的形上思想“接入”形下实践，从而使其发挥实际作用。关于这样一种观点，治董仲舒思想的学者余治平说：“没有董仲舒，孔子还悬着，他的伟大思想就不会落地、生根、开花和结果。……自从孔子改造儒家、创立学派之后，董仲舒在汉初时代一下子竟然提出了那么多深入人心甚至对整个中华民族灵魂塑建能够起到构成性作用的观点和理念，历史上有哪一位儒学思想家能够做到?!”③ 不仅如此，后董仲舒时代的儒者亦继承董仲舒的思想理路，即将儒学理论与儒家实践紧密结合。由此来讲，董仲舒的学术史地位非常重要，恰似一个“漏斗”，以往的水在此汇入，以后的水从此流出。余治平还说：“在中国思想史上，汉代的地位颇像一个漏斗，先秦的百家思想在这里汇聚、整合，后世的各派学术从这里发端、流出。这在董子的身上体现得非常明显。”④ 这里的“漏斗”之喻难免让人想起学界对康德的评价。日本哲学家安倍能成（1883—1966 年）评价说：“康德是一个蓄水池，前两千年的水都流进了这个池中，后来的水又都是从这个池中流出去的。”⑤

其五，有重大历史贡献。就儒学本身讲，儒学获得汉代以至后世

① 黄晖撰：《论衡校释》，第 1170 页。

② 黄晖撰：《论衡校释》，第 614 页。

③ 李现红：《董仲舒“天人三策在，不废万古传”——余治平教授学术访谈录》，《哲学分析》2015 年第 5 期，第 167－183、170 页。

④ 李现红：《董仲舒“天人三策在，不废万古传”——余治平教授学术访谈录》，《哲学分析》2015 年第 5 期，第 167－183、170 页。

⑤ 转引自李翔德：《美的哲学》上，山西人民出版社 2007 年版，第 153 页。

封建王朝意识形态地位，董仲舒其功甚伟。在先秦，诸子百家争鸣，儒家只是其中一家，并没有绝对的话语权和独高的社会地位；经历了“秦灭学”之后，在汉初，儒学不仅没有绝对话语权和独高社会地位，而且不得不屈居于黄老道家和法家之下。在这种形势之下，儒学能够“咸鱼翻身”，一跃成为汉王朝意识形态，甚至几乎成为历代王朝意识形态，由诸子百家普通一家而走上神坛，为儒学实现孔子周游列国所追求但未实现的理想提供了舞台；这种其他诸子百家所望尘莫及的地位和殊荣，其中有董仲舒的“始作俑”之功。在《天人三策》中，董仲舒明确主张“推明孔氏，抑黜百家”①，以儒家思想主导来实现思想的“大一统”。他还说：“诸不在六艺之科孔子之术者，皆绝其道，勿使并进。邪辟之说灭息，然后统纪可一而法度可明，民知所从矣！”② 董仲舒的这一主张得到汉武帝认可，故而在汉代政治和社会生活中得以落实③。这是就儒学本身讲。若就儒学之外讲，即就几千年的中国历史讲，儒学不仅长期为历代王朝意识形态，而且亦融入实际生活而为百姓人伦日用之轨道；就此来讲，儒学支撑了两千多年“大一统”政治的延续，亦使中国文化绵延不绝，可以说是儒学影响了中国历史进程，甚至可以说儒学“塑造”了中国古代和近代历史。比较地看，没有任何一种思想能够发挥如此重要和如此长久的现实作用。在此意义下，董仲舒的“始作俑”作用亦不可低估，其功劳绝不止于“汉代国师”的称号。

在历史贡献角度，周桂钿认为，董仲舒和孔子、朱熹为中国历史

---

① 班固撰、颜师古注：《汉书》第八册，第 2525 页。

② 班固撰、颜师古注：《汉书》第八册，第 2523 页。

③ 需要说明的是，“推明孔氏，抑黜百家”的说法后来渐渐被“罢黜百家，独尊儒术”说法所取代。关于这个渐渐的取代过程，最早的文献是《汉书·武帝纪赞》：“孝武初立，卓然罢黜百家，表章六经。”（《汉书》第一册，第 212 页）。之后，1916 年，易白沙在《新青年》发表《孔子平议》，其中写道：汉武帝“欲蔽塞天下之聪明才志，不如专崇一说，以灭他说。于是罢黜百家，独尊儒术，利用孔子为傀儡，垄断天下之思想，使失其自由。”再之后，侯外庐等著《中国思想通史》虽引用了《汉书·董仲舒传》的“推明孔氏，抑黜百家”之说（第一卷，第 98 页），但多以“罢黜百家，独尊儒术”概括汉武帝的政策，推进了此概括的流行（第一卷第 95、160 页等）。

上对社会影响最大的三大思想家。孔子是儒学奠立者，董仲舒是汉代新儒学代表，朱熹是宋代新理学代表①。董仲舒是儒家的“大圣人”，他对于维持国家统一和文化传承做出巨大贡献。董仲舒的理论贡献主要体现“大一统论”，而支持“大一统论”的主要有政治和思想两方面：就政治讲，“屈民而伸君”，加强中央集权；就思想讲，“罢黜百家，独尊儒术”。“董仲舒政治哲学的核心是大一统论，包括领土完整、政治统一和意识形态的统一。‘屈民而伸君’就是要削弱地方政权，加强中央集权。加强中央集权，才能防止分裂，平息战乱，让百姓过安居乐业的生活。在两千多年前建立中央集权制度，是当时世界上最先进的制度。董仲舒又提出独尊儒术，也是为中央集权制度服务的理论。此后的中国，国家的统一成为全民族的共识，又以儒学为民族精神的主干，可以说，奠定了中华民族魂。汉代，特别是董仲舒为中华民族长期维持统一大国政治局面，以和为特点的文化传统绵延不断，持续丰富发展，做出巨大贡献”②。

（二）贬斥性评价

与上述褒扬形成鲜明反差的是，学术史上对董仲舒有许多贬斥性评价。

其一，关于“王佐之才”。儒学虽然影响了中国历史进程，“塑造”了中国古代和近代历史，但不过是为皇权专制服务的工作而已。若没有儒学的这种服务，皇权专制不会延续两千多年。就此来讲，董仲舒亦是“始作俑”者。冯友兰说：“董仲舒所要做的就是为当时政治、社会新秩序提供理论的根据。”③ 任继愈则说：“统一的封建专制中央集权王朝建立后，新兴封建地主阶级要求建立一种为专制集权主义服务的哲学体系。董仲舒对于建立统治事业所担当的任务，就在于

---

① 转引自常会营：《董仲舒与朱熹“天命观”的比较研究》，《衡水学院学报》2018 年第 2 期，第 2—13、2 页。

② 周桂钿：《董仲舒是儒家大圣人》，《衡水学院学报》2015 年第 5 期，第 1—4、4 页。

③ 冯友兰著，涂又光译：《中国哲学简史》，第 225 页。

适应当时封建统治者的时代要求和需要，从地主阶级统一的封建中央集权的基本立场出发，建立一套完事的封建神学神秘主义的思想体系。从董仲舒开始，把孔子神圣化，把孔子的学说宗教化，把封建专制制度的理论系统化。”① 任继愈的意思是，依据历史发展阶段理论，现代的社会主义社会是对传统封建主义社会的进步，封建主义社会是落后的，为封建主义社会服务的儒学亦应被批判，而董仲舒是这种服务的“始作俑”者，故亦被批判。

与“王佐之才”相关，董仲舒使得儒学与现实关系发生了变化。就孔子、孟子所奠立的原始儒学讲，尽管其内圣外王对列并举，内圣之宗旨为开出外王，但内圣之学与外王实践之间保有距离，即“内圣之学”保有学术的独立性，学者亦保有人格的独立性。即，就儒学作为一种学术讲，它相对于现实实践应有自身的独立性；就儒学作为一种哲学讲，它与现实的结合须通过一定媒介而实现，因为哲学是一种形而上学，具有形上性。然而，董仲舒基于“公羊学”的理论传统，发展了现实实践面向，以“天人三策”为直接途径，将学术与政治直接结合在一起，不仅取消了儒学作为一种学术的独立性，亦取消了儒学作为一种哲学的形上性。侯外庐说：“董仲舒不仅是中世纪神学思想的创建者，而且是封建制思想统制的发动者；不仅是中世纪正宗思想的理论家，而且是封建政治的实行家。”② 这里，“发动者”“实行家”，都是指的董仲舒直接参与政治，似乎已不再是独立的学术研究者了，当然其思想也不再是纯正的学术思想了。也正是因此，董仲舒的“天人三策”虽常被褒扬，亦常被贬损。

关于董仲舒的《天人三策》，学界有一种说法，认为其不过是“帮闲”的政治话语，它只考虑对皇帝有用，将学术变为纯粹的政治工具，完全丧失了学术探讨的独立性。侯外庐说：“说董仲舒的思想

① 任继愈主编：《中国哲学史》修订版（二），人民出版社 2003 年版（下同），第 73 页。

② 侯外庐、赵纪彬、杜国庠：《中国思想通史》第二卷，人民出版社 1967 年版（下同），第 98 页。

活动与武帝的政治措施恰相呼应，即是说前者是后者的苟合取容。我们看《汉书》载董仲舒对策是怎样揣摩武帝的意思就明白这理。”① 所谓“苟合”，乃无原则地附合。所谓“取容”，乃讨好他人以求容身。以“苟合”“取容”形容董仲舒，其贬损程度可谓至极。而且，正因为其思想与政治过于密切，董仲舒的命运“成”也源于此，“败”也源于此。汉武帝建元六年（前135），长陵高园殿、辽东高庙发生火灾。董仲舒认为这即是“天人感应”，于是给皇帝起草一份奏章，说明火灾是上天对汉武帝的“谴告”。汉武帝得知此事后大怒，决定将董仲舒斩首。后怜其才，又下诏赦免，但江都王相却被罢免，自此董仲舒不敢再言灾异谴告说②。

其二，关于奠立经学。历史地看，经学的形成改变了中国学术的走向。冯友兰认为，汉代之前的学术为“子学时代”，汉代以后的学术为“经学时代”；董仲舒在其中发挥了重要作用。“董仲舒之主张行，而子学时代终；董仲舒之学说立，而经学时代始。……自此以后，孔子变而为神，儒家变而为儒教。至所谓古文学出，孔子始渐回复为人，儒教始渐回为儒家。”③ 冯友兰的意思有二：一是董仲舒结束了“子学时代”，开启了“经学时代”。二是董仲舒使孔子由人变为“神”，儒学变为“儒教”。侯外庐也持与冯友兰相似的观点。他说：“他（指董仲舒——引者）对古代‘子学’作出了否定，为中世纪‘经学’开拓了地基。本传所说‘学士皆师尊之’，本传赞所说‘为群儒首’，《五行志》所说‘为儒者宗’，皆以此故。”④

就“经学时代”的开启讲，其弊端表现为学术自由的丧失，以至于使儒学渐而走向僵化，失去了本有的思想活力，导致中国近代没有了哲学。“中国哲学史，自董仲舒以后，即在所谓经学时代中。在此时代中，诸哲学家无论有无新见，皆须依傍古代哲学家之名，大部分

---

① 侯外庐、赵纪彬、杜国庠：《中国思想通史》第二卷，第97页。
② 班固撰、颜师古注：《汉书》第八册，第2524页。
③ 冯友兰：《中国哲学史》上册，中华书局1961年版（上同），第40页。
④ 侯外庐、赵纪彬、杜国庠：《中国思想通史》第二卷，第98页。

依傍经学之名，如以旧瓶装新酒焉。”[①] 在此意义下，中国由“轴心时代”的哲学大国近代变为哲学贫瘠的土地，董仲舒所开启的经学难辞其咎。就儒学变为“儒教”讲，孔子所奠立的原始儒学本是学问，并非宗教。然而，董仲舒却将孔子由人转变为“神”，通过天之主宰地位以及“天人感应”“君权神授”“三纲五常”等理论，将儒学转化为“儒教”。董仲舒说：“天者，百神之大君也。事天不备，虽百神犹无益也。”[②] 他还说：“父者，子之天也。天者，父之天也。无天而生，未之有也。天者万物之祖，万物非天不生。”[③] 冯友兰说：“西方人看到儒家思想渗透中国人的生活，就觉得儒家是宗教。可是实事求是地说，儒家并不比柏拉图或亚里士多德的学说更像宗教。”[④]

其三，关于儒教。在任继愈看来，董仲舒的转化乃是对原始儒学性质的逆转，故可谓原始儒学的“歧出”。他的意思是，“天”经过商、周两代，其原有的“人格神”特质已经“动摇”，儒家文化经过孔子的塑造，已经由“神文”转向“人文”。然而，董仲舒改变了这一方向，依照有神论的立场，重新将“天”“修补”为“人格神”。他说：“他（指董仲舒——引者）认为这个至高无上的‘天’是有意志的，提出了‘天地’和‘天意’的概念。他利用自然科学的自然观，以春夏秋冬四时，论证‘天志’的存在。承认有一个可以发号施令的上帝主赏罚，这是商周以来的传统的天命观念。经过春秋时期老子、战国时期的宋钘、尹文、荀子和韩非的反击，这个发号施令的人格神已经动摇了。董仲舒为了给汉王朝的统治寻找理论根据，对先秦以来的有神论的天道观进行了修补的工作。他把自然界的现象，一一按照目的论的要求给它加上封建社会的道德属性。连寒暑变化，四时运行都说成了有目的的，有道德意义的。”[⑤] 这里，董仲舒凸显“天”为

---

① 冯友兰：《中国哲学史》下册，第1040－1041页。

② 董仲舒撰、凌曙注：《春秋繁露》，第502页。

③ 董仲舒撰、凌曙注：《春秋繁露》，第517－518页。

④ 冯友兰著、涂又光译：《中国哲学简史》，第3页。

⑤ 任继愈：《中国哲学史》修订版（二），第77页。

主宰之天，故可以对人间行为予以赏罚。“国家将有失道之败，而天乃先出灾害以谴告之，不知自省，又出怪异以警惧之，尚不知变，而伤败乃至。”[①] 基于此，侯外庐则认为，董仲舒建构了“天”的目的论。“从思想史的渊流而言，董仲舒执行了这样的任务：他给新宗教以系统的理论说明，把阴阳五行说提到神学的体系上来，把‘天’提到有意志的至上神的地位上来，把儒家伦常的父权（它作为封建秩序的表征）和宗教的神权以及统治者的皇权三位一体化。总的说，董仲舒完成了‘天’的目的论。”[②]

基于“天”的重新“人格神化”，董仲舒还创立了“人副天数”的理论，认为“天”通过“阴阳”和“五行”，不仅生万物，而且生人。“为生不能为人，为人者天也。人之人本于天，天亦人之曾祖父也。此人之所以上类天也。”[③] 因此，“天人一也”，“天”与人是相通的；而且，无论是肉体还是精神，人都是“天”的“副本”，乃对“天”的匹对。他说：“人受命乎天也，故超然有以倚。物疢疾莫能为仁义，唯人独能为仁义；物疢疾莫能偶天地，唯人独能偶天地。人有三百六十节，偶天之数也；形体骨肉，偶地之厚也。上有耳目聪明，日月之象也；体有空窍理脉，川谷之象也；心有哀乐喜怒，神气之类也。观人之体一，何高物之甚，而类于天也。”[④] 很显然，“天”的这种作用有明显的基督教“创世纪”和中国神话女娲创世的痕迹。任继愈对此亦持反对态度。他说：“天完全依照它自己的模型道德了人类，人类的形体、精神、思想感情、道德品质等等，都被说成天的复制品，与天符合的。”[⑤] 这里，任继愈虽然没有说明他为何反对，但其文字当中暗含着两点理由：一个方面，他反对将“天”重新“人格神化”；另一个方面，他反对机械性的“人副天数”这种说法。

---

① 班固撰、颜师古注：《汉书》第八册，第 2498 页。
② 侯外庐、赵纪彬、杜国庠：《中国思想通史》第二卷，第 89—90 页。
③ 董仲舒撰、凌曙注：《春秋繁露》，第 485 页。
④ 董仲舒撰、凌曙注：《春秋繁露》，第 439—440 页。
⑤ 任继愈：《中国哲学史》修订版（二），第 79 页。

其四，关于谶纬。在任继愈看来，更重要严重的是，在这个逆转过程中，董仲舒还吸收了阴阳家的“谶纬”思想。邹衍说：“凡帝王之将兴也，天必见祥乎下民。”① “谶”是假托神灵预言有关吉凶，“纬”是以阴阳五行来解释五经；两者在原始儒家那里本是不被接受甚至是被排斥的，而董仲舒将其接到儒家思想当中。首先，董仲舒认为天地间充满“阴阳之气”。“天地之间，有阴阳之气，常渐人者，若水常渐鱼也。所以异于水者，可见与不可见耳，其澹澹也。”② 其次，这充满天地间的“阴阳之气”不仅有自然属性，而且具有人所专有的道德性质。当然，无论是自然属性，还是道德性质，最终均归结为“天”的性质。 “恶之属尽为阴，善之属尽为阳。阳为德，阴为刑。……阳，天之德；阴，天之刑也。”③ 对于董仲舒对阴阳家思想的吸收，尤其是对“谶纬”思想的吸收，任继愈总主编的《佛教史》持严厉批评态度，认为其乃将“经学与妖言”“儒士与方士”结合在一起，实际上为对儒学的亵渎。“在意识形态上，董仲舒草创的谶纬神学，由于国家实行五经取士，处处需用图谶论证皇权的合理性，以致经学与妖言，儒士与方士搅混不清。……图谶成了两汉的官方神学，既是文人做官的门径，也是巩固政权或夺取政权的舆论工具。”④ 而且，两汉间谶纬神学风行一时，董仲舒对此要负责任。任继愈说：“董仲舒把《春秋》记载的大量天象变化和自然灾害，加以全面的歪曲和神秘化，使《春秋》学说完全和阴阳五行家的阴阳五德终始的神秘主义结合起来。这种哲学思想，后来成为泛滥于两汉的谶纬迷信的祖宗。”⑤ 徐复观则认为，董仲舒的“谶纬”思想乃“在合理中混入不合理因素”，为儒家思想的“一大歪曲”和“一大转折”，以至于使儒家“自律性演进”停滞不前。“我的推测，谶语是自古有之，而缘

① 邓乾德主编：《诸子百家现代版》，巴蜀书社 1999 年版，第 811 页。

② 董仲舒撰、凌曙注：《春秋繁露》，第 599 页。

③ 董仲舒撰、凌曙注：《春秋繁露》，第 398—399 页。

④ 任继愈总主编、杜继文主编《佛学史》，江苏人民出版社 2007 年版，第 86 页。

⑤ 任继愈：《中国哲学史》修订版（二），第 80 页。

经以为纬书，则其端发自仲舒。而夏侯始昌的《洪范五行传》，京房之《易》，翼奉之《诗》，皆系由仲舒所引发；《纬书》更各由此异说滋演而生，遂大盛于哀平之际。故先秦经学，实至仲舒而一大歪曲；儒家思想，亦至仲舒而一大转折；许多中国思维之方式，常在合理中混入不合理的因素，以致自律性的演进，停滞不前，仲舒实是一关键性人物。”① 而且，董仲舒“祈雨止涝”亦常被人诟病，诟病之因在于其以“灾异之变推阳明所以错行”语焉不详，而且似乎违背科学规律。《汉书》记载：“仲舒治国，以《春秋》灾异之变推阴阳所以错行，故求雨，闭诸阳，纵诸阴，其止雨反是；行之一国，未尝不得所欲。”②

其五，关于理论中心。与原始儒学相比，董仲舒的理论中心或理论基础发生了改变。具体来讲，原始儒学以“应当”论及“存在”，以“应当”为中心或基础；董仲舒则以“存论”论及“应当”，以“存在”为中心或基础。或者说，原始儒学以道德为理论中心或基础，进而论及宇宙论，为道德论中心；董仲舒却以宇宙论为理论中心或基础，进而论及道德。这是完全不同的两种路径。牟宗三说：“第一种说法是认为儒家的观点只限于孔子讲仁、孟子讲性善，纯粹讲道德，不牵涉到存在的问题。持这种态度的人认为儒家完全是属于应当（ought）的问题，并不牵涉存在（being）的问题。他们把儒家限定在这个地方，因此不喜欢《中庸》《易传》。他们一看到《中庸》《易传》讲宇宙论，就把它和董仲舒扯在一起，就说《中庸》《易传》是宇宙论中心。事实上讲宇宙论并一定是宇宙论中心。董仲舒那一套确实是宇宙论中心，而且还是气化的宇宙论中心。可是《中庸》《易传》并不是宇宙论中心。”③ 牟宗三的意思还包括，儒学并非不讲“存在”或“宇宙论”，但不是以“存在”或“宇宙论”为理论中心或基础。然而，董仲舒以宇宙论为理论中心或基础，改变了原始儒学的义理性

---

① 徐复观：《两汉思想史》第二卷，华东师范大学出版社 2001 年版，第 221 页。

② 班固撰、颜师古注：《汉书》第八册，第 2524 页。

③ 牟宗三：《中国哲学十九讲》，上海古籍出版社 2005 年版，第 57 页。

质和理论面向。用牟宗三的话讲，董仲舒是“宇宙论中心”，即通过宇宙论来为道德提供根据，故属“形上学的道德学”，与儒家本来的“道德的形上学”不侔。“儒家并不是 metaphysical ethics，像董仲舒那一类的就是 metaphysical ethics。董仲舒是宇宙论中心，就是把道德基于宇宙论，要先建立宇宙论然后才能讲道德，这是不行的，这在儒家是不赞成的，《中庸》《易传》都不是这条路。”① 从牟宗三的话语不难看出，对于董仲舒的这种改变，他是持坚持批评、拒斥态度的。

其六，关于人性论之开拓。董仲舒的人性论与佛教相类，与儒家传统相矛盾。任继愈总主编的《佛教史》认为，作为董仲舒人性论基础的“性三品说”乃对佛教“性三类说”的汲取；传统儒家视佛教为“惑天下”之敌人，故汲取佛教思想乃儒学正统所不许者②。而且，“性三类说”将人分为三类，与儒家“人皆可以为尧舜”所体现的众生平等有矛盾，这亦是儒家传统所反对者。“董仲舒曾把众人之性分为上、中、下三品，与天台宗分性为善、恶、无记三类一致。但‘三品’说在于否认众生先天的平等，与‘人皆可为尧舜’的另一传统观念有矛盾，所以杨雄提出：‘人之性也善恶混。修其善则为善人，修其恶则为恶人’。”③ 在此，将董仲舒关于“中人之性”的论说与扬雄的“性善恶混说”同视，亦表明任继愈等对董仲舒思想的否定，因为“性善恶混说”与儒家人性论是相违背的。

基于上述人性论，董仲舒还汲取法家“三纲”思想，提出著名的“三纲五常”思想。韩非曾说：“臣事君，子事父，妻事夫，三者顺则天下治，三者逆则天下乱。此天下之常道也，明王贤臣而弗易也。”④ 董仲舒将其名为“君为臣纲”“父为子纲”“夫为妻纲”，并且认为

---

① 牟宗三：《中国哲学十九讲》，第 61 页。

② 例如，王船山说：“盖尝论之，古今之大害有三：老、庄也，浮屠也，申、韩也。三者之致祸异，而相沿以生者，其归必合于一。不相济则祸犹浅，而相沿则祸必烈。”王夫之：《读通鉴论》，《船山全书》第十册，第 651 页。

③ 任继愈总主编、杜继文主编《佛学史》，第 228 页。

④ 王先慎撰、钟哲点校：《韩非子集解》，中华书局 1998 年版，第 466 页。

“三纲”为天经地义，是“王道”之基本纲领，它来自“天命”或“天意”。“阴者阳之合，妻者夫之合，子者父之合，臣者君之合。物莫无合，而合各有阴阳。……君臣父子夫妇之义，皆与诸阴阳之道。君为阳，臣为阴；父为阳，子为阴；夫为阳，妻为阴。……王道之三纲，可求于天。”① 进而，为了落实“三纲”，董仲舒将传统儒学所主张的五种德性名为“五常”，即五种“永恒”的路径或原则。他说：“夫仁义礼智信，五常之道，王者所当修饬也；王者修饬，故受天之佑，而享鬼神之灵，德施于方外，延及群生也。”② 对于“三纲五常”思想，任继愈认为其乃董仲舒思想中的“糟粕”，它体现的是封建社会“四条束缚人民的绳索”。他说：“这样，董仲舒就把封建社会的统治秩序，神圣化为宇宙的法则，整个宇宙都被说成为具有封建统治秩序。封建社会的四条束缚人民的绳索（即神权、皇权、父权和夫权），被抬高到神的法则的绝对地位。”③

三、对上述两极端评价的评价

显而易见，董仲舒还是那个董仲舒，但其后世的命运却“过山车”般摇摆。然而，就当下情况看，学界对于上述两极端评价表现出两种态度：一是“自我主义”态度，只就自己论自己，自说自话，根本不去理会他人的观点，包括正相反的观点。二是“当下主义”，只就当下论当下，不过程地、历史地去看这个问题，从而表现出“厚古薄今”或“厚今薄古”两种观点。其实，这两种态度都是不成熟的观点，进而也反映出背后学界的不成熟。就对董仲舒的评价来讲，“成熟”的观点至少应有如下特征：

其一，坚守学术人文性。学术研究具有人文性，不能宗教化。此是相对于前述开放性而言的，意指，学术研究尽管有开放性，但不能

① 董仲舒撰、凌曙注：《春秋繁露》，第432—434页。

② 班固撰、颜师古注：《汉书》第八册，第2505页。

③ 任继愈：《中国哲学史》修订版（二），第87页。

没有任何界限，此界限便是不能宗教化。否则，学术的特质便会失去，学术不再是学术。就儒学来讲，首先，它是一门学问，而学问一定是基于理性而开展，故它是“人文”，而不是“神文”，不是基于信仰而有的宗教。就此来讲，董仲舒基于“天”的“人格神化”“天人感应”等将儒学宗教化是不可以的。其次，儒学的“人文”落实于“道德”，表现为一种“道德主义”。当然，此所谓“道德主义”并非“泛道德主义”或“唯道德主义”，而是指基于“道德”而建构的一套形上学，它并没有“良知的傲慢”①。因此，要发展儒学，一是要在“人文”范围内，二是在要在“道德主义”范围内；否则，儒学将不再是儒学。就此来讲，不是儒学并不意味着不是学问，这里只是说它不是儒家的学问。

其二，坚守历史理性。中华民族具有悠久历史，文化积淀非常厚重；这是中华文脉源远流长的重要原因。但是，学界的学术史评价所体现的历史意识却常常摇摆在两个极端之间，厚此薄彼或非此即彼，表现出历史理性的缺乏或不稳定。就对董仲舒的评价看，一个极端是“尊董”，绝对地肯定董仲舒，甚至要求像对孔子和朱熹那样“膜拜”。我们知道，“膜拜”通常为宗教仪轨，“膜拜”对象为宗教偶像；而无论是董仲舒，还是孔子、朱熹，他们是伟大的思想家，但他们都是人间圣人，是伟大思想家，对他们无论如何程度的“礼敬”都不过为，但就是不能视为宗教偶像来“膜拜”。另一个极端是“贬董”，绝对地否定董仲舒，甚至希望把董仲舒送入地狱。然而，纵使董仲舒有“神学目的论”，对于阴阳家“谶纬”思想有汲取，对于维护皇权政治发挥过作用，但他于儒学义理发展、于文化发展亦有过积极作用。若对此完全无视，不仅不合史实，亦不合理性。总之，“尊董”背后所反

① 余英时批评现代新儒家持“泛道德主义”或“唯道德主义”：“新儒家为了对抗科学主义，在有意无意之间走上了反模仿的途径。但反模仿也是模仿的一种，其结果是发展了一套与科学主义貌异情同的意识形态——道德主义。科学主义者以独占‘真理’自负而有‘知性的傲慢’，道德主义者则以独得‘道体’自负而有‘良知的傲慢’。”余英时：《钱穆与中国文化》，上海远东出版社 1994 年版，第 88 页。

映的是一种历史偶像主义，而“贬董”背后所反映的是一种历史虚无主义；两者都是悖于历史理性的。

所谓“历史理性”，为历史意识的成熟表现，指基于历史事实而应有的理性态度。它包括两个关键词：一是“历史”，在这里指学术史评价要基于整个历史来衡量，而不能基于某个特定历史阶段衡量。二是“理性”，在这里指学术史评价要以人类理性为基点，以整个民族文明甚至整个人类文明为基点，而不能基于某个阶层、某个群体为基点进行衡量。学界若对此无认真地检讨，进而确立成熟的历史意识即“历史理性”，上述两种极端会周而复始地摇摆，董仲舒的后世命运还会“过山车”式地重现。

其三，坚守学术的界限。学术研究是一个单独领域，区别于生产社会实践，它有自身的规则，亦有自己的界限。所谓界限，是指它可以而且应该研究生产社会实践，但它不能代替生产社会实践。如果将学术研究对应于“理论”，将生产社会实践对应“现实”，那么应该说“理论”与“现实”是各有边界的；既然各有边界，就不能混淆这种边界，混淆“理论”与“现实”。进而，学术表现为“理论”，政治表现为“现实”，学术与政治亦各有边界，不能混淆二者的边界。也就是说，学术可以服务、引导政治，但学术不能直接参与政治。当然，无论什么“理论”，目的都是为了“现实”，但这不意味着二者的混同。历史地看，董仲舒就没有这种意识，突破了二者的界限，将“理论”与“现实”、学术与政治混同为一。正因为如此，他的成功、进而儒学走向“神坛”都得益于此，他的被贬黜乃至几乎被杀、儒学走下“神坛”而被批判亦受害于此。而且，上述两极端之评价，背后的原因亦有评价者对学术与政治界限的混淆。也就是说，无论是上述哪种极端评价，其理论预设都是混淆学术与政治的界限；因此，若没有这种理论预设，便不会有前述历史偶像主义，也不会有前述历史虚无主义。关此，董仲舒研究者余治平教授很好地表达了这种观点。他说：“作为学者，在建言献策的过程中则应该始终坚守自己独立的学术人格，议政不参政，到位不出位，厘清政治与学术的边界，始终坚守‘学术第一’的原则，注意与政治保持距离，道义支撑、思想贡献而不必直接操刀。"①

其四，坚守学术开放性。学术研究是开放的，应该具有包容精神，否则学术不能发展。同样，学术史评价亦应有开放性，具有包容精神，否则不利于学术发展。就学术研究讲，一种学术要发展，固守传统是不成的。先秦诸子共同塑造了中华文化的"轴心时代"，也塑造了几千年的中华文化"面貌"，但是，唯有儒、道少数几家传衍至今，其他多家都湮没于历史之中；究其原因，就在于前者坚守学术开放性，具有包容精神。宋明儒学之所以"新儒学"，在佛、道冲击下能够发展，重要原因就在于它"勇敢"地汲取了佛、道思想精华。同样，董仲舒之所以亦建构了"新儒学"，重要原因亦在于他"勇敢"地汲取了阴阳家、法家思想。尽管他的汲取有不成功之处，但成功之处亦不可否认。此不仅是史实，亦是合理的。正因为如此，学术史评价亦应有开放性，对评价对象的包容精神亦持一种包容精神。就前述对董仲舒之极端评价看，其中不难看出有一种"原教旨主义"倾向。所谓"原教旨主义"，本是一个宗教概念，指回到宗教原典本身并只以之为正统的主张，这种主张表现出强烈的排他主义。在此所使用"原教旨主义"为借用，意指一味强调回到儒学经典且以原始儒学圭臬的主张，这种主张亦表现出一定的排他主义，而"排他"连后世儒学的发展也排斥掉了。正是在此意义下，钱穆批评宋明儒学所论"道统"为"本位意识"，具有强烈的"排他性"，是"截断众流"的"一线单传"，故必然是"脆弱"的、"极易中断的"。他说："关于宋明两代所争持之道统，我们此刻则只可称之为是一种主观的道统，或说是一种一线单传的道统。此种道统是截断众流，甚为孤立的；又是甚为脆弱，极易中断的；我们又可说它是一种易断的道统。此种主观的单传孤立的易断的道统观，其实纰缪甚多。若真道统则须从历史文化大传统言，当知此一整个文化大传统即是道统。如此说来，则比较客

① 李现红：《董仲舒"天人三策在，不废万古传"——余治平教授学术访谈录》，《哲学分析》2015年第5期，第167—183、181页。

观，而且亦决不能只是一线单传，亦不能说它老有中断之虞。”①

本文为“2021中国·衡水董仲舒与儒家思想国际研讨会暨中华孔子学会董仲舒研究委员会学术年会”提交的论文。

程志华（1965年—），男，河北武强人，河北大学哲学与社会学学院教授，哲学博士，国家“万人计划”哲学社会科学领军人才。

① 钱穆：《中国学术通义》，台湾学生书局1975年版，第94页。

董仲舒的“不遇之遇”及其历史文化意义

李英华

董仲舒晚年致仕之后，回顾自己一生，写下一篇著名的《士不遇赋》[①]。从题目看，董仲舒主要感叹自己生不逢时，从而未能实现自己的理想抱负；但从历史长河中审视，董仲舒的一生及其宏愿，可以概括为“不遇之遇”。它主要包含三层含义，即“不遇”“遇”与“不遇”之“遇”。

一、董仲舒之“不遇”

董仲舒感叹说：“生不丁三代之盛隆兮，而丁三季之末俗。末俗以辩诈而期通兮，贞士耿介而自束。”（董仲舒《士不遇赋》）董仲舒从宏观角度着眼，感叹自己生不逢时。并将自己所处的时代界定为“三季之末俗”。所谓“三季之末俗”，从概念分析，是指夏商周三代末年的社会风气；从文本的实际语境考察，主要是指秦汉之际的社会风气。董仲舒曾批判指出，“自古以来，未尝有以乱济乱，大败天下之民如秦者也。其遗毒余烈，至今未灭，使习俗薄恶，人民嚚顽，抵

① 该赋开篇即感叹说：“时来曷迟，去之速矣。屈意从人，非吾徒矣。正身俟时，将就木矣。”（董仲舒《士不遇赋》）这表明了此赋的写作时间是在董仲舒晚年致仕之后。

冒殊扞，孰烂如此之甚者也。”“今汉继秦之后，如朽木粪墙矣，虽欲善治之，亡可奈何。法出而奸生，令下而诈起，如以汤止沸，抱薪救火，愈甚亡益也。”（均见《天人三策·第一策》）处于这样一个“末俗”时代，难怪董仲舒悲叹自己没有遇上好时代。具体而言，董仲舒之“不遇”，主要表现为如下几个方面：

（一）汉初时代之“不遇”

汉初时代，除了高祖刘邦为了铲除异姓王和抗击匈奴而继续征战不已之外，汉惠帝和吕后都自觉奉行黄老无为的治国之术。司马迁说：“孝惠皇帝、高后之时，黎民得离战国之苦，君臣俱欲休息乎无为，故惠帝垂拱，高后女主称制，政不出房户，天下晏然。刑罚罕用，罪人是希。民务稼穑，衣食滋殖。”（《史记·吕太后本纪》）汉初统治者之所以实行无为之治，主要有两个客观原因：第一，秦朝由于实行暴政而使政权夭折；第二，自战国以来的兼并战争直至楚汉战争对社会造成了巨大破坏，伤亡惨重，百废待兴。这迫使统治集团采取清静无为、休养生息的政策。从汉惠帝至武帝建元年间，包括惠帝、吕后、文帝、景帝和窦太后，以及曹参、陈平、郑庄与汲黯等权贵集团都是信奉与遵从黄老无为。另外，盖公、田叔、黄生、司马谈与刘安等文人学者和地方诸侯，亦为维护和传播黄老学而推波助澜。司马谈的《论六家要旨》与刘安主编的《淮南鸿烈》，即为汉初黄老思潮的代表性著作。

从汉初历史发展角度看，“黄老无为”的历史作用表现在两个方面：从积极方面讲，就是顺其自然，与民休息，对汉初恢复生产、重建秩序起了重要作用，正如班固所谓：“周、秦之敝，罔密文峻，而奸轨不胜。汉兴，扫除烦苛，与民休息。至于孝文，加之以恭俭，孝景遵业，五六十载之间，至于移风易俗，黎民醇厚。周云成康，汉言文景，美矣！”（《汉书·景帝纪》）从消极方面说，就是朝廷放任自流，从而助长了地方诸侯的分裂势力。丁四新分析指出，“黄老无为”意味着皇权的下放和松弛，这对朝廷大臣和诸侯王是十分有利的。因为正是通过皇帝和中央王朝实行“清静无为”，从而使得他们的权力得到了最大限度的扩张、他们的利益得到了最大限度的满足①。在这种政治局面和政策背景下，无论是对于董仲舒个人，还是对于整个儒学复兴而言，都可谓是“不遇”，只能静待时机到来。

建元元年（前140），汉武帝即位，他急于调整国家意识形态。但是，在汉武帝之上，当时还横亘着一位政治女强人，即武帝祖母窦太后。史称：“太后好黄老之言，而魏其、武安、赵绾、王臧等务隆推儒术，贬道家言，是以窦太后滋不说魏其等。及建元二年，御史大夫赵绾请无奏事东宫。窦太后大怒，乃罢逐赵绾、王臧等，而免丞相、太尉，以柏至侯许昌为丞相，武强侯庄青翟为御史大夫。”（《史记·魏其武安侯列传》）建元二年（前139）十月，赵绾、王臧下狱后自杀，丞相窦婴、太尉田蚡则被罢免。这是儒学复兴前夕所发生的一次严重的政治事件。董仲舒还得继续耐心等待时机。

（二）汉武帝时期之“不遇”

建元六年（前135），窦太后驾崩，汉武帝亲政。他终于可以完全按照自己的意志去治国理政了。这对董仲舒而言，本来可谓是迎来了一个难得的机遇。然而，史称：“孝武穷奢极欲，繁刑重敛，内侈宫室，外事四夷，信惑神怪，巡游无度，使百姓疲敝，起为盗贼，其所以异于秦始皇者无几矣。”（《资治通鉴·汉纪十四》卷二二武帝后元二年）这种类型的皇帝对于董仲舒而言，不仅不是什么幸遇，而且恐怕凶多吉少。

果不其然，董仲舒的贤良对策虽然被汉武帝所赏识，但却被调到千里之外的江都国任国相。班固说：“天子以仲舒为江都相，事易王。易王，帝兄，素骄，好勇。仲舒以礼谊匡正，王敬重焉。久之，王问仲舒曰：‘粤王勾践与大夫泄庸、种、蠡谋伐吴，遂灭之。孔子称殷有三仁，寡人亦以为粤有三仁。桓公决疑于管仲，寡人决疑于君。’仲舒对曰：‘臣愚不足以奉大对。……由此言之，粤本无一仁。夫仁人者，正其谊不谋其利，明其道不计其功。是以仲尼之门，五尺之童

① 丁四新：《汉初哲学的发展动力及其思想斗争》，载《上海师范大学学报》（哲社版）2019年第2期，第5—17页。

羞称五伯，为其先诈力而后仁谊也。苟为诈而已，故不足称于大君子之门也。'”（《汉书·董仲舒传》）这段话在《春秋繁露》中题为“对胶西王越大夫不得为仁”。显然，“胶西王”有误，应为“江都王”。江都王刘非是汉武帝的同父异母之哥哥。此人可谓一介武夫，素来骄傲、蛮横。董仲舒在其手下担任国相，当然不是什么幸运的事情。所幸的是，江都王对董仲舒这位大儒还算比较尊重，把董仲舒视为春秋时期辅助齐桓公称霸诸侯的管仲。而他自己也很有政治野心，暗示董仲舒要像管仲辅助齐桓公那样来辅助自己，将来篡夺中央政权或挟天子以令诸侯。这种政治野心与董仲舒所强调的“大一统”核心观念无疑是决然对立的。因此，董仲舒委婉地指出，五霸不值得推崇。这是暗示江都王不要称霸。

元光五年（前130），匈奴大举入侵，肆意掠夺财物。《史记·五宗世家》记载：“非上书愿击匈奴，上不许。非好气力，治宫观，招四方豪桀，骄奢甚。”或许正因如此，汉武帝怪罪于董仲舒未能辅助好江都王，故被“废为中大夫”。

在董仲舒调回长安任中大夫期间，又发生了一件差点让董仲舒丢掉性命的意外事情。《史记》记载：“（仲舒）中废为中大夫，居舍，著《灾异之记》。主父偃疾之，取其书奏之天子。天子召诸生示其书，有刺讥。董仲舒弟子吕步舒不知其师书，以为下愚。于是下董仲舒吏，当死，诏赦之。于是董仲舒竟不敢复言灾异。”（《史记·儒林列传》）《汉书》记载：“先是，辽东高庙、长陵高园殿灾。仲舒居家推说其意，草稿未上，主父偃候仲舒，私见，嫉之，窃其书而奏焉。上召视诸儒，仲舒弟子吕步舒不知其师书，以为大愚。于是下仲舒吏，当死，诏赦之，仲舒遂不敢复言灾异。”（《汉书·董仲舒传》）比较迁、固两种记载，班固的叙述更为明确、具体一些。所谓“先是”，根据《汉书·武帝纪》所谓“六年春二月乙未，辽东高庙灾。夏四月壬子，高园便殿火”，可知在建元六年（前135）二月和四月，辽东高庙与长陵高园便殿先后发生火灾。元光六年（前129），董仲舒在京师任中大夫，他回顾建元六年所发生的严重的火灾事故，于是著

《灾异之记》，论述天人感应思想①。当时董仲舒只是写出初稿，尚未完善定稿，恰好主父偃来到董仲舒家里，他看见文稿，因嫉妒董仲舒，就把文稿偷走，上交汉武帝。武帝看罢文稿，又让朝廷官员传阅和评议。其中，吕步舒没有看出文稿出自其师董仲舒之手，严厉谴责文稿观点。于是将董仲舒下狱，被判死罪。汉武帝下诏赦免。从此，董仲舒不敢再说灾异之事。史书说："幸蒙不诛，复为太中大夫。"（《汉书・楚元王传》）

如果说董仲舒遇上主父偃是件倒霉的事情，那么，再遇上"曲学以阿世"（《史记・儒林列传》）、"多诈而无情"（《汉书・公孙弘传》）的公孙弘，就更加倒霉了。班固说："（公孙弘）习文法吏事，缘饰以儒术"（《汉书・公孙弘传》），从而得到汉武帝的赏识和重用。班固又指出："公孙弘治《春秋》不如仲舒，而弘希世用事，位至公卿。仲舒以弘为从谀，弘嫉之。"（《汉书・董仲舒传》）班固还批判指出："然其性意忌，外宽内深。诸常与弘有隙，无近远，虽阳与善，后竟报其过。杀主父偃、徙董仲舒胶西，皆弘力也。"（《汉书・公孙弘传》）

元朔五年（前124），董仲舒上《诣丞相公孙弘记室书》，公孙弘便推荐董仲舒做胶西王刘端的国相。"胶西王亦上兄也，尤纵恣，数害吏二千石。弘乃言于上曰：'独董仲舒可使相胶西王。'"（《汉书・董仲舒传》）刘端也是汉武帝的同父异母之哥哥，他比刘非更加凶残、蛮横。由此可知，公孙弘意在借刀杀人。因为，史书还称："相二千石至者，奉汉法以治，端辄求其罪告之，亡罪者诈药杀之。所以设诈

① 这篇文稿可从《汉书・五行志第七上》所引董仲舒的以下一段话中窥见其中大意："今高庙不当居辽东，高园殿不当居陵旁，于礼亦不当立，与鲁所灾同。……故天灾若语陛下：'当今之世，虽敝而重难，非以太平至公，不能治也。视亲戚贵属在诸侯远正最甚者，忍而诛之，如吾燔辽东高庙乃可；视近臣在国中处旁仄及贵而不正者，忍而诛之，如吾燔高园殿乃可'云尔。在外而不正者，虽贵如高庙，犹灾燔之，况诸侯乎！在内不正者，虽贵如高园殿，犹燔灾之，况大臣乎！此天意也。罪在外者天灾外，罪在内者天灾内，燔甚罪当重，燔简罪当轻，承天意之道也。"董仲舒借助天灾建议汉武帝以"至公"之心治国理政、以铁腕手段强化皇权、铲除不法诸侯与朝廷奸臣。

究变，强足以距谏，知足以饰非。相二千石从王治，则汉绳以法。故胶西小国，而所杀伤二千石甚众。”（《汉书·景十三王传》）所幸的是，胶西王刘端听说董仲舒是大儒，就没有为难他。但董仲舒却不免提心吊胆，唯恐时间长了遭到不测，故几年后即以年老病衰为由，辞职回家。

（三）董仲舒晚年之“不遇”

董仲舒辞职回家后，汉武帝还时不时派使臣来咨询政见。在这种意义上，可谓礼遇有加。但是，对于董仲舒所提出的实质性的政策主张，汉武帝大多没有采纳。这里试举一例。元狩四年（前119），汉武帝实行盐铁官营。《汉书·武帝纪》说：“（元狩）四年冬，有司言关东贫民徙陇西、北地、西河、上郡、会稽凡七十二万五千口，县官衣食振业，用度不足，请收银锡造白金及皮币以足用。初算缗钱。”《汉书·食货志》记载：“于是以东郭咸阳、孔仅为大农丞，领盐铁事，而桑弘羊贵幸。”由此可知，为了缓解财政“用度不足”，汉武帝尝试了各种办法，其中包括命令东郭咸阳、孔仅领盐铁事。

对此，董仲舒从民本立场提出了反对意见，他认为：“古者税民不过什一，其求易共。使民不过三日，其力易足。……限民名田，以澹不足，塞并兼之路。盐铁皆归于民。去奴婢，除专杀之威。薄赋敛，省徭役，以宽民力。然后可善治也。”（《汉书·食货志第四上》）在这里，董仲舒提出所谓“限民名田”“盐铁归民”“去奴婢”“薄赋敛”“省徭役”等诸多实质性建议，但汉武帝都未能采纳。这对董仲舒而言，自然也是“不遇”的具体表现。

二、董仲舒之“遇”

董仲舒《士不遇赋》通篇所渲染的是“不遇”的伤感。其实，换一个角度看，董仲舒还是有所“遇”。周桂钿先生就曾指出：“董仲舒参加贤良对策，受汉武帝赏识而被任为江都相，官级为二千石，已经是高官厚禄，也是难得的幸遇了。”① 不过，此非本文所要论述的“遇”之含义。在笔者看来，董仲舒之“遇”，主要表现在以下三个方面：

（一）“大一统”时代的到来

秦始皇统一六国，意味着“大一统”时代的来临。但是，由于秦朝暴亡而使统一局面崩溃瓦解。经过残酷的楚汉战争，刘邦建立了新的统一王朝。但汉初的中央政权并不牢靠稳固，随时面临地方诸侯势力的分裂与叛乱的危险。为此，从高祖到武帝，中央朝廷与地方诸侯之间展开了激烈的政治斗争。在董仲舒提出“大一统”对策之前，贾谊和晁错关于强干弱枝的治安策略可谓切中时弊。

文帝时期，贾谊最早注意到了地方诸侯势力坐大的潜在危险，为此提出了“众建诸侯而少其力”的建议。他说：“欲天下之治安，莫若众建诸侯而少其力。力少则易使以义，国小则亡邪心。令海内之势如身之使臂，臂之使指，莫不制从，诸侯之君不敢有异心，辐凑并进而归命天子，虽在细民，且知其安，故天下咸知陛下之明。”（贾谊《新书·藩强》）

景帝时期，地方诸侯王势力急剧膨胀。“（晁错）迁为御史大夫，请诸侯之罪过，削其地，收其枝郡。”（《史记·晁错列传》）晁错警告说：“今削之亦反，不削亦反。削之，其反亟，祸小；不削之，其反迟，祸大。”（《汉书·荆燕吴传》）景帝采纳了晁错的削藩建议。削藩的宗旨在于“削地以尊京师”，即为了强化中央集权。景帝通过削藩和平定七国之乱，基本上解除了地方诸侯对中央政府的威胁。随后，又实行诸种严格限制诸侯权力的措施，极大地强化了中央政权，从而使西汉“大一统”政治局面得以维护和巩固。

（二）儒学复兴的历史机遇

经过汉初六十多年的发展，到汉武帝即位的建元元年（前 140），儒学终于迎来了复兴的曙光。《汉书·武帝纪》记载，建元元年冬十

---

① 周桂钿：《董学续探董仲舒评传》，福建教育出版社 2015 年版，第 150—151 页。

月，汉武帝下诏丞相、御史、列侯、中二千石、二千石、诸侯相举贤良、方正、直言极谏之士。丞相卫绾上奏："所举贤良，或治申、商、韩非、苏秦、张仪之言，乱国政，请皆罢。"汉武帝制可。

同年六月，《汉书·百官公卿表第七下》记载："丞相绾免。丙寅，魏其侯窦婴为丞相。武安侯田蚡为太尉。"《史记·魏其武安侯列传》记载："魏其、武安俱好儒术，推毂赵绾为御史大夫，王臧为郎中令。"《史记·儒林列传》说："及今上即位，赵绾、王臧之属明儒学，而上亦乡之，于是招方正贤良文学之士。"同年七月，《史记·魏其武安侯列传》记载："迎鲁申公，欲设明堂，令列侯就国，除关，以礼为服制，以兴太平。"《史记·封禅书》记载："赵绾、王臧等以文学为公卿，欲议古立明堂城南，以朝诸侯。草巡狩、封禅、改历、服色，事未就。"由于窦太后势力的阻挠，申公师徒拟设明堂的愿望落空了。但只是暂时的挫折，儒学复兴的历史趋势不可阻挡。

建元五年（前136），置五经博士。建元六年（前135），窦太后死，武帝起用田蚡为丞相，"绌黄老、刑名、百家之言，延文学儒者数百人"（《史记·儒林列传》）。

可见，在董仲舒提出所谓"罢黜百家，独尊儒术"之前，汉武帝及其大臣们已经开始这么做了。这表明，董仲舒迎来了儒学复兴的历史机遇。而董仲舒也可以说是很好地把握了这一历史机遇。元光元年（前134）五月，汉武帝下诏征求贤良及治国之策。董仲舒被推举参加对策。汉武帝对董仲舒连续进行了三次策问，董仲舒的三次对策均保留于《汉书·董仲舒传》之中①。董仲舒在对策中系统地阐述了"天人感应"论、"大一统"说，以及教化为本、德主刑辅、兴学育才、量才授官、政绩考核等思想观点。特别地，提出了后世所谓"罢黜百家，独尊儒术"的观点，即："诸不在六艺之科、孔子之术者，皆绝其道，勿使并进。"（《汉书·董仲舒传》）这个观点对汉武帝及其后历代王朝的国家意识形态产生了重要的历史影响。

---

① 《汉书·董仲舒传》关于策文的排列次序可能有误。从策文内容来看，第二策应该是首发，第一策次之，第三策殿后。

（三）返身“素业”，可大可久

董仲舒自述：“嗟天下之偕违兮，怅无与之偕返。孰若返身于素业兮，莫随世而轮转。”（董仲舒《士不遇赋》）所谓“素业”，从狭义说，特指“修学著书”，即从事关于经学与儒学的学术研究；从广义说，还包括“下帷讲诵，潜心大业”，即从事关于经学与儒学的教育活动。史称：“（董仲舒）少治《春秋》，孝景时为博士。下帷讲诵，弟子传以久次相授业，或莫见其面。”（均见《汉书·董仲舒传》）董仲舒致仕以后，尽管《汉书》只提到“修学著书”，没再提及“下帷讲诵”，但由此并不能完全排除董仲舒于晚年继续从事教育的可能性。只不过，董仲舒可能把重心转移到“修学著书”而已。这正如孔子结束周游列国返回鲁国后，把重心转移到整理六经，但同时继续从事教育。因此，笔者从广义上理解董仲舒所谓“返身于素业”。董仲舒深谙教学之道，授课十分精彩，弟子很多，以至于让高年级的弟子依次传教低年级的弟子，一些再传弟子甚至只是听说过董仲舒的大名，却没有机会当面请教董仲舒。董仲舒为西汉社会培养了一大批人才。

《史记·儒林列传》记载：“仲舒弟子遂者：兰陵褚大，广川殷忠，温吕步舒。褚大至梁相。步舒至长史，持节使决淮南狱，于诸侯擅专断，不报，以《春秋》之义正之，天子皆以为是。弟子通者，至于命大夫；为郎、谒者、掌故者以百数。而董仲舒子及孙皆以学至大官。”《汉书·儒林传》记载：“而董生为江都相，自有传。弟子遂之者，兰陵褚大、东平嬴公、广川段仲、温吕步舒。大至梁相，步舒丞相长史，唯嬴公守学不失师法，为昭帝谏大夫，授东海孟卿、鲁眭孟。孟为符节令，坐说灾异诛，自有传。”显然，《史记》与《汉书》的记载有异有同。其中，特别值得重视的有两点：一是《史记》指出“为郎、谒者、掌故者以百数。而董仲舒子及孙皆以学至大官”；二是《汉书》所谓“唯嬴公守学不失师法，为昭帝谏大夫，授东海孟卿、鲁眭孟”。眭孟是董仲舒的再传弟子，后来他又传授弟子一百多人。《春秋公羊学》在西汉以后绵延不绝，主要就是由东平嬴公的弟子及其再传弟子所做的贡献。

在以上所引董仲舒的著名的弟子名单中，都没有提及司马迁。但是，在答复壶遂的问题时，司马迁说："余闻董生曰：'周道衰废，孔子为鲁司寇，诸侯害之，大夫壅之。孔子知言之不用，道之不行也，是非二百四十二年之中，以为天下仪表，贬天子，退诸侯，讨大夫，以达王事而已矣。'"（《史记·太史公自序》）由此可知，司马迁也是董仲舒的弟子。司马迁可谓以"史"载"道"，即以史学为载体传承和发扬《春秋》"大一统"的核心理念。从而为"素业"的可大可久做出了重要贡献。

董仲舒不仅在教育方面培养了大批弟子，而且在学术上留下了不朽著作。《汉书·董仲舒传》说："仲舒所著，皆明经术之意，及上疏条教，凡百二十三篇。而说《春秋》事得失，《闻举》《玉杯》《蕃露》《清明》《竹林》之属，复数十篇，十余万言，皆传于后世。"遗憾的是，董仲舒的著作散佚不少。传世至今的重要著作，包括《天人三策》《春秋繁露》与《士不遇赋》等。周桂钿先生指出，董仲舒晚年"既不管家庭产业，也不想当官，把升官发财都置之度外，专心研究学问。……他如果也像公孙弘那样受赏识和重用，那他可能就写不成《春秋繁露》，也当不了'儒者宗'"，所以，"由后人来看，董仲舒的'不遇'正是'幸遇'"①。也可以说，正是因为仕途上的"不遇"，反而成为董仲舒晚年潜心"素业"的客观原因。

写到这里，有必要稍为提及胡毋生，并简要说明二者的关系。司马迁说："言《春秋》于齐、鲁自胡毋生，于赵自董仲舒。"然后，司马迁分别叙述董仲舒与胡毋生的生平。先用数百字的篇幅介绍董仲舒，接着用三十多字的篇幅介绍胡毋生："胡毋生，孝景时为博士，以老归教授。齐之言《春秋》者多受胡毋生，公孙弘亦颇受焉。"（均见《史记·儒林列传》）由此可见，董仲舒与胡毋生之间并不存在师承关系。班固说："胡母生，字子都，齐人也。治《公羊春秋》，为景帝博士。与董仲舒同业，仲舒著书称其德。年老，归教于齐。"（《汉书·儒林传》）这说明，董仲舒与胡毋生是同学关系，胡毋生可能年

① 周桂钿：《董学续探·董仲舒评传》，福建教育出版社2015年版，第152页。

长于董仲舒，所以后者称赞前者的德行。他们都是汉景帝时的《公羊春秋》博士。

董仲舒在学术上造诣极高。司马迁评论说："汉兴至于五世之间，唯董仲舒名为明于《春秋》。其传公羊氏也。"（《史记·儒林列传》）在司马迁看来，自汉初到汉武帝，在传授《春秋公羊学》的学者中，只有董仲舒深刻领悟《春秋》大义。换言之，董仲舒的学术水平最高。刘歆称赞说："下帷发愤，潜心大业，令后学者有所统一，为群儒首。"（《汉书·五行志第七上》）班固赞扬说："景、武之世，董仲舒治《公羊春秋》，始推阴阳，为儒者宗。"（《汉书·董仲舒传》）在刘歆、班固看来，董仲舒是西汉儒林的一代宗师。由此可以推断，胡毋生尽管年长于董仲舒，但在学术水平上不及董仲舒。

总而言之，董仲舒之"遇"，既表现为一种客观的历史机遇，又体现在董仲舒本人对历史机遇的自觉把握。正是由于董仲舒"返身素业"与"潜心大业"，从而为后世奠定了可大可久的经学与儒学传统。在这种意义上，董仲舒所谓"不遇"，反而成为一种"幸遇"或"大遇"，也可以说，由"不遇"而成就了"不朽"。

三、董仲舒的"不遇"之"遇"

所谓"不遇"之"遇"，包含两重含义：其一，"不遇"之中兼含"遇"，即原来对董仲舒起着"不遇"之消极作用的人物，其实也存在"遇"的积极作用；其二，"不期而遇"，即董仲舒本人所没有意料到的"遇"。前者主要包括汉武帝、公孙弘与主父偃，后者指与董仲舒一起致力于传授经学、促进儒学复兴的同道与后学。

（一）"不遇"之"遇"：汉武帝

元朔六年（前123），董仲舒居家著书。汉武帝派张汤问事。《汉书·董仲舒传》记载："仲舒在家，朝廷如有大议，使使者及廷尉张汤就其家而问之，其对皆有明法。"张汤向董仲舒提了五个关于郊事的问题，董仲舒都给予了简明扼要的答复。这里摘录前三个问题的答词：第一，关于郊礼问题。董仲舒回答说："所闻古者天子之礼，莫重于郊。郊常以正月上辛者，所以先百神而最居前。礼，三年丧，不祭其先而不敢废郊，郊重于宗庙，天尊于人也。”第二，关于鲁祀周公用白牡问题。董仲舒解释说：“武王崩，成王立，而在襁褓之中。周公继文武之业，成二圣之功，德渐天地，泽被四海，故成王贤而贵之，诗云：‘无德不报。’故成王使祭周公以白牡，上不得与天子同色，下有异于诸侯。臣仲舒愚以为报德之礼。”第三，关于鲁国祭郊问题。董仲舒答复说：“周公傅成王，成王遂及圣，功莫大于此。周公，圣人也，有祭于天道，故成王令鲁郊也。”（均见《春秋繁露·郊事对》）首先值得指出，这里所谓“有祭于天道”，其中“天道”应作“天”；其次，董仲舒对郊礼的强调有助于凸显天的地位；再次，有助于强化“天人感应”论。可以肯定，这对汉武帝多少还是起作用的。

元狩元年（前122），《汉书·武帝纪》记载：“十一月，淮南王安、衡山王赐谋反，诛，党与死者数万人。”《汉书·五行志第七上》记载：“上思仲舒前言，使仲舒弟子吕步舒持斧钺治淮南狱，以《春秋》义专断于外，不请。”

元狩三年（前120）秋，董仲舒上疏汉武帝：“《春秋》它谷不书，至于麦禾不成则书之，以此见圣人于五谷最重麦与禾也。今关中俗不好种麦，是岁失《春秋》之所重，而损生民之具也。愿陛下幸诏大司农，使关中民益种宿麦，令毋后时。”（《汉书·食货志第四上》）汉武帝采纳了董仲舒的建议，就派遣谒者劝有水灾郡种植宿麦。

（二）“不遇”之“遇”：公孙弘

《汉书·儒林传》记载：“武帝时，江公与董仲舒并。仲舒通五经，能持论，善属文。江公呐于口，上使与仲舒议，不如仲舒。而丞相公孙弘本为《公羊》学，比辑其议，卒用董生。”公孙弘为丞相，尽管嫉妒、陷害董仲舒，但当董仲舒与瑕丘江公辩论时，也能摒弃自己的私见，而采用董仲舒的观点。

元朔五年（前124）六月，《汉书·武帝纪》记载：“公孙弘请置博士弟子员，学者益广。”《汉书·儒林传》对此事有更详细的记载：“弘为学官，请曰：为博士官置弟子五十人，复其身。太常择民年十八以上仪状端正者，补博士弟子。郡国县官有好文学、敬长上、肃政教、顺乡里、出入不悖，所闻，令相长丞上属所二千石。二千石谨察可者，常与计偕，诣太常，得受业如弟子。一岁皆辄课，能通一艺以上，补文学掌故缺；其高第可以为郎中，太常籍奏。……其不事学若下材，及不能通一艺，辄罢之。”这段话有三个要点：其一，为博士官设置正式弟子五十人。由太常挑选十八岁以上仪貌端正的士子充任博士弟子，并免除他们的徭役赋税；其二，设置“受业如弟子”的旁听生。郡国、县官推荐“好文学，敬长上，肃政教，顺乡里，出入不悖”的青年才俊，经郡守、王相审查属实后送报太常，成为旁听生；其三，定期考核与任用制度。规定学习满一年后举行考试，若能通一经以上，就补文学掌故缺，特别优秀的还可以做郎中。才智下等及不能通一经者，勒令退学。汉武帝采纳了这一建议，并且取得了良好效果。史称：“自此以来，公卿大夫士吏彬彬多文学之士矣。”（《汉书·儒林传》）

（三）“不遇”之“遇”：主父偃

主父偃窃取董仲舒的《灾异之记》，差点给他带来杀身之祸。可谓“不遇”之甚矣！但是，主父偃在政治上维护“大一统”，主张强干弱枝，这与董仲舒思想可谓不谋而合，故可谓“不遇”之“遇”。主父偃给武帝上疏说：“古者诸侯地不过百里，强弱之形易制。今诸侯或连城数十，地方千里。缓则骄奢，易为淫乱；急则阻其强而合从，以逆京师。今以法割削，则逆节萌起，前日晁错是也。今诸侯子弟或十数，而適嗣代立，余虽骨肉，无尺地之封，则仁孝之道不宣。愿陛下令诸侯得推恩分子弟，以地侯之。彼人人喜得所愿，上以德施，实分其国。必稍自销弱矣。”（《汉书·主父偃传》）武帝欣然采纳了这一建议。

另外，主父偃还提出：“茂陵初立，天下豪桀兼并之家，乱众民，皆可徙茂陵，内实京师，外销奸猾，此所谓不诛而害除。”（《汉书·主父偃传》）对此建议，武帝同样笑纳。谅必董仲舒对此也是赞成的。因为这有利于巩固“大一统”。

（四）“不期而遇”：前辈时贤

《汉书·儒林传》说：“汉兴，言《易》自淄川田生；言《书》自济南伏生；言《诗》，于鲁则申培公，于齐则辕固生，燕则韩太傅；言《礼》，则鲁高堂生；言《春秋》，于齐则胡母生，于赵则董仲舒。及窦太后崩，武安君田蚡为丞相，黜黄老、刑名百家之言，延文学儒者以百数，而公孙弘以治《春秋》为丞相，封侯，天下学士靡然乡风矣。”这些前辈时贤对董仲舒而言，可谓是“不期而遇”。毫无疑问，西汉儒学复兴大业，不是董仲舒一人之力所能促成，而是大家共同努力的结果。

（五）“不期而遇”：后学眭弘

眭弘，字孟，西汉鲁国蕃县（今山东滕州西南）人，年青轻喜好游侠，后来跟董仲舒的弟子嬴公学习《春秋》。由于通晓经术而做了议郎，官至符节令。眭弘也是西汉著名的公羊学者，他所传授的弟子有百余人。其中，著名弟子有严彭祖和颜安乐。

史称：“汉兴，推阴阳言灾异者，孝武时有董仲舒、夏侯始昌；昭、宣则眭孟、夏侯胜；……仲舒下吏，夏侯囚执，眭孟诛戮，李寻流放，此学者之大戒也。”（《汉书・眭弘传》）所谓“眭孟诛戮”，这是指汉昭帝元凤三年（前 78）正月，眭孟上疏昭帝，请他效访尧帝禅让，被霍光以“妖言惑众，大逆不道”的罪名诛杀。《汉书・眭弘传》对此事有比较详细的记载：“孝昭元凤三年正月，泰山莱芜山南匈匈有数千人声，民视之，有大石自立……是时昌邑有枯社木卧复生，又上林苑中大柳树断枯卧地，亦自立生，有虫食树叶成文字，曰‘公孙病已立’，孟推《春秋》之意，以为‘石柳皆阴类，下民之象，泰山者岱宗之岳，王者易姓告代之处。今大石自立，僵柳复起，非人力所为，此当有从匹夫为天子者。枯社木复生，故废之家公孙氏当复兴者也。’”当时，眭弘并不知道所谓“公孙病已”的具体含义（即后来的汉宣帝）。但他引用董仲舒的话语，继续阐明“圣人受命”的道理，他说：“先师董仲舒有言，虽有继体守文之君，不害圣人之受命。汉家尧后，有传国之运。汉帝宜谁差天下，求索贤人，禅以帝位，而退自封百里，如殷周二王后，以承顺天命。”（《汉书・眭弘传》）所谓“谁差天下”，即访求天下贤能之辈。眭弘请他的朋友赐（时任内官长）替他转呈写给汉昭帝的奏疏。昭帝还年幼，由大将军霍光辅政。

霍光把眭弘的奏疏交给廷尉，同时指控眭弘及其朋友“妖言惑众，大逆不道”，结果两人都被判死刑。眭弘可谓以身殉道，董仲舒在九泉之下或许为之哀伤；同时，也一定为之欣慰。毕竟，以身殉道体现了儒家“杀身成仁”的宝贵精神！

四、董仲舒“不遇之遇”的历史文化意义

综上所述，董仲舒的“不遇之遇”主要包括三层含义：其一，“不遇”，主要指生不逢时，不能实现个人的理想抱负。其二，“遇”，指能够自觉把握历史机遇，并且在一定程度上实现自己的愿望。其三，“不遇”之“遇”，表示“不遇”之中也存在“遇”，另指“不期而遇”。

对于董仲舒的“不遇”，北齐著名学者刘昼曾评论说：“董仲舒智德冠代，位仅过士；田千秋无他殊操，以一言取相。同遇明主而贵贱悬隔音，遇不遇也。”他分析说：“遇不遇，命也；贤不贤，性也。”他由此得出结论说：“命运应遇，危不必祸，愚不必穷；命运不遇，安不必福，贤不必达。故患齐而死生殊，德同而荣辱异者，遇不遇也。”（均见刘昼《刘子·遇不遇》卷五）比较而言，公孙弘也许称得上“幸遇”了。司马迁称赞说：“公孙弘行义虽修，然亦遇时。汉兴八十余年矣，上方乡文学，招俊乂，以广儒墨，弘为举首。”（《史记·儒林列传》）班固评论说：“习文法吏事，缘饰以儒术，上说之，一岁中至左内史。”“左右幸臣每毁弘，上益厚遇之。”“非遇其时，焉能致此位乎？”（均见《汉书·公孙弘传》）但是，公孙弘之“遇”，只是一时的风光（还有侥幸的意味）；而董仲舒的“不遇之遇”，则可谓流芳千古，具有深远的历史文化意义。

（一）董仲舒“大一统”论的历史意义

董仲舒在《贤良对策》中提出并强调“大一统”论，既是对先秦以来儒家倡导“大一统”观念的继承与发展，又是出于解决政治问题的现实需要。因此，董仲舒的“大一统”论既要求思想统一（统一于儒学），又强调政治统一（统一于中央）。汉文帝、景帝和武帝正是基

于这种“大一统”论的思想理念，不断强化中央集权，同时努力抑制和削弱地方诸侯势力。

司马迁评论说：“汉定百年之间，亲属益疏，诸侯或骄奢，忕邪臣计谋为淫乱，大者叛逆，小者不轨于法，以危其命，殒身亡国。天子观于上古，然后加惠，使诸侯得推恩分子弟国邑，故齐分为七，赵分为六，梁分为五，淮南分三，及天子支庶子为王，王子支庶为侯，百有余焉。……强本干，弱枝叶之势，尊卑明而万事各得其所矣。”（《史记·汉兴以来诸侯王年表》）班固评论说：“故文帝采贾生之议分齐、赵，景帝用晁错之计削吴、楚。武帝施主父之册，下推恩之令，使诸侯王得分户邑以封子弟，不行黜陟，而藩国自析。自此以来，齐分为七，赵分为六，梁分为五，淮南分为三。皇子始立者，大国不过十余城。……武有衡山、淮南之谋，作左官之律，设附益之法，诸侯惟得衣食税租，不与政事。”（《汉书·诸侯王表》）

司马迁和班固的评论只是就西汉政治而言，表明了“大一统”论对于西汉王朝的重要意义。当我们把视野扩展到整个中国历史长河，就可以发现，董仲舒“大一统”论具有深远的历史意义。虽然说“天下大势，分久必合，合久必分”，但正是由于“大一统”的思想观念深入人心，以至于人们普遍认为，“合”是常态，“分”是变态（是不正常的、暂时性的、过渡性的状态）。因此，每当处于分裂时期，政治家们都以实现统一作为自己的宏伟目标。由此可见，董仲舒“大一统”论在中国历史上有助于促进统一和维护统一。

（二）董仲舒“尊经抑子”的文化意义

所谓“尊经抑子”，就董仲舒的本意而言，是指尊崇经学[①]，同时抑制诸子。主要表现为把五经立为官学，所培养的人才可以进入仕

① 学界一般认为，自汉武帝“罢黜百家，独尊儒术”之后，才开始出现经学。但实际情况并非如此。事实上，春秋末期孔子整理、删定六经，并以六经作为教材，从而开始了对六经的学术研究与教育传播。这标志经学的开端。肯定这一点，对于经学史的研究具有重要的学术意义。汉武帝“表章六经”，其政治意义大于学术价值。参见李学勤《国学与经学的几个问题》，《湖南大学学报》2006 年第 2 期。

途；而诸子之学则不立为官学，研究和传播诸子学的人在仕途上“勿使并进”①。

前文业已阐明，西汉儒学复兴乃是董仲舒和他的前辈时贤共同努力的结果。董仲舒的独特贡献在于从理论高度对这种努力加以系统的阐述和强调，并最终使儒学成为汉武帝治国理政的指导思想②。诚然，董仲舒所独尊的“儒术”，已经不是先秦时期的纯粹的孔孟儒学，而是经过董仲舒批判吸收先秦诸子思想之后所形成的汉代新儒学。至于汉武帝所实际采纳和运用的治国之术，也不是董仲舒所谓的“孔子之术”，而是如同汉宣帝所讲“汉家自有制度，本以霸王道杂之”（《汉书·元帝纪》）。基于此，班固所谓“孝武初立，卓然罢黜百家，表章六经”（《汉书·武帝纪》），并不意味百家之学从此被禁止，也不意味百家之士从此不能做官。事实上，信奉黄老之学的汲黯任职主爵都尉，而长于纵横术的主父偃则官至中大夫。这表明，汉武帝“罢黜百家，表章《六经》”，旨在构建一种新的国家意识形态，并为维护这种意识形态而兴办太学和培育人才。

从西汉以后的中国历史长河看，董仲舒的“尊经抑子”（或“独尊儒术”）给中国古代思想文化带来以下三点重要作用与影响：一是确立了经学和儒家思想传统在中华民族文化中的主干地位；二是儒家“大一统”思想有助于促进和维护中华民族的团结统一；三是儒学上升为政治意识形态，既促进了儒学的发展，也束缚了儒学的更新。这

① 董仲舒的原话是这样表述的：“诸不在六艺之科、孔子之术者，皆绝其道，勿使并进。”（《汉书·董仲舒传》）班固把这句话的要旨概括为“罢黜百家，表章六经”（《汉书·武帝纪》），在《汉书·董仲舒传》中又转述为“推明孔氏，抑黜百家”。直至“五四”新文化运动时期，易白沙在《孔子平议》一文中又提炼为“罢黜百家，独尊儒术”。若仔细审读，可以看出，这些概括与董仲舒的原意有一定的出入，从而导致后人对董仲舒的评价众说纷纭、莫衷一是。当然，即便是对于董仲舒的原话，也不能局限于文本字面意思的理解，还应该结合汉武帝本人的治国策略以及西汉时期的实际的社会政治状况，进行综合分析、理清各种关系，才能做出比较符合历史实际的正确评价。

② 参见李英华《“更化·改制·善治”——董仲舒对汉初七十年的历史反思与理论总结》，北大国家治理研究院主编《国家治理现代化研究》（第5辑），中国社会科学出版社2020年版，第3—23页。

种两重性作用不宜机械划分，在历史长河中往往是交织在一起的。

总而言之，董仲舒在《士不遇赋》的结尾中说："昭'同人'而'大有'兮，明'谦'光而务展。"所谓"同人""大有"与"谦"，分别为《周易》六十四卦中的三卦，具有深刻的内涵与意义。我们由此可以得到重要的启示：新时代的董学研究，应当传承董子的这种治学精神——虔诚地献身"素业"，谦虚为怀，广结同道，不断深化和拓展董学研究，使蕴含于董学之中的思想精华得到更好的发掘和阐扬，让董学思想精神融入时代精华之中，促进祖国统一，努力实现中华文化和中华民族的伟大复兴！

本文为"2021 中国·衡水董仲舒与儒家思想国际研讨会暨中华孔子学会董仲舒研究委员会学术年会"提交的论文。

李英华（1970—），男，广东兴宁人，海南大学马克思主义学院教授，历史学博士。

董仲舒与公孙弘的人格和事业

刘国民

董仲舒、公孙弘，是西汉武帝时期的两位著名儒者。董仲舒是公羊学大师，《史记·儒林列传》云“故汉兴至于五世之间，唯董仲舒名为明于《春秋》，其传公羊氏也”①；是一位大思想家，《汉书·董仲舒传》言“仲舒遭汉承秦灭学之后，《六经》离析，下帷发愤，潜心大业，令后学者有所统壹，为群儒首”②。公孙弘以《春秋》白衣为天子三公，封平津侯，位极人臣，天下学士靡然向风矣。他们是同时代人，皆习《春秋》，在仕途上颇有交集，在儒学事业上相互映衬。本文将讨论他们之人品、文品的异同③。

一、两人的生平遭遇

董仲舒，广川人，生年不详，大致推定为前 194—前 180 年间，即惠帝、高后时期。他在青少年时代专心于读书、求学。景帝时，他四十多岁，学成有名，以学问广博深入而为汉廷博士，走向仕途。景

① 司马迁：《史记》，中华书局 1982 年版，第 3128 页。以下凡引该书，只注篇名，不注页码。

② 班固：《汉书》，中华书局 1962 年版，第 2526 页。以下凡引该书，只注篇名，不注页码。

③ 《古文苑》存录董仲舒《 诣丞相公孙弘记室书》文，当是伪作，拙文不予讨论。

帝不好儒者，诸博士具官待问，未有进者。因此，他以读书、著书、授徒为业。他继承孔子以来私人教授学生的传统。《儒林列传》曰：“孝景时为博士。下帷讲诵，弟子传以久次相受业，或莫见其面，盖三年董仲舒不观于舍园，其精如此。进退容止，非礼不行，学士皆师尊之。”弟子众多，仲舒教授先来的弟子，然后由先来的弟子再教授后来的弟子，按次序传授学业。仲舒志在读书、著书，发愤忘食，乐以忘忧，而不知老之将至。弟子很少看到他在舍园中。仲舒重视学问修养，也重视道德养成，知行合一，内有仁义之质，外有礼仪之文，文质彬彬。因此，学士皆师尊之。要之，终景帝世，仲舒是“知天命”之年，学已大成，以治《春秋》学闻名，且行为严肃方正，是一位著名的儒者。

公孙弘，齐菑川国薛县人，生于高帝七年（前 200），年长董仲舒十余岁。他少时受到一定的教育，成年后被荐举为薛县的狱吏，通文法吏事。有罪，而免狱吏。家贫，牧猪于海边。他主要从事于农业生产。年四十余，开始学《春秋》杂说。终景帝世，他主要活动于齐国，因治《春秋》与侍奉后母孝等德行，而闻名于薛县。

从学业上来说，董仲舒从小就接受严格的教育，勤为读书，专心治学，且贯穿一生；而公孙弘间断地读书，四十余岁才学《春秋》，且一边读书，一边治产业；因此，公孙弘的知识学问不能望仲舒之项背。从生活上来说，仲舒家境优越，为景帝博士，待遇优厚，不治产业，没有谋生之劳，其生活单纯，阅历较浅；而公孙弘活动于下层，生活阅历丰富复杂，对世态人情有深刻的体验和认识。从个性人格上来说，董仲舒是一位儒者，品德优良，其行为严肃方正，皆合于礼；而公孙弘从艰难生活中，历练出圆滑、老练、世故的个性特征。

建元元年（前 140），汉武帝十七岁即位，年轻气盛，雄才大略，广泛地搜罗和重用贤才，且崇儒更化。仲舒的命运发生了一定的变化，而公孙弘的命运发生了重要的转折。

武帝即位，赵绾、王臧之属明儒学，而上亦向之，于是招方正贤良文学之士。

仲舒作为朝廷博士，且在学问和人品上广有声誉，参加了此次活动。《汉书》本传："武帝即位，举贤良方正之士前后百数，而仲舒以贤良对策焉。"班固接着载录《天人三策》。仲舒在《天人三策》中叙述的一些事情，是发生在建元元年之后，故学人多认为《天人三策》并非作于建元元年。我们认为，《天人三策》主要是元光五年的对策，但策文的最后一段文字，与前面的策文没有上下文的关系，应是班固节录仲舒建元元年的策文：

> 《春秋》大一统者，天地之常经，古今之通义也。今师异道，人异论，百家殊方，指意不同，是以上无以持一统；法制数变，下不知所守。臣愚以为诸不在六艺之科孔子之术者，皆绝其道，勿使并进。邪僻之说灭息，然后统纪可一而法度可明，民知所从矣。

这对武帝的崇儒更化政策产生了重要作用，故汉廷在建元五年，"立五经博士"。

建元四年，董仲舒出为江都相[①]。江都王非是武帝的庶兄，江都是吴王刘濞的故地。仲舒从读书、著书、教学的生活中走向治国理政的仕途，儒家所谓"学而优则仕"，这是仲舒人生的一次变化。江都相是二千石，比博士六百石高，但一方面远离朝政，另一方面是诸侯王的小相，不能算是知遇，也表明武帝对儒者的重用。《五宗世家》谓刘非"好气力，治宫观，招四方豪杰，骄奢甚"。仲舒正身率下，以礼义匡正，不阿谀江都王。《汉书》本传记录董仲舒《对江都王》一篇文章。江都王说："孔子称殷有三仁，寡人亦以为粤有三仁。"仲舒以为粤之大夫泄庸、种、蠡行诈力而胜，不能为三仁，"夫仁者，正其义不谋其利，明其道不计其功"；其意在警告江都王不要以勇力自强。这与仲舒任德不任力的思想是一致的。《春秋繁露》的《求雨》《止雨》文章作于江都任上，《止雨》"二十一年八月甲申朔丙午，江都相仲舒告内史、中尉"，江都王二十一年，即汉元光二年。《儒林列传》曰："今上即位，为江都相。以《春秋》灾异之变推阴阳所以错

① 《汉书·百官公卿表》载，建元四年，江都相郑当时为右内史，董仲舒为江都相。

行，故求雨闭诸阳，纵诸阴，其止雨反是。行之一国，未尝不得所欲。”

建元五年，武帝立“五经”博士，确立“五经”在政治和学术上的权威地位。董仲舒时任江都相。建元五年前的博士，学通行修，博学于文，称为杂学博士。建元五年后所立的五经博士，专通一经，走向与博学相反的专经之路，五经及其传获得了法定的权威地位。这是博士制度的一次重要演变①。

元光元年（前134），“及窦太后崩，武安侯田蚡为丞相，黜黄老、刑名百家之言，延文学儒者数百人，而公孙弘以《春秋》白衣为天子三公，封以平津侯”（《儒林列传》）。公孙弘参加了这次对策；他的策文，太常以为最下，而武帝擢为第一。董仲舒时在江都任上，未参加这次对策。学人多以为，董仲舒参加此次对策，策文即《天人三策》，而公孙弘参加元光五年的对策。我们并不认同这种观点，下文再论。

仲舒在江都相上前后有五六年，小国诸侯相，虽可治事，也是琐碎小事。他为官自然是清闲的，大部分时间还是读书治学。元光三年，仲舒回到朝廷，废为中大夫。

元光五年，武帝举贤良文学之士。董仲舒参加此次对策，策文即《天人三策》，而公孙弘时为左内史，没有参加此次对策。

要之，从建元元年至元光五年，仲舒参加了两次对策；仲舒做过诸侯相、中大夫，在仕途上有一定的经验和成绩；但他是一位善于论道的儒者，于实际的政治事务不太热心，且不熟练，也不擅长官场的应酬和周旋，故官位不显。

建元元年，公孙弘年六十，以贤良征为博士。武帝让他出使匈奴，还报，不合上意。上怒而以为他没有才能，公孙弘以病免归。仲舒与公孙弘皆参加此次对策。仲舒本为博士，公孙弘新晋为博士。他们二人在此年相交集。《儒林列传》记载齐大儒辕固生也参加了建元

① 徐复观：《徐复观论经学史两种》，上海书店出版社2006年版，第54—61页。

元年的对策。辕固生与仲舒皆为景帝时博士。辕固生廉直，与仲舒相类。公孙弘侧目而视辕固生，辕固生教训曰："公孙子，务正学以言，无曲学以阿世。"仲舒自然对公孙弘也没有什么好感。公孙弘对匈奴的一贯主张是和亲，与武帝此时有大伐匈奴的意见不一致。他行事能看风头，且不贪求权势，故自我主动地请求，以病免归。

建元二年至六年间，公孙弘在故乡薛县，此时已六十余岁。他可能认为自己的一生就这样了，不会再有大的波澜，但事与愿违。元光元年，武帝又一次征召贤良文学之士。菑川国复推上公孙弘。他一再地谦让，不愿去朝廷，但薛人固推之。这也说明他的学问和人品颇受到薛人的推崇。

《史记》本传：

> 元光五年，有诏征文学，菑川国复推上公孙弘。弘让谢国人曰："臣已尝西应命，以不能罢归，愿更推选。"国人固推弘，弘至太常。太常令所征儒士各对策，百余人，弘第居下。策奏，天子擢弘对为第一。召入见，状貌甚丽，拜为博士。

《汉书》本传的记载相同，即公孙弘参加两次对策，一是建元元年，一是元光五年。我们认为，"元光五年"是"元光元年"的讹误。《儒林列传》："及窦太后崩，武安侯田蚡为丞相，黜黄老、刑名百家之言，延文学儒者数百人，而公孙弘以《春秋》白衣为天子三公，封以平津侯。"建元六年（前135），窦太后崩，武安侯田蚡为丞相，重新发动尊儒运动；元光元年，武帝征召文学贤良之士。《封禅书》："后六年（建元六年），窦太后崩。其明年（即元光元年），征文学之士公孙弘。"这皆说明公孙弘对策在元光元年。还有一个证据，如果公孙弘在元光五年（前130）以文学征召，时年七十一岁，已老朽，武帝恐不会有"召入见，状貌甚丽"的印象。公孙弘的策文，太常以为居下，武帝擢为第一，拜为博士。

元光二年至四年之间，公孙弘因后母死，而回到薛县，守丧三年。元光四、五年，他回到朝廷，迁为左内史。六年，汉家通西南夷道，置郡，巴蜀之民苦之。武帝派他出使。回来之后，他盛毁西南夷无所用，武帝不听。公孙弘前为博士，出使匈奴，还报不合上意；后再出使西南夷，还报仍不合上意。他的一贯主张是反对汉家盲目开边，以为疲敝中国，苦役民众。他能坚持自己的政治主张而不惜两次冒犯武帝，也给自己的仕途带来困境，并非是一位谀主之臣。他是一位精通世事的儒者，行事务实而不迂阔，没有武帝的雄心大志而且好高骛远，也缺少儒家理想主义的情怀。要之，公孙弘在朝廷上颇有声名：一是侍后母孝；二是生活节俭；三是恢奇多闻；四是与人主谈问题，切合事情，辩论有余，不肯面折廷争。

要之，从建元元年至元光六年间，公孙弘参加了两次对策，两次新晋升博士；他两次出使，皆不合上意；他在建元年间以病免归，在元光年间曾回薛县为后母守丧三年，故其在仕途上的时间短暂，并没有大的作为；但他侍后母孝、生活节俭、恢奇多闻，在朝廷上颇有声名，于元光五年迁为左内史，官运亨通。

元光五年的对策，董仲舒承武帝“灾异之变，何缘而起”，建立了天命灾异谴告警惧的理论，这使武帝又敬又畏。在那个时代，人对天命灾异是半信半疑，武帝不能否定他的灾异之说，这助长了董仲舒言灾异的热情。对策之后，他居家著《灾异之记》。元朔一、二年之间，因《灾异之记》而下狱，当死，后赦免，这是武帝对他的惩罚和警惧。

《灾异之记》的基本内容是解释《春秋》灾异，但议论了建元六年辽东高庙灾和高园便殿火之事。董仲舒认为建元六年的灾异所昭示的天意是，辽东高庙与高园便殿皆不当立，且诛杀远离正道的诸侯和近臣。《儒林列传》：

> 中废为中大夫，居舍，著《灾异之记》。是时辽东高庙灾，主父偃疾之，取其书奏之天子。天子召诸生示其书，有刺讥。董仲舒弟子吕步舒不知其师书，以为下愚。于是下董仲舒吏，当死，诏赦之。于是董仲舒竟不敢复言灾异。

主父偃得到武帝的宠幸，“诏拜偃为谒者，迁为中大夫。一岁中四迁偃”（《史记》本传）。主父为武帝的心腹之臣，他深知武帝嫉恨仲舒言天命灾异之意，故他敢于窃《灾异之记》的草稿；且主父的人格已严重扭曲，如他所说“吾日暮途穷，故倒行暴施之”，故他出于对董仲舒莫名的嫉恨，取其书而奏之武帝。

武帝先下董仲舒狱，当死，后又赦之，原因很复杂。首先，《天人三策》大谈天命灾异以限制君权、批评时政，使武帝很愤怒，故武帝打击董仲舒而使之不要妄论灾异和政治。其次，仲舒谓辽东高庙和高园便殿不当立，烧得有理，武帝认为这是讥议先祖。再次，辽东高庙灾与诛近臣关联得勉强，且武帝正靠这些近臣而摧折大臣；当时所议之人，如主父、吕步舒等皆是近臣，他们不能容忍诛近臣之说，故皆以之为下愚。其四，董仲舒之诛不正诸侯之论，符合武帝强干弱枝的政策；且他议论的动机与目的纯正，这能使武帝赦免他[①]。

元朔四、五年间，董仲舒出为胶西王相，这主要是因为公孙弘的嫉恨。其一，公孙弘亦治《春秋》，但不如董仲舒，《儒林列传》"公孙弘治《春秋》不如董仲舒"。其二，就人品而言，公孙弘圆滑世故，外宽内深，而董仲舒为人廉直。其三，仲舒批评公孙弘曲学阿世、从谀人主，《儒林列传》"董仲舒以弘为从谀，弘嫉之"。其四，公孙弘深知武帝不满仲舒，故他言上曰"独董仲舒可使相胶西王"。胶西王是一个什么样的人呢?《五宗世家》：

> （胶西王）端为人贼戾，又阴痿，一近妇人，病之数月，……相二千石往者，奉汉法以治，端辄求其罪告之，无罪者诈药杀之。……故胶西小国，而所杀伤二千石甚众。

胶西为僻远小国，胶西王端是武帝的庶兄，心理变态，性格扭曲，贼戾残暴。公孙弘欲借胶西王之手贬抑甚至杀掉董仲舒，这可见公孙弘的用心险恶，同为《春秋》而不能相容。但董仲舒正身率下，"胶西王闻仲舒大儒，善待之"（《汉书》本传）。

元朔五年，公孙弘为丞相，仲舒为胶西王相上书公孙弘。《古文苑》存录董仲舒《诣丞相公孙弘记室书》一文。学人或怀疑这篇文章的真实性，因为仲舒在这封书信中称颂"君侯以周召自然休质"，一再自贬"仲舒愚戆""仲舒愚陋""仲舒至愚"，而"叩头死罪"一

---

① 徐复观：《两汉思想史》（第二卷），华东师范大学出版社 2001 年版，第 187—188 页。

语竟使用五处之多，其卑辞迎奉实令人不堪卒读。这封书信的主要内容有二：一是“愿君侯大开萧相国求贤之路，广选举之门”；二是“惟君侯深观往古，思本仁义至诚而已”。前一内容不仅与董仲舒一贯重用贤才的主张相关，也与公孙弘一向善待宾客的行为相联系，《汉书》本传所云“弘自见为举首，起徒步，数年至宰相封侯，于是起客馆，开东阁以延贤人，与参谋议”。后一内容切中公孙弘的弊端——内法外儒，表里不一。

元狩一、二年间，年暮体衰的董仲舒“恐久获罪，疾免居家”（《史记》本传），结束了坎坷不遇的仕途生涯。他著《士不遇赋》曰：

屈意从人，非吾徒矣。正身俟时，将就木矣。悠悠偕时，岂能觉矣。心之忧欤，不期禄矣。惶惶非宁，只增辱矣。努力触藩，徒摧角矣。不出门户，庶无过矣。

仲舒在修学著书中安身立命。《儒林列传》：“至卒，终不治产业，以修学著书为事。”《汉书》本传记载，“仲舒在家，朝廷如有大议，使使者及廷尉张汤就其家而问之，其对皆有明法”。《郊事对》记载了董仲舒对张汤的答问：首先，突出了郊天的重要意义，这与董仲舒尊天、法天的思想是一致的；其次，阐释了祭祀的意义是崇德报功；再次，强调了祭祀中“名实相应”的诚信行为。董仲舒任道直言，“其对皆有明法”，没有曲学阿世。

要之，从元光五年到元狩一、二年间，董仲舒的仕途颇为坎坷，因著《灾异之记》而下吏、当死，又幸赦之；再外出为贼戾残暴的胶西王相，幸免祸；后恐获罪，疾免居家，在修学著书中安身立命。他在仕宦上成绩不著，但学有大成。

元朔三年，公孙弘由左内史迁为御史大夫，这是武帝对他的格外重用；元朔五年，他为丞相，封为平津侯。他仕途上一路上达，位极人臣，受到武帝的宠幸。他在御史大夫、丞相位共六年，年已七十余，是一位大器晚成者。公孙弘在元朔、元狩年间，官位显赫，事务繁杂。这是武帝大力开边的时期，尤其对匈奴用兵，是多事之秋。据《卫将军骠骑列传》，元朔元年秋（前128），卫青第二次出击匈奴。元朔二年（前127），第三次出击匈奴，封为长平侯，时年三十岁。

元朔五年（前 124），卫青第四次出击匈奴，功勋卓著，天子使使者授予卫青为大将军，而统率各位将军。元朔六年，卫青第五、六次出击匈奴。公孙弘在这段时期为三公，善于处理政事，而得到武帝的赞赏。

要之，从元光五年之后，公孙弘在仕途上通达，一路狂奔，为御史大夫、丞相，封为平津侯，位极人臣。

仲舒大约卒于太初年间，活到八十余岁。公孙弘卒于元狩二年（前 121），八十岁。两位儒者的寿命皆颇长，且能善始善终，声与名俱全，《大雅·烝民》“既明且哲，以保其身”。

二、两人的个性人格

董仲舒是一位纯儒，其个性方正严肃，严于律己。他的言行皆合于礼。他在景帝时下帷讲诵，严肃认真，弟子敬而畏之。武帝时期，他两侍骄王，皆正身率下，以礼义匡正，王甚敬焉。孔子曰：“政者，正也。子率以正，孰敢不正？”（《论语·颜渊》）他不承顺骄王之意而纵任其行为，也不强谏骄王的错误而招致杀身之祸，且能根据形势的险恶而退守。他侍奉武帝时，因著《灾异之记》而得罪武帝及其大臣，下吏论死，武帝赦之。于是，他不再言灾异。他不贪权势，不好钱财，廉洁正直，终不治产业。他是一位以读书为学而终其一生的大儒，且以仁义之道修身，身体力行，知行合一。

公孙弘的个性至为复杂矛盾，这与他一生特殊的经历有关。他的身份、地位、职业发生了多次剧烈的迁变。他在六十岁前，生活于齐菑川国，主要从事农业生产，治产业颇有丰饶收获，间断地读书求学。六十岁之后，他才离开薛县，在汉廷中沉浮二十年，对官场上的事情颇为熟悉，且悟性高，政绩突出，而官位显赫。其个性的主要特征有四：其一，他经历丰富，见识广博，恢奇多闻，且善于言说，娓娓道来，辩论有余；其二，他事后母孝，生活节俭，不贪钱财；其三，他对待故人甚好，不仅资之钱财，也荐之进用，《史记》本传“故人所善宾客，仰衣食，弘俸禄皆以给之，家无所余。士亦以此贤之”；其四，他处世圆滑、世故，有坚持自己意见的一面（这是次要的），更有阿谀人主的另一面（这是主要的）。

建元元年、元光元年，他两次以贤良文学为博士，奉命出使匈奴、西南夷，皆不合武帝意。元朔三年，他为御史大夫，仍然坚持己见，反对汉廷通西南夷、东置沧海、北筑朔方之郡。他与主父偃展开了一场激烈的辩论，主父偃盛言筑朔方郡有利，弘言不便。武帝终用主父偃计，他遭到武帝发十策的质问，不能回答一策，而终向上谢罪，承认筑朔方郡有利：“山东鄙人，不知其便若是，愿罢西南夷、沧海而专奉朔方。”他妥协了，仍要求罢西南夷、沧海。《史记》本传谓他“每朝会议，开陈其端，令人主自择，不肯面折廷争……尝与公卿约议，至上前，皆背其约以顺上旨”。骨鲠之臣汲黯当廷指责：“齐人多诈而无情实，始与臣等建此议，今皆背之，不忠。”董仲舒批评他从谀，大儒辕固生警告他不要“曲学阿世”。

司马迁认为，公孙弘为人意忌，外宽内深，表里不一，与诸大夫有隙，虽佯为善，但阴报其祸；且他精通文法吏事，习《春秋》，故惩处他人时深文巧诋，这与酷吏张汤的个性似同。主父偃才能突出，他提出的“推恩令”是汉家削弱诸侯王力量的良策；但品德恶劣，倒行逆施，自有取死之道。武帝不杀他，是惜其才许其功。公孙弘与主父偃有隙，而认为主父偃有“首恶”之罪，不诛无以谢天下。“首恶”，是公羊家的观念。董仲舒说：“《春秋》之听狱也，必本其事而原其志，志邪者不待成，首恶者罪特重，本直者其论轻。”（《精华》）“原其志”，即推究行为的动机和目的。公孙弘认为，主父偃虽未劫令齐王自杀，但其动机和目的是要置齐王于死地，故必须诛杀。公孙弘不顺武帝意，而阴报其祸。

以儒术缘饰文法吏事，一是说明法令的合理性，不仅以刑罚杀人，也是以礼义杀人；二是掩盖法令的繁苛性、严酷性。儒家以礼义教化人心，深及人之行为的动机和目的，从而有诛心之论。这主要是来自于个人的反省工夫，对于修身而言，在内心的隐微之地而彻底地去除各种欲念，即儒家所谓“慎独”，这自然是有好处的；若用之于断狱，因人之动机和目的深藏于内而难以察知，这不仅严酷，且冤死枉死者必多。

郭解是西汉著名的游侠，杨季主子为县掾，举报郭解，故郭解徙于茂陵。郭解兄之子断杨掾头。由此，杨氏与郭氏为仇。客杀杨季主。杨季主家人上书，客又杀之。轵有儒生骂郭解，客杀之，断其舌。郭解皆不知其谋，更未参与此事。因此，吏奏郭解无罪。御史大夫公孙弘认为郭解少时违法犯令，以睚眦杀人，奸心由来已久；现虽未杀人，但有杀人之心，理应诛绝，这即“诛心”；郭解的任权行侠，严重败坏了社会的风气，导致客人一方面对他死心塌地，另一方面也藐视法令，任意杀人；因此，追究其本原，郭解当负主要责任。“解虽弗知，此罪甚于解杀之。当大逆无道。”这与酷吏的深文巧诋、陷人死罪的手段正同。

汲黯曾经数次当廷指责公孙弘不忠、伪诈。公孙弘表面上退让，卑己谢罪，但心中十分痛恨，阴报其祸。《乐书》载，武帝伐大宛，得千里马，为歌诗曰：“天马来兮从西极，经万里兮归有德。承灵威兮降外国，涉流沙兮四夷服。”中尉汲黯进曰：“凡王者作乐，上以承祖宗，下以化兆民。今陛下得马，诗以为歌，协于宗庙，先帝百姓岂能知其音邪?”上默然不悦。汲黯认为，王者作乐，上以承宗庙，下以化万民，而今得千里马而作乐，非秉承礼乐文化的传统。丞相公孙弘曰：“黯诽谤圣制，当族。”《汲黯列传》：“上愈益贵弘、汤，弘、汤深心疾黯，唯天子亦不悦也，欲诛之以事。”弘为丞相，乃言上曰：“右内史界部中多贵人宗室，难治，非素重臣不能任，请徙黯为右内史。”这是借贵人宗室手以杀掉汲黯。

元朔三年（前126），公孙弘为御史大夫，张汤为廷尉。元朔五年，公孙弘为丞相。元狩二年，公孙弘薨。元狩三年，张汤为御史大夫。他们二人皆受到武帝的宠幸。张汤是一位大酷吏，而公孙弘少为狱吏，精通文法吏事，二人是同类之人。《酷吏列传》曰：“汤至于大吏，内行修也。通宾客饮食。于故人子弟为吏及贫昆弟，调护之尤厚。其造请诸公，不避寒暑。是以汤虽文深意忌不专平，然得此声誉。而刻深吏多为爪牙用者，依于文学之士。丞相弘数称其美。”《平准书》曰：“自公孙弘以《春秋》之义绳臣下取汉相，张汤用峻文决理为廷尉，于是见知之法生，而废格沮诽穷治之狱用矣。其明年，淮南、衡山、江都王谋反迹见，而公卿寻端治之，竟其党与，而坐死者数万人，长吏益惨急而法令明察。”《春秋》之义高远，非一般人所能遵从，以此绳尺臣下，则死罪者必多。公孙弘以《春秋》义杀人，正是他外儒内法的典型例证。马端临说：“盖汉人专务以《春秋》决狱，陋儒酷吏遂得因缘假饰。往往见二传（《公羊传》《穀梁传》）中所谓‘责备’之说、‘诛心’之论、‘无将’之说，与其所谓巧诋深文者相类耳。圣贤之意岂有是哉！”（《春秋决事比》）“责备”，即《春秋》所谓“责贤者备”，贤者恶薄而责之厚（参见《春秋繁露·竹林》）。“诛心”，断狱时，追及人之行为的心志（动机和目的）。“无将”，即《公羊传》庄公三十二年“君亲无将，将而诛焉”，即动了弑君亲的念头，即使没有付之行动，也必须予以诛绝。见知法：官吏知其他官吏犯罪而不检举，与之同罪。废格沮事：废天子命而不行与败坏朝廷之事的官吏，给予严惩。因此，对于武帝任用酷吏而实行残暴政治，公孙弘是为虎作伥。

公孙弘与张汤有许多共同的个性：一是精通文法吏事，治狱时深文巧诋，穷究其罪，且缘饰以礼义；二是阿谀人主之意；三是善养故人、宾客，不好钱财；四是重视声誉，以沽名钓誉。

要之，“外宽内深”或“阳善阴恶”的个性，与阳儒阴法的政治性格是一致的。外表上仁善宽容，内在里刻深至骨，阴报其祸。这种性格是表里不一，内外不一，人格分裂，是诈伪，完全违背儒家之诚的学术人格。

公孙弘多能得到武帝之免罪，有一个重要的原因，即表面上谦逊退让。武帝是一位权力意志非常强烈的人，决不能容许臣子有对抗的意见。凡是对抗的臣子，武帝会派亲信反复地责问，若屈服则免罪，若对抗则死路一条。公孙弘元光五、六年间出使西南夷，盛毁西南夷无所用，上不听，他不再说。元朔三年，公孙弘数谏罢朔方郡，于是天子使朱买臣等责难，发十策，弘不得一；最终，公孙弘谢罪，上乃许之。因此，作为天子三公，公孙弘有时有会向武帝提出不同的意见，但在武帝的责难中会谢罪屈服，而非坚持己见，顽抗到底。

骨鲠之臣汲黯数次当廷斥责公孙弘面谀的诈伪性格，这击中了他的要害。公孙弘在武帝面前自认其罪，以退让而守身，为武帝所赞许。元狩元年，淮南、衡山王谋反，治其党羽正急。公孙弘病得很重，不能理事，又恐惧武帝斥责他为宰相奉职不称，故首先上书武帝，感激武帝的超拔之恩，检讨自己的罪恶，要求“归侯，乞骸骨”。这种谦卑退让，甚能满足专制主的狂妄自大的心理，往往以臣子谦让为美德。武帝称赞弘之功德，且好言慰留他。

公孙弘为天子三公，作为一位儒者，有三件事颇为人称道。

一是节俭，以为天下先。《太史公自序》：“大臣宗室以侈靡相高，唯弘用节衣食为百吏先。”史公概要地陈述作此传的重要意义。《史记》本传云“食一肉脱粟之饭”“为布被”，一餐饭只有一个肉菜，吃的米饭是仅脱去谷皮的糙米，盖的被子乃是布被。《封禅书》曰：“当是之时，招尊方正贤良文学之士，或至公卿大夫。公孙弘以汉相，布被，食不重味，为天下先。然无益于俗，稍骛于功利矣。”世俗的侈靡之风盛行，尤其是王公大臣，但公孙弘作为天子三公，布被，食不重味，而为天下表率。《盐铁论》之《刺复》《褒贤》《救匮》诸篇赞其俭约，然无益于治。《刺复》：“公孙丞相以《春秋》说先帝，遽即三公，处周、召之列，据万里之势，为天下准绳，衣不重彩，食不兼味，以先天下，而无益于治。”[①]《褒贤》曰：“公孙弘即三公之位，家不过十乘。”[②]《救匮》曰：“公孙弘布被，倪宽练袍，衣若仆妾，食若庸夫。……故公孙丞相、倪大夫侧身行道，分禄以养贤，卑己以下士，功业显立，日力不足，无行人子产之继。”[③]《汉书》本传记载了平帝元始年间表彰公孙弘之后：“元始中，修功臣后，下诏曰：‘汉兴以来，股肱在位，身行俭约，轻财重义，未有若公孙弘者也。位在宰相封侯，而为布被脱粟之饭，奉禄以给故人宾客，无有所余，可谓减于制度，而率下笃俗者也，与内厚富而外为诡服以钓虚誉者殊科。

---

① 王利器：《盐铁论校注》，中华书局1992年版，第131页。

② 王利器：《盐铁论校注》，中华书局1992年版，第242—243页。

③ 王利器：《盐铁论校注》，中华书局1992年版，第401页。

夫表德章义，所以率世厉俗，圣王之制也。其赐弘后子孙之次见为适者，爵关内侯，食邑三百户。’”

公孙弘之为布被，恐并非是汲黯所责骂“诚欲饰诈以钓名”。首先，他的确是过着节俭的生活，这是诚实的。其次，他可能有求名的动机，但名实相符。范晔论曰：“夫利仁者或借仁以从利，体义者不期体以合义。季文子妾不衣帛，鲁人以为美谈。公孙弘身服布被，汲黯讥其多诈。事实未殊而毁誉别议，何也？将体之与利之异乎？”①（《后汉书·宣张二王杜郭吴承郑赵列传》）利仁者以仁为获得功利的手段，且在行仁时利已进入动机的层面。体义者，以义为目的，且在行义时并没有考虑获得利益的目的。董仲舒的经典名言：“正其义不谋其利，明其道不计其功。”笔者认为，弘之节俭，多出于自然的本性或不得已。公孙弘六十余岁才走向仕途，以前艰难困苦的生活养成了他节俭的品性。他为天子三公六年，时七十余岁，对于鲜衣美食的欲望已大为减弱，其粗茶淡饭合于其胃口。弘为天子三公时，养食客甚多，故家中没有余财，《史记》本传谓“故人、所善宾客，仰衣食，弘俸禄皆以给之，家无所余”。据《西京杂记》卷二记载，公孙弘为丞相，故人高贺从之。弘食以脱粟，覆以布被。贺怨曰：“何用故人，富贵为脱粟布被，我自有之。”弘大惭，贺告人：“公孙弘内服貂蝉，外衣麻枲，内厨五鼎，外膳一肴，岂可以示天下？”于是，朝廷怀疑公孙弘矫诈。公孙弘闻叹曰：“宁逢恶宾，无逢故人。”这一方面说明，微时旧交，很难相处；另一方面表明他善待故人、宾客。这与张汤相似。张汤为中尉、御史大夫时，“通宾客饮食。于故人子弟为吏及贫昆弟，调护之尤厚”，故张汤自杀而死时，家产不过五百金，皆所得奉赐。公孙弘比张汤更为穷困。

学人或认为，公孙弘“为布被”“食一肉脱粟之饭”，不可谓不廉，但曲学阿世，何其无耻，所谓“廉易而耻难”；廉乃立身之一节，而耻实心之大德，故廉尚可矫，耻不容伪②。后人虽许其节俭，而讥

① 范晔撰，李贤等注：《后汉书》，中华书局1965年版，第943—944页。

② 钱锺书：《管锥编》（一），生活·读书·新知三联书店2007年版，第572页。

之“无益于治”。

二是善待故人宾客，奉以衣食。他为丞相封侯时，在丞相府旁边，起客馆，开东阁以延请贤人，与参谋议。这是士人贤之的一个重要原因。《汉书》本传：“时上方兴功业，屡举贤良。弘自见为举首，起徒步，数年至宰相封侯，于是起客馆，开东阁（东门）以延贤人，与参谋议。”武帝即位以来，有数次大规模地征召贤良文学之士，董仲舒、公孙弘等皆由此得到重用。因此，公孙弘自以为举首，也招贤纳士。《汉书》本传盛赞之，而哀叹公孙弘之后的丞相不能如此，“凡为丞相御史六岁，年八十，终丞相位。其后李蔡、严青翟、赵周、石庆、公孙贺、刘屈氂继踵为丞相。自蔡至庆，丞相府客馆邱虚而已，至贺、屈氂时坏以为马厩车库奴婢室矣。”公孙弘起客馆、开东阁之事为后世美谈。

三是养后母孝谨。元光元年，公孙弘六十七岁，以文学征召，天子以其对策为第一，召见，状貌甚丽，拜为博士。他本应在仕途上及时努力，而建立功业。但此时，后母去世，他在元光二年至四年间，回乡守丧三年，错过了为官立业的宝贵时间。《汉书》本传：“弘为人谈笑多闻，常称以为人主病不广大，人臣病不俭节。养后母孝谨，后母卒，服丧三年。”

三、两人的学术传承

公孙弘年四十岁，才开始学习《春秋》杂说。他不能像董仲舒、司马迁年少即受到良好的教育而学业精深。他所学的是《春秋》杂说，一方面其学问并不纯粹，另一方面其学问也浅薄。《儒林列传》曰：“胡毋生，齐人也。孝景时为博士，以老归教授。齐之言《春秋》者多受胡毋生，公孙弘亦颇受焉。”公孙弘拜胡毋生为师。“颇”是“大略”之意，即他大略习受《春秋》公羊学，也掺杂法家、黄老等思想。《儒林传》：“胡毋生字子都，齐人也。治《公羊春秋》，为景帝博士。与董仲舒同业，仲舒著书称其德。年老，归教于齐，齐之言《春秋》者宗事之，公孙弘亦颇受焉。”胡毋生、董仲舒，同为景帝时博士，胡毋生年长于仲舒。二人皆治《公羊春秋》，是同业而非师承的关系，也非同授一师的同学关系。董仲舒敬重胡毋生，著书称其德。胡毋生在景帝中，即以老归齐，故公孙弘在故乡薛县，才有机会从师于胡毋生，聆听胡毋生的教诲。因此，在《春秋》学上，公孙弘对于董仲舒，是晚生晚辈，虽然公孙弘的年龄比仲舒稍大。

儒者有传经之儒与思想家之儒的分别。公孙弘不过是一位传经之儒，对于《春秋》学并没有深入的研究。他有说《春秋》的文章，班固《汉书·艺文志》“儒家类”记录“公孙弘十篇”，与“董仲舒百二十篇”相比甚少。可惜，他的十篇文章未能传于后世。我们今日大略考察他的学问，只能依据《史记》《汉书》本传所载录的部分文章。

公孙弘有两次对策，第一次是建元元年，第二次是元光元年。建元元年，武帝招贤良文学之士，因事情匆忙而准备不足，故没有完整的《制》与策文。仲舒在建元元年留下“《春秋》大一统者”一段文字，公孙弘未留下策文。元光元年，太常征儒生百余人，各对策，太常以公孙弘第居下。策奏，天子擢弘对为第一。《史记》本传简要叙述此事，而《汉书》本传载录武帝的《制》与公孙弘的对策。

> 制曰：盖闻上古至治，画衣冠，异章服，而民不犯；阴阳和，五谷登，六畜蕃，甘露降，风雨时，嘉禾兴，朱草生，山不童，泽不涸；麟凤在郊薮，龟龙游于沼，河洛出图书；父不丧子，兄不哭弟；北发渠搜，南抚交址，舟车所至，人迹所及，跂行喙息，咸得其宜。朕甚嘉之，今何道而臻乎此？子大夫修先圣之术，明君臣之义，讲论洽闻，有声乎当世，敢问子大夫：天人之道，何所本始？吉凶之效，安所期焉？禹汤水旱，厥咎何由？仁义礼知四者之宜，当安设施？属统垂业，物鬼变化，天命之符，废兴何如？天文地理人事之纪，子大夫习焉。其悉意正议，详具其对，著之于篇，朕将亲览焉，靡有所隐。
>
> 弘对曰：臣闻上古尧舜之时，不贵爵赏而民劝善，不重刑罚而民不犯，躬率以正而遇民信也；末世贵爵厚赏而民不劝，深刑重罚而奸不止，其上不正，遇民不信也。夫厚赏重刑未足以劝善而禁非，必信而已矣。是故因能任官，则分职治；去无用之言，

则事情得；不作无用之器，则赋敛省；不夺民时，不妨民力，则百姓富；有德者进，无德者退，则朝廷尊；有功者上，无功者下，则群臣逡；罚当罪，则奸邪止；赏当贤，则臣下劝：凡此八者，治民之本也。故民者，业之即不争，理得则不怨，有礼则不暴，爱之则亲上，此有天下之急者也。故法不远义，则民服而不离；和不远礼，则民亲而不暴。故法之所罚，义之所去也；和之所赏，礼之所取也。礼义者，民之所服也，而赏罚顺之，则民不犯禁矣。故画衣冠，异章服，而民不犯者，此道素行也。

臣闻之，气同则从，声比则应。今人主和德于上，百姓和合于下，故心和则气和，气和则形和，形和则声和，声和则天地之和应矣。故阴阳和，风雨时，甘露降，五谷登，六畜蕃，嘉禾兴，朱草生，山不童，泽不涸，此和之至也。故形和则无疾，无疾则不夭，故父不丧子，兄不哭弟。德配天地，明并日月，则麟凤至，龟龙在郊，河出图，洛出书，远方之君莫不说义，奉币而来朝，此和之极也。

臣闻之，仁者爱也，义者宜也，礼者所履也，智者术之原也。致利除害，兼爱无私，谓之仁；明是非，立可否，谓之义；进退有度，尊卑有分，谓之礼；擅杀生之柄，通壅塞之涂，权轻重之数，论得失之道，使远近情伪必见于上，谓之术：凡此四者，治之本，道之用也，皆当设施，不可废也。得其要，则天下安乐，法设而不用；不得其术，则主蔽于上，官乱于下。此事之情，属统垂业之本也。

臣闻尧遭鸿水，使禹治之，未闻禹之有水也。若汤之旱，则桀之余烈也。桀纣行恶，受天之罚；禹汤积德，以王天下。因此观之，天德无私亲，顺之和起，逆之害生。此天文地理人事之纪。臣弘愚戆，不足以奉大对。

公孙弘的策文，太常奏居下，当是公允。与董仲舒《天人三策》相比，此策并没有征引儒家的经典《诗》《春秋》等而论说。此策所说的内容较浅近，远没有董仲舒所论天道的宏阔高深。此策简短，意义浅白，没有据武帝的制文而引申扩展，才思不畅。学人认为，董仲舒与公孙弘非同时对策，其原因之一是公孙弘的策文远不能与董仲舒《天人三策》相比。

武帝特关心天人之道。天人之道是回答天人之间关系的问题。天的基本表征是灾异与符瑞。帝王对天命灾异甚是恐惧，以为是天惩罚自己，且是亡国的征兆。帝王对符瑞甚是迷信向往，以为是自己受之于天命，从而说明皇权的合法性、权威性。《天人三策》："臣谨案《春秋》之中，视前世已行之事，以观天人相与之际，甚可畏也。国家将有失道之败，而天乃先出灾害以谴告之，不知自省，又出怪异以警惧之，尚不知变，而伤败乃至。以此见天心之仁爱人君而欲止其乱也。自非大亡道之世者，天尽欲扶持而全安之，事在强勉而已矣。"董仲舒突出天命灾异。他认为天人相与之际甚可畏惧。灾害、怪异是对国家失道之败的谴告、警惧，人君若不能自省，改过自新，则伤败乃致。因此，天命灾异和符瑞是天对人君统治下现实社会政治之治乱的反应，即天人相应；且人君是主动的，即人感应天，天是被动的，即天被人感应。人君要对现实社会政治的治乱负责，对天命灾异和符瑞负责。公孙弘的观点大致如此，但突出祥瑞。他认为，阴阳和、甘露降、麟凤至、河出图等盛世产生的符瑞，是源自人和。这是顺武帝《制》而立论，不同于董仲舒重点讨论灾异对人君的警惧作用（仲舒也谈祥瑞，非重点）。"禹汤水旱，厥咎何由？"武帝对禹汤水旱的问题颇为困惑：禹汤皆是明君，为何遭受水旱之灾呢？公孙弘说，尧遭洪水，使禹治水，非大禹为天子时有洪水；至于汤之干旱，乃是桀之余烈所致，与汤没有关系。此回答简单，且论说疏缺。尧是圣君，为何遭洪水呢？董仲舒认为，"禹水汤旱，非常经也，适遭世气之变而阴阳失平"，即不合天道之常，是天道之变；尧视民如子，民亲尧如父母，尧去世，民三年守丧，阴气盛而压阳气，故禹有大水之名；桀是天下的残贼，汤是天下的盛德，盛德除残贼，阳气大盛，是重阳，故汤有大旱之名①。董仲舒的解释不仅周密合理，且颇有创见。

---

① 苏舆：《春秋繁露义证·暖燠常多》，中华书局2015年版，第341页。

公孙弘在策文中提出礼义是治之本，也是儒家的通说。武帝为何擢为第一呢？笔者认为其原因可能有二：一是策文中突出“和”：人和而天和；心和，气和，形和。二是策文中论仁义礼是通论，但论智是阐述人君的智术，“擅杀生之柄，通壅塞之途，权轻重之数，论得失之道，使远近情伪必见于上，谓之术”，这是法家所谓的理想君主，契合武帝崇尚专制而尊君卑臣的心理。董仲舒《必仁且智》曰：“何谓智？先言而后当。凡人欲舍行为，皆以其知先规而后为之。其规是者，其所为得其所事，当其行，遂其名，荣其身，故利而无患，福及子孙，德加万民，汤武是也。”① 这才是“智”的正义，不同于公孙弘从谀武帝而言帝王之智术。董仲舒有《循天之道》一篇，从阴阳二气和谐之天道，论证“中和”之道，思想内容丰富深刻。《必仁且智》以仁道为和之本原：“仁者憯怛爱人，谨翕不争，好恶敦伦，无伤恶之心，无隐忌之志，无嫉妒之气，无感愁之欲，无险诐之事，无辟违之行。故其心舒，其志平，其气和，其欲节，其事易，其行道，故能平易和理而无争也。”② 仁者心和，心和、气和、形和、天下和。

策奏，天子擢弘为第一，拜为博士。

弘复上疏曰：“陛下有先圣之位而无先圣之民，有先圣之民而无先圣之吏，是以势同而治异。先世之吏正，故其民笃；今世之吏邪，故其民薄。政弊而不行，令倦而不听。夫使邪吏行弊政，用倦令治薄民，民不可得而化，此治之所以异也。臣闻周公旦治天下，期年而变，三年而化，五年而定。唯陛下之所志。书奏，天子以册书答曰：“问：弘称周公之治，弘之材能自视孰与周公贤？”弘对曰：“愚臣浅薄，安敢比材于周公！虽然，愚心晓然见治道之可以然也。夫虎豹马牛，禽兽之不可制者也，及其教驯服习之，至可牵持驾服，唯人之从。臣闻揉曲木者不累日，销金石者不累月，夫人之于利害好恶，岂比禽兽木石之类哉？期年而变，臣弘尚窃迟之。”上异其言。

① 苏舆：《春秋繁露义证》，第 253 页。
② 苏舆：《春秋繁露义证》，第 252 页。

公孙弘上书主要认为当今天下不能治，是因为官吏不贤，故不能化民；这与董仲舒《天人三策》的思想相一致，也为他日后著《功令》作准备。他认为教化驯服民众是非常困难的，因为民众有利害好恶，甚于禽兽之性，而难以改变之；周公治天下，一年而变，三年而化，五年而定。公孙弘特突出民众之好利恶害的本性，且认为难化，所谓“期年而变，臣弘尚窃迟之”；这确是现实的情况，与他长期混迹于下层有关系。要之，公孙弘的人性观与荀子、法家基本相同，不同于董仲舒等儒家大致肯定人的仁义之性。公孙弘晓然所见治道，乃是像制禽兽而使之唯人是从那样来驯服万民，这与法家“见万民碌碌，犹群羊聚猪，皆可以竿而驱之”的论调（《太平御览》卷八六引桓谭语）大致相同。《平准书》记载了卜式的事情。卜式曰：“天子诛匈奴，愚以为贤者宜死节于边，有财者宜输委，如此而匈奴可灭也。”使者具其言入以闻。天子以语丞相弘。弘曰：“此非人情。不轨之臣，不可以为化而乱法，愿陛下勿许。”于是上久不报式，数岁，乃罢式。公孙弘根本不相信人之性情有善，但事实证明他是错误的，“天子于是以式终长者，故尊显以风百姓”（《平准书》），作为一位儒者，要坚信人性有善，才能尊重人，有平等可言，也才能以礼义化之，而不施以严刑峻法；若深及人之动机和目的，多从美善的方面想，少从丑恶的方面想，则善的行为更加褒扬，恶的行为也可以部分的谅解。

《史记》《汉书》皆载录元狩元年淮南王谋反而公孙弘上书的事情。

> 淮南、衡山谋反，治党与方急。弘病甚，自以为无功而封，位至丞相，宜佐明主填抚国家，使人由臣子之道。今诸侯有叛逆之计，此皆宰相奉职不称，恐窃病死，无以塞责。乃上书曰：“臣闻天下之通道五，所以行之者三。曰君臣，父子，兄弟，夫妇，长幼之序，此五者天下之通道也。智，仁，勇，此三者天下之通德，所以行之者也。故曰‘力行近乎仁，好问近乎智，知耻近乎勇’。知此三者，则知所以自治；知所以自治，然后知所以治人。天下未有不能自治而能治人者也，此百世不易之道也。今陛下躬行大孝，鉴三王，建周道，兼文武，厉贤予禄，量能授

官。今臣弘疲驽之质，无汗马之劳，陛下过意擢臣弘卒伍之中，封为列侯，致位三公。臣弘行能不足以称，素有负薪之病，恐先狗马填沟壑，终无以报德塞责。愿归侯印，乞骸骨，避贤者路。”

这封书信中，公孙弘陈述儒家的“通道五”“通达三”，完全是本于《礼记·中庸》，在学术思想上没有任何新的见解。

公孙弘的上书内容有三。其一，阐发儒家“通道五”“通德三”的思想，即《中庸》所谓“五达道”“三达德”；突出“君臣有义”“知耻近乎勇”之一道、一德。其二，称赞武帝是圣君明主，行古之大道。其三，自谦自责自己才能平庸，没有立下什么大功，而受到武帝的格外提拔和重用，是才德与位不符合；加之自己患病，不能行使职责，且阻碍了贤者的上进之路，故请求归侯印，并辞官归家。在国家的多事之秋，武帝对大臣往往是巧为利用而终以杀戮，公孙弘之退让正是《大雅》所谓“既明且哲，以保其身”。

《中庸》：“天下之达道五，所以行之者三。曰：君臣也，父子也，夫妇也，昆弟也，朋友之交也，五者天下之达道也。知，仁，勇，三者天下之达德也，所以行之者一也。或生而知之，或学而知之，或困而知之，及其知之，一也。或安而行之，或利而行之，或勉强而行之，及其成功，一也。子曰：好学近乎知，力行近乎仁，知耻近乎勇。知斯三者，则知所以修身；知所以修身，则知所以治人；知所以治人，则知所以治天下国家矣。”

这段文字颇难理解。天下有五达道：父子有亲，君臣有义，夫妇有别，长幼有序，朋友有信。以“智、仁、勇”三达德行之。德，得也，得于内而行于外，即人所具有的品德。如何实行五达道呢？首先是知“五达道”，这是对道的认知；但知未必能行，还要进一步在社会、政治和人生实践中行“五达道”，这是知行的合一。对于不同的人来说，知和行也并不相同。有的人，是生而知之，安而行之（自然而然地行五达道）；有的人，是学而知之，利而行之（自觉地实行）；有的人，困而知之，勉强而行。这三种人虽然最终皆知和行“五达道”，但他们之知和行的方式不同，其禀赋也各有差。第一种人，天赋最高；第二种人，次之；第三种人，又次之。

第一种人“好学近乎智”，生而知之，自然而然地行之，近乎圣智之人，百年而不能一遇。《论语·雍也》：“子贡曰：‘如有博施于民而能济众，何如？可谓仁乎？’子曰：‘何事于仁，必也圣乎！’”《述而》：“子曰：‘圣人吾不得而见之矣；得见君子者，斯可矣。’”《中庸》：“唯天下至诚，为能经纶天下之大经，立天下之大本，知天地之化育。夫焉有所倚？肫肫其仁！渊渊其渊！浩浩其天！苟不固聪明圣知达天德者，其孰能知之？”好学之好，即出自本性之喜好，是至深至诚的，即孔子“吾未见好德如好色者也”“知之者不如好之者，好之者不如乐之者”（《雍也》）。

第二种人“力行近乎仁”，学而知之，自觉行之，近乎仁人。《季氏》曰：“生而知之者上也，学而知之者次也；困而学之，又其次也；困而不学，民斯为下矣。”孔子曰：“我非生而知之者，好古，敏以求之者也。”（《述而》）孔子曰：“唯上知与下愚不移。”（《阳货》）

第三种人“知耻近乎勇”，困而知之，勉强行之，近乎勇敢之人，这是大多数人。朱子曰：“盖人性虽无不善，而气禀有不同者，故闻道有早暮，行道有难易，然能自强不息，则其至一也。吕氏曰：‘所入之途虽异，而所至之域则同，此所以为中庸。若乃企生知、安行之资为不可几及，轻困知、勉行，谓不能有成，此道之所以不明不行也。’”①

综之，“公孙弘以儒显”（《太史公自序》）“弘自见为举首”（《汉书》本传），主要是指他以儒术拜相封侯，为天子三公，而天下学士靡然向风；他在《春秋》学问上浅近，大致传承公羊学的基本思想，而几乎没有思想的创发和理论体系的建构。但董仲舒是思想家之儒，建构了天的哲学体系，为有汉一代儒宗。徐复观说：“但董仲舒出，由其公羊春秋学对《春秋》的解释，发生了一大转折，影响到西汉其他经学在解释上的转折，乃至影响到先秦儒家思想在发展中全面的转折，在思想史上的意义特为重大。而此一转折，与董氏天的哲学系统

① 朱熹：《四书章句集注》，中华书局2011年版，第30页。

是密切相关的。”[①]

四、董仲舒的儒学功业

董仲舒的儒学功业，首先表现在建元元年提出了崇儒更化的主张，推动了武帝在建元五年立五经博士的政治举措。建元五年春，汉廷“置《五经》博士”（《汉书·武帝纪》），这是武帝崇儒更化的重要举措。首先，“六艺”之《诗》《书》《礼》《春秋》《易》获得了经典的地位，所谓“五经”。经也者，“恒久之至道，不刊之鸿教”（《文心雕龙·宗经》）。其次，武帝立《五经》博士以取代先前的“杂学博士”。先前立博士，主要依据其人学问的深博，而不涉及其人传承何种学问。此时，以治《五经》之学的人为博士，即专经博士，习《五经》以外的诸家之学，不得为博士。儒家一直致力于“六艺”的学习、研究和传承。因此，立《五经》博士是崇儒的重要成果。董仲舒认为，《春秋》大一统是天经地义，汉廷首先要确立“六艺之科孔子之术”的一统地位，这是政令法治一统的基础。“六艺之科”，即“五经”（《乐》亡佚），是中国古代长时期积累的文化成果。孔子对“六艺”进行了整理，并予以创新的解释，即“传”。仲舒之谓“皆绝其道”，并非灭绝诸子之说，而是指不为诸子之说立官学，“勿使并进”，也允许其在民间的学习、研究和传承。

董仲舒的儒学功业，其次表现在《天人三策》，这是西汉政治更化和文化建设的经典文献；理论对实践有重要的指导意义，这直接影响了武帝文化政策的制定和实行。

其一，兴太学，置明师，以培养人才。

《天人三策》：

> 今陛下贵为天子，富有四海，居得致之位，操可致之势，又有能致之资，行高而恩厚，知明而意美，爱民而好士，可谓谊主

① 徐复观：《两汉思想史》（第二卷），华东师范大学出版社2001年版，第182页。

> 矣。然而天地未应而美祥莫至者，何也？凡以教化不立而万民不正也。夫万民之从利也，如水之走下，不以教化堤防之，不能止也。是故教化立而奸邪皆止者，其堤防完也；教化废而奸邪并出，刑罚不能胜者，其堤防坏也。古之王者明于此，是故南面而治天下，莫不以教化为大务。立太学以教于国，设痒序以化于邑，渐民以仁，摩民以谊，节民以礼，故其刑罚甚轻而禁不犯者，教化行而习俗美也。

仲舒认为，汉家主要以刑罚治理天下，未能善治；政治改革首先要对民众进行道德教化，而道德教化要以儒家的核心价值观为基础，“渐民以仁，摩民以谊，节民以礼”；采取道德教化的主要方式是建立学校教育，在天子之都立太学，在郡县设痒序。这是继承孔子以来儒家重视学校教育的优良传统。

《天人三策》：

> 陛下亲耕藉田以为农先，夙寤晨兴，忧劳万民，思维往古，而务以求贤，此亦尧舜之用心也，然而未云获者，士素不厉也。夫不素养士而欲求贤，譬犹不琢玉而求文采也。故养士之大者，莫大乎太学；太学者，贤士之所关也，教化之本原也。今以一郡一国之众，对亡应书者，是王道往往而绝也。臣愿陛下兴太学，置明师，以养天下之士，数考问以尽其材，则英俊宜可得矣。今之郡守、县令，民之师帅，所使承流而宣化也；故师帅不贤，则主德不宣，恩泽不流。今吏既亡教训于下，或不承用主上之法，暴虐百姓，与奸为市，贫穷孤弱，冤苦失职，甚不称陛下之意。是以阴阳错缪，氛气弃塞，群生寡遂，黎民未济，皆长吏不明，使至于此也。

仲舒认为，汉家未能善治，是因为郡守、县令等长吏不明，不能成为民之师帅——不以道德教化为政治之本，而是以刑罚暴虐百姓；因此，行政首先是求贤，求贤在于养士，养士在于兴太学，置明师。

要之，董仲舒在对策中数次陈述汉家兴太学、置明师的重要意义和作用。这直接开启了元朔五年“为博士官置弟子五十人”等文化政策。班固在《汉书·董仲舒传》中说：“及仲舒对册，推明孔氏，抑黜百家。立学校之官，州郡举茂材孝廉，皆自仲舒发之。”

其二，《天人三策》把文化建设和政治改革紧密结合，积极主张汉家要实行儒家的德治政治，以儒家的核心价值观作为行政的根据，且以仁义教化民众。

《天人三策》：

王者承天意以从事，故任德教而不任刑。刑者不可任以治世，犹阴之不可任以成岁也。为政而任刑，不顺于天，故先王莫之肯为也。今废先王德教之官，而独任执法之吏治民，毋乃任刑之意欤！孔子曰：“不教而诛谓之虐。”虐政用于下，而欲德教之被四海，故难成也。

汉初诸帝主要是行秦政，以刑罚为主。董仲舒认为，汉家政治“任德教而不任刑”。仲舒特别重视以德教化民众。他认为，民众之性是善的，但质朴而未觉醒，故统治者要以儒家的核心价值观——仁义礼智信，教化民众。

《天人三策》：

古者修教训之官，务以德善化民，民已大化之后，天下常亡一人之狱矣。今世废而不修，亡以化民，民以故弃行谊而死财利，是以犯法而罪多，一岁之狱以万千数。以此见古之不可不用也，故《春秋》变古则讥之。天令之谓命，命非圣人不行；质朴之谓性，性非教化不成；人欲之谓情，情非度制不节。是故王者上谨于承天意，以顺命也；下务明教化民，以成性也；正法度之宜，别上下之序，以防欲也：修此三者，而大本举矣。

董仲舒批评今世统治者不以德化民，以致民众犯法而罪多。他认为，民众之性质朴，待礼义教化而成。

《春秋繁露·身之养重于利》论述了教化民众的重要意义：

天之生人也，使人生义与利。利以养其体，义以养其心。心不得义不能乐，体不得利不能安。义者心之养也，利者体之养也。体莫贵于心，故养莫重于义，义之养生人大于利。……民不能知而常反之，皆忘义而殉利，去理而走邪，以贼其身而祸其家，此非其自为计不忠也，则其知之所不能明也。

天之生民，把天命之善寓于形体中，故人有义有利。义是本，是心之欲求；而利是末，是形体的欲求。董仲舒承认利之存在的合理性，但“义之养生人大于利”。执政者通过学习、反省，知道义大于利的道理；但民众不能明白这个道理，内心又不能自觉反省内在的善质，所以重利轻义，忘义殉利，逐利祸家。因此，执政者要教化民众，指出义大于利的道理以及逐利的危害，觉醒民众内在的仁义之性，使他们过着合于仁义、合于人性的生活。

《天人三策》：

> 道者，所由适于治之路也，仁义礼乐皆其具也。故圣王已没，而子孙长久安宁数百岁，此皆礼乐教化之功也。王者未作乐之时，乃用先五之乐宜于世者，而以深入教化于民。教化之情不得，雅颂之乐不成，故王者功成作乐，乐其德也。乐者，所以变民风，化民俗也；其变民也易，其化人也著。故声发于和而本于情，接于肌肤，藏于骨髓。故王道虽微缺，而管弦之声未衰也。

仁义礼乐的教化，深入到民众内在心性，“接于肌肤，藏于骨髓”，入人也深、变民也易、化人也著。这正是仁义礼乐感化人心的巨大作用。

《天人三策》：

> 教化大行，天下和洽，万民皆安仁乐义，各得其宜，动作应礼，从容中道。

教化大行，民众安仁乐义，自觉自愿自然地行仁由义，即《中庸》“诚者，不勉而中，不思而得，从容中道”，从而形成良好的社会风俗，良好的政治正建立于其上。这是儒家政治的最高理想。

其三，董仲舒在崇儒中的重要贡献，还表现在对儒家思想的改造上。他继承儒家的中心观念，如任德而不任刑、仁义礼智信等，且把它们置于通俗的阴阳五行的天道构架中。这一方面使儒家的核心价值观念冲破大传统的藩篱而在小传统中广泛地传播；另一方面也加强执政者实行儒家之道无可推卸的责任感。

《天人三策》：

> 臣谨案《春秋》之文，求王道之端，得之于正。正次王，王次春。春者，天之所为也；正者，王之所为也。其意曰，上承天

之所为，而下以正其所为，正王道之端云尔。然则王者欲有所为，宜求其端于天。天道之大者在阴阳。阳为德，阴为刑；刑主杀而德主生。是故阳常居大夏，而以生育养长为事；阴常居大冬，而积于空虚不用之处。以此见天之任德不任刑也。天使阳出布施于上而主岁功，使阴入伏于下而时出佐阳；阳不得阴之助，亦不能独成岁。终阳以成岁为名，此天意也。王者承天意以从事，故任德教而不任刑。

天是董仲舒哲学思想的最高范畴。天人同类相应，天道是人道的终极根据，“天道之大者在阴阳”。董仲舒努力追求天的实证意义，把天道外在化、客观化、具体化。

《春秋繁露·天地阴阳》：

天意难见也，其道难理。是故明阳阴入出、实虚之处，所以观天之志。辨五行之本末、顺逆、小大、广狭，所以观天道也。

阴阳五行之道体现了天道和天意。仲舒以阴阳之天道，解释人道之三纲、大一统、刑德、经权、人性、中和；以五行之天道，解释人道之忠孝、五常、五官、五事。因此，天与人、天道与人道，构成了一个具有“内在联系”的大系统。这构成了董仲舒天的思想体系，即天的哲学。徐复观先生说：“此一特殊构造（即《吕氏春秋》之阴阳四时五行的构造）给汉代思想家们以重大的影响。尤其是董仲舒所受的影响最为深刻，他由此而把阴阳四时五行的气，认定是天的具体内容，伸向学术、政治、人生的每一个角落，完成了天的哲学大系统，以形成汉代思想的特性。”①

董仲舒天的哲学具有重要的意义。首先，董仲舒之天道的基本内容，即是儒家的仁义之道。他说：“仁，天心；故次以天心”（《春秋繁露·俞序》），“以此见天之任德不任刑”（《天人三策》）。仁心、德政皆是儒道的本质内容。天道是人道的根据，人君法天道，即是法儒家之道。儒家之道获得了天道的权威根据，从而不容置疑地加强人君实行

---

① 徐复观：《两汉思想史》（第二卷），华东师范大学出版社2001年版，第182页。

儒家之道的神圣责任感。其次，在大一统的皇权专制政治下，人君具有至高无上的地位和权力。他们无所畏惧而为所欲为。董仲舒以天命灾异的神圣、神秘之力，限制、抑压人君绝对的自由意志和政治行为，遣告和警惧人君的失道、失德，从而迫使人君反省和改正自己的过失。总之，董仲舒天的哲学，最终归宿于以儒家之道为基本内容的人道，最终以人君实行儒道为目的，因而具有重要的人文道德意义。

董仲舒重视教化民众，移风易俗，在社会上建立儒家文化的新秩序。一是通过私学、官学等学校教育，传播“六艺”经传的思想观念；二是通过郡守、县令长吏教化民众。这两种方式皆是有限的。董仲舒在不改变儒家文化核心价值观的基础上，而为其建立阴阳五行天道的超越根据，一方面论证核心价值观的合理性和神圣性，从而要求人们信仰和遵从；另一方面也使儒家的核心价值观冲破大传统的藩篱，而在小传统中广泛地传播。阴阳五行思想是自战国以来一直广泛流播于民间的思想。余英时先生说：“其中阴阳五行的观念则尤其如水银泻地，无所不在。”① 这主要是因为阴阳五行思想，与农业生产和生活有十分紧密的联系。《吕氏春秋》“十二纪”、《礼记·月令》，把阴阳五行配入四时，且把政令刑赏与各种生产和生活事务，组入四时的框架中。阴阳五行思想非常世俗化，易于为普通的民众广泛地接受。徐复观先生说，“五行观念的演变，我的推测，是在社会低级迷信中酝酿出来的”②，“阴阳五行思想，在西汉形成了更完整的格架，因而发生了更大的影响，应当是董仲舒。所以《汉书·五行志》叙说他‘始推阴阳，为儒者宗’”③。

“崇儒更化”的文化建设具有重要的意义。

1. 崇儒的重要目的，是改革秦政，实行汉政。汉政即是“以法

① 余英时：《汉代循吏与文化传播》，《儒家伦理与商人精神》，广西师范大学出版社2004年版，第125页。

② 徐复观：《阴阳五行及其有关文献的研究》，《中国人性论史》，上海：生活·读书·新知三联书店2001年版，第502页。

③ 徐复观：《阴阳五行及其有关文献的研究》，《中国人性论史》，上海：生活·读书·新知三联书店2001年版，第511页。

治之体制，寓儒家之精神”①，宣帝之谓“汉家自有制度，本以霸王道杂之，奈何纯任德教，用周政乎”（《汉书·元帝纪》）。汉政不同于秦政，也不同于儒家的德治，而是折衷霸王②。

武帝特重视制礼作乐。儒家的理想政治是礼乐政治。礼乐是太平盛世的产物，只有圣王才能制礼作乐。儒者曰：“礼乐所由起，积德百年而后可兴。”礼乐文化的兴起，是在新的王朝经百年政治建设而国家稳定繁荣之后，即王者功成作礼，功成作乐。礼乐文化的作用：一是缘饰和颂赞太平盛世；二是以礼乐教化民众，移风易俗，即“导民以礼，风之以乐”（武帝元朔五年诏书）。董仲舒说：“故王者功成作乐，乐其德也。乐者，所以变民风也，化民俗也；其变民也易，其化人也著。”（《天人三策》）

崇儒的文化建设，提高了政治队伍中的思想文化水平，在行政中重知识、重道德、重理性。汉初的大臣，多是追随刘邦征战的功臣，质木少文，缺少知识文化的修养。文景两朝不好儒者，多用黄老道家和法家式的人物。法家、黄老道家不尊重知识，不尊重文化。崇儒的文化建设，不仅确立儒家思想文化的主流地位，也发扬儒家广学兴教的传统。这使更多的具有较高文化修养的儒者进入政治队伍的行列，在位的官员也自觉或被迫学习《五经》，以提高自已的文化水平。这种对知识的重视，强调政治行为必须积极地运用智性，尊重知识，理性行政，从而使政治更有合理性。儒者不仅有知识文化的修养，也抱持儒家政治、社会、人生的理想。他们进入政治队伍的行列，其行政坚持儒家的价值观念。如董仲舒为江都相，事易王。易王，帝兄，素骄，好勇。董仲舒以礼义匡正，王敬重焉。儒者的文化修养和政治行为，对法吏也有一定的浸染作用。大酷吏张汤在武帝崇儒更化中，也接纳儒学的人才，采纳儒家主张。倪宽诣博士受业，“以试第次，补

---

① 严耕望：《序言》，《秦汉地方制度史》，上海古籍出版社 2007 年版，第 5 页。

② 史家多认为，武帝的政治实质是内法外儒。《史记·汲郑列传》：“天子方招文学儒者，上曰吾欲云云，黯对曰：‘陛下内多欲而外施仁义，奈何欲效唐虞之治乎！’上默然，怒，变色而罢朝。”

廷尉使。是时张汤方向学，以为奏谳掾，以古法议决疑大狱，而爱幸宽”（《史记·儒林列传》）。

2. 武帝的崇儒，促进了《五经》事业的发展和繁荣：一是《五经》的学术研究更为兴盛；二是以《五经》解决社会政治的重要问题，即“通经致用”。

某一民族，如果没有文化的传承，即意味着某一民族生命的断绝。文化传承须在许多文化遗产中确定一个主流。文化又是抽象性的，是不断演变的，要有一定的主要典籍，以求得在演变中的根源性和稳定性。武帝的崇儒更化，确立了儒学的主流地位，确定了《五经》为文化的主要典籍。《五经》成为官学，设立专经博士及弟子员，专门从事于学习和研究《五经》的工作，使经学研究得以广泛而深入地开展。仕于建元、元封年间的司马谈在《论六家要旨》中说：“夫儒者以‘六艺’为法。‘六艺’经传以千万数，累世不能通其学，当年不能究其礼，故曰‘博而寡要，劳而少功’。”从学术的观点来看，“六艺”经传以千万数，正表明《五经》学术研究的繁盛。

《五经》不仅是史，是古代文化知识的宝库，而且是经，能解决现实社会政治的重要问题。《史记·太史公自序》：

> 上大夫壶遂曰：“昔孔子何为而作《春秋》哉?”太史公曰：“余闻董生曰：‘周道衰废，孔子为鲁司寇，诸侯害之，大夫壅之。孔子知言之不用，道之不行也，是非二百四十二年之中，以为天下仪表，贬天子，退诸侯，讨大夫，以达王事而已矣。’子曰：‘我欲载之空言，不如见之于行事之深切著明也。’夫《春秋》，上明三王之道，下辨人事之纪，别嫌疑，明是非，定犹豫，善善恶恶，贤贤贱不肖，存亡国，继绝世，补敝起废，王道之大者也。……”

董生即董仲舒。他认为，《春秋》是王道之大者也，“以《春秋》当新王”（《春秋繁露·三代改制质文》），《春秋》在政治上有法典的意义。他以《春秋》决狱。其弟子吕步舒“持节使决淮南狱，于诸侯擅专断，不报，以《春秋》之义正之，天子皆以为是”（《儒林列传》）。因此，《五经》不仅能解释世界，且改造世界。《五经》有解决现实政治问题的重要作用，反过来推动学术研究的兴盛。学术研究的深入展开和创新诠释，多首时代社会政治的激发。

综之，董仲舒的儒学功业，主要表现在他是一位论道者，为汉家论证了崇儒更化、兴太学等思想的合理性、有效性，从而为武帝的决策主张提供理论的根据；他是帝王师。

五、公孙弘的儒学功业

公孙弘在儒学上的功业主要有两个方面。

其一，在瑕丘江生《穀梁春秋》与董仲舒《公羊春秋》的争立中，公孙弘作为丞相，游说武帝，而卒用董仲舒之学。这促成了汉廷立《春秋》公羊学博士与尊崇公羊学。《儒林列传》："瑕丘江生为《穀梁春秋》。自公孙弘得用，尝集比其义，卒用董仲舒。"《儒林传》："瑕丘江公受《穀梁春秋》及《诗》于鲁申公，传子至孙为博士。武帝时，江公与董仲舒并。仲舒通《五经》，能持论，善属文。江公呐于口，上使与仲舒议，不如仲舒。而丞相公孙弘本为《公羊》学，比辑其议，卒用董生。于是上因尊《公羊》家，诏太子受《公羊春秋》，由是《公羊》大兴。"公孙弘卒用董仲舒《春秋公羊》，一是因为仲舒建构了一套春秋公羊学的思想体系，"大一统""尊王攘夷"等思想合于武帝的政治方略，且仲舒善于论辩；二是公孙弘本来传承公羊学，对之有较为深入的理解，也出于自己的私意。

其二，元朔五年，公孙弘为丞相著《功令》，实践了置博士弟子员、兴太学的主张。

董仲舒元光五年的对策，提出了兴太学的重要建议。公孙弘著《功令》，为博士置弟子员，是兴太学之议的具体实行者，功劳显著，"从知到行，尚须一跃"。

元朔五年（前 124），《汉书·武帝纪》：

> 夏六月，诏曰："盖闻导民以礼，风之以乐。今礼坏乐崩，朕甚闵焉。故详延天下方闻之士，咸荐诸朝。其令礼官劝学，讲议洽闻，举遗举礼，以为天下先。太常其议予博士弟子，崇乡党

之化，以厉贤材焉。”丞相弘请为博士置弟子员，学者益广。

武帝对当时政治和社会的礼乐崩坏甚为忧虑，希望通过礼乐教化来移风易俗。如何有效地实行礼乐教化呢？武帝主张为“五经”博士置弟子员。以前，博士也有弟子，但不是官方选拔的，而是私人之间的传授。董仲舒在景帝时为博士，从他学习的弟子甚多。《儒林列传》：“董仲舒，广川人也。以治《春秋》，孝景时为博士。下帷讲诵，弟子传以久次相受业，或莫见其面，盖三年董仲舒不观于舍园，其精如此。”大儒公孙弘秉承武帝之命，著《功令》，具体地制订了置博士弟子员的措施，包括博士弟子员的选拔、考核和任用等。

《儒林列传》：

公孙弘为学官，悼道之郁滞……谨与太常臧、博士平等议曰：闻三代之道，乡里有教，夏曰校，殷曰庠，周曰序。其劝善也，显之朝廷；其惩恶也，加之刑罚。故教化之行也，建首善自京师始，由内及外。今陛下昭至德，开大明，配天地，本人伦，劝学修礼，崇化厉贤，以风四方，太平之原也。古者政教未洽，不备其礼，请因旧官而兴焉。为博士官置弟子五十人，复其身。太常择民年十八以上，仪状端正者，补博士弟子。郡国县道邑有好文学，敬长上，肃政教，顺乡里，出入不悖所闻者，令相长丞上属所二千石，二千石谨察可者，当与计偕，诣太常得受业如弟子。一岁皆辄课，能通一艺以上，补文学掌故缺；其高第可以为郎中者，太常籍奏。即有秀才异等，辄以名闻。其不事学若下材及不能通一艺，辄罢之，而请诸不称者罚。臣谨案诏书律令下者，明天人分际，通古今之义，文章尔雅，训辞深厚，恩施甚美。小吏浅闻，弗能究宣，无以明布谕下。治礼次治掌故，以文学礼义为官，迁留滞。请选择其秩比二百石以上，及吏百石通一艺以上，补左右内史、太行卒史；比百石以下，补郡太守卒史：皆各二人，边郡一人。先用诵多者，若不足，乃择掌故以补中二千石属，文学掌故补郡属，备员。请著功令。它如律令。”制曰：“可。”自此以来，公卿大夫士吏彬彬多文学之士矣。

其具体措施有三。其一，为《五经》博士置弟子员共五十人，由太常负责选拔。博士弟子在受业中享受一定的待遇，如“复其身”。郡国县道也可以向朝廷推荐青年才俊，到京师从博士学习，为“如弟子”，位次低于博士弟子，候博士弟子有缺补充为博士弟子，如弟子的数量不等。因此，博士与博士弟子、如弟子共同构成了“太学”。其二，博士弟子员受业一年要考核而任用：通一艺以上，补文学掌故缺；高第可以为郎中，太常籍奏；有秀才异等，辄向武帝推荐。文学掌故是政府中的下级官员。郎中是侍于武帝左右的近臣，也是政府官员的储备库，地位较为尊贵。朝廷置博士弟子员，在京师兴太学；地方上，郡国县道设立郡学和县学。官学的兴盛强化了《五经》的主要地位，促使士人学习《五经》及儒家的经典，并接受儒家的价值观念，儒家思想文化取得了正统的地位。其三，对以经学、礼学为官的治礼、掌故等低级儒者官员加以擢升。

公孙弘著《功令》，具体地制定了切实可行的选拔和考绩博士弟子的制度。这表明他精通文法吏事，与陈义高远而疏阔于事的儒生不同。置博士弟子为儒者打开了仕途的通路，儒家“学而优则仕”“得君行道”的理想得以实现。这一方面使专制政治受到儒家仁义之道的影响，而增加了官僚机构中的文化因素，且士与大夫结合为“士大夫”，《儒林列传》谓“自此以来，公卿大夫士吏彬彬多文学之士矣”；另一方面又把“五经”与儒者严密地置于政治和权势之下，以达到控制和歪曲“五经”而使之成为专制政治的缘饰品。置博士弟子后，“五经”流为章句之学，华而不实；传授“五经”的儒者多成为利禄之徒，失去了他们以道自任的独立人格。因此，公孙弘著《功令》也表现了他以儒术缘饰专制政治的性格。

综之，公孙弘的儒学功业，主要表现在政治实践上；他具体地提出兴太学、置博士弟子员等措施，建立制度，而实行之。

本文为“2021中国·衡水董仲舒与儒家思想国际研讨会暨中华孔子学会董仲舒研究委员会学术年会”提交的论文。

刘国民（1964—），男，安徽肥西人，中国社会科学院大学文学院教授，文学博士。

董仲舒哲学思想研究

析论董仲舒的天人感应论

成中英

董仲舒以他的“天人三策”与“天人感应论”最为人所熟知，但学者对“天人感应论”一贯采取批判与否定的态度。然而，作为中国哲学的课题，这却值得我们再行思考：看其有无值得当代参考的价值，同时也能更分析地、清楚地认识“天人感应论”的思想到底为何。本文主张把“天人感应论”的理论结构与其应用分开，并就“天人感应论”所代表的中国形上学做一客观的评价，并与“天人合一”理论相比较。

董仲舒继承了《易传》的“天人合德”的认识，并肯定天人同时不能违反的天道，反映了《乾卦·文言》所说的“先天而天弗为，后天而奉天时”的不变定律。至于何为天道、天道又如何与天相关、天人之间有何关系，以及天人之际如何反映一个因果相应的作用，并从中得出道德与政治有关的实际要求与警示，都需要进一步思考和分析。

董仲舒认为，天道之上有天，天有知觉和意志，天能主宰天地的万事万物，但另一方面，天却是阴阳五行之气。他说：“天地之气，合而为一，分为阴阳，判为四时，列为五行。”（《春秋繁露·五行相生》）作为阴阳之气，天可比为水汽，人在其中犹如鱼在水中，因此，人与天通过阴阳五行之气而有了密切的关系。这一说法是和《内经》相符的。可见董仲舒是继承了先秦以来有关“气”的理论。天不但是

“天气”，还有阴阳五行之道，故名为“天道”。五行木、火、土、金、水的关系是“比相生而间相胜”（《春秋繁露·五行相生》）。董仲舒以五行之气来说明时空。五行各相应，木主春气，火主夏气，金主秋气，水主冬气，土则兼主四时，因此土就是配天。他又认识到阴阳之为相反，所谓并行而不同路，交会而各代理。他以天道之气从北方冬至到南方夏至，中间经过秋分和春分，此一时空的变化，一方面用阴阳的损益关系来说明，另一方面用五行的生克关系来解释。他以阴阳之气为主体，来说明四时变化与四象循环，并以此来说明日月寒暑的变化。

一、阴阳五行之气

董仲舒关于阴阳五行之气的说明，显然是基于易学对自然时空变化的实际观察，但他并没有整体地去探讨一个可以观察的实际自然宇宙现象，而只是表明“天辨在人”，以阴阳作为变化的主体，尤其以阳者为岁之主、阴者为阳之助，也就是以阳为经、以阴为权。阳出而南，阴出而北，这正是中原地带太阳的轨道。中原地带的四季分明，因此阴阳变化，五行变化也可以说得很清楚。董仲舒进一步认为“天道之大者在阴阳”（《天人三策》），也就是天道决定阴阳。对阴阳的认识是“阳为德，阴为刑；刑主杀而德主生”（《天人三策》），这也是对自然现象的观察。因为夏天万物萌生，是阳的表现；而冬天万物枯萎，是阴的表现，春夏秋冬因此就代表了阴阳的兴衰、五行的周转。

董仲舒的另一个假设就是以阳为主导，阳为乾，阴为坤。乾坤是“刚柔相推而生变化”（《周易·系辞上》）。阴阳虽然矛盾对立，但阴并不能主导矛盾，而是随阳转移。董仲舒说阳为主导，事实上是说天是主导，说明天“任阳不任阴，好德不好刑”（《春秋繁露·阴阳位》）。从阳德阴刑推论出天尊地卑、阳尊阴卑，这就把阴阳两气价值化了。从这个转化，董仲舒推出天是有意志的，是要行善而去恶的，阴阳变化其实就是天的主导行为。如此，就把天道提升为天，把一个气的阴阳变成一个有意志的天的价值行为。这个转化是很细腻的，本来董仲舒是用自然主义来说明天文与人文现象，但涉及好坏的判断，就引进了人文的主体性，直接把天道转化为具有目的性的或自觉性的主宰之天了。董仲舒并没有说天就是超人或上帝或神，但他的由天到人、由人到天引进了另一个天的概念。

二、天与天道的转换

我们可以说，在最早期的人类信仰中，天可能是人的形象的投射。天有人的喜好，也有人的理性和意志。进入农业化时代，人仍然认为自己是主体，而天只是客观的自然现象而已。但在董仲舒的哲学中，却把中国早期的自然哲学转化为拟人化的天道哲学。道家以天道取代了天，儒家经过孟子与荀子，也把天道作为天的代表，不再以天为神性的存在。这样才能更好地使人的创造性发展起来，才能实现人追求的意志自由和理想的人的成就。

董仲舒做出此一转换，不知是有意还是无意。我认为他可能是无意的，是他没有认清人与自然是不同的存在，虽然有相应的地方，但毕竟人是自然的超越，发挥了人之为人的创造性。董仲舒显然没有认识到这一点。他一方面肯定了自然之气，另一方面又以自然为意识的主体和意志的权利，来说明人应该如何行为。也许他的目标是以此来警戒帝王的统治，所以他一方面强调阳之主导性，以此为君的代表；另一方面他又强调人的被动性，认为人应该服从天，而必须承担行为的后果，其后果是由于天来引起，也就是所谓天人感应最原始的意义。基于董仲舒把自然之天道与主体之天进行了转换，他把这个关系也用在君臣、父子、夫妇的关系上，走向一个所谓“三纲”的独断思考，即天为地纲，君为臣纲，父为子纲，夫为妇纲，他认为这是他看到的基本意义。这个基本意义是把自然主义转换为非自然的天威主义。董仲舒的哲学因此做了一个很巧妙的辩证转换：首先肯定了自然的天道哲学，以气为主；再转换天道为天的威权，来强调道德的权威性；并进一步把道德强加于自然，认为自然阴阳都有道德的属性，甚至于他强调五行的关系，也是伦理的关系，并认为五行所影响的四行春夏秋冬，各自有其道德属性，而五行之中，火最具忠臣孝子的品德。

董仲舒的天人感应论是天到天道、天道到人伦，是自然的因果关系。他认为，人伦的关系是天道所引起的，是属于天的，而不是人的独立的、创造的发展。并用人的伦理来描述自然，然后反复论证，用以保存一个不变的君臣、父子、夫妇“三纲”的关系。他说“天不变，道亦不变”（《天人三策》）。

我们必须要说，董仲舒最早是从事春秋公羊学的研究，而《公羊传》就提出了天人相应关系的看法，认为自然和人是应该因果相应的，但并不认为两者必然同类。《春秋》里第一句话是“元年，春，王正月”。董仲舒以元为大，以元为本，然后他以天就是天地之元、天地之本，而万物不可违反。这可能是他阴阳哲学的基础。至于董仲舒是否以元为气之始、是否认为元就是气，并不清楚。这是后来唐代学者徐彦在《春秋》说里面所做出的一个解释。董仲舒说“以元之深，正天之端”（《春秋繁露·二端》），可能董仲舒以元比天更为根本，问题是是否这个元就是一个有意志有知觉的神秘上帝呢？我的看法是董仲舒有可能在他的思考中混进了两个层次，即天文和人文的层次。另一方面，我们也可以理解到他可能有意地把两个层次结合起来，形成一个辩证的转换，以天说人，又以人说天，最后做出一套天人感应的说法。

三、天道与人文的转换

关于天人感应，感应基本上是因果关系，但也是共振关系，可以有时间的间隔，也可能有同时性的发生。天可以帮助人、奖赏人，但天也可以惩罚人，所以人遵守的生命都是天所规定的，人的行为都有天来反映。至于天的行为，人也只好接受，这就必须假设天永远是善意的，不然天灾是否一定要找一个人来作为原因，这就变成一个潜在的危险主张，使人丧失了自由性和独立性。

董仲舒的天人感应论也可以说是对阴阳五行之说的一个发展。自易学发展以来，人们都重视同类相亲的概念，《易经》中的八卦都有其同类的物象和现象与之相应。如此，则能更好地说明一个普遍性质的应用性。战国时期五行之说更强调“同类相比”的概念。所谓“美事召美类，恶事召恶类”（《春秋繁露·同类相动》），甚至在医疗方面，疾病往往也是依赖同类或同品质的药材医治。此一同类的标准，就是以五行的属性为准绳，以阴阳区分寒热、湿燥，确定同者趋同、异者趋异，而其用，则在发挥同类相成、异类互补、反类克制的效果。然而在天人之际，董仲舒更重视“同类相应”，先以自然属性解释人的形体与天地相辅，然后以人之属性加之于自然，使自然人格化。他认为人有喜怒哀乐之情，自然也有春夏秋冬之变，人有庆赏罚刑之行，天也有暖暑清寒的表现，自然也能形成瑞祥灾异的符端以示人。事实上这就等于说天也有人的喜怒哀乐、庆赏罚刑的意识和意志行为。他说：“世治而民和，志平而气正，则天地之化精，而万物之美起。世乱而民乖，志僻而气逆，则天地之化伤，气生灾害起。”（《春秋繁露·天地阴阳》）他又说：“人之形体，化天数而成；人之血气，化天志而仁；人之德行，化天理而义；人之好恶，化天之暖清；人之喜怒，化天之寒暑；人之受命，化天之四时。人生有喜怒哀乐之答，春秋冬夏之类也。喜，春之答也；怒，秋之答也；乐，夏之答也；哀，冬之答也。天之副在乎人，人之情性有由天者矣，故曰受，由天之号也。”（《春秋繁露·为人者天》）

四、灾异之说

在对天人之际的了解下，董仲舒提出自然的灾异反映出人的行为的不端。他把这个看法归之于孔子作《春秋》的见解：“故《春秋》之所讥，灾害之所加也；《春秋》之所恶，怪异之所施也。书邦家之过，兼灾异之变，以此见人之所为，其美恶之极，乃与天地流通而往来相应，此亦言天之一端也。”（《天人三策》）又说：“灾者，天谴也；异者，天之威也。谴之而不知，乃畏之以威。”（《春秋繁露·必仁且智》）董仲舒认为，为君者必须重视灾异现象的含义，且必须有所回应。因为灾异或由于君之无道或由于君政之有误而起，所以必须追究责任，采取惩罚的行为。董仲舒的本意是为君者必须行仁政，才能得到天的维护。但事实上，人们可以因为有灾异而怪罪于为君者，这就等于人民可以就灾异监察君主之行。此一结论，造成汉代政治局面的不稳定。野心家因此可以借灾异来干涉朝廷，推翻君主。王莽政权的建立，可以说与此态度不无关系。董仲舒也因汉祖庙失火一事批评朝廷，几乎被杀头。可见，灾异之说对政治措施与君主行为构成如何的威胁。

就事实而论，也许我们可以分开自然灾害与人为灾害两者。自然灾害发生并不因为人的行为，而人为灾害则可归之于人的行为。如果天是自然天，天的灾害固然可以因为人的过失而产生，但却不一定是天的意志的表达，因此并没有所谓惩罚的含义。固然人们可以解释有过失的行为，可以带来自然灾害，那只是一个自然因果关系而已。比如耕种失时、对害虫未加处理，或因为开采而流失水土，这都是因为人的行为可能造成的自然灾害。但这一个灾害并不代表天的意志所做出的惩罚。另一方面，如果天有意志，有如一个君主，能够赏善罚恶，如此则自然的变化则可解释为天的喜恶与赏罚。董仲舒并没有清楚地做出这样的区分，他从春秋公羊学的立场出发，结合历史上的灾害之说，采取了天的人格化的立场，为后人所诟病。

关于自然灾害的问题，用在现代人类文化的发展中，应有深刻的意义。西方自工业革命以来，对自然界的破坏见之于生态的失常。当前人类面对的疫情，也正好说明现代人的生活遭遇，显然与衣食住行的现代生活方式密切相关，尤其在食品方面，造成各种疾病如高血压、心脏病、肝脏病等。更为大者，人类文明的发展，形成的温室效应，造成大气臭氧层的破坏、温度的提升与冰川的融化，威胁着人类及其他生物存在的环境。这都不能不说是因为人个别或集体行为所引起，而自然体的生态反应，也就不能不带来人类的灾难。究其原因，并非自然有任何意识或意志行为来报复人类。而是由于万物都在一个生态环境之中，人类的破坏行为，也就引起相应的破坏结果。因此，我们可以说，董仲舒的天人感应之说也有部分的现代意义，只是他不能论说天是人的监督者，具有判断善恶与惩恶扬善的权威。后者只是一个宗教信仰，也许更符合西方某些宗教对上帝的信仰，而非中国自《易传》以来所体现的自然宇宙论的认识。

五、天人合德

此处，我想追溯中国哲学的天人关系的几个重要发展，确定中国哲学的自然宇宙论的主流思想，并借以说明董仲舒天人感应之说只是一个偏倚的早期有神论的遗留，而不能代表中国哲学的主流。中国哲学自易学发展以来，在经验观察的基础上，建立了一个自然主义的阴阳五行的宇宙体系。在《易经》中，由于占卜的存在，正好说明人具有预测未来的审查力，并具有判断吉凶祸福、是非善恶的判断力。人的意志被假设为能做出趋善避恶、趋吉避凶的能力，因此并不受一个人格神的天的制约或统治。固然有天命一说，但所谓天命，也在强调人应该有自然的爱民生物之德，可以作为领导群能的基本条件。在《易传》中，孔子下半生的思考，让他指导弟子完成对《易经》本体论宇宙论的诠释，建立了一个十分谨严而明晰的“卦爻符号体系”，并确定对此卦爻体系中个别的卦与爻的理解原则。可以看到，自然认知与人文认知是两个最重要的理解原则，见之于“彖传”与“象传”。《易传》对后来宋明理学的影响非常深刻，在宋明哲学中，建立了理学与心学体系，强调人能就天理、人心做出有关信仰与行为的理性结论，显示人的自由性与独立性。至于天人之际的关系，在《易传》中我们看到一个“天人合德”的思想。

所谓“天人合德”，乃是认识天生人而人能弘道，道则是天人所共有的生命体，有其本源，有其发展的过程，并有其发展的成果，也就是天地万物。这一发展则是生生不已、川流不息。《乾·文言》说：“夫‘大人’者，与天地合其德，与日月合其明，与四时合其序，与鬼神合其吉凶，先天而天弗违，后天而奉天时。天且弗违，而况于人乎？况于鬼神乎？”天人合德的意思是，人能够发挥他生命的德性，他的心灵能像日月一样光明，他的生活能像四季一样规则有序，他的知识与信仰能够做出合理的吉凶祸福、是非善恶的判断而实现之。他的生命从开始就有一个内在的理性秩序，在生活经验中，他又能遵守自然的规则，不做违心亏理之事。遵从规则，也就是天道的自身的规则，为天所自然遵守，人作为天生之物，自然也不能有所违反，任何生物或精灵也都不能违反。此天人合德的态度，强调应该遵守的规则，也就是道的规则。人能做到此，人的生命也就有了一个价值，并能充分发展与发挥。

六、天人相分

《易传》之后乃有子思、孟子对“天人合德”思想的发展。子思强调天命之性、率性之道与修道之教；孟子强调人之性善，善之发于四端，反身而诚，鼎立于天地，表现了充分的人的创造性与独立性，以及生命的自由性和自由意志。这都是“天人合德”思想的发挥。

孟子之后乃有荀子，荀子主张“天人相分”，天人互动，可以说是天人合德思想进一步的延伸，因为合德之后的行为和态度，是要做一个新的规范的。荀子所做的工作就在说明这个规范，他认为“天行有常，不为尧存，不为桀亡”（《荀子·天论》）。天自身有其运转的规律与轨道，而人虽生于天，也具有其自身发展的潜力与规律。从好学而思，认识到心灵的作用，以“大清明”为理性的代表，以此“知道”，并由“知道”而后制礼作乐，发挥人的文明建设的功能，使天下归于治。对于天，荀子强调，与其歌颂天，还不如应用天来为人谋福利。他说：“大天而思之，孰与物畜而制之！从天而颂之，孰与制天命而用之！望时而待之，孰与应时而使之！因物而多之，孰与骋能而化之！思物而物之，孰与理物而勿失之也！”（《荀子·天论》）此一对天的思考，隐含着某一程度的科学思维，因为要用天必须要正确理解客观的自然规律，同时要发挥人的科学思考能力，天人的关系乃在如何知天用天。但另一方面，人如控制自然或会导致对自然之破坏，其结果就不理想了。所以，荀子的天人相分思想，可以看成是天人合德思想的一个基本前提，从自然得到知识，以德性对待自然，这就把相分与合德统一在一起了。

七、张载及当代天人合一

荀子之后，在宋明理学中，张载继承了“天人合德”思想的传统，将其发挥成为“天人合一”的本体宇宙论。首先，他以太虚为本，太虚生气，其实太虚也可以看成即为气，因为气是看不见的虚体，太虚作为气可以流行变化，逐渐成为物质的形象，最后能够化生万物，因此万物都是气之所生，天与人同为自然之气，故是彼此相通，因此是自然合一的。但天人仍然有大的区别，因为天地生人，人是有其特殊的品质、机能与德性。张载认为，人应该就其德性来回应自然，以天地万物为一体，而体现一种宇宙大家庭的血缘关系。他说：“乾称父，坤称母；予兹藐焉，乃混然中处。故天地之塞，吾其体；天地之帅，吾其性。民吾同胞；物吾与也。大君者，吾父母宗子；其大臣，宗子之家相也。尊高年，所以长其长；慈孤弱，所以幼其幼；圣其合德，贤其秀也。凡天下疲癃、残疾、惸独、鳏寡，皆吾兄弟之颠连而无告者也。于时保之，子之翼也；乐且不忧，纯乎孝者也。违曰悖德，害仁曰贼，济恶者不才，其践形，惟肖者也……富贵福泽，将厚吾之生也；贫贱忧戚，庸玉女于成也。存，吾顺事；没，吾宁也。”（《张载集·正蒙·乾称篇》）对这段话的简单解释就是，人和天之间有一个伦理关系，此一伦理关系用之于人自身，更具有本体的基础，同时对人的生命也有一个基本的依托。天与人因气而统一，也因人之德而使天地与人不相隔离，表示人不可糟蹋环境、破坏生态，这发挥孟子“亲亲而仁民，仁民而爱物”《孟子·尽心上》的思想。就人的自身生命而言，由于此一天人合一的认识，人的生命也就得到安顿与安宁。对所谓生死（“游魂为变”），也就可以看成是宇宙生命的一个循环现象了。

中国哲学从“天人合德”到“天人合一”的发展，体现与说明了中国的哲学是天人本体一元、生生不息、创造不已的主流思想，在世界哲学中可以说是唯一无二的哲学传统，兼具文化、宗教、道德与美学等心灵功能，为人类树立了一个整体性、共同性的思想格局。在今后中国哲学的发展中，应该赋予崇高的地位，并继续做出分析的解说与综合的结论，这对当代“环境伦理学”的探讨有重要意义。

在当代新儒家的发展中，我们看到熊十力提到儒家的生命哲学，梁漱溟提到天人合一的传统，方东美从生命情调强调天人合一，牟宗三从天人合一谈到圆善论，唐君毅也强调儒学的天人合一观，我在2017年第二十届国际中国哲学会闭幕主题演讲中特别提出“天人合一”与“人存原理（Anthropic principle）”之比较与强调“天人合一”作为人存原理的基础前提，发挥了“天人合一”生命哲学对现代哲学的重大意义。

八、结论

本文对董仲舒“天人感应”之说进行了深入的探讨，追溯其背景并陈述与发挥中国哲学中其他天人之际的哲学理论，以突显中国哲学思想的主流。中国哲学以“天人合一”思想为主体，在理论上与实际经验中，体现了人与天之间的关系，是现代世界哲学对人的本体存在与世界生态关系不可不重视的基本架构。本文的主旨在强调此一天人之际的合一思考架构，是研究中国哲学必须思考的基本命题，也是发挥一个从本体哲学构建环境伦理学的观点。下面我提出两个重要的图示以为结论：

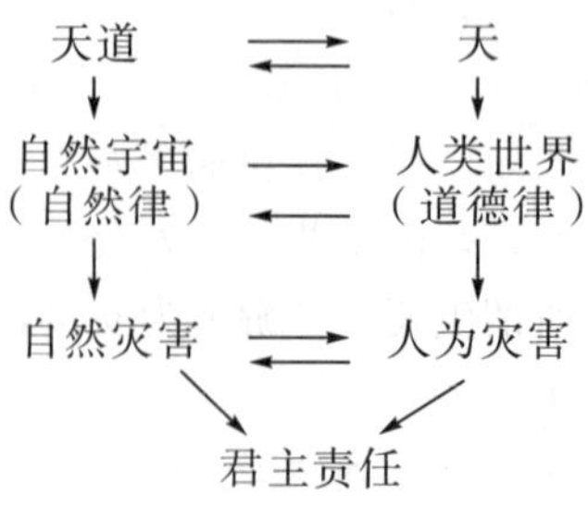

图1　图示董仲舒天人感应

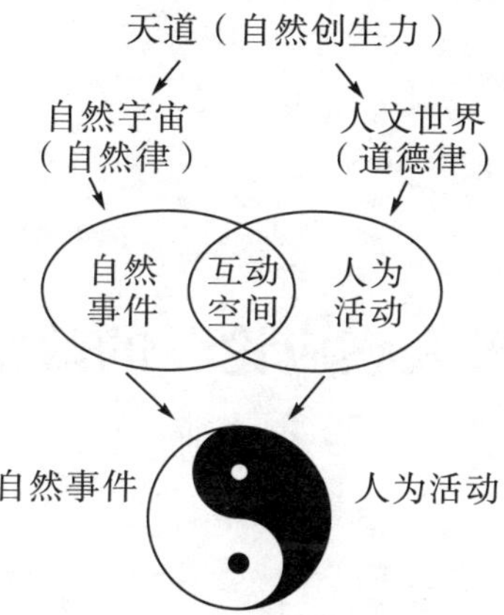

图 2　图示天道自然生态感应

本文为“2021 中国·衡水董仲舒与儒家思想国际研讨会暨中华孔子学会董仲舒研究委员会学术年会”提交的论文。

成中英（1935－），男，湖北阳新人，夏威夷大学哲学系教授，哲学博士。

董仲舒“天人感应论”的政治意义一考

孙兴彻

一、引言

开启新王朝的西汉从孝惠帝（BC. 210/195—BC. 188）开始废止了秦始皇下达的“夹书令”，并鼓励学术研究。因此，涌现出很多学者，开启了汉代经学的全盛时代。包括五经在内的儒学复活了。特别是汉武帝（BC. 156/141—BC. 87）通过“荐举贤良文学”实行了“察举制度”。

> 朕下不能治育群生，上以累三光之明，其不德大矣。令至，其悉思朕之过失，及知见之所不及，匄以启告朕。及举贤良方正能直言极谏者，以匡朕之不逮。（《汉书·文帝纪》）

汉武帝在读过董仲舒的《天人三策》后，重用了他。随着董仲舒提出的“罢黜百家，独尊儒术”建议得到采纳，他开始以儒学为中心推进政治制度的变革。当时董仲舒所施行的主要内容表现在四个方面。第一，以孟子所谓的“五伦”为中心，重新解释为社会伦理兼政治伦理，并主张“三纲五伦”；第二，发展了天命思想，并主张“春秋大一统”的大义；第三，以“大一统”为基础，统一了历法；第四，变革了礼乐等制度。

董仲舒政治思想的基础大部分是对所谓“天人感应”的自然与人

的思维。他试图通过“天人感应”的逻辑来论证王权的正统性和汉朝的政治正当性及永续性。过去曾批判董仲舒的这一理论是拥护封建统治的思想。然而，若换个视角来看的话，则起到了牵制专制君主专横的作用，可谓是强调人的普遍尊严性的逻辑。

本文试图从王朝时代政治思想的观点上来考察董仲舒“天人感应说”的内容及其逻辑关系。其主要内容可概括为“人副天数”“同气感应”“谴告符瑞”。

二、自然与人的存在论原理是一致的

董仲舒在《春秋繁露·为人者天》篇中提出人与天（即自然）在形象上、原理上是一致的“人副天数”，并由此主张自然与人相互感应的“天人感应说”。通过这一逻辑，董仲舒提出人与自然可以交感。即，人与自然能够交感的根据在于，从存在论上看，人的形象是遵从天形象“人副天数”而诞生的。“人副天数”是指不仅从存在论意义上，而且从原理上也是一样的。董仲舒对这一内容说明如下。

天地者，万物之本，先祖之所出也。（《春秋繁露·观德》）

父者，子之天也，天者，父之天也，无天而生，未之有也。天者，万物之祖，万物非天不生。（《春秋繁露·顺命》）

董仲舒认为天是包括人在内的万物的创造者。他提出“天者，百神之大君也”（《春秋繁露·交祭》），把“天”规定为宗教全知全能的神。在这一立场上，他认为人就像天的形象，其伦理道德的德目也是根据天的运行原理而被规定。

为生不能为人，为人者，天也，人之人本于天，天亦人之曾祖父也。此人之所以乃上类天也。人之形体，化天数而成，人之血气，化天志而仁；人之德行，化天理而义；人之好恶，化天之暖清；人之喜怒，化天之寒暑；人之受命，化天之四时；人生有喜怒哀乐之答，春秋冬夏之类也。喜，春之答也；怒，秋之答也；乐，夏之答也；哀，冬之答也。天之副在乎人。人之情性有由天者矣。故曰受，由天之号也。为人主也，……故曰：“非道

不行，非法不言。”此之谓也。（《春秋繁露·为人者天》）

人之所以像人，是由于其存在论的根据在于“天”的缘故。而且人在万物之中最为尊贵的根据也在于“天”。董仲舒认为其原因在于“人之形体，化天数而成”。意思是说，人的模样和身体构造是以天的形象为模型而形成的。董仲舒从人的存在论或解剖学模样与天一致的观点上，更进一步，他认为人的品性、好恶、喜怒等感情也与天的气候一致，类似人的吉凶祸福的命也与自然的四时运行一起循环。

综合而言，他将人的形体、品性、感情、情绪，甚至人从出生开始一生经历的吉凶祸福也理解为无法变化的命运①，这样的命运也是由天的运行法则所决定的。

> 人有三百六十节，偶天之数也；形体骨肉，偶地之厚也；上有耳目聪明，日月之象也；体有空窍理脉，川谷之象也；心有哀乐喜怒，神气之类也。……此见人之绝于物而参天地。是故人之身，首妢而员，象天容也；发，象星辰也；耳目戾戾，象日月也；鼻口呼吸，象风气也；胸中达知，象神明也；腹胞虚实，象百物也。（《春秋繁露·人副天数》）

董仲舒的上述理论如实反映了当时医学及自然科学的成果。根据当时的历法，一年是 360 天，与人的解剖学关节 360 个是相同的。人的耳聪目明就像日月之形象，人有鼻口等呼吸器官就像自然界有山谷溪水的大地之形象，甚至类似人的喜怒哀乐之情绪也与宇宙运行的神妙之气运相应而体现。换言之，人的形象是天的缩小版，人的情绪是天地运行的气运。

三、天意的实现：故生论和天命

董仲舒虽然没有明确地将“气”确定为存在的根源进行说明，但他把“云气”理解为一个元素，将“气”与“五行”结合起来，进行

① 董仲舒在这里所谓的“命运”，无法改变的宿命的意义更强。

如下说明。

> 天地之气，合而为一，分为阴阳，判为四时，列为五行。（《春秋繁露·五行相生》）
>
> 天有十端，十端而止已。天为一端，地为一端，阴为一端，阳为一端，火为一端，金为一端，木为一端，水为一端，土为一端，人为一端，凡十端而毕，天之数也。天数毕于十，王者受十端于天，而一条之率。每条一端以十二时，如天之每终一岁以十二月也。十者天之数也，十二者岁之度也。（《春秋繁露·官制象天》）

在董仲舒看来，宇宙自然之始，天地之气合而为一，分为阴阳，化为四时和五行。天包含十种要素，即“天有十端”①。天、地、人、阴、阳、火、金、木、水、土，是构成天的十种要素。因此，“天有十端”，天不是指作为部分的天，而是指宇宙整体。

若仔细分析董仲舒的“天”概念，第一，“天”作为具有绝对权威的最高神，是治理人和所有神的存在。

> 天者，万物之祖，万物非天不生。（《春秋繁露·顺命》）
>
> 天者，百神之大君也。（《春秋繁露·交祭》）
>
> 天者，百神之君也，王者之所最尊也。（《春秋繁露·交祭》）

第二，“天”是具有人格的存在，也是创造万物的创生者。“为生不能为人，为人者，天也。人之（为）人本于天，天亦人之曾祖父也。”（《春秋繁露·为人者天》）即，不是指有生命就都能成为人，可以使人成为人的，是“天”。人之所以是人，是由于以天为本的缘故。因此，“天”是人的曾祖父，即生命的根源。

第三，“天”是伦理道德的根据。“仁”是孔孟哲学最重要的概念，也是最高的道德价值。然而，董仲舒把“仁”的价值理解为根源于“天”。即，他规定“天”不仅是终极的道德价值，而且是所有价

---

① “天”的名称有诸如皇天、昊天、苍天、旻天、上天等。这里包含有宗教的、政治的、自然的、哲学的意义。然而，董仲舒把“天”的概念用作包含宗教意志、宇宙自然法则及道德善之根据的意义。

值判断的根源，并做了如下说明。

> 仁义制度之数，尽取之于天，天为君而覆露之，地为臣而持载之，阳为夫而生之，阴为妇而助之。春为父而生之，夏为子而养之。……王道之三纲，可求于天。（《春秋繁露·基义》）

第四，具有意志的存在（意志天）。具有意志的天，作为创生者是人格神。作为创生者，天是与拥有人格意志的神一样的存在。

> 仁之美者在于天，天仁也。天覆育万物，既化而生之，有养而成之。事功无已，终而复始。凡举归之以奉人。察于天之意，无穷极之仁也。人之受命于天也，取仁于天而仁也。（《春秋繁露·王道通》）

上述所谓“仁”的意义是指“仁、义、礼、智、信”，即“五常”都包含在内的意义①，是包括所有伦理价值的概念。在董仲舒看来，“仁”之所以能成为最高价值，是因为“天”的功能。天生成并养育万物，这样的努力无休无止，这种功能使人像人。天的这种功能，在时间上是永恒的，其原理不变，宇宙无处不在。天的这种功能是人所具有的本性，即仁。

第五，作为创生者，天通过赏罚来表达自己的意志。董仲舒认为，天创生万物，不是单纯的无意识的作用，而是通过创生包括人在内的万物来体现自己的意志，即“天意”。这就是“故生论”。

> 生育养长，成而更生，终而复始，其事所以利活民者无已。天虽不言，其欲赡足之意可见也。古之圣人，见天意之厚于人也。（《春秋繁露·诸侯》）

包括人在内的万物的生育和养生，及其循环往复是天的作用，天的作用是无言的。意思是说，天与人是一个原理，作为同类，一年四季虽然是人怀胎生育人，但并非是人根据自己的意志自然诞生，实际上是根据“天”的意志而诞生。

第六，在人中，代表天意的人是“天子”。

---

① 孔子的“仁”，广义是指代表所谓“仁义礼智信”的五常的概念，狭义是指五常之一。

受命之君，天意之所予也，故号（名）为天子也。（《春秋繁露·交祭》）

在董仲舒看来，“天”不直接治理人，而是选定实践“天意”的代行者来治理人，其代行者就是“天子”。而且，他认为自然的变化也是天意的表现。然而，由于他否定一般大众（即中民）的自主认识能力或主体性，使之沦落为封建社会单纯的教化对象，因此也可以对此加以批判。

综上所述，基于阴阳五行说的“意志天”[①] 是董仲舒宇宙论的中心内容。董仲舒把天与儒学的中心概念“仁”相互结合起来。然而，与其说是他对仁的道德价值进行形而上学的、逻辑的推论，倒不如说是他将之作为确立当时的封建秩序或王权合理化以及制度位阶秩序的理论根据。

董仲舒认为，人类社会的所有价值和秩序以及制度都不是人为任意决定的，而是根据天意而构成。意思是说，人类史的所有道德价值和社会秩序也都根据天意而被规定。特别是作为国家、社会、家庭基本原理的“三纲”也是基于天意。

长久以来，成为东方社会道德伦理基础的“三纲五伦”是由董仲舒确立的。“三纲”源于“然后圣人作，为父子君臣，以为纪纲”（《礼记·乐记》）。“三纲”二字虽然出自董仲舒的《春秋繁露》，但没有所谓“君为臣纲、父为子纲、夫为妇纲”的表述。然而，班固（32—92）在《白虎通义·三纲六纪》中提出，“三纲者何谓也？谓君臣、父子、夫妇也。……故《含文嘉》曰：‘君为臣纲，父为子纲，夫为妻纲。’……人皆怀五常之性，有亲爱之心，是以纲纪为化，若罗网之有纪纲而万目张也”。所谓“君为臣纲、父为子纲、夫为妇纲”的最初表述，可以说是在被评价为《礼记》纬书的《含文嘉·三纲六纪》篇。

---

① 宇宙万物是由“天”创造的，作为其运动变化都由天而得以进行的意义，是指“天志”；作为为了贯彻和实现意志而创造人的意义，是指“天意”。（方克立：《中国哲学史上的知行观》，人民出版社 1982 年版，第 91 页）

回想起来，由汉代董仲舒确立的“三纲五伦”的道德伦理，基本上是基于孟子的“五伦”。然而，若孟子的五伦是基于人之道德本性的关系伦理价值，那么“三纲”可谓是国家的统治伦理价值。即，经过春秋战国时代以及秦汉交替期，为了国家的安定，强有力的中央集权统治体制成为必要，适应这一时代要求的伦理价值可谓是“三纲”。即，孟子的“五伦”首先强调“父子有亲”的血缘价值，而“三纲”则首先强调所谓“君为臣纲”的统治伦理。

董仲舒对“三纲五伦”做了如下说明。

> 天生民有六经，言性者不当异。然其或曰性也善，或曰性未善，则所谓善者，各异意也。性有善端，动之爱父母，善于禽兽，则谓之善，此孟子之善。循三纲五纪，通八端之理，忠信而博爱，敦厚而好礼，乃可谓善，此圣人之善也。是故孔子曰：“善人吾不得而见之，得见有常者，斯可矣。”（《春秋繁露·深察名号》）

董仲舒提出“夫仁义礼智信五常之道，王者所当修饬也”，并强调这是统治者必须修养并遵从的道理。

综上所述，董仲舒的政治观可以比喻为将君主的统治权加以神圣化的“王权神授说”。换言之，天子的绝对权力是根据作为天意表达的天命而得到保障的。董仲舒所谓的“天”，虽然可以被视为类似万物创造者的神，但不能将之视为完全超越宇宙万物而独立存在并创造和审判宇宙的类似基督教中的上帝（God in Christianity）。这是因为，天只给作为自身代言人的天子下达天命，而不是给所有人赋予相同的生命和智慧。而且，基督教中的上帝是超越所有万物而存在的绝对者，具有左右宇宙万物终结的能力。然而，董仲舒所谓的“天”，虽然是“百神之大君”，但只是作为拥有自己意志的天意的观念存在，而不是超越的、独立的存在。

在这一点上，董仲舒的“天意”可以解释为，对封建秩序的拥护并非只是单纯为了压迫被统治阶级，而是要求作为统治者的天子修身善政的逻辑。在封建君主制度下，要确立能够牵制王权的制度措施是很困难的。虽然是基于民本政治理念的王权，但在王权优先于百姓的政治结构中，可以从向天子下达天命的“天意”中寻找能够牵制天子暴政的理论基础。

在董仲舒看来，若代理天的天子不能遵从天意实施善政，那么天就会通过灾异进行谴告；反之，若实施善政，则通过符瑞给予祝福。

四、天意的审判：谴告和符瑞

天选择代表自己的有德之人下达天命。天子不能独自施政，而是通过接受天命并遵从天意而施政。即，在董仲舒看来，天子的权力不是绝对和无限的，而是只有在遵从“天意”时，才被赋予其权力的正当性。判断天子是否遵从了“天意”，是由“天意”体现为自然现象。这就是“符瑞”和“谴告”。

> 天生民性有善质，而未能善，于是为之立王以善之，此天意也。(《春秋繁露·深察名号》)

> 且天之生民，非为王也，而天立王以为民也。故其德足以安乐民者，天予之；其恶足以贼害民者，天夺之。(《春秋繁露·尧舜不擅移汤武不专杀》)

“符瑞”是指天对天子的善政体现称赞表象的诸多自然现象。反之，“谴告”是指当天子没能很好地施政时，天首先进行警告，这就是谴告；若仍不悔改时，天就会下达诸如天灾地变的灾异进行惩戒。“符瑞”是指将白鹿、白虎等的诞生，或谷物的颗粒特别大，大量果实和自然现象视为祥瑞的征兆，解释为天对天子的善政表示称赞。反之，“谴告”是指天对天子的暴政或恶政的警告。自然现象之一的洪水、地震、旱害等自然灾害，被解释为天对天子下达的警告或训诫。如果天子没有接受天的警告，继续施行暴政，那么天就会改变自己下达的天命。

董仲舒首先对“符瑞”做了如下说明。

> 有非力之所能致而自至者，西狩获麟，受命之符是也。(《春秋繁露·符瑞》)

他把自然现象中体现的诸多特异之事视为吉兆，解释为“天”审判天子的政治结果而进行奖赏，并将之转为“天”的代行者天子的德。

> 王者，人之始也。王正则元气和顺、风雨时、景星见、黄龙下。王不正则上变天，贼气并见。五帝三王之治天下，不敢有君民之心。什一而税。教以爱，使以忠，敬长老，亲亲而尊尊，不夺民时，使民不过岁三日。民家给人足，无怨望忿怒之患，强弱之难，无谗贼妒疾之人。民修德而美好，被发衔哺而游，不慕富贵，治恶不犯。父不哭子；兄不哭弟。毒虫不螫，猛兽不博，抵虫不触。故天为之下甘露。朱草生，醴泉出，风雨时，嘉禾兴，凤凰麒麟游于郊。（《春秋繁露·王道》）

类似上述的自然现象很常见。从自然科学的观点上看，将这种自然现象与以天子为中心的治理结果相结合，其实是非常不合理的解释。然而，对于董仲舒“符瑞说”的解释，不是单纯地仅以现代自然科学知识为中心来看，而是可以视为强调天子对百姓的义务或责任。

反之，天为了叱责天子的暴政或失政，就会使不利于人的类似洪水、地震等自然现象即天灾地变产生。董仲舒将之解释为是天对天子的不道德性、无能、暴政以及失政的“谴告”。

> 国家将有失道之败，而天乃先出灾害以谴告之。不知自省，又出怪异以警惧之，尚不知变，而伤败乃至。而此见天心之仁爱人君，而欲其乱也。（《汉书·董仲舒传》）

天子的暴政和失政是人道的问题，自然灾害是天道的领域。人道与天道具有密切联系，这是董仲舒的自然观。因此，天指定的自己的代行者天子的政治，如果与天道相符，那么天就会使其权力和王朝得以持续，如果与天道相悖，持续施行暴政和失政，就会通过几次自然灾害进行警告，之后如果还不改正，那么就会改变给天子下达的天命。这就是“谴告”的意义。

董仲舒的“谴告说”可谓是能够防止专制君主时代天子的暴政和失政的统治措施。即，可谓是对天子绝对权力的牵制措施。这是因为，“谴告”是下达给统治者天子的，而不是下达给百姓的。但是由于痛苦和伤害终究是百姓要承受的，因此，虽然可以理解为是对王权的牵制措施，但董仲舒主张的谴告说是存在逻辑矛盾的。

五、天人感应说的哲学史意义

对于董仲舒的“天观”，近现代有很多学者的评价。冯友兰（1895—1990）把天区分为主宰之天、运命之天、自然之天、义理之天等[①]。其结论是，董仲舒所谓的天，虽然具有知性能力和意志，但由于不是一个拥有人格的上帝，因此是自然天[②]。即，冯友兰在董仲舒的天中特别排除了人格性。侯外庐（1903—1987）指出，董仲舒所谓的天，虽然是指物质事物和自然整体，但比起天，更认为天是道之大原，很明显是拥有知性能力和意志的人格上帝[③]。他与冯友兰的解释是相反的。徐复观（1903—1982）提出，董仲舒所谓的天，虽然包含宗教神的意义，但因其实体是气，所以不能视为人格神。由此，天人关系是相互影响的有机体结构。即，天人是相互给予影响的平等关系[④]。罗光（1911—2004）把董仲舒的天区分为无形无限的上天和体现为物质事物的自然两种意义。然而，他认为，董仲舒的这种天观最终是何种意义，很难明确定义[⑤]。在任继愈（1916—2009）看来，董仲舒的天拥有类似喜怒的感情，是对接受天命的天子下达赏罚的具有绝对权威的神，这个神是主宰天上所有神的绝对权威的神，董仲舒的天是道德伦理的最高神[⑥]。劳思光（1927—2012）认为，董仲舒所谓的天，属于主宰天的范畴，天意代表天志的概念[⑦]。金春峰指出，董

---

① 冯友兰：《中国哲学史》，香港：太平洋图书馆 1961 年版，第 55 页。

② 冯友兰：《中国哲学史》，香港：太平洋图书馆 1961 年版，第 503 页。

③ 侯外庐：《中国思想通史》，香港：生活·读书·新知三联书店 1950 年版，第 101 页。

④ 徐复观：《两汉思想史》台湾：学生书局 1976 年版，第 397 页。

⑤ 罗光：《中国哲学思想史》（西汉、南北朝篇），台湾：学生书局 1978 年版，第 187 页。

⑥ 任继愈：《中国哲学发展史》（秦汉），人民出版社 1985 年版，第 325—326 页。

⑦ 劳思光著，郑仁在译：《中国哲学史》（古代篇），首尔：探究堂 1986 年版，第 28 页。

仲舒的天是指神灵之天、道德之天、自然之天，董仲舒试图将这三种意义解释为一个统一的意义，结果失败，体现出自相矛盾①。

以上考察了诸多学者对董仲舒“天观”的见解。综合这些见解，根据不同问题，董仲舒“天观”的哲学史意义可以整理如下。

董仲舒的天观是综合了从古代的上帝观到以阴阳五行说为中心的汉代气哲学而确立的。具体而言，随着类似殷代祖上神的上帝观转换为超越的性质，可谓是包含了天命思想。这一天命思想与道德价值相结合，发展为儒家的道德哲学。上帝的天观可谓是成了墨家等人格意志天的根据。

由于董仲舒继承了儒家传统天人观的“天人合一”② 思想，当然就没有接受主张天人相分的荀子的天人观。将“天人合一”“天人感应”“天意”的概念相联系，确立了代言王权的绝对性、神圣性、天赋性的“王权神授说”。

董仲舒的“天”是以东方传统的“气”为中心而设定的概念。斯宾诺莎（Spinoza，1632—1677）曾经将神区分为产生自然的根源“能产的自然（Natura naturans)”，以及由神产生的“所产的自然(Natura naturata)”。笔者认为，董仲舒的天虽然包含这两种意义，但并非单纯的无生命物质的“所产的自然”，而是也包含根据生命及其原理而发生变化的存在的自然。

董仲舒赋予自然（即天）以道德属性，“是故王者唯天之施，施其时而成之，法其命而循之诸人，法其数而以起事，治其道而以出法，治其志而归之于仁。仁之美者在于天。天，仁也”（《春秋繁露·王道通三》）。即，在所谓“天”的自然中找到了儒学最高道德价值及作为道德价值根据的仁的形而上学之依据。由此，董仲舒强烈要求天子践行儒家道德理想“仁”的仁政。董仲舒的学问由于将儒学采纳为政治的中心理论，可以说为儒学的新发展和社会稳定做出了贡献。随

① 金春峰：《汉代思想史》，中国社会科学出版社 1987 年版，第 147 页。

② “天人合一”的概念虽然是儒家的传统天人观，但具体使用该词则始于北宋的张横渠。

着儒家道德论与道家自然论的相互交流，董仲舒的“天人感应说”成为日后魏晋玄学的基础。

本文为“2021 中国·衡水董仲舒与儒家思想国际研讨会暨中华孔子学会董仲舒研究委员会学术年会”提交的论文。

孙兴彻（1957—），男，韩国晋州人，韩国安养大学校教养大学教授，哲学博士。

董仲舒天人思想初探

谢遐龄

古人所谓人道，大意指人世间事务内涵的大道。大道略包涵今日所谓原理、法则、规律等。天人关系，主要指天道、人道关系，或者再包含地道，也即天地人关系。天有二义，一指天地人三者之一的天；一指总括天地人三者的天。董子语："天、地、阴、阳、木、火、土、金、水、九，与人而十者，天之数毕也。"① 天之二义显然。前者为十义之一；后者为总括义。如此，则天人关系又可理解为天道之一维（理论分支）。哲学之全部内容都属对天道的研究。而天道又是宗教所关切。天道学又相当于（或包涵）西方学术之宗教神学矣。

中华思想，天、人一体，为各家共持。天，气也；人，亦气也。切勿把这种思想与西方的唯物主义混同。无论形式还是质料，以中国思想观之，皆为形而下者。气则为形而上者。质料（物质）决不能与气相当。或曰：形而上者谓之道。怎么你说成气？答曰：气即道，道即气。气就其实体而言；道就其运行而言。气与道，一也。董子所谓元，兼气与道。

天人关系可一言而决；一言却不可尽。近年简帛书出土，让我们惊觉，遗落在土中的资料或许还有许多；或许还能找到帮助我们补足

① 《春秋繁露义证》，苏舆撰、钟哲点校，中华书局1992年版，第465页，《天地阴阳》。

残缺不全思想史的依据。秦火造成的损失，不可低估。细读董仲舒文，从中探寻战国时期学者提出的问题，就有必要。

一　人的身体

身体无疑是天地所生。不仅如此，《拜布勒》（Holy Bible）称：神照着自己的形象造人；董仲舒则称“人副天数”：

> 天德施，地德化，人德义。天气上，地气下，人气在其间。春生夏长，百物以兴，秋杀冬收，百物以藏。故莫精于气，莫富于地，莫神于天。天地之精所以生物者，莫贵于人。
>
> 人受命乎天也……物疢疾莫能偶天地，唯人独能偶天地。人有三百六十节，偶天之数也；形体骨肉，偶地之厚也；上有耳目聪明，日月之象也；体有空窍理脉，川谷之象也；心有哀乐喜怒，神气之类也；观人之体，一何高物之甚，而类于天也。
>
> 是故人之身，首妢而员，象天容也；发，象星辰也；耳目戾戾，象日月也；鼻口呼吸，象风气也；胸中达知，象神明也；腹胞实虚，象百物也。百物者最近地，故要以下，地也。天地之象，以要为带。颈以上者，精神尊严，明天类之状也；颈而下者，丰厚卑辱，土壤之比也。足布而方，地形之象也。
>
> 天地之符，阴阳之副，常设于身，身犹天也，数与之相参，故命与之相连也。天以终岁之数，成人之身，故小节三百六十六，副日数也；大节十二分，副月数也；内有五藏，副五行数也；外有四肢，副四时数也；乍视乍瞑，副昼夜也；乍刚乍柔，副冬夏也；乍哀乍乐，副阴阳也；心有计虑，副度数也；行有伦理，副天地也。①

观董子之文，较之《拜布勒》，详尽透彻，含义之富，无可比拟。不仅耳目形体象天地，而且情感思惟骨节内脏习性伦理，全部与天地

---

① 《春秋繁露义证》，第354—357页，《人副天数》。

有对应关系。首言“人受命乎天”之天，为总括义，抑或天地人之天？当为总括义。而以下的天，“偶天地”，则天地人之天。

“天德施，地德化，人德义”是基本原理。从建立体系视角看，属于设定；从其来源看，当属体悟。德，意思是基本性质、功能。天德施，意思是天之基本性质和功能是施。施，有主动性意义，也有赋予万物生命、性质等功能意义。地德化，地之基本性质和功能是接受天施而成物。化，成也，像胎儿须在母体中孕育长成。

“唯人独能偶天地”，把人从万物中单提出来与天地并列。偶，合也、等也；并列义。故下文提炼数时称作“相参”。参，叁也。“一生二”较易理解，太极生两仪。“二生三”不易理解。观董子文，则为天地生人，再把人与天地合，并列成三。（三生万物，当理解为三统领万物。）

本段天地生人之天，为第二义之天，非总括义之天。曰“人副天数”，实际意思是副天地之数。特提天，主要是因为天常常可代表天地；又，似乎与天行相关的数多些。

“天气上，地气下，人气在其间”，气分天地人，当非浑沦一体之元气。元气，形而上者；分天地人之三气，当属于形而下者。（至少须看作向形而下者过渡之中介。）朱子认为阴阳二气为形而下者，似源于此。

二　情感与德性

人的情感、德性，亦源于天、上类于天——

为生不能为人；为人者，天也。人之人（人之人：人之为人）本于天，天亦人之曾祖父也。此人之所以乃上类天也。人之形体，化天数而成；人之血气，化天志而仁；人之德行，化天理而义；人之好恶，化天之暖清；人之喜怒，化天之寒暑；人之受命，化天之四时；人生有喜怒哀乐之答，春秋冬夏之类也。喜，春之答也，怒，秋之答也，乐，夏之答也，哀，冬之答也，天之副在乎人。人之情性有由天者矣。故曰受，由天之号也。[①]

天有寒有暑。夫喜怒哀乐之发，与清暖寒暑，其实一贯也。喜气为暖而当春，怒气为清而当秋，乐气为太阳而当夏，哀气为太阴而当冬。四气者，天与人所同有也，非人所能蓄也，故可节而不可止也。节之而顺，止之而乱。人生于天，而取化于天。喜气取诸春，乐气取诸夏，怒气取诸秋，哀气取诸冬，四气之心也。四肢之答各有处，如四时；寒暑不可移，若肢体。

春气爱，秋气严，夏气乐，冬气哀。爱气以生物，严气以成功，乐气以养生，哀气以丧终，天之志也。是故春气暖者，天之所以爱而生之；秋气清者，天之所以严以成之；夏气温者，天之所以乐而养之；冬气寒者，天之所以哀而藏之。春主生，夏主养，秋主收，冬主藏。生溉其乐以养，死溉其哀以藏，为人子者也。故四时之行，父子之道也；天地之志，君臣之义也；阴阳之理，圣人之法也。[②]

天之少阴用于功，太阴用于空。人之少阴用于严，而太阴用于丧。丧亦空，空亦丧也。是故天之道以三时成生，以一时丧死。死之者，谓百物枯落也；丧之者，谓阴气悲哀也。天亦有喜怒之气，哀乐之心，与人相副。以类合之，天人一也。春，喜气也，故生；秋，怒气也，故杀；夏，乐气也，故养；冬，哀气也，故藏。四者天人同有之。[③]

天意、天志，切勿误解为天之人格性证据。董子以生养成藏之天象为天志表达。

三　依天制礼

天者，百神之大君也。事天为备，虽百神犹无益也。……以

---

① 《春秋繁露义证》，第318、319页，《为人者天》。
② 《春秋繁露义证》，第330、331页，《王道通三》。
③ 《春秋繁露义证》，第341页，《阴阳义》。

郊为百神始，始入岁首，必以正月上辛日先享天，乃敢于地，先贵之义也。①

郊义：《春秋》之法，王者岁一祭天于郊，四祭于宗庙。宗庙因于四时之易，郊因于新岁之初，圣人有以起之，其以祭，不可不亲也。天者，百神之君也，王者之所最尊也。以最尊天之故，故易始（苏舆注：始字疑衍）岁更纪，即以其初郊。郊必以正月上辛者，言以所最尊，首一岁之事。每更纪者以郊，郊祭首之，先贵之义，尊天之道也。②

《春秋》之义，国有大丧者，止宗庙之祭，而不止郊祭，不敢以父母之丧废事天地之礼也。天子每至岁首，必先郊祭以享天，乃敢为地，行子礼也；每将兴师，必先郊祭以告天，乃敢征伐，行子道也。③

古者岁四祭。四祭者，因四时之所生孰，而祭其先祖父母也。故春曰祠，夏曰礿，秋曰尝，冬曰蒸。此言不失其时，以奉祭先祖也。过时不祭，则失为人子之道也。祠者，以正月始食韭也；礿者，以四月食麦也；尝者，以七月尝黍稷也；蒸者，以十月进初稻也。此天之经也，地之义也。孝子孝妇，缘天之时，因地之利。地之菜茹瓜果，艺之稻麦黍稷，菜生谷熟，永思吉日，供具祭物，斋戒沐浴，洁清致敬，祀其先祖父母。孝子孝妇不使时过已，处之以爱敬，行之以恭让，亦殆免于罪矣。

已受命而王，必先祭天，乃行王事，文王之伐崇是也。④

四　官制象天

王者制官：三公、九卿、二十七大夫、八十一元士，凡百二

① 《春秋繁露义证》，第398、399页，《郊语》。
② 《春秋繁露义证》，第402、403页，《郊义》。
③ 《春秋繁露义证》，第404、405页，《郊祭》。
④ 《春秋繁露义证》，第406—408页，《四祭》。

十人，而列臣备矣。吾闻圣王所取，仪金（注谓：金当作合，或作佥，法也）天之大经，三起而成，四转而终，官制亦然者，此其仪与？三人而为一选，仪于三月而为一时也。四选而止，仪于四时而终也。[①]

三起，三月；四转，三月一时，时即季，四季成一年。年分四季，每季三月——“三起而成，四转而终”为天之大经。官制法之，依之确定职级、职数。

官员等级、数量皆按天数；细节：

天有四时，时三月；王有四选，选三臣。是故有孟、有仲、有季，一时之情也；有上、有下、有中，一选之情也。三臣而为一选，四选而止，人情尽矣。人之材固有四选，如天之时固有四变也。圣人为一选，君子为一选，善人为一选，正人为一选，由此而下者，不足选也。四选之中，各有节也。是故天选四堤十二而人变尽矣（苏舆案：句疑有误。疑当云“天选四时，终十二而天变尽矣”）。尽人之变合之天，唯圣人者能之，所以立王事也。[②]

人材四选，列出圣人、君子、善人、正人四种。善人、正人之义，有待深究。苏舆注认为“正人”当作“正直”。又引《荀子哀公篇》“孔子曰：人有五仪，有庸人、有士、有君子、有贤人、有大圣”。似证董子语来历。然而善人义仍然深隐不明。吾臆：或指能行善政者？各选之节，当为上、中、下，对应各时之孟、仲、季。“尽人之变合之天，唯圣人者能之，所以立王事”，明确认定官制依天数而设，且惟有圣人能够做到，从而王道得以贯彻。

依五行之性质设官：

天地之气，合而为一，分为阴阳，判为四时，列为五行。行者，行也，其行不同，故谓之五行。五行者，五官也，比相生而间相胜也。（苏舆注——凌曰：《春秋运斗枢》：“四时王者休，王所胜者死，

① 《官制象天》，第 214 页。

② 《官制象天》，第 216 页。

相所胜者囚。假令春之三月，木王。水生木，木休。木胜土，土死。木王，火相。王所生者相，相所胜者囚。火胜金，春三月，金囚。”俞云：“‘比相生’若春木生夏火，‘间相胜’若秋金胜春水是也。”遐案：“春水”当作“春木”。或为排印错误。“间相胜”，隔位克也。如春木克中央土；夏火隔中央土克秋金。）故为治，逆之则乱，顺之则治。

> 东方者木，农之本，司农尚仁；
> 南方者火也，本朝司马，尚智；
> 中央者土，君官也，司营尚信；
> 西方者金，大理，司徒也，司徒尚义；
> 北方者水，执法，司寇也，司寇尚礼。①

五行生克亦天道，或曰天道之一维，或天道之一种表现。国家治理必须顺着五行，逆之必乱。懂得五行各自性质设立对应的官职，就是依天道施政的基础。

> 其数何法以然？曰：天子分左右五等，三百六十三人，法天一岁之数。五时色之象也。通佐十上卿与下卿而二百二十人，天庭之象也，（凌云：《春秋元命苞》：太微为天庭，五帝以合时。紫微宫为大帝，中有五帝佐五帝合明。）倍诸侯之数也。诸侯之外佐四等，百二十人，法四时六甲之数也。通佐五，与下（苏舆注：疑脱三字，当为“上士与下士”），而六十人，法日辰之数也。佐之必三三而相复，何？曰：时三月而成大，辰三而成象。诸侯之爵或五何？法天地之数也，五官亦然。②

《爵国》章详细开列各级诸侯国之职官、军队、人口、城市、土地等制度，属于行政规章制度。可供今日行政学参考。此处节录依天之数确定职数的段落，略示董子理论思路。

① 《五行相生》，第362—365页。

② 《爵国》，第238页。

五　伦理服制

伦理源于天道：

> 天有五行：一曰木，二曰火，三曰土，四曰金，五曰水。木生火，火生土，土生金，金生水，水生木，此其父子也。木居左，金居右，火居前，水居后，土居中央，此其父子之序，相受而布。是故木受水而火受木，土受火，金受土，水受金也。诸授之者，皆其父也；受之者，皆其子也。常因其父，以使其子，天之道也。是故木已生而火养之，金已死而水藏之，火乐木而养以阳，水克金而丧以阴，土之事火竭其忠。故五行者，乃孝子忠臣之行也。①

天有五行。五行次序、生克关系、各行特性，皆天道也。值得关注的是，“木已生而火养之，金已死而水藏之，火乐木而养以阳，水克金而丧以阴，土之事火竭其忠”五句显露哲学思想开发出科学思想的转向。也就是说，这里阐述的五行生克关系配对的自然现象、社会现象（伦理关系、政治关系），可以把五行关系的运算，使用到政治学、伦理学等实证社会科学。

父者，子之天也；天者，父之天也。无天而生，未之有也。天者万物之祖，万物非天不生（这段话确立了敬天之理论根据。敬祖是已经确立的事实；人们已经接受，无人质疑。以父子关系逆向上推，父、祖皆由天生。天为万物之祖。故而敬祖必须敬天）。独阴不生，独阳不生，阴阳与天地参然后生。故曰：父之子也可尊，母之子也可卑，尊者取尊号，卑者取卑号。故德侔天地者，皇天右而子之，号称天子。其次有五等爵以尊之，皆以国邑为号（人间的尊卑依天道确定）。

> 人于天也，以道受命，其于人，以言受命。不若于道者，天

① 《五行之义》，第 321—323 页。

绝之；不若于言者，人绝之。臣子大受命于君，辞而出疆，唯有社稷国家之危，犹得发辞而专安之，盟是也。天子受命于天，诸侯受命于天子，子受命于父，臣妾受命于君，妻受命于夫，诸所受命者，其尊皆天也，虽谓受命于天亦可。（受命，社会地位之确定。此言国家各级统治者，乃至各个家族之夫妻，地位皆受命于天。也即伦理天定。）天子不能奉天之命，则废而称公，王者之后是也。（纣不能奉天命，殷主废天子之号，降号称公。）公侯不能奉天子之命，则名绝而不得就位，卫侯朔是也。子不奉父命，则有伯讨之罪，卫世子蒯聩是也。臣不奉君命，虽善，以叛言，晋赵鞅入于晋阳以叛是也。（此言确立了一条重要的政治道德：只要未得到君主任命，即使动机为善意，也以叛乱论处。故而一切以“清君侧”为名义的起兵，皆为叛乱。）妾不奉君之命，则媵女先至者是也；妻不奉夫之命，则绝，夫不言及是也。曰：不奉顺于天者，其罪如此。[①]（立法依据：遵奉天道确立的受命顺序。也就是说，法制与天道的关系。）

天地之生万物也以养人，故其可适者以养身体，其可威者以为容服，礼之所为兴也。（此言服饰礼容之理论依据。可适者，养人；可威者，为容服。注引《荀子》“礼者，养也。”董子论服饰象天，似自荀子义引申而出。）剑之在左，青龙之象也。刀之在右，白虎之象也。韨之在前，赤鸟之象也。冠之在首，玄武之象也。四者，人之盛饰也。夫能通古今，别然不然（注谓：后然字衍），乃能服此也。盖玄武者，貌之最严有威者也，其像在后，其服反居首，武之至而不用矣。圣人之所以超然，虽欲从之，末由也已。（注引卢云此三句当删。）夫执介胄而后能拒敌者，故非圣人之所贵也。君子显之于服，而勇武者消其志于貌也矣。故文德为贵，而威武为下，此天下之所以永全也。[②]（以玄武貌最严威，其像在后，其服却居首，“武之至而不用”，表述圣人意图。

① 《顺命》，第410—412页。

② 《服制像》，第151—154页。

由服饰显像文德贵于威武之义。）

人之受命于天也……（有）父兄子弟之亲，有忠信慈惠之心，有礼义廉让之行，有是非逆顺之治，文理灿然而厚，知广大有而博，唯人道为可以参天。【人的伦理仁爱廉耻文理智慧皆天授。故而人道可以参天。】

六 国家治理

国家治理之核心理念是仁。思想源于上天。君王受命于天，其作为君王的行动内涵为仁，亦遵奉上天之意。

古之造文者，三画而连其中，谓之王。三画者，天地与人也，而连其中者，通其道也。取天地与人之中以为贯，而参通之，非王者孰能当是？是故王者唯天之施，施其时而成之，（苏舆注：疑脱二字。施，疑作法。）法其命而循之诸人，法其数而以起事，治其道而以出法，治其志而归之于仁。仁之美者在于天。天，仁也。天覆育万物，既化而生之，有养而成之，事功无已，终而复始，凡举归之以奉人，察于天之意，无穷极之仁也。人之受命于天也，取仁于天而仁也。是故人之受命天之尊，父兄子弟之亲，有忠信慈惠之心，有礼义廉让之行，有是非逆顺之治，文理灿然而厚，知广大有而博，唯人道为可以参天。①

极言天意为仁，极力赞颂为“无穷极之仁”。君王受命于天，依理“取仁于天而仁”。

天有五行：一曰木，二曰火，三曰土，四曰金，五曰水。……五行者，乃孝子忠臣之行也。五行之为言也，犹五行欤？是故以得辞也。圣人知之，故多其爱而少严，厚养生而谨送终，就天之制也。②

“天有五行”，这一论断把五行列为天道。换句话说，宣布五行为

① 《王道通三》，第328—330页。

② 《五行之义》，第321、322页。

天道之一种表述。把五行看作天道是当时的流行思想。董子吸收来构建理论体系。

> 主之好恶喜怒，乃天之春夏秋冬也。……天出此物者，时则岁美，不时则岁恶。人主出此四者，义则世治，不义则世乱。是故治世与美岁同数，乱世与恶岁同数，以此见人理之副天道也。天有寒有暑，夫喜怒哀乐之发，与清暖寒暑其实一贯也，喜气为暖而当春，怒气为清而当秋，乐气为太阳而当夏，哀气为太阴而当冬，四气者，天与人所同有也，非人所能蓄也，故可节而不可止也，节之而顺，止之而乱。人生于天，而取化于天，喜气取诸春，乐气取诸夏，怒气取诸秋，哀气取诸冬，四气之心也。……寒暑移易其处，谓之败岁；喜怒移易其处，谓之乱世。明王正喜以当春，正怒以当秋，正乐以当夏，正哀以当冬，上下法此，以取天之道。①

“人理副天道”是个基本原理。君主的好恶喜怒对应四时（春夏秋冬）。这就是说，国家治理以君主好恶喜怒实现。《中庸》曰“发而皆中节”。此处则释为类于天之寒暑，须发得合于节令。董子宣称此即人理副天道，须仔细领会。时贤有把我国敬天比之于基督教敬神。董子的思想是天道表现为自然的季节更替，而四季各有其性质，体现着该季的德性。也就是说，所谓自然规律，实则道德质量。更准确地说，自然与道德是一体、未分化的。我们现在讲自然、道德，是受了西方思想影响，接受了西方视角，把浑然一体的天，分裂看待。

《周易·观》《彖辞》曰：“观天之神道，而四时不忒，圣人以神道设教，而天下服矣。”受西方思想影响者解释“神道”为神鬼崇拜之类。看彖辞义，神道以四时释之，而“天之神道”实则天道。可见圣人以神道设教，也即以天道设教。神道，天道也。董子此处所述，正是神道设教之本义。

> 天地之常，一阴一阳。阳者天之德也，阴者天之刑也。迹阴

① 《王道通三》，第330、331页。

阳终岁之行，以观天之所亲而任。成天之功，犹谓之空，空者之实也。故清溧之于岁也，若酸咸之于味也，仅有而已矣。圣人之治，亦从而然。天之少阴用于功，太阴用于空。人之少阴用于严，而太阴用于丧。丧亦空，空亦丧也。是故天之道以三时成生，以一时丧死。死之者，谓百物枯落也；丧之者，谓阴气悲哀也。天亦有喜怒之气、哀乐之心，与人相副。以类合之，天人一也。春，喜气也，故生；秋，怒气也，故杀；夏，乐气也，故养；冬，哀气也，故藏。四者天人同有之。有其理而一用之。与天同者大治，与天异者大乱。故为人主之道，莫明于在身之与天同者而用之，使喜怒必当义而出，如寒暑之必当其时乃发也。使德之厚于刑也，如阳之多于阴也。是故天之行阴气也，少取以成秋，其余以归之冬。圣人之行阴气也，少取以立严，其余以归之丧。丧亦人之冬气。故人之太阴，不用于刑而用于丧。天之太阴，不用于物而用于空。空亦为丧，丧亦为空，其实一也，皆丧死亡之心也。①

君王喜怒哀乐皆关乎国家治理。人主须明白自身与天同者而运用。喜怒哀乐必须“当义”，即恰如其分无过无不及。此即“可节而不可止”“节之而顺，止之而乱”。董子思想属于正统儒家，从未主张禁欲，而是节制，充分体现古人价值观念以“顺”为核心——顺应天道、人情。一阴一阳是天道的最基本表达。阳预设为德，阴预设为刑，在方法论，属于公理（由于其在体系中的地位，不可看作公设）。经由阳胜阴，确定为德主刑辅原理。以此与天之本性为仁相合。可见其理论之创新与注重严密性。

木者春，生之性，农之本也。劝农事，无夺民时，使民岁不过三日，行什一之税，进经术之士。挺（缓也）群禁，出轻系，去稽留，除桎梏，开门阖，通障塞。恩及草木，则树木华美，而朱草生；恩及鳞虫，则鱼大为，鳣鲸不见，群龙下。

① 《阴阳义》，第341、342页。

火者夏，成长，本朝也。举贤良，进茂才，官得其能，任得其力，赏有功，封有德，出货财，振困乏，正封疆，使四方。恩及于火，则火顺人而甘露降；恩及羽虫，则飞鸟大为，黄鹄出见，凤凰翔。

土者夏中，成熟百种，君之官。循宫室之制，谨夫妇之别，加亲戚之恩。恩及于土，则五谷成而嘉禾兴。恩及倮虫，则百姓亲附，城郭充实，贤圣皆迁，仙人降。

金者秋，杀气之始也。建立旗鼓，杖把旄钺，以诛贼残，禁暴虐，安集（卢云：下疑脱二字），故动众兴师，必应义理，出则祠兵，入则振旅，以闲习之。因于搜狩，存不忘亡，安不忘危。修城郭，缮墙垣，审群禁，饬兵甲，警百官，诛不法。恩及于金石，则凉风出；恩及于毛虫，则走兽大为，麒麟至。

水者冬，藏至阴也。宗庙祭祀之始，敬四时之祭，禘祫昭穆之序。天子祭天，诸侯祭土。闭门闾，大搜索，断刑罚，执当罪，饬关梁，禁外徙。恩及于水，则醴泉出；恩及介虫，则鼋鼍大为，灵龟出。①

选官用人依五行内涵意义：

五行之随，各如其序；五行之官，各致其能。是故木主生而金主杀，火主暑而水主寒，使人必以其序，官人必以其能，天之数也。②

五行失序，则天垂异象：

火干木，蛰虫蚤出，蚿雷蚤行。土干木，胎夭卵毈，鸟虫多伤。金干木，有兵。水干木，春下霜。

土干火，则多雷。金干火，草木夷。水干火，夏雹。木干火，则地动。

金干土，则五谷伤，有殃。水干土，夏寒雨霜。木干土，倮虫不为。火干土，则大旱。

---

① 《五行顺逆》，第371—380页。

② 《五行之义》，第322页。

水干金，则鱼不为。木干金，则草木再生。火干金，则草木秋荣。土干金，五谷不成。

木干水，冬蛰不藏。土干水，则蛰虫冬出。火干水，则星坠。金干水，则冬大寒。①

以德应变：

五行变至，当救之以德，施之天下，则咎除。不救以德，不出三年，天当雨石。木有变，春凋秋荣，秋木冰，春多雨。此繇役众，赋敛重，百姓贫穷叛去，道多饥人。救之者，省繇役，薄赋敛，出仓谷，振困穷矣。火有变，冬温夏寒。此王者不明，善者不赏，恶者不绌，不肖在位，贤者伏匿，则寒暑失序，而民疾疫。救之者，举贤良，赏有功，封有德。土有变，大风至，五谷伤。此不信仁贤，不敬父兄，淫泆无度，宫室荣。救之者，省宫室，去雕文，举孝悌，恤黎元。金有变，毕昴为回，三覆有武，多兵，多盗寇。此弃义贪财，轻民命，重货赂，百姓趣利，多奸轨。救之者，举廉洁，立正直，隐武行文，束甲械。水有变，冬湿多雾，春夏雨雹。此法令缓，刑罚不行。救之者，忧囹圄，案奸宄，诛有罪，蒐五日。②

“救之以德”之“德”字，非空疏的道德规范，乃做实事、做善事……简言之，做合乎天道的事。文王之德之纯，意思是文王所行完全合乎天道。“省繇役，薄赋敛，出仓谷，振困穷”；“举贤良，赏有功，封有德”；“省宫室，去雕文，举孝悌，恤黎元”；“举廉洁，立正直，隐武行文，束甲械”；“忧囹圄，案奸宄，诛有罪，蒐五日”。如此行政，即“救之以德”。诛杀有罪亦德政。“蒐”，搜也。“搜五日”大略相当于今日打击黑恶势力。

天志仁，其道也义。为人主者，予夺生杀，各当其义，若四时；列官置吏，必以其能，若五行；好仁恶戾，任德远刑，若阴阳；此之谓能配天。天者其道长万物，而王者长人。人主之大，

① 《治乱五行》，第383、384页。

② 《五行变救》，第385、386页。

> 天地之参也；好恶之分，阴阳之理也；喜怒之发，寒暑之比也；官职之事，五行之义也；以此长天地之间，荡四海之内，殽阴阳之气，与天地相杂。是故人言既曰：王者参天地矣，苟参天地，则是化矣，岂独天地之精哉。①

国家治理之目标（境界）——配天；与天地参。天道让万物生长；王道则“长人”，也即今语人民幸福、民族昌盛。

七　灾异及感应

五行之变，乃天道示警。种种不正常的自然现象、社会现象，归结为五行的异常，是一种科学方法——五行之相生相克，是逻辑运算规则。与异常现象对应，类似于以某些物理量代入函数，而后实施运算。运算即推理，从而引出结论。从董仲舒这些思想中可以观察到当时哲学、神学中逐渐露头的科学思想。

灾异见天之仁：

> 其大略之类，天地之物有不常之变者，谓之异，小者谓之灾。灾常先至而异乃随之。灾者，天之谴也，异者，天之威也。谴之而不知，乃畏之以威。诗云：“畏天之威。”殆此谓也。凡灾异之本，尽生于国家之失。国家之失乃始萌芽，而天出灾害以谴告之；谴告之而不知变，乃见怪异以惊骇之；惊骇之尚不知畏恐，其殃咎乃至。以此见天意之仁而不欲陷人也。谨案：灾异以见天意。天意有欲也，有不欲也。所欲、所不欲者，人内以自省，宜有惩于心；外以观其事，宜有验于国。故见天意者之于灾异也，畏之而不恶也，以为天欲振吾过，救吾失，故以此报我也。《春秋》之法，上变古易常，应是而有天灾者，谓幸国。孔子曰：“天之所幸，有为不善而屡极。”楚庄王以天不见灾，地不见孽，则祷之于山川曰：“天其将亡予邪？不说吾过，极吾罪

① 《天地阴阳》，第 467、468 页。

也。”以此观之，天灾之应过而至也，异之显明可畏也。此乃天之所欲救也，《春秋》之所独幸也，庄王所以祷而请也。圣主贤君尚乐受忠臣之谏，而况受天谴也?①

首先阐明灾、异两个概念之规定。再设定二概念之意义——“灾者，天之谴也，异者，天之威也。”随之宣布一条定律——“凡灾异之本，尽生于国家之失”。物变归咎于统治者的失误。区分灾、异，便于显示物变的阶段意义。失误之始，灾以示谴；不改过，则升级，见怪异以惊骇之；再不改过，则降殃咎。董子告诫皇帝：这是上天对君王的关爱，是君王犯错误上天来挽救。灾异表达的是上天对君王的仁爱。灾异说的意图是让帝王从天地万物的非常之变中反省自己行为，改正失误，顺应天意。

董仲舒力图把种种灾异整理为一个运算体系。他找到的是五行学说：

木者春，生之性，农之本也。如人君出入不时，走狗试马，驰骋不反宫室，好淫乐，饮酒沈湎，纵恣不顾政治，事多发役，以夺民时，作谋增税，以夺民财，民病疥搔，温体，足胻痛，咎及于木，则茂木枯槁，工匠之轮多伤败。毒水渰群，漉陂如渔，咎及鳞虫，则鱼不为，群龙深藏，鲸出现。

火者夏，成长，本朝也。如人君惑于谗邪，内离骨肉，外疏忠臣，至杀世子，诛杀不辜，逐忠臣，以妾为妻，弃法令，妇妾为政，赐予不当，则民病血，壅肿，目不明。咎及于火，则大旱，必有火烖，摘巢探鷇，咎及羽虫，则飞鸟不为，冬应不来，枭鸱群鸣，凤凰高翔（苏舆注：高翔，当作不翔。）。

土者夏中，成熟百种，君之官。如人君好淫佚，妻妾过度，犯亲戚，侮父兄，欺罔百姓，大为台榭，五色成光，雕文刻镂，则民病心腹宛黄，舌烂痛。咎及于土，则五谷不成，暴虐妄诛，咎及倮虫，倮虫不为，百姓叛去，贤圣放亡。

① 《必仁且智》，第259—261页。

金者秋，杀气之始也。如人君好战，侵陵诸侯，贪城邑之赂，轻百姓之命，则民病喉咳嗽，筋挛，鼻鼽塞。咎及于金，则铸化凝滞，冻坚不成，四面张罔，焚林而猎，咎及毛虫，则走兽不为，白虎妄搏，麒麟远去。

水者冬，藏至阴也。如人君简宗庙，不祷祀，废祭祀，执法不顺，逆天时，则民病流肿，水张，痿痹，孔窍不通。咎及于水，雾气冥冥，必有大水，水为民害；咎及介虫，则龟深藏，鼋鼍呴。①

言行可动天象者唯王者（天子、诸侯）：

王者与臣无礼，貌不肃敬，则木不曲直，而夏多暴风。风者，木之气也，其音角也，故应之以暴风。王者言不从，则金不从革，而秋多霹雳。霹雳者，金气也，其音商也，故应之以霹雳。王者视不明，则火不炎上，而秋多电。电者，火气也，其音征也，故应之以电。王者听不聪，则水不润下，而春夏多暴雨。雨者，水气也，其音羽也，故应之以暴雨。王者心不能容，则稼穑不成，而秋多雷。雷者，土气也，其音宫也，故应之以雷。

五事：一曰貌，二曰言，三曰视，四曰听，五曰思。何谓也？夫五事者，人之所受命于天也，而王者所修而治民也。故王者为民，治则不可以不明，准绳不可以不正。王者貌曰恭，恭者，敬也。言曰从，从者可从。视曰明，明者知贤不肖，分明黑白也。听曰聪，聪者，能闻事而审其意也。思曰容，容者言无不容。恭作肃，从作乂，明作哲，聪作谋，容作圣。何谓也？恭作肃，言王者诚能内有恭敬之姿，而天下莫不肃矣。从作乂，言王者言可从，明正从行而天下治矣。明作哲，哲者知也，王者明则贤者进，不肖者退，天下知善而劝之，知恶而耻之矣。聪作谋，谋者谋事也，王者聪则闻事与臣下谋之，故事无失谋矣。容作圣，圣者设也，王者心宽大无不容，则圣能施设，事各得其

① 《五行顺逆》，第371—380页。

宜也。

王者能敬，则肃，肃则春气得，故肃者主春。春，阳气微，万物柔易移弱（苏舆注曰："柔"字疑当在"弱"上。惠校为：万物柔弱，易移）可化。于时阴气为贼，故王者钦。钦不以议阴事，然后万物遂生，而木可曲直也。春行秋政，则草木凋；行冬政，则雪；行夏政，则杀。春失政则（卢云：下有阙文。凌曙引《淮南子》"正月失政，七月凉风不至；二月失政，八月雷不藏；三月失政，九月不下霜……"）。

王者能治则义立，义立则秋气得，故义者主秋。秋气始杀，王者行小刑罚，民不犯则礼义成。于时阳气为贼，故王者辅以官牧之事，然后万物成熟。秋，草木不荣华，金从革也。秋行春政，则华；行夏政，则乔（孙诒让云：乔，疑槁之借字，谓枯槁也）；行冬政，则落。秋失政，则春大风不解，雷不发声。

王者能知，则知善恶，知善恶，则夏气得，故哲者主夏。夏，阳气始盛，万物兆长，王者不揜明，则道不退塞。而夏至之后，大暑隆，万物茂育怀任，王者恐明不知贤不肖，分明白黑。（苏舆注："王者恐"下十三字，疑衍文。）于时寒为贼，故王者辅以赏赐之事，然后夏草木不霜，火炎上也。夏行春政，则风；行秋政，则水；行冬政，则落。夏失政，则冬不冻冰，五谷不藏，大寒不解。

王者无失谋，然后冬气得，故谋者主冬。冬，阴气始盛，草木必死，王者能闻事，审谋虑之，则不侵伐。不侵伐且杀，则死者不恨，生者不怨。冬日至之后，大寒降，万物藏于下。于时暑为贼，故王者辅之以急断之事，以水润下也。冬行春政，则蒸；行夏政，则雷；行秋政，则旱。冬失政，则夏草木不实。霜，（苏舆注："霜"上疑有夺字。《淮南·时则训》："十一月失政，正月下雹霜。"）五谷疾枯。

（卢云：五事无“思曰容”一节，似亦文脱。）①

给出依天道行政的详尽指导方针。

感应，即是天人相互作用方式（示警谴告即感应之一途），也是认识天道、天意的途径。可看作上天与天子之间的沟通方式。

八　结语：董仲舒天人思想的现代意义

董子曰：“天、地、阴、阳、木、火、土、金、水、九，与人而十者，天之数毕也。”“起于天，至于人而毕，毕之外，谓之物。”“人下长万物，上参天地。”② 整理之：

天，气也；人，亦气也。天人一。一，元也。

一生二；太极生两仪；元气生天地。

二生三；天地生人，成天地人。

元气——天地人。

元气即天。又化为天地人阴阳五行，共十（天有二义）。

十之后是万物——三生万物（董仲舒言“人长万物”，长，统领、治理）。

> 夫王者不可以不知天。天意难见也，其道难理。是故明阳阴、入出、实虚之处，所以观天之志。辨五行之本末、顺逆、小大、广狭，所以观天道也。③

了解天人思想的难点在领会天之古代意义。我们的思维方式和当代汉语都受到西方思想深度影响，在解读古籍时不可避免地带上西方观念。我们讲哲学时，把神与自然界的分裂与对峙当作默认前提；并以此作为解读中国思想的根据和前见。于是有冯友兰先生的天有五种

---

① 《五行五事》，第 387—393 页。

② 《春秋繁露义证》，第 465、466 页。董子又曰：“何谓天之端？曰：天有十端，十端而止已，天为一端，地为一端，阴为一端，阳为一端，火为一端，金为一端，木为一端，水为一端，土为一端，人为一端，凡十端而毕，天之数也。”《官制象天》第 216、217 页。可见，“天数为十”是重要思想。

③ 《天地阴阳》，第 467 页。

意义的学说。天为一，形而上者（未成形质；成形质之前），也即未分化为神、自然界并二元对峙。如果看不透这层意思，或把天理解为大自然，天人关系向环境问题解释；或把天理解为基督教理解的上帝，天人关系化为上帝与教徒关系，都会误导、损毁中国人的信仰。

董仲舒天人思想中对当今最有急迫性的是天人一体观。敬祖须配天。今天讲继承中华传统，意思就是不忘祖宗，也即敬祖。敬祖即追认历代先王。法古必奉天。就是董子所说奉天法古。天人一体是中国各学派的共同思想基础。董子论述全面详尽。基本理论成系统；依之建立的国家治理原理使儒家独占高原，为其他学派无法相比。（法家刻薄寡恩；道家无为，任民众自生自灭）。

董仲舒天人思想最重要的当代价值是帮助中国人看清西方文明奠基在神与自然界分裂对峙基地之上。

本文为“2021 中国·衡水董仲舒与儒家思想国际研讨会暨中华孔子学会董仲舒研究委员会学术年会”提交的论文。

谢遐龄（1945—），男，浙江温州人，复旦大学社会发展与公共政策学院教授，博士生导师。

尊天抑或扬人：董仲舒“天人关系”再探

王闻文

引 言

“天人关系”是中国哲学一个重要的思想，甚至可以说贯穿着中国哲学史的始终。诚如邵雍所说“学不际天人，不足以谓之学”①，即是说谈学论道当涉天人，如此才方不失为做学问也，足以见天人之学的重要性。今人钱穆先生亦从中华文化的角度出发对之加以定位，认为“中国文化过去最伟大的贡献，在于对天、人关系的研究”②。把这一思想拔高到中国文化之最大贡献的地位，不可不谓其显要的地位。考察中国思想史，就可得知，对这一思想的判定非是夸大与虚谈，而确实切中中国文化的要旨。天人之学从三代到先秦再到宋明等时期，都是先哲们研究的重点，他们都曾对该思想着墨而加以分析。

作为汉代儒学之集大成者董仲舒，其思想亦关涉天人之学，甚至可以说是他思想体系的核心。对董仲舒天人学的研究，学界诸多学者都曾撰文加以论述，取得了比较丰硕的成果，但学者们多是从神学或

---

① 邵雍：《邵雍集》，中华书局 2010 年版，第 156 页。

② 钱穆：《世界局势与中国文化》，台北：兰台出版社 2001 年版，第 376 页。

谶纬迷信[①]等角度阐释董仲舒的这一思想，甚至认为他这一思想是学术史上的倒退，对此多持批判态度。即使有学者看到董仲舒思想的人文价值及其对中国天人学的推进作用，但仍缺乏系统性和全面性，还未曾全面揭橥其思想之内涵[②]。对董仲舒的哲学思想缺少客观而公允的评价，未能窥见其思想之精华。通过考究历史发展脉络及文化典籍，就会发现董仲舒之天人学非是如此，他同样是接续先秦天人学之发展，并根据时代的需要而加以创造性地诠释，使天人关系得到进一步的发展，并且在天人关系演变史中，占据非常重要的地位。而我们只有重新审视董仲舒的天人观，对其加以正确解读，才能真正了解董仲舒构建的新的天人关系体系的内涵，进而更加全面、准确地认识董仲舒及其思想，并对其在中国思想史上的地位加以正确的判定。

一、“天”“人”之内涵及其关系

学界对“天人关系”的研究颇多，但对二者的具体内涵以及二者之间的关系如何尚未达成一致的看法。据前人研究成果，就“天”的含义来说，至少有六种主流的观点[③]，如，有持一种内涵的，即认为天即是大自然[④]；有持两种内涵说的，即认为“天”是指意志的天神

---

① 如张岱年先生曾在《中国哲学大纲·序论》里所说：“汉代思潮的权威，即是建议罢黜百家的董仲舒。董仲舒虽然主张独尊孔氏，但他的思想却是儒家与阴阳家的混合。他好讲阴阳五行，及天象人事的相应。他的思想中杂有许多迷信，不尽是纯粹哲学理论。”参见张岱年：《中国哲学大纲》，商务印书馆 2017 年版，第 38 页。

② 王博副教授认为董仲舒的天人关系不是一种神秘的学说，而是一种理性的建构。参见《董仲舒天人相副说新阐：从人副天数到天人感应》，载《东吴哲学学报》2019 年第 39 期，第 23—48 页。彭耀光副教授认为“在董仲舒的天人感应论中，人在天人系统中其实发挥着更为主导的作用”。参见彭耀光：《董仲舒“天人感应”论发微》，载《齐鲁文化研究》2011 年第 10 辑，第 127—132 页。

③ 潘志锋曾撰文梳理了近二十年对天人关系研究的主流观点。参见潘志锋：《近 20 年关于“天人关系”问题的研究》，载《社会科学战线》2003 年第 4 期，第 226—230 页。

④ 季羡林：《“天人合一”新解》，《传统文化与现代化》1993 年第 1 期，第 9—16 页。

和自然的天体①。但为学术界所熟知的是冯友兰先生的五义说，他从“物质之天、主宰之天、运命之天、自然之天、义理之天”② 来阐释天的内涵。关于“人”的内涵，主要有三种看法，即：一是从个体出发，认为人即是人本身；二是从类出发，认为人是指人类这个集合体；三是认为人乃是指君主③。这些对“天”“人”不同的赋义，多是学者根据自己对古人文本及其思想的理解所给出的解读，因而才会有一字多义的情况。

正是基于对天人含义的不同认识，学界对二者之间的关系也有不同的看法，无论是古代抑或是现代的学者们都多从“天人相分”“天人相合”“天人感应”等角度对之加以研究，以此来说明中国思想史上天和人关系的演变问题，从而探究是天决定人，还是人决定天的命题，以此来寻求人生哲学的意义。故而这一问题成为历代学者所关心的重要课题。

早在《诗经》④《周易》⑤《尚书》⑥《论语》⑦《孟子》⑧《荀子》⑨等文献中都曾涉及对天和人的讨论，从这可以看出汉之前这一问题俨

---

① 王明：《论先秦天人关系》，《中国哲学史研究》1985 年第 4 期。

② 冯友兰：《中国哲学史》，重庆出版社 2009 年版，第 35 页。

③ 陈文烟：《董仲舒“天人合一”思想中的“天”“人”意涵》，《辅大中研所学刊》1997 年第 7 期，第 168—183 页。

④ 如《诗经·黍离》：“悠悠苍天、此何人哉。”参见周振甫：《诗经译注》，中华书局 2010 年版，第 88 页。

⑤ 《周易》中载“九五：飞龙在天，利见大人。”参见阮元：《十三经注疏》，中华书局 2009 年版，第 23 页。

⑥ 《尧典》：“乃命羲和，钦若昊天，历象日月星辰，敬授人时。”参见阮元：《十三经注疏》，中华书局 2009 年版，第 252 页。

⑦ 《论语》：“子夏曰：‘商闻之矣：死生有命，富贵在天。君子敬而无失，与人恭而有礼。’”参见 皇侃：《论语义疏》，中华书局 2013 年版，第 302—303 页。

⑧ 《孟子》：“天时不如地利，地利不如人和。……城非不高也，池非不深也，兵革非不坚利也，米粟非不多也；委而去之，是地利不如人和也。”参见朱熹：《四书章句集注》，中华书局 1983 年版，第 241 页。

⑨ 《荀子》：“天行有常，不为尧存，不为桀亡。应之以治则吉，应之以乱则凶。……。受时与治世同，而殃祸与治世异，不可以怨天，其道然也。故明于天人之分，则可谓至人矣。”参见王先谦：《荀子集解》，中华书局 1988 年版，第 306 页。

然成为一个很热门的话题。到了汉代，这一问题亦是当时思想家们所关心的哲学问题，董仲舒也不例外。正如汉代史学家司马迁所说："究天人之际，通古今之变，成一家之言。"[①] 司马氏所言即是反映了汉代思想家们对天人关系的看法，他们也欲要探究天人之内涵以此来构建自己的哲学体系。

那么董仲舒哲学中的"天"与"人"的含义是什么呢？前人对此也有不同的看法，有学者从张岱年先生对天的含义[②]的定义出发，认为董仲舒的天是"神灵之天、道德之天和自然之天"[③] 的结合体；也有学者从"自然物质性、封建人伦性和自然神性"[④] 来理解董仲舒的天；甚至有学者提出董仲舒的天乃是一个"混合"体，"董仲舒思想中的'天'是一个综合了儒家的德行天、墨家的意志天、道家的自然天、汉初的阴阳学说"[⑤]。这些对董仲舒之"天"内涵的解释都在一定程度上看到了董仲舒在其文本中所阐发之义，但并不是很准确，仍需要进一步探析。

由于在中国思想史中天内涵的复杂性，所以很难确定"天"到底是什么意思，从而各家各持其词，莫衷一是。（如上文中对绍述学者们对天的释义）同样在董仲舒的哲学体系中也存在这样的情况，故有学者曾总结董仲舒之天具有"多义一身，多位一体"[⑥] 的特点，这一点和先秦时期对天的阐释是一样的。为了弄清董仲舒天之内涵，我们

---

① 班固：《汉书》，中华书局 1963 年版，第 2735 页。

② 所谓天有三种含义即"一指最高主宰，二指广大自然，三指最高原理"。参见张岱年《国哲学中"天人合一"思想的剖析》，《北京大学学报》（哲学社会科学版）1985 年，第 3—10 页。

③ 金春峰：《汉代思想史》，中国社会科学出版社 2006 年版，第 122 页。韩星教授亦持此说。参见《天人感应与天人合一——从宗教与哲学视角看董仲舒天人关系思想》，《宗教与哲学（第三辑）》，2014 年。

④ 王永祥：《董仲舒的天论再探》，《河北学刊》1995 年第 4 期，第 41—47 页。

⑤ 张钧莉：《中华文化思想中"天"的混同与"人"的失落——董仲舒天人合一说析评》，《中原华语文学报》2009 年第 4 期，第 13—39 页。

⑥ 曾振宇：《民心即天命：董仲舒政治哲学的内在逻辑与人文关怀》，《哲学与文化》2017 年第 44 卷第 12 期，第 113—126 页。

除了结合前人的研究成果外，需要追本溯源，从“天”的原义着手并结合董仲舒的思想来探究其“天”之义。

那么“天”的本来意思是什么呢？根据许慎对文字的考察来看，“天，颠也。至高无上。从一、大”①。即认为天乃是高高在上者。段玉裁对此作注为：“颠者，人之顶也，以为凡高之称。始者，女之初也，以为凡起之称。然则天亦可为凡颠之称。臣于君，子于父，妻于夫，民于食者皆曰天是也。”② 他主要从两个方面对许慎的“天”义加以解释，即一是认为天乃是我们头顶上的高高的“自然物”，或曰“苍天”，并以“女”字释“始”字表物之开始为例，进一步解释天乃是最高处之物。另外他又从人伦的角度加以引申，认为君为臣之天，父为子之天，夫为妻之天，至于饮食乃为民之天。一言以蔽之，凡一物之为另外一物之纲领者即可谓此物之天。本文以为，段之言乃是对董仲舒天之内涵的最佳注脚，即是说，董仲舒言天，也主要在这两个方面来说。只不过，相较于段玉裁，董仲舒把人伦之天进行了拔高和“神化”，又从人格神的角度加以叙说。因此，根据上文对天之原义及对董仲舒《春秋繁露》《天人三策》及其哲学思想的考察，我们可以说董仲舒所说的“天”，主要有两种内涵：其一曰“自然之天”，其二曰“人格神之天”。那么我们将对其天之内涵进行详细论说。

董仲舒在对天之自然义进行阐发的时候，应当受到了道家学派及儒家主天人相分一派③的影响。和儒家略有不同，道家言天，多从自

---

① 王平、李建廷：《〈说文解字〉标点整理本》，上海书店2016年版，第1页。

② 段玉裁：《说文解字注》，上海古籍出版社1988年版，第1页。

③ 此处所说的“天人相分”派，只是较为方便地说，意在强调天的自然性，并非是绝对认为儒家其他学者对天的阐发没有此意。如孔子也曾谈天具有自然的意思，“天何言哉，四时行焉，百物生焉。天何言哉”等。

然层面[①]来说，可以说“自然主义是道家哲学的基础与核心”[②]，他们认为天乃是自然而然的，而不是神秘不可测的东西。老子就言“人法地，地法天，天法道，道法自然”[③]，地是人的效法对象，天是地的效法对象，道是天的效法对象，而这一切最终的效法对象乃是自然抑或说道乃是自然而然。换言之，天之内涵乃是自然的，而非神秘的，是一种客观存在的物，非是某种无法捉摸的对象。而庄子亦言“天之苍苍，其正色邪？其远而无所至极邪？其视下也，亦若是则已矣”[④]。天乃是一种在上之苍茫者，是与厚土之地相对的东西，不是一种主宰人事的东西。

作为汉代儒家的代表，董仲舒亦主要继承儒家先贤对天的阐发，对天的自然义方面，其主要吸收了孔子、荀子等人的思想。孔子虽很少谈及“性与天道”，但在其思想中，反映这一思想的论述也是可寻的，如其言：“天何言哉？四时行焉，万物生焉，天何言哉？”[⑤] 孔子此处说的天即是从自然层面说的，认为苍天为上，其顺万物之规律自然生长，而不加以干涉。作为儒家“天人相分”学派的重要代表人物荀子，他论及天处也多是从自然层面来说，“天不为人之恶寒也辍冬，地不为人之恶辽远也辍广，君子不为小人之匈匈也辍行。天有常道矣，地有常数矣，君子有常体矣”[⑥]。他认为天是客观存在的，并非是有情感性的，更不会因人的好恶而变化自己的规律。并认为“天行

---

① 当然，此处说道家多从自然意义上谈天，并不否定其从其他方面，（如义理之天）来说，有关义理之天，道德经中也可以找到相关文本的支持，“持而盈之，不如其已；揣而锐之，不可长保。金玉满堂，莫之能守；富贵而骄，自遗其咎。功遂身退，天之道也”，也有学者撰文谈及这一问题，如所说：“道家的天道说，并非单纯言天之自然，实重天运行之理，倾向于将自然之天义理化，以便天道人道并举。”参见曹胜高：《先秦诸子天论的形成及其演变》，载《古代文明》2007 年。

② 汪高鑫：《先秦诸子天人观的思想特色》，《史学理论与史学史学刊》2020 年第 1 期，第 69—84 页。

③ 王弼：《老子道德经校释》，中华书局 2008 年版，第 64 页。

④ 郭庆藩：《庄子集释》，中华书局 2012 年版，第 4 页。

⑤ 皇侃：《论语义疏》，中华书局 2013 年版，第 463 页。

⑥ 王先谦：《荀子集解》，中华书局 1988 年版，第 311 页。

有常，不为尧存，不为桀亡”①，以古代圣君尧和暴君桀为例，说明天并不会因人之善恶而或存或亡，以此来论证天之自然客观性。

董仲舒在继承道家学派和“儒家自然派”观点的基础上，来阐发自己的“天”。首先他先对天之质进行了分析，认为天地乃是气化，其包含了阴阳各半，气之动乃是恒常不息的，是一个活动的物质。并认为此“气”是四时五行的根据，“天地之气，合而为一，分为阴阳，判为四时，列为五行”②。这样一来，董仲舒论天，乃是基于现实的物质，是可以认识到的东西，通过解构天下之生命的内涵，明确天即自然。并且他认为此自然之天是一种有序的存在者，有其运行的规律，“天之道，有序而时，有度而节，变而有常，反而有相奉”③。无论从次序变化或时令的流转，其虽变却有法则，而且这种法则是自然的，而非人为的。他进一步明确天的这种法则或者说特点是“周而复始”的，“天之道，终而复始”④。如果用天下之物来表示的话，那么从植物的荣枯、四季的轮换、日月的更替、人的生死等都可以说是终而复始的。而这些变化中所蕴含的规律并不是由神灵所决定，也不是人为所干预的，只是自然而已。

为了更加清楚地明白“天”是什么，董仲舒又从“数”的角度进行了论证。他认为“天有十端，十端而止已。天为一端，地为一端。阴为一端，阳为一端，火为一端，金为一端，木为一端，水为一端，土为一端，人为一端，凡十端而毕，天之数也”⑤。天包括十个主要物，即天、地、阴、阳、金、木、水、火、土、人，这些成分构成了他所说的天，它们各为一端，十端而共成一“天”。显而易见，这十样东西无一不是物质的，都是客观存在的，因此，天乃是自然之天。

关于他的“人格神之天”，其实主要是基于对自然之天的神学伦

① 王先谦：《荀子集解》，中华书局 1988 年版，第 306 页。

② 苏舆：《春秋繁露义证》，中华书局 1992 年版，第 362 页。

③ 苏舆：《春秋繁露义证》，中华书局 1992 年版，第 333 页。

④ 苏舆：《春秋繁露义证》，中华书局 1992 年版，第 339 页

⑤ 苏舆：《春秋繁露义证》，中华书局 1992 年版，第 216—217 页。

理化。他从世间人伦亲缘关系出发，认为“人之人本于天，天亦人之曾祖父也”[①]。把人与天的关系看成是一种亲属之间的联系，这是从人伦角度来说的，但又不同于一般的比附，他是从“人本天”的角度来说的，这样就不再是一般的关系。之后，他又把这一关系由人扩大到万物上，“天者，群物之祖也。故遍覆包函而无所殊，建日月风雨以和之，经阴阳寒暑以成之”[②]，天不仅是人的祖先，也是其他生物的先祖，就像父母之爱子女般以日月风雨、阳寒暑为万物之生成创造了条件。如果说上述中董仲舒言天的人伦特性还不够明显，那么在依儒家核心思想“仁”来说时，他明确提出“天即仁”的观点：

> 仁之美者在于天。天，仁也。天覆育万物，既化而生之，有养而成之，事功无已，终而复始，凡举归之以奉人。察于天之意，无穷极之仁也。人之受命于天也，取仁于天而仁也。[③]

他把先秦儒家提到的“仁者，人也”[④] 的思想用于天身上，认为天具有仁性，以其博爱之心以爱物，虽生养万物而不邀功。如此，天就具有了仁爱本体，这为他展开论述人副天数等思想做好了铺垫。

董仲舒对“人”义的使用，和前人较为相似，主要是指“人”和一般“人类”，但总的来看，一般二者相混使用，取类之义。如其言“人类《春秋》之法，以人随君，以君随天”[⑤]。此处便是先言人类之人，再言个人之人。但更多的时候二者是混用的，可以从任何一义解释。“人受命于天，有善善恶恶之性，可养而不可改，可豫而不可去，若形体之可肥，而不可得革也。”[⑥]“凡人之性，莫不善义，然而不能义者，利败之也。”[⑦] 依董仲舒，凡人之命受天而成，其性或善或恶，从性的角度来看，可以说是人之性，也可以看成是一类人之性。再

① 苏舆：《春秋繁露义证》，中华书局 1992 年版，第 318 页。
② 苏舆：《春秋繁露义证》，中华书局 1992 年版，第 269 页。
③ 苏舆：《春秋繁露义证》，中华书局 1992 年版，第 329 页。
④ 朱熹：《四书章句集注》，中华书局 1983 年版，第 28 页。
⑤ 苏舆：《春秋繁露义证》，中华书局 1992 年版，第 31 页。
⑥ 苏舆：《春秋繁露义证》，中华书局 1992 年版，第 34 页。
⑦ 苏舆：《春秋繁露义证》，中华书局 1992 年版，第 73 页。

者，“天地之生万物也以养人，故其可适者以养身体，其可威者以为容服，礼之所为兴也”①，“天之生人也，使人生义与利”②。如果从个体之体来看，这似乎是在讲个体者，但如果从人类本质上看，似乎也是人类之义。所以董仲舒对人之绍述，既可以从个体的人来解释，也可以从人类之人来理解。董仲舒在对“天”“人”含义的论述上，展开了对天人关系的论述。

二、天人相副：由相异到可参的转换

就通常来说，学界多以“天人感应”作为董仲舒的核心思想。而董仲舒的天人思想并不是一个孤立的体系，而是一个多层次的体系，分为“天人同类”“人副天数”“天人感应”等思想。并且这些思想是进阶的关系，即是说，董仲舒为了说明其天人之学，他先通过类比说明天与人的相似性，之后又通过“副”的概念阐述人为天之副本，最后，在前两个阶段的基础上，阐述天人感应思想。

董仲舒的“人副天数”说，同样受到前人的影响。较董仲舒稍早的《淮南子》中就已经提到了“天人相副”说，《淮南子》和董仲舒的思想，二者比附的内容极为相似，如在《淮南子·精神训》篇中所载：“故头之圆也象天，足之方也象地。天有四时、五行、九解、三百六十六日，人亦有四支、五藏、九窍、三百六十六节。天有风雨寒暑，人亦有取与喜怒。故胆为云，肺为气，肝为风，肾为雨，脾为雷，以与天地相参也，而心为之主。”③《淮南子》亦是从人的形体和人的情感方面来论说人和天的关系，其范围也很广，从季节、天数等方面来比照人，并得出人与天地相参的结论。董仲舒的人副天数说或是受到了《淮南子》的影响。

董仲舒在开始论证其人副天数说之前，有一个铺垫性的工作，即

---

① 苏舆：《春秋繁露义证》，中华书局 1992 年版，第 151 页。

② 苏舆：《春秋繁露义证》，中华书局 1992 年版，第 263 页。

③ 刘安：《淮南鸿烈集解》，中华书局 2013 年版，第 220—221 页。

是要说明天和人为什么是“相副”的，以及怎样相副的问题。为了解决这一问题，他提出了“天人同类”的观点，即从“类”入手来说明天和人，这也是他天人关系思想中重要的一环，正如徐复观先生所说：“董氏非常重视类。他立论的大前提是‘天人同类’。”[①] 诚然，董仲舒在其思想中对“类”也多有着笔，就是为了更好地说明人和天如何相副及为什么可以发生感应的问题。因此，如果要系统地了解董仲舒天人之学，须对其“类”之概念加以阐释。

那么何为“类”呢？根据许慎的解释即是“种类相似”[②] 者，也就是说凡事物在种、属等方面存在某些共处可谓是同类。董仲舒正是基于这样的释义来阐发他的天人同类思想。在他看来万物皆以“类”为纲，并提出“天道各以其类动”[③] 的观点，认为天下万物都是按照其类而运行，这可以说是亘古不变的道理，是一个定律。他又进一步通过“琴瑟鼓鸣”“牛马各应”等例子来说明这一观点：

> 故气同则会，声比则应，其验然也。试调琴瑟而错之，鼓其宫则他宫应之，鼓其商而他商应之，五音比而自鸣，非有神，其数然也。美事召美类，恶事召恶类，类之相应而起也。如马鸣则马应之，牛鸣则牛应之。帝王之将同也，其美祥亦先见；其将亡也，妖孽亦先见。物故以类相召也，故以龙致雨，以扇逐暑，军之所处以棘楚。各宫之琴瑟属于物类，因一宫之响，争相应之，此为物之类动。[④]

在他看来相同的物事之间都会发生感应，如乐器之间可互鸣、动物之间因声也可以共鸣，甚至美恶事物之间都可以各自进行感应。进而，他就从天和人所共同具有的特征来说明天和人也是属于一类的，同样也可以发生感应。

---

① 徐复观：《两汉思想史》（第二卷），华东师范大学出版社 2001 年版，第 241 页。

② 王平、李建廷：《〈说文解字〉标点整理本》，上海书店出版社 2016 年版，第 258 页。

③ 苏舆：《春秋繁露义证》，中华书局 1992 年版，第 213 页。

④ 苏舆：《春秋繁露义证》，中华书局 1992 年版，第 358 页。

董仲舒对天人之类的说明主要从两个方面来阐述的，并认为此种关系极其微妙："人之与天，多此类者，而皆微忽，不可不察也"①，在其看来天和人相类的思想，不易被人注意到，但又应该为人所重视。因为只有明确了天人同类，才能知道人的形体构造并不低于天，而是一种"平等关系"。首先，他从人的形体结构和天的特点入手分析这一问题，这其中又包括两个方面，即"形体立类"和"岁数终类"，不过董仲舒常将这两点结合来论。"人之身有四肢，每肢有三节，三四十二，十二节相持，而形体立类；天有四时，每一时有三月，三四十二，十二月相受，而岁数终矣。"② 这是从人的四肢、骨节和月数方面来说的，在他看来，人之四肢骨节凡十二，而与天之月份十二是一致的。详而论之，人的双手双脚对应天的四个季节，人的肢节对应每季的月数。其次，他又从人的情感方面来说明，认为人所具有的喜怒哀乐等情感和天所示现的春秋阴阳是一致的：

> 喜怒之祸，哀乐之义，不独在人，亦在于天，而春夏之阳，秋冬之阴，不独在天，亦在于人。人无春气，何以博爱而容众？人无秋气，何以立严而成功？人无夏气，何以盛养而乐生？人无冬气，何以哀死而恤丧？天无喜气，亦何以暖而春生育？天无怒气，亦何以清而秋杀就？天无乐气，亦何以疏阳而夏养长？天无哀气，亦何以激阴而冬闭藏？③

在他看来，人之喜怒和天之阴阳不单是各自所独有的，而是相互的，具体来说，即天也有人的喜怒哀乐之情，而人亦有春秋之阴阳。他通过这一系列的天之于人，人之于天的论证进而得出一个结论即："天乃有喜怒哀乐之行，人亦有春秋冬夏之气者，合类之谓也。"④ 也就说之所以会有这样的情况，是因为天和人乃是相类的。

在解决了天和人同类的问题后，董仲舒便接着在这一基础上构建

---

① 苏舆：《春秋繁露义证》，中华书局 1992 年版，第 218 页。
② 苏舆：《春秋繁露义证》，中华书局 1992 年版，第 218 页。
③ 苏舆：《春秋繁露义证》，中华书局 1992 年版，第 335—336 页。
④ 苏舆：《春秋繁露义证》，中华书局 1992 年版，第 336 页。

他的“人副天数”理论。他的人副天数的思想和天人同类的思想有很多相似处，不同的是人副天数更加强调二者如何相副的问题，内容表述较之前也更加详细。

董仲舒在人副天数问题上，首先明确了一个问题，即人和天是一种“血缘”关系，他认为人由天而生，天可以说是人的曾祖父①。“人之人本于天，天亦人之曾祖父也。”② 不过这一提法，历来受人诟病，认为董仲舒是牵强附会，毫无根据，但其实恰恰相反。因为在之前人们是认为天和人是主宰与被主宰的关系，二者“距离”似乎很远，而董仲舒直接把二者定为血亲关系，无形当中，拉近了天和人的距离，提高了人的地位。同论证“天人同类”一样，他也从形体诸方面说明天人相副的问题：

> 人之形体，化天数而成；人之血气，化天志而仁；人之德行，化天理而义。人之好恶，化天之暖清；人之喜怒，化天之寒暑；人之受命，化天之四时。人生有喜怒哀乐之答，春秋冬夏之类也。喜，春之答也；怒，秋之答也；乐，夏之答也；哀，冬之答也。天之副在乎人。③

总之，在他看来，人从形体、血气、情感等各个方面都和天一样，天多具有的东西，人都具有，丝毫不差。再者，天的内涵都可以在人身上找到，“人”乃是一个“小的天”，“天”同样是一个“大的人”。

如果说上文董仲舒对人副天的论述还比较笼统的话，那么在《人副天数》篇中，他极为详细地对这一思想进行了阐述。他先对天和人

---

① 也有学者提出“我们不能从血缘的意义上去理解这个曾祖父，而应该从逻辑上去理解。所谓‘曾祖父’，就是天提供了生命的意义和身体的形态，然后父母承担着‘加工’机制，按照‘道’‘天理’”。参见干春松：《从天道普遍性来建构大一统秩序的政治原则——董仲舒“天”观念疏解》，《哲学研究》，2021 年第 1 期。但是根据董仲舒的论证思路来看，董子或正是从亲属之血缘关系来用“曾祖父”一词的，他意在强调人和天是相类相亲的。

② 苏舆：《春秋繁露义证》，中华书局 1992 年版，第 318 页。

③ 苏舆：《春秋繁露义证》，中华书局 1992 年版，第 318—319 页。

的关系做了一个总结性的论述，“天地之符，阴阳之副，常设于身，身犹天也，数与之相参，故命与之相连也”①，认为天地之阴阳等变化都可以于人之身上体现，简言之，身即是天，人之命数也与天相连。进而他展开论述身如何犹天的内容：

> 天以终岁之数，成人之身，故小节三百六十六，副日数也；大节十二分，副月数也；内有五藏，副五行数也；外有四肢，副四时数也；乍视乍瞑，副昼夜也；乍刚乍柔，副冬夏也；乍哀乍乐，副阴阳也；心有计虑，副度数也；行有伦理，副天地也。此皆暗肤著身，与人俱生，比而偶之合。于其可数也，副数；不可数者，副类。皆当同而副天，一也。②

他通过剖解人的形体，分析人的思虑及行为就是为了说明天所有的东西，人同样都具有，人并不比天少什么，人皆可副与天，天和人为一也。那么，天不再是高高在上的不可企及者，也不再是某种神秘不可测的东西，二者其实是一样的。如此一来，董仲舒就在无形当中把之前那个被人们视为至高无上的决定者的天拉下了神坛，或者说至少对于人来说，它不再是绝对的优越于人的东西，而是和人一样。甚至可以说人能够比肩于天，达到了和天平齐③的地位，如是，人的地位得到了提高了。通过分析，我们可以说董仲舒论人副天数，非但不是宣扬唯心主义的荒谬思想，而是要借此抬高人的地位，或者说重新判定人和天的关系。这也是以董仲舒为代表的汉儒对“中国哲学——天人关系”的一大贡献，即“汉儒看似尊天，其实是为了崇人。④”而这不但是对先秦儒学中“人学”课题的继续发扬，更在于把人类推到一个新的高度。

---

① 苏舆：《春秋繁露义证》，中华书局 1992 年版，第 356 页。

② 苏舆：《春秋繁露义证》，中华书局 1992 年版，第 356—357 页。

③ 此处所说的平齐非是一种绝对的平齐，而是说相较于之前那种认为天绝对优于人来说，而现在二者在某种程度上是一样的，如此一来的话，二者地位达到一定意义上的平齐，至少二者在很多方面不再是之前那种绝对的悬殊。

④ 沈顺福：《天人之辨与儒家人类主体性意识的形成》，《江淮论坛》2019 年第 3 期，第 104—109 页。

除了人在形体构造和情感等方面和天是相副的，他又从政治的角度来说明这一思想。他认为“圣人副天之所行以为政”①，即是说人在行事方面，同样是效法于天的，人之行为是对天之行为的副照，故而，人应依天如何运行而如何为事，言及政治，即君主当取天之象以兴政事。具体做法是：

> 以庆副暖而当春，以赏副暑而当夏，以罚副清而当秋，以刑副寒而当冬。庆赏罚刑，毕事而同功，皆王者之所以成德也。庆赏罚刑与春夏秋冬，以类相应也，如合符。故曰王者配天，谓其道。天有四时，王有四政，四政若四时，通类也，天人所同有也。②

他认为君主在行政方面所具有的庆赏罚刑权力也是根据天的四季变化而来的，根据每个季节不同的特点而具体行事。如春季其特点为暖，那么当政者在这个季节应该是以欢庆为主，而不能行阴杀之事，而冬天之严寒即对应政治之裁刑。如果君主按照时令之变化取治理国家，其行便符合天道，那么国家也当祥和与兴盛。

如上，天和人的关系，在之前多是天高于人，天决定人，即使后来对人的发掘有所深入，看到了人的能力，力图改变天和人这一不平的关系，但总的来说，还是未能很好地解决这一问题。而董仲舒首先通过天人同类的论证，证明天不是异于人的，人和天其实是同类，这在类别上就先行解决天人相异的问题；之后又通过天人相副说，进一步说明天和人不但是属于同类之物，而更为重要的是人具有天所有的东西，所以人和天可以比肩。这样人不再是一个处于被支配的地位，而是人天同一，此说乃是一个具有里程碑意义的思想，至少可以说，在先秦汉唐时期又一次更加显明地提高了人的地位。

---

① 苏舆：《春秋繁露义证》，中华书局1992年版，第353页。

② 苏舆：《春秋繁露义证》，中华书局1992年版，第353页

三、天以人感：天学视域下的人学

为了更好地展现其天人之学的内涵，董仲舒在逻辑上续承人副天数等思想，从天人可感的角度来说明人的价值，因此他明确提出了“天人感应”的哲学思想。不过遗憾的是董仲舒的“天人感应”说常被人认为是荒谬之学而加以贬斥，“或被斥为唯心主义、形而上学，或被视为‘儒学一大没落’”[①]，故而，这一思想因为被人误解，从而其真正意义没有被了解。

通过上文的论述，我们可以知道董仲舒通过对“天人同类”“人副天数”的论证，旨在为其“天人感应”思想发微。无论是哪个命题，他要说明的问题都是人绝不是任意听命于天的存在者，不是简单受制于天的生物，也不再仅处于一个通过祭祀以讨好天的地位，二者是一种“平等”的地位。同样，对于天人感应思想的阐释亦是如此。不过学界对董仲舒这一思想的论述多是认为他是为了阐明天对人的制约，尤其是对君主的制约，因为他曾提出过“谴告”说：

> 凡灾异之本，尽生于国家之失。国家之失乃始萌芽，而天出灾害以谴告之；谴告之而不知变，乃见怪异以惊骇之，惊骇之尚不知畏恐，其殃咎乃至。以此见天意之仁而不欲陷人也。[②]

这一命题与其感应说紧密相连，按照通常的看法，即是说，天和人可以交感，天的行为可以影响人，人的行为也可以影响天，特别是君主的行为，如果君主行仁政，政治比较清明，人民的生活富足，那么天将会显现祥瑞之象；反之，如果君主暴政，残害百姓，那么上天先示现灾异，如果君主不知悔改，那么天将会降下大灾。这似乎是体现了天的威严和人的渺小。

但是通过梳理董仲舒的思想，就会发现这种说法并不是太准确。首先就言天人之间交相感应来说，这并不错，也是董仲舒构建其天人

---

① 李泽厚：《中国思想史论》，安徽文艺出版社1999年版，第139页。

② 苏舆：《春秋繁露义证》，中华书局1992年版，第259页。

论的环节之一。但如果说这一思想是为了凸显天对人的主宰和制约则并不妥当。因为“凡是宗教中的最高人格神，他只能影响人，决不可受人影响；否则便会由神座上倒了下来。但董氏的天，是与人相互影响的，天人居于平等的地位”[①]。再加之，我们在上文中多次谈到的董仲舒构建其天人体系的每一步都是在为人发声，力主人不是全然处于被决定的地位。

所以说董仲舒“天人感应”思想所要表达的意思是不是“天决定人”而是“天随人应”，即天所示现的种种现象都是根据人的行为而发，并不是它主动对人或奖或罚的。此说除了适用于君主外，对一般人同样生效：“及至后世，淫佚衰微，不能统理群生，诸侯背畔……上下不和，则阴阳缪盭而娇孽生矣。此灾异所缘而起也。”[②] 在董仲舒看来，上至君主下至百姓，如果骄奢淫逸，违背阴阳定律，那么必有灾异发生。此种惩罚，并不是上天任意的行为，主要来自人自己的行为不当所招致而来的。所以在董仲舒的思想中，天不是主动给人降下祥瑞或灾异的，而是人的行为先自感于天，天再根据人的行为做出相应的回应。这样来看，天人感应的思想就不是之前学界单单理解的天对人的惩罚或奖赏那样，而是人的行为“决定”天的行为。换言之，天人感应所要表达的不是天为主动方，人为被动方，而是相反，最终的决定权在于人。正如金春峰先生所说“天不是凭自己的爱、憎、喜、怒任意决定事物的发展和人的命运，而是由人的行为通过‘感应’所机械地、必然地决定的，这就把‘天’的能动的主宰的作用大大限制了，而把这种地位给予了人”[③]。人的地位得到了提升，所以天人感应应该理解为天顺人之行为而应，这是董仲舒在论证天人关系的又一条理路。

为了进一步阐发此思想，董仲舒又借用《易传》中提到的“三才

① 徐复观：《两汉思想史》（第二卷），华东师范大学出版社 2001 年版，第 245 页。

② 班固：《汉书》，中华书局 1963 年版，第 2500 页。

③ 金春峰：《两汉思想史》，中国社会科学出版社 1987 年版，第 166—167 页。

之道”来说明，“何谓本？曰：天地人，万物之本也。天生之，地养之，人成之。天生之以孝悌，地养之以衣食，人成之以礼乐，三者相为手足，合以成礼，不可一无也。”① 他认为万物的根本莫不是天地人三者，天的职责在于生人，地的职责在于养人，人的职责在于成人，三者之间缺一不可。而如果结合董仲舒的思想体系及其时代背景来看的话，三者之间虽然都非常重要，但有一个主导者即“人”。因为作为儒者的董仲舒，自是承续了儒家注重礼乐的传统，认为国之所以为国者，其要在礼乐②；人之所以为人者，其核心也在礼乐。而礼乐由人而成，那么人就是最为重要的了。这样一来，董仲舒虽然谈及天地人，但其实是为了用前两者衬托后者，其旨在于凸显人的重要性，而这也和他天人感应思想相一致，都是借用“天”（或“地”）来彰显“人”的光辉。

为了更加明白地表明他的意图，在《人副天数》《天地阴阳》篇中，他曾直接提出“人最为贵”的思想：

> 天德施，地德化，人德义。天气上，地气下，人气在其间。春生夏长，百物以同；秋杀冬收，百物以藏。故莫精于气，莫富于地，莫神于天。天地之精所以生物者，莫贵于人。③
>
> 圣人何其贵者起于天至于人而毕。毕之外谓之物，物者投所贵之端，而不在其中以此见人之超然万物之上，而最为天下贵也人，下长万物，上参天地。④

上文中我们已经提到，董仲舒借助于“三才之道”说明人并齐于

① 苏舆：《春秋繁露义证》，中华书局1992年版，第168页。

② 如孔子在《论语》所说的：子曰：“君子博学于文，约之以礼，亦可以弗畔矣夫！”子曰：“恭而无礼则劳，慎而无礼则葸，勇而无礼则乱，直而无礼则绞。颜渊问仁。子曰：“克己复礼为仁。一日克己复礼，天下归仁焉。为仁由己，而由人乎哉？”颜渊曰：“请问其目。”子曰：“非礼勿视，非礼勿听，非礼勿言，非礼勿动。”子曰：“礼云礼云，玉帛云乎哉？乐云乐云，钟鼓云乎哉？”即礼、乐无论对个人来说，还是对国家来说，都是极为重要的，因为没有礼乐的国家，即使国家的躯壳存在也不能称为国。

③ 苏舆：《春秋繁露义证》，中华书局1992年版，第354页。

④ 苏舆：《春秋繁露义证》，中华书局1992年版，第465—466页。

天地，而且人在其中居主要地位。他又借助“气”来释天地人因所秉之气处的位置不同，而各成就其物。通过这两段，我们还可以看出董仲舒说的人，似乎是受命于天者，但在天之“十端”说中，人又和天共同构成一大宇宙，看似矛盾的思想其实蕴含了董仲舒独具特色的人学。“人”一方面是“天道”的内容，其生养万物，为万物的源头；另一方面，它又是天道下贯于世间的最贵者，能领万物，又可以参知天道，起到了连接上下的作用。故而，人因其非常之作用，才称最为贵的，所以说在董仲舒的思想中他“更极言人之卓越，认为人在宇宙中，实有很崇高很重要的地位”①。同时在他的天人感应论中，人同样“发挥着更为主导的作用”②。如上文所述，一切物事都是人的行为决定着天的行为，所以董仲舒的思想就不是韦政通先生所认为的“建立一个以天为中心，以天人感应为其特色的天人关系论”③。而是以人为中心，天只是用来衬托人的。天人感应实乃表达了对人的主体性、能动性的重视。正如李泽厚先生所指出的那样，“董之强调‘天人感应’，正是为了宣扬‘人’能影响‘天’，‘人事’能影响‘天意’”④，只是他采取了较为神秘的论证范式，但其内核却反而在于说明人的重要性⑤。因此董仲舒这一思想“比别的学说中充满更多的对于人的能动性的强调”⑥，而这也是董仲舒对天人之学的一大推进。其实董仲舒在对天人感应的论述，其义理的表达方式和文艺复兴时期的思想家做法一样，即看似是在讲神如何，其实是借用神来扬人。其蕴含的道理又和现代佛教所主张的观点类似，即任何神灵都不会决定一个人的生死祸福，一切都是由人自己决定的。

董仲舒之所以“正话反说”，究其原因，则在于汉代特殊的时代

---

① 张岱年：《中国哲学大纲》，商务印书馆 2010 年版，第 281 页。

② 彭耀光：《董仲舒“天人感应”论发微》，《齐鲁文化研究》2011 年第 10 辑，第 127－132 页。

③ 韦政通：《董仲舒》，台北：东大图书股份有限公司 1986 年版，第 65 页。

④ 李泽厚：《中国思想史论》，安徽文艺出版社 1999 年版，第 160 页。

⑤ 李泽厚：《中国思想史论》，安徽文艺出版社 1999 年版，第 160 页。

⑥ 李泽厚：《中国思想史论》，安徽文艺出版社 1999 年版，第 161 页。

背景，汉武帝时期，经过一系列的措施使国家政局得到了相对的稳定，但社会依旧存在风险，为了使国家达到“大一统”的局面，汉武帝急需一套思想来实现其政治抱负，加之其对天命思想存有疑惑，所以在二人的策问与答策中，董仲舒一方面谈论如何治国，为其提供一套系统的理论；另一方面为了打消君主对天的疑惑和让君主依儒家仁政来治理国家，并规范君主的行为，所以他便借机言天命之尊，以达到限定君权的目的，但其实义则是为了尊人。

通过上文的分析，我们知道了董仲舒的“天人感应”思想所要表达的是高扬人的意志，阐发人的价值，其言天之尊，实则暗潜人之贵。如果从其天人关系的总论来说，他的思想绝不是为了表示天的主宰权威和“人的失落”①，而是借助言天来显人。

四、结语

作为一代大儒，董仲舒不仅完成了自己哲学体系的构建，更为重要的是，他没有辜负时代的寄托，在“遭汉承秦灭学之后，六经离析”② 的情况下，能够“下帷发愤，潜心大业，令后学者有所统壹”③，而终“为群儒首”④，代表了汉代学说的主流走向，并且以其较为完备的哲学体系为汉代政治提供了一套理论。在继承先秦以来的儒家学说的基础上，采百家之长，并结合时代（汉代）之需要，对儒学进行了创新，推动了儒学的进一步发展。

---

① 曾有学者撰文认为董仲舒的天人思想是显示了“人的失落”，在其文本种，对此加以批判。如认为董仲舒的思想“完全失落了‘人之所以为人’的价值所在——并且是包括了人的生理构造、心理活动，乃至于为善的动机、成德的能力等各方面，全面性的一种价值失落，亦即人的存在性、主体性、主动性、展望性，全面起了动摇。这是董仲舒学说最大的、最可悲的问题所在”。参见张钧莉：《中华文化思想中“天”的混同与“人”的失落——董仲舒天人合一说析评》，载《中原华语文学报》第四期。

② 班固：《汉书》，中华书局 1963 年版，第 2526 页。

③ 班固：《汉书》，中华书局 1963 年版，第 2526 页。

④ 班固：《汉书》，中华书局 1963 年版，第 2526 页。

特别是在天人学方面，他除了承续先秦儒者们对人的推崇，又以其较为严密的逻辑论证，更是彰显了人的光辉。他先以“天人同类”说解决了之前“天人各异”的情况，明确地论证了人非是异于天的，从而拉近了人和天的距离；之后，他又通过“人副天数”说，进一步阐明人和天相比并不少什么，又把人的地位加以抬高；最后，他借助“天人感应”的思想，说明人的一切祸福非是天所决定的，而是人自己掌握的，天只是顺人之行而已，如此一来，人的作用甚至大于天，那么可以说人的地位得到了极大的提升。因此，董仲舒的天人哲学思想，并不是之前很多人所误解的神学迷信，而是大有深意。通过对其思想的梳理和分析，我们可以说，董仲舒的天人思想，看似是尊天，其实是为了扬人。所以与其说董仲舒的哲学是“天的哲学”倒不如说是“人的哲学”。

本文为“首届全国儒学史研讨会暨河北省董仲舒研究会2021学术年会”提交的论文。

王闻文（1996—），男，河南周口人，山东大学在读硕士。

《春秋繁露》“天”论疏解

何善蒙

一、作为研究和论述焦点的“天”

在董仲舒的思想之中，“天”毫无疑问是具有非常重要的影响意义的，我们通常也是以天人感应来概括董氏思想的精神实质，天人关系无疑是董仲舒哲学思想的核心，董仲舒在回应汉武帝的《天人三策》中就是直接以天人关系来立论的，

> 陛下发德音，下明诏，求天命与情性，皆非愚臣之所能及也。臣谨案《春秋》之中，视前世已行之事，以观天人相与之际，甚可畏也。国家将有失道之败，而天乃先出灾害以谴告之，不知自省，又出怪异以警惧之，尚不知变，而伤败乃至。以此见天心之仁爱人君而欲止其乱也。自非大亡道之世者，天尽欲扶持而全安之，事在强勉而已矣。强勉学习，则闻见博而知益明；强勉行道，则德日起而大有功：此皆可使还至而有效者也。（《汉书·董仲舒传》）

“天人相与之际”是董氏所有阐释的立足点，也正是在此基础上，董氏重新建构了先秦的儒学系统，确定了制度化儒学的基石，由此，董仲舒被视为“群儒首”“儒者宗”，在汉代思想史（中国思想史）上具有了特殊的地位，关于此，金耀基先生指出“董氏把儒家人文精神与

阴阳家天道精神相渗合，也可以说是在‘天人相应’的带有神秘色彩的阴阳家的思想骨骼里，灌输进去儒家仁义礼智的血液，这是董氏对儒家的大贡献，也是他赢得‘汉代孔子’的尊荣的理由”①。徐复观先生在研究汉代思想史的时候，曾经非常直接地关注到了董氏对于“天”的重视与理论重构，并由此影响了汉代思想性格的形成。

> 到了《吕氏春秋》，则把五行配入到四时中去，更配上他们认为与四时相应地政令与思想，第一次建立了以阴阳五行为依据的宇宙、人生、政治的特殊构造。此一特殊构造，给汉代思想家们以重大的影响。尤其是董仲舒所受的影响最为深刻，他由此而把阴阳四时五行的气，认定是天的具体内容，伸向学术、政治、人生的每一个角落，完成了天的哲学大系统，以形成汉代思想的特性。可以说，在董仲舒以前，汉初思想，大概上是传承先秦思想的格局，不易举出它作为“汉代思想”的特性。汉代思想的特性，是由董仲舒塑造的。②

在徐复观先生这里，毫无疑问，对于天的系统化，这是董仲舒所塑造的汉代思想特性，由此，董仲舒也就具有了在思想史上的独特地位③。在金春峰先生的《汉代思想史》中，也有着类似的看法：

> 董仲舒的主要著作中，有一系列的天命鬼神的思想。但是本书认为，不能简单地把他的“天论”归之为神学思想。他讲的天有三个方面的意义，即神灵之天、道德之天和自然之天。这三个方面，他力图把它们加以统一，构成为一个体系，但事实上他并没有做到这一点，而是存在着内在的混乱和矛盾。④

---

① 金耀基:《中国民本思想史》，台北：台湾商务印书馆 1993 年版，第 105 页。

② 徐复观:《两汉思想史》(第二卷)，华东师范大学出版社 2001 年版，第 182—183 页。

③ 徐复观先生对董仲舒的天进行了非常详细的疏解，详见氏著《两汉思想史》(第二卷)，第 229—258 页。徐复观先生的论述，虽然涉及了“天”的构造、方法问题、天人关系以及天与政治等问题，但是，从总体上来说，徐复观先生认为天就是阴阳四时五行之气。

④ 金春峰:《汉代思想史》，中国社会科学出版社 1987 年版，第 147 页。

虽然在金先生看来，董仲舒的“天论”存在着内在的混乱和矛盾，但是，毫无疑问，这也是董仲舒思想的重点所在，“天人感应思想是董仲舒哲学思想的核心”①。也正是因为如此，金先生对董仲舒三层含义的“天”进行了深入的辨析，从而为我们揭示出董氏思想的内在框架。

可以说，从徐复观先生的诠释到金先生的梳理，董仲舒关于“天”的论述的丰富性和重要性得以直接地呈现出来。董仲舒关于“天”以及天人关系的讨论，是整个董学思想研究中所不能回避的，甚至可以说，只要是关于董氏思想研究的论著，都不可能不涉及“天”论的。离开天论而谈论董学，是不切实的，也是不可能的。所以，董氏天人关系的讨论，一直就是董学中的焦点问题所在。关于这一点，我们可以通过知网的简单搜索来看出，在知网中以“董仲舒”为题的有 1824 篇，其中学位论文 147 篇（博士 13 篇，硕士 143 篇）。而再限定以“天人”为题，则有 142 篇（其中博士论文 1 篇，硕士论文 19 篇）。从这个角度来说，对于董仲舒思想关注程度越高，对于其天人关系论述的讨论就会更加深入，天人关系问题始终是董学研究的重点所在，这是由董学的思想内涵和学术风格决定的。最近五年中，关于董氏天人之学的研究，也是颇有佳作出现，比如杨祖汉《董仲舒的思想是否为“宇宙论中心”哲学》（《衡水学院学报》，2021 年 9 月 16 日），余治平的《“推阴阳”而动天地：董仲舒宇宙图式新探——如何实现对先秦儒家宇宙论的改造与超越》（《河北学刊》，2021 年 3 月 1 日），干春松的《从天道普遍性来建构大一统秩序的政治原则——董仲舒“天”观念疏解》（《哲学动态》，2021 年 1 月 26 日），黄玉顺的《董仲舒思想系统的结构性还原——〈天人三策〉的政治哲学解读》（《四川大学学报》哲学社会科学版，2020 年 9 月 20 日），林乐昌的《论董仲舒与张载的天人之学》（《衡水学院学报》，2019 年 10 月 1 日），吴锋的《董仲舒“天人理论”对汉代政治合法性的构建》

① 金春峰：《汉代思想史》，中国社会科学出版社 1987 年版，第 167 页。

(《衡水学院学报》，2016年12月20日)，韩星的《董仲舒天人关系的三维向度及其思想定位》(《哲学研究》，2015年9月25日) 等等，从这些文章的篇名来看，很直接的都是关注在董氏的天人之学上。作为一个学术的话题，董氏的天人之学有着持续的影响力和关注度，这也表明它对于董学所具有的基础性意义。

如果我们回到董氏的作品，很直接可以发现，在其论述中，“天”可以说是一个出现最为频繁的词汇，以《春秋繁露》为例，“天”一共出现了970次。当然，因为统计计数是人工做出的，可能存在一定的误差。但是，这个数字本身就很直观地告诉我们，董氏对于“天”这个概念给予了极为重要的关注，而这一点，也是我们对董氏思想的大体定位是一致的。如前所言，虽然学界对于董氏的天人之学已经有了相当多的关注，但是，这并不意味着其间所有的问题均以解决。它之所以可以成为一个持续受到关注的重点问题，就说明它的学术价值以及思想内涵的丰富程度。因此，本文希望从对董氏自身论述的梳理出发，来具体讨论“天”在董氏思想系统中的具体内涵和意义。为了讨论的方便，本文对董氏论述中所涉及“天”的含义做了自己的梳理，简表如下：

义项	出现频次	备注
上天	583	含天地 131
天下	108	
天子	96	含天王 9
天道	42	
天数	37	
天生	23	
天意	18	
天经	11	
天命	10	

续表

义项	出现频次	备注
天时	10	
天志	9	
天德	6	
天制	6	
天理	4	
天伦	4	含天次 1，天序 2
天心	3	

这里需要指出的是，为什么不采用诸如金春峰先生作品中神灵之天、自然之天以及道德之天这样的区分方式来讨论董氏作品中的“天”？毫无疑问，这种类型的区分是在相关的讨论中是被普遍使用的，但是，个人认为这种区分的方式过于抽象，不能更为具体地、细致地呈现出在董氏《春秋繁露》中，“天”这一概念所具有的丰富的内涵。尤其是说，当我们对于董氏天人之学的研究不断取得深入进步的背景之下，抽象的类型区分法是无法真正呈现出“天”在董学中的具体的、细致的内涵。由此，本文尝试以上述区分方式，来具体讨论董氏之“天”论。

二、上天、天时与天经：董氏之天的内在规定

谈论天，尤其是在思想层面对于天进行重新建构，首要必须处理的是天究竟是什么？如果说，我们按照通常的观念认为董仲舒哲学的基础即在于天，那么，首先需要明确的是对于董仲舒来说，天意味着什么？这样我们才能够真正理解董氏思想的特质以及他在思想史上的真正地位。

可是，如果我们按照前述金春峰先生对于董氏天的类型区分，就很难直接呈现出董氏之天所具有的特殊意义，正如徐复观先生所言：

“古代天由宗教的意义，演变而为道德的意义，或自然的意义，这都不足以构成天的哲学。因为这只是由情感、传统而来的‘虚说’，点到为止，没有人在这种地方认真地求证，也没有人在这种地方认真地要求由贯通而来的体系”①，也就是说，如果我们只是从神灵、道德或者自然的意义上来谈论“天”，那只是对于天的抽象的言说，而不是去建立关于“天”的真正的思想体系。而董仲舒的哲学，如果说是立足在天人关系重构的意义上来重建政治秩序的话，那么，对于天的深入的、细致的讨论，是其中应有之意，也是其必须解决的前提，正如干春松指出的，“董仲舒结合了阴阳家的天道理论与儒家之道德理想主义，将五德始终之机械的时间转移与以道德为基础的天命转移进行对接，从而将儒家之道德哲学转为政治历史之哲学，使儒家之道德理念落实到具体的政治实践成为可能”②。

所以，要讨论董氏的“天”论，首先需要关注的就是董氏给予了“天”以什么样的新的内涵，从而使得对于“天”的讨论进入了一个较为细致和深入的阶段，而非停留在抽象的概括上。从前面我们对于董仲舒《春秋繁露》中言及的“天”的各个义项来看，其上天、天时与天经诸义项都是涉及董氏对于“天”的内涵的重新确定，或者说，董氏在这些义项的谈论中，实现了其对于“天”的重新定位。按照徐复观先生的说法，董氏对于“天”的认识是延续《吕氏春秋》而来的，“他这不是真承古代天的观念发展下来的，而是承《吕氏春秋·十二纪·纪首》的格套、内容，发展下来的”③，实际上就是用阴阳、四时和五行的结合来具体限定“天”的，即在董氏这里，他谈论的是具体的和阴阳、四时、五行相关的那个“天”。这个含义，充分地体现在他所使用的“上天”的义项中，就语词来说，“上天”就是和“地”相对应的那个“天”，这个用法在《春秋繁露》中是最为普遍

① 徐复观：《两汉思想史》（第二卷），华东师范大学出版社 2001 年版，第 229 页。

② 干春松：《从天道普遍性来建构大一统秩序的政治原则——董仲舒“天”观念疏解》，《哲学动态》2021 年第 1 期，第 78 页。

③ 徐复观：《两汉思想史》（第二卷），华东师范大学出版社 2001 年版，第 229 页。

的，共计583次，也就是说，在董氏所使用的“天”，有60%以上谈论的是具体的、实在的“天”，而徐复观先生在其《汉代思想史》中主要也是关注这一层面的“天”的意义[①]。正是因为如此，林乐昌教授认为徐复观先生实际上关注的只是自然之天[②]，不过，对于徐复观先生来说，这才是“天”的准确的方式，或者说，真正哲学的方式。那么，在这个意义上的“天”，董仲舒又是如何来具体谈论的呢？我们以《春秋繁露》中的几段典型的描述，来略做说明：

> 身之名取诸天，天两，有阴阳之施，身亦两，有贪仁之性。（《深察名号》第三十五）

> 是故阴阳之行，终各六月，远近同度，而所在异处。阴之行，春居东方，秋居西方，夏居空右，冬居空左，夏居空下，冬居空上，此阴之常处也；阳之行，春居上，冬居下，此阳之常处也。（《天辨在人》第四十六）

> 天地之常，一阴一阳，阳者，天之德也，阴者，天之刑也。（《阴阳义》第四十九）

> 天地之气，合而为一，分为阴阳，判为四时，列为五行。（《五行相生》第五十八）

> 天、地、阴、阳、木、火、土、金、水，九，与人而十者，天之数毕也，故数者至十而止，书者以十为终，皆取之此。圣人何其贵者，起于天，至于人而毕，毕之外，谓之物，物者，投其所贵之端，而不在其中，以此见人之超然万物之上，而最为天下贵也。人下长万物，上参天地，故其治乱之故，动静顺逆之气，乃损益阴阳之化，而摇荡四海之内，物之难知者若神，不可谓不然也。（《天地阴阳》第八十一）

以上是我们在《春秋繁露》中可以非常直接地看到董仲舒对于

---

① 因为按照徐复观先生的看法，这才是真正具有哲学意义的“天”，也是董氏的最大发明。

② 林乐昌：《论董仲舒与张载的天人之学》，《衡水学院学报》2019年第5期，第17页。

"天"的基本内涵的论述，当然，这样类似的言说方式，在董氏的作品中是非常常见的。从上述的言说内容中，我们可以得出一些比较关键的信息。首先，董仲舒对于"天"的描述是立足在"元气"论的立场上的，董仲舒在其《春秋繁露》中是直接讨论过"元"的，"故元者为万物之本，而人之元在焉，安在乎？乃在乎天地之前，故人虽生天气，及奉天气者，不得与天元、本天元命、而共违其所为也"（《玉英》第四）。金春峰先生在讨论董仲舒所论及的"元"即是用"元气"来解释的，认为董仲舒是"元气"论者①，这从思想史的演变过程来说，也是很好理解的，从战国中期到西汉初，这种元气论是一种比较普遍的宇宙论形式②，在这种背景之下，天对于董氏来说，实际上就是一种气的存在，或者说，气是天的本质属性。其次，既然天是一种气（元气），其内在规定性就是阴阳、四时和五行，所谓"天地之气，合而为一，分为阴阳，判为四时，列为五行"（《五行相生》第五十八），阴阳、四时、五行这些观念，是春秋战国以来普遍流行的，从源头上来说，当是起于阴阳家，但是在战国晚期开始，已经成为当时广泛流行的一种解释框架，比如前述《吕氏春秋》中这种阴阳、四时、五行的描述就已经出现，事实上，就目前所保留的文献来看，《吕氏春秋·十二纪·纪首》跟《礼记》中的《月令》文字相同，差别只是十二篇合为一长篇，这段文字又被《淮南子·时则训》全文抄录，仅文字上略做修改，其中所记天象、物候多来自《夏小正》，也就是说，从《夏小正》到《吕氏春秋》，中间经过《礼记·月令》，再到《吕氏春秋》和《淮南子》都存在着很清楚地用阴阳、四时与五行相配合的方式来描述的方式，当然中间的发展过程，学界有很多的讨论，可以供参考③。如果从思想史的演进过程来考察，我们应当可以

---

① 金春峰：《汉代思想史》，中国社会科学出版社1987年版，第149－150页。

② 这种宇宙论图式，主要是受黄老道家的影响，秦汉以来，无论是《吕氏春秋》还是《淮南子》都是在这一宇宙论模式下建立起来的。董仲舒作为汉初重要思想家，受这种思潮的影响，也是可以理解的。

③ 徐复观先生在《汉代思想史》（第二卷）中也涉及了该问题，可以参读，详见第8－11页。

说，从战国末期开始，这种描述的方式逐渐成了当时的共识，这当然可能是与当时的具体农耕的技术进步和经验累积相关，而董仲舒的说法，大体上也是延续了（或者说总结了、反映了）这样的一种思想事实。最后，在对“天”的这种描述框架中，董仲舒加入了“人”的要素，所谓“天、地、阴、阳、木、火、土、金、水，九，与人而十者，天之数毕也”（《天地阴阳》第八十一），或者“天有十端，十端而止已，天为一端，地为一端，阴为一端，阳为一端，火为一端，金为一端，木为一端，水为一端，土为一端，人为一端，凡十端而毕，天之数也”（《官制象天》第二十四），这个描述从字面来说，似乎是为了凑足十个数而做了一个比附，但是这个意义是非常重大的，值得重视的，这里实际上凸显出来的就是“人”的特殊意义，这是儒家的基本价值立场，所谓“以此见人之超然万物之上，而最为天下贵也”（《天地阴阳》第八十一）。实际上，如前所言，无论是元气论，还是阴阳、四时、五行的讨论，在汉初是一种普遍的共识，当然，从思想源头来说，我们可以认可董仲舒是继承了（综合了）黄老道家与阴阳家的观念，因为这种宇宙论的模式可以代表着当时人对于世界的基本看法，但是，如何在当中呈现出儒家的立场来？董仲舒以“天之数为十”的诠释，确立了儒家的价值立场。那么，接下来的问题就是比较直接了，董仲舒就是在儒家的立场上，以阴阳、四时、五行来充实汉代儒家对于“天”的基本认识，这种认识立场从本质上来说，是一种元气论立场。

除了从元气论的角度，以阴阳、四时和五行来充实“天”的基本内涵，董仲舒在论述中还经常在天时（凡 10 见）和天经（凡 11 见）的义项上使用“天”这一概念，目的是为了强化、细化他对于“天”的这种内在规定性的设定：

> 天有四时，时三月；王有四选，选三臣；是故有孟、有仲、有季，一时之情也；有上、有下、有中，一选之情也；三臣而为一选，四选而止，人情尽矣。人之材固有四选，如天之时固有四变也；圣人为一选，君子为一选，善人为一选，正人为一选，由此而下者，不足选也；四选之中，各有节也；是故天选四堤，十

二而人变尽矣；尽人之变，合之天，唯圣人者能之，所以立王事也。何谓天之大经？三起而成日，三日而成规，三旬而成月，三月而成时，三时而成功；寒暑与和，三而成物；日月与星，三而成光；天地与人，三而成德；由此观之，三而一成，天之大经也。以此为天制，是故礼三让而成一节，官三人而成一选，三公为一选，三卿为一选，三大夫为一选，三士为一选，凡四选三臣，应天之制，凡四时之三月也。是故其以三为选。取诸天之经；其以四为制，取诸天之时；其以十二臣为一条，取诸岁之度；其至十条而止，取之天端。（《三代改制质文》第二十三）

河间献王问温城董君曰："《孝经》曰：'夫孝，天之经，地之义。'何谓也?"对曰："天有五行：木、火、土、金、水是也。木生火，火生土，土生金、金生水。水为冬，金为秋，土为季夏，火为夏，木为春。春主生，夏主长，季夏主养，秋主收，冬主藏，藏，冬之所成也。是故父之所生，其子长之；父之所长，其子养之；父之所养，其子成之。诸父所为，其子皆奉承而续行之，不敢不致如父之意，尽为人之道也。故五行者，五行也。由此观之，父授之，子受之，乃天之道也。故曰：夫孝者，天之经也。此之谓也。"（《五行对》第三十八）

天时，就是四时的意思，这对于生活于世间的人来说①，具有重要的、客观的参考价值，而天经地义，则更是凸显出"天"所具有的这种本质提特性是无可回避的。由此，我们事实上也可以说，董氏通过对于"天"的重构，呈现出来的是一个客观的、无可回避的"天"的形象，这种客观性和无可回避性，可以用四时和五行的规则来概括。因此，在这种内在规定性的确立上，实际上董仲舒通过以元气论为基础，配以阴阳、四时、五行这一基本框架，表达的是天之客观不可违背的特点，当然，如前所言，人的价值也正是在这种框架中被董仲舒巧妙地安置了进去。

① 尤其是对于政治秩序的有效构建来说，更是如此，此详后。

三、天下、天意与天志：董氏之天的人格限定

在对于“天”的内涵设定上，董仲舒从元气论出发，强调以阴阳、四时和五行作为对于天之内在规定性的设定。从这个角度来说，董仲舒所确立出来的是一个客观的、难以违背的“天”。那么，这样的“天”具有怎样的属性呢？以前所论，客观性和不可违抗性毫无疑问是董氏之天的首要属性。

天者，百神之大君也，事天不备，虽百神犹无益也，何以言其然也，祭而地神者，春秋讥之，孔子曰：“获罪于天，无所祷也。”是其法也。（《郊语》第六十五）

道之大原出于天，天不变，道亦不变。（《汉书·董仲舒传》）

从上述引言来说，毫无疑问，“天”成了最为关键的、核心的问题，是所有问题的根源，所谓“百神之大君”，就非常形象地揭示出了“天”地这种绝对的、不可违背的权威。这种客观的权威性，在“天下”（凡 108 见）这个概念的使用上非常直接地表达了出来，既然是“天下”，即是“天”之权威和规范的表达之地，所有的“天下”都是因“天”而来的，“天”对于“天下”的这种包含性和权威性是不言而喻的。

故刑者，德之辅，阴者，阳之助也，阳者，岁之主也，天下之昆虫随阳而出入，天下之草木随阳而生落，天下之三王随阳而改正，天下之尊卑随阳而序位，幼者居阳之所少，老者居阳之所老，贵者居阳之所盛，贱者居阳之所衰，藏者言其不得当阳，不当阳者，臣子是也，当阳者，君父是也。（《天辨在人》第四十六）

“天”是以阴阳为基本规则的，这就意味着天下的一切，无论是昆虫、草木还是三王、尊卑等等，都必须以阴阳的原则作为自身行为规范的要求。“天”的内在规范性，即是正道，这是万物的准则，更是人类社会运行所必须遵循的。

治天下之端，在审辨大；辨大之端，在深察名号。名者，大

理之首章也，录其首章之意，以窥其中之事，则是非可知，逆顺自着，其几通于天地矣。是非之正，取之逆顺；逆顺之正，取之名号；名号之正，取之天地；天地为名号之大义也。（《深察名号》第三十五）

圣人之所命，天下以为正，正朝夕者视北辰，正嫌疑者视圣人，圣人以为无王之世，不教之民，莫能当善，善之难当如此，而谓万民之性皆能当之，过矣。（《深察名号》第三十五）

以鲁人之若是也，亦知他国之皆若是也，以他国之皆若是，亦知天下之皆若是也，此之谓连而贯之，故天下虽大，古今虽久，以是定矣。（《精华》第五）

天下的运行以天作为基本原则，天之原则即是正道，对于天下来说，这毫无疑问是必须严格遵循的。“以鲁人之若是也，亦知他国之皆若是也，以他国之皆若是，亦知天下之皆若是也”，在这样的论述中，“天”的这种权威性是极其重要的被树立了起来。那么，怎样才能更好地表达“天”的这种权威性呢？由此，“天意”（凡 18 见）、“天志”（凡 9 见）就被董仲舒提出来了：

受命之君，天之所大显也；事父者承意，事君者仪志，事天亦然；今天大显已，物袭所代，而率与同，则不显不明，非天志，故必徒居处，更称号，改正朔，易服色者，无他焉，不敢不顺天志，而明自显也。（《楚庄王》第一）

其大略之类，天地之物，有不常之变者，谓之异，小者谓之灾，灾常先至，而异乃随之，灾者，天之谴也，异者，天之威也，谴之而不知，乃畏之以威，《诗》云：“畏天之威。”殆此谓也。凡灾异之本，尽生于国家之失，国家之失乃始萌芽，而天出灾害以谴告之；谴告之，而不知变，乃见怪异以惊骇之；惊骇之，尚不知畏恐，其殃咎乃至。以此见天意之仁，而不欲陷人也。谨案：灾异以见天意，天意有欲也、有不欲也，所欲、所不欲者，人内以自省，宜有惩于心，外以观其事，宜有验于国，故见天意者之于灾异也，畏之而不恶也，以为天欲振吾过，救吾失，故以此报我也。春秋之法，上变古易常，应是而有天灾者，

谓幸国。（《必仁且智》第三十）

天生民性有善质而未能善，于是为之立王以善之，此天意也。民受未能善之性于天，而退受成性之教于王，王承天意以成民之性为任者也；今案其真质而谓民性已善者，是失天意而去王任也。（《深察名号》第三十五）

古之圣人见天意之厚于人也，故南面而君天下，必以兼利之。（《诸侯》第三十七）

人之形体，化天数而成；人之血气，化天志而仁；人之德行，化天理而义。（《为人者天第四十一》）

除民所苦，无使阴灭阳，阴灭阳，不顺于天，天意常在于利民，愿止雨，敢告。（《止雨》第七十五）

天志仁，其道也义，为人主者，予夺生杀，各当其义，若四时。（《天地阴阳》第八十一）

从以上这些对于天意和天志的描述中，我们可以看出。首先，对于董仲舒来说，无论是天意还是天志，是反映天的这种权威性的一种最好的方式，如前所言，天的权威性是不可置疑的，天下的行为是必须遵循“天”的规则才是恰当，由此，当我们在奉行“天”之规则时就像是在奉行某一个权威的教导一样，是不可违背的，由此，在强调“天”的客观的、不可违逆的权威的基础上，将“天”塑造成有意志的形象，也是顺理成章的。当然，从一个外在权威的“天”，变成天意和天志的时候，实际上就意味着“天”在董仲舒这里被人格化了，换而言之，“天”成了一个具有意志的人格神。其次，天不仅是有意志的，而且也是有目的的，它的目的是一种道德价值，即“天意常在于利民”“天志仁”等等。这一类的表述，在《春秋繁露》中也是常见的，比如“天常以爱利为意，以养长为事”（《王道通三》第四十四），“天之常意在于利人”（《止雨》第七十五），也就是说，天不仅是有意志的，而且也是有目的的，其目的是一种道德价值（或者说道德目标）。当然，当天变成有意志、有目的的时候，这种论述神学的意味也就非常明显了，“在这些地方，天都是有目的有意志的主宰一切的人格神"①。这样的改变，如果我们从先秦儒家对于天的基本认识来看，董仲舒的这种重新塑造显然是有倒退的，因为在孔夫子那里，天的这种人格神意志就已经被逐渐消减，这也是早期中国思想理想化的一大标志。但是，董仲舒这里，却非常明显的重构了人格神意义的"天"。当然，我们也不能简单地把这种方式一概斥为倒退，也应当从思想史的具体脉络中去理解这样的一种设计。最为直接的解释，即在于董氏这样做的目的是在大一统政治的背景之下，为其提供一种理论的框架，这与孔孟时代所面临的问题是不一样的②。最后，董仲舒还强调了一个非常重要的观点，那就是天意、天志的表达是可以感受到的，感受的途径就是灾异。所谓"灾异以见天意"，灾异遣告也是董氏思想中的重点内容，尤其是在其政治神学的框架之中，如果从我们前述对于董氏关于天意、天志的分析来看，灾异遣告是必然会出现的一种理论结果。因为"天"是有意志的，其意志必然是要表达出来，这样才能够彰显天的权威性。而"天"的目的则是道德属性的，那么遣告毫无疑问，也就成为表达"天意"的道德价值的一种最好的选择，建立在天意遣告的基础上，君主的政治主动性才可以被积极调动，所谓"人内以自省，宜有惩于心，外以观其事，宜有验于国，故见天意者之于灾异也，畏之而不恶也，以为天欲振吾过，救吾失，故以此报我也"，由此，这就被视为是一种积极的行为，即"幸国"。

当然，对这样的解释方式和设计方式我们都可以提出辩驳。而从董仲舒需要构建一整套有利于大一统帝国的思想形态来说，他必须是做这样的选择的。我们可能需要更多地去理解他为什么要采取这种方式，这也就是所谓的"理解之同情"（陈寅恪《金明馆丛稿二编·冯

① 金春峰：《汉代思想史》，中国社会科学出版社1987年版，第148页。

② 当然，就理论本身的逻辑来说，我们也应当正视董仲舒的这种倒退，虽然是有着非常明显的时代要求。这就涉及该如何评价董学的问题，这自然是一个复杂的问题，如果从儒学的制度化来说，董氏的积极意义是明显的，因为对于制度或者政权来说，这种神学目的论的解释是必需的。但是，如果是从自由思想的阐发来说，则是相对不足的。可能任何的思想最终都会囿于它的时代，董学也是如此。

友兰中国哲学史上册审查报告》）。

四、天子、天命与天数：董氏之天的政治架构

如前文所言，董仲舒对于儒学系统的改造（或者说重构），乃是基于大一统的政治格局的需要，大一统的政治需要大一统的思想，确立怎样的大一统思想，这就是秦汉以来的主要问题[①]。也就是说，董仲舒基于天人感应所建构出来的政治神学，是儒学制度化的一种必然路径，也只有经由这一改变，儒学才有可能被作为大一统帝国的思想基础，从而实现了与政治的联姻。这种结合的方式，当然我们不能够简单地以好或者是不好来评判，但是对于董仲舒当时的努力来说，至少我们是应该认可的。在回应汉武帝的策问中，董仲舒强调：

> 《春秋》大一统者，天地之常经，古今之通谊也。今师异道，人异论，百家殊方，指意不同，是以上亡以持一统；法制数变，下不知所守。臣愚以为诸不在六艺之科孔子之术者，皆绝其道，勿使并进。邪辟之说灭息，然后统纪可一而法度可明，民知所从矣。（《汉书·董仲舒传》）

这一对策，对于董仲舒来说，自然是从儒家的立场来考量现实问题的一种积极回应，而对于中国传统来说，则是具有着深刻影响的事件，简单地说，就是儒学由此掌握了候补文官的教育，从而实现了与现实政治的结合，并且影响中国传统社会两千余年。

当然，从董氏作品本身来说，在前面对于“天”的这种权威性的强调，尤其是基于天意、天志的神学目的论的设定，使得其对于现实政治的架构，也是显而易见的。从理论上来说，政治也是“天下”之

---

① 关于此一问题，秦始皇二十六年，廷尉李斯在回应丞相王绾关于分封子弟的建议时提出：“天下无异意，则安宁之术也。置诸侯不便”（《史记·秦始皇本纪》），“天下无异意，则安宁之术也”这一断语对于秦汉以来的帝国具有重要意义，可以视为大一统帝国对于大一统思想的基本诉求，这也是秦汉思想史演变的主线。

一种，而且是最为重要的一种①。董氏对于天的重新设定，必然会推延到他对于政治的基本架构，这首先表现在“天子”（含天王，凡96见）这一概念中：

> 《春秋》立义，天子祭天地，诸侯祭社稷，诸山川不在封内不祭。有天子在，诸侯不得专地，不得专封，不得专执天子之大夫，不得舞天子之乐，不得致天子之赋，不得适天子之贵。（《王道》第六）
>
> 人之得天得众者，莫如受命之天子，下至公侯伯子男，海内之心，悬于天子，疆内之民，统于诸侯，日月食并告凶，不以其行。（《奉本》第三十四）
>
> 受命之君，天意之所予也。故号为天子者，宜视天为父，事天以孝道也；号为诸侯者，宜谨视所候奉之天子也；号为大夫者，宜厚其忠信，敦其礼义，使善大于匹夫之义，足以化也；士者，事也，民者、瞑也；士不及化，可使守事从上而已。（《深察名号》第三十五）
>
> 传曰：唯天子受命于天，天下受命于天子，一国则受命于君。（《为人者天》第四十一）
>
> 圣人正名，名不虚生，天子者，则天之子也，以身度天，独何为不欲其子之有子礼也！（《郊语》第六十五）
>
> 先贵而后贱，庸贵于天子，天子号天之子也，奈何受为天子之号，而无天子之礼，天子不可不祭天也，无异人之不可以不食父，为人子而不事父者，天下莫能以为可，今为天之子而不事天，何以异是。是故天子每至岁首，必先郊祭以享天，乃敢为地，行子礼也；每将兴师，必先郊祭以告天，乃敢征伐，行子道也。（《郊祭》第六十七）

这样的说法，在《春秋繁露》中是比比皆是的，这是因为“天子”作

① 在中国古籍中，“天下”显然是一个有着明显政治含义的概念，所谓“皇天眷命，奄有四海，为天下君”（《尚书·大禹谟》），“泰伯其可谓至德也已矣，三以天下让，民无得而称焉”（《论语·泰伯》），明显就是一个作为政治含义的名词。

为天之子，乃是这个政治的核心，即地上所有的政治架构都必须围绕“天子”展开的，这是政权合法性的来源，也是对于天之权威性的极大的尊崇。这里实际上涉及两个层面的问题：首先，天子是天之子，所以是代表天来治理天下的，天下作为一个政治场域，是天子权威的提现，也必须要尊崇天子，这是基于天的权威性而来的；其次，天子对于天的责任（或者说义务），就是祭天，祭天是专属于天子的权力，也是天子对于天负责的一种形式，通过祭天这一仪式，天子和天联系在一起，由此，超越的天和世俗政权之间的密切关联在一起。

当然，天子之所以能够成为天子，乃是基于“天命”（凡 10 见），“天命”是中国早期政治哲学架构中一个关键性的概念，一个人是否可以成为天子，乃是基于天命，即天之所命，这样的表述形式虽然简单，但是，它既保证了天的无上的权威，也为人间的政治秩序确定了合法性的来源。在董仲舒的论述中，也是如此的。

> 西狩获麟，受命之符是也，然后托乎《春秋》正不正之间，而明改制之义，一统乎天子。（《符瑞》第十六）
>
> 王者必受命而后王，王者必改正朔，易服色，制礼乐，一统于天下，所以明易姓非继人，通以己受之于天也。王者受命而王，制此月以应变，故作科以奉天地，故谓之王正月也。（《三代改制质文》第二十三）
>
> 传曰：唯天子受命于天，天下受命于天子，一国则受命于君。（《为人者天》第四十一）

天子必受命于天，这对于现实政权的确立来说，是具有非常重要意义的，也是具有极其崇高的象征性含义的事件。当然，这种受命必然是有符瑞的，无论是商汤、文王的受命，还是孔子西狩获麟，都存在着符瑞的，这就是天意的表达，天的无上权威的呈现。这表明，受命为天子，是一个极其神圣的事件，对于政权的有效建立就是从受命开始的。换而言之，唯有受命天子才可以进行“改正朔，易服色，制礼乐”等现实的政治建构，这样的建构也才会被视为是合法的。比如说改正朔、易服色等，这是天子受命后必然要做的事情，那么如何去做呢？这就需要根据天之符瑞来进行操作的。

三正以黑统初，正日月朔于营室，斗建寅，天统气始通化物，物见萌达，其色黑。正白统者，历正日月朔于虚，斗建丑，天统气始蜕化物，物初芽，其色白，故朝正服白。正赤统者，历正日月朔于牵牛，斗建子，天统气始施化物，物始动，其色赤，故朝正服赤。古之王者受命而王，改制称号正月，服色定，然后郊告天地及群神，远追祖祢，然后布天下，诸侯庙受，以告社稷宗庙山川，然后感应一其司，三统之变，近夷遐方无有生煞者，独中国，然而三代改正，必以三统天下。(《三代改制质文》第二十三)

这就是董仲舒著名的三统说。所谓三统，即夏、商、周三代的正朔，夏正建寅为人统，商正建丑为地统，周正建子为天统，所以又谓之三正。在董仲舒看来，这就是天子受命的一个明显的标志，每个朝代都有自己的一统，这是受之于天的，旧王朝背时，新王朝则承应天命以替代并改正朔、易服色，三统的变更，以黑、白、赤三统循环，得某一统而为天子，则社会的礼乐征伐等制度即依其统之定制办理。虽然很多时候，对于这样的解释方式会有种种的批评，但是，在传统时代这是一种非常有效的政治合法性的说明规则，也是极为有效的现实政治建构路径。

天子受命于天，而天则决定了人间的政治架构，那么，为什么天子可以依照天的要求来建立现实的政治制度呢？那是因为，这是有“天数”(凡37见)① 的存在。

何谓天之端？曰：天有十端，十端而止已，天为一端，地为一端，阴为一端，阳为一端，火为一端，金为一端，木为一端，水为一端，土为一端，人为一端，凡十端而毕，天之数也。天数毕于十，王者受十端于天，而一条之率，每条一端以十二时，如天之每终一岁以十二月也，十者，天之数也，十二者，岁之度

① 当然，在董仲舒这里，并非所有的“天数”都是出于数字上的表现，也有类似规则、规律的意思，比如：“春之所生，而不得过秋，秋之所生，不得过夏，天之数也”(《循天之道》第七十七)。

也，用岁之度，条天之数，十二而天数毕，是故终十岁而用百二十月，条十端亦用百二十臣，以率被之，皆合于天，其率三臣而成一慎，故八十一元士为二十七慎，以持二十七大夫，二十七大夫为九慎，以持九卿，九卿为三慎，以持三公，三公为一慎，以持天子，天子积四十慎，以为四选，选一慎三臣，皆天数也。是故以四选率之，则选三十人，三四十二，百二十人，亦天数也；以十端四选，十端积四十慎，慎三臣，三四十二，百二十人，亦天数也；以三公之劳率之，则公四十人，三四十二，百二十人，亦天数也。故散而名之，为百二十臣，选而宾之，为十二长，所以名之虽多，莫若谓之四选十二长，然而分别率之，皆有所合，无不中天数者也。求天数之微，莫若于人，人之身有四肢，每肢有三节，三四十二，十二节相持，而形体立矣；天有四时，每一时有三月，三四十二，十二月相受，而岁数终矣；官有四选，每一选有三人，三四十二，十二臣相参，而事治行矣；以此见天之数，人之形，官之制，相参相得也，人之与天多此类者，而皆微忽，不可不察也。（《官制象天》第二十四）

天之大数毕于十旬，旬天地之间，十而毕反，旬生长之功，十而毕成，十者，天数之所止也。古之圣人因天数之所止以为数，纪十如更始，民世世传之，而不知省其所起；知省其所起，则见天数之所始；见天数之所始，则知贵贱逆顺所在；知贵贱逆顺所在，则天地之情着，圣人之宝出矣。是故阳气以正月始出于地，生育长养于上，至其功必成也，而积十月；人亦十月而生，合于天数也。是故天道十月而成，人亦十月而成，合于天道也。（《阳尊阴卑》第四十三）

这两段描述虽然复杂，但是在董仲舒那里非常重要，因为通过“天数”，董仲舒找到了官制（现实的政治建构）与天之间的内在联系，即人间的政治设计是完全符合天数的。这种天数在董仲舒看来是极其重要的，是直接源自于天的，并且可以在人的身上得到非常直观的呈现，所谓“求天数之微，莫若于人”[1]。既然一切都是是来自于天数，那么，按照天数来构架现实的政治秩序，也就是顺理成章的了。

五、天心、天道、天德与天理：董氏之天的伦理限定

正如金春峰先生在其研究中指出董氏的天是有道德含义的[2]，这实际上也是极其正常的。因为董氏对于天的重构，虽然吸取了较多的、在当时极为流行的阴阳家和黄老道家对于天的界说方式，但是，就其作为儒家的意义来说，对天的道德性的体认是极为自然的。在其对于“天心”（凡 3 见）的使用中，就很直接地表达出了这种道德的倾向：

> 故曾子、子石盛美齐侯，安诸侯，尊天子，霸王之道，皆本于仁，仁，天心，故次之以天心。（《俞序》第十七）

这里直接就是以“仁”（即道德）来界定“天心”的，天心就是“仁”的，那么，也就意味着天本身也就是道德（“仁”）的，即所谓“仁之美者在于天，天，仁也。天覆育万物，既化而生之，有养而成之，事功无已，终而复始，凡举归之以奉人，察于天之意，无穷极之仁也”（《王道通三》第四十四）。这个道德立场的确立，实际上也就是董仲舒儒家价值的表达，是对于其思想儒家属性直接说明。而在董氏的论述中，天道（凡 42 见）、天德（凡 6 见），也都是非常明显地表达出董仲舒对这种儒家价值的坚守和推行。

> 天德施，地德化，人德义。（《人副天数》第五十六）
>
> 天地之制也，兼和与不和，中与不中，而时用之，尽以为功，是故时无不时者，天地之道也。顺天之道，节者、天之制也，阳者、天之宽也，阴者、天之急也，中者、天之用也，和者、天之功也，举天地之道，而美于和。（《循天之道》第七十七）

---

① 这当然是董仲舒“人副天数”的天人感应观念的基础，这里不赘述。

② 金春峰：《汉代思想史》，中国社会科学出版社 1987 年版，第 154 页。

我虽有所愉而喜，必先和心以求其当，然后发庆赏以立其德；虽有所忿而怒，必先平心以求其政，然后发刑罚以立其威，能常若是者，谓之天德，行天德者，谓之圣人。（《威德所生》第七十九）

天道施，地道化，人道义，圣人见端而知本，精之至也，得一而应万类之治也。（《天道施》第八十二）

男女犹道也，人生别言礼义，名号之由，人事起也，不顺天道，谓之不义，察天人之分，观道命之异，可以知礼之说矣。（《天道施》第八十二）

从上述天道、天德的描述来说，其道德的内涵还是非常明显的①，无论是以和、节，还是以施来描述天道的特点，还是以圣人和礼义等道德属性的概念来限定天道，均无一例外地表达出董仲舒对于儒家立场地坚持。当然，这里需要进一步指出的是“天理”（凡 4 见）这一观念的使用：

故夏无道而殷伐之，殷无道而周伐之，周无道而秦伐之，秦无道而汉伐之，有道伐无道，此天理也，所从来久矣，宁能至汤武而然耶！（《尧舜不擅移汤武不专杀》第二十五）

故明圣者象天所为为制度，使诸有大奉禄，亦皆不得兼小利、与民争利业，乃天理也。（《度制》第二十七）

人之德行，化天理而义。（《为人者天》第四十一）

之所以这些论述值得重视，是因为董仲舒很直接地使用了“天理”这一概念，并且，从上文地论说来说，董氏也是毫无疑问是在道德的意义上来说的，强调的是天所具有的道德属性。自从程明道称“吾学虽

① 当然，这并不是说董氏所用所有的“天道”就有道德的含义，董氏也在作为天运行的一般规律意义上来使用“天道”，比如“天之道，初薄大冬，阴阳各从一方来，而移于后，阴由东方来西，阳由西方来东，至于中冬之月，相遇北方，合而为一，谓之曰至；别而相去，阴适右，阳适左，适左者，其道顺，适右者，其道逆，逆气左上，顺气右下，故下暖而上寒，以此见天之冬右阴而左阳也，上所右而下所左也”（《阴阳出入上下》第五十）。

有所受，但“天理”二字却是自家体贴出来”[①]，“天理”二字受到了极大的关注，并且影响了宋明儒学的基本架构。以往我们在考察“天理”二字的时候，似乎只关注到的是《乐记》中那段经典的论述中曾言及天理，即“人生而静，天之性也。感于物而动，性之欲也。物至知知，然后好恶形焉。好恶无节于内，知诱于外，不能反躬，天理灭矣。夫物之感人无穷，而人之好恶无节，则是物至而人化物也。人化物也者，灭天理而穷人欲者也”（《礼记·乐记》）。当然，这里我们也并不是说，董氏对于“天理”的使用影响了宋代对于“天理”的重视，而只是表明，在董仲舒这里，实际上已经明显是在道德的意义上使用“天理”二字了[②]。

六、结语

我们上述的讨论，是以《春秋繁露》作为基本的文献依据来具体讨论董仲舒对于“天”的使用。所谓具体讨论，即如前文所言，并不是主要以神灵之天、自然之天及道德之天这样抽象的区分来言说“天”，而是希望通过对董氏论述中所涉及的关于“天”的一些义项的疏解（当然，囿于个人的原因，这样的梳理可能会存在较大的疏漏），从而具体地呈现出“天”在董仲舒思想中的真实意旨。

董氏对于“天”的使用是有其独特之处的，以上天、天时与天经等义项所表达出来的元气自然的宇宙论是董氏“天”学的哲学基础，以天下、天意与天志等义项所体现的是董氏之“天”的人格属性，这是基于元气自然而来的，也是可以落实于董氏的政治架构的，所以，这可以被视为董氏“天”学系统的中介环节，是沟通其哲学基础和现实政治架构的关键。政治架构与道德意义上的“天”的使用，则是董氏之天学的现实展开，天子、天命与天数等表达的是董氏基“天”的

---

① 程颢、程颐：《二程集》，中华书局1981年版，第424页。

② 如果考虑到董氏所做的天人关系的架构，恰恰也是天人一道（理）的话，那么，这样的论述方式当具有更可以值得深思的地方了。

权威而进行现实政治架构的具体展开，而天心、天道、天德与天理等义项对于“天”所做的限定则是董氏之学的儒家价值立场的体现和现实教化的落实。由此，从这些层面的“天”来说，它们在董氏的思想系统中事实上构成了一个完整的整体，而并非矛盾或者混乱的形态。

本文为“2021中国·衡水董仲舒与儒家思想国际研讨会暨中华孔子学会董仲舒研究委员会学术年会”提交的论文。

何善蒙（1977－），男，浙江天台人，浙江大学哲学学院教授，博士生导师，哲学博士。

董仲舒的中和论[①]

韩　星

“中和”观念是“中庸”观念的重要分支，是指由中致和，侧重于“中庸”的圆满和谐的价值取向。“中庸”体用兼该，精粗本末，无所不尽，比中和内涵深广，故而包含“中和”。“中和”观念源远流长，是儒家一贯追求的理想价值观，同时也是儒者修身养性、为人处世、齐家治国平天下的方法论，是价值观与方法论的高度统一。

一、源远流长——董仲舒中和论的思想渊源

从孔子开始以“祖述尧舜”，后儒把尧舜之道作为修身的最高境界和治道的最高理想，作为道统的开端，并与禹、汤、文武周公接续起来，联称为“二帝三王”，常见于儒家典籍。“二帝三王”是古代圣王的代表，他们以中和之道治国平天下，《尚书·尧典》记载帝尧“允恭克让，光被四表。格于上下，克明俊德，以亲九族。九族既睦，平章百姓。百姓昭明，协和万邦”，描绘了一个由“中”致“和”的理想政治模式，也就是后来儒家修身齐家治国平天下的最初表述。

① 基金项目：本文为国家社会科学基金重大项目“董仲舒传世文献考辨与历代注疏研究”（项目编号：19ZDA027）；国家社会科学基金 20@WTC018 项目阶段性成果。

尧、舜、禹禅让就以“允执其中”作为治世的法宝代代相传。《论语·尧曰篇》：“尧曰：‘咨！尔舜！天之历数在尔躬，允执其中。四海困穷，天禄永终。’舜亦以命禹。”《中庸》载子曰：“舜其大知也与，舜好问而好察迩言，隐恶而扬善，执其两端，用其中于民，其斯以为舜乎。”《尚书·大禹谟》载：尧对皋陶说：“汝作士，明于五刑，以弼五教，期于予冶，刑期于无刑，民协于中，时乃功。”尧在对皋陶的嘉奖中明确表示，刑罚的目的正是不再使用刑罚，使民众日新其德，道德境界达到“大中之道”的高度。

《尚书·大禹谟》还载舜对禹说：“人心惟危，道心惟微；惟精惟一，允执厥中”，这就是后儒推崇的著名的“十六字心传”，尽管学界对其真实性有存疑，但“允执厥中”渊源甚古，也就是“允执其中”。清华简《保训》云：“昔舜旧作小人，亲耕于历丘，恐求中，自稽厥志，不违于庶万姓之多欲。厥有施于上下远迩，迺易位迩稽，测阴阳之物，咸顺不扰。舜既得中，言不易实变名，身滋备惟允，翼翼不懈，用作三降之德。帝尧嘉之，用受厥绪。”说明尧舜以来就有中道的传授。《尚书·舜典》又记载舜授命典乐之官夔的话：“夔，命汝典乐，教胄子。直而温，宽而栗，刚而无虐，简而无傲。诗言志，歌永言，声依永，律和声，八音克谐，无相夺伦，神人以和。”乐官以乐教贵族子弟，使其养成“直而温，宽而栗，刚而无虐，简而无傲”的“四德”。《尚书·皋陶谟》进一步把“四德”发展为“九德”：“宽而栗、柔而主、愿而恭、乱而敬、扰而毅、直而漫、简而廉、刚而塞、疆而义。”这九种美德就是宽与栗、柔与立、愿与恭、乱与敬、扰与毅、直与温、简与廉、刚与塞、强与义，是对立统一、互补互成的九对对称范畴。将这九对德性范畴结合在一起兼取相对的两端而成一德，即所谓中和之德。《诗经·商颂·长发》描写商汤的政治说：“不竞不絿，不刚不柔，敷政优优，百禄是遒。”商汤为政不刚不柔，宽猛相济。《孟子·离娄下》也谈到商汤“汤执中”。“执中”，即指汤“不竞不绒，不刚不柔”而言，是以中道执政的必备品格。《孟子·离娄下》说“汤执中，立贤无方”。“执中”指商汤执守大中至正之道，选贤任能，远愚不肖，具有不固执一端，不固守一见，不偏不倚之意。《尚书·洪范》是殷商传下来的重要文献，其讲王道曰："无偏无陂，遵王之义；无有作好，遵王之道；无有作恶，遵王之路。无偏无党，王道荡荡。无党无偏，王道平平。无反无侧，王道正直。会其有极，归其有极。"王道精神是行中正之道，避免偏私、党私、反侧以及君主个人的独断专行，就能使天下归往，实现王道理想。《洪范》又提出"乂用三德"："一曰正直，二曰刚克，三曰柔克。平康正直。强弗友刚克，燮友柔克。沈潜刚克，高明柔克。"人的品德秉性大概可分为三类：正直、刚、柔。正直的品德秉性与"中德"要求吻合，刚与柔则偏离了"中德"，或者"过"或者"不及"，所以需要以刚克刚，以柔制柔或者以刚补柔、以柔济刚，合乎中德。《洪范》的"建用皇极"，《伪孔传》说："皇，大；极，中也。凡立事，当用大中之道。"

清华简《保训》记载了周文王的临终前对周武王留下的遗言，主要讲了有关舜和微的两个故事，有"求中""得中""假中""归中"等语，可看出"中"是本篇的核心思想所在，是文王明白中道与得天命的关系，有意识地传承尧舜以来的中道思想，让武王恭敬谨慎不懈怠，有所成就，以得到天命。《尚书·酒诰》是周公令康叔在卫国宣布戒酒的诰辞，周公云："尔克永观省，作稽中德……"要求各级官员时刻以"中德"作为参照系，作为检验标准，反省自己、检讨自己，从而使自己的思想与行为都趋及"中德"的要求。周公制礼作乐，形成礼乐制度，以中道推行礼乐教化，规范社会成员的行为，使大家中规中矩，从而获得社会和谐的局面。《周礼》又称《周官》，传统认为是周公之典。柳诒徵说："《周官》为政书之渊源，而以礼为中枢，揭橥大义，最重中和。《周官》：'大司徒，以五礼防民之伪而教之中，以六乐防民之情而教之和。'又，'大宗伯，天产作阴德，以中礼防之；以地产作阳德，以和乐防之。以礼乐合天地之化，百物之产，以事鬼神，以谐万民，以致百物。'子思作《中庸》，实述其旨，如所谓‘致中和，万物育’者，皆有其位之育之实事，非空言也。”①《周礼·大司乐》亦云：“以乐德教国子中、和、祗、庸、孝、友。”乐官以乐德教育贵族子弟，使他们形成一种中和无偏的政治人格。形成于殷末周初的《周易》“尚中”“贵中”，明的暗的讲“中”很多，“尚中”思想很突出。《易经》十分重视“中位”，即二、五之位。二居下卦之中，五居上卦之中，因此居二五之位的爻象又称“中爻”。在《周易》六十四卦中处于中位一般是吉祥的。同时，“二”“五”两卦，相应为和。合起来看，二五二爻居上、下卦之中即中，也即中正；二者阴阳有应即和，也即和谐。分开来说，五为中，二为和，因此称为“中和”。《诗经》主要体现了中和之美和温柔敦厚的诗教。诗是要表达情感的，但儒家认为诗抒发感情时要有所节制，像《中庸》讲的：“喜怒哀乐之未发，谓之中；发而皆中节，谓之和”，情感不能过分剧烈，不能愤激狂放，要符合道德礼义，这样使人志气和平，身心和谐，不激不厉，情理统一。“中和之美”在《诗经》中多有体现。《论语·为政》：“《诗三百》，一言以蔽之，曰：思无邪。”在孔子看来，《诗经》中所表现的情意，能够中节、中正，既“发乎情”，“又止乎礼义”，符合“中和之美”的标准。孔子评价《关雎》“乐而不淫，哀而不伤”（《论语·八佾》），既肯定了“哀”“乐”之情的正常表现，又反对了它们各自超越极限而发生质变，即走向“伤”与“淫”，要合乎中和之道。儒家诗教是要实现“温柔敦厚”的目标。《礼记·经解》：“温柔敦厚，《诗》教也。”“温柔敦厚”主要体现在两个方面：一是要求诗歌发挥讽谏作用，有“怨刺”精神，“以讽其上”，以体现儒家经世致用的现实关怀；二是要求诗歌的怨刺以委婉的词语，寄寓讽谏大义，保持温柔平和的态度，“怨而不怒”，“哀而不伤”，止乎礼义，合于雅正，表现出一种温文谦恭、含蓄儒雅的诗学风格，具有一种“中和之美”。“温柔敦厚”也容易发生偏弊，过于柔懦，一味顺承，愚昧臣服，那就不合中道。所以《礼记·经解》接

① 柳诒徵：《中国礼俗史发凡》，《学原》第一卷第一期，1974 年，第 19 页。

下来补充说："其为人也，温柔敦厚而不愚，则深于《诗》者也。"

孔子传承尧舜禹以来的中和之道，提出"中庸"思想，《论语·雍也》也载："中庸之为德也，其至矣乎！"何晏《论语集解》："庸，常也，中和可常行之道。"邢昺《论语注疏》："中，谓中和。庸，常也。鲜，罕也。言中和可常行之德也。"何晏、邢昺把"中庸"解释为"中和可常行之德"，正是对上古以来中和观念的逻辑发展。孔子指出"中庸之道"要避免"过"与"不及"，以中道而行。《汉书·地理志》里说："孔子曰，移风易俗，莫善于乐。言圣王在上，统理人伦，必移其本而易其末。惟混同天下，壹之乎中和，然后王教成也。"孔子之所以特别重视乐教，其中一个重要的原因，就是雅乐合乎中和之道，能产生致中和、成王教的社会政治效应。

子思所作的《中庸》，赋予"中和"以最普遍的意义，"喜怒哀乐之未发谓之中，发而皆中节谓之和。中也者天下之大本也，和也者天下之达道也。致中和，天地位焉，万物育焉"。能"致中和"，则天地万物均能各安其位，各得其所，和谐共处，生长繁育。《孟子·尽心上》云："中道而立，能者从之。"以中道立教，学者自我努力就能够达到。《孟子·离娄下》："中也养不中，才也养不才，故人乐有贤父兄也。"赵岐注："中者，履中和之气所生，谓之贤。"孙奭赵岐注"中和之气"云："'中和之气'者，盖人受天地之中而生，禀阴阳之秀气，莫非所谓中和也。"《荀子·王制》："公平者职之衡也，中和者听之绳也。"杨倞注："中和谓宽猛得中也。"《荀子·乐论》："乐者，天下之大斋也，中和之纪也，人情之所必不免也。"乐是齐一天下人心的工具，以乐施治是实现中正和平的基本纲领，因为乐是人所不可或缺的。《荀子·劝学》"乐之中和也"，《乐经》的道理就是"中和"。

二、贵中尚和——董仲舒中和论的理论构架

董仲舒传承发展前人的中和观念，以儒家为主，吸收了道家（黄老道家）、阴阳家、杂家的相关思想，丰富了中和观念的内涵，形成了以贵中尚和为主体，阴阳五行为框架，由中致和为途径的理论

构架。

他吸收阴阳五行学说，在木、火、土、金、水的相互关系凸显“中”的重要地位，“木，五行之始也；水，五行之终也；土，五行之中也。此其天次之序也。木生火，火生土，土生金，金生水，水生木，此其父子也。木居左，金居右，火居前，水居后，土居中央，此其父子之序，相受而布”（《春秋繁露·五行之义》）。五行的时间次序是木为始，水为终，土居中；生成次序是木、火、土、金、水依次相生，类似父子关系；位置次序是木在左，金在右，火在前，水在后，土居中，也是父子之序。这些次序及其关系形成了宇宙基本结构，是“天次之序”，具有最佳功能结构，相当于客观规律，“逆之则乱，顺之则治”（《春秋繁露·五行相生》），不能违背。而在五行之中，土居中，最为尊贵。因为“土居中央为之天润。土者，天之股肱也，其德茂美不可名以一时之事，故五行而四时者，土兼之也。金木水火虽各职，不因土，方不立……土者五行之主也。五行之主土气也……是故圣人之行，莫贵于忠，土德之谓也”（《春秋繁露·五行之义》）。土居中央直接得到上天的滋润，是天的辅佐，它的德性丰盛完美，不可以就一个季节而论，所以有天五行却只有四季，是因为土兼管着四季。五行各自的职分都需要依靠土德来确立，土是五行之主，圣人的德行没有比“忠”更尊贵的，这就是所谓土德。在董仲舒看来，“土”之所以尊贵，就在于它“居中”，能够协调天地人物各种关系，使之和谐运转，由中致和是终极目标。《春秋繁露·五行对》也说：“土者，火之子也，五行莫贵于土……土者，五行最贵者也，其义不可以加矣。”火生土，故土为火之子，在五行之中土为最尊贵，其意义深厚，无以复加。土作为五行的中心，在先秦阴阳五行学说兴起的还没有得到清楚的论证，《管子·四时》就明确提出了“中央土”：“中央曰土，土德实辅四时入出，以风雨节，土益力。土生皮肌肤。其德和平用均，中正无私，实辅四时”，以五行配四时，土居中，无所配，《管子·幼官》又提出“五和时节”，尹知章注：“土生数五，土气和”，土旺于四时，生数五，其气和，故可“五和时节”，揭示了土的中和德性，但还没有明确的“贵土”。《吕氏春秋》把一年世纪分成十二纪，以五行配就把“中央土”安排在季夏，到《黄帝内经》和《淮南子》，也把土作为五行之中看待。这为董仲舒继承，《春秋繁露·五行对》云：“水为冬，金为秋，土为季夏，火为夏，木为春”，并给予土“居中”的地位及其重要性以全面深入的阐释。

董仲舒崇尚“和”，“三王之礼，味皆尚甘，声皆尚和”（《春秋繁露·循天之道》）。《雨雹对》说：“阴气胁阳气，天地之气，阴阳相半，和气周回，朝夕不息。阳德用事，则和气皆阳，建巳之月是也。故谓之正阳之月。阴德用事，则和气皆阴，建亥之月是也。”天地之间阴阳之气相互作用，和气周流，循环不息，形成雨雹霜雪。但是“和气之中，自生灾沴，能使阴阳改节，暖凉失度”。如果阴阳不能和顺，就会出现忽冷忽热，过冷过热，该冷不冷，该热不热，由此带来一系列灾害性天气。这是从天道的阴阳来论证“和”的重要性。他还从天道的四季循环来论证“和”的重要性，《春秋繁露·威德所生》云：“天有和有德，有平有威，有相受之意，有为政之理，不可不审也。春者，天之和也；夏者，天之德也；秋者，天之平也；冬者，天之威也。天之序，必先和然后发德，必先平然后发威。此可以见不和不可以发庆赏之德，不平不可以发刑罚之威。又可见德生于和，威生于平也。不和无德，不平无威，天之道也，达者以此见之矣。”天有和、德、平、威相继交替，是为政的道理，并与春、夏、秋、冬分别对应，按照自然顺序，和先发，相继生德、平、威，形成天道循环。就是说，和是太和元气，是生生之仁，生发流布与一年四季。《春秋繁露·天地阴阳》：“人气调和，而天地之化美”，这是从天人关系方面阐明人与天地阴阳之气协调和谐才能使天地万物大化流行，生生不息。

董仲舒还重视“合”。《说文解字》：“合，合口也。从亼从口。”“合”字甲骨文像盛饭的食器，上部是盖子，下部是食器底。一盖一底即为一合。金文、小篆都与甲骨文形似。“合”字的本义是“闭合”，引申为会合、融合、匹配，配偶，有不违背，一事物与另一事物相应或相符之意。他讲天人合一，“天人之际，合而为一”（《春秋繁露·深察名号》），“天亦有喜怒之气，哀乐之心，与人相副。以类合之，天人一也”（《春秋繁露·阴阳义》）。他以中为标准，论证阴阳之合，“北方之中用合阴，而物始动于下，南方之中用合阳，而养始美于上”，“阴阳之会，冬合北方而物动于下，夏合南方而物动于上”（《春秋繁露·循天之道》）。他以阴阳之道论证人伦之合，“凡物必有合。合必有上，必有下，必有左，必有右，必有前，必有后，必有表，必有里，有美必有恶，有顺必有逆，有喜必有怒，有寒必有暑，有昼必有夜，此皆其合也。阴者，阳之合，妻者，夫之合，子者，父之合，臣者，君之合。物莫无合，而合各有阴阳”（《春秋繁露·基义》）。是说天地万物以至人伦关系都以阴阳之道对应相合，以合贯通天道人事，实现普遍的和谐。所以“合”与“和”意思接近，常常合为“和合”一词，是和睦、调和之意，如《国语·郑语》：“商契能和合五教，以保于百姓者也。”《管子·幼官》：“畜之以道，则民和；养之以德，则民合。和合故能习。”陆贾《新语·道基》：“乾坤以仁和合，八卦以义相承。”《韩诗外传》卷三：“天施地化，阴阳和合。”《史记·循吏列传》：“施教导民，上下和合。”张岱年先生区分和、同、合说：“和、同、合，乃相近而实有区别之三个观念。‘和’谓二个或者二个以上之相异者之会聚而得其均衡；‘同’谓相等或全无区别；‘合’谓两个相对待者之不相离。”①

《春秋繁露·循天之道》根据天地阴阳、四季配四方以及春生夏长秋收冬藏论证天地之道归于中和：“天地之经，至东方之中，而所生大养，至西方之中，而所养大成，一岁四起，业而必于中，中之所为，而必就于和，故曰和其要也。和者，天之正也，阴阳之平也，其气最良，物之所生也，诚择其和者，以为大得天地之奉也。天地之道，虽有不和者，必归之于和，而所为有功；虽有不中者，必止之于中，而所为不失。是故阳之行，始于北方之中，而止于南方之中；阴之行，始于南方之中，而止于北方之中。阴阳之道不同，至于盛，而皆止于中，其所始起，皆必于中。中者，天地之太极也，日月之所至

① 张岱年：《中国哲学大纲》，中国社会科学出版社 1982 年版，第 112 页。

而却也，长短之隆，不得过中，天地之制也。兼和与不和，中与不中，而时用之，尽以为功，是故时无不时者，天地之道也。顺天之道，节者、天之制也，阳者、天之宽也，阴者、天之急也，中者、天之用也，和者、天之功也。举天地之道，而美于和，是故物生皆贵气而迎养之。”董仲舒接着《中庸》“中也者，天下之大本也；和也者，天下之达到也”讲中和，但不同于《中庸》，他把中和纳入了天人感应，天地阴阳的构架加以重构，认为天地、阴阳、人物同属一气，以中和之道贯通为一个有机整体。

具体怎么贯通？《春秋繁露·循天之道》继续说：“天有两和，以成二中，岁立其中，用之无穷，是北方之中用合阴，而物始动于下，南方之中用合阳，而养始美于上。其动于下者，不得东方之和不能生，中春是也；其养于上者，不得西方之和不能成，中秋是也。然则天地之美恶在？两和之处，二中之所来归，而遂其为也。是故东方生而西方成，东方和生，北方之所起；西方和成，南方之所养长；起之，不至于和之所不能生；养长之，不至于和之所不能成；成于和，生必和也；始于中，止必中也。中者，天地之所终始也；而和者，天地之所生成也。”董仲舒以天地阴阳之道解释说，天之道有“两和”“二中”，俞樾云：“两和谓春分、秋分，二中谓冬至、夏至。”① 这正是《尧典》中的仲春、仲夏、仲秋、仲冬。每年都有两和、二中，循环往复，没有穷尽。北方之中（冬至）是阳气初生与阴气相合，万物开始在地下萌动；南方之中（夏至）阴气初生与阳气相合，万物开始在地上生长养成。地下萌动的万物在东方得春分之和才能继续生长，地上生长的万物在西方得秋分之和才能成熟。天地的美妙之处是两和所在之处正是二中所要趋向之处，这样来完成他们的工作。万物在东方生长而在西方成熟，东方的和能生育万物，最初源于北方的初生阳气；西方的和能使万物成熟，依赖于南方的阳气使万物滋长。北方阳气兴起，如果不到达东方的和之处，万物就不能生长；南方阳气滋长

① 苏舆：《春秋繁露义证》，中华书局1992年版，第444页。

万物，如果达不到西方的和之处，万物就不能成熟。万物都在和的地方成熟，生长之处也要和；万物都从中的地方开始生长，也一定终结在中之处。就是说，万物是以阴阳之气为原动力，在东西南北、春夏秋冬循环往复中生长成熟，开花结果，完成其使命，而贯彻其中的原理就是中和之道。所以董仲舒总结说“中者，天地之所终始也；而和者，天地之所生成也”，中是天地的终结和开始，和是天地的生长和成熟。中和为天地之道的极致，是事物生长的源泉和发展的条件，是天地万物各安其位，各尽其性，和谐相处，生生不息的根本。“夫德莫大于和，而道莫正于中，中者，天地之美达理也，圣人之所保守也。”（《春秋繁露·循天之道》）德没有比和更大的了，道没有比中更正的了。中和是天地美妙的常理，是圣人所要遵循的。这就把“中和”与最高的道德价值相提并论，提升到与天地相依随的高度，这当源于《中庸》“致中和，天地位焉，万物育焉”，而董仲舒又结合阴阳五行之说给予新的发展和理论构建。

三、养生治身——董仲舒中和论的修养实践

董仲舒从治国和养生两个方面展开中和论的实践应用，“是故能以中和理天下者，其德大盛，能以中和养其身者，其寿极命”（《春秋繁露·循天之道》），能以中和治国平天下的人其德行一定非常完善，能用中和养生的人其寿命一定很长。中和之道是治国平天下的价值标准和健康长寿的实践方法。

先看以中和养生治身。《春秋繁露·循天之道》：“循天之道以养其身，谓之道也。”如何遵循天地之道养生？董仲舒分别从养气、养心、衣食住行、男女之法几个方面提出了生活中以中和养生的具体方法。在《循天之道》中董仲舒讲养生，认为人分成男女，分别秉受阴阳之气，故养生也要顺应天地阴阳之道。动物的雌雄也是这样。其他万物遵循一年四季春夏秋冬阴阳的消长而滋生、成长、死亡、收藏，完成生命的历程。所以，养生最重要的就是遵循中和之道爱气，即爱惜天赋予人的精气。“民皆知爱其衣食，而不爱其天气。天气之于人，

重于衣食，衣食尽，尚犹有间，气尽而立终。故养生之大者，乃在爱气……气多而治，则养身之大者得矣……凡养生者，莫精于气，是故春袭葛，夏居密阴，秋避杀风，冬避重漯，就其和也。”“君子甚爱气而游于房，以体天也。气不伤于以盛通，而伤于不时、天并。不与阴阳俱往来，谓之不时；恣其欲而不顾天数，谓之天并。君子治身不敢违天。”（《春秋繁露·循天之道》）爱惜精气，使之充盈体内，是养生的关键。养生主要是养气，要根据四季变化采取不同的方式，以和为目的，顺应天地之道养气。人最易损伤精气的是男女房事，所以君子出于爱惜自己的精气，行房事时体会天意。精气丰盛时交接身体不会受到损害，而是不适时、违背天意的交接身体会受到伤害，被天抛弃。不与阴阳之气运行相配合就是叫不适时，放纵欲望而违背天理就叫被天抛弃。所以君子养生治身不敢违背天理。

董仲舒引述了公孙尼子的一段话来说明养气不中和的害处和如何反中致和：“公孙之《养气》曰：‘里藏泰实则气不通，泰虚则气不足，热胜则气耗，寒胜则气滞，泰劳则气不入，泰佚则气宛至，怒则气高，喜则气散，忧则气狂，惧则气慑。凡此十者，气之害也，而皆生于不中和。故君子怒则反中而自说以和，喜则反中而收之以正，忧则反中而舒之以意，惧则反中而实之以精。’夫中和之不可不反如此。”（《春秋繁露·循天之道》）以上十种情况都是“生于不中和”，都是“气之害”，对气有损害自然也对身体有伤害。所以有修养的君子就要针对喜、怒、忧、惧的情绪不走极端，反归中道，得以和合，这样就能够长寿。这种“反中”的修养方法就是以中和之道调节人的情绪，避免情绪偏激、失控，是对《中庸》“喜怒哀乐之未发谓之中，发而皆中节谓之和”的深化。

人各种情绪也即人的心理活动，儒家注重心为主宰，调正各种不良心理情绪。《论语·季氏》：“君子有三戒：少之时，血气未定，戒之在色；及其壮也，血气方刚，戒之在斗；及其老也，血气既衰，戒之在得。”这里的“三戒”告诫人们要以心对“血气”进行理性的控制和调节，使身心都处于健康状态，同时相互里好与他人的关系，不走极端，不入歧途。孟子认为人生来具有本心，但人生在世，受各种物欲引诱，本来的善性在一天天变恶，这就是失其本心，“本心”就是“我固有之”的恻隐之心、羞恶之心、辞让之心和是非之心。“失其本心”也就是“放其良心”，所以需要把它找回来，时时“操存”。“‘操则存，舍则亡，出入无时，莫知其乡’，惟心之谓与?”（《孟子·告子》上）“操存”即执持心志，不使放佚。《荀子·解蔽篇》云：“心者，形之君也，而神明之主也，出令而无所受令。自禁也，自使也，自夺也，自取也，自行也，自止也。”关于心是形之君，《荀子·天论》进一步解释说：“天职既立，天功既成，形具而神生，好、恶、喜、怒、哀、乐臧焉，夫是之谓‘天情’；耳、目、鼻、口、形能各有接而不相能也，夫是之谓‘天官’；心居中虚，以治五官，夫是之谓‘天君’。”在荀子的看法，好、恶、喜、怒、哀、乐等感情是人生来就有的，这些感情所依存的耳、目、鼻、口、形等器官也是人生来就有的，但是，耳、目、鼻、口、形这五官都有一个天生就有的主宰者，那就是心。董仲舒在《春秋繁露·通身国》中说：“身以心为本”，在《春秋繁露·天地之行》用了个比喻，说：“一国之君，其犹一体之心也。隐居深宫，若心之藏于胸；至贵无与敌，若心之神无与双也。”显然，在董仲舒看来，心是人身之君主，心想做什么，人身就会随心而动，人的一切精神都汇聚于心。心之所以能主宰，因为心居于人体之中心，《说文》说：“人心，土藏，在身之中。象形。博士说以为火藏。凡心之属皆从心。”① 心在身之中，故可训为“中”。《毛诗序》：“诗者，志之所之也。在心为志，发言为诗。情动于中而形于言。”正义曰：“中谓中心。凡言中央曰心。”《礼记·乐记》：“凡音者，生人心者也。情动于中，故形于声。”孔颖达注曰：“言在下人心情感君政教善恶，动于心中。”所以养生的关键是养心。董仲舒说：

---

① 关于心有两种说法：徐灏《说文段注笺》引《五经异义》云：“今《尚书》欧阳说：肝，木也；心，火也；脾，土也；肺，金也；肾，水也。古（文）《尚书》说：脾，木也；肺，火也；心，土也；肝，金也；肾，水也。”晚清饶炯《说文解字部首订》中说：“古《尚书》说为土藏者，五行土位于中，举五藏之部位言也。今文家说火藏者，五行火空则明，举五藏之运用言也。”

“故仁人之所以多寿者，外无贪而内清净，心和平而不失中正，取天地之美，以养其身，是其且多且治……君子养而和之，节而法之，去其群泰，取其众和。”（《春秋繁露·循天之道》）心为主宰，心能自我调节情绪，孔子说“仁者寿”，是因为仁者内心清静，没有贪欲，中正平和，体内之气旺盛有条理，身体自然健康长寿。尽管养生之大者是养气，但气还需以心为主宰。“凡气从心，心，气之君也，何为而气不随也？是以天下之道者，皆言内心其本也。”“气从神而成，神从意而出。心之所之谓意，意劳者神扰，神扰者气少，气少者难久矣。故君子闲欲止恶以平意，平意以静神，静神以养气。”（《春秋繁露·循天之道》）这里董仲舒梳理了心、意、神、气的逻辑关系是：心→意→神→气。养生之道要以心为本，心为主宰，减少欲望，防止恶行，以此使意念平定，使意念平定从而使精神安静，使精神安静从而保养精气，显然养心是实现养生的根本。

在衣食住行、男女关系方面都要适中，不要过分。“高台多阳，广室多阴，远天地之和也，故圣人弗为，适中而已矣……衣欲常漂，食欲常饥。体欲常劳，而无长佚，居多也。”“男女体其盛，臭味取其胜，居处就其和，劳佚居其中，寒暖无失适，饥饱无过平，欲恶度礼，动静顺性，喜怒止于中，忧惧反之正，此中和常在乎其身，谓之得天地泰。大得天地泰者，其寿引而长，不得天地泰者，其寿伤而短。短长之质，人之所由受于天也。是故寿有短长，养有得失，及至其末之，大卒而必雠，于此莫之得离，故寿之为言，犹雠也。”君子保养体内之气使之和顺，调节体内之气使之条贯，去掉泰实、泰虚、泰劳、泰佚等过分的情绪，达到和谐状态，使中和之道常在身，得坤上乾下天地泰，便会长寿；反之，便会短命。“男女之法，法阴与阳。阳气起于北方，至南方而盛，盛极而合乎阴。阴气起乎中夏，至中冬而盛，盛极而合乎阳。不盛不合，是故十月而壹俱盛，终岁而乃再合。天地久节，以此为常，是故先法之内矣，养身以全，使男子不坚牡不家室，阴不极盛不相接。是故身精明，难衰而坚固，寿考无忒，此天地之道也。”男女关系的法度，应该效法阴气和阳气的天地之间的运行，男女身体成熟才相互交接，这样才能健康长寿，这就是天地之道。总之，“行中正，声向荣，气意和平，居处虞乐，可谓养生矣”（《春秋繁露·循天之道》）。行为中正，意气平和，平静安乐，就可以说是懂得养生之道了。

四、治国平天下——董仲舒中和论的政治应用

再看以中和治国平天下。董仲舒把中和论运用于政治实践，确立了中正的政治行为准则。他继承孔子“政者正也”的思想，结合春秋公羊学说加以发展，强调为政者要元始正本。孔子以“正”为修身为政的价值标准，《论语》中多次讲到“正”，如“政者，正也。子帅以正，孰敢不正?”（《论语·颜渊》）“其身正，不令而行；其身不正，虽令不从。”“苟正其身矣，于从政乎何有？不能正其身，如正人何?”（《论语·子路》）所以这个“正”对于为政者非常重要，是修身为政的价值标准，当然也是王道政治的价值标准。其实“中”本来就有“正”之意，指正确的标准，还常常连用为“中正”。据姜亮夫考证：“‘中’得引申为‘正’，盖物得其中必正，在两极则偏矣。故‘正’为‘中’义之直接最近之引申。……凡‘中’必‘正’，故二字复合为一词，所表为一义。事物各有两极，而中以持之，凡中在两极之中，所以持正两极者，故中即正矣。”① 持中、守中不偏必然是正。《周礼·地官·大司徒》：“以五礼防万民之伪，而教之中。”贾公彦疏：“使得中正也。”《晏子春秋·问上十六》：“衣冠不中，不敢以入朝。”张纯一注：“中，正也。”《荀子·天论》：“故道之所善，中则可从，畸则不可为。”《荀子·宥坐》荀子通过叙述孔子及其弟子在鲁桓公的庙里观察一个叫做“欹器”的器具的故事，得出了“虚则欹，中则正，满则覆”的启示，这就直观形象地告诉人们，“中而正”是最好的状态，不足和过满都会导致倾覆失败。这就告诫人们应当时时以不足和过满为戒，恪守“中正之道”。

---

① 姜亮夫：《楚辞通故》第2辑，《姜亮夫全集二》，云南人民出版社2002年版，第309—311页。

在《春秋繁露·循天之道》董仲舒引《诗经》“不刚不柔，布政优优”，认为这就是中和的意思。此二句出于《诗经·商颂·长发》，原文是：“不竞不絿，不刚不柔，敷政优优，百禄是遒。”该诗是一首记述殷商发迹史特别是歌颂商汤功德的长篇颂诗，其中这几句意为既不竞争也不过于松弛，不过于刚硬也不过于柔和。施政理念始终是从容宽裕，因此无尽福禄降到他身上。《左传·昭公二十年》引为“不竞不絿，不刚不柔，布政优优，百禄是遒”，并说“和之至也”，是针对孔子说“政宽则民慢，慢则纠之以猛。猛则民残，残则施之以宽。宽以济猛；猛以济宽，政是以和”而言。《韩诗外传》卷五也说：“《诗》曰：‘不竞不絿，不刚不柔。’言得中也。”为政不刚不柔，宽猛相济，就是中和之道在为政方面的应用。

《春秋》首书“元年春王正月”，董仲舒《贤良对策》解释曰：“臣谨按《春秋》之文，求王道之端，得之于正。正次王，王次春。春者，天之所为也；正者，王之所为也。其意曰：上承天之所为，而下以正其所为，正王道之端云尔……臣谨案《春秋》谓一元之意，一者万物之所从始也，元者辞之所谓大也。谓一为元者，视大始而欲正本也。《春秋》深探其本，而反自贵者始。故为人君者，正心以正朝廷，正朝廷以正百官，正百官以正万民，正万民以正四方。四方正，远近莫敢不一于正，而亡有邪气奸其间者。”《春秋繁露·玉英》又说：“谓一元者，大始也。知元年志者，大人之所重，小人之所轻。是故治国之端在正名，名之正，兴五世，五传之外，美恶乃形，可谓得其真矣，非子路之所能见。惟圣人能属万物于一，而系之元也，终不及本所从来而承之，不能遂其功。是以《春秋》变一谓之元，元犹原也，其义以随天地终始也……是故《春秋》之道，以元之深正天之端，以天之端正王之政，以王之政正诸侯之即位，以诸侯之即位正竟内之治。五者俱正，而化大行。”《春秋繁露·循天之道》已经提到养生要“心和平而不失中正”，“行中正”，这里更发挥为政者要领悟“元”初始本原之意，以之作为天道的本体，王道的开端，在自身正的基础上正朝廷、正百官、正万民、正四方，实现天下大治，所以何休总论《公羊传》也说：“政莫大于正始。故《春秋》以元之气正天之端，以天之端正王之政，以王之政正诸侯之即位，以诸侯之即位正竟内之治。”为政之要莫大于初始之正，初始之正即以“元”初始之正，然后层层推衍，才能天下大治。

董仲舒还提出了中正之道制度化的构想。在《春秋繁露·三代改制质文》中他解释“何以谓之王正月”说：“王者必受命而后王。王者必改正朔，易服色，制礼乐，一统于天下”，并构建了“三统三正”制度构架。董仲舒认为夏是黑统，商是白统，周是赤统，改朝换代是“三统”的循环往复，周而复始。夏以寅月为正月，商以丑月为正月，周以子月为正月，三代的正月在历法上规定不同，故被其称作“三正”。“新王必改制”，一个新王朝出现，就要“改正朔，易服色”，即在历法上要改变，衣服旗号也要改变，以表示一个王朝重新享有天命。而这套制度构架的精神核心就是“正”：“正者，正也，统致其气，万物皆应而正统正，其余皆正。凡岁之要，在正月也。法正之道，正本而末应，正内而外应，动作举措，靡不变化随从，可谓法正也。”（《春秋繁露·三代改制质文》董仲舒解释“统三正”说：正者，正也是说“正月”的“正”就是“正统”的“正”。统要是正了，万事万物全都会跟着正了。因此，一年最要紧的是正月。根本正，枝节也会相应正；内部正，外部也会相应正，所以为政者要效法这个“正”。

董仲舒运用中和论于治国，提出“调均”之策。他重申孔子“不患贫而患不均”的主张，针对当时社会贫富两极分化的严峻状况，指出：“有所积重，则有所空虚矣。大富则骄，大贫则忧。忧则为盗，骄则为暴，此众人之情也。”（《春秋繁露·度制》）有人积累大量财富，就必然有人贫困。过分富有易引起人们的骄奢之心，为富不仁，横行暴虐；过分贫困则使其基本生活难以满足，无奈之下，就会偷盗、抢劫。怎样才能使贫富之间保持一个“度”呢？“圣者则于众人之情，见乱之所从生，故其制人道而差上下也，使富者足以示贵而不至于骄，贫者足以养生而不至于忧，以此为度而调均之。是以财不匮而上下相安，故易治也。”（《春秋繁露·度制》）董仲舒认为，社会财富是有限度的，贫富都不宜超过“度”。圣人出于对人性人情的考量，就要从制度设计上根据这个“度”进行调节，“有时损少而益多，有时损多而益少。少而不至绝，多而不至溢”（《春秋繁露·基义》），以避免两极分化，使得财富不会匮乏，上下相安无事，就不会出现“富者奢侈羡溢，贫者穷急愁苦；穷急愁苦而上不救，则民不乐生”（《汉书·董仲舒传》）的情况，这样国家就能治理好，社会就会稳定，天下也就会趋于太平。显然，调均思想是以“中”为度，以“和”为目标。在具体措施方面他提出“宜少近古，限民名田，以澹不足，塞并兼之路。盐铁皆归于民……薄赋敛，省徭役，以宽民力，然后可善治也”（《汉书·董仲舒传》）。“限民名田”，防止土地兼并，造成“富者田连阡陌，贫者无立锥之地”。这是中国古代社会长期难以解决的普遍问题。在盐铁方面，汉武帝实行盐铁官营，以东郭咸阳、孔仅为大农丞，领盐铁事，虽然打击了豪强，增加了国家财政收入，但弊端是东郭咸阳以煮盐起家，孔仅以冶铁起家，他们熟悉盐铁业务，却利用职权营私舞弊，生产效率低、成本高，产品质量低、价格高，反而造成百姓负担加重，生活困苦，从加速两极分化。因此，董仲舒提出了“盐铁皆归于民”。“薄赋敛，省徭役”也是为了减轻人民负担，避免贫富分化。董仲舒还特别提出禁止官员经营产业，他强烈建议“受禄之家，食禄而已，不与民争业，然后利可均布，而民可家足。此上天之理，而亦太古之道，天子之所宜法以为制，大夫之所当循以为行也”（《汉书·董仲舒传》）。食禄者，即吃公家饭的公职人员，不应该兼营私人工商业发横财，同老百姓争利，而应使社会各个阶层都利益均沾，使老百姓家给人足。这是符合天理的，也是上古以来尧舜圣王治国平天下的大道，所以天子应该效法此道理形成制度，大夫应该遵循此道理变为行动。这里都有中和精神在其中。

在治道方面，董仲舒继承西周以来的德治思想，结合春秋战国时期礼法、德刑方面的思想观点，以《春秋》为指导思想，在政治实践上提出引礼入法、礼法合治，以礼主法的思路，提出德刑兼用、德主刑辅的主体治国方案，提出王霸结合、以王统霸的总体治国模式，初步完成了汉代国家治理模式的构建①。董仲舒以中和之道处理礼与法、德与刑、王道与霸道之间的紧张关系，化解其中的二元张力，避免了走向极端一元论，也没有简单化为二元论，而是以礼主法、德主刑辅、以王统霸。他主张礼法合治："礼者，继天地，体阴阳，而慎主客，序尊卑、贵贱、大小之位，而差外内、远近、新故之级者也。"（《春秋繁露·奉本》）礼是人们效法天地阴阳之道而形成的亲疏远近，尊卑贵贱的伦理秩序的体现，"圣人之治国也，因天地之性情，孔窍之所利，以立尊卑之制，以等贵贱之差"（《春秋繁露·保位权》），这样才能使人们各安其位，各行其道，和谐相处。但仅凭礼治还不够，同时还要与法治结合，使"有功者赏，有罪者罚"，"赏罚用于实，不用于名"（《春秋繁露·考功名》）。董仲舒礼法结合的具体操作途径是《春秋》决狱，即以儒家经义指导法律实践，引礼入法，礼法合治，礼主法辅。

他主张"德主刑辅"，在强调道德教化的同时，他并没有否定刑罚的作用，只是将刑罚置于次要和从属的地位，不可专而任之，必须以德教为主，刑罚为辅；在实行次序上，先德教，后刑罚，即所谓"前德而后刑"或"先教而后诛"："天以阴为权，以阳为经；阳出而南，阴出而北；经用于盛，权用于末；以此见天之显经隐权，前德而后刑也"（《春秋繁露·阳尊阴卑》）；在实行的过程中，赏罚要适时、适度，合乎中道。他说："庆赏罚刑，当其处不可不发，若暖暑清寒，当其时不可不出也。庆赏罚刑各有正处，如春夏秋冬各有时也。"（《春秋繁露·四时之副》）所以在德刑的使用上要避免刑罚失中，"刑罚不中则生邪气。邪气积于下，怨气蓄于上。上下不和则阴阳缪戾而妖孽生矣"（《汉书·董仲舒传》）。在天人感应的构架下，董仲舒把刑罚不中与灾异联系起来，试图给帝王以儆戒，希望帝王以中和之道治国理政，避免刑罚不中。刑罚适中，即所谓的"刑中"思想，源于《尚书·吕刑》，是指以中正之道为标准立法和指导现实中的司法活

① 韩星、单长城：《礼法合治、德主刑辅、王霸结合——汉代国家治理模式的确立及其现实意义》，《孔子研究》2019年第6期。

动，如《吕刑》说“士制百姓于刑之中，以教祇德”，指士师用中正的刑罚治御百官，教导臣民敬重德行。又说“明于刑之中”，明白地打开刑书根据法律条文斟酌，力求都能做到量刑合乎中正之道。孔子进一步阐发《尚书·吕刑》的“刑中”思想，《论语·子路》说：“礼乐不兴则刑罚不中，刑罚不中，则民无所措手足。”为政者如果刑罚，背离中道，老百姓动辄得咎，手脚都不知道放哪里，社会就可能因此而失和动荡，说明“刑中”是一个重要价值，只有在“刑中”基础上的公正司法才能促进社会和谐。

董仲舒传承发挥《春秋》公羊学的王道思想，针对汉代社会提出王霸结合，以王道为主，统摄霸道的总体治国构想。他心目中的王道是以尧舜之道为典范的：“臣闻尧受命，以天下为忧，而未以位为乐也，故诛逐乱臣，务求贤圣，是以得舜、禹、稷、卨、咎繇。众圣辅德，贤能佐职，教化大行，天下和洽，万民皆安仁乐谊，各得其宜，动作应礼，从容中道。”（《汉书·董仲舒传》）但要实现王道理想，需要从当下现实的王霸结合开始。“《春秋》之道，大得之则以王，小得之则以霸……霸王之道，皆本于仁。”（《春秋繁露·俞序》）董仲舒认为《春秋》大得之即王道，小得之即霸道，显然有王霸结合的意思，而他又强调王霸结合又要以儒家的核心价值——仁为根本，以仁政王道为主，以刑法霸道为辅。

董仲舒还以灾异说儆戒帝王，指出帝王治国理政出现失误，内外不正，就会导致阴阳不调和，灾异频现。“天地之物，有不常之变者，谓之异，小者谓之灾，灾常先至，而异乃随之。”（《春秋繁露·必仁且智》）灾异是天地之间的小变故，灾异的出现说明君主有失道之处。“天下和平，则灾害不生。今灾害生，见天下未和平也，天下所未和平者，天子之教化不政也。”（《春秋繁露·郊语》）汉武帝建元六年六月辽东高庙灾，四月高园便殿火，董仲舒以《春秋》公羊学进行了解释，其中说到“在外而不正者，虽贵如高庙，犹灾燔之，况诸侯乎！在内不正者，虽贵如高园殿，犹燔灾之，况大臣乎！此天意也。罪在外者天灾外，罪在内者天灾内，燔甚罪当重，燔简罪当轻，承天意之道也”（《汉书·五行志》）。他批评汉武帝这两次灾害是因为朝廷内外不正，所以天意以火灾儆戒和惩罚。《雨雹对》说："圣人之在上，则阴阳和，风雨时也。政多纰缪，则阴阳不调，风发屋，雨溢河，雪至牛目，雹杀驴马。此皆阴阳相荡而为祲诊之妖也。"如果是圣人在上，阴阳和，风雨时，就不会出现这种情况。上天先是降下来一些灾害提醒君主，使君主警觉，主动加以改正和补救。

五、治身与治国——董仲舒中和论的贯通一体

《春秋繁露·通国身》总论治身和治国曰："气之清者为精，人之清者为贤，治身者以积精为宝，治国者以积贤为道。身以心为本，国以君为主；精积于其本，则血气相承受；贤积于其主，则上下相制使；血气相承受，则形体无所苦；上下相制使，则百官各得其所；形体无所苦，然后身可得而安也；百官各得其所，然后国可得而守也。夫欲致精者，必虚静其形；欲致贤者，必卑谦其身，形静志虚者，精气之所趣也；谦尊自卑者，仁贤之所事也。故治身者，务执虚静以致精；治国者，务尽卑谦以致贤；能致精，则合明而寿；能致贤，则德泽洽而国太平。"这一章董仲舒把治身和治国放在一起讲，表示二者贯通一体。修身的人以积蓄精气为瑰宝，治理天下的人以聚积贤人为正道。修身是以修心为根本，治国以君主为主脑。精气积蓄在根本处，血气互相承接授受；贤人聚积在君主处，就可以上下层层制约。血气互相承接授受，身体就没有什么痛苦；上下层层制约，官员就能各得其所。身体就没有什么痛苦，身体才能安泰；官员各得其所，国家就稳定太平。所以要想积蓄精气，就必须使形体虚无清静；要想招致贤人，君主必须自身自卑谦虚。形体清静，心志虚无，是精气的趋向；自卑谦虚的人，是仁者、贤人事奉的对象。所以修身务必要使形体虚无清静来积蓄精气；治理国家务必尽量自卑谦虚以招致贤人。能够积蓄精气，就能够身心通畅，健康长寿；能够招致贤人，恩德润泽融洽，国家太平。治理国家关键在聚集贤人，国君要尽可能以谦卑来招致贤人，才能治理好国家。这说明治身和治国在实践上具有相通之处：治身以修心为本，治国以君主为中心，即《吕氏春秋·览·审分

览》所说的："夫治身与治国，一理之术也。"治身与治国的道理方法是一样的，都是由中致和，贯通一体。

治身与治国相统一的理论渊源在老子。《老子》第二章云："处无为之事，行不言之教"。"处无为之事"就是要求自我要有虚己守静、无私无欲、自失忘我的精神境界，是就治身而言；"行不言之教"是治国不要有意进行道德灌输，而是让人们去参悟大道，自我教育，并自觉自愿地摒弃与大道相违背的自我意识，逐渐统一到大道上来。《老子》第十三章云："贵以身为天下，若可寄天下；爱以身为天下，若可托天下。"能够以贵身的态度去治理天下，才可以把天下寄付给他；以爱身的态度去治理天下，才可以把天下交托给他。由此形成了道家道教的身国同构理论。《墨子·公孟》载告子谓子墨子曰："我能治国为政。"子墨子曰："政者，口言之，身必行之。今子口言之而身不行，是子之身乱也。子不能治身，焉能治国政?"这是把治身看成是治国的前提条件，与儒家的内圣外王之道有异曲同工之妙。

《春秋繁露·天地之行》以人体类比国家，阐明治国之道。"一国之君，其犹一体之心也。隐居深宫，若心之藏于胸；至贵无与敌，若心之神无与双也。其官人上士，高清明而下重浊，若身之贵目而贱足也；任群臣无所亲，若四肢之各有职也；内有四辅，若心之有肝肺脾肾也；外有百官，若心之有形体孔窍也；亲圣近贤，若神明皆聚于心也；上下相承顺，若肢体相为使也；布恩施惠，若元气之流皮毛腠理也；百姓皆得其所，若血气和平，形体无所苦也；无为致太平，若神气自通于渊也；致黄龙凤皇，若神明之致玉女芝英也。"每一句都把国家与人体进行比较，国君为国家的核心，有四辅、百官、百姓，国家治理以国君为主，通过亲圣近贤、上下承顺、布恩施惠，实现百姓安居乐业、无为而治，天下太平，龙凤呈祥，天降祥瑞。国家像人体一样是一个有机的生命体，良好的国家治理犹如健康的人一样。人要健康长寿需要修身养性，国家要长治久安需要君、臣、民共同努力，上下一体，才能国泰民安，天下太平。

结 语

董仲舒继承发展了上古以来，特别是《中庸》的中和观念，以儒家为主，吸收了道家（黄老道家）、阴阳家、杂家的相关思想，丰富了中和观念的内涵，形成了以贵中尚和为主体，阴阳五行为框架，由中致和为途径的理论体系。以中和之道为健康长寿的实践方法和治国平天下的价值标准，从治身与治国两个方面展开中和论的实践应用。治身分别从养气、养心、衣食住行、男女之法等方面提出了生活中以中和养生的具体方法。政治实践中运用中和，确立了中正的政治行为准则，治道方面以中和之道处理礼与法、德与刑、王道与霸道之间的紧张关系，化解其中的二元张力，提出了以礼主法、德主刑辅、以王统霸的治理模式。治身与治国都是由中致和，贯通一体。中和论是董仲舒构建思想体系的根本原则和基本方法，贯穿于其思想体系的不同方面，起着贯通和支撑作用，以保证其思想结构的精密完善和实践应用的效能最优。

本文为“2021 中国·衡水董仲舒与儒家思想国际研讨会暨中华孔子学会董仲舒研究委员会学术年会”提交的论文。

韩星（1960—），男，陕西蓝田人，中国人民大学国学院教授，博士生导师，历史学博士。

董仲舒“经权”思想方法论略说

黄朴民

一、“经”“权”释义与董仲舒的“经权”“常变”观

尽管董仲舒有时候表现得像一位巫师：“仲舒之言雩祭可以应天，土龙可以致雨，颇难晓也。”（《论衡·案书》）当年王充对此就颇不以为然，多予讥评。同时，董仲舒的儒学理论体系中广泛汲取其他学派的某些思想内容，似乎不配称作为“醇儒”①。但是，从根本上来讲，董仲舒仍然是一位正宗的儒者，他的学说完全属于儒学范畴。这是因为，他始终不渝地坚持了儒家学说要义的三重层次——以分析、把握“经”“权”关系为基本特征的平衡观，以仁义为鹄的伦理观，以礼乐为核心的政治观，并且在阴阳五行时代精神的照耀下发展和丰富了这三重层次。

“经”“权”关系问题，其实质性的内涵，便是体现为如何正确地处理社会政治生活中坚持原则性与运用灵活性两者之间的关系。在社

① 刘歆的一段话大有深意：“然考其师友渊源所渐，犹未及乎游、夏。”（《汉书·董仲舒传赞》）意思便是董仲舒的儒学思想在经学及师友学术渊源方面，是比较混杂的，远远不如子游、子夏之辈对圣人之学的纯粹继承。这客观上道出了董仲舒儒学思想的某些特征。

会政治生活中，一方面要强调与坚持纲常伦理的原则性，即所谓“执一”“执中”“守经”，另一方面又必须注意适当的灵活性：“便宜从事”“行权”“通权达变”。借用孟子的话做形象的比喻，那就是“男女授受不亲”，谓之“守经”执“礼”；而“嫂溺援之以手”，则可谓之“权变”。显而易见，“经”“权”说集中体现了儒家的政治智慧与管理艺术，是中国传统文化中理性精神的具体反映。它的基本宗旨，在于为解决理想与现实（或者说原则与实践）之间的矛盾或冲突提供适当的手段与方法。《礼记·大传》有云：“立权度量，考文章，改正朔，易服色，殊徽号，异器械，别衣服。此其所得与民变革者也。其不可得变革者则有矣：亲亲也，尊尊也，长长也，男女有别，此其不可得与民变革者也。”这实际上就是讨论“经”“权”观如何在具体社会政治生活方面得以高明的运用。

早在先秦儒家即对“经”“权”问题有深入的阐发，孔子固然坚持纲常伦理秩序的永恒性、不变性，汲汲于强调“君君、臣臣、父父、子子”为万世不易之大经大法，但是同时也提倡必要的权宜变通，反对那种“匹妇之为谅”式的拘泥小信，削足就履，胶柱鼓瑟。

自先秦儒家初步确立“经”“权”基本原则之后，后世的儒者对此都有所阐述和发挥，如何休，一方面恪守“执一”“守经”的立场，强调儒学纲常伦理原则永恒不可动摇，另一方面也宣扬必要的通权达变，认为礼是文，仁是质，在某些特定的情况下，可以行权变礼以救质，即“起文以实”。再如柳宗元，也强调经与权互为存在的条件，经与权的统一谓之“人中之道”：“经也者，常也；权也者，达经者也，皆仁智之事也。离之，滋惑矣。经非权则泥，权非经则悖。”（《增广注释音辩唐柳先生集》卷三《断刑论下》，四部丛刊本）凡此等等，不一而足。其立足点乃是在“守经”，即恪守和维护君主专制统治根本原则的前提下，充分肯定必要的变通，强调“行权”的合理性与必要性。

儒家“经”“权”观中，有两个重要的关键点：一是“经”“权”关系之中，“经”（“常”）是主导的，起决定性作用的；而“权”（“变”）则必须在一定的范围内活动。二是“经”与“权”是共生互补的，具有相辅相成的功能，不能有意割裂与对立，即所谓“知经而不知权，不知经者也：知权而不知经，不知权者也”（《增广注释音辩唐柳先生集》卷三《断刑论下》，四部丛刊本）。

儒家的“经”“权”观对于儒家治国思想的形成与发展具有十分深远的意义。

第一，受“经”“权”观原则的指导与规范，儒家治国思想确定了一系列基本宗旨，如等级尊卑的有序管理模式、德治教化的价值取向原则、正己及人的管理示范形态、仁义礼乐的人本管理精神、用中适时的管理操作方法，等等，这些都属于“经”的范畴，都是必须坚持、不可动摇的大经大法。与此同时，儒家治国思想也不排斥“权”的合理性与必要性，如动用必要的刑罚手段来补充单纯讲究德治的不足，以承认合理的利益来完善单纯提倡仁义的欠缺，以天下一家、诸生平等来克服单纯讲究等级名分的矛盾等等。

第二，受“经”“权”理论的指导与规范，儒家治国思想遂有了使自己与时推迁，不断更化的理据和动力。既然从事任何事情都应该在坚持根本原则的前提下，根据形势的变化而有所变通，有所调整，有所改进，那么，治国也同样可依照这个一般规律，不断丰富其原理，充实其手段，而不应墨守成规，故步自封。正是因为有这样的理念做支持，儒家治国思想在其总体精神不做重大改变条件下，其具体细节、具体方法总是处于生生不息的调整与充实之中，以最大限度地满足特定时期的各种需要，即所谓“苟日新，又日新，日日新”（《礼记・大学》）。从这个意义上说，儒家“经”“权”观理论，的确是儒家治国思想与时俱进、更化嬗变的不竭生机与强大动力。

董仲舒对“经”“权”关系同样给予了充分的注意，将它视为自己分析和论证政治思想的一大关键、一个手段。即在自己的政治理论以及实践中努力以正确处理“执一”与“权”的关系问题这一方式，来把握具体的事物。不但在评述历史事物时运用它，而且也将它用来观照现实政治生活，不仅如此，董仲舒还借用阴阳之气消长的自然现象，来进一步肯定这一原则。

董仲舒首先强调了“执一”的必要性。关于“执一”，他说：“天之常道，相反之物也，不得两起，故谓之一。一而不二者，天之行也。阴与阳，相反之物也。故或出或入，或右或左，春俱南，秋俱北，夏交于前，冬交于后。并行而不同路，交会而各代理。此其文与？天之道，有一出一入，一休一伏，其度一也。”“故常一而不灭，天之道。”（《春秋繁露·天道无二》，以下凡引《春秋繁露》文字者，只标注篇名）由此而推导出的结论便是：“不一者，故患之所由生也，是故君子贱二而贵一。”（同上）于是，董仲舒充分肯定既定伦理纲常、专制统治秩序的绝对不可动摇性质：“其余尽循尧道，何更为哉！故王者有改制之名，亡变道之实”（《汉书·董仲舒传》）；“今所谓新王必改制者，非改其道，非变其理……徙居处，更称号，改正朔，易服色者，无他焉，不敢不顺天志而明自显也。若夫大纲、人伦、道理、政治、教化、习俗、文义，尽如故，亦何改哉”（《楚庄王》）。所有这一些都是董仲舒对君主专制集权统治的绝对“执一”“执中”。

其次，董仲舒主张“正名”，强调“事各顺于名，名各顺于天”（《深察名号》），把“名”肯定为判断是非的标准：“欲审曲直，莫如引绳；欲审是非，莫如引名。名之审于是非也，犹绳之审于曲直也。”（同上）这样即可以名来求实，使实服从于名。董仲舒认为，这种等级名分关系，是与天地俱生、万古不变的，是一以贯之的，决不能加以任何动摇，整个帝国专制社会中的各个不同等级、所有成员，都要严格地遵守自已的“名”分，绝对不可“越雷池一步”，这乃是“执一”的另一种表现形式，在董仲舒看来，“正名”是治理国家的头等大事，“是故治国之端在正名"（《玉英》）。

在强调“执一”“正名”的同时，董仲舒对“权”的重要性也加以相当的肯定。他强调指出：“权”与“经”是处理现实政治问题的双重手段，是相辅相成、共济互补而无法偏废的。对此，他借用历史上有关“礼”制的坚持与变通方面的事例加以具体的论证：“《春秋》有经礼，有变礼。为如安性平心者，经礼也。至有于性，虽不安于心，虽不平于道，无以易之，此变礼也。是故昏（婚）礼不称主人，经礼也；辞穷无称，称主人，变礼也。天子三年然后称王，经礼也；有故，则未三年而称王，变礼也。妇人无出境之事，经礼也；母为子

娶妇，奔丧父母，变礼也。”（《玉英》）

判断、把握“礼制”问题是这样，在君臣观上，董仲舒认为同样可以利用“经”“权”关系思想来予以约束与指导，使坚持原则性和行施变通性之间得以有机地结合起来。他说：

> 《春秋》固有常义，又有应变。无遂事者，谓平生安宁也。专之可也者，谓救危除患也。进退在大夫者，谓将率（帅）用兵也。徐行不反（返）者，谓不以亲害尊，不以私妨公也。（《精华》）

这便是董仲舒经过对“经”“权”关系的具体而透彻的分析与论证，来妥善地化解和诠释在君臣关系问题上所大量存在着的，诸如“大夫无遂事”与“出境有可以安社稷、利国家者，则专之可也”之类的矛盾观点。

由于“权”对于社会政治活动来说具有一定的必要性与合理性，董仲舒进而对历史上所发生的某些“权”的事例给予了某种程度的肯定。他指出：

> 鲁隐之代桓立，祭仲之出忽立突，仇牧、孔父、荀息之死节，公子目夷不与楚国，此皆执权存国。行正世之义，守惓惓之心。《春秋》嘉义气焉，故皆见之，复正之谓也。（《王道》）
>
> 司马子反为其君使，废君命，与敌情，从其所请与宋平，是内专政而外擅名也。专政则轻君，擅名则不臣，而《春秋》大之，奚由哉？曰：为其有惨怛之恩，不忍饿一国之民，使之相食。推恩者远之而大，为仁者自然而美。今子反出己之心，矜宋之民；无计其间，故大之也……今诸子所称，皆天下之常，雷同之义也。子反之行，一曲之变，独修之意也。夫目惊而体失其容，心惊而事有所忘，人之情也。通于惊之情者，取其一美，不尽其失。《诗》云：“采葑采菲，无以下体。”此之谓也。（《竹林》）

谈论历史，其目的当然在于指导现实。董仲舒指出“经”“权”之间的内在辩证关系，肯定其各自的合理性，很显然是要通过它来为自己的社会政治思想张目。

正始玄学家何晏推崇董仲舒说："儒雅博通，莫贤乎董仲舒。"（参见《太平御览》卷四四七引）董仲舒作为旷世大儒，自富有最杰出的政治智慧，他清楚地知道，简单地侈谈"执一""守经"，是无济于解决现实政治生活中的新问题的。于是，他就大谈特谈"更化"。他认为汉朝的统治"继秦之后，如朽木粪墙矣，虽欲善治之，亡可奈何"。而要清除这一危机，就得"必变而更化之，乃可理也……当更化而不更化，虽有大贤不能善治也"（《汉书·董仲舒传》）。所谓"更化"，比较具体地表现为"必徙居处，更称号，改正朔，易服色者。无他焉，不敢不顺天志而明自显也"（《楚庄王》）。这便是董仲舒对具体统治内容方面的"权"。

董仲舒这种"权"的思想观念，是与当时占据经学统治地位的公羊学要义之一："实与而文不与"的原则相一致的。《公羊传》中有许多"实与而文不与"的义例。如鲁僖公二年"城楚丘"一事，《公羊传》有言："曷为不言桓公城之，不与诸侯专封也。曷为不与？实与而文不与。文曷为不与？诸侯之义不得专封。诸侯之义不得专封，则其曰实与之何？上无天子，下无方伯，天下诸侯有相灭亡者，力能救之，则救之可也。"可见在维护君主专制集权统治的根本原则的基本前提下，公羊学派肯定必要的变通，也就是行"权"的必要性。所以，我们讲董仲舒对于如何推行君主专制集权统治这一问题，是既坚持原则性，又讲究灵活性的。这是卓越的识见。

董仲舒对"执一"与"行权"的关系曾有过明确的表述。《竹林》篇云："《春秋》之道，固有常有变，变用于变，常用于常，各止其科。"又《精华》篇云："《春秋》固有常义，又有应变。""常"与"变"、"经"与"权"互为关系，同为一体，相与促成。

但是我们也要清楚地看到，在董仲舒本人那里，"经""权"、"常""变"关系中，两者之间的地位是不完全平等的。"经"与"常"是主导的，起决定性作用的；而"权"与"变"则必须在一定的范围内活动："器从名，地从主人之谓制。权之端也，不可不察也。夫权虽反经，亦必在可以然之域。不在可以然之域，故虽死亡，终弗为也。"（《玉英》）又："故诸侯在不可以然之域者，谓之大德。大德无逾闲者，谓正经。诸侯在可以然之域者，谓之小德，小德出入可也。权谲也，尚归之以奉矩经耳。故《春秋》之道，博而要，详而反，一也。”（同上）唯有如此，方称得体：“明乎经变之事，然后知轻重之分，可与适权矣。”（同上）

由此可见，董仲舒的社会政治思想，在哲学观上守成多于进取，保守大于进化。其实质乃是，在充分肯定君主专制集权统治的大前提之下——“执一”，对个别具体的制度、理论以及措施做些合乎逻辑、恰如其分的小修小补——“权”或“变通”。这是他推衍所谓“经”“权”、“常”“变”观，指导与规范现实政治生活的表现，也是根本合乎其整个儒学体系的理论思维定式的。

二、“经”“权”观所体现的“中庸”精神

以“用中适时”，不偏不倚、无过无不及为基调的“中庸”理论，是儒家哲学的最高命题，也是儒家学说的基本方法论。孔子最早提出“中庸”的概念，在孔子看来，凡事都必须坚守大经大法，做到不偏不倚，无过无不及，具体做法便是“叩其两端而执之”，从中找到和掌握合适的度，辩证看待问题，凡事不走极端。这种思维方法可以说反映在孔子几乎所有思想命题上：如天人关系方面，既不否定鬼神、天意的存在，又着重强调人事的作用；政治秩序方面，既肯定君臣尊卑、父子上下关系的合理性，又主张这种合理性必须建立在共享义务与权利的基础之上，“君使臣以礼，臣事君以忠”（《论语·八佾》）；文质关系方面，既注重内容，又注重形式，“质胜文则野，文胜质则史，文质彬彬，然后君子”（《论语·雍也》）。理想追求方面，既追求大同，“祖述尧舜”，又憧憬小康，“宪章文武”。总之，一切要“允执其中”。孔子把这种“中庸”之德，定位为最高的道德境界与政治智慧。

孔子之孙子思，“尝困于宋，作《中庸》”，系统地丰富和深化了“中庸”思想。这表现为他将“中庸”理论上升为宇宙间最普通的根本法则，指出只有遵循这一法则，天地万物才能可安其所，保持平

衡，和谐发展。理解“中庸”之道精髓，并且在政治实践中加以巧妙运用，在于立身处事，要善于掌握事物之两端，量度而取中，不偏不倚，不温不火，恰到好处：“君子中庸，小人反中庸，君子之中庸也，君子而时中”，“执其两端，用其中于民”（《礼记·中庸》）。在于度的把握是否恰到好处，而恰到好处的关键完全在于无过无不及，不偏不倚，“从容中道”。

《荀子·王制》有云：“和中者，听之绳也。”意思是说，“中和”是听政理民的基本准则。这非常准确地揭示了“中庸”方法论对于治国的指导意义。

第一，管理原则的指定与管理方法的施行，必须做到收放自如，进退有节。为政者不能在治国上只顾这一点，不及其余，而应该把握分寸，适中用时，凡事留有一定的余地，当进则进，当退则退，左右逢源，进退自如，找到事物的最佳平衡点，从而把握主动，牢牢立于不败之地。

第二，管理思维的选择与管理艺术的运用，必须做到文武并用，刚柔相济。即在治国上不可偏执一端，既不能一味用强硬的一手，也不能无原则地怀柔、行姑息之政，仁与礼应该有机统一，德与刑应该相辅相成，哪一方面有所缺失，则当及时弥补；哪一方面过分，则当有意识加以抑制，恩威并施，宽猛相济，不离中道，以此求得最佳的治理效果，正如孔子所说的那样，是“政宽则民慢，慢则纠之以猛。猛则民残，残则施之以宽。宽以济猛。猛以济宽，政是以和”（《左传·昭公二十年》）。总之，是要做到张弛有章法，宽严有节度，“张而不弛，文武弗能也；弛而不张，文武弗为也；一张一弛，文武之道也”（《礼记·杂记下》）。

第三，管理目标的确立与管理境界的追求，必须做到谦益节制，兼容并蓄。“中庸”理论的要义之一，是提醒人们事物发展到极端，就会发生性质的变化，走向自己的反面。这就给统治者以重要的启示，在治国上不急功近利，急于求成，而应该尊重现成的秩序与成规，保持事物的相对稳定性，必要时需安于现状，所谓“素富贵，行乎富贵；素贫贱，行乎贫贱；素夷狄，行乎夷狄；素患难，行乎患难”（《礼记·中庸》）。一句话，目前是什么状况，就安于什么状况，不羡慕分外的东西，尤其是治国方面取得成绩的情况下，统治者要更有效地控制住自己的情绪，戒骄戒躁，不走极端：“敖不可长，欲不可从，志不可满，乐不可极。”（《礼记·曲礼上》）同时要善于兼容并蓄，博采所长，使品德各异，能力有差的各类人在治国中都能发挥自己不同的作用。这对于统治者来说，在用人上就要秉持宽松的尺度，切不可求全责备，即所谓“水至清则无鱼，人至察则无徒”的道理，正确的态度应该如荀子所说，是“君子贤而能容罢，知而能容愚，博而能容浅，粹而能容杂”（《荀子·非相》）。

董仲舒生活的汉武帝时代，地主阶级已基本巩固了自己的统治，开始加强对广大劳动人民的剥削与压迫，造成阶级矛盾日趋激烈化。为了维护统治集团的长远根本利益，董仲舒认真地思考着如何将各种社会矛盾、阶级冲突限制在适当的可以承受的程度和范围之内，避免社会大动荡的发生，乃至不可收拾。他依据儒家“中庸”思想原则所提出的保持事物相对平衡的理论，就具有这方面积极的现实意义。这是董仲舒儒学作为统治思想业已成熟化的具体标志之一。

坚持“中庸”精神，使事物保持相对的平衡，在处世接物方面遵循比较适中、不走偏颇的原则，这是儒家所一贯提倡的，并力图将它贯彻于具体政治生活之中。《礼记·表记》曰：“厚于仁者薄于义，亲而不尊。厚于义者薄于仁，尊而不亲。”《礼记·仲尼燕居》曰：“达于礼而不达于乐，谓之素。达于乐而不达于礼，谓之偏。”《礼记·祭义》曰：“祭不欲数，数则烦，烦则不敬；祭不欲疏，疏则怠，怠则忘。”这些带有辩证色彩的论述值得我们给予充分的注意。

董仲舒对于这么一种适中合时、不走偏颇的相对平衡的原则是加以全面继承的，并且更加注意把它融化于自己的具体政治学说之中。《度制》篇云：“有所积重，则有所空虚矣。大富则骄，大贫则忧。忧则为盗，骄则为暴，此众人之情也。圣者则于众人之情，见乱之所从生。故其制人道而差上下也。使富者足以示贵，而不至于骄。贫者足以养生，而不至于忧。以此为度，而调均之，是以财不匮而上下相安，故易治也。”又《威德所生》篇曰：

为人主者，居至德之位，操杀生之势，以变化民。民之从主也，如草木之应四时也。喜怒当寒暑，威德当冬夏。冬夏者，威德之合也；寒暑者，喜怒之偶也。喜怒之有时而当发，寒暑亦有时而当出，其理一也。当喜而不喜，犹当暑而不暑。当怒而不怒，犹当寒而不寒也。当德而不德，犹当夏而不夏也。当威而不威，犹当冬而不冬也……喜怒之发，威德之处，无不皆中其应，可以参寒暑冬夏之不失其时已。

前者，实际是从相对平衡“过犹不及”之原理，推导出以控制剥削之“度”，来达到“上下相安”之目的的政治统治原则，带有浓厚的调和阶级矛盾的色彩。后者，若除去赏罚与四时相配之类的话语方式，则可以看出，这也不过是董仲舒将“适时”“适中”的平衡要义贯彻到现实的德刑关系中去的一种努力而已。

不仅在政治问题上要保持平衡，反对极端化。即使在其他问题上，董仲舒认为这种相对平衡、不趋极端的处世方式，也是值得提倡的。由此可知，“积精微而致广大，极高明而道中庸”，力求维系相对平衡，并非董仲舒在个别政治问题上的权宜之计，而是他认知与把握整个外部世界的基本原则与方法之一。如在学习古代经典的过程中，这一方法也同样适用。《玉杯》篇有云：

《诗》《书》序其志，《礼》《乐》纯其美，《易》《春秋》明其知。六学皆大，而各有所长。《诗》道志，故长于质。《礼》制节，故长于文。《乐》咏德，故长于风（讽）。《书》著功，故长于事。《易》本天地，故长于数。《春秋》正是非，故长于治人。能兼得其所长，而不能遍举其详也。故人主太节则知闇，太博则业厌，两者异失同贬，其伤必至，不可不察也。是故善为师者，既美其道，又慎其行。齐时早晚，任多少，适疾徐，造而勿趋，稽而勿苦。省其所为，而成其所湛，故力不劳而身大成，此之谓圣化，吾取之。

需要加以指出的是，这种相对平衡观实质上是建立在绝对不平衡的基础之上的。这在其具体的政治学说之论述中尤为明显。譬如君臣、父子、夫妇诸范畴，董仲舒虽然承认妇之于夫、子之于父、臣之于君等等乃是同一矛盾体中的两个方面，互为依存，不可或缺。《基义》篇下面这段话即是这一层意思："凡物必有合。合，必有上，必有下，必有左，必有右，必有前，必有后，必有表，必有里。有美必有恶，有顺必有逆，有喜必有怒，有寒必有暑，有昼必有夜，此皆其合也。阴者阳之合，妻者夫之合，子者父之合，臣者君之合。物莫无合，而合各有阴阳。阳兼于阴，阴兼于阳；夫兼于妻，妻兼于夫；父兼于子，子兼于父；君兼于臣，臣兼于君；君臣父子夫妇之义，皆取诸阴阳之道。"但是他又毕竟在阴阳五行理论指导下，人为地划分出主导与次要方面，并且规定了其次要方面对主导方面的绝对服从。故《基义》篇进一步阐说："君为阳，臣为阴；父为阳，子为阴；夫为阳，妻为阴。阴道无所独行，其始也不得专起，其终也不得分功，有所兼之义。是故臣兼功于君，子兼功于父，妻兼功于夫，阴兼功于阳，地兼功于天。"《天地之行》篇亦云："为人臣者，其法取象于地。故朝夕进退，奉职应对，所以事贵也；供设饮食，候视疢疾，所以致养也；委身致命，事无专制，所以为忠也；竭愚写情，不饰其过，所以为信也；伏节死难，不惜其命，所以救穷也……故为地者务暴其形，为臣者务著其情。"所有这一些，显然是大一统君主专制集权帝国所热忱欢迎的理论，是董仲舒对巩固与强化君主专制集权统治的贡献。

三、"经""权"理论与董仲舒的历史观念

董仲舒这种以"经""权"观认识事物的性质，以贯彻"中庸"精神为指向的事物相对平衡说为基本特征的思维逻辑，能很容易地推导出系统的历史循环论。他积极肯定"权""变"的地位和意义，那么在历史观上，他有时就不免流露出某些肯定历史进步的情绪。但是他主张"常""经"，这又势必使他将历史视作为最终凝固化了的东西，认为其变迁嬗递仅仅是一种循环而已。从保持相对平衡性立论，董仲舒承认和允许历史有所变革，以追求平衡的有序状态。但依据不平衡绝对性的原则，他又对那些体现专制社会纲常名理本质的历史文化现象——即阶级关系、等级名分等所导致的不和谐、不平衡，必定

会有意识地加以稀释、加以淡化，将它们奉为“正常”，反对根本性的变革。

这种认识，直接导致了董仲舒充满矛盾的历史观的形成，即既有进化演进的积极因素，更具有循环往复、守成稳定的根本实质。它与现实社会政治有着密切的联系，成为董仲舒儒学思想体系的有机组成部分。

就具体问题而言，董仲舒一方面对“法后王”的说法在实质上有所肯定，指出凡为圣王者，与当今时代相隔愈远，关系就愈是淡薄，逐渐失去政治上的意义：“故圣王生则称天子，崩迁则存为三王，绌灭则为五帝，下至附庸，绌为九皇，下极其为民。”（《三代改制质文》）为此，董仲舒系统地为汉代以前的各朝各代描绘规划了一幅“正某统”“亲某”“故某”“绌某”的图画。像虞舜在殷代时还是“故”的对象，可是到了周代，其“故”的位置则由夏代所替代，而成了“绌”的对象了。总之是随着时代的发展，而各代在新朝中的地位不断地依次降低。所以，董仲舒重申道：“《春秋》上黜夏，下存周，以《春秋》当新王。”（同上）这实际上已包含了某种历史进化论的思想，尽管它还是近乎机械的进化图式。

由于有这种三统循环、依次陵替的历史原则在发生作用，那么从逻辑上必然推导出天下非一姓之天下，征暴伐恶，受命新王完全合理的结论：“故天子命无常，唯命是德庆，故《春秋》应天作新王之事。”（《三代改制质文》）虽然这样做有时仍拿“天”的意志为幌子；“天若不予是家，是家安得立为天子？立为天子者，天予是家。天予是家者，天使是家”（《郊祀》）。可是其实质意义终竟在于禁暴诛悍、吊民伐罪，是儒家民本主义的集中体现：“故夏无道而殷伐之，殷无道而周伐之，周无道而秦伐之，秦无道而汉伐之。有道伐无道，此天理也，所从来久矣。”（《尧舜不擅移，汤武不专杀》）这里，我们要特别注意到，董仲舒对秦灭六国，取代周朝历史现象的肯定和推崇，“周无道而秦伐之”，这真是石破天惊、振聋发聩的宣言，由此可见，在董仲舒的心目之中，秦朝取代周朝，其巨大的进步意义与“汤武革命”相同，都具有伟大而深远的历史意义，这是一般儒生所不能企及的境界，董仲舒的这种进步历史观的价值，毫无疑问，值得充分的肯定与积极的褒扬。

而“礼乐”的变革演化，董仲舒认为同样是基于“进化”“适时”的原因：

> 舜之时，民乐其昭尧之业也，故《韶》。韶者，昭也。禹之时，民乐其三圣相继，故《夏》。夏者，大也。汤之时，民乐其救之于患害也，故《頀》。頀者，救也。文王之时，民乐其兴师征伐也。故《武》。武者，伐也。四者，天下同乐之一也，其所同乐之端不可一也。（《楚庄王》）

综上所述，我们说董仲舒的历史哲学观念具有相当积极的因素，这或许并不过分。

但是在另一方面，董仲舒又受他以“经”“权”观分析问题的制约和局限，在古今观上流露了比较严重的复古情绪。他推崇“追古贵信”（《王道》）。明确宣称：“《春秋》之道，奉天而法古。”（《楚庄王》）为此，他又热衷于提倡“法先王”：“虽有知心，不览先王，不能平天下。然则先王之遗道，亦天下之规矩六律已。故圣者法天，贤者法圣，此其大数也……所闻天下无二道，故圣人异治同理也。古今通达，故先贤传其法于后世也。《春秋》之于世事也，善复古，讥易常，欲其法先王也。”（同上）

董仲舒这种既肯定必要的历史进化，又鼓吹“善复古”的矛盾的历史观念，如果孤立地分析，的确令人感到困惑不解。然而若将它们与董仲舒本人所津津乐道的“经权”认识观与“中庸”相对平衡目的论一一对照，就能够很清楚地看到其间的主从关系。我们可以理解，他的这些观念落实到历史哲学观上，势必衍生出既进化又保守，既重今又法古这么一种具有明显奇特怪诞特征的历史哲学观来，这正是其儒学精髓的外化表现之一。董仲舒身为公羊学巨子，他的充满矛盾的历史观，同样是与公羊学一方面鼓吹“张三世”，另一方面又强调“善复古”的矛盾历史哲学相一致的。

董仲舒的“经”“权”处事方法论和相对平衡的政治动机论，决定了其儒学思想体系在根本点上的守成性，对于两汉儒学形成一个封闭内向、自行内卷的大系统而言，具有认识论上的基础。这是不容我们忽视的。在这个大系统之中，几乎所有具体的思想与观念，都已经在事先被精心地安排好了，都处于一个相对有序的状态之中。事物之间的内在深刻矛盾在这里被人为地加以消解了、掩饰了，一切关系从形式上、表面上看，都显得那样的和谐和统一。于是乎，没有必要展开脱离主体的剑走偏锋、独立思考，也没有必要进行彻底的自我否定和更化，也就成了董仲舒儒学思想的真实含义之所在。所以在历史发展观上，其虽然有某些“法先王”的变革与进化因素值得我们肯定，然而在本质上，却是相对凝固的和趋于守成的。

他宣扬的是历史循环论，即依据“五德终始”的理论，推衍出更简单更明了的“三统观”：“三王之道所祖不同，非其相反，将以救溢扶衰，所遭之变然也……然夏上忠，殷上敬，周上文者，所继之救，当用此也。孔子曰：“殷因于夏礼，所损益可知也；周因于殷礼，所损益可知也。其或继周者，虽百世可知也。’此言百王之用，以此三者矣。”（《汉书·董仲舒传》）于是，汉承周后（秦为闰统，不单独列为一统），只要“损文用忠”便可以了。“王者有改制之名，亡变道之实”嘛。假如有新的王朝代替汉朝，从逻辑上说，也只需要“用敬损忠”便可以了。

在这里，历史的进步被合乎逻辑地归纳入始而复返的循环模式中了，这是一种近乎机械与单纯的发展观念。在对事物矛盾关系的分析上，董仲舒的理论同样是十足的相对静止的，这实际上是一种矛盾定位论。例如阴阳关系，在董仲舒的眼中，阳永远是占主导的，而阴永远是次要的从属的，天意决定了双方的地位绝对不能转化：“阳之出也，常悬于前而任事；阴之出也，常悬于后而守空虚”；“此见天之亲阳而疏阴”（《基义》）；“阳贵而阴贱，天之制也”（《天辨在人》）。推广到社会人事方面，便是：“不当阳者，臣子是也；当阳者，君父是也。”（同上）恩格斯曾经指出：“当我们把事物看成是静止而没有生命的，各自独立相互并列或先后相继的时候，我们在事物中确实碰不到任何矛盾。”（《马克思恩格斯选集》第 3 卷，人民出版社版，159 页）如果我们说董仲舒儒学思想体系存在着一定的不足与局限，那就是它患上了恩格斯所说的“碰不到任何矛盾”的毛病。因为它企图使所有的一切，都各得其所，不能加以颠覆性的怀疑，不能进行彻底的改造和发展。总之，让事物处于相对静止的机械的状态，而这样做，其实恰恰是在一定的程度上束缚了后来者的思想，使之因循守成，缺乏充沛的活力，缺乏丰富的想象，缺乏必要的创造。而追溯产生这些现象的根源所在，我认为，这在一定的程度上，乃是基于他这种对事物的把握之逻辑及方法所致。换言之，董仲舒他正是通过对所谓“经”“权”互用、相对平衡观念的分析与阐述，来合乎逻辑地推导出其儒学思想体系的逻辑系统的。我们在今天重视对董仲舒有关“经”“权”关系和相对平衡问题的研究，指出其作为董氏学说的方法论意义，其宗旨也正是为了对董仲舒思想的价值做出比较公允的评价。

本文为“2021 中国・衡水董仲舒与儒家思想国际研讨会暨中华孔子学会董仲舒研究委员会学术年会”提交的论文。

黄朴民（1958—），男，浙江绍兴人，中国人民大学国学院教授，博士生导师，历史学博士，衡水学院特聘教授。

董仲舒人性观循环历史观辨析

庞昌伟

董仲舒（前179—前104）“始推阴阳，为儒者宗”（《汉书·五行志上》），革新儒学创汉代新儒学而成儒学之中坚，为西汉经学春秋公羊学派代表人物，其君主集权、大一统思想为西汉封建专制的巩固提升奠定了意识形态基础。建元元年（前140）冬十月，董子以贤良身份接受汉武帝（前140—前87年在位）有关政权长治久安问题的策问，对既毕，为江都相，公元前140—前124年间三次呈上治国方略即为史上著名的“天人三策”。武帝在董子影响下以儒家经典《五经》（诗、书、礼、易、春秋）为方向设立博士制度并设立皇家学院太学作为朝廷选拔高级文官的摇篮。人性论是儒家思想的重要内容。孟子“性善论”继承了孔子的利他性道德伦理观，认为人可以通过“内省”“养心”等方式发掘和拓展与生俱来的善良之性，国家将其“推而广之”就能够建立起理想的公序良德。君主施行“仁政”，为民谋利，君民同心，“乐民之乐者，民亦乐其乐；忧民之忧者，民亦忧其忧”（《孟子·梁惠王下》）。社会成员之间做到“老吾老，以及人之老；幼吾幼，以及人之幼”（《孟子·梁惠王上》），从而形成良好的、利他性的人际关系及和谐的社会秩序。孟子主性善，荀子主性恶，董子、王充调和两家，主张人性兼含善恶。千年后的程朱把人性分为天地之性和气质之性。颜元、戴震主张人性只有气质之性，性即是欲，不可强分为二。善与恶是以某种行为是否满足人的利益要求为依据的价值判断和历史范畴，其实质是调节社会阶级矛盾和利益关系的道德原则。

董子学说具见于《春秋繁露》。全书分四部，第一部分，以天为人本的天道观阐释《春秋》的微言大义；第二部分，为“受命改制”的政治哲学；第三部分，天人感应思想，调和孟荀的性说及为政之道，主张成善抑恶；第四部分，承阴阳家之余绪，发挥阴阳五行、天人合德与郊祀之义，创天人合一的纲常伦理学说。公孙弘治《公羊春秋》，董子亦治《公羊春秋》，而弘不逮仲舒远甚。

董子“利欲观”——爱人与爱己

从战国后期开始，儒家主流思想中传统的“爱人”观为之一变，逐渐向一种以承认人的利己本性为基础的“爱人”观转化。原来那种“自然而然”的“仁者爱人”，逐渐变成了一种需要付出重大努力才能做到的“爱人”。该时期儒家代表人物的荀子改弦更张，一反孔孟以来的传统，转而提出“性恶论”并积极宣扬人性的“好利”，就是个明显的变化标志。墨子、孟子时代倡导的质朴的“古道热肠”式的“爱人”观，已经明显面临难以为继的局面。人的自私本性被越来越多人所强调，随着“爱己”观的不断发展，传统“爱人”观受到越来越猛烈的冲击。仁义道德已不是一种发自本性的“天经地义”的事情了。

西汉前期董仲舒和西汉后期刘向（前 77—前 6 年，著有《叶公好龙》《荆轲刺秦王》《唐雎不辱使命》等）的“利欲观”，体现出对荀子观点的继承和发展，对人性的认识具有深刻的转折与过渡色彩。

董子从天人同类的理论出发，认为人性是由天决定的，人性象天。他说：“人受命于天，有善善恶恶之性，可养而不可改，可豫而不可去。”又说：“天两有阴阳之施，身亦两有贪仁之性。”意思是说，天有阴阳两方面，人有性情两方面。性表现于内为仁（善），情表现于外为贪（恶）。由于“情亦性也”，故情也是性的一部分，“仁贪之气，两在于身”，因此也可以说性有仁贪两方面。但是由于天任阳不任阴，阳为主，阴为从，所以人性也是仁为主，贪为从。天道和阴阳两种根本性的力量运行，人道与天道在此意义上达到和谐一律。

董子说："性有善质，而未能善。"（《春秋繁露·深察名号第三十五》）他比喻说："善如米，性如禾，禾虽出米，而禾未可谓米也，性虽出善，而性未可谓善也。"（《春秋繁露·实性第三十六》）那么人性中的这种"善质"，怎么才能变成现实的善呢？董子认为，这只有通过封建统治者的教化，才能得以实现。"善所自有，则教训已非性也。是以米出于粟，而粟不可谓米；玉出于璞，而璞不可谓玉；善出于性，而性不可谓善。"他还说："天生民，性有善质而未能善，于是为之立王以善之，此天意也。民受，未能善之性于天，而退受成性之教于王，王承天意以成民之性为任者也。"（《春秋繁露·深察名号第三十五》）董子从人性的角度论证了代表封建道德的善，是人性中先天就有的，而且论证了封建君主的统治与教化，也是人性所必需的。这也就是说，人性基本上是善的。但人性并非天生就是善的，仅具有善的萌芽，人性需要通过王道教化才能促使善质发展为真善。

刘向观点与董仲舒有所不同，但其观点也同样具有这种过渡性。刘向提出，"凡人之性，莫不欲善其德，然而不能为善德者，利败之也。故君子羞言利名。言利名尚羞之，况居而求利者也？"（《说苑·贵德》）从中可见，尚德之心虽然仍被说成是"人性所欲"，但这已经是一种吞吞吐吐、理不直气不壮的说法了。刘向认为，这种"善德之欲"会"为利所败"，从而使人"不能为善德"，承认"人性"是非常脆弱的。对此刘向强调要通过"德教"使人心向化。他说："圣王先德教而后刑罚，立荣耻而明防禁，崇礼义之节以示之，货利之弊以变之，修近理内政橛机之礼，壹妃匹之际，则下莫不慕义礼之荣，而恶贪乱之耻。"（《说苑·政理》）他声称，如果人臣"无德而苟利"，则将"为圣王所诛"，而君主如果不以"德"治国，就会导致亡国，"故桀、纣以不仁失天下，汤、武以积德有海上，是以圣王贵德而务行之"（《说苑·贵德》）。即使"善德之欲"是人的本性，也要靠"德教"维持之，要靠意识形态和行政力量巩固和提升人性了。

董仲舒、刘向观点的过渡性主要表现在，一方面，他们仍坚持"仁义爱人"之心是人的本性，保留了先秦传统；另一方面，他们都承认“利欲”之心所造成的冲击，意识到“人心不古”之变。并且，他们都认为，仁义道德的教化是压制“利欲”之心的“救世良药”，而这一点，正是后继儒家“爱人”观所持的主要观点。唐代陆贽和白居易的“爱人”观，就是这种转化完成后的认识表现。与中唐时期的大多数儒家学者一样，在陆贽看来，人性是利己的，是贪名好利的。孟子式的“性善论”、董仲舒和刘向式的“半善半恶论”，在陆贽心目中已了无踪迹，他所依持的，已完全是荀子式的“性恶论”。因此，他宣称，“诱人之力，惟名与利”。但人的“好利之心”对国家而言也是非常重要的。他指出：“建国立官，所以养人也，赋人取财，所以资国也”，但“国与人”之间，以人为本，“立国而不先养人，国固不立矣”（《陆宣公全集·奏议·均节赋税恤百姓》）。

董子“义利观”——尚义与逐利

董子认为，“道之大原出于天，天不变，道亦不变”（《春秋繁露·阳尊阴卑第四十三》），“义”“利”关系的确定是天道使然。人性与天道是对应的。“天德施，地德化，人德义。”（《春秋繁露·人副天数第五十六》）天有阴、阳两种属性，人也有贪、仁两种品质：“天两，有阴阳之施；身亦两，有贪仁之性。”（《春秋繁露·深察名号第三十五》）“贪”与“仁”，也就是“利”与“义”。董子认为，“利者，盗之本也”（《春秋繁露·天道施第八十二》），天道要求“重义轻利”，而大多数人则“重利轻义”，这就与天道发生了矛盾。百姓弃义逐利，必然产生争斗，滋生盗乱，使全社会陷于动荡之中。因此，对待百姓必须“损其欲以辍其情以应天”（《春秋繁露·深察名号第三十五》），用教化来限制他们的求利行为：“渐民以仁，摩民以谊，节民以礼”，用“义”理抑制民众的“利”欲。“夫万民之从利也，如水之走下，不以教化堤防之，不能止也。是故教化立而奸邪皆止者，其堤防完也；教化废而奸邪并出，刑罚不能胜者，其堤防坏也。”（《汉书·董仲舒传》）“天之生人也，使之生义与利。利以养其体，义以养其心。心不得义不能乐，体不得利不能安。义者，心之养也；利者，体之养也。体莫贵于心。故养莫重于义。义之养生人大于利矣。”（《春秋繁露·身之养重于义》）董子认为，人性中所包容的，再也不是单一的“仁爱”“仁义”这种“爱人”之心了，还有“利欲”这一本性。人性中“义”的倾向常常被“利”所遮蔽。“春秋为仁义之法，仁之法在爱人，不在爱我。义之法在正我，不在正人。我不自正，虽能正人，而义不予。”董子认为，对不同阶层的人，这两种本性所发挥的作用是不一样的：“夫皇皇求财利常恐乏匮者，庶人之意也；皇皇求仁义常恐不能化民者，大夫之意也。”（《汉书·董仲舒传》）但由于世上庶人居多，故求利者众，须用教化来限制庶民的求利之举：“夫万民之从利也，如水之走下，不以教化堤防之，不能止也。是故教化立而奸邪皆止者，其堤防完也；教化废而奸邪并出，刑罚不能胜者，其堤防坏也。”（《春秋繁露·为人者天第四十一》）通过教化，“渐民以仁，摩民以谊，节民以礼”，社会“爱人”习气得以增加。可见，多舛的时世“仁义爱人”之性已面临着被“利欲”之性吞没的危险，对庶民加以教化十分必要。董子关注君王施政方式和政治风气对社会人性实然善恶产生不同效果。他认为，尧舜时期施行德政，当时社会民众性格仁爱敦厚而多得长寿；桀纣实施暴政，他们治下的民众性格贪鄙而英年夭折。

运用“天人感应论”实现以“义”理抑制“利”欲。奉天承运的天子及圣贤之士应明辨义利关系，做到“正其谊（义）不谋其利，明其道不计其功”，为民表率：“尔好谊，则民向仁而俗善；尔好利，则民好邪而俗败。由是观之，天子大夫者，下民之所视效，远方之所四面而内望也。”（《汉书·董仲舒传》）“故君民者，贵孝弟而好礼义，重仁廉而轻财利，躬亲职此于上，而万民听生善于下矣。”（《春秋繁露·为人者天第四十一》）这样，民情就能向顺应天道的方向转化。

董子义利观建立在“天人感应论”基础上，较之于孔孟的义利观有着较为明显的不同。孔孟的义利观带有更多的作为一种独立思想主张的色彩（尽管他们为了推行自己的主张，都在积极地游说君主），而董子的义利观，则具有了更明显的作为一种为君主统治服务的思想工具的色彩。

宋代程朱理学的兴起，儒家义利观又一次发生较明显的变化。程朱理学又称道学，以孔孟儒学为本，在一定程度上汲取了道家、两汉经学、魏晋玄学和佛教的思想养料，学术上“大抵以格物致知为先，明善诚身为要”，灭私欲，则天理明矣，成为儒学演进的又一个层级。

董子“性三品”说

董仲舒继承孔子“唯上智与下愚不移”的思想，吸收改造了孟子的性善论和荀子的性恶论，开性有三品说之端。

董仲舒把人性分为三类：一类是天生不教就能善的“圣人之性”；一类是天生就恶、虽教也不能善的“斗筲之性”；一类是天生既有善质又有情欲，待教而后能善的“中民之性”。董子认为：“而孟子以为万民性皆能当之，过矣。圣人之性，不可以名性。斗筲之性，又不可以名性。名性者，中民之性。中民之性，如茧如卵。卵待覆二十日而后能为雏；茧待缫以涫汤而后能为丝；性待渐于教训而后能为善。”（《春秋繁露·实性第三十六》）先王以教化民，性必待教而后善。

董子认为，天子按照天意担负着教化百姓之责：“天生民性，有善质而未能善，于是为之立王以善之，此天意也。民受未能善之心于天，而退受成性之教于王，王承天意，以成民之性为任者也。”（《春秋繁露·深察名号第三十五》）儒家性善论是一种等级差序格局，尽管承认每人具有平等向善的机遇，但人闻道有先后，政治优越者占据道德制高点，君子统治小人，上智统治下愚，导致封建专制和人制。

董子认为，义贵于利，这种关系是天定的。人性又是有所区别的。人性之中贪欲和仁义这两种品质的所占比例是不一样的。一种是贪欲甚少而仁义之心多，是所谓“圣人之性”；一种是贪欲多而仁义之心少，只能为恶，是所谓“斗筲之性”；一种是虽有贪欲亦具仁义之心，可以为善亦可为恶，是所谓“中民之性”。他认为，只有圣人的品行天生符合“义贵于利”，能够自觉做到重仁义而轻财利；但是，一般平民百姓由于资质不高，见识有限，因而“皆趋利而不趋义”（《春秋繁露·身之养重于义第二十三》）。

董子善恶观是以巩固封建地主阶级统治的价值要求为标准的。认为封建统治者的性，是“圣人之性”，是善的，把敢于斗争、敢于起义反抗的被压迫者，诬蔑为“斗筲之性”，是恶的，不可教化的；而“中民之性”，也就是“万民之性”，是可上可下，可善可恶的。在他看来，只有具备了“圣人之性”的人，才能“承天意”去统治和教化人民，而广大人民，则只能是被统治和被教化。统治者应对“中民之性”的人实行教化，而对“斗筲之性”的人应实行刑罚。董仲舒的性三品说，从人性论角度为封建统治者对人民采取德、刑两手的统治方法提供了理论根据，但总体上董子重教化甚于刑罚。

青年毛泽东服膺儒家心学成圣论。他在《致友人书》中写道：圣人，既得大本者也；贤人，既得大本者也；愚人，不得大本者也。圣人通达天地，明贯过去现在未来，洞悉三界现象，如之“百世可知”，孟子之“圣人复起，不易吾言”①。在时代变革的大洪流中，青年毛泽东有了“我可为圣人”之受命感、使命感和成圣王感，由此激发出改造人类社会、救济天下苍生的伟大理想。成圣论思想本质有两个要点：第一，本我之心即为宇宙之心；第二，此心应担当德化和救济天下之大任。对此意愿的精粹表达是张载四句梯级圣人政治论：“为天地立心，为生民立命，为往圣继绝学，为万世开太平。”成圣论内圣之学和圣人政治的内在逻辑自然推演出开创外王之功。

宇宙大一统论

宇宙是统一的非匀质的混沌体，阴阳五行等具有不同属性和功能的诸种因素是构成宇宙的基本要素，由聚合万物阴阳五行序列来解释宇宙秩序。天地同一转换为天人关系的天人合一，是充满神秘主义色彩的中国古代宇宙论对混沌世界行以天人感应式的精神求索。阴阳的统一对立是宇宙运行的总规律，一阴一阳谓之道。“立天之道曰阴阳，

① 陈晋：《毛泽东的文化性格》，中国青年版 1991 年版，第 20 页。

立地之道曰柔与刚，立人之道曰仁与义”（《周易·说卦》），驱动事物运动变化发展的动力是“三才之道”（天道、地道、人道）的有机统一。董子继承了儒家神秘主义神学思想，“故养生之大者，乃在爱气，气从神而成，神从意而出，心之所之谓意，意劳者神扰，神扰者气少，气少者难久矣；故君子闲欲止恶以平意，平意以静神，静神以养气，气多而治，则养身之大者得矣”（《春秋繁露·循天之道第七十七》）。安精养神，寂寞无为。“体国之道，在于尊神。尊者，所以奉其政也，神者，所以就其化也，故不尊不畏，不神不化。为人君者，其要贵神，神者，不可得而视也，不可得而听也，是故视而不见其形，听而不闻其声。”（《春秋繁露·立元神第十九》）“为人君者，居无为之位，行不言之教，寂而无声，静而无形。”（《春秋繁露·保位权第二十》）“故治身者，务执虚静以致精；治国者，务尽卑谦以致贤；能致精，则合明而寿；能致贤，则德泽洽而国太平。”（《春秋繁露·通国身第二十二》）董子践行了《易经·系辞》的哲思：“形而上者谓之道，形而下者谓之器，化而裁之谓之变；推而行之谓之通，举而措之天下之民，谓之事业。”

董子整体宇宙观把人嵌入宇宙自然力学之中并试图证明自然现象与人的行为之间存在神秘的相互感应关系。“天德施，地德化，人德义”（《春秋繁露·人副天数第五十六》），“天道施、地道化，人道义”（《春秋繁露·天道施第八十二》）。人君为天人序列之重要一环，“君者，群也”，人世间由君王代表人类社会，董子分类体系象征秩序，宇宙秩序象征人类社会秩序。“天有十端”，构成宇宙的基本要素有十项：天、地、阴、阳、金、木、水、火、土和人，在空间架构中有序排列，其中，天地五行按照天上、地下、木东、火南、金西、水北、土中的空间位置排列，构成宇宙的基本架构，阴阳则作为两种作用相反的力量，以春夏秋冬为序运行于东南西北四方，辅佐木火土金水五行，助成万物的生长收藏。在人之外的九端，董子建构了机械的整体宇宙，它以春生、夏长、秋收、冬藏为次序，周而复始地不停运转。而人作为天的一个构成要素，不占据某个固定的空间位置，人能够自由而主动地对天施加自己的影响。这样，宇宙的机械属性就被打破了，宇宙的既定状态也就不存在了，它具有何种面貌，要由人所给予的影响来决定即天人感应。宇宙固然由天之十端构成，董子突出了人在其中的积极能动性。董子的天论是一个隐喻，不仅它的整体性结构和功能具有隐喻的作用，它的各构成要素的属性和它们之间的关系也都具有隐喻的属性。例如阴阳寓意刑德，配合天的尚阳贱阴，体现在政治上就是德主刑辅的政治原则。董子是大一统专制制度的积极推动者，提倡“屈民以申君”。民泛指君以外的一切社会成员。君贵于民，与天之十端中“人最为天下贵”是一致的。董仲舒的宇宙构成论从一般的意义上喻指大一统专制制度的两个特点：其一，天外无物。万物各投其端，被纳入阴阳五行的序列之下，阴阳五行等十端组成一个统一的宇宙，没有任何一种因素能够外在于宇宙，因此，没有任何人能够存在于大一统专制制度之外。其二，天大于物。天是由天之十端组成的统一宇宙，与整体性的天相比较，任何个别因素都只是天的构成部分而处于从属的位置，因此，没有任何人能够凌驾于大一统专制制度之上，在大一统专制制度下只有皇权才能推动整个社会运转。董子高度肯定人在宇宙间的作用和君王在人世间的权威，宇宙之整体和谐与大一统专制制度的稳定更加重要，即使是宇宙间最重要的要素“人”或者人世间最重要的要素“王”，也不能破坏“天之秩”或大一统的政治制度本身，否则，天将“灾异”责罚人，带给人灾难。董子通过这样一套“天人相与”的天论隐喻语言，原意在申天治以限君权，虽君主则托神意以自固，但建立起了一统天下的大一统专制制度和皇权神圣权威。

董子“三统”“三正”“四法”循环论历史观

董仲舒循环论历史观，主要表现为“三统”说，该说是对齐派方士阴阳家邹衍“五德终始”的继承和发展。封建统治者历来都用天命和君权神授等理论，论证自己的统治是神圣不可侵犯的，但又谁都不能永保万世。针对历史不断上演改朝换代的事实，御用思想家力求寻找到王朝递嬗的规律性。战国时期的阴阳学者邹衍在理论上完成了这个任务。他用“五行相胜”理论来说明历史上的改朝换代，从而创立了“五德终始”说。他认为，每个朝代都代表五行中的一德，如虞是土德，夏是木德，商是金德，周是火德，按此类推，继周而起的王朝是水德。同时按照五行相胜的规律，夏代替虞，是木胜土；商代替夏，是金胜木；周代替商，是火胜金，此后的王朝代替周，是水胜火。历史上朝代的演替都是按照这个五行相胜规律来进行的。邹衍的“五德终始”说，承认历史是变化的，而且还有个不依人的意志为转移的规律制约着，这是它有合理因素的一面。但他不能够从社会的经济上去找这个客观规律，只能主观上用“五行相胜”理论去推断历史，并认为历史变化似“五行相胜”一样循环往复，由此陷入唯心主义和神秘主义的泥潭。

董子“三统”说认为，天意规定有黑、白、赤三统。每个受天命而起的王朝，都要属于这三统中的某一统。历史上朝代的更替，就是按照黑统、白统、赤统的固定秩序循环进行的。照他的说法，由于有这三统的不同，所以历史上每个朝代兴起，都必须对历法制度、礼节仪式做相应的改变，即所谓“改正朔，易服色”。例如，一个朝代以寅月（农历的一月）为岁首（正月），这就是所谓“建寅”。因为在这个月里，“天统气始通化物，物见萌达，其色黑”（《春秋繁露·三代改制质文第二十三》），所以这个朝代的服色就尚黑，称为“正黑统”。一个朝代以丑月（农历十二月）为岁首（正月），这就是所谓“建丑”。因为在这个月里，“天统气始蜕化物，物始芽，其色白”（《春秋繁露·三代改制质文第二十三》），所以这个朝代的服色尚白，称为“正白统”。一个朝代以子月（农历十一月）为岁首（正月），这就是所谓“建子”。因为在这个月里，“天统气始施化物，物始动，其色赤”（《春秋繁露·三代改制质文第二十三》），所以这个朝代的服色尚赤，称为“正赤统”。这就是他所说的“三统”“三正”。他认为历史上夏朝“建寅”，是黑统；商朝“建丑”，是白统；周朝“建子”，是赤统。以后的朝代，又应该“建寅”，是黑统。如此循环，以至无穷。“三正以黑为统初”，殷为白统，周为赤统。新中国为赤统，民国为白统。

董子为何在“三统”说中，特别重视确定岁首呢？“改正之义，奉天而起。……所以明乎天统之义也。其谓统三正者，曰：正者，正也。统致其气，万物皆应而正，统正，其余皆正，凡岁之要，在正月也。”（《春秋繁露·三代改制质文第二十三》）意即：之所以确定正月非常重要，一是为彰显新王是“奉天”来统治人民的，二是正月既然定好了，就能“统致其气，万物皆应而正”。此为董子“天人感应”论在历史观上的应用。

董子认为，每个新朝代建立后，都必须实行一些制度上的改变，如“徙居处、更称号、改正朔、易服色”（《春秋繁露·楚庄王第一》）等，这叫做“新王必改制”，但是这些“改制”都限定在一些形式上，至于根本实质的“道”方面，是绝对不允许改变的。他说：“今所谓新王必改制者，非改其道，非变其理……若夫大纲、人伦、道理、政治、教化、习俗、文义，尽如故，亦何改哉！故王者有改制之名，无易道之实。”（《春秋繁露·楚庄王第一》）这就是说，所谓新王“改制，只是个“名”，但在“道”的方面，而地主阶级用以维护剥削制度的整个上层建筑的实质方面，是不能有任何改变的，也是不允许改变的。这正是董子“道之大原出于天，天不变，道亦不变”的形而上学思想在历史观上的表现。

既然道是贯通古今，永恒不变的，那么为什么各个朝代都有兴衰、治乱并需要更替呢？他说：“道者，万世亡弊，弊者道之失也。”（《汉书·董仲舒传》）这是说，“道”本身是永远不会有弊病的，只有统治者违背了“道”的时候，才会出现弊病。“夏无道而殷代之，殷无道而周代之，周无道而秦代之，秦无道而汉代之。有道代无道，此天理也。”（《春秋繁露·尧舜不擅移、汤武不专杀第二十五》）改朝换代，新王改制，也只是为了补救前代统治者的过失，重新恢复“道”的绝对权威。以此肯定了“汤武革命”的合法性。道出于天，万古不变，所以董仲舒主张“奉天而法古”。“奉天”是为了奉“道”；“法古”是为了法“道”。只不过“奉天”强调的是封建地主阶级专制制度的神圣性，而“法古”强调的是封建地主阶级专制制度的永恒性。这样一来，董子就把他的神学目的论和他的复古的历史观又结合起来了。

董子“三统”史观认为，人类历史完全是受“天意”支配的，是永恒不变的，是典型的“神学唯心主义”，客观上反映了已取得统治地位的地主阶级要求，为统治阶级长治久安的封建专制统治提供历史依据。古代中国传统的观念中宇宙与人类社会同源同构，互通互感。从秦始皇“焚书坑儒”到汉武帝采纳“罢黜百家，独尊儒术”，封建地主阶级在统治方式上有很大转变，董子哲学思想是这一转变的产物。它以儒家学说为主，又吸收了法家和其他各家思想，把“天”神秘化为宇宙间最高主宰；主张德刑并用，而着重德治，为封建专制主义统治提供了一套完整、系统的理论。同时，董子还反对分裂割据，主张“大一统”；反对奴隶制残余，主张“去奴婢，除专杀之威”（《汉书·食货志》），反对豪强兼并土地和过分的压迫剥削，主张“限民名田”（《汉书·食货志》）、轻刑罚、薄赋敛等。董子此类思想和主张，对当时尚处于上升阶段的封建社会的统一和巩固，具有积极意义。董子哲学思想是封建君主和地主阶级实行专制统治的指导思想，巩固加强了汉王朝中央集权专制主义统治的理论基础，对于广大农民来说则是一套把其束缚在地主阶级土地上受尽剥削压迫的精神锁链。随着阶级矛盾尖锐化，董子神学目的论发展为荒诞无稽的谶纬迷信，进一步沦为封建统治阶级欺骗和镇压劳动人民的精神工具。

“三统”与天地、仁义、质文、阴阳相匹配，称为“四法”。董子坚守仁义道德、以德配位的权利正当性原则，保持儒家道义学说对政治权利的批判性。“主天法商而王，其道佚阳，亲亲而多仁朴。主地法夏而王，其道进阴，尊尊而多义节。主天法质而王，其道佚阳，亲亲而多质爱。主地法文而王，其道进阴，尊尊而多礼文。四法修于所故，祖于先帝，故四法如四时然，终而复始，穷则反本。四法之天施，符授圣人王法，则性命形乎先祖，大昭乎王君。”（《春秋繁露·三代改制质文第二十三》）《三代改制质文》论证了夏商周三代王朝演替中制度革新的规律。质文是指制度以“质朴”还是以“文牍”为特征。三代之制以三正、黑白赤三统为序列。

秦汉以来儒家知识阶层创造的天人感应、宇宙大一统、尊王攘夷等政治法律思想建构了“天子”至高无上的合法性基础，帝王奉天承运集政治领袖和精神领袖于一身，但同时儒家以“仁政”“德治”“灾异”“天谴”制约皇权，防止其滥用权力、不尊道德、不行仁义，鼓励君主“法天而行”。儒家士族附庸皇权，力争做社会意识形态与价值体系的建树者和阐释者，尽管文化权利与政治权利经常出现相互制约的紧张和争斗。中国儒学的核心价值是政治性的，王权皇室对礼器的规制和祭天的垄断体现了尊卑有序的“礼”之核心精神，确认和固化了社会等级结构和不平等的存在，长期束缚了人民反抗压迫的斗志。礼制维护了两千余年传统农业社会的政治秩序，德主刑辅理念对当代社会治理现代化、依法治国与以德治国相统一具有正面的启示意义。

参考文献：

【汉】董仲舒．春秋繁露［M］．叶平注译．中州古籍出版社．2010.

本文为“2021 中国·衡水董仲舒与儒家思想国际研讨会暨中华孔子学会董仲舒研究委员会学术年会”提交的论文。

庞昌伟（1966—），男，山东梁山人，中国石油大学（北京）马克思主义学院教授，博士生导师，法学博士，俄罗斯自然科学院外籍院士。

董仲舒政治思想研究

民心即天命：董仲舒政治哲学评议[①]

曾振宇

在20世纪学术史上，如果对研究董仲舒思想的代表性人物进行梳理，徐复观先生是一位无法回避的大家。他的治学方法以及许多观点，至今在学术的星空依然熠熠生辉。他认为，“汉代思想的特性，是由董仲舒所塑造的，”[②]“仲舒建立了儒家的哲学大系统”。[③]与此同时，徐复观也客观指出董仲舒思想具有多面性特点，“横看成岭侧成峰”，要对董仲舒思想做一公允、厚实、全面的评价，实非易事。徐复观先生慨叹：“这是思想史上很难处理的一位大思想家。”[④]非常有趣的是，并非徐复观一人青灯黄卷之下发出这一感慨，当年胡适先生撰写董仲舒哲学时，几易其稿，一度还是搁笔不写[⑤]。由此看来，“很难处理”确实是研究董仲舒思想一大特点。尽管如此，释读董仲

---

① 基金项目：本文是教育部基地重大项目“汉代哲学基本范畴研究”（项目批准号：13jjd720011）阶段性成果之一。

② 徐复观：《先秦儒家思想的转折及天的哲学的完成》，《两汉思想史》第二卷，华东师范大学出版社2001年版，第182—183页。

③ 徐复观：《先秦儒家思想的转折及天的哲学的完成》，《两汉思想史》第二卷，华东师范大学出版社2001年版，第185页。

④ 徐复观：《先秦儒家思想的转折及天的哲学的完成》，《两汉思想史》第二卷，华东师范大学出版社2001年版，第184页。

⑤ 《中国中古思想史长编》附录《中国中古思想小史》第五讲《儒教》，论及董仲舒思想，篇幅甚少。

舒思想的多种“面相”，梳理董仲舒思想内在脉络，探寻其思想真实动机，分析其思想的现代价值，仍然是当代学人任重道远的学术使命。缘此，本文在前贤今哲研究基础上，力图对董仲舒政治思想中的天命、天心、民心与最高权力制约之间关系进行考辨与分析。在行文逻辑上，首先从天论与天命、天心入手，进而证明“民心即天命”；民心在“人道”的具体澄现是仁义；继而从“民心即天心”高度论证制约最高权力如何可能，董仲舒政治哲学如何由此获得一非常厚重的形而上根基；最后阐释董仲舒在政治哲学上思考的根本问题——何为政治之善？政权存在正当性何在？

一、民心即天命

在董仲舒思想体系中，“气”范畴的位格有天壤之别。本体论层面的“气”有别于宇宙生成论层面之“气”，二者不可混同为一。本体之气先于天地，气无方所，气无终始，气是一抽象的存在，气已获得了绝对的形式，所以气“不得与”“不可见”①。董仲舒于此所表述的气，是本体论层面的范畴，有些类似于黑格尔所说的“思想的一种抽象”② 和“普遍的本质”③。此外，气也是宇宙生成论层面的概念。在宇宙生成论意义上，“天”时常可与“气”可以相互替代、相互说明。所以《春秋繁露》一书中，经常出现“天气”一词。天是气的隐喻之原型，气是无形无象的本原。“为生不能为人，为人者，天也。人之人本于天，天亦人之曾祖父也。此人之所以乃上类天也。”④ 此处之“天”与“曾祖父”，实质上都是气之具象化表述，在具象化背后隐伏的是抽象的万物之根。厘清了气与天之逻辑关系，才能读懂董

① 《春秋繁露·重政》。

② 《春秋繁露·天地阴阳》云：“天地之间，有阴阳之气，常渐人者，若水常渐鱼也。所以异于水者，可见与不可见耳，其澹澹也。”

③ 黑格尔：《哲学史讲演录》（第1卷），商务印书馆1995年版，第332页。

④ 黑格尔：《哲学史讲演录》（第1卷），商务印书馆1995年版，第185—186页。

仲舒建构在气学基础上的宇宙图式："天地之气，合而为一，分为阴阳，判为四时，列为五行。行者，行也，其行不同，故谓之五行。五行者，五官也，比相生而间相胜也。故为治，逆之则乱，顺之则治。"① 气—阴阳—四时—五行（金木水火土）—五行（仁义礼智信）—五官，构成一庞大、完备而又相互感应、相互证明、相互作用的宇宙理论。

在《春秋繁露》中，多义一身、多位一体，也是"天"概念一大特点。除了自然之天，至上人格神之天和义理之天也是"天"固有内涵②。在很多篇章中，至上人格神之天和义理之天合二为一。义理之天是体，人格神之天是用。换言之，义理之天借助于人格神之天这一颇具威严性、圣神性的"面具"出现。因此，在董仲舒思想体系中，"天"的主导性内涵是德性之天，而且这一内涵在董仲舒哲学中占据核心地位③。"天者，百神之大君也。事天不备，虽百神犹无益也。"④ 汉武帝沉溺于神仙之教，奉祀"太一""三一"诸神。董仲舒指出，遍祭群神而不祭天，有百害而无一益，借用孔子之言就是"获罪于天，无所祷也。"上天与人一样，有喜怒哀乐之情感，"以类合之，天人一也"。⑤ 上天拥有至高无上的权力，不仅化生与养育万物，决定人之富贵寿夭，尤其重要的还在于：上天主宰着人类社会最高权力的兴替。《春秋繁露》经常讨论"王者改制"，真正的"王者"理应"受命于天"⑥，得到了上天的承认与佑护。换言之，凡是没有得到天命首肯的王朝与统治者，其政权存在的合法性与正当性值得怀疑。因

---

① 《春秋繁露·为人者天》。

② 自然之天，义理之天和至上人格神之天，在《春秋繁露·阴阳义》等有些文章中，并非泾渭分明，而是交融、糅合于一体。

③ 金春峰先生指出："天命"的内容，不只是上帝的意旨，也指支配宇宙的道德原理以及气的赋赐。参见金春峰：《汉代思想史》，第123页。

④ 《春秋繁露·郊语》。

⑤ 《春秋繁露·阴阳义》。

⑥ 《春秋繁露·楚庄王》。

此，一个新王朝创建之初，往往需“徙居处，更称号，改正朔，易服色”。[①]“王者改制”的所有举措，其目的在于证明新政权“顺天志”[②]。但是，“王者改制”有所改，有所不改。有所“有为”，有所“无为”。“制”可以改，“道”与“理”不可更易。“若夫大纲，人伦道理，政治教化，习俗文义尽如故，亦何改哉！故王者有改制之名，无易道之实。”[③] 道是无形的体，制是有形的用。有形的、可见的制，只有建立在无形的、不可见的道基石之上，才获得存在的文化依托与道德基础。荀子当年就严格区分了“国”与“天下”的不同。称号、正朔、服色等象征的是“国”，文明及其背后隐伏的民心属于“天下”范畴。“故可以有夺人国，不可以有夺人天下；可以有窃国，不可以有窃人天下也。夺之者可以有国，而不可以有天下。窃可以得国，而不可以有天下。”[④] 国可以篡夺一时，但“天下”不可篡夺，因为天下实质性内涵之一是民心。董仲舒政治思想受荀子思想影响深厚，在“天下”观方面，董仲舒与荀子不同之处在于更多从天与天命角度立论。

由此而来，董仲舒进而想阐述的观点为：凡是顺受天命而立的君王，必定是顺应民心的君王。其实，董仲舒真正想要表述的观点是：凡是赢得民心的政权，一定是顺受天命的政权；凡是丧失民心的政权，必定也是被天命所否定乃至废绝的政权。一个新王朝建立之初，既要应天命“改制”，也必须从长远考虑赢取民心“作乐”。“改制”不同于“作乐”，“改制”与“作乐”有两点区别：

其一，“改制”意味着新政权得到了天命的支持，“作乐”意味着新政权得到了人民的拥护与爱戴。“制为应天改之，乐为应人作之。”[⑤] 天命与民心，犹如一枚钱币的两面，其本质内涵是一致的。

---

① 《春秋繁露·楚庄王》。
② 《春秋繁露·楚庄王》。
③ 《春秋繁露·楚庄王》。
④ 《荀子·正论》。
⑤ 《春秋繁露·楚庄王》。

“彼之所受命者，必民之所同乐也。”

其二，时间上不同。“改制”往往出现于新政权建立之始；“作乐”一般发生在新政权运行很长一段时间之后，或者某位杰出统治者去世之前。“是故大改制于初，所以明天命也；更作乐于终，所以见天功也。”① “作乐”并非时常出现，只有在类似尧、舜、禹、文、武等圣王时代才会发生。“王者，民之所往”②，才会萌发“人心之动”。舜时期的《韶》，禹之时的《夏》，汤之时的《頀》，文王时代的《武》，皆是“天下同乐”③ 产生的“天功”。正如《史记・乐书》所论：“治定功成，礼乐乃兴。”“制礼作乐”实际上已涉及政治哲学的一个重大问题：政权存在的正当性与合法性何在？依照儒家的观点，乐源起于人情之动，“凡音之起，由人心生也”。④ “由人心生”的音乐是自由意志的表达，而不是意志被奴役下的粉饰太平。

缘此，我们实际上已开始进入了董仲舒真实的内心世界。如果我们将以上论述“抽茧剥丝”，做一逻辑上梳理，自然而然得出以下结论：民心即天命。

论及“民心即天命”，我们不妨再分析一个颇具代表性的事例——如何评价“汤武革命”？儒家与法家在这一问题的立场与观点，可谓泾渭分明。法家韩非从君臣尊卑有序视阈立论，明确否定汤武革命的正当性。儒家则一以贯之，异口同声高度肯定，甚至称颂这一通过暴力斗争实现政权转移的路径。孟子认为周武王“一怒而安天下之民”⑤，丧失民心的君王，只是独夫民贼。因此，弑杀商纣王只不过是“诛一夫”而已。《周易・革卦・彖》作者认为“天地革而四时成，汤武革命，顺乎天而应乎人”。顺应天命与顺应人心并提，但前者是铺垫，后者才是本质。荀子进而提出“天下”无法通过暴力革命的方

① 《春秋繁露・楚庄王》。
② 《春秋繁露・灭国上》。
③ 《春秋繁露・楚庄王》。
④ 《礼记・乐记》
⑤ 《孟子・梁惠王章句下》。

式夺取，因为“天下”的本质内涵是民心。夏桀、商纣“暴国之君”已沦落为“独夫”，按照先秦时期“杀盗非杀人”的逻辑推演，独夫民贼甚至连人都不是，只能说是“禽兽”。汤、武并非用武力夺取天下，而是“天下归之”。“天下归之之谓王，天下去之之谓亡。”① 在汤武革命的评价上，荀子思想充盈着自由思想的因素。“天下归之”“天下去之”，都是天下大众自由意志的表达与实现。如何评价汤武革命，在西汉时期是一个热门话题。汉景帝时期，围绕汤武革命正当性，发生了一场御前大辩论。黄生抨击汤武革命是以下犯上的僭逆行为，辕固生反驳说：“夫桀纣虐乱，天下之心皆归汤武，汤武兴天下之心而诛桀纣，桀纣之民不为之使而归汤武，汤武不得已而立，非受命为何？”② “天下之心”是因，“受命”是果。谁赢得“天下之心”，谁才是“受命”而立的真命天子。这一场讨论在当时颇具政治敏感性，所以汉景帝指示今后不宜再讨论此话题。但是，董仲舒仍然在学术领域深入思考这一问题，并且从天论高度提升这一话题的理论深度。董仲舒首先从形而上视野树立一个政治哲学根本原则：“且天之生民，非为王也；而天立王，以为民也。”③ 政府是谁之政府？洛克指出，人类自愿放弃其“自然法的执行权”，“授权”给社会，从而脱离“自然状态”，进入有“国家的状态”④。卢梭进而认为，人类为建立一个平等、公正的社会与政府，自愿放弃“自然的自由”。但是，

---

① 《荀子·正论》。

② 《史记》卷一二一《儒林列传》，中华书局 2014 年版，第 3793 页。

③ 《春秋繁露·尧舜不擅移、汤武不专杀》。董仲舒这一思想显然源自荀子“天之生民，非为君也。天之立君，以为民也”。二者不仅观点一致，文句也基本上雷同。荀子与董仲舒思想皆与齐学有涉，其间的源流关系，于此也可窥其一斑。荀子这一观点，在战国秦汉时期比较流行。《左传》襄公十四年：“天生民而立之君，……天之爱民甚矣，岂其使一人肆于民上，以从其欲，而弃天地之性？必不然矣。”刘向《说苑·君道》云：“夫天之生人也，盖非以为君也；天之立君也，盖非以为位也。夫为人君，行其私欲而不顾其人，是不承天意，忘其位之所以宜事也，如此者，《春秋》不予能君而夷狄之。郑伯恶一人而兼弃其师，故有夷狄不君之辞。人主不以此自省，惟既以失实心，奚因知之。故曰：有国者不可以不学《春秋》，此之谓也。”

④ 洛克：《政府论》（下册），商务印书馆 2016 年版，第 54 页。

"约定的自由"还存在，这一自由是对人类自愿让渡部分自由的补偿。洛克、卢梭从"人生而自由""天赋人权"理论出发，旨在阐明政权属于人民。儒家从孔子"天下为公"发端，经荀子"天为民立君"、《吕氏春秋·贵公》"天下非一人之天下也，天下之天下也"、董仲舒"天为民立王"，延续至陆象山"天生民而立之君，使司牧之，故君者，所以为民也。"《书》曰："'德惟善政，政在养民。'行仁政者所以养民[①]。"再到东林党人"以众论定国是"，继而延续至黄宗羲"古者以天下为主，君为客"思想，在绵延数千年思想长河深度，隐伏着一个亘古不移的观点：权力顺应人民意志。这已成为儒家思想代代相传的思想"道统"。在确立"天为民立王"政治哲学原则基础上，董仲舒进而阐释商汤弑夏桀、周武王弑商纣王，是"天夺之"，"天之所弃，天下弗佑，桀、纣是也"[②]；商汤与周武王分别建立新王朝，属于"天予之"[③]，"至德以受命，豪英高明之人辐辏归之"。[④]"天夺之"与"天予之"的标准在于：统治者是"安乐民"还是"贼害人"[⑤]？如果统治者是"贼害人"之流，那么已丧失君王之所以为君王的资格，堕落为"一夫"（孟子语）、"一夫之人"[⑥]（董仲舒语）。对于"贼害人"的统治者，人人皆有权讨伐，汤武革命不是逞一己之力、泄一己之怒，而是替天行道、为民除害。所以登高一呼，应者云集。"王者，天之所予也；其所伐，皆天之所夺也。[⑦]"在"天为民立王"思想中，天是虚，人民是实。在"天夺之"与"天予之"这一大旗背后，张扬的恰恰是民心所向[⑧]。人的生命权等权利高于一切，在古代

① 陆九渊：《杂说》卷二二，《陆九渊集》，第274页。

② 《春秋繁露·观德》。

③ 《春秋繁露·尧舜不擅移、汤武不专杀》。

④ 《春秋繁露·观德》。

⑤ 《春秋繁露·尧舜不擅移、汤武不专杀》。

⑥ 《春秋繁露·仁义法》。

⑦ 《春秋繁露·尧舜不擅移、汤武不专杀》。

⑧ 黄宗羲进而在《明夷待访录·原臣》中提出了"万民之忧乐"理念："盖天下之治乱，不在一姓之兴亡，而在万民之忧乐。是故桀、纣之亡，乃所以为治也；秦政、蒙古之兴，乃所以为乱也。"

社会甚至高于主权。汤武革命，在人类历史进程中，并非一偶发的孤立事件，而是前后相续、瓜瓞连绵，呈现出周期性、规律性的历史特点。“故夏无道而殷伐之，殷无道而周伐之，周无道而秦伐之，秦无道而汉伐之。有道伐无道，此天理也。所从来久矣，宁能至汤、武而然耶！”① 有道讨伐无道，“天理”昭昭。“万民之所欲”② 就是“天心”“王心”“王道③”，“天心”“王心”“王道”就是天理，这一天理在历史长河中屡次得到证明。将人心与“天理”相牵扯，从天理高度论证人心所向，这一思想在中国哲学史上是一大进步。金春峰认为宋明理学所阐述的“天者理也、义也，仁为天心”，都是董仲舒思想的“变相”④。

行笔至此，势必进而回答一个问题：在董仲舒心目中，符合“天心”“王心”“王道”的“王”，该做如何界定?“古之造文者，三画而连其中，谓之王；三画者，天地与人也，而连其中者，通其道也，取天地与人之中以为贯，而参通之，非王者庸能当是?”⑤ 只有能贯通天道、地道与人道的统治者，才可称之为“王”。董仲舒对“王”概念的界定，并非出于对汉朝最高统治者权力的辩护。恰恰相反，对现实社会政治灌注了充盈的批判精神。在天道、地道与人道三者当中，天道下贯而为人道，所以天道是核心。天是人格神之天与义理之天的综合同一，“仁之美者在于天，天仁也，天覆育万物，既化而生之，有养而成之，事功无已，终而复始，凡举归之以奉人，察于天之意，无穷极之仁也。”⑥ 天有“生生之德”，这一论证思路与观点，基本上效仿《易传》路径。从“生生之德”，归结到天有道德属性，天有大

---

① 《春秋繁露·尧舜不擅移、汤武不专杀》。

② 《春秋繁露·俞序》。

③ 《春秋繁露·俞序》。

④ 金春峰着：《汉代思想史》第五章《董仲舒思想的特点及其历史地位》，中国社会科学出版社 2006 年版，第 179 页。

⑤ 《春秋繁露·王道通三》。

⑥ 《春秋繁露·王道通三》。

德，天是一德性的存在，天是德性本体[①]。“天志仁，其道也义。”[②]仁属于天之德，“人之受命于天也，取仁于天而仁也”。[③] 张之纯认为，“此言人之性理皆出于天。”[④] 从人性论视阈分析，张之纯这一观点有一些道理。因为董仲舒认为天有阴阳，所以人性之中先在性蕴含“仁”与“贪”两种因子。但是，从《王道通三》这篇文章立意分析，“人之受命于天”之“人”应当是指最高统治者“王”。王在政权存在正当性上受天命而立，自然而然应高标仁作为政治最高追求与最高德性原则。

“取仁于天而仁”，在政治伦理与制度伦理上，具体表现为“治其志而归之于仁。”[⑤] “仁，天心。”[⑥] 仁，是天道根本精神的凝聚，“霸王之道，皆本于仁”。[⑦] 这一表述是针对统治者而言的，要求君王守仁德、行仁政。当年荀子曾提出：“天地生君子，君子理天地。”[⑧] 又云：“故仁人之用国，非特将持其有而已矣，又将兼人。”[⑨] “兼人”，就是通过施行仁政，赢取天下民心。董仲舒继而提出：“是故《春秋》为仁义法，仁之法在爱人，不在爱我；义之法在正我，不在正人；我不自正，虽能正人，弗予为义；人不被其爱，虽厚自爱，不予为仁。”[⑩] 董仲舒托《春秋》大义，从形式逻辑角度界定“仁”与“义”。在人伦意义上，与孔子思想相比，似乎新义不多。但是，在社会政治哲学领域，董仲舒对仁义的诠释有自己独特的思考。仁是“王道之体”[⑪]。王道有

---

① 在中国哲学史上，董仲舒较早地提出“气”有道德特性。

② 《春秋繁露・天地阴阳》。

③ 《春秋繁露・王道通三》。

④ 张之纯：《春秋繁露评注》，转引自钟肇鹏主编：《春秋繁露校释》上，河北人民出版社 2005 年版，第 734－735 页。

⑤ 《春秋繁露・王道通三》。

⑥ 《春秋繁露・俞序》。

⑦ 《春秋繁露・俞序》。

⑧ 《荀子・王制》。

⑨ 《荀子・富国》。

⑩ 《春秋繁露・仁义法》。

⑪ 《春秋繁露・俞序》。

体用之分，仁是体，制度、措施、器物、正朔、服色等等是用。董仲舒实际上是在为天下立法，大而论之，也可以说儒家为天下立法。董仲舒力图从制度伦理层面重新诠释国家制度、法律与文化，力图为国家制度、法律与文化建构一个焕然一新的文化基础与道德依托。何种制度才是完美的？何种国家才是完善的？何种国家与制度，才是值得人类去追求的？概而言之，何为政治之善？董仲舒认为，国家制度、法律与文化如果符合仁义这一儒家王道之根本精神，就获得了存在的正当性；反之，如果国家制度、法律与文化违逆仁义，就丧失存在正当性。"'苟志于仁，无恶，'此之谓也。"① "梁亡"，是古代学者津津乐道的一个话题。对于梁国的灭亡，《春秋》仅仅用了"梁亡"两个字表述。但《春秋》笔法隐含的微言大义，却引发人们无尽的思考。《左传》评论说："梁亡，不书其主，自取之也。"《公羊传》认为，"此未有伐者，其言梁亡何？自亡也。其自亡奈何？鱼烂而亡也"。《穀梁传》认为："自亡也，湎于酒，淫于色，心昏耳目塞，上无正长之治，大臣背叛，民为寇盗，梁亡，自亡也。"② 梁国国君大兴土木、征发徭役，民众不堪其命，挈妇携子纷纷逃离梁国，梁国几成空城，国君成为孤家寡人。《左传》《公羊传》和《穀梁传》虽然评价不一，但都指出属于"自亡""自取"。"自亡"就是在没有他国入侵情况下，由于内部原因，导致国家灭亡。《公羊传》特意用了"鱼烂而亡"四字来评述，寓意深刻。鱼烂是由内因引发，由内而外蔓延。"梁亡"是由于统治者背仁弃义，公信力丧失，民心溃散，国君成为"枉上""枉君"。民众选择逃离，在古代社会是一种行之有效的表达自己权利意识的方式。"独身者，虽立天子诸侯之位，一夫之人耳，无臣民之用矣。如此者，莫之亡而自亡也。《春秋》不言伐梁者，而言梁亡，盖爱独及其身者也。故曰：仁者爱人，不在爱我，此其法也。"③ 康有为继而评论说："止爱其身，无臣民之用，故为独夫。虽在位，而如无位；虽未亡，而以为

① 《春秋繁露·俞序》。

② 傅隶朴：《春秋三传比义》上，中国友谊出版公司 1984 年版，第 480—481 页。

③ 《春秋繁露·仁义法》。

亡矣。”[①] 董仲舒虽然还没有像明末黄宗羲那样从政治制度层面提出君王有“大害”，但已从权利意识高度探讨人民大众的政治诉求。权利意识属于自由思想的基本内涵，缘此，在董仲舒政治哲学中，已经蕴含些许古代自由思想的色彩。

二、“屈君而伸天”：君权必须制约

既然“天为民立王”，民心即天心、天命，仁即天心，仁是社会政治与制度伦理的“天理”，那么要求统治者因循仁义天理而行，奉王道、行仁政，就是题中应有之义。换言之，如何制约最高权力，为权力运行套上天命、天心“紧箍咒”，成为董仲舒进而要思考的社会政治问题。《春秋繁露·玉杯》篇中的一段话，时常被人误读。“故屈民而伸君，屈君而伸天，《春秋》之大义也。”在学术史上，曾经有人认为这是董仲舒为专制主义中央集权政治进行理论辩护[②]。但是，如果将这一段话放在《玉杯》篇乃至《春秋繁露》全书架构中衡评，徐复观先生的论断发人深思。他认为，“屈民而伸君”是“虚”，属于“陪衬”，目的是在策略上“先迎合统治者的心理”。[③] “屈君而伸天”一句话才是“实”，才是“进而说出自己的真正主张”的“主体”。先虚后实，虚晃一枪，“盖欲把君压抑（屈）于天之下，亦即是压抑于他所传承的儒家政治理想之下，使君能奉承以仁为心的天心，而行爱民之实”。[④] 在两屈两伸中，落脚点是“伸天”。“天”指谓天命、天

---

① 康有为：《春秋董氏学》，《康有为全集》（第二集），中国人民大学出版社 2007 年版，第 405 页。

② 李泽厚先生认为，“董仲舒搞这一套，主要是为了以这种宇宙论系统确定君主的专制权力和社会的统治秩序”。参见李泽厚《中国古代思想史论》，人民出版社 1986 年版，第 149 页。

③ 徐复观：《先秦儒家思想的转折及天的哲学的完成》，《两汉思想史》第二卷，华东师范大学出版社 2001 年版，第 212 页。

④ 徐复观：《先秦儒家思想的转折及天的哲学的完成》，《两汉思想史》第二卷，华东师范大学出版社 2001 年版，第 212 页。

心，天命、天心的本质就是民心。因此，“屈君而伸天”的真实意义在于高扬民心，制约君权。

如何将“屈君而伸天”思想付诸社会政治，将美好的政治理想化为具体的政治实践，是董仲舒政治哲学反复讨论的现实课题。从《春秋繁露》与《天人三策》分析，董仲舒在如何制约最高权力方面的论述，呈现出立体化、多层面的特点：

1. 用知识扩展统治者的眼界，提高统治者的智慧。“君子知在位者不能以恶服人也，是故简六艺以赡养之。”① 以“六艺”教育君王，属于“王教”。《汉书·儒林传》尝言：“六学者王教之典籍。”《书》是上古政治思想，“故长于事”；《诗》是文学，《庄子·天下》说：“《诗》以道志”；《礼》是古代伦理学，《礼记·乐记》说；“先王之制礼乐，人为之节。”《易》是自然哲学，学《易》明天道；《春秋》是史学，学《春秋》明人道。《史记·自序》引董仲舒言：“《春秋》辨是非，故长于治人。”《乐》是乐教，可以化民成俗，“故长于风”②。知识多，则愚昧少；知识多，则智慧多。统治者知识量的增加，有利于提升统治者的管理智慧。

2. 用儒家伦理熏陶统治者的德性，用道德自律提升统治者道德情操。知识之真与政治之善是何种逻辑关系？知识之真必然导向善政吗？董仲舒显然已认识到两者之间的逻辑关系，所以大力倡导君王应“法天之行”，以天德制约君王自身的性情。董仲舒首先从阴阳气论高度，论证天之暖清寒暑与人之喜怒哀乐，皆源起于阴阳之气。“人有喜怒哀乐，犹天之有春夏秋冬也。”③ 人的情感有其存在的正当性，因为都是“天气之然”④。春夏秋冬、暖清寒暑是上天的性情，上天性情的发生，有时、有序、有节、有常⑤。春天当时而发，呈现

① 《春秋繁露·玉杯》。

② 《春秋繁露·玉杯》。

③ 《春秋繁露·如天之为》。

④ 《春秋繁露·如天之为》。

⑤ 《春秋繁露·天容》云：“天之道，有序而时，有度而节，变而有常，反而有相奉，微而至远，踔而致精，一而少积蓄，广而实，虚而盈。”

“和”之德；夏季当时而发，呈现生养之恩德；秋季当时而发，展现公平正义之德；冬季当时而发，彰显自重威严之德。“圣人视天而行”①，喜怒哀乐的收放应因循“有序而时”“有度而节”的原则。时、节、序、常、度五者综括而言，就是遵循义而行。“人主有喜怒，不可以不时，可亦为时，时亦为义。喜怒以类合，其理一也。故义不义者，时之合类也，而喜怒乃寒暑之别气也。”② 知识之真与性情之善相结合，才有可能引向政治之善。性情之恶，必将淆乱天下，生民涂炭。“人主当喜而怒，当怒而喜，必为乱世矣。”③

3. 祥瑞与灾异

祥瑞与灾异建基于汉代普遍的大众信仰基础之上。上自王公贵族，下自贩夫走卒引车卖浆者流，都对祥瑞与灾异之说深信不疑。汉武帝元光元年“诏贤良”，行对策。他所提出的问题中，居然有两个问题皆涉及祥瑞与灾异。“三代受命，其符安在?”“灾异之变，何缘而起?”④董仲舒的回答为：灾异皆源发于人事。统治者的政治行为违忤自然规律与人民意愿，必然招致“不常之变”。“凡灾异之本，尽生于国家之失。”⑤“国家之失”刚刚萌芽，上天出于仁爱之心，“振吾过”，“救吾失”，于是引发地震、洪水等灾害，表达上天的“谴告”；假使统治者昏庸暴虐，执迷不悟，上天进而引发日食、荧惑守心、夏雨雪等怪异天象来“惊骇”君王；假如统治者仍然不及时幡然醒悟，痛改前非，江山易主、汤武革命必将应时而至。“不若于道者，天绝之。”⑥ 祥瑞与灾异的主导者、施行者是有意志的上天，“王者必受命而后王⑦”王权源出于上天，只有得到上天认可的王权，才获得存在的合法性，才会得到上天的庇护。但是，天命并非仅仅胶滞于一家一姓，而是天命无

① 《春秋繁露·天容》。

② 《春秋繁露·天容》。

③ 《春秋繁露·王道通三》。

④ 《汉书》卷五六《董仲舒传》，中华书局 1962 年版，第 2496 页。

⑤ 《春秋繁露·必仁且智》。

⑥ 《春秋繁露·顺命》。

⑦ 《春秋繁露·三代改制质文》。

常，“唯命是德庆”。[①] 只有德侔天地之人，“皇天右而子之，号称天子”。[②] 既然地上王权由上天所赋予，上天如何通过祥瑞与灾异表达意志、行使权力，就成为人间统治者如履薄冰般关注的话题。如前所述，上天只不过是一只披着“狼皮”的“羊”而已。“天下之人同心归之，若归父母，故天瑞应诚而至。”[③] 天命的本质是民心，民心借助于上天这一外在超越性的外壳，才更显得具有神圣性、绝对性。

在《王道》《五行五事》《五行顺逆》《顺命》等多篇文章中，董仲舒不惜笔墨，反复阐明祥瑞与灾异如何与“国家之失”紧密相连。天降祥瑞还是天降灾异，关键在于“王正”抑或“王不正”。“王者，人之始也。”[④] 符合儒家王道理想的“王”，利用公权力积极推行人道。“王者承天统理”[⑤]，君王上承天道，进而将天道贯彻于人道，这就是“正”。“教以爱，使以忠，敬长老，亲亲而尊尊，不夺民时，使民不过岁三日。民家给人足，无怨望忿怒之患、强弱之难，无谗贼妒疾之人，民修德而美好，被发衔哺而游，不慕富贵，耻恶不犯。”[⑥] 天下太平，人心归顺，上天将降甘露，“朱草生，醴泉出，风雨时，嘉禾兴，凤凰、麒麟游于郊”。[⑦] 类似于夏桀、商纣之流的暴君，毁弃仁义，骄溢妄行，将招致灾异。“日为之食，星霣如雨，雨螽，沙鹿崩；夏大雨水，冬大雨雪；霣石于宋五，六鹢退飞；霣霜不杀草，李梅实；正月不雨，至于秋七月；地震，梁山崩，壅河，三日不流。”祥瑞或者灾异，都是人所招致。人的言行，会直接而深刻地影响自然天象。

透过天人感应层层迷障，我们其实不难发现，祥瑞与灾异学说充满了浓郁的社会功利目的。萧公权先生评论说：“董子虽以言灾异下

① 《春秋繁露·三代改制质文》。

② 《春秋繁露·顺命》。

③ 《汉书》卷五六《董仲舒传》，中华书局 1962 年版，第 2500 页。

④ 《春秋繁露·王道》。

⑤ 陈立撰：《白虎通疏证》卷六《封禅》，中华书局 1994 年版，第 283 页。

⑥ 《春秋繁露·王道》。

⑦ 《春秋繁露·王道》。

吏，然观《汉书·天文》《五行》两志所述，足知‘天人相与’已成为西京之显学，而仲舒乃其重要之大师。抑吾人当注意，董子言天人，其意实重革命而轻受命，详灾异而略祯祥。试案现有之文献可证此论之非诬。盖其学犹有邹子谈天之遗意，与汉代曲学阿世之儒，推天命以媚时君者，皮毛相似，而精神迥殊。”① 萧公权之论，非常精确！董仲舒论天人感应，确实呈现出两大特点：其一，重心在谈灾异与谴告，对祥瑞谈得较少。《宋书·符瑞志》对两汉以降的祥瑞进行梳理，归纳出107种祥瑞。另据《新唐书·百官志》的记载，唐代祥瑞已上升到148种②。根据历代史书的记载，祥瑞大体可分为四类：其一，天文与自然现象，譬如瑞星、景云、五星连珠、瑞雪、醴泉、甘露；其二，动物，譬如麒麟、凤凰、龙、龟、鹿、兔、鸾、鹅等等；其三，植物，嘉禾、灵芝、朱草之类；其四，器物，如鼎、钟、磬、玉璧等等。但是，在《春秋繁露》中，对祥瑞文化及其与社会政治的关系，论述不多。董仲舒政治思想的着力点在通过灾异影响时政。其实，作为董仲舒弟子的司马迁，在《史记·天官书》早已点明："凡天变，过度乃占。……然其与政事俯仰，最近（大）〔天〕人之符。"谈天人相与的目的在于"与政事俯仰"，或者说是"诏救政"。《汉书·天文志》对《史记·天官书》的观点做了进一步的阐发："政失于此，则变见于彼，犹景之象形，响之应声。是以明君睹之而寤，饬身正事，思其咎谢，则祸除而福至，自然之符也。"董仲舒自己也表述十分清晰："所闻《诗》无达诂，《易》无达占，《春秋》无达辞。从变从义，而一以奉仁人。"③"《春秋》无达辞"的原因在于依从道义，因此不求通辞，从变而移。

其二，谈天人感应、天人相与，重点放在革命，而不是受命。董

① 萧公权：《中国政治思想史》，辽宁教育出版社1998年版，第279—280页。

② 《新唐书·百官志》载："凡景星、庆云为大瑞，其名物六十四；白狼、赤兔为上瑞，其名物三十有八；苍乌、朱雁为中瑞，其名物三十有二；嘉禾、芝草、木连理为下瑞，其名物十四。"

③ 曾振宇、傅永聚注：《春秋繁露·精华》，商务印书馆2010年版。

仲舒大谈天人关系，其实质不是为汉代皇权寻求存在正当性与合法性。恰恰相反，董仲舒谈得很多的是“革命”。立足于儒家道义立场，针砭时政，觉君行道，抨击媚政之论，才是董仲舒谈天的真正意图。

通而论之，充分利用社会大众对祥瑞与灾异的普遍信仰，达到制约君权的政治目的。对荀子思想深有研究的大哲董仲舒，自然对荀子“君子以为文，百姓以为神”的思想领悟极深。参悟了这一点，我们才能读懂《五行五事》篇。董仲舒将君王貌、言、视、听、思与木、金、火、水、土相配，论证两者之间存在逻辑与事实关联①。君王如果心有不敬，会招致树木不直，“夏多暴风”。如果君王不诚信，将招致“金不从革，而秋多霹雳”。如果君王不辨贤良奸佞，“则火不炎上，而秋多电”。如果君王心胸狭窄，将直接导致庄稼歉收。貌、言、视、听、思五事，基本上涵盖统治者言行、政治伦理、行为伦理和政治决策，涉及面极广。耐人寻味的是，《尚书》《孔子家语》《说苑》《汉书》《论衡》等典籍皆有五行、五事方面记载，五行与五事具体如何一一对应，各种典籍略有差异。譬如，“貌”应该配水抑或配木？董仲舒对此并无意去深究。董仲舒真正关注的焦点在于：如何让统治者相信五行五事学说，进而以此约束自身的行为。

祥瑞与灾异学说，是董仲舒政治哲学非常重要的一环。借助于祥瑞与灾异，董仲舒力图向天下统治者表达一个政治理念：“不敢有君民之心。”②“君民”有别于“报民”，《礼记·表记》也有类似记载：“子曰：下之事上也，虽有庇民之大德，不敢有君民之心，仁之厚也。”《礼记·表记》明确表示“不敢有君民之心”，乃孔子所言。“君民”意谓统治者高踞于平民百姓之上，权力非源自人民所授。政权存亡与平民百姓无关，平民百姓只是被奴役者、被统治者。统治权不是“为公众谋利益”③，而是以实现统治者的利益为目的；“报民”意味

---

① 在学术史上，《尚书》《孔子家语》《战国策》《汉书》等典籍，皆有五行五事方面的记载。

② 《春秋繁露·王道》。

③ 洛克：《政府论》上册，商务印书馆 2016 年版，第 79 页。

政权建立在仁义价值理念基础上，统治者意识到权力来自天心、天命（民心），得民心者得天下，因此对权力始终有敬畏之心，对天下大众始终有感恩之情。恰如孔子所言：治国理政，犹如“懔懔焉如以腐索御奔马”。[①] 康有为评论说：“不敢有君民之心，盖圣人以为吾亦一民，偶然在位，但欲为民除患，非以为尊利也。此为孔子微言，后世不知此义，籍权势以自尊，务立法以制下，公私之判，自此始矣。”[②] 康有为认为，董仲舒“不敢有君民之心”是对孔子思想的赓续与发展，是孔子“天下为公”王道理想的进一步深化。康有为所言“为民除患”，近似于洛克所说“统治的剑”并非“单为统治者自己的利益”服务，而是为了保障天下所有人的权利与财产“不受他人的暴力或侵犯”[③]。

4. 贤能之人治理天下

主权在民心，治权在贤能，是儒家王道政治的核心理念。重贤、尚贤，“任贤使能”，是儒家“治权在贤能”理想实现与否的前提性条件。“能致贤，则德泽洽而国太平。”[④] 治权在贤能理念存在的正当性，又与“君道无为”“臣道有为”理论紧密相关。关于“有为”与“无为”，老子、庄子、韩非子、《论语》、《中庸》、《易传》皆提及。但是，儒家孔子所说的“无为”[⑤]，其实质内涵与政治追求，与老子、韩非子相比较，有显著区别。《大戴礼记》的诠释比较精确：“参！女以明主为劳乎？昔者舜左禹而右皋陶，不下席而天下治。”[⑥] 臣劳君逸，任贤使能，贤能依据仁义之道治天下，孔子儒家无为思想既有别

① 《说苑·政理篇》，华东师范大学出版社 1985 年版，第 173 页。《孔子家语》也有类似记载。

② 康有为：《春秋董氏学》，《康有为全集》第二集，中国人民大学出版社 2007 年版，第 403 页。

③ 洛克：《政府论》上册，商务印书馆 2016 年版，第 79 页。

④ 《春秋繁露·通国身》。

⑤ 《论语·卫灵公》：“子曰：‘无为而治者，其舜也与！夫何为哉？恭己正南面而已矣’。”

⑥ 《大戴礼记·主言》，中华书局 1983 年版，第 3 页。

于韩非子、申不害的“无为”之“术”，也有异于老子“道法自然”意义上的无为。相比之下，董仲舒的无为与有为思想，既有儒家思想的浸润，又有韩非、申不害思想的渗透。董仲舒从天地之道论证“君无为”“臣有为”，“天地之行美也。是以天高其位而下其施，藏其形而见其光，序列星而近至精，考阴阳而降霜露。高其位，所以为尊也；下其施，所以为仁也；藏其形，所以为神也”。[①] 所以君王应“取象于天”，“以无为为道，以无私为宝”。[②] 垂拱而治，分权与贤，任贤使能，“亲圣近贤”，施行仁政；另一方面，君王既然“取象于天”，也应“藏其形”“隐居深宫[③]”，“为人君者，居无为之位，行不言之教，寂而无声，静而无形，执一无端，为国源泉。因国以为身，因臣以为心，以臣言为声，以臣事为形。”[④]君王虽然“隐居深宫”，但可以借助权术巩固自身君位，借助赏罚驾驭臣下，通过“执一无端”辨别臣下忠奸。与君王“取象于天”相对应，臣子则“法地之道”[⑤]。“暴其形，出其情”[⑥]，积极有为，勤勉奉职，朝夕进退，委身致命，伏节死难，辅佐君王，化成天下。君王“无为”，“其法取象于天”；贤能之臣“有为”，“其法取象于地”[⑦]。臣道源出于地道，地道有为，所以臣道理应积极有为，“臣道有为”理念由此获得了形而上的根据。这一论证过程，在逻辑上尽管有比附的瑕疵，当然也不如黄宗羲直截了当地从社会分工理论出发喊出“故我之出而仕也，为天下，非为君也；为万民，非为一姓也”[⑧] 痛快淋漓。但是，如果我们从历史主义立场评判，汉代董仲舒能从天地之道高度论证“臣道有

① 《春秋繁露·天地之行》。

② 《春秋繁露·离合根》。

③ 《春秋繁露·天地之行》。

④ 《春秋繁露·保位权》。另外，本篇“黑白分明，然后民知所去就，民知所去就，然后可以致治，是为象则”一段话，与商鞅思想比较接近。

⑤ 《春秋繁露·离合根》。

⑥ 《春秋繁露·离合根》。

⑦ 《春秋繁露·天地之行》。

⑧ 黄宗羲：《明夷待访录·原臣》，《黄宗羲全集》第一册，浙江古籍出版社 1985 年版，第 4 页。

为”，思想创新的色彩已灿然可观。

依照“君道无为”“臣道有为”理念，势必从政治伦理学高度重新界定君臣之间政治关系。值得注意的是，董仲舒将君臣之间政治伦理界定为忠义。

孔子经常将忠与信并举，“主忠信”，主于内为忠，发于外为信。《论语》一书中尚未出现作为名词的“诚”概念，“忠信”已蕴含了些许宋代学者“诚”的韵味。《孟子》出现“忠”8次，不及《论语》出现频率一半。孟子的“忠信”往往与“孝悌”并举，后者是家庭伦理，前者是社会政治伦理。受孔子“士志于道”影响，孟子倡导忠于“道”，而非忠于君。《荀子》一书“忠信”概念出现25次，主要表现为政治伦理。荀子要求君王“务忠信”①，同时要求臣下“忠信而不谀”。② 忠信既是对君王的政治伦理约束，也是对臣子政治伦理的界说。忠有“大忠”“次忠”“下忠”和“国贼”之分，大忠是“以德覆君而化之”。③ “德”与“化”，都是立足于儒家王道政治立场而论，荀子具体诠释为“从道不从君”。在先秦以孔孟荀为代表的儒家思想中，对君臣之间政治伦理的设计，达到最高水平的是思孟学派。“友，君臣之道也。”④ 友意味着平等，君臣之间是平等政治关系，当然这种平等是指人格上的平等，而非现实政治地位的平等⑤。郭店楚简这一思想，直接昭承孟子“土芥—寇雠”思想而来，后来又深刻地影响

① 《荀子·强国》。

② 《荀子·臣道》。

③ 《荀子·臣道》。

④ 刘钊：《郭店楚简校释》，福建人民出版社2005年版，第208页。郝大维、安乐哲对此给予高度评价：“古典儒学界定君臣关系不是简单地如同父子关系，而是将父子关系与朋友关系结合的一种关系。”（参见郝大维、安乐哲：《先贤的民主》，江苏人民出版社2004年版，第86页）

⑤ 《庄子·人间世》云：“内直者，与天为徒。与天为徒者，知天子之与己皆天之所子。”这一论述在一定程度上已蕴含政治地位平等的思想。

了黄宗羲政治哲学[①]。黄宗羲认为，臣子“以天下为事，则君之师友也”。[②]

与孔孟荀“忠”论不同之处在于，董仲舒别开生面地从五行学说视阈论证“忠”德的合法性。火生土，土生金。土受之于火，火与土形成父子关系。“常因其父，以使其子，天之道也。”[③] 在五行之德中，董仲舒尤其推崇土德，“土者，五行之主也”。[④] 在学术史上，将土列为五行之首，董仲舒是第一人。土位居中央，称之为“天润”，金木水火皆需仰仗土德才能成就其功业，而土兼具金木水火四行和春夏秋冬四时之德。因此，土的地位显赫，土德最崇高。“土者，天之股肱也。其德茂美，不可名以一时之事。故五行而四时者，土兼之也。”[⑤] 五行既是金木水火土，又指谓五德。土德对应的是忠，“是故圣人之行，莫贵于忠，土德之谓也。”[⑥] 从火生土，推导出忠为土之德，在形式逻辑上难免存在一些瑕疵。“是故孝子之行，忠臣之义，皆法于地也。地事天也，犹下之事上也[⑦]。”但是，问题的关键在于，我们今天所要深究的并不是董仲舒土德为忠结论的得出，在逻辑上是否周全，概念内涵与外延是否周延。我们真正感兴趣的地方在于：董仲舒所阐述的“忠”，与孔孟荀儒家相比，出现了哪些变化？有哪些新的发展？此外，董仲舒所论述的忠德，有没有愚忠的色彩？忠与义是何种关系？秦汉以降，因为政治上产生专制主义中央集权体制，在国家主流意识形态上，“忠孝合一”“移孝作忠”慢慢渗透进“忠”观念之中，“忠”有逐渐“窄化”的趋势，臣下“绝对服从”君王逐渐

---

① 《郭店楚简·鲁穆公问子思》载：“鲁穆公问于子思曰：‘何如而可谓忠臣？’子思曰：‘恒称其君之恶者，可谓忠臣矣。’”

② 黄宗羲：《明夷待访录·原臣》，《黄宗羲全集》第一册，浙江古籍出版社 1985 年版，第 5 页。

③ 《春秋繁露·五行之义》。

④ 《春秋繁露·五行之义》。

⑤ 《春秋繁露·五行之义》。

⑥ 《春秋繁露·五行之义》。

⑦ 《春秋繁露·阳尊阴卑》。

成为“忠”的基本内涵。值得庆贺的是，董仲舒所倡导的忠，尚不可等同于愚忠。董仲舒通过诠释《春秋》大义，以“安社稷，利国家”[①] 为忠臣信奉的最高政治圭臬。公元前 675 年，陈宣公娶卫国之女，鲁国以女陪嫁。公子结受国君之命，送鲁国之女前往陈国。按照周礼，应该送至卫国都城。但是，当公子结一行走至鄄城，听说齐和宋两国将联合攻鲁。于是公子结临时改变行程，自作主张代表鲁国国君参与盟会，最终化解了一场政治危机，保卫了鲁国的安全。对于公子结“专权”这一历史事件，《春秋》不仅没有批评，反而加以称许。其中原委在于，《春秋》有“常经”，也有“应变”，只要有利于“安社稷，利国家”，大夫也可以专权“遂事”。董仲舒对此评论道：“故有危而不专救，谓之不忠。”[②] “忠”自然有忠于君王的职分，但是，忠建构在“安社稷，利国家”这一最高政治信条之下。如果君王言行与“安社稷，利国家”有所违忤，忠臣完全可以抗君之命。“唯天子受命于天，天下受命于天子，一国则受命于君。君命顺，则民有顺命；君命逆，则民有逆命。”[③]《礼记·表记》有类似的记载，并且明确标明这一段话是“子曰”。“君命顺”抑或“君命逆”，其原则是君王言行或政治决策是因循天心、天命，还是忤逆天心、天命？如果君命有违于天心、天命，忠臣完全可以“逆命”；如果君命因循天命，忠臣才可以“顺命”而行。董仲舒的“忠”观念，显然还没有遭受西汉主流意识形态的“污染”，对孔子“主忠信”思想进行了政治哲学层面的发展。其实，如何刨根问底，我们发现荀子“忠”论可能更是董仲舒思想的直接源头。“有能抗君之命，窃君之重，反君之事，以安国之危，除君之辱，功伐足以成国之大利，谓之拂。”[④] 敢于“抗君之命”“强君挢君”，才是真正的忠臣。

尤其值得一提的是，《春秋繁露》论忠，往往与义并提。孟子当

① 《春秋繁露·精华》。
② 《春秋繁露·精华》。
③ 《春秋繁露·为人者天》。
④ 《荀子·臣道》。

年明确提出“事君无义，进退无礼，言则非先王之道者，犹沓沓也”。[①] 荀子也说：“以礼待君，忠顺而不懈。”[②] 在荀子思想结构中，“礼义”是一复合词，礼外而义内。孟子、荀子“义”论，对董仲舒有所影响。董仲舒的思维方式与叙事模式有二：一是从宇宙论高度为其理论寻找形而上的根据；二是从《春秋》具体事例出发，推导出“放之四海而皆准”的普遍适用的社会法则。董仲舒是研究《春秋》大家，阐述忠义思想，也往往通过我注《春秋》与《春秋》注我并重的方式发端。《春秋》所称赞的祭仲、仇牧、孔父、荀息、公子目夷等人属于忠臣，“此皆执权存国，行正世之义，守惓惓之心，《春秋》嘉气义焉”。[③] 义是忠背后隐伏的文化精神，只有真正符合义的忠，才是真正意义上的忠。春秋时期齐晋爆发鞍之战，齐国战败。危难之际，逄丑父假扮齐顷公被俘，作为一国之君的齐顷公于混乱之中狼狈逃脱，其后逄丑父被俘身亡。对于这一历史事件，《春秋》批评逄丑父“不知权”。董仲舒直截了当批评逄丑父“弗忠”。“由法论之，则丑父欺而不中权，忠而不中义。”[④] “忠而不中义”这一观念非常重要，“不中义”之忠，只是愚忠、伪忠。董仲舒认为，逄丑父有两大罪过：其一，以“邪道”辅佐君王，结果让一国之君的齐顷公蒙受耻辱；其二，欺骗其他诸侯国，致使齐国国君陷于奇耻大辱的窘境，“当此之时，死贤于生”。[⑤] 儒家认为人的生命有两重：一是生理生命，一是德性生命。生死关头应当牺牲生理生命去成就德性生命。“故君子生以辱，不如死以荣。”[⑥] 耻辱之心是情，情是已发。未发是性，耻辱之心源发于义，义是人性中先验的存有，义普遍存在于人性之中。“天施之在人者，使人有廉耻。有廉耻者，不生于大辱。”[⑦] 由

① 《孟子·离娄上》。

② 《荀子·王道》。

③ 《荀子·王道》。

④ 《荀子·王道》。

⑤ 《荀子·竹林》。

⑥ 《荀子·竹林》。

⑦ 《荀子·竹林》。

此可见，在董仲舒思想体系中，忠与义不可分离，忠外而义内。以邪道辅佐君王，导致君王蒙受耻辱，就是不义，不义也就是不忠。

从“臣有为”和忠义理论出发，董仲舒进一步阐释忠臣应如何积极有为地制约君权：

首先，从“天之数”高度，论证政府组织机构设置的合法性。换言之，“民心即天心”理念开始与制度建设相结合，“民心即天心”已是一个明确的可作为制度操作的概念。天地自然之数的第一个规律是：天地万物呈现出数字“三”或“三”的倍数。“何谓天之大经？三起而成日，三日而成规，三旬而成月，三月而成时，三时而成功。寒暑与和，三而成物；日月与星，三而成光；天地与人，三而成德。”① 从天地自然之数皆是三或三的倍数，进而推导出应相应设置三公、三卿、三大夫、三士、九卿、二十七大夫、八十一元士等官职。“是故其以三为选，取诸天之经。”② 此外，“五”也是天地自然之数呈现出来的一大规律。“天地之气，合而为一，分为阴阳，判为四时，列为五行。行者，行也，其行不同，故谓之五行。五行者，五官也，比相生而间相胜也。”③ 由气到阴阳、四时，再推演至五行，由五行进而推导出五官：司农、木、东方、春、仁，司营、土、中央、信，司徒、金、西方、秋、义，司马、火、南方、夏、智，司寇、水、北方、礼。五种官职分别与四时、五行搭配，而且五种官职分别引领仁义礼智信一德。不仅如此，五种官职必须由圣人、君子、善人和正人担任。只有好人当政，才能真正实现王道理想，董仲舒称之为“立王事”。④

在“三”“五”这些似乎神秘的数字崇拜背后，其实彰显更多的是董仲舒在汉代文官制度建立方面的沉潜思考。批判与否定建立在宗法血缘关系之上的世卿世禄制，倡导建构由士人阶层组成的文官制

① 《春秋繁露·官制象天》。
② 《春秋繁露·官制象天》。
③ 《春秋繁露·五行相生》。
④ 《春秋繁露·官制象天》。

度，“故州郡举茂才孝廉，皆自仲舒发之”。[①] 李泽厚先生评价说：“进‘教化’，立官制，重文士，轻武夫；建构一个由‘孝悌’、读书出身和经由推荐、考核而构成的文官制度，作为专制皇权的行政支柱。这个有董仲舒参与、确立于汉代的政治——教育（‘士—官僚’）系统是中国历史上的一件大事，也是了解自秦汉以来中国历史的重大关键之一。”[②] 尤其重要的是，司农、司营、司徒、司马、司寇等五官，无论分工如何，皆有从仁义礼智信不同角度规谏君王、制约君权的责任。譬如，司农崇尚仁德，“进经术之士，道之以帝王之路，将顺其美，匡捄其恶”。[③] 司营崇尚信德，“称述往古，以厉主意，明见成败，微谏纳善，防灭其恶，绝源塞隙，执绳而制四方，至忠厚信，以事其君”。“

其次，政府各部门之间权力相互制约。董仲舒从五行生克理论出发，进而论证权力相互制约如何可能。齐学邹衍比较重视五行相克学说，董仲舒受其影响，把依据五行理论设置的五大政府部门分别赋予五行属性：司徒属金，司农属木，司空属土，司寇属水，司马属火。按照五行相胜理论，司徒（金）克司农（木），司农（木）克司空（土），司空（土）克司寇（水），司寇（水）克司马（火），司马（火）克司徒（金）。譬如，司空本来有谏劝君王的职责，但是，如果司空玩忽职守，“主所为，皆曰可，主所言，皆曰善，谄顺主指，听从为比。进主所善，以快主意，导主以邪，陷主不义”。[④] 既然司空沦落为谀臣，司农有权依照“木胜土”理论“诛之”。当然，我们应该看到，董仲舒关于政府各部门之间权力相互制约的学说，并未对汉代政府产生直接的影响。权力相互制约的理念是黄昏起飞的那只“猫头鹰”，属于沉思的理性。但是，立足于儒家为天下立法的高度，为贤能政治存在正当性进行理论证明，我们也可以说董仲舒的权力相互

---

① 徐天麟撰：《西汉会要·选举下·举廉》，中华书局 1966 年版，第 461 页。
② 李泽厚：《中国古代思想史论》，人民出版社 1986 年版，第 153 页。
③ 《春秋繁露·五行相生》。
④ 《春秋繁露·五行相胜》。

制约理念是一只晨曦初现就在树枝上叽叽喳喳唱歌的小鸟，这只“哲学的小鸟”具有不朽的理论超前意识。

三、结语

冯友兰先生认为，董仲舒作为“群儒首”“儒家宗”，代表了一个历史时期的“时代精神”，“此时之时代精神，此时人之思想，董仲舒可充分代表之”。[①]反思董仲舒政治哲学一系列命题与思想，譬如：民心即天命、“仁，天心”、“天为民立王”、“屈君而伸天”、“臣道有为”、“不敢有君民之心”、尚忠义、贤能治天下、“逆命”与“顺命”等等，我们逐渐发现董仲舒实际上一直在矻矻思索并力图论证政治哲学的根本性问题：何为政治之善？政权存在正当性何在？儒家“王道”不同于“霸道”，王道政治本质何在？众所周知，殷周之际是思想观念大变革之时。小邦周战胜大邑商，取胜的法宝不是军事力量，而是道德人心。从西周开始，一个新观念开始普遍传播：“天命靡常”，唯德是从。天命已有德性色彩，道德人心才是政权存在正当性的基石。孔孟荀对此多有论证，董仲舒进一步从形而上维度加以阐释。董仲舒的回答是：超越现实个人利益和国家利益，将现实政治制度、政治决策、政治伦理、制度伦理和社会政治理想目标建立在仁义这一文化依托、国家精神和纯粹意识之上，以是否“爱民”作为政治原则，以是否顺应民心、是否符合仁义作为社会政治最高圭臬与终极奋斗目标，就是政治之善，也就是政权存在正当性最高依据。洛克尝言：政府一切权力“只是得自人民的一种委托权力”[②]。既然权力来自人民的“授权”，政府所追求的最高目标就是“为人民谋福利”。[③]公元前 594 年，楚庄王派遣大将司马子反围攻宋国。宋国粮食耗尽，

---

① 冯友兰：《中国哲学史》下，第二章《董仲舒与今文经学》，华东师范大学出版社 2000 年版，第 9—10 页。

② 洛克：《政府论》（下册），商务印书馆 2016 年版，第 89 页。

③ 洛克：《政府论》（下册），商务印书馆 2016 年版，第 90 页。

“易子而食，析骸而炊”。宋国大将华元夜见司马子反，以实情相告。司马子反听闻平民百姓陷于水深火热之中，顿生恻隐怜悯之心，与华元订盟退军。“司马子反事件”是《春秋》以及三《传》讨论的一大热点话题，对于司马子反这种“废君命，与敌情”的“轻君”“不臣”[①] 之举，《春秋》不仅没有批评，反而“大之”，其缘由在于司马子反以仁义作为军事决策最高原则，无辜平民百姓的生命高于现实的政治与军事利益。“推恩者远之为大，为仁者自然为美。今子反出己之心，矜宋之民，无计其间，故大之也。”[②] 董仲舒认为，司马子反真正领悟并践行了儒家的“当仁不让”。仁义的本质就是对生命敬畏、对他人怜悯与关爱。《春秋》作者对春秋 242 年期间发生的战争，不厌其烦地做了详细的记载，其中“大义”就是战争对平民百姓造成深重的灾难。既然如此，生命权、财产权等人的基本权利就应该高于一切利益。“且《春秋》之法，凶年不修旧，意在无苦民尔；苦民尚恶之，况伤民乎！伤民尚痛之，况杀民乎！”[③] 《春秋》作者对“苦民”“伤民”“杀民”之事深恶痛绝，“苦民”“伤民”“杀民”是最大的政治之恶！爱民是最大政治之善！爱民是儒家仁义王道政治的具体体现，举凡国家制度、人伦习俗和军事行动，建基于仁义这一根本性的价值本体和文化精神之上，并以民心和仁义作为国家主流意识形态所信奉的最高价值原则，才是王道政治。

本文为“2021 中国・衡水董仲舒与儒家思想国际研讨会暨中华孔子学会董仲舒研究委员会学术年会”提交的论文。

曾振宇（1962—），男，江西泰和人，曾子研究院、山东大学儒学高等研究院教授，博士生导师。

---

① 《春秋繁露・竹林》。
② 《春秋繁露・竹林》。
③ 《春秋繁露・竹林》。

董仲舒与儒家政治理论的完整建构[①]

郑治文

中国文化是以求善重德为特征的“政治—伦理型文化，”作为中国文化主流的儒家文化本身自孔子始就内在地包含了政治和伦理两个向度，政治理论和伦理学说是儒家文化的两大主干，如鸟之双翼、车之双轮，相辅相成，缺一不可。儒家政治理论作为一大主干，在儒家思想中占有十分重要的地位，尤其是汉代儒学独尊后，儒家政治理论上升成为国家意识形态，深刻影响了自汉至清两千多年专制政治的总体面貌。然而，儒家政治理论的建构并非一蹴而就，自孔子奠基到汉代“罢黜百家，表彰六经”已历数百年，历经孟荀、汉初诸儒几代儒者的不懈努力，直至董仲舒才最终完成。以孔、孟为代表的先秦儒家主要奠定了儒家的“重民”思想，其“单向度”开进的不完整性注定了先秦儒家的“王道”理想难于实现。至汉代董仲舒，以务实的理论品格，述而有作，既集先秦儒家“重民”思想之大成，又博采诸子百家之长，给儒家政治理论注入了“尊君”的新内涵，第一次建构了儒家完整的政治理论体系。这种新体系适应了秦汉以降宗法专制国家的需要。

西汉武帝时，“罢黜百家，表彰六经”，儒家政治理论得以付诸实践，并深刻影响了中国两千年的政治文明。董仲舒所完成的对于儒家

① 基金项目：本文为山东省泰山学者工程（项目编号：tsqn201812060）专项经费资助成果。

政治理论的重大建构，具有划时代的意义。董仲舒以儒为主、综罗百家改造儒学，给儒学注入法家化、神学化的内涵，使儒学具有了极大的适应性和可操作性，儒家的政治理论得以诉诸实践，儒家也由诸子百家中脱颖而出实现了官学化。自孔子至董仲舒，终于完成了儒家政治思想由理论建构到实践普及的过程，也正因有了汉代以后的政治实践，儒家政治理论的重要性才凸显出来，在强大的政治力量的推动下，儒家的价值理念才得以渗透到古代中国政治、经济、文化等各个方面。如果说孔子述而有作之儒家文化是形塑中华文明的主要思想资源，那么孔子则应是中国文化之第一人；如果说儒家建构新型国家政治文明体系始于汉代儒学独尊，那么董仲舒则应是孔子之后儒学振兴第一人。

一、述而有作——董子儒学的“返本”与“开新”

孔子之时，是“周室微而礼乐坏”的“乱世”。孟子曰：“圣王不作，诸侯放恣，处士横议”（《孟子·滕文公下》），“天下大乱，贤圣不明，道德不一，天下多得一察焉以自好”（《庄子·天下篇》）。所谓“圣王不作”“贤圣不明”，即指原有制度组织的崩坏，这正是春秋战国之世的最主要特征，传统礼乐崩坏，旧制不行，新制未立，“道术将为天下裂”，由此开始了中国历史诸子“百家争鸣”之局面。“《易大传》：‘天下一致而百虑，同归而殊途。’夫阴阳、儒、墨、名、法、道德，此务为治者也，直所从言之异路，有省不省耳。”（《史记·太史公自序》）所谓“上医医国”，虽然“诸子之言纷然肴乱”，然皆以“上医”自居，欲开出了治平天下的“良方”。其中，有欲修正旧制度者（儒家），有欲另起炉灶立新制度以替代旧制度者（法家）。

儒学的开山孔子坚信“斯文未丧”、礼乐可行，矢志要“复周”，以能继文王、周公之业为职志。“文王既没，文不在兹乎？天之将丧斯文也，后起者不得与于斯文也；天之未丧斯文也，匡人其如予何！”（《论语·子罕》）此之谓也。“在一社会之旧制度日即崩坏之过程中，自然有倾向于守旧之人，目睹‘世风不古，人心日下’，遂起而为旧制度之拥护者，孔子即此等人也。不过在旧制度未摇动之时，只其为旧之一点，便足以起人尊敬之心；若其既已动摇，则拥护之者，欲得时君世主及一般人之言从，则必说出其所以拥护之之理由，予旧制度以理论上的根据。此种工作，孔子已发其端，后来儒家者流继之。儒家之贡献，即在于此。”① 诚然，孔子就是在予旧制度以理论上的根据之基础上创立儒家学说的。旧制已不行，孔子虽有“从周”之志，然也不得不从“礼坏乐崩”的现实出发去思考“现代”新文化的创制。于是，“传统与现在”的问题在那个时代就已经不可避免地摆在了孔子面前。儒家之所以为儒家，孔子之所以孔子者，就在于孔子于自觉不自觉中担当了“述而有作”创建新文化的历史使命。立足于述而有作的文化创制原则，孔子既承继了“传统”（礼）又注入了合乎时代内涵的“仁”，“述”礼“作”仁，返本亦开新，从而建构了以“仁礼”为核心的伦理政治思想体系，姑且称其为“伦理政治哲学”，孔子以集上古文化之大成的方式开启了中古文化的新篇章。

旧制崩坏，有修正旧制者，儒家是也；有另立新制以代旧制者，法家即是此等人。处于对传统礼乐文化的“绝望”，当面临与儒家同样的思想任务时，法家坚决反对儒家的“从周”“复古”，主张新文化、新制度的创制必完全否定传统。由此，从“礼坏乐崩”“国相攻，家相篡，人相贼”（《墨子·兼爱中》）的乱世立场出发，法家“绝去礼学，兼弃仁义”，建构了以“性恶”为前提，以功利、现实为主要取向，“两面三刀”（赏、罚、法、术、势）为主体的学说体系，姑且称其为“功利政治哲学”。

至此，我们会发现儒法两家对待旧学之态度是截然不同的，如果说儒家走的是述中有作、有述有作的路子，法家则走的是一种“作而无述”或者至多是“大作略述”的路子。儒法对待“述”“作”的不同态度，决定了两家迥异的文化精神，而其迥异的文化精神又决定了两家的命运沉浮。儒家述而有作，然其“从周”“复古”之念于“礼

---

① 冯友兰：《中国哲学史》，商务印书馆2006年版，第16页。

坏乐崩”的乱世似显过于理想、不合时宜了，所以先秦儒家之述而有作，准确说来，是“述”有余，“作”不足。“述”有余，则上古礼乐文化之精华为儒家所承传，此其所长；“作”不足，即切合时代精神之新内涵注入过少，儒家自然难于有效回应时代课题，此其所短。法家标榜“作而无述”，大“作”，即彰显时代精神，故有“切中时弊”“因时制宜”之长；无“述”则会导向偏激、极端，远离中华民族心性理路，此其所短。可见，儒法之“述作”观决定了其一长一短的双重思想品格。

对此，司马谈《论六家之要旨》中有精彩的论断。儒家“述”有余，上古礼乐文化之合理内核为儒家所继承，故其有“序君臣父子之礼，列夫妇长幼之别，虽百家不可易”（《史记·太史公自序》）之长；“作”之不足，难免使其流于理想，不合时宜，“以为人主天下之仪表也，主倡而臣和，主先而臣随”（《史记·太史公自序》）。这种“主劳臣逸”的论调显然是落伍了，故有“迂远而阔于事情”之短。法家之大“作”，使其能“顺天应人”，合乎“定于一”的历史潮流，故有“尊主卑臣，明分职不得相逾越，虽百家弗能改”（《史记·太史公自序》）之长；无“述”，使其走向极端，以至于有“严而少恩”之短。其“尊主卑臣”之长，使法家人物颇受各国君主赏识重用，法家得以大行其道，各国“富国强兵”的变法运动多由法家人物主持，管仲相齐、魏有李悝、吴起在楚、申不害于韩，其中最著名的当属秦国的商鞅变法。自商鞅变法后，“务耕战”成为秦之基本国策，最终秦国得以扫灭六国，一统天下，建立了大一统的强大帝国，由此也开启了中国历史之新篇章。而这也正是法家之所长所结出的“硕果”，法家之历史进步意义实在于此。然“大一统”一旦确立，“世异时移”，法家“因时制宜”之长就不能成立了，其负面效应凸显。司马谈曰：“法家不别亲疏，不殊贵贱，一断于法，则亲亲尊尊之恩绝矣。可以行一时之计，而不可长用也。”（《史记·太史公自序》）秦皇、李斯之流不谙此道，故法家“严而少恩”之短葬送了强大帝国，也导致了法家路线的“破产”。故法家“述而无作”构筑了其一长一短双重品格的“功利政治哲学”体系，也决定了其一起一落之两种命运。

与法家相类，儒家一短一长双重品格也决定了其两种命运变化。不过恰恰相反，儒家于春秋战国之时“郁郁不得志”，孔老夫子苦苦追求的“王道”理想终未实现，此其“迂远”之短所致；然儒家之所以为儒家者，就在于其思想体系中蕴育着日后崛起的基因，这种基因正是其“序君臣父子之礼，列夫妇长幼之别，虽百家不可易”（《史记·太史公自序》）之长。儒法对比，法家“作而无述”以“现实”“功利”为旨归，儒家“述”有余，“作”显不足，以“理想”“道德”为追求，各引一端，各有长短，倘能“调合”，扬其长避其短，一旦“豁然贯通”，必有大成。为政治制度的千秋大计，远谋与短视，体现了儒法两家不同的历史选择。

秦汉大一统的新时代背景下，所谓“人主天下之仪表，主先臣随，主倡臣和”（《史记·太史公自序》），“君使臣以礼，臣事君以忠”（《论语·八佾》），先秦儒家这套君臣“双向互动”的价值观念显然是大不合时了。儒家之旧学不行，新学未立，身处此种背景下的董仲舒面临着春秋之时与孔子相类的理论困境。孔子述而有作创立儒学，既承上古文化之旧局面，又开中古文化之新格局，实现了上古与中古的沟通衔接。或许正是鉴于孔子兴亡继绝、贯通古今的文化贡献，董仲舒继承和发挥了孔子述而有作的文化精神。深刻意识到先秦儒家政治理论不合时宜的董仲舒并未尽弃其学，全盘否定，而是辩证地审视了先秦儒家一长一短的双重理论品格，在此基础上开始了其新儒学的建构。一方面，他继承和发展了先秦儒家政治理论中“序君臣父子之礼，列夫妇长幼之别”（《史记·太史公自序》）的合理精神，此谓“扬其长”“返其本”；另一方面，有鉴于先秦儒家政治理论“迂阔”之短，他又注入了合乎“大一统”时代背景的法家化、政治化的新内涵使儒学可以致用，此谓“避其短”“开其新”。述而有作，扬长避短、返本开新正是董仲舒构创新政治学说的内在理路。述以扬其长，作以避其短，一返本一开新，董仲舒终于建构了合乎时代需要的新型儒家政治哲学体系。

述而有作、扬长避短、返本开新的文化精神在董仲舒新政治儒学体系中多有体现，并集中表现于“三纲五常”思想中。董仲舒博大精深之学说体系，一言以蔽之，曰“屈民而伸君，屈君而伸天”（《春秋繁露·玉杯》）。就其整个思想体系来说，“屈民而伸君”的“尊君”论主要是对先秦儒家政治理论“不切实际”的一种大纠正，为此他以儒为宗、博采众家之长给儒学注入了新内涵，“儒学与阴阳、道、法、名诸家思想相结合，这种结合导致的直接后果，就是使儒学更趋于实用。”[①] 这主要是“开新”，是“作而避其短”；当然也是对先秦儒家“序君臣父子之礼”的拓展，故也可算是“返本”，是“述而扬其长”。其“屈君而伸天”的“抑君”论，主要是对先秦儒家“君使臣以礼，臣事君以忠”（《论语·八佾》）的继承，同时又包含了对君臣“双向互动”关系的超越。

就“三纲”思想来说，与先秦儒家“序君臣父子之礼，列夫妇长幼之别”（《史记·太史公自序》）恐怕还是大相径庭的，“孔子从维护周礼的立场，提出了保持君臣、父子上下尊卑秩序的重要性，强调‘君君、臣臣、父父、子子’。这对三纲观念的孕育无疑有某种催化的作用。但是从《论语》来看，孔子并不认为君臣之间必须是单方面的绝对服从关系，而主张‘君使臣以礼，臣事君以忠’，这里，君臣之间还只是体现着双向互动的关系。关于父子关系，主要体现在他说的‘孝’道中，孔子的孝主要体现在‘敬’‘生事、死葬、终祭’等方面，同时又主张父子互隐，这些都似与‘父为子纲’不搭界。《论语》中没有明确讲到夫妻关系，更谈不到夫妻的尊卑秩序问题”[②]。到汉代时，为使儒家政治理论“合时”“实用”，董仲舒注入了新内涵后这种情况就发生了“大转型”。他说：“君臣、父子、夫妇之义，皆取诸阴阳之道。君为阳，臣为阴；父为阳，子为阴；夫为阳，妻为阴。”（《春秋繁露·基义》）这里董子虽未直接提及“君为臣纲，父为子纲，夫为妻纲”，然若按其“阳尊阴卑”论来理解，“三纲”之义不言自明了。所以由孔子“君臣父子”之说到董子“王道三纲”之义的“大转型”则明确彰显了董学创立的“作而避短”精神。

---

① 刘学智：《三纲五常的历史地位及其作用重估》，载《孔子研究》2011年第2期。

② 刘学智：《三纲五常的历史地位及其作用重估》，载《孔子研究》2011年第2期。

至于“五常”，先秦儒者那里似未直接提及，然“仁”“礼”是孔学之核心，“智”“信”多见于《论语》，“义”在孟子那里多有发挥。“夫仁、谊（义）、礼、知（智）、信五常之道，王者所当修饬也。”（《汉书·董仲舒传》）董子虽明确将“五常”规定为“仁、义、礼、智、信”，然“五常”的“发明权”似应归功于孔孟，只是到董子这里又辅于五行之说加以证明。所以“五常”之说由孔子智、仁、勇“三达德”，孟子仁、义、礼、智“四端”至董子“五常”之道是董学创立的“述而扬长”之精神的明确表达。总的说来，“屈民而伸君”“三纲”主要是“开新”，“屈君而伸天”“五常”则主要是“返本”，述中有作，作不离述，相辅相成，并行不悖。

“述而有作”是孔子创立儒学的内在理路，亦是董学建构之基本精神。孔子述“礼”作“仁”创立儒学，借助于“仁”，中国传统文化顺利地实现了由上古向中古的转折；借助于“仁”，孔子之前数千年和孔子之后数千年的文化血脉得以沟通连接，而没有中绝断裂。柳诒徵先生言“孔子者，中国文化之中心也。无孔子则无中国文化。自孔子以前数千年之文化，赖孔子而传；自孔子以后数千年之文化，赖孔子而开。即使自今以后，吾国国民同化于世界各国之新文化，然过去时代之与孔子之关系，要为历史不可磨灭之事实”①，斯之谓也。在秦汉大一统的新时代背景下，儒家“述而有作”的理论品格在董仲舒那里再次得到了完美诠释。他既承先秦儒家政治思想之大成，又纳入了合乎时代精神的新内涵，由此建构了儒家博大精深的政治哲学体系。孔子“述而有作”，“可以说，他（孔子）的思想学说是‘集’了中国上古以来文化之‘大成’。故孟子云：‘孔子之谓集大成’，正因为孔子的集大成，他才能有那样巨大的思想潜力影响了中国历史文化又两千多年。”② 以此观之，董仲舒亦是此等人；以此观之，孔子、董子之后儒学的新开展亦是“述而有作”之精神的继续。

---

① 柳诒徵：《中国文化史》（上），东方出版中心 2007 年版，第 271 页。

② 韩星：《全球化背景下的儒学与中国文化整合》，载《东方论坛·青岛大学学报》2006 年第 1 期。

二、尊君重民——董子与儒家政治理论的完整建构

植根于农业宗法社会基础上的儒家政治文化，天然地包含了“尊君”和“重民”两个向度。彼此孤立的农业自然经济构筑了分散的社会，需要君主集权政治加以统合；农业宗法社会的正常运转又离不开农民的安居乐业。因此，“‘国不堪贰’‘敬德保民’‘民为邦本’的思想传统是农业宗法社会的必然产物。‘尊君’和‘重民’相反而又相成，共同构成了中国传统政治文化的一体两翼”①。如果说以孔孟为代表的先秦儒家主要发展了儒家政治理论中的“重民”思想（德治、仁政、民本思想等），汉代董仲舒则主要奠定了儒家政治理论中的“尊君”思想。从孔孟到董仲舒正好初步确立了儒家完整的政治思想体系，汉代以后儒家政治思想主要就是沿着这两个向度迈进的。然值得一提的是，董仲舒在继承和发展先秦儒家“重民”思想的基础上，又“首创”了儒家的“尊君”论（主要借鉴了法家“尊主卑臣”思想），两者调合为一，终于建构了儒家完整的政治思想理论，而且正因此“画龙点睛”之笔，使儒家政治思想切合了秦汉以降“大一统”专制帝国的需要，董仲舒时“罢黜百家，表彰六经”，儒家政治理论得以普遍实施于政治实践，其重要性也才凸显出来。因此，董仲舒是儒家建构完整政治思想体系的第一人，可谓集儒家政治思想之大成。正是因为这种“集大成”的潜力，董学才深刻影响了中国古代政治文明两千多年。

可见，董仲舒在儒家政治思想发展史上当是彪炳千秋的人物。董学政治思想的“完整性”主要表现在“尊君”和“重民”的结合，其“屈民而伸君，屈君而伸天”的说法正是这种“完整性”的明确表达。“屈民而伸君”的“尊君”论是董学的主干，是董子从“作”中而来，也是其最主要的贡献，它主要包含“大一统”“天人感应”“君权至

---

① 张岱年、方克立：《中国文化概论》，北京师范大学出版社2004年版，第275页。

上”“三纲五常”等思想内容。“屈君而伸天”，从某种意义上说，它是先秦儒家“重民”思想在董学中的体现，是董子在“述”中所得，主要包含“德治论”“养民说”等思想内容。

1. “大一统”思想

据《汉书·艺文志》及徐彦《公羊注疏》可知，汉以前《公羊传》已经形成了具有完整师承系统的学说流派。西汉时，研习《公羊传》成了专门之学，形成所谓公羊学派，大师主要有两位，一是胡毋生，二是董仲舒，其中以董仲舒最为著名。秦汉大一统帝国的建立，使“大一统”的理念转化成了客观的政治实际。现实的需要，促进了“大一统”思想的丰富和深化，董仲舒正是这种“应时之需”的人物。董仲舒是汉初治公羊学的大师，他对“大一统”的理论发挥可谓匠心独运，从而将“大一统”的旗帜举得更高，“《春秋》大一统者，天地之常经，古今之通谊也”（《汉书·董仲舒传》）。

董仲舒在其著名的“天人三策”和《春秋繁露》中集中阐述和发挥了“以元统天”“立元正始”以及“尊王之义”。“是以《春秋》变一谓之元。元犹原也。其义以随天地终始也。……故元者为万物之本，而人之元在焉。安在之？乃存乎天地之前”（《春秋繁露·重政》），“《春秋》何贵乎元而言之？元者，始也，言本正也”（《春秋繁露·王道》）。这样，就从哲学的高度，也即宇宙生成论的角度论证了“大一统”思想的神圣性与合理性，这一点对后来“大一统”理念的发展产生了深刻影响。“大一统”政治蓝图在《公羊传》只是一种向往，经过董仲舒的阐释，“大一统”学说产生了质的飞跃。“大一统”成了宇宙间普遍的法则，无处不在，无时不有。

在社会政治生活中，“大一统”首先体现为政治一统，这正是董仲舒的政治追求之一。董仲舒在政治上是尊君论者，他把维护君权至上视为实现政治一统的关键。从政治一统的角度来看，所谓“大一统”就是一切统一于天，统一于王。“唯天子受命于天，天下受命于天子，一国则受命于君。”（《春秋繁露·为人者天》）董仲舒尤其强调“天子”即“王”在天人之间的突出位置，“《春秋》之序辞也，置王于春、正之间，非曰上奉天施而下正人，然后可以为王也云尔”（《春秋繁露·

竹林》)。因此，“大一统”就是要求“以人随君，以君随天”，“屈民而伸君，屈君而伸天”。在董仲舒看来，这就是所谓“《春秋》之法”“《春秋》之大义”。在这里，董仲舒所主张的，是一种绝对君权的“王道”政治，亦即专制政治。董仲舒关于政治一统的主张不仅为汉代帝王维护中央集权、巩固汉家一统天下提供了系统的理论依据，而且为后世君主政治的发展奠定了基调，其政治和历史影响颇为深远。

董仲舒主张的君权一统天下，除了要求实现政治上的一统化，还要求实行思想文化的一元化。从思想的统一入手，最终达到在政治上君主专制的根本目的。他说：“今师异道，人异论，百家殊方，指意不同，是以上亡以持一统；法制数变，下不知所守。臣愚以为诸不在六艺之科孔子之术者，皆绝其道，勿使并进。邪辟之说灭息，然后统纪可一而法度可明，民知所从矣。”（《汉书·董仲舒传》）董仲舒的这道“贤良对策”就是著名的“罢黜百家，表彰六经”，其意义非常深远。

2.“君权天予”的君权至上论

董仲舒认为，强调君权至高无上，仅仅依靠人为的力量是远远不够的。于是，人事与天意挂钩，阴阳五行与自然、社会现象紧密结合，力倡君权天予说，从解答君权合法性的角度论证君权的至上性更成为董仲舒君权理论的一大特色。董仲舒杜撰了天的体系，通过天人合一完成了天的神秘主义人格化：“天者，百神之大君也。”（《春秋繁露·郊语》）这是就意志之天的意义把天看作主宰自然和社会的至上神。董仲舒的天人合一，只是天王合一，使统治者的地位神圣化、绝对化。他说：“古之造文者，三画而连其中谓之王。三画者，天地与人也，而连其中者通其道也。取天地与人之中以为贯而参通之，非王者孰能当是？故王者唯天之施，施其时而成之，法其命而循诸人。”（《春秋繁露·王道通三》）按照董仲舒天人合一的内在逻辑：天是人的主宰，人是天的附属，人必须遵从天道的指引，服从天意的约束。董仲舒认为，“王者天之所予也”（《春秋繁露·尧舜不擅移汤武不专杀》），“王者承天意以从事”（《汉书·董仲舒传》），“唯天子受命于天，天下受命于天子”（《春秋繁露·为人者天》）。不仅如此，他还指出，全国臣民也都要无条件服从君主，上上下下必须“以人随君，以君随天”，“屈民而伸君，屈君而伸天”（《春秋繁露·玉杯》）。董仲舒的天人合一政治论为调节天人关系规定了基本模式，一切有关人类社会政治问题的解答都可以从中找到理论依据。尤其是“君权天予”说，借神权以尊君权，将君权天道化，天君同道、神权与王权合一，用神权、君权压制人权、民权，为强化君主专制提供了有利的理论依据。

当然，董仲舒在极力为君权至上张目的同时，他也深知在实际政治生活中，君主个人的权力过于强大往往会走向反面，造成政治动荡，甚或政权颠覆，这是有悖于统治阶级整体利益的。有鉴于此，董仲舒试图用天的权威给君主以一定的约束。然而怎样运用天的权威来制约君权呢？董仲舒沿着“天人合一”的理论基线，提出了两套具体的办法。其一，利用天道规律及“四时之政”约束君主的政治活动。董仲舒说，“圣者法天”（《春秋繁露·楚庄王》），“圣人副天之所行以为政”（《春秋繁露·四时之副》）。君主要以天道作为政治活动的摹本，君主的政治行为要遵循天的规律，不得随意扰乱。其二，利用天人感应即“天谴说”制约君主的个人行为和政策。董仲舒说：“《春秋》之中，视前世已行之事，以观天人相与之际，甚可畏也。”（《汉书·董仲舒传》）假如君主滥用权力，逆天道而行，致使“国家将有失道之败”，天就会给予责罚，这就是所谓“天谴说”。因此，当君主见到“五行变至，当救之以德，施之天下，则咎除”（《春秋繁露·五行变数》）。从总体上看，“天谴说”在当时条件下不无一定的合理之处，受此影响，汉武帝晚年的“罪己诏”开启历史上封建帝王自我批评的先河。

3. “三纲五常”之道

“‘三纲五常’的形成与定型经历了一个很长的过程，大体上说它孕育于先秦而成型于汉代，是孔孟倡导的‘亲亲’‘尊尊’‘贤贤’等伦理道德观念经过《周易》阴阳说和天道观以及法家功利观念洗礼之后的产物。它的出现也与儒学的制度化进程相关联。”① 汉儒董仲舒

① 刘学智：《三纲五常的历史地位及其作用重估》，载《孔子研究》2011 年第 2 期。

在儒家的制度化建设过程中明确提出了“三纲五常”思想。董仲舒以天人关系为根据全面系统地阐释了“三纲五常”并将其神学化。他把人间的一切都纳入阴阳轨道，强调一切伦常制度皆来源于“天”。“仁义制度之数，尽取之天”，“王道之三纲，可求于天”。董仲舒的天是一个有着内在秩序的运动着的体系，“天道之常，一阴一阳”（《春秋繁露·阴阳义》），阴阳之道作为天的运行法则，直接规范着人们的社会政治关系。董仲舒正是基于阴阳之道而提出了阴阳合分论。他认为，宇宙间任何事物或现象都不是孤立存在的，必有与其相对的方面，形成一系列对应关系，如上下、左右、寒暑、昼夜、君臣、父子、夫妻等等。这些关系都受阴阳之道的支配，天阳地阴，天君地臣，彼此之间是决定与被决定、命令与服从的关系，而这种关系正是“天理”的体现。因此，自然界的“天理”外化于人类社会，运用于国家政治生活和家庭伦理生活，便是“凡物必有合。……阴者阳之合，妻者夫之合，子者父之合，臣者父之合。物莫无合，而合各有阴阳。……君臣父子夫妇之义，皆取诸阴阳之道。君为阳，臣为阴；父为阳，子为阴；夫为阳，妻为阴。……王道之三纲，可求于天。”（《春秋繁露·基义》）

就这段引文的内容来看，其中包含着三层含义：其一，“合”即对立统一，阴阳之合代表天道。君臣、父子、夫妇三者是对立统一的范畴，并以天道为根据。其二，君、父、夫为阳，臣、子、妻为阴，阳尊阴卑，实际上包含了君为臣纲、父为子纲、夫为妻纲的思想。其三，正式揭橥“三纲”之名，并归之于“王道”，强调“可求于天”，即“三纲”系根源于天道。而“道之大原出于天，天不变，道亦不变”（《汉书·董仲舒传》），因此“三纲”是不变的政治伦常原则。这就是说，在君、父、夫与臣、子、妻相互对应的统一体中，君、父、夫处于支配对方的地位，臣、子、妻处于被对方支配的地位。这是因为，阳尊阴卑、阳尊阴贱是宇宙间不可违逆的法则。似此，即把“三纲”论证为一种尊卑等级特权统治的秩序。

董仲舒的“三纲”说与专制政体相结合，伦理为政治服务，表明了儒家伦理向政治化方向发展的趋势。就今天的社会价值观来看，为封建政治服务的“三纲”确实是应该彻底否定的。此外，为了提高“三纲”在规范政治与社会关系上的有效性，他又提出了“五常”之道，即仁、义、礼、智、信。“五常”中的四端是孟子所提出的，董仲舒为了同“五行”相配合加上“信”一端，故称之为“五常”。“五常”不仅是调整君臣上下的永恒不变的准则，同时也是统治者推行“王道”的方法和工具。在董仲舒看来，“五常”是人的五种德行。常是恒常，意即仁、义、礼、智、信为人与人或人世间永恒不变的常规常理。“五常”不仅是人世间永恒存在的五种德行，而且是王者能否得到神鬼保佑的行为准则。因此“五常”与“三纲”不同，“三纲”可谓是以社会道德关系为基础建构的人间尊卑、上下的关系结构，而“五常”规定的是横向的人与人的一种关系规范，是人之所以为人的行为准则。

董仲舒率先把“三纲”与“五常”熔铸为一体，构成了完整的封建道德体系，为社会关系编制了上下、左右、纵横交错的秩序网络，从而为中国传统社会建构了一个完整而系统的社会秩序与行为规范[①]，其影响长达两千多年。人们在诟病董仲舒“三纲五常”的同时，往往将其与传统社会的等级制度挂起钩来。其实加强传统社会的等级制度非自董子始。商鞅变法始作其俑，历代法家不断将其强化，董子只不过吸收了法家的这些思想，在新的历史条件下加以明确而已。在存在地主与农民两大对立阶级的传统社会中，等级制度是维护社会秩序不可或缺的秩序安排。换言之，等级制度在那样的历史条件下是合理的现实存在，而绝对平均主义的“乌托邦”是不可能实现的。

4. “德治”与“养民”

董仲舒在仁义伦理观上是与早期儒家一脉相承的，他主张在具体的政治生活中积极推行“仁义”的法则，而这一“仁义”的法则主要是针对统治者而言的。他要求统治者根据“仁义”的原则，在治国原

---

① 傅永聚、任怀国：《儒家政治理论及其现代价值》，中华书局 2011 年版，第 246 页。

则上选择以德治为主，要富民、养民、教民。

他遵照“天人合一”的认识逻辑，把实行德治说成是天意的体现。他说：“天之生民，非为王也，而天立王以为民也。”（《春秋繁露·尧舜不擅移汤武不专杀》）“天道之大者在阴阳。阳为德，阴为刑；刑主杀而德主生。……以此见天之任德不任刑也。……王者承天意以从事，故任德教而不任刑。”（《汉书·董仲舒传》）董仲舒认为，能以德安民是天选择受命之君的主要条件，受命之君要遵循天道“任德”以治理天下，于是实施德治乃势在必行。董仲舒认为，以德治天下主要包括行教化和施仁政两个方面。教化的根本在于各级执政者要自身清正。孔子曰：“政者，正也。子帅以正，孰敢不正。”（《论语·颜渊》）因为政治清明的主导方在执政者。而施仁政最主要的就是“养民”。针对因土地兼并造成的贫富悬殊的状况，主张限制土地兼并，“薄赋敛，省徭役，以宽民力”（《汉书·食货志》），以使贫富悬殊不要太大，做到“富者足以示贵而不至于骄，贫者足以养生而不至于忧”（《春秋繁露·度制》）。另外，董仲舒虽主张以德治天下，但并不排斥刑罚，只是不可专任刑罚。他指出，秦之所以灭亡，是由于“师申商之法，行韩非之说”，“弃捐利义而恶闻之，其心欲尽灭先王之道，而专为自恣苟简之治，故立为天子十四岁而国破亡矣”（《汉书·董仲舒传》）。根据这种认识，董仲舒向汉武帝建议，必须当机立断，实行更化。所谓“更化”，就是拨乱反正，彻底改变自秦以来相沿成习的以法令刑罚治国的方针，采用儒家的德政说，以礼乐教化来治理国家。汉武帝采纳了董仲舒的建议，“罢黜百家，表彰六经”。从此以后，儒家的德政学说就进入了实际的政治生活，成为指导国家政治的根本方针。

董仲舒建构的博大精深的新型政治理论体系，“紧扣时代脉搏”，适应了汉代社会的需要，成为汉代政治运作的理论支柱。这主要表现在：解决了汉政权的合法性问题，维护了汉帝国的安定和统一，由此带来了汉代长期的经济的繁荣与进步，成就了汉文明高峰；汉代儒家政治理论的成功实践，推动汉王朝建立了“大一统”的基本政治格局和礼乐行政制度，“为大一统的中国古代政治文明建设提供了成功范示，影响、造福中国和中华民族近两千年。”①

综上，秦汉一统的新时代背景下，西汉大儒董仲舒“紧扣时代脉搏”，以儒为宗，综汇诸家，整合诸子，发挥诠释《公羊春秋》，建构了以“天人感应”为核心、“三纲五常”为基本内容的新型儒学体系，由于其“屈民而伸君，屈君而伸天”的义理精神顺应了时代要求，儒学被奉于一尊，实现了官学化、经学化，这标志着儒学第一期发展的完成以及儒教中国的确立。董仲舒的“天人之学”是顺应秦汉大一统的产物，凭借其“政治认同”与“文化认同”的双重优势，又进一步巩固维持着国家统一。

结　语

汉儒董仲舒是终结子学，开启“经学时代”的关键人物。他以儒为本，整合子学，综罗诸家，构筑起了以天人感应为意义支撑、以三纲五常为基本内容的新型儒学体系。作为“子学时代”文明对话过程中出现的最重要的理论成果，董子新儒学顺应了时代潮流，合乎了专制集权这个最大的“社会存在”的思想要求。这主要表现在董仲舒能够述而有作，整合儒、法精神，在接续先秦儒家民本思想的同时，又纳入了法家的尊君观念，构筑了儒家兼顾“重民”和“尊君”两个向度的完整的政治理论，由此推动了汉代儒学的独尊，并奠定了两千多年中国政治思想发展的基调。

本文为“2021 中国·衡水董仲舒与儒家思想国际研讨会暨中华孔子学会董仲舒研究委员会学术年会”提交的论文。

郑治文（1987—），男，云南腾冲人，曲阜师范大学孔子文化研究院副教授，历史学博士。

① 柳河东：《董仲舒对政治儒学发展的历史贡献及现代意义》，纪念董仲舒诞辰2200 年暨董仲舒思想国际研讨会论文之六。

董仲舒“大一统”思想与中华民族共同体的形成

李道湘

董仲舒在向汉武帝呈《天人三策》中发挥《春秋》大一统思想，提出尊崇孔子之术的主张。其思想和主张顺应了汉初社会强盛发展的需要，又契合了汉初统治者有所成就的宏愿，历史的机缘将董仲舒和他的“大一统”理论及其儒家思想体系推到了主流地位，不仅带来了汉朝的强盛，也影响了几千年中国社会发展的方向，建构了中华民族共同体形成的历史文化认同，奠定了中国统一的多民族国家形成的思想根基。本文仅就董仲舒的“大一统”思想及对中华民族共同体形成的影响谈几点粗浅看法，以就教于各位专家。

一、董仲舒“大一统”思想及儒家学说的独尊地位

董仲舒适应时代的需要，将传统儒学与法家、道家、阴阳家等诸家学说结合起来，建立了“大一统”的思想体系，出于维护中央集权统治的需要，董仲舒提出了“罢黜百家，独尊儒术”的主张。

1. 董仲舒的“大一统”思想

董仲舒在《天人三策》中提出了“大一统”的思想主张。他说：“《春秋》大一统者，天地之常经，古今之通谊也。今师异道，人异

论，百家殊方，指意不同，是以上亡以持一统；法制数变，下不知所守。臣愚以为诸不在六艺之科、孔子之术者，皆绝其道，勿使并进，邪辟之说灭息，然后统纪可一而法度可明，民知所从矣。”① 这段话的意思是说，《春秋》里讲的“大一统”思想，是古往今来通用不变的一个道理。但今天各家都坚持自己的观点，每个人也有自己的理解。所以，统治者无法将各家各派的思想观点整合在一起。同时，法令制度不断变更，老百姓不知道应该遵守哪一个。基于此，董仲舒主张，凡是不属于六艺之内的学问，与儒家思想观点不一致的学说，都应该扼制其发展兴盛。如此则可天下法令一致通畅，臣民也知道如何遵守了，思想的统一也就实现了，天下的和谐统一稳定才可能保证。

很显然，董仲舒的这段论述包含着丰富的思想内涵。

第一，董仲舒认为，“大一统”的思想源于《春秋》。

在董仲舒看来，他的“大一统”主张是有历史渊源的，这个来源就是《春秋》的“大一统”思想。《春秋》开篇就说：“隐公元年，春，王正月。”②《春秋》记载的是鲁隐公即位第一年的时间。《公羊传》却发挥了其微言大义，指出：“元年者何？君之始年。春者何？岁之始也。王者孰谓？谓文王也。曷为先言王而后言正月？王正月也。何言乎王正月？大一统也。”其意是说，元年是一国国君即位的时间，春是指新的一年的开始，王指周文王。按照周朝的礼制，周文王要在这个时间颁布于政令，各诸侯国都要遵从。“王正月”是要强调天下都要归属于周王朝的统一。《公羊传》从中阐发了“大一统”的思想主张。

董仲舒认为，《春秋》“大一统”的思想主张正适合汉初统治者加强中央集权制的需要。在此基础上，它将法家、道家、阴阳家等各家学说融合在一起，建构起“大一统”理论体系。

第二，董仲舒认为，“大一统”是古往今来不变的道理。

在董仲舒看来，讲“大一统”是“天地之长经，古今之通谊”，

① 《汉书》卷五六《董仲舒传》，中华书局 1962 年版。

② 《春秋公羊传》，中华书局 2016 年版。

这是古往今来始终不变的道理。有的学者认为，《尚书》是中国第一部讲述天下统一问题的典籍。《尚书·周书·洪范》中说："凡厥庶民，极之敷言，是训是行，以近天子之光。曰：天子作民父母，以为天下王。"天子只有成为臣民的父母，才会成为天下的君王。《诗经·小雅·北山》中有"普天之下，莫非王土；率土之滨，莫非王臣"，周天子作为君统和宗统的核心，成为天下一体的象征。

先秦诸子百家，虽然各持己说，游说诸国，但是在国家统一、民族融合，使天下"定于一"的主张是高度一致的。但儒家对"大一统"的主张是始终如一的。孔子提出大一统思想，力图建立一个西周式的大一统国家，以结束战乱，统一国家。他说："天下有道，则礼乐征伐自天子出，天下无道，则礼乐征伐子诸侯出。……天下有道，则政不在大夫，天下有道，则庶人不议。"（《论语·季氏》）孟子继承和发展了孔子的一统思想，提出了"定于一"的口号，把"大一统"思想又推进了一步。荀子十分强调统一。在《荀子》中，经常看到"四海之内若一家"（《荀子·议兵》）、"一天下，财万物"（《荀子·非十二子》）、"文王载百里而天下一"（《荀子·仲尼》）的说法。由此看见，儒家一系对"大一统"思想是很坚守的。特别是秦始皇以法家思想完成的统一短命而亡，汉初以黄老治国致使社会矛盾日益激化，已经不能适应现实统治的需要。这些都使董仲舒认识到，儒家的"大一统"思想正是中央集权统治需要的。董仲舒从中得到启示，他说："臣谨案《春秋》谓一元之意，一者万物之所从始也，元者之所谓大也。谓一为元者，视大始而正本也。《春秋》深探其本，而反自者贵始。"[①] 把第一年当作元年，这是对开始的重视，是为了正根本。从《春秋》微言大义中得到了王道治理的方法，这就是一以贯之的大道理，即"大一统"，可以适用于宇宙、社会、自然、人生等各个领域。

第三，董仲舒认为，要有维护"大一统"的制度保障。

董仲舒在向汉武帝呈《天人三策》中发挥《春秋》大一统思想，

① 《汉书》卷五六《董仲舒传》，中华书局 1962 年版。

提出尊崇孔子之术的思想，这体现在“罢黜百家、独尊儒术”的主张上。汉武帝接受董仲舒的建议，将儒家思想确立为统治思想。儒学从子学上升官学，成为统治阶级的意识形态。

董仲舒要维护“大一统”必须“统纪可明、法度可明”，要让臣民知道遵守什么。因此，他把儒家的君臣、父子、夫妇、兄弟和朋友的“五伦”择期要者提升为“三纲”，即君为臣纲、父为子纲、夫为妻纲，要求为臣、为子、为妻必须绝对服从于君、父、夫。再将儒家的仁、义、礼、智、信整合为“五常”，作为行为准则用以调整君臣、父子、兄弟、夫妻、朋友等人伦关系。从而建构起以“三纲五常”为核心的社会伦理道德体系，将家庭伦理扩大为君臣伦理，建立起封建等级制度，从而保证了“大一统”思想的在政治、社会、人生等各个领域的践行实施。

2. 儒家学说的独尊地位

当然，一种思想文化上升为官方地位的统治思想，一是必须在握有阐释权的阐释者那里达成共识；二是必须转化为社会伦常秩序规范；三是必须依此为指导建立起来并与此相适应的政治法律制度及其机构。两汉时期的石渠阁会议和白虎观会议是两次重要的有关经学的学术会议，两次会议都是“上亲称制临决”，石渠阁会议使得经学的学术观点成为政治法典，大大提升了经学的地位；白虎观会议着重于封建宗法的等级制度的制定，班固将讨论结果纂辑成《白虎通德论》，又称《白虎通义》，作为官方钦定的经典刊布于世。这次会议肯定了“三纲六纪”，并将“君为臣纲”列为三纲之首，使封建纲常伦理系统化、绝对化。“三纲六纪”确立了人伦道德规范和行为准则，而且具有权威性、实践性，这对确立儒学的正统地位起着重要作用，也标志着统治中国传统社会近两千年的封建礼教的形成。

意识形态和国家政权都属于上层建筑的范围，上层建筑包括思想上层建筑和政治上层建筑，意识形态属于思想上层建筑，并位于其核心地位；国家政权属于政治上层建筑，并位于其核心地位。政治上层建筑是以思想上层建筑为指导建立起来的并与之相应的政治法律制度及其设置。“三纲六纪”作为儒学的意识形态化的成果，不仅塑造了东汉帝国的面貌，也影响之后的中国社会的面貌。这样，“大一统”的维护就有了制度保障。

汉朝以后，历代封建王朝基本上是沿袭“秦汉之制”，无论是政权结构，还是组织结构都没有什么变化，形成长达数千年的集权大一统的封建政体，并进而影响了中华民族的价值取向，维护统一成为每一个人的最高准则。

经过几千年的历史积淀，“大一统”观念，已成为民族文化深层社会心理的结构，成为中华民族的政治思维定式。它不仅推动中华民族融合与发展，形成一个具有极强的向心力的整体。“大一统”对于中华民族的政治、经济、文化及其生活都有着深刻的影响。

二、“大一统”铸就了中华民族共同体的思想根基

文化认同是最深层次的认同，是民族团结之根、民族和睦之魂。从这个意义上说，历史文化认同是中国统一多民族国家形成和存在的最深厚的思想根基，“大一统”铸就了中华民族历史文化认同的灵魂。

1. 历史文化认同是最深厚的认同

北京师范大学教授瞿林东主编的多卷本著作《历史文化认同与中国统一多民族国家》，历史地考察和分析了中国为什么会成为统一的国家和民族的最深层的原因。

在第五卷的“后记”中做了简明精辟的概括，说“中国作为一个统一多民族国家的历史存在和现实实体，其深层的原因何在。在多种因素中，中国历史上的历史文化认同传统，当是最主要的因素”①。著者饱含深情地说，当深入到中国历史上的历史文化认同传统这个领域的时候，都会发自内心的震撼和感动，即使在金戈铁马、刀光剑影的时代，历史文化认同的趋势也不曾中断，这种历史上的表象和表象背后的深层的历史运动似乎形成了极大的反差。国家统一和领土完整

① 瞿林东主编，刘家和、易宁、蒋重跃、张涛著：《历史文化认同与中国统一多民族国家》（第五卷），河北人民出版社 2013 年版，第 359 页。

在中国人的思想观念中是至高无上的，是牢固而持久的，不仅是汉族而且少数民族政权一如既往地建构中华文化的历史认同。因为历史文化认同是民族联系、融合与携手前行的纽带，是统一国家健康发展的核心凝聚力所在。

2. 历史文化认同将中华民族凝聚在一起

《史记》奠定了中华民族一家的思想基础。“炎黄子孙”源自《史记》。《史记》被列为二十四史之首，全书130篇的首篇为《五帝本纪》，《五帝本纪》中第一个写的就是黄帝。司马迁不仅把中华民族的源头追溯到黄帝，记载了中华民族人文始祖黄帝的生平，以及炎黄合体、诸侯宾从；还首创民族史传，写下了《匈奴列传》《东越列传》《南越列传》等篇目，开创了民族融合、安定一统的上古治世，此后全世界华人有了一个共同的名字——“炎黄子孙”。这种和而不同、美美与共的修史观念，其内核正是多元包容的大一统思想。中国《史记》研究会会长张大可教授说，司马迁为什么要把我们的起始从黄帝开始？因为黄帝统一诸侯，立家建国，“家国一体”的产生是黄帝的功绩，这就是司马迁以大一统历史观站在中华文明历史的坐标系上给出的一个起点①。

中国历史上的历史文化认同传统与中国历史上的大一统思想的传统有密切的关系，从根本上说，中国历史文化认同的建构都是紧紧围绕着“大一统”这个核心而进行的。在中国历史上，逐步形成的多元一体的民族关系格局，是人们历史文化认同的物质基础，而历史文化认同之思想观念的种种表现，又推动着统一多民族国家的巩固和发展。这是一个渐进的过程，是一个不断发展的客观趋势，是中国历史演进的规律之一。孔子的夷夏观、司马迁的民族观、隋唐时期“天下一家”的政治观、元代的正统观、明清的道统观、近代的“中华民族”称谓的提出，一直到新中国56个民族的大团结和“中华民族一体多元格局”观念的提出，“不同时代的中国人在历史文化认同的道

---

① 《北青网》2021年3月25日。

路上不断走向更加自觉和更高的境界”①。这就道出了为什么会有即使金戈铁马、刀光剑影但也影响不了深层的历史文化认同。

数千年来，延绵不绝的中华文化始终将中华民族凝聚在一起，世界各地的炎黄子孙共同受此滋润。中华文化是我们民族生命体内的血液，是特有的遗传基因，想抹都抹不掉。中华民族的凝聚力之所以如此强大，就在于中华民族对自己民族历史文化的强烈认同。

三、“大一统”铸就了中华民族共同体的社会根基

习近平总书记指出，“一部中国史，就是一部各民族交融汇聚成多元一体中华民族的历史，就是各民族共同缔造、发展、巩固的伟大祖国的历史”。中华民族这一概念虽是一百多年前首次提出，但作为各民族交往交流交融的政治文化共同体，中华民族早已经历数千年的发展历程。考察中国各民族交往交流交融的历史进程，就会发现贯穿始终的主线是“大一统”思想。

1. 中国历史上的民族大融合奠定了中国统一的社会基础

中国自古就是一个多民族的国家，要实现大一统，必须解决“夷夏之防”的矛盾。如何处理夷夏关系呢？“《春秋》内其国而外诸夏，内诸夏而外夷狄，王者欲一乎天下，曷为以内外之辞言之？言自近者始也。”（《春秋公羊传》成公十五年）由此可见，大一统与“夷夏之防”并不矛盾，它不是将夷狄摒弃于中华之外，大一统既指“诸夏”一统，也蕴含着夷夏一统。以“礼”教化内外，无所谓“夷夏”之别，这里包含着民族平等的意识，正是这种平等意识推动了民族之间的交流交往交融，奠定了中华民族多元一体格局的社会基础。

历史上四次民族大融合分别发生在春秋战国至秦汉，魏晋南北朝到隋唐，宋、辽、金、西夏到元朝，以及明清时期。这四个历史时期具有共同可循的规律，即每一次短暂的分裂局面都加速了各民族交往

---

① 徐殿才、汪高鑫、王志刚：《历史文化认同与中国统一民族国家》（第五卷），瞿林东主编，(河北人民出版社 2013 年版，第 12 页。

交流交融的历史进程，并在之后形成一个具有强大统治力的大一统王朝。

第一次民族大融合是春秋、战国时期。特点是在中国腹心地区进行的，形成中华民族的主体民族——汉民族。先秦时期，中华民族树立了文化认同的标准，夷夏之别的界限不在于先天种族，而在于后面的文化熏染。因此，能成为中华民族的一员，不在于种族、血缘、体质、地域和民间宗教，而是因为中华文化。秦汉时期，中华民族奠定了大一统的基础。汉代确定了中华民族的大致版图。从此，大一统成为各族儿女的政治底线，中华疆域成为各族儿女的共同家园，民族互融成为中国民族史的主轴。

第二次民族大融合是魏晋南北朝时期。特点是民族迁徙出现对流，一部分汉族往周边去，周边少数民族往内地来。

从魏晋到隋唐，中华民族开启了更大规模的民族融合。这一时期出现“五胡乱华十六国”。匈奴、鲜卑、羯、氐、羌等塞外民族纷至沓来，中原地区形成杂居的局面。这时期的五胡十六国无一例外地选择了中华文明，主动选择了中国政治制度与语言文字，主动自称是炎黄之后。正是这次民族大融合，才有了隋唐大一统王朝。正是这次民族大融合，让中国从华夷之分走向华夷一体。

第三次大融合是宋辽金元时期。这一时期民族融合的特点，是在边疆地区进行的，不仅少数民族融合于汉族，而且大量的汉族融合于少数民族。从辽夏金到蒙元清，中华民族更是强化了天下一家的深厚传统。越是少数民族建立的政权，越是强调民族团结；越是少数民族建立的政权，越是承续中华道统；越是少数民族开创的制度，越是想巩固拓展大一统国家版图。

第四次民族大融合时期是清代。这时期奠定了现在中国疆域和以汉民族为主体的中华民族的基础。

明初继承和维护了元代开拓的统一局面，明朝后期，后金又崛起东北，边境各族又进入分裂割据状态。腐朽的明王朝已不能满足人民重新统一的愿望，这个任务便落到新兴的满族统治者努尔哈赤身上。到了清朝前期，中国的历史疆域始最后确定下来。清代的疆域范围，并未超出汉、唐以来传统的内地和边疆。

毫无疑问，没有各民族的交往交流交融，就没有中华民族共同体的意识的形成，也就没有中国统一的多民族国家的形成。而“大一统”使得民族交往交流走向交融，而由交融才会产生共同体意识，有了共同体意识才会有中国统一的多民族国家的形成，而且始终维持着统一的国家形态。

四、“大一统”铸就了中华民族共同体的价值根基

习近平谈到中华文明的特点时说，“中国文明从一开始就重视‘大一统’。中国人讲究修身、齐家、治国、平天下，其中国家是第一位的。历史多次证明，只要中国维持大一统的局面，国家就能够强盛、安宁、稳定，人民就会幸福安康。一旦国家混乱，就会陷入分裂。老百姓的灾难最惨重”①。千百年来，中国人都持着这个道理。

大一统理念深深植根于中华民族的文化血脉中，影响了几千年来中国人对国家命运的思考。今天，它的现实意义在于，面对百年未有之大变局，必须凝聚全体中华儿女的共识，共同致力于中华民族的伟大复兴；面对当今剧烈变动的世界，必须坚守国土不可分、国家不可乱、民族不可散、文明不可断的底线共识。

维护统一是中华民族的核心价值，是中华民族向心力、凝聚力的源泉。维护国家统一，反对国家分裂是中华民族天经地义的政治价值取向。这种价值取向在民族矛盾冲突之际，在国破家亡的被占领时期，具有强大的凝聚作用，多少仁人志士宁愿牺牲自己的生命，也决不事异族、事二主，背叛祖国，多少民族败类因分裂国家、破坏统一而被永远钉在历史的耻辱簿上。自秦始皇统一中国以后，虽然每隔一段时间就要出现分裂和动乱，但是统一是社会的主导形式，即使是在分裂状态上人们也心归统一、力争统一，以分裂最久的南北朝为例，

---

① 《习奥瀛台夜话，到底聊了什么?》，《人民日报》2014年11月15日。

南朝始终没有放弃北伐中原，统一中国的理想，北朝也始终以统一中国为目标，最后自北而南统一于隋朝。从这里就能看到昨天的中国，认识今天的中国，展望未来的中国。

毫无疑问，“大一统”意识铸就了中华儿女维护国家统一、民族团结的价值取向，并转化为一种价值标准，在评价重要历史人物时，往往把是否追求和顺应“统一”还是要求“分裂”当作一个重要的尺度。

“大一统”意识强化了人们的认同国家统一的自觉性，成为中华文化培育统一意识、指导统一实践、完善统一秩序的显著标志。

本文为“2021中国·衡水董仲舒与儒家思想国际研讨会暨中华孔子学会董仲舒研究委员会学术年会”提交的论文。

李道湘（1959—），男，江苏丰县人，中央社会主义学院教授，哲学博士。

从“天人相应”到“天人感应”：董仲舒“大一统”思想发微

方 达

秦汉之交是中国古代思想文化与政治体制的巨大变革时期，在经历了战国时期的剧烈变革之后，随着各国变法而起的新兴军功贵族参与到实际的社会管理当中，如何在天子王权、宗亲贵族、贤能政治以及天道性命之间重新构建起一个贯通式的社会自我认同机制，成了这个时代的大问题。很显然，对这一问题的彻底解决直至武帝与董仲舒的“贤良策对”之后才逐步从理论层面得以实现。因此，董仲舒“大一统”的构想既承袭了汉初以来的实际政治面貌与战国诸子的思想理论，也必须对天子与士大夫具有足够的说服力。职是此故，董仲舒“大一统”理论的实际内核是王权独尊与官吏贤能如何有机统一，至于倡明三代之法与独尊儒术不过是用来面向社会大众的宣传教化手段。当然，无论是前者的政治秩序的内在机制，抑或后者的思想意识形态的内在机理，二者得以具有说服力的根源都在于对“天人关系”的细致厘定。也正是这个原因，董仲舒“天人感应”这一秩序运行机制，在悬置各种前人思想素材后，其中的基本内理从何而来，又有何演变过程，就亟须探明。

一、宗亲与贤能并行："贤良策对"前的汉代权力运行机制

汉室之初，在政治权力实际运行的过程中，分封制与郡县制并行，这就给朝廷造成了两种潜在的危机，其一是异性诸侯对刘氏政权的威胁，二是分封制与郡县制在权力运作时的主从关系。对于前一问题，高祖时就以同姓王取代异姓王，从而基本得到了解决。但对于后一问题，虽然高祖身后的几代君主均在削藩上有相应举措，并且到武帝时已在诸侯国的领土意义上完成了瓦解封建王国权力的工作，但如何在宗亲的意识当中完成相应的思想工作，并继而建立起一套宗亲贵族与贤能官吏在郡县制的体制基础上共同治理国家的新的权力运作机制，仍旧没有得到解决。

高祖政权稳定后，考虑异姓诸王国势力庞大，威胁汉王室基业，即以同姓王取代异姓诸王。《史记·汉兴以来诸侯王年表》载："高祖末年，非刘氏而王者，若无功上所不置而侯者，天下共诛之。高祖子弟同姓为王者九国，唯独长沙异姓，而功臣侯者百有余人。"① 又，《汉书·荆燕吴传》载："荆王刘贾为布所杀，无后。上患吴会稽轻悍，无壮王填之，诸子少，乃立濞于沛，为吴王，王三郡五十三城。"② 便检《史记》《汉书》，上引一类材料在高祖时期屡见不鲜，今人严耕望就论定"高祖统一之初，异姓诸王势力庞大如此，汉室基础不可谓为巩固，故高祖又处心积虑必欲设计芟夷诸王。又鉴于周室虽乱而持久，秦室孤单而速亡，故芟除异姓即以同姓代王其地。借资藩辅"③，也就是诸王与汉高祖仅为盟约主从之关系，外托君臣之名，

① 司马迁撰：《史记·汉兴以来诸侯王年表》，中华书局1959年版，第801页。

② 班固著，颜师古注：《汉书·荆燕吴传第五》，中华书局1962年版，第1903页。

③ 严耕望：《秦汉地方行政制度：中国地方行政制度史甲部》，北京联合出版公司2020年版，第14页。

内有敌国之实。文、景时期，二帝继续高祖削弱诸侯王势力的举措，直至七国叛逆成为这一工作的里程碑，七国之后，诸藩国势力再无力抵抗天子。当然，文、景二帝的削藩策略还是在现实层面的机械处理办法，亦即不断缩小藩国的领地。例如贾谊就已提出分割的具体策略，“欲天下之治安，莫若众建诸侯而少其力。力少则易使以义，国小则亡邪心”①。其后，景帝善听晁错“请诸侯之罪过”，并建议“削其支郡”的具体计策，但也在朝堂引起轩然大波，并最终导致吴、楚七国以诛晁错为名的逆反叛乱。直至武帝时，朝廷实施了全面的削藩政策：一方面对诸侯王实施推恩分侯政策，诸侯王的领地被彻底分割，并由此弱化权势；另一方面也不断深化郡县制，在各诸侯国中设置左官之律、附益之法，以此用中央政令控制诸侯王的行政力量。通过上述两种做法，中央在财政上割山泽、盐铁以入汉郡，最终使得诸藩国与郡的地位相当。但是，武帝的这种做法并不能从血缘关系的根源上说服并解决最高权力归属合理性的实际问题：宗亲诸侯与郡县官吏的关系如何安排？官吏的具体选拔又如何实现？

正如《史记》《汉书》中的“诸侯王年表”及《史记·汉兴以来诸侯年表》所示，“天子观于上古，然后加惠，使诸侯得推恩分子弟国邑，故齐分为七，赵分为六，梁分为五，淮南分三，及天子支庶子为王，王子支庶为侯，百有余焉。吴楚时，前后诸侯或以适削地，是以燕、代无北边郡，吴、淮南、长沙无南边郡，齐、赵、梁、楚支郡名山陂海咸纳于汉。诸侯稍微，大国不过十余城，小侯不过数十里，上足以奉供职，下足以供养祭祀，以蕃辅京师。而汉郡八九十，形错侯间，犬牙相临，秉其阸塞地利，强本干，弱枝叶之势，尊卑明而万事各得其所矣”②，“吴、楚时，前后诸侯或以适削地，是以燕、代无北边郡，吴、淮南、长沙无南边郡，齐、赵、梁、楚支郡名山陂海咸

① 班固著，颜师古注：《汉书·贾谊传》，中华书局1962年版，第2237页。

② 司马迁撰：《史记·汉兴以来诸侯王年表》，中华书局1959年版，第802—803页。

纳于汉”[1]，武帝实施推恩策，使得原来诸侯王的领地与财政收入大大削减，行政职责被郡守所取代。同时，武帝还规定诸王不得招纳贤士，从人才储备的层面进一步对诸侯加以监察、控制，防患于未然。但诸侯王对武帝的这种举措显然也心怀愤恨，并且伺机而动。也正因此，武帝进一步设置十三州部刺史以监察诸王国与郡守。虽然学界把武帝时期设十三州部刺史仅看成监察制度，认为这个时期是州制从监察职责到行政职权的过渡[2]，但实际上这种刺史制度主要便于中央朝廷对地方势力的直接管控，并已具有行使天子授予的使命来约束管理诸藩及郡守的行为，因此本质上与后来的州制在职责上没有区别[3]。

也正因此，皇权与诸王之间的权势争夺彻底卸下了血缘关系间的温情面纱，厮杀变得触目惊心。据《汉书·百官公卿表》所载，刺史的职责是“掌奉诏条察州”，颜师古注征引《汉官典职仪》谓：“刺史班宣，周行郡国，省察治状，黜涉能否，断治冤狱，以六条问事，非

① 司马迁撰：《史记·汉兴以来诸侯王年表》，中华书局 1959 年版，第 803 页。

② 顾颉刚：《顾颉刚古史论文集卷五·两汉州制考》论述西汉刺史所辖为督察区域，当时地方制度仍未郡县两级制度，西汉末刺史行使的职权越来越大，有凌驾太守之势力。谭其骧《关于秦郡和两汉州制——〈中国大百科全书·中国历史·秦汉卷〉条目初定稿选登》看法基本同顾颉刚师，认为至武帝时期全国设十三部刺史部加上司隶校尉共十四个监察区。辛德勇《两汉州制新考》认为西汉刺史部除监察区外另有视察区。笔者以为三位前辈在刺史部职责上看法基本相同，监察与视察本身有些事是交加重叠的。

③ 《汉书·百官表》载：“监御史，秦官，掌监郡”，可知秦朝即置监察制，监察制在汉代发展变化多样。惠帝时设置御史行使监察职责，起先仅限于京畿内史，后扩大至诸郡国。《汉旧仪补遗》载：“惠帝三年，相国奏遣御史监三辅郡，察辞诏凡九条。监者二岁更，常以中月奏事也”，（《汉官六种·汉旧遗补》）《通典》载：“文帝十三年，以御史不奉法，下失其职，乃遣丞相史出刺并督监察御史”，（《通典·职官十四》）至武帝“攘却胡、越，开地赤境，南置交阯，北置朔方之州，兼徐、梁、幽、并夏、周之制，改雍曰凉，改梁曰益，凡十三部，置刺史”，（《汉书·地理志》）《汉官仪》载刺史的职责曰：“武帝元封五年，初分十三州，刺史假印绶，有常治所”，并附考证。可见刺史部专人专任，并具有固定的办事场所。武帝时期刺史相较此前有三方面的革新：一是专职，每一州置一刺史，专门负责监察工作；二是专人负责，此前是御史丞相兼职，现置专人监管；三监察地域固定，有明确地监察范围。（严耕望：《秦汉地方行政制度：中国地方行政制度史甲部》）

条所问，即不省。一条，强宗豪右田宅踰制，以强陵弱，以众暴寡。二条，二千石不奉诏书遵承典制，倍公向私，旁诏守利，侵渔百姓，聚敛为奸。三条，二千石不恤疑狱，风厉杀人，怒则任刑，喜则淫赏，烦扰刻暴，剥截黎元，为百姓所疾，山崩石裂，袄祥讹言。四条，二千石选署不平，苟阿所爱，蔽贤宠顽。五条，二千石子弟恃怙荣势，请托所监。六条，二千石违公下比，阿附豪强，通行货赂，割损正令也。”[①] 又，据王鸣盛《十七史商榷·〈汉书〉八》“刺史察藩国”条考论曰：“历考诸传中凡居此官者，大率皆以督察藩国为事，如《高五王传》青州刺史奏菑川王终古罪，《文三王传》冀州刺史林奏代王年罪，《武五子传》青州刺史雋不疑知齐孝王孙刘泽等反谋，收捕泽以闻。又昌邑哀王之子贺既废，为宣帝所忌，后复徒封豫章为海昏侯，扬州刺史柯奏其罪。《张敞传》拜冀州刺史，既到部，而广川王国群辈不道，贼发不得，敞围王宫搜得之，捕格断头，悬于宫门外，因劾奏广川王削其户。盖自贾谊在文帝时已虑诸国难治，吴楚反后防禁益严，部刺史总率一州，故以为要务。《后汉书·郅恽传》：‘恽子寿为冀州刺史，时冀部属郡多封诸王，宾客放纵，寿案察之，无所容贷，乃使部从事专住王国，又徒督邮舍王宫外，动静失得，即时骑驿言上奏王罪及劾傅相’，袁宏《后汉纪》第十六卷：永宁元年，立济北王子苌为乐城王，苌骄淫失度，冀州刺史举奏苌罪至不道，然则刺史以察藩国为事，京东犹然”[②]，可见，刺史一边行使监察郡守“黜涉能否”“断治冤狱”的情况，相当于行使中央权力监察地方官，另一方面也直接监察各个诸侯王。

质言之，汉初之武帝以来的一系列削藩举措虽然在行政架构上解决了中央集权的实际需求，但并没有在思想和情感上解决宗亲诸王与汉天子的内在纠葛。不仅如此，武帝一朝所设立的如此官僚体系在不依托血缘关系的宗亲贵族后，也需要建立起一套任人唯贤的贤能政治

---

① 班固著，颜师古注：《汉书·百官公卿表》，中华书局1962年版，第742页。

② 王名盛撰，黄曙辉点校：《十七史商榷》上，上海古籍出版社2013年版，第155页。

选拔机制。

二、王权独尊、官吏贤能、宗亲归顺：武帝三番策问的实际诉求

正如陆贾对高祖所说，“居马上得之，宁可以马上治之乎？且汤武逆取而以顺守之，文武并用，长久之术也。昔者吴王夫差、智伯极武而亡；秦任刑法不变，卒灭赵氏。乡使秦已并天下，行仁义，法先圣，陛下安得而有之”（《史记·郦生陆贾列传》），武帝之初“民人给家足，都鄙廪庾尽满，而府库余财。京师之钱累百钜万，贯朽而不可校。太仓之粟陈陈相因，充溢露积于外，腐败不可食”①，其时的物质基础已经不再困扰朝廷，但如何让中央集权的行政体制被宗亲贵族与社会普遍接受，并成为当时大众的特有观念，从而真正做到心悦诚服安心于汉室之下，是武帝亟须而又无力解决的最大难题。也正因此，武帝与董仲舒之间的三番“贤良策对”具备了特定的时代背景。如前所述，武帝也深知政治须以教化为基础，只有做到政教合一，才能真正解决王权、官吏、宗亲的实际问题，但如何在战国诸子学这座思想高峰之后，能够在理论层面对上述问题给予论证与解决，武帝只能询问当时的贤良大夫。以此观之，武帝的每一次策问都隐含了一个理论问题。

在第一次的策问中，武帝直言不讳自己在经理刘汉一朝时面临的巨大压力，“任大而守重，是以夙夜不皇康宁”②，而他所求的“万事之统”便是能否以及如何更改高祖以来的“先王之道”。武帝虽然以“五帝”“三王”的具体事迹进行了提问，但实际上却是对高祖以来实行的宗亲分封制与黄老无为的贤能政治所共同取得的实际效果的一次反思。在武帝看来，这两种制度的实行一方面确保了文、景二帝以来

① 班固著，颜师古注：《汉书·食货志》，中华书局 1962 年版，第 1135 页。

② 以下三封策对征引内容均来源于《汉书·董仲舒传》武帝与董氏策对的内容，（班固著，颜师古注：《汉书》，中华书局 1962 年版）。

的社会富足，但另一方面也随着王权的不断强化与诸侯王的不断弱化带来了诸如七王之乱的不稳定因素，因此到底何去何从，如何承续或者改革之前的体制成了武帝最大的忧患。因为按照武帝自述，其自身由于没有理论上的具体主张或推演，因而十分害怕所有的变更会造成汉王朝的逐渐衰败，直至万劫不复。也正是这个原因，武帝第一次策问的对象是“郡国诸侯公选贤良修絜博习之士”，也就是让熟悉王权独尊、宗亲分封以及贤能政治三者之间实际矛盾的目击者来从理论层面解决武帝自己的忧思，并由此保证刘汉王朝的“符命”不被更改。

面对武帝的这一有可能事关诸位贤良身家性命甚至王朝兴衰的大问题，董仲舒援引《春秋》首先给出了“观天人相与之际”与“强勉”的回答。根据董仲舒后续展开的详细论述，“观天人相与之际”实际上在说现实世界中的“王权”不仅源自“天”的册立而至高无上一统万物，而且“王权”之下的社会权力运作同样会得到“天”的积极反馈，因此只要注意观察“天”对“人事”的感应，那么也就不必担心王朝命运的衰败。而董仲舒之所以这么说，最浅显的目的当然是为了直接打消武帝对于变更高祖以来政治体制的忧虑，让武帝敢于大胆改革，但更深的真实用意在于从“天”所对应的价值源头为人世间秩序模式的设立寻找到一种具有普遍性的解释路径。而这种路径就在于董仲舒通过对“强勉”的解读，将人伦关系与政治体制进行了统一。很显然，董仲舒认为“教化”是达成政治体制改革的最佳办法，这也就是董仲舒所谓的“道者，所繇适于治之路也”。当然，董仲舒所谓的“教化”可不简简单单意味着一种现实的训诫手段，更是一种利用“教化”所处人伦层面所特有的普遍性概念论证“政治”模式的有效，也就是后面所说的“性情”与“父子”“兄弟”。当然，为了凸显“王权”的绝对权威，也为了更好地论证“人伦”与“政治”的相互关系，董仲舒在“天人关系”中“天”这一具有神性的层面，利用“阴阳常居”这种理论说明了王权的相对稳定：只要居于“阳”的王权能与居于“阴”的教化相互配合好，那么王权始终不会变更。事实上，正是从“天人关系”下的人伦关系证成政治体制后，又退位成为政治体制的教化手段这一内在循环模式，董仲舒从“天命”“性”

“情”“欲”的角度对如何施行教化给予了初步的理论说明。换言之，董仲舒首先安慰武帝要敢于大胆变革高祖以来的既有体制，同时又从人伦教化的角度阐述只要以教化为基础与手段的政教合一得以实施，那么改制必将成功。

正是董仲舒这样正中武帝下怀的对答，让武帝在第二次策问中进一步开诚布公了自己策问的目的以及其中的实际现实困境。武帝分别借用虞舜的“垂拱无为”与周文王的“日昃不暇食”来表达对黄老思潮所提倡的贤能政治与周代以来的宗亲分封制这两种体制孰优孰劣的不解与忧虑[①]，在武帝看来，这两种体制似乎都有“天下太平”与“宇内亦治”的可能，因此两者背后的理论到底如何运作，二者又是否可以兼容，这些都是武帝在改制高祖旧制时所面临的实际问题。不仅如此，武帝对于高祖之后逐渐恢复的礼乐教化与黄老申韩所特有的“刑罚”之间的复杂相互关系也感到疑惑，亟欲探明政治体制的内在机制与外在手段之间如何取得兼容，并运用在实际的改制当中。也正是出于这种考量，武帝才追问董仲舒对于改制所涉及的“古今之辨”的详细看法，“今子大夫待诏百有余人，或道世务而未济，稽诸上古之不同，考之于今而难行”。很明显，武帝所谓的“古今之辨”不仅指的是政治体制与伦理关系的历史流变，更看重的是这两者之间的相互关系到底何为，如何支撑起现实的社会统治。

如上所述，武帝的这些追问表明，武帝对于改制之举已经不仅仅停留在内心的意念之上，而是从政治体制所涉及的内在价值源头、理论推演的完备，甚至实际施行时所需的外在具体形制与手段方面进行

① 《史记·周本纪》谓文王：“遵后稷、公劉之業，則古公、公季之法，篤仁，敬老，慈少。禮下賢者，日中不暇食以待士。”《史记》这段描述的历史真实性值得详细考证，但至少透露出文王治理的两个特点：第一是文王承续了古公、公季两人“仁”“敬”“慈”的内在德行；第二便是这种德行体现在实际政治操作中便是用“礼”来拉拢精英，营造统治结构的稳定。因此，结合武帝此处用典的实际背景，武帝所要表达的实际意思便是：承续高祖以来的宗亲分封制虽然也造就了汉王朝的稳定，但作为天子所承担的现实压力实在过大，因此是否可以考虑更改祖制而又可以不动摇秩序结构的稳定。

了全方位的思考。因此，董仲舒的第二次对答一开始就阐明了改制之举的主次之分，“臣闻尧受命，以天下为忧，而未以位为乐也”，董仲舒认为，所有改制的具体行为是否能够成功的关键不在于外在“势位”的手段与方式的辅助，而在于有无从“天下”这一整体的角度去审视改制是否能解决现行体制的根本痼疾，而所谓的“天下”并非指的实际物理空间或者王权的管辖范围，而是指如何寻找到所有民众都能认可的共同价值源头，或者说一种取法于天而施治于人的理论话语。换言之，董仲舒正是从天子应该洞悉整体秩序运行的本质机理这一内在之“德”的具体演化角度，展开对武帝想要施行的新的政教模型的详细看法。对于尧之所以能够“垂拱无为而天下治”，董仲舒直言不讳地表明这需要有超越血缘关系的“众圣辅德，贤能佐职”的内在贤能政治机制，才可能真正实现“教化大行，天下和洽”的无为之治的实际效果。而对于文王的“日昃不暇食”，董仲舒认为这只是周初面对商纣以来的混乱所不得已为之的一种应对之策，再加之后文所述“孔子作春秋，先正王而系万事，见素王之文焉”，这就等于董仲舒既承认了汉初以来宗亲分封制所带来的实际治理效果，但也让武帝知道宗亲分封制度并不是保证汉朝稳定的根本体制，因此让武帝可以放心大胆地将孔子这位“素王”所未能真正实现的治理理论施行于武帝一朝。换言之，董仲舒在承认贤能政治具有优越性的基础上，不仅赋予武帝心心念念的新的政治体制以历史合法性，而且还明确告知武帝当时所感到的现实压力只不过是一时的际遇，大可放心地进行改制。同时，也正是在这一前提下，董仲舒对武帝提出的具体问题一一进行了回答，并由此借自己之口道出了武帝所要表达之实。首先，周代宗亲分封所对应的区分尊卑贵贱的礼乐制度与贤能政治并不冲突，不仅不冲突，而且还是“天人相应”的一种表现。其次，贤能政治所必然带来的刑罚制度也与礼乐的教化制度并不冲突，关键在于如何理解二者运作的机制，并且能够形成统贯的治理机制。这也就是说，董仲舒认为以贤能政治为内核，以礼乐教化为手段，才是一种理想且行之有效的治理机制，而这也正是武帝所想要进行改制的实质所在。当然，董仲舒还对贤能政治运行的机制以及教化手段的具体实施提出了明确的建议，这就是用广兴太学的办法施行教化，而用“任官称职”“量材授官”“ 录德定位”“赏罚分明”的标准突破宗亲分封所依赖的血缘关系。

问答至此，董仲舒不仅说出了武帝不便于直接表达的改制想法，而且还初步给武帝呈现了改制后政治体制的具体运行机制。因此，武帝进而对改制后的体制在理论层面的说服力以及施行层面的实际效力提出了直白的追问，“善言天者必有征于人，善言古者必有验于今”，即新制的历史合法性与现实时效性就是第三番策问所要解决的实际内容。从董仲舒第三次应答的内容来看，董仲舒虽然也在施行新制的具体方法上提出天子需要“尽小者大，慎微者著”“兴仁谊之休德，明帝王之法制”这样具体的说教建议，但很明显，武帝所说的历史合法性与现实时效性问题的本质还是如何从“天人关系”的角度解决论述王权、宗亲、贤能三者之间的冲突这一巨大理论问题。也正因此，董仲舒这次应答的重点在于对“善言天者必有征于人，善言古者必有验于今”的具体阐明。从武帝与董仲舒面临的实际理论问题本身来看，王权、宗亲、贤能三者之间的实际矛盾在于两点：第一，在刘氏宗族与其他贵族的外部关系上，贤能政治所对应的自下而上的能力差异作为选拔标准与王权世袭之间以血缘关系作为依据之间的矛盾如何解决，因为按照贤能政治的理论，天子的人选不以血缘关系为依据，反而以能力为依据；第二，在刘氏宗族的内部关系上，嫡庶关系在王权继承以及权力分配的问题上如何解决，也就是如何让天子以外的其他宗亲可以完全受到天子的掌控与支配。面对第一个问题，董仲舒给出的答案是从“天”的角度区别了“天令的圣人”与“质朴之性”，也就是将“天子”与其他所有“众人”在资质的阶层上给予明确划分，认为众人无论如何无法在能力上超越“天子”，如此“王权”的至高性与不可替代性就得到了有力论证。对于第二个问题，董仲舒则给出了“人”天生具有的“人有父子兄弟之亲，出有君臣上下之谊”的规定予以解决，亦即包括“天子”在内的众人虽然可以凭借自己的资质来展现能力上的具体差异，但资质所运用的范围必须是在“父子兄弟”这样天然的“长幼尊卑”人伦秩序当中。

当然，至于两个问题之间如何关联并得到统一的解决，董仲舒则从人伦教化奠定政治体制后又成为政治体制下的统治工具这一模式给予了联结。概括来说，董仲舒首先认为现实社会中的整体秩序都取法于“天”，所以只需要将现实当中遇到的实际问题在“天”的层面进行妥当自洽的安排就消解了问题本身。也正因此，面对贤能政治对于王权的冲击，董仲舒首先将政治问题转换到人伦问题，也就是现实中政治贤能施行与否的依据在于人伦层面的德行，因为毕竟所有人都可以意识到人伦关系问题，但不一定对政治体制问题有浓厚的兴趣与清晰的认识。这样一来，从理论层面上来看“王权”独尊与官僚“贤能”的冲突问题，董仲舒只要将天子的德行与其他众人的德行进行量级上的区分与脱钩即可：虽然天子与众人之所以能够体现出德行的依据都在“天”，但众人德行的最大值不可能超过天子，如此就意味着贤能政治既可以保证官僚体系的任人唯贤又可以确保王权的稳固。同样出于以人伦关系来论证政治体制合理性的径路，董仲舒解决第二个问题，亦即刘姓宗亲内部相互认可与服从这一问题的办法就是，众人除了从“天”这里获取面向他人实现德性的资质与能力外，还在血缘关系的内部受到了来自“天”的“父子”“兄弟”这一关系的约束。换言之，无论是与王权相关的宗亲内部，还是与王权呈现为主从关系的外部官吏，都是基于“父子”“兄弟”这一血缘服从关系来在人伦层面展现德行的能力并由此取得政治上的相应势位，而这正是董仲舒所谓“春秋大一统者，天地之常经，古今之通谊也”的本质所在。

质言之，董仲舒所提出的“大一统”理论，实际上是出于武帝的实际改制需求，在注意言说方式以符合“上意”的基础上，用一套源自“天人关系”并在人伦层面具有普遍性的概念论证了“王权”世袭与“官吏”贤能之间的实际操作困难。也正是这个原因，本来用作论证政治体制的一套伦理概念在完成自身的工作之后，还不得不转变成政治体制下的教化工具，用以说服现实社会中的每一个成员。

三、“天人相应”与“天人感应”：董仲舒“大一统”解决方案的内在机制

由董仲舒对武帝实际忧虑做出的回应来看，董仲舒的“大一统”理论就是“天”与“人”价值源头的统一，“教化”与“政治”互为手段的统一，以及在此背景下具体化为“天子”与“众人”德行本质差别的统一，“夫子兄弟”与“君臣贤能”的人伦政治统一。虽然董仲舒在“贤良对策”的过程中初步说明了这种“大一统”的运作机制，并得到了武帝极高的赏识，但并没有详细展开论述。不过从董仲舒所运用的概念与思想，以及武帝的一句“善言天者必有征于人，善言古者必有验于今”不难看出，董仲舒的“大一统”理论很大程度上与荀子思想有着高度内在关联。实际上，董仲舒就是将荀子基于“天人相应”与血缘关系的贤能政治进行了改造，在王权与天子以下的秩序结构中保留了荀子的设想，但在王权层面设置了天子的独特性与唯一，从而以“天人感应”的方式改良了“天人相应”，并造就了“大一统”的秩序观念。

从秩序确立的角度看待荀子整体思想，荀子虽然最终将现实社会秩序的保障落实在了“礼”的观念之上，但实际上在“礼”的背后有着一套具有普遍性的概念逻辑论证话语。同时，也正是出于这一整套理论话语，在“礼”的具体功用层面，除了狭义上的“礼”之“养”与“别”外，“礼”实际上还最终指向了具有自我革新功能的“天下”观念。具体来说，与将荀子认为是儒家思想家的通行观念不同，荀子生时不仅身处教化的谱系之中，实际上更处于政治的现实操作之中，而这就意味着荀子思想的面向并非针对社会中的一般民众，反而是从君主的角度开始自身的运思。如若明此，则《荀子》一书为何以《劝学》开篇却处处落实在“礼”的观念之下便十分容易理解。这一点在

荀子假托“仲尼之门人”，以及与秦昭王、临武君的对话之中显露无疑①，荀子虽然都从个人修为的角度切入齐桓公与秦昭王的实际政治操作，但最终都在于以“礼”的相关功能与价值来阐明对于“政”与“教”的实际意义。在《仲尼》篇的开始，孔子虽然十分蔑视齐桓公弑兄、淫乱、骄奢、欺诈等品行，但重点却在于承认齐国霸业后的必然性，而这种所谓的“天下之大节”与“数”正具体表现为齐桓公对“管仲”的任用，以及由此引申出的在符合“贵贱长少”基础上所运行的“贤能”政治选拔机制。实际上，明晰荀子“礼”思想者都知道，荀子的“礼”有着“既养且别”的基本特征，而这种特征中的“养”正指向了“父子兄弟”的血缘伦理，而“别”则指向了“谪德定位”的贤能政治以及自然形成的差等秩序结构。这也就是说，荀子在这里已经认为齐桓公具有“礼”这样的理想秩序结构，故而才能成就霸业的同时，又仍旧认为齐桓公的这种“大节”与“数”有所缺失。那么，荀子认为缺位的部分是什么呢？实际上，荀子自己给予了清晰的回答，亦即齐桓公“非本政教”。结合前文对于董仲舒回答武帝的具体言语，我们不难发现，荀子所谓的“非本政教”在于齐桓公在施行“礼”的秩序原则后没有将“礼”所蕴含的人伦规则当作手段用在实际政治当中。换言之，《荀子·仲尼》这里的齐桓公事例不仅表明了荀子对于“礼”的深刻认知，而且还通过董仲舒的策问更加明显地表明，最理想的“秩序”不仅要以人伦关系作为官僚选拔的基础，而且还要在顺利运行贤能政治的选拔机制之后，将这一整套“秩序”中所含的伦理教化作为一种手段应用到实际的现实场景中，而由此让秩序的运行更加顺畅与稳固。

当然，《仲尼》这里的事例只展示了荀子“礼”秩序运行的一个带有负面倾向的案例，而在《儒效》一篇中荀子则从积极正面的角度论述了“大儒”在洞悉“人伦奠基”与“教化手段”两个层面的重要作用。按照秦昭王的疑问，“儒无益于人之国”，对于像秦国这样一个

① 参见《仲尼》《儒效》《议兵》三篇。

已经施行变法采取“军功”模式的贤能选拔机制的国家，“儒”这种偏向个人修养的角色还有承担什么社会分工的空间与机会嘛？荀子对此的回答是，儒者在“上”可以“社稷之大义”，在“下”也可以“美政”“美俗”。如果不深入比较看待荀子的回答，儒者上述的身份在当时的秦国确如鸡肋，但为何秦昭王最后却接受了荀子对于“儒者”在一国政治中具有重要作用的论述，其中的原因除了前文所说齐桓公事例中儒者具有“教化手段”的具体功用外，正在于“大儒”可以以更高的眼光知悉“贤能政治”背后更为深层的运行机制。事实上，从荀子回答秦昭王的言语中就已经显示出，荀子的“礼”的外在功用面向最终指向了“天下”的贤能政治的运行机制，而于内在的理论层面则从人之“情欲”的角度给予了普遍化的论证。

就如荀子所看到秦国“军功”贤能政治依靠的是人的“欲望”而建立起来的赏罚分明的高效管理机制的同时，荀子更看到了这种“欲望”的普遍化以及不可持久化。简单来说，从“军功”贤能政治之所以成功的原因来说，这种机制可以让绝大部分社会民众参与其中，并成为国家机器的一部分，正在于这种机制是建立在绝大部分“人”所具有的普遍的“欲望”之上。如此一来，国家政治体制在人的身上便具有普遍性的接受空间，但与此同时，荀子又认为“欲望”只是人伦关系中最不稳定的一种普遍资质，一个国家若要想成为“天下”这样的所有人都可参与其中并促成共同体的最大稳定状态，只有找到一个比“欲望”更为稳定的普遍化资质。事实上，这就是荀子通过“涂人成圣”对“礼”进行普遍化建构的初衷与具体的工作所在。将《礼论》《天论》《性恶》三篇统合起来看，荀子所说的“天人关系”“性恶”等大命题都是对“礼”具有“称情立文”“有养且别”基本特征或者功能进行的普遍化理论论证，而这种论证的基础就是基于“性”“情”“欲”进行的由人伦确立政治的内在机制贯通。

简单来说，如果以“礼”来概括荀子对于“天下”这种整体秩序架构的想象，那么“礼”在现实社会中所呈现出的“贤能政治”背后有着“天人关系”下的“性情”论证，而在“贤能政治”实际应用之时又有着“父子兄弟”的人伦教化手段。对于后者，一直是先秦儒家的本职工作，所以并非荀子所要解决的关键问题，反倒是后者以及前后两者如何得到内在的统一，是荀子需要解决并提供给国君的真正内容。再套用前文对于董仲舒“大一统”理论的解读，荀子与董仲舒一样都采用了“性”“情”的结构进行了普遍化的论证，反而是两者之间的内在统一如何实现，亦即作为政治体制的内在理论基础的人伦关系如何又可以作为现实的人伦教化工具这一问题，荀子与董仲舒的选择有所偏差。在荀子这里，《天论》规定了“天人相参”的普遍化过程，而这种过程一方面涵有“天政”这样的价值根据，另一方面又意味着“天功”这样的具体实践，在后者当中，由于人的能力差异自然形成了一种以差等的贤能政治模式，反倒是前者，所谓的“天政”一方面具体为“群义”这样的“父子兄弟”的人伦关系，另一方面又由此决定了所谓的贤能政治不仅是在“父子兄弟”人伦领域所体现出的“能力”，更意味着“天子”是可以实现更替的。换言之，荀子这里的“天人相应”从下自上形成了一套基于“父子兄弟”这样的以人伦关系为意义根据以相应实践能力差异为标准的“贤能政治”。但是到了董仲舒这里，当时的武帝显然已经不是荀子所面对的秦昭王等一国之君，而是至高无上独一无二的“王权”，因此董仲舒只能将荀子的这套秩序理论改造成为一个留着“王权”永不更替但又要保证官僚既以能力取位又要顺从于“长幼嫡庶”人伦关系的新的秩序框架。也正因此，董仲舒将荀子这里的“群义”抽象化为“阴阳”，用“阳”居常位的方式，将“父”与“兄”在荀子的“群义”当中更深一层地规定为本质价值根据，从而以“天人感应”的方式彻底解决武帝所面临的实际问题。

从表面上来看，董仲舒这样的理论改造虽然满足了武帝的现实需求，但并没有考虑到，或者说碍于武帝的实际需求而无奈于理论的长效性，“大一统”的理论在价值根源上并没有解决“父”“兄”在时间上并不真正具有“阴阳”这样的普遍性，毕竟伴随着子嗣出生的年龄差异性，所谓的“父子兄弟”会在一定时间后于更大的范围内丧失应有的长幼尊卑秩序。当然，这不仅是武帝之后“废帝”刘贺的直接处境，更是历代王权王朝都面临外戚宦官专政的问题的一个理论上的本质源头。同样出于这样原因，无论是荀子的“天人相应”还是董仲舒的“天人感应”，这种建立在人伦关系上的贤能政治选拔模式都无法真正适应帝国中央集权对于官僚的直接需求，从而成为一套表面化的教化工具。这就意味着，帝国的实际治理需要采取其他的选拔标准，而这就是法家思想逐渐在本质上愈发占据实际操作话语权的根本原因。从历史的发展来看，从汉代开始的举孝廉到隋唐开始的开科取士，也正是荀、韩两家思想相互融合，并且验证“天人感应”理论逐渐失效的一个现实过程。

总而言之，董仲舒的“大一统”理论是“天”与“人”价值源头的统一，“教化”与“政治”互为手段的统一，以及“天子”与“众人”德行本质差别的统一，“夫子兄弟”与“君臣贤能”的人伦政治统一。而这所有的“统一”都是为了保障“皇权”的至高性与唯一性，以及“贤能政治”的官吏体系具有历史合法性与现实时效性。但从董仲舒这套“天人感应”理论的来源来看，董仲舒实际上是改造了荀子“天人相应”政治理论，通过将“父”“兄”配合“阳居常位”的方式既稳固了“王权”的至高无上，又可以实现“贤能政治”的官僚选拔机制。当然，董仲舒的这套“大一统”理论为何在后代逐渐不被置于所有政治话语的最前段，是出于有着其自身理论的缺陷，因此是另一回事。

本文为“2021 中国・衡水董仲舒与儒家思想国际研讨会暨中华孔子学会董仲舒研究委员会学术年会”提交的论文。

方达（1987—），男，浙江浦江县人，哲学博士，助理研究员。华东师范大学中文系先秦诸子研究中心青年研究员，主要从事先秦诸子哲学及某思想研究。

试论董仲舒“大一统”思想的生成机制

何雪利

一、汉武帝政统：削藩国与建监察制

大抵西周尚为宗法封建时代，至春秋战国时期逐渐形成几个中央集权式的新势力国，遂有所谓郡县制。历经四百余的历史演进，至秦统一全国，彻底废除封建，推广郡县制度①。汉室之初，国家施行两种制度，一是分封制，一是郡县制。高祖出于稳定全国局势的考虑，分封诸侯王国，随后即以同姓王取代异姓王，其后几代君主均在削诸王国权势上有相应举措，至武帝时期彻底瓦解了封建王国权力，从此奠定了中国几千年来大一统的政治格局。

高祖政权稳定后，考虑异姓诸王国势力庞大，威胁汉王室基业，即以同姓王取代异姓诸王。《史记·汉兴以来诸侯王年表》载：“高祖末年，非刘氏而王者，若无功上所不置而侯者，天下共诛之。高祖子弟同姓为王者九国，唯独长沙异姓，而功臣侯者百有余人”②，从后文的年表详细可见同姓取代异姓诸王的权利变迁。《汉书·荆燕吴传》

---

① 严耕望：《秦汉地方行政制度：中国地方行政制度史甲部·序言》，北京联合出版公司2020年版，第3页。

② 司马迁撰：《史记·汉兴以来诸侯王年表》，中华书局1959年版，第801页。

载："荆王刘贾为布所杀，无后。上患吴会稽轻悍，无壮王填之，诸子少，乃立濞于沛，为吴王，王三郡五十三城"[①]，此类材料在高祖时期随处可见。当代学者严耕望论述"高祖统一之初，异姓诸王势力庞大如此，汉室基础不可谓为巩固，故高祖又处心积虑必欲设计芟夷诸王。又鉴于周室虽乱而持久，秦室孤单而速亡，故芟除异姓即以同姓代王其地。藉资藩辅"[②]，严氏评论诸王与汉高祖仅为盟约主从之关系，外托君臣之名，内有敌国之实。笔者认为，以同姓诸王取代异姓诸王在一定程度上加强了皇权，维持了短暂的稳定，但诸王国历经几代更替，这种名义上的血缘关系不能从根源上解决权力归属的问题。

文帝、景帝时期，继任高祖削弱诸侯王势力的威胁，七国叛逆是一个转折点，此后，藩国势力再无力抵抗天子。文帝时贾谊见于诸王国势力威胁，提出分割的策略："欲天下之治安，莫若众建诸侯而少其力。力少则易使以义，国小则亡邪心"[③]，贾谊认为不仅异姓诸王会逆反，同姓王国在势力强大之后同样有谋逆之心，关键在于削他们的疆土，弱化他们的权势。晁错在文帝时谏言宜削诸侯事，文帝未听信，景帝善听晁错计策，晁错"请诸侯之罪过"，并建议"削其支郡"在朝堂引起轩然大波，后吴、楚七国以诛晁错为名逆反。晁错为人陗直深刻，学申、商刑名之学，举措激进，正是他的言行把大力削藩的时间推前了。

至武帝时期实施了全面的削藩政策，首先实施推恩分侯政策，诸侯王的领地被分割，权势弱化。其次，在监管上，设置左官之律、附益之法加以控制诸侯王的政权。最后，在财政上，割山泽、盐铁以入汉郡，使得王国的地位下降到于郡的地位相当，没有了可与中央抗衡的实力。

---

① 班固著，颜师古注：《汉书·荆燕吴传第五》，中华书局1962年版，第1903页。

② 严耕望：《秦汉地方行政制度：中国地方行政制度史甲部》，北京联合出版公司2020年版，第14页。

③ 班固著，颜师古注：《汉书·贾谊传》，中华书局1962年版，第2237页。

此类例证材料在《史记》《汉书》的“诸侯王年表”中可见，“天子观于上古，然后加惠，使诸侯得推恩分子弟国邑，故齐分为七，赵分为六，梁分为五，淮南分三，及天子支庶子为王，王子支庶为侯，百有余焉。吴楚时，前后诸侯或以适削地，是以燕、代无北边郡，吴、淮南、长沙无南边郡，齐、赵、梁、楚支郡名山陂海咸纳于汉。诸侯稍微，大国不过十余城，小侯不过数十里，上足以奉供职，下足以供养祭祀，以蕃辅京师。而汉郡八九十，形错侯间，犬牙相临，秉其阸塞地利，强本干，弱枝叶之势，尊卑明而万事各得其所矣”①，武帝实施推恩策，使得原来诸侯王的领地大大削减，职责被郡守所取代。领地的削弱是根本计策，随之“武有衡山、淮南之谋，作左官之律，设附益之法，诸侯惟得衣食租税，不与政事”②，从后文注疏看，古以右为贵，舍天子，仕诸侯为左官。“附益”解释为“阿媚王侯，有重法也”。此举措限制诸王国不得招纳贤士，并加以监察，是更进一步的人事关系的控制，防患于未然。

武帝对诸侯王势力的削弱不仅表现在分割其领地与加强监管上，同时在财力上也做了限制。《史记·汉兴以来诸侯年表》叙曰：“吴、楚时，前后诸侯或以适削地，是以燕、代无北边郡，吴、淮南、长沙无南边郡，齐、赵、梁、楚支郡名山陂海咸纳于汉”③，武帝对诸侯王财政的控制使得他们的财物仅能够养蓄家眷与祭祀之用，可以肯定的是再无余力养士，这些举措从根本上消除了诸侯王僭越天子地位的可能性。

以上是对内政策，武帝对外讨伐胡、越边境，积极开疆拓土，有功之将封官加爵，拉拢实力将士为己所用，与削弱藩王的势力相配合，从而把权利统归到中央。以下主要从武帝设十三州部刺史以监察诸王国与郡守，观其如何实现权势平稳过渡，有效统一全国。

《禹贡》即有九州的记载，限于文献不足征，已无从考据。大体

① 司马迁撰：《史记·汉兴以来诸侯王年表》，中华书局 1959 年版，第 802—803 页。

② 班固著，颜师古注：《汉书·诸侯王表》，中华书局 1962 年版，第 396 页。

③ 司马迁撰《史记·汉兴以来诸侯王年表》，中华书局 1959 年版，第 803 页。

上看，州制的形成与秦汉以来废分封、行郡县有直接的关联。武帝一方面收归诸王国的疆土施行再分封，另一方面开疆拓土，使得汉室的行政范围得到前所未有的扩充，郡的数量增至一百多，中央无法再直接管辖诸郡。加之各地地理位置等因素造成经济、政治、文化等方面发展出现差异，迅速崛起的州带来中央的警惕。与此同时，武帝改九州为十二州，设十三州部刺史，置十三人，使之成为常设机构。学界把武帝时期设十三州部刺史仅看成监察制度，认为这个时期是州制从监察职责到行政职权的过渡①。笔者以为武帝特赦十三部刺史一方面是对前代的继承，另一方面主要是承接中央权势对地方势力的直接管控，本身已具有行使天子授予的使命来约管诸王国及郡守的行为，性质同后来的州制在职责上没有本质区别。

《汉书·百官表》载："监御史，秦官，掌监郡"，可知秦朝即置监察制，监察制在汉代发展变化多样。惠帝时设置御史行使监察职责，起先仅限于京畿内史，后扩大至诸郡国。《汉旧仪补遗》载："惠帝三年，相国奏遣御史监三辅郡，察辞诏凡九条。监者二岁更，常以中月奏事也"②，《通典》载："文帝十三年，以御史不奉法，下失其职，乃遣丞相史出刺并督监察御史"③，至武帝"攘却胡、越，开地赤境，南置交阯，北置朔方之州，兼徐、梁、幽、并夏、周之制，改雍曰凉，改梁曰益，凡十三部，置刺史"④，《汉官仪》载刺史的职责曰："武帝元封五年，初分十三州，刺史假印绶，有常治所"，并附考

① 顾颉刚《顾颉刚古史论文集卷五·两汉州制考》论述西汉刺史所辖为督察区域，当时地方制度仍未郡县两级制度，西汉末刺史行使的职权越来越大，有凌驾太守之势力。谭其骧《关于秦郡和两汉州制——〈中国大百科全书·中国历史·秦汉卷〉条目初定稿选登》看法基本同顾颉刚师，认为至武帝时期全国设十三部刺史部加上司隶校尉共十四个监察区。辛德勇《两汉州制新考》认为西汉刺史部除监察区外另有视察区。笔者以为三位前辈在刺史部职责上看法基本相同，监察与视察本身有些事是交加重叠的。

② 孙星衍等辑，周天游点校：《汉官六种·汉旧遗补》，中华书局 1990 年版，第 88 页。

③ 杜佑撰，王文锦点校：《通典·职官十四》，中华书局 1988 年版，第 884 页。

④ 班固著，颜师古注：《汉书·地理志》，中华书局 1962 年版，第 1543 页。

证。可见刺史部专人专任，并具有固定的办事场所。武帝时期刺史相较此前有三方面的革新[①]：一是专职，每一州置一刺史，专门负责监察工作；二是专人负责，此前是御史丞相兼职，现置专人监管；三监察地域固定，有明确的监察范围。笔者认为此番改革是应对削藩后统归诸王国权力至中央的举措，一方面收归了诸王国权力，进一步加强中央集权；另一方面监察诸王国，谨防藩国逆反。削弱诸王国疆土，自然加强了皇权，这部分前面论证详尽，不再赘述。

置刺史部主要目的在于防范诸王国，《汉书·高五王传》载："五凤中，青州刺史奏终古使所爱奴与八子及诸御婢奸，终古或参与被席，或白昼使赢伏，犬马交接，终古亲临观。产子，辄曰：'乱不可知，使去其子。'事下丞相御史，奏终古位诸侯王，以令置八子，秩比六百石，所以广嗣重祖也。而终古禽兽行，乱君臣夫妇之别，悖逆人伦，请逮捕。有诏削四县"[②]，可见刺史具有监察诸侯王的职权，上受丞相御史管制。后文赞论曰："自吴楚诛后，稍夺诸侯权，左官附益阿党之法设。其后诸侯唯得衣食租税，贫者或乘牛车"[③]，诸侯王骄奢淫逸不是监察的重点，设刺史部最主要目的是对诸王国施行全面监禁，亲中央皇权派势必过于苛责，这本身便是一场皇权与诸王国权势争夺的厮杀。

欲全面考察武帝时期置刺史的缘由及功用，考察刺史的职责是根本。《汉书·百官公卿表》载刺史的职责"掌奉诏条察州"颜师古注征引《汉官典职仪》："刺史班宣，周行郡国，省察治状，黜涉能否，断治冤狱，以六条问事，非条所问，即不省。一条，强宗豪右田宅踰制，以强凌弱，以众暴寡。二条，二千石不奉诏书遵承典制，倍公向私，旁诏守利，侵渔百姓，聚敛为奸。三条，二千石不恤疑狱，风厉杀人，怒则任刑，喜则淫赏，烦扰刻暴，剥截黎元，为百姓所疾，山

① 严耕望：《秦汉地方行政制度：中国地方行政制度史甲部》，北京联合出版公司 2020 年版，第 275 页。

② 班固著，颜师古注：《汉书·高五王传》，中华书局 1962 年版，第 2001—2002 页。

③ 班固著，颜师古注：《汉书·高五王传》，中华书局 1962 年版，第 2002 页。

崩石裂，袄祥讹言。四条，二千石选署不平，苟阿所爱，蔽贤宠顽。五条，二千石子弟恃怙荣势，请托所监。六条，二千石违公下比，阿附豪强，通行货赂，割损正令也”①，可见刺史主要行使监察郡守“黜涉能否”“断治冤狱”的情况，相当于行使中央权力监察地方官。另外，监察以诸王国为主要的“强宗豪右”，王鸣盛《十七史商榷·〈汉书〉八》“刺史察藩国”条考论曰：“历考诸传中凡居此官者，大率皆以督察藩国为事，如《高五王传》青州刺史奏菑川王终古罪，《文三王传》冀州刺史林奏代王年罪，《武五子传》青州刺史隽不疑知齐孝王孙刘泽等反谋，收捕泽以闻。又昌邑哀王之子贺既废，为宣帝所忌，后复徙封豫章为海昏侯，扬州刺史柯奏其罪。《张敞传》拜冀州刺史，既到部，而广川王国群辈不道，贼发不得，敞围王宫搜得之，捕格断头，悬于宫门外，因劾奏广川王削其户。盖自贾谊在文帝时已虑诸国难治，吴楚反后防禁益严，部刺史总率一州，故以为要务。”《后汉书·郅恽传》：“恽子寿为冀州刺史，时冀部属郡多封诸王，宾客放纵，寿案察之，无所容贷，乃使部从事专住王国，又徙督邮舍王宫外，动静失得，即时骑驿言上奏王罪及劾傅相”，袁宏《后汉纪》第十六卷：“永宁元年，立济北王子苌为乐城王，苌骄淫失度，冀州刺史举奏苌罪至不道”，然则刺史以察藩国为事，京东犹然”②，严耕望对此有相同的看法，他认为景、武时期设置刺史加强监管制度目的便是打压豪强纵横与封君骄纵。

笔者认为武帝削弱诸王国权势，并置刺史部加强对诸王国的监管，最主要承接了诸侯王权力收归中央所有，同时保障了权势的平稳过渡，为大一统的实现奠定了现实基础。这一时期是州部刺史从监察制度到行政职权的过渡，是州发展为郡县上级形成三级行政区域的起点，州制的形成中国历代政治的有效治理提供了范式，影响深远。

---

① 班固著，颜师古注：《汉书·百官公卿表》，中华书局 1962 年版，第 742 页。

② 王名盛撰，黄曙辉点校：《十七史商榷》（上），上海古籍出版社 2013 年版，第 155 页。

二、董仲舒道统：尊卑秩序的建立

董仲舒的道统以天的受命为初始，人世间的诸事均在天的意志下行事，阴阳、五行、四时、灾异均在天的运作下生成，并与人事相关联。董氏把天作为天子权力的受命对象，试图为现实统治寻求依据。以下首先梳理董氏以前“天”的内涵，以秦汉为主，以期进一步了解董氏道统的根源。

自生民以来，天作为人类探知自我来源与解读人类命运的载体广受关注，随着人类文明的不断前进，天被赋予不同的内涵。大抵原始社会到夏商周时期天作为人类意志的主宰者，是被尊奉的对象，不可认知，人对天的敬畏具有宗教性的盲目。春秋到战国时期，诸子百家赋予天不同的内涵，这个时期天以哲理化的特征进入人们的讨论范畴，这种理论的提升基于天与人关系的建立。春秋末至战国末年，社会动荡，如何有效治理现实社会，成了百家关切的根本问题。诸家不约而同地以天与人的关系为出发点，儒家讲知天命而为之，积极有为地投身社会建设。道家讲“人法地，地法天，天法道，道法自然”，以道统天。墨家认为天具有赏善罚恶的人格力量，在秦汉时期杂以儒、道、名、法、阴阳家被不断阐释，最终形成董仲舒大一统思想的理论构建。

秦汉时期，社会趋于稳定，如何寻求思想上的理论支撑从而为社会的统一指引发展方向，成了有学之士不断努力的方向。其中《吕氏春秋》《淮南子》与《春秋繁露》在思想上一脉相承性，董氏在思想上对这两部著作有一定程度地借鉴。《吕氏春秋》以事系十二纪，以纪系天，大抵先民观察自然记录农事，渐渐形成了被尊奉的十二纪，限于认识的局限，先民观察自然，顺应自然，对于如何解释自然的诸种现象，他们称之为“天”。吕氏的构建性在于把现实的政治治理与诸事系之十二纪，十二纪顺应天行事（实质是顺应自然），通过十二纪连接天与人，杂以儒、道、墨、法、阴阳家思想，再运用阴阳、五行、四时、灾异阐释现实的政治治理问题。认识事物的依据发生转变，相应对事物本身的认识也将随之变化。这时天的内涵发生了转变，成了统一万物之天。“始生之者，天也。养成之者，人也。能养天之所生而勿撄之，谓之天子。天子之动也，以全天为故者也”①，吕氏以儒家思想为主导，以万物的生成始于天，天子顺应天的意志生养万民，试图建立以天为一统的理想社会。

刘安在认知人的基础上认知天，天与人相互对应，以人类天。从先秦天是神秘的、不可知的、至上神的认识转变为天可认知，人们可通过认识自身认知天。“天有九重，人亦有九窍。天有四时，以制十二月，人亦有四肢，以使十二节。天有十二月，以制三百六十日，人亦有十二肢，以使三百六十节”②“故头之圆也象天，足之方也象地。天有四时、五行、九解、三百六十六日，人亦有四支、五藏、九窍、三百六十六节。天有风雨寒暑，人亦有取与喜怒。故胆为云，肺为气，肝为风，肾为雨，脾为雷，以与天地相参也，而心为之主”③，这样的构建试图突破天的神秘性，把人们拉到理性认识天的状态，有助于后世把天作为万物之一，是自然运化的产物认识的形成。这种比附只是刘氏构建的第一步，在此基础上构建以“道”作为最高统治术是他的根本。

董仲舒继承《吕氏春秋》《淮南子》，发挥《春秋》公羊学的思想，在思想的构建上更具有现实指代性，他把天子作为天与人的连接点，树立“唯天子受命于天”的命题。以天子受命的唯一性说明君主权力来源的合法性，具体表现为君主是一国之元，是一国之本，能够参天、地、人而贯通之，具备举国依附的德，使得万民以正。“元者，始也，言本正也。”“君人者，国之元。”“君人者，国之本也。”“王者，人之始也”，董氏以“元”“本”为国家正始，为君主正名。君主

① 许维遹撰：《吕氏春秋集释》，中华书局2009年版，第12—13页。

② 刘文典撰，冯逸、乔华点校：《淮南鸿烈集解》，中华书局1989年版，第150—151页。

③ 刘文典撰，冯逸、乔华点校：《淮南鸿烈集解》，中华书局1989年版，第264—266页。

何以等够担当王之位受天之命，在于君主具备参天地人而通之的德行，“古之造文者，三画而连其中，谓之王。三画者，天地与人也，而连其中者，通其道也。取天地与人之中以为贯而参通之，非王者孰能当是?”① 这种能力称之为“德”，董氏认为“国之所以为国者，德也”，以明君主统领天下在于德配位。董氏在正名的问题上“是故《春秋》之道，以元之深，正天之端，以天之端正王之政”②，以天统王，王统天下的秩序治理社会，以正名建立尊卑统治秩序。这是“大一统”思想尊卑秩序建立的第一层，同时是尊卑秩序构建的前提。以下论述第二层，董氏构建尊卑秩序的主体部分。

董氏构建尊卑秩序的主体在君臣部分，其中夫妇、父子是这一主体的基础。以家庭为单位的伦理秩序建设一直是政治治理的根基，儒家讲孝道、修身、齐家便是伦理秩序社会的建设，期望以此为基础树立君臣的尊卑秩序。董氏首先论述尊卑秩序来源于天，“《春秋》明得失，差贵贱，本之天”③，天阳地阴印证了天尊地卑，“阳贵而阴贱，天之制也”④，尊天的思维早在先秦便已生成，董氏把天运用到现实社会秩序的构建上，赋予了尊卑贵贱以天的使命。

董氏以五行相互转化、相对作为子承父之行，父尊子卑的论据。“是故木受水，而火受木，土受火，金受土，水受金也。诸授之者，皆其父也；受之者，皆其子也。常因其父以使其子，天之道也”⑤，“是故父之所生，其子长之；父之所长，其子养之；父之所养，其子成之。诸父所为，其子皆奉承而续行之，不敢不致如父之意，尽为人之道也。故五行者，五行也。由此观之，父授之，子受之，乃天之道也”⑥，孝为天之经、地之义本之《孝经》，董氏把父子关系作为秩序构建的基础。

---

① 苏舆撰，钟哲点校：《春秋繁路义证》，中华书局1992年版，第320—321页。
② 苏舆撰，钟哲点校：《春秋繁路义证》，中华书局1992年版，第68页。
③ 苏舆撰，钟哲点校：《春秋繁路义证》，中华书局1992年版，第147页。
④ 苏舆撰，钟哲点校：《春秋繁路义证》，中华书局1992年版，第329页。
⑤ 苏舆撰，钟哲点校：《春秋繁路义证》，中华书局1992年版，第313页。
⑥ 苏舆撰，钟哲点校：《春秋繁路义证》，中华书局1992年版，第306页。

在夫妇的尊卑关系上，董氏以阴阳别尊卑。首先是夫阳妇阴“丈夫虽贱皆为阳，妇人虽贵皆为阴”[①]，在人类运化中，阴阳结合方能实现平衡，董氏依据现实总结妻辅助夫的行为，男女相互交合而行，“阳为夫而生之，阴为妇而助之”“阴者，阳之合，妻者，夫之合”“阳兼于阴，阴兼于阳，夫兼于妻，妻兼于夫”，以此表明阴阳结合以实现协调。

君臣的尊卑秩序是董氏建立的根本，父子、夫妇均是基础，国家稳定有序发展有赖于秩序的建立。君臣尊卑秩序的建立是董氏《春秋繁露》的重点，《王道》第六篇[②]集中论述这个问题。此篇以二十三则不同的君臣事件说明君主当察微知著，以建立尊卑有序的君臣之道。二十三则事件可从三个不同的方面加以总结，一是骄奢淫逸之为“观乎蒲社，知骄溢之罚”“观乎宋伯姬，知贞妇之信”“观乎吴王、夫差，知强凌弱”“观乎晋献公，知逆理近色之过”“观乎虞公、梁亡，知贪财枉法之穷”“观乎鲁庄之起台，知骄奢淫泆之失”“观乎陈佗、宋闵，知妒淫之祸”“观乎晋厉之妄杀无罪，知行暴之报”“观乎楚灵，知苦民之壤”。二是犯上作乱之行“观乎许田，知诸侯不得专封”“观乎楚昭王之伐蔡，知无义之反”“观乎卫侯朔，知不即召之罪”“观乎执凡伯，知犯上之法”“观乎晋郤缺之伐邾娄，知臣下作福之诛”“观乎公子翚，知臣窥君之意”“观乎世卿，知移权之败”“观乎潞子，知无辅自诅之败”。三是忠臣之道“观乎齐桓、晋文、宋襄、楚庄，知任贤奉上之功”“观乎鲁隐、祭仲、叔武、孔父、荀息、仇牧、吴季子、公子目夷，知忠臣之效”“观乎楚公子比，知臣子之道，效死之义”“观乎漏言，知忠道之绝”“观乎公在楚，知臣子之恩”“观乎献六羽，知上下之差”。以王道观之，骄奢淫逸加以制止，犯上作乱加以惩罚，忠臣孝子加以奖赏，君臣有别“故道同则不能相先，情同则不能相使”，王道在于建立尊卑有序的君臣法则，以加强君主的权力。

① 苏舆撰，钟哲点校：《春秋繁路义证》，中华书局1992年版，第317页。

② 苏舆撰，钟哲点校：《春秋繁路义证》，中华书局1992年版，第125－127页。

在董氏著作中尊卑秩序被反复论述，以贯穿始终。明尊卑而后君臣之职权分明“立义定尊卑之序，而后君臣之职明矣”①，不仅如此，尊卑贵贱秩序的明确主要是权力的象征“立义以明尊卑之分，强干弱枝以明大小之职”②。最后，尊卑秩序的建立回归到以天地主宰的阴阳上“是故孝子之行，忠臣之义，皆法于地也。地事天也，犹下之事上也”③，“君臣、夫子、夫妇之义，皆取诸阴阳之道”④，以完成从下而上阳尊阴卑的统序关系，并与受命相连接“天子受命于天，诸侯受命于天子，子受命于父，臣妾受命于君，妻受命于夫”⑤，完成自上而下的统摄，形成上下互动、层层深入的尊卑贵贱阶梯形态，“大一统”思想在尊卑贵贱秩序建立中集权于天子一人之手，董氏最终完成了他道统秩序的建立。

三、政统与道统结合：武帝对董仲舒思想的吸收与展开

秦汉时期结束了春秋战国诸王纷争的局面，从分封制的瓦解到郡县制的建立，最终实现了国家统一。高祖拨乱反正，奠定了汉室基业，文、景时期于民休养生息，社会物资充足，为盛世王朝的到来提供了必要的经济基础。武帝之初“民人给家足，都鄙禀庾尽满，而府库余财。京师之钱累百钜万，贯朽而不可校。太仓之粟陈陈相因，充溢露积于外，腐败不可食”⑥，此时物质极大丰富，留给武帝的则是礼乐教化文明建设的问题。

汉室初立，百业待兴，思想上不以申、商、韩非之法作为治理国家的主导思想，而是遵循清静无为的黄老之术。至武帝时期，各方面发展迅速地同时矛盾也进一步加大，寻求思想上的统一成了时代亟待

① 苏舆撰，钟哲点校：《春秋繁路义证》，中华书局 1992 年版，第 139 页。
② 苏舆撰，钟哲点校：《春秋繁路义证》，中华书局 1992 年版，第 138 页。
③ 苏舆撰，钟哲点校：《春秋繁路义证》，中华书局 1992 年版，第 318 页。
④ 苏舆撰，钟哲点校：《春秋繁路义证》，中华书局 1992 年版，第 342 页。
⑤ 苏舆撰，钟哲点校：《春秋繁路义证》，中华书局 1992 年版，第 406 页。
⑥ 班固著，颜师古注：《汉书·食货志》，中华书局 1962 年版，第 1135 页。

解决的课题。儒家的积极有为思想与武帝欲建立雄伟霸业相契合。武帝“立明堂”“征鲁申公”“置《五经》博士”，但同时表现出“今朕获奉宗庙，夙兴以求，夜寐以思，若涉渊水，未知所济”[①] 的焦虑，如何系统构建以儒家为思想导向的大一统社会，武帝内心不知所措。因此，诏贤良得董仲舒、公孙弘等，董氏为举首，武帝对董氏寄予了厚望，与之策对往来三番，后世称之为“天人三策”。这三封策对开启了汉室政统与道统的结合，为武帝大一统的现实需求指引了方向，奠定了中国几千年的政治思想形态。以下梳理“天人三策”，从中发掘武帝对董氏思想的吸收，以便论述武帝为大一统思想的实现采取的举措。

第一封策对[②]

武帝自述“任大而守重，日夜“不皇康宁”，统理万事“惧有阙”，所以“选贤良修洁博习之士”以共辅国政，欲闻“大道之要，至论之极”以指导政治理想的实现。董仲舒是举首，这封制是专门策问董氏的。

武帝提出法先王为什么社会日益衰败的疑问，社会衰败后能否复将繁盛，法先王对社会衰败是否有补救作用，这三问可见他思想上已明确要改制，但受法先王思想的牵制，在改制与尊古面前摇摆不定，无思想方针导引。具体表现为武帝已然做出“改制作乐而天下洽和”的决定，但在面对“钟鼓筦弦之声未衰”而“王道大坏”的社会现实，他在思想上产生诸多矛盾而无法理出头绪并做出正确的判断。在追寻法先王的自我否定，法后王无思想指引、无依据、无措施的迷茫状况下，武帝试图问询帝王受命于天的根本是什么，出现灾异的原因何在，怎样实现盛世之治的问题。面对历史与现实，武帝矛盾纠结的心理，董仲舒显然有所领悟，有理有据地予以策对。

董仲舒在正式回应武帝前说明作答依据《春秋》，大多数“非大

① 班固著，颜师古注：《汉书·武帝纪》，中华书局 1962 年版，第 161 页。

② 说明：以下三封策对征引内容均来源于《汉书·董仲舒传》武帝与董氏策对的内容，版本是班固著，颜师古注《汉书》，中华书局 1962 年版。

亡道之世”，天“扶持而安全之”，关键是行“强勉”之道。董氏论述“强勉学问”能够广见闻而察微知著，“强勉行道”积累德而将有大功，表现出了典型的学院派理想主义色彩，学以成圣的美好愿景。董氏认为“治乱废兴在于己”，并非天命所能为，根本在于君主所凭依的主导思想使其“悖谬失其统”。那么君主如何发挥主观能动性从而治理好国家，董氏认为道系于“治之路”，具体表现为“仁义礼乐”，现在王道虽衰，但“筦弦之声未衰”，可用先王之乐来治世。董氏论述王道“上承天之所为”“下以正其所为”，王者欲有所为“宜求其端于天”，王者首先当“反自贵者始”，正心正己以正万民，则“远近莫敢不壹于正”，是以“阴阳调而风雨时”“群生和而万民殖”，天地润泽，万民祥和，以此王道至而德教施。董氏把阳看作德，阴看作刑，把阳出于夏“以生育养长为事”，阴出于冬“积于空虚不用之处”，比之“天之任德不任刑”，把阴阳比之德刑，王者当“承天意以从事”德教。这样董氏把王与天、阴阳、四时连成了一体。

对于施德教的具体措施，董氏认为“立大学”“设庠序”以形成“渐民以仁”“节民以礼”的礼仪之邦，最终将实现“教化行”“习俗美”。董氏认为汉室临政七十余年至今“常欲善治而至今不可善治”的原因在于“当更化而不更化”，“更化”是圣王继乱世之治“扫除其迹”的根本，反复陈述当下之急应改制，法先王尊与改制不矛盾，并给出改制的具体建议。总而言之，董氏的策对主体思想认为武帝当改制以兴礼乐教化，最终将实现汉室“善治”。

第二封策对

武帝认为帝王之道“同条共贯”，但面对尧舜的“垂拱而为”，周文王的“日昃不暇食”，他不解为什么出现“劳逸之殊”。同样，武帝认为帝王之道无“异指”，当面对俭者无“玄黄旌旗之饰”，但周室“八佾陈于庭”，这异端的两种情况使他产生疑惑。武帝勤于政务，奉“前帝王之宪”“力本任贤”，“亲耕”“劝孝弟”“崇有德”，但“道世务而未济”，他试图寻思是“牵于文系而不得骋与”，还是“所繇异术”“所闻殊方”的原因，最终不能解决心中矛盾，制诏策问董氏。这篇制可看作武帝勤勤恳恳为政，但没有达到内心期望而产生的焦虑。

董氏条分缕析地回答了武帝的疑问，关于尧舜无为而周文王有为政治，董氏做了详尽的说明。自尧继任以来先天下之忧而忧，“逐乱臣”“求圣贤”得舜、禹等贤臣共辅国政，教化大行。尧禅让于舜，舜“因尧之辅佐”，在用人与政策上均继尧之业，所以实现了“垂拱无为”。到了殷、纣，逆天之行“杀戮贤知”“残贼百姓”，贤者“隐处而不为臣”，选择去殷而从周，文王“师用圣贤”实现了“天下归之”。与此同时，纣在位“尊卑昏乱”，文王是以心怀百姓，“日昃而不暇食”。武帝只看到尧、舜、殷、纣、文王治世的结果，没看到其中原因所在，董氏补充了他们在位执政时的前后因承关系，说明帝王之道同条共贯，出现劳逸之别的原因是“所遇之时异”。

对于文饰的问题，董氏认为文饰是“明尊卑”“异贵贱”“劝有德”的措施，所以《春秋》受命以来便“改正朔”“易服色”，以“应天”。“宫室旌旗”是秩序尊卑的象征，关键是明白“奢则不逊，俭则固”的道理。董氏把文饰与学以成德连成一体看待，他认为年少“习之学”，成年则“材诸位”，在上者有其德而导民以礼，百姓“晓于礼谊而耻犯上”。从反面看，一谓用申、商、韩非之法则会出现“为善者不必免”“犯恶者未必刑”“饰虚辞而不顾实”，外表有“事君之体”，其实“内有背上之心”，“造伪”“趣利”，上赋敛财，荒淫无度，百姓流民失所，盗贼群起，法不能禁。董氏以正反例证帮助武帝对文饰的理解，意在说明文饰象征尊卑贵贱的礼法。

董氏认为解决武帝问题的核心在于得贤士，建太学以养贤士，抓住教化是根本。建立太学的主要问题在如何选明师，董氏建议从诸列侯、郡守、二千石“各择其吏民之贤”以岁贡时荐上，贡贤者赏，贡不贤者罚，一来可置太学养士，二来“量才授官”，以彰主上德教，导民以礼。董氏对现任长吏的才能持怀疑态度，认为他们是“承流”“宣化”的不贤之辈，对下无引导无教化作用，对上不能秉承圣意，残暴百姓，上下失和以至于“阴阳错缪”，导致君主的德教“不宣”“恩泽不流”，要举天下之贤士尽为陛下所用，方可实现“三王之盛”“尧舜之名”。

第三封策对

武帝这封制主要提出三个问题：一是“天人之应”的内涵；二是“浸微浸灭浸明浸昌之道”；三是三王之教依据不同，均有偏失，如何理解王道“久而不易”。对于此前的策问武帝认为有“文采未极”“惑乎当世之务”“条贯靡竟”“统纪未终”之病，使得自己“听若眩”，所以再次制诏询问。

董氏分为两步回答了“天人之应”的问题，一是从“圣人法天而立道”当施德、立礼法；二是明“天地之性人为贵”推导仁谊、礼节。春生，仁人是君主所爱之人；夏长，君主养德施教；秋杀，君主以刑罚之，以四时说明天人相应的特征古来有之，君主当“法天而立道”“溥爱而无私”“布德施仁”“设谊立礼”。董氏以《春秋》立学，以《春秋》之所讥，加之以灾害；《春秋》之所恶，施之以怪异，其实是言“邦家之过”，以灾异见之，警示人之所为与“天地流通而往来相应”。明此理，王者当上“承天意”“以顺天命”“下务明教化民”“正法度”“别上下”。以上说明法天立道，以下从人自贵于物展开。人受命于天，初生之时便主宰世间万物，人与万物的区别在于人自知贵后“知仁谊”“重礼节”“安处善”“乐循理”，这几方面具备则达到了君子的标准，人人皆为君子则礼乐教化大行。

“浸微浸灭浸明浸昌之道”这个问题，董氏认为王道是“渐以致之”的过程，当秉持“尽小者大”“慎微者著”“积善而名显”“德章而身尊”的信念，慢慢修道，自然“浸明浸昌之道”得以显现。于“浸明浸昌之道”相同，“浸微浸灭之道”也是渐至的过程，普通人难以察觉自身至恶，只有“明乎情性”“察乎流俗”之人可知，所以桀纣不知而“恶日显”“国日乱”，这是“浸微浸灭之道”。

对于三王之道是否应该有所变化的问题，董氏认为汉室继乱世其道当变，“宜少损周之文致”“用夏之忠”。道是不变的，如果政有不行，那一定是道在执行时有偏失。三王之道所祖述不同，因为面对的现实情况有别，要有所改制以顺天命，用“夏上忠”“殷上敬”“周上文”以实现治世。

最后，董氏表明至今不能一统的原因在于诸家纷扰，指意不同，当绝诸家之言，尊“六艺之科孔子之术”，以实现“统纪一”“法度明”“民知所从”。董氏言简意赅地指出尊儒家以实现天下大一统的思想，为武帝指出了改制方针。但并非认可便会即可执行，此后近十年，武帝“征讨四夷，锐志武功，不暇留意礼文之事”，外伐夷狄与内削藩使得国家虚耗，武帝开始反思，并把精力转移到兴礼乐教化的建设上。

元朔五年是一个转折点，武帝意识到“今礼坏乐崩，朕甚闵焉。故详延天下方闻之士，咸荐诸朝。其令礼官劝学，讲议洽闻，举遗兴礼，以为天下先。太常其议予博士弟子，崇乡党之化，以厉贤材焉”①，此诏令发布于武帝元朔五年（前124），再看董仲舒对策的年代，学界主要有三种说法：一是司马光《通鉴考异》② 中的“建元元年”说；二是洪迈《容斋随笔》③ 中的“元光元年”说；三是今人成祖明④认为在建元年间，武帝下制与董氏完对有时间差。笔者主“元光元年”说，这种看法于《武帝纪》和董仲舒任职诸经历相符。《史记·封禅书》载：“后六年，窦太后崩。其明年，征文学之士公孙弘等”⑤“后六年”指建元六年，《汉书·武帝纪》载：“五月，诏贤良曰……于是董仲舒、公孙弘等出焉。”⑥ 联系上下文“五月”是元光元年。元光元年（前134）距武帝与董氏策对已十年之久，值得注意的是武帝这个时期只是迫于礼坏乐崩的现实，向天下征纳贤士，对于具体措施尚未全面展开。

元鼎年间首立建元年号。策对是董仲舒早年的思想，他在第二封对提出“改正朔”的问题，结合《春秋繁露》中《楚庄王》和《三代改制质文》篇目，可见董氏晚年思想更具理论性与可实施性。《春秋

---

① 班固著，颜师古注：《汉书·武帝纪》，中华书局1962年版，第171－172页。

② 司马光撰：《资治通鉴·汉纪九》，中华书局1956年版，第556页。。

③ 洪迈撰，孔凡礼点校：《容斋随笔》卷六，中华书局2005年版，第287页。

④ 成祖明：《诏策贤良文学制度背景下的“天人三策”》，《历史研究》2012年第4期。

⑤ 司马迁撰：《史记·封禅书》，中华书局1959年版，第1384页。

⑥ 班固著，颜师古注：《汉书·武帝纪》，中华书局1962年版，第160－161页。

繁露·楚庄王》载："《春秋》之于世事也，善复古，讥易常，欲其法先王也。然而介以一言曰：'王者必改制'"①，策对中董氏主体思想是继承先王的礼乐教化，这里董氏明确提出君主当改制。《三代改制质文》载："《春秋》当新王者奈何？曰：'王者之法，必正号，绌王谓之帝，封其后以小国，使奉祀之'"②，这部分有两点，一是封同姓诸侯王，第一部分已论述；二是改制，"正号"指武帝首立建元年号。司马迁《史记·武帝纪》未以年号系事，《汉书·武帝纪》"建元元年"师古曰："自古帝王未有年号，始起于此"，武帝纪以年系事，"建元元年"列在武帝事迹的开头，历代史家均以此种方式叙述，历史纪年上以"建元"作为武帝的即位年号，诸种信息给我们的错觉是武帝即位伊始便立"建元"为年号。其实不然，武帝即位时未立年号，"元鼎"以前年号皆后来追加，观《史记·封禅书》可知。笔者尊裘锡圭③等学者的看法，从清人的大量考证与近代出土文献的研究看，以元鼎年立年号为确。另有陈直④等学者认为武帝即位之初便立建元年号，笔者不再赘述。年号的设立在武帝即位后二十四年，此前加以追封。可见武帝对董氏思想虽认可，但在具体实施上具有滞后性。

太初元年造《太初历》，律历具有齐远近立民信的功用，对行政管理同样具有不可忽视的功效。从武帝即位之初到太初元年近四十年间"外事四夷""内兴功利""役费并兴""民去本"，董仲舒见此景象说上曰："今关中俗不好种麦，是岁失《春秋》之所重，而损生民之具也。愿陛下幸诏大司农，使关中民益种宿麦，令毋后时"⑤，董氏一面建议重视农业生产，另一方面建议行井田，限制个人的田地数量，还盐铁给百姓，改秦之法，以实现汉兴之治。董氏的建议并未得

---

① 苏舆撰，钟哲点校：《春秋繁路义证》，中华书局1992年版，第13页。

② 苏舆撰，钟哲点校：《春秋繁路义证》，中华书局1992年版，第194页。

③ 裘锡圭：《从马王堆一号汉墓"遣册"谈关于古隶的问题》，《文物》1974年第1期。

④ 陈直：《汉书新证》，天津人民出版社1959年版。

⑤ 班固著，颜师古注：《汉书·食货志》，中华书局1962年版，第1137页。

到武帝的关注，随后他“去位归居”“以修学著书为事”。虽退位在家，董氏的德望在朝廷依存，朝中如有大的决议武帝则遣使者“就其家而问之”，可见董氏的意见对武帝具有决定性作用。董仲舒死后“功费愈甚”“天下虚耗”“人复相食”。于此将近，元封七年大中大夫谏言“历纪坏废，宜改正朔”制“三统之制”，于是武帝诏御史等议造《汉历》，“乃定东西，立晷仪，下漏刻，以追二十八宿相距于四方，举终以定朔晦分至，躔离弦望”[①]，后召集治历者二十余人制汉《太初历》，分天部，运算转历“其法以律起历”。武帝大兴礼乐教化及其相关措施在董氏去世后，结合“天人三策”与《春秋繁路》可见董氏思想在汉代的应运而生。

董仲舒奠定了汉室发展的思想性框架。首先，提出改制、正始以稳固统治的问题。其次，“州郡举茂材孝廉”“建太学”“置明官”得贤才而共辅国政，重要的是得贤才以养士，导民以礼，兴礼乐教化。最后，“推明孔氏”“抑黜百家”统一思想。董氏一生为践行他的道统孜孜不倦，晚年著《春秋繁露》以进一步提升其学说的理论性，为武帝的政统指明了方针，正是依据董氏的思想导引，汉武帝成就了大一统的伟业。同时当注意，《春秋繁露》在当时及后来产生了深远的影响，东汉谶纬神学是后世沿着董氏思想走向极端的典型，与董氏“大一统”思想的构建直接相关，魏晋南北朝人性的解放可谓个体在集权下的暂时缓和。所以客观看待董仲舒思想，有助于我们反思历史，深刻思考当下思想问题。

本文为“2021中国·衡水董仲舒与儒家思想国际研讨会暨中华孔子学会董仲舒研究委员会学术年会”提交的论文。

何雪利（1990—），女，安徽亳州人，华东师范大学中文系博士生。

① 班固著，颜师古注：《汉书·律历志》，中华书局1962年版，第974页。

论董仲舒的君民观

张茂泽

治国理政，涉及权力来源和权力运行的本原、依据、准则、机制、理想等政治哲学问题，还涉及治国理政的主体——人的问题。关于治国理政的主体，我国古人多围绕君民及其关系进行讨论，董仲舒则是汉代从多方面讨论君民问题的儒学代表。

一、君民一体理念

西汉初年，朝廷实行君主专制，主导地位的君民关系就是君主而民从。这一政情和夏、商、周三代一致；君王是国家象征，全权管理“王土”“王臣”，治国理政负主要责任。董仲舒为此提供有宗教色彩的解释说：“受命之君，天意之所予也”，君权天授，“天意”是皇权的根据和根源。他推论道：“天若不予是家，是家者安得立为天子？立为天子者，天予是家。天予是家者，天使是家。天使是家者，是家天之所予也，天之所使也。”（《春秋繁露》卷一五《郊祀》，后文所引该书者，只注卷数、篇名）据此，凡立为天子，掌握皇权，皆天意如此，表明天予之权位，天使之掌权。这是夏商周三代以来流行的君权神授论，说明现实中“君主”而“民从”的根本原因，只是天意如此。

君主而民从观念，早在西周初年已经具备。“天命靡常”“惟德是辅”“天视自我民视，天听自我民听”三个命题，使天命、君主、民众之间，形成一个封闭的天人合一循环运动圈。在此权力围绕“德”循环运行的图式里，天命是君主的本原，君主是民众的主宰，而“民之所欲，天必从之”，民心民意反映天意，含蓄表征了天命所向。孔子创立儒学，无非是将天与德、君主与德、民众与德的内在联系明白揭示出来，期待君主和民众一起进行道德修养，使天人合一的德治世界成为现实。董仲舒的新意在于，除了高扬君权的神圣性来源外，还对君民关系进行了更为深入的理性探讨。

比如，他揭示出民主而民从的关系需要其前提条件，即君民之间必须先有内在统一联系。如果两者不在一个世界，不能发生直接的内在联系，君民如何能实现主从关系？故董仲舒用身体做比喻，解释了君民一体关系的天生性。他说：“君者，民之心也，民者，君之体也；心之所好，体必安之；君之所好，民必从之。”（卷一一《为人者天》）又说：“一国之君，其犹一体之心也”（卷一七《天地之行》），国家犹如身体，君如心而民似身，心主身从，君主民从；以此类推，天主人从，父主子从，夫主妇从等等。君民关系如心与身，有机一体，人们可以期望君主治国理政，帅民以正，如臂使指，灵活自如，而且还如家庭里的父子关系。父子间存在着代代相传的血脉基因；在此血缘基因基础上，父子均自然产生出相互的仁爱情感和忠孝美德。天父而君子，则君主敬天，如敬父母；上天仁爱君主，故不断谴告，而不忍诛罚。君父而民子，君主爱民，如保赤子；而子之孝父，如臣之忠君。

在董仲舒君民一体理念中，贯穿于天、君、民之间的，表面上是阴阳五行及其表现，如血缘基因等，实质上始终都是天人合一的仁义道德。血缘基因只是君民一体理念的自然基础，仁义道德才是君民一体理念的逻辑实质。君主致力于加强自己的道德修养，而后推己及民，仁爱、教化民众，帮助民众也提高道德修养，这才是董仲舒理解的君主而民从这一君民一体理念的实质内容。董仲舒主要给汉武帝讲这一点，而不是对民众讲这一点。故我们可以断定，董仲舒主要是要求君主，应该认识到君民一体原理，维护君民一体秩序，是君主“得天下之群”的基本职责。这表明，董仲舒讨论君主而民从关系，是因为当时的现实皇权体系本就是君主而民从的等级秩序；但他没有局限于阴阳五行的宿命规定，而是另辟蹊径，强调从道德修养角度建立社会政治的纲常制度，确立社会政治的“更化”秩序，以道德修养水平的高低论君主而民从关系，这就充实和丰富了当时君主民从关系的人文理性内容，尤其是对处于主宰地位的专制君主提出了更高的道德要求。董仲舒的君民观使当时实际的君主而民从等级秩序，超越现实，升华为君民一体的道德理念，在政治思想上落实了其天人合一的理想要求。正是从这一点来说，我们从其君民观角度，也可以同意汉人对董仲舒“群儒首”（刘歆语）、“儒者宗”（班固语）的评价。

在董仲舒看来，礼制则是维系君民一体关系的现实制度保障。董仲舒提出，君主要因民之好恶而立规矩，行赏罚。这种规矩的集中表现就是“君为臣纲”等三纲五常制度；而这个制度的核心就是君尊臣卑、君尊民卑，目的就在于保障和实现君主而民从的等级秩序。故三纲制度可以视为君主民从观念的制度化表现。

在董仲舒看来，君主民从的政治秩序更有具体的社会政治心理原因。他说：“民无所好，君无以权（劝）也。民无所恶，君无以畏也。无以权，无以畏，则君无以禁制也。故圣人之治国也，因天地之性情……务致民令有所好。有所好然后可得而劝也，故设赏以劝之。有所好必有所恶，有所恶然后可得而畏也，故设罚以畏之。既有所劝，又有所畏，然后可得而制。……故圣人之制民，使之有欲，不得过节；使之敦朴，不得无欲。……黑白分明，然后民知所去就，民知所去就，然后可以致治。”（卷六《保位权》）治国理政，要在使“民令有所好”“使之有欲”“不得无欲”，然后立制度，行赏罚，使人知道应避免的危险、努力的方向。“圣者则于众人之情，见乱之所从生，故其制人道而差上下也，使富者足以示贵而不至于骄，贫者足以养生而不至于忧。”（卷八《度制》）圣人只是据人的自然需要、欲望，因人情世故，而制定有上下差别的制度。此制度的主要内容是“贵贱有等，衣服有制，朝廷有位，乡党有序”（卷八《度制》），而其核心则是“君尊臣卑”的三纲制度；由此等级制度和秩序做保障，人们就可以富贵不骄、贫贱不忧，言行、欲望有度，国家就容易治理。

二、君主宰民的观念

就君民各自地位而言，根据当时实情，董仲舒清醒意识到，在君民一体关系中，君是主宰者，民众是主体力量，但只有君才是治国理政，实现天人合一大同理想社会的关键。他从天、受命、尊神、心身等角度，说明和解释了君主在君民关系中的主宰地位。

从天人合一角度看，君主被董仲舒作为天人合一的现实政治代表和理想政治人格，而受到特别重视。他说："古之造文者，三画而连其中，谓之王；三画者，天地与人也，而连其中者，通其道也，取天地与人之中以为贯，而参通之，非王者庸能当是。是故王者唯天之施，施其时而成之，法其命而循之诸人，法其数而以起事，治其道而以出法，治其志而归之于仁。"（卷一一《王道通》）天地人贯通便是王。其意义可以从几个方面理解：一是说王便是天人合一的标识；二是说合格的君王必须有天人合一视野，具备贯通天地人的修养；三是说理想的王，应该实行德治仁政以治国理政，达到天下为公、天人合一的理想社会。不管是哪个意义，共同的意思是，只有作为王的天子才是天人合一的人格标志，也只有天子才有资格顺天应人，治理天下。

在董仲舒看来，每个人都有受命，但君主独得天宠，受命内容比一般民众丰厚得多；君主不仅受命了个人身体、生命、人性、心理活动等，尤其还超越常人，而特别受命了一统天下的王权，以及由王权引申出来的"君君"职责和使命。他说，凡王者"必受命于天"，一旦受命，就会"改正朔，易服色，制礼乐，一统于天下，所以明易姓，非继人，通以己受之于天也。王者受命而王，制此月以应变，故作科以奉天地，故谓之王正月也"。西汉人相信"王者必受命而后王"（卷七《三代改制质文》）。董仲舒认为，君王一方面独享浩荡天恩，成为天子，但同时也要勇于担当受命，尽到君主的"君君"职责，而不能推卸责任，躲避退让，更不能"私传"转让，岂敢"擅以所重受于天者予他人也"（卷七《尧舜不擅移汤武不专杀》）。

所以，董仲舒讨论君王受命问题最多。因为历史和现实的实际情况是，“唯天子受命于天，天下受命于天子，一国则受命于君。君命顺，则民有顺命；君命逆，则民有逆命”（卷一一《为人者天》）。在专制条件下，君主掌握了天下，民命多为君命所决定；君主自然成为人在天命面前的代表。因为实际上天子富集天下资源，“人之得天得众者，莫如受命之天子。下至公侯伯子男，海内之心悬于天子，疆内之民统于诸侯”（卷九《奉本》）。只有天子才受王命于天。董仲舒君王受命说，如实反映君主专制的现实而已，我们不能将君王主宰民众的实情描述看成是他的政治主张。由此可以理解，董仲舒提出尊神、事天说，现实政治目的是为了论证民众应该尊天子，其奉天、法天观，则是为了说明民众应该奉命、忠君；这都体现了董仲舒理性解释现实君主统治的努力。

董仲舒还提出，君主宰民，必须效法天道，与天合一，实行德治，以仁爱民，以义帅民。他解释说，因为“与天同者大治，与天异者大乱，故为人主之道，莫明于在身之与天同者而用之，使喜怒必当义而出”（卷一二《阴阳义》）。他还引经据典说：“《春秋》之法：以人随君，以君随天。……屈民而伸君，屈君而伸天，《春秋》之大义也。”（卷一《玉杯》）但尊天、奉天等是为了尊人道、王道，即所谓“人道浃而王法立”（卷一《玉杯》）。以德治国，以道德教民，实行爱民仁政，是君主宰民的主要内容。关于人道内容，董仲舒认为主要有三个方面：“《春秋》修本末之义，达变故之应，通生死之志，遂人道之极者也。”（卷一《玉杯》）所谓王法，亦即王道，就是以道德（即人性修养）为基础、依据、理想的德治活动。可见，以道德充实天人合一的内涵，将德治作为君主宰民的衡量指标，是董仲舒天人观、君民观的要点。他还尖锐地指出，当时治国者大多缺乏这样的道德修养基础和道德教化政策，而只是追求功利富贵，其“德不足以亲近，而文不足以来远”（卷二《竹林》），却要帅民以从，其效果不佳可知。在他看来，背离德治原则而希冀治国安邦，便如盲人骑瞎马，疯子操利刃，愈用力必愈危险。董仲舒以道德修养、文明教化为君民联系的主体内容，实际上是对专制君主无德而治民的心理抵制和委婉批评。

三、君主修养论

董仲舒的意思是，因为君主而民从，故君主专制下的治国理政，理应以君主修养为前提条件。在他看来，天生万物，人为最贵；国家治理，君王最尊。所以，他打着天命、天意的旗号，对君王明确提出了修养要求。他要求君主，号为天子，就应有君主修养，实现孔子“君君”理想。他说：“屈民而伸君，屈君而伸天，《春秋》之大义也。”（卷一《玉杯》）认为孔子著《春秋》史书，“善善恶恶”，明辨是非，揭明仁义道德的王道政治，“为天下仪表，贬天子，退诸侯，讨大夫，以达王事而已”（《史记》卷一三〇《太史公自序》）。儒家尊君，不是王权主义，忠君绝非愚忠，而是为了“伸天”、尊道，仁民爱物。现实中若有君王不符合道德要求，就会劝谏之，甚至“屈”“贬”之，这是董仲舒的主张；甚者顺天应人，奋起革命，诛一夫，这是《周易·革·彖》作者、孟子等人的主张。

所以，在董仲舒眼里，君主修养不仅应有君主自身的职责修养，如事天尊神，祭天祭祖，以孝治天下，追求“能配天”等，而且还应将有关民众的修养也包含在内。关于君主自身的职责修养，董仲舒特别谈及以下几点：

首先，君主要效法上天，“如天之为”，具备仁义道德、礼义廉耻等修养。君王“好恶喜怒必当义”（卷一一《王道通》）。何谓当义？“不顺天道，谓之不义”（卷一七《天道施》）；则顺天道，便是当义可知。天道、天德有哪些内容？董仲舒劝谏天子说：“天有和、有德、有平、有威、有相受之意、有为政之理，不可不审也。……我虽有所愉而喜，必先和心以求其当，然后发庆赏以立其德；虽有所忿而怒，必先平心以求其政，然后发刑罚以立其威：能常若是者，谓之天德；行天德者，谓之圣人。”（卷一七《威德所生》）他又说：“君者，民之心也；民者，君之体也。”“君之所好，民必从之。故君民者，贵孝弟而好礼义，重仁廉而轻财利，躬亲职此于上，而万民听，生善于下矣。”（卷一一《为人者天》）这就是说，君主有道德修养后，还应推己及人，仁爱民众，发挥自己的道德修养于治国理政中，以孝弟仁廉相率，化民成俗，德泽万民。

其次，君王要知天、配天，通天地人之道，实行德治。他界定说："德侔天地者称皇帝"（卷七《三代改制质文》）；要求君王应该"上承天之所为，而下以正其所为"（《汉书》卷五六《董仲舒传》）。君王的职责就是"取天地与人之中以为贯而参通之"，表现到治国理政中，"王者唯天之施，施其时而成之，法其命而循之诸人，法其数而以起事，治其道而以出法，治其志而归之于仁"。君王要通天地人之道，就必须"求其端于天"（《汉书》卷五六《董仲舒传》），理性地"知天"，"观天之道"，认识到天地人之道。君王认识到上天"任德不任刑"，那么治国理政也就理应"任德教而不任刑"（《汉书》卷五六《董仲舒传》），实行德治，让德教泽四海。董仲舒说："夫王者不可以不知天，知天……天意难见也，其道难理，是故明阳阴入出、实虚之处，所以观天之志；辨五行之本末、顺逆、小大、广狭，所以观天道也。"君王认识到"天志仁，其道也义"，那么在实践中才能"予夺生杀，各当其义，若四时；列官置吏，必以其能，若五行；好仁恶戾，任德远刑，若阴阳"。君王只有真正实行了德治，才叫做"能配天"（卷一七《天地阴阳》）。

其三，君王号为天子，就应"视天如父，事天以孝道"（卷一〇《深察名号》），严格实施祭天礼仪。汉代以孝治天下，在祭祖礼仪上，有严格要求。董仲舒认为，受命而王，必先祭天。他劝谏皇上实行祭天礼仪："天子者，则天之子也。以身度天，独何为不欲其子之有子礼也。今为其天子，而阙然无祭于天，天何必善之？"（卷一四《郊语》）董仲舒看天，"以身度天"，将天看成人一样的对象，并且遵照当时的日常观念，认为祭天的功利目的，就在于获得上天的保佑。他对皇上说，你天子不祭天、不孝敬天，天父何必保佑你？董仲舒提出，君王还要奉祭自己的先祖，不失其时（卷一五《四祭》）。他认为，祭祀礼仪就是人们凭借自己的道德修养，用善行和鬼神交通的渠道。他说："君子之祭也，躬亲之，致其中心之诚，尽敬洁之道，以接至尊，故鬼享之。享之如此，乃可谓之能祭。祭者，察也，以善逮鬼神之谓也。善乃逮不可闻见者，故谓之察”（卷一六《祭义》）。天子祭祀，要按时亲临，严敬诚笃，而且要以自己的道德修养为基础，以显示出祭祀的真正意义。

其四，君王必须“同民所欲”，设身处地替民众着想，才能有感染力和吸引力，团结民众，能得民心。他说：“王者，民之所往。君者，不失其群者也。故能使万民往之，而得天下之群者，无敌于天下。”（卷五《灭国上》）君王应有修养和能力，“倡而民和之，动而民随之”（卷五《正贯》），“亲近来远，同民所欲，则仁恩达”（卷五《十指》）。

这里包含有两个步骤：一是君王对老百姓有“仁恩”，即仁爱民众而有恩德，让民众获得生存、发展的实惠。在贫富分化严重时，富者“众其奴婢，多其牛羊，广其田宅，博其产业”，还“乘富贵之资力，以与民争利于下”，加剧了贫富矛盾；董仲舒提出应该限制官员对民众利益的侵夺，“受禄之家……不与民争业，然后利可均布，而民可家足”（《汉书》卷五六《董仲舒传》）；二是进行道德教化。绝对不能任由官员兴好利之风，“皇皇求财利”“居贤人之位而为庶人行”，因为“尔好谊，则民乡仁而俗善；尔好利，则民好邪而俗败”（《汉书》卷五六《董仲舒传》）。君主必须“以教化为大务。立太学以教于国，设痒序以化于邑，渐民以仁，摩民以谊，节民以礼”。治国理政要在借助教化，获得仁义礼乐支持，帮助民众养成良好风俗习惯，“教化已明，习俗已成，子孙循之”（《汉书》卷五六《董仲舒传》），并代代相传。这时君王治理国家，自然可以无为而治，简便易行而且立竿见影。

四、民本思想

既然君主而民从，则君主专制条件下的民众观，就是君主立场、视角下的以民为本观、民众教化观，董仲舒正是其代表。这样的民众观，当然是君主的民众观；而这也成了我国古代君主专制条件下民众观的典型代表。在他看来，君主应有关于民的修养，要求君主具备以民为本的观念，而且在治国理政中努力教化民众。仁爱、教化民众，化民成俗，是君主治国理政的重要职责。

将民众利益、民心民意视为君主受命的内容和治国理政职责，是董仲舒民本思想的独特内容。从其天命观看，董仲舒的民本思想主要表现在三个方面：

一是君主受命，民心民意是指标。董仲舒说："天下之人同心归之，若归父母，故天瑞应诚……此盖受命之符也。"（《汉书·董仲舒传》）在君权来源上，儒家讲天命，所强调的是人现实的人性修养、使命担当等理性努力，以及民意、民心的作用，孟子尤其如此。但孟子将天受看成君权的必要条件，民受只是君权"稳固的条件"①，而董仲舒则将民心所向看成是"受命之符"，看成君权的必要条件和天变表征；这就消除了阴阳家符应说中的神秘因素，而将现实中人们可以经验观察到的民心民意视为天命的标志性内容，丰富和具体化了西周以来"天命"概念的人文理性（"德"）内涵，突出了民心民意在君权合法性中的逻辑地位。

二是君主受命包含了"民之所同乐"的民本内容。董仲舒提出，"害民之小者，恶之小也；害民之大者，恶之大也"（卷二《竹林》）。意思是说，民众利益的维护和增加，本就是君主治国理政的基本职能；所以，衡量政府政策的标准，就是民众的利益；损害民众利益的政策措施，就是害民之政，必须根除。为什么呢？因为民本原就是君王受命的核心内容。他解释说，"彼之所受命者，必民之所同乐也"（卷一《楚庄王》）。君主受命的内容，必然是民众同乐的事情，而不是其他。这个断定，将民众安乐视为民心民意的心理表现，则民众安乐也就成为君主治国理政的基本职责和为政目标。

三是君主受命的目的和宗旨，是为民而非为王。董仲舒说："天之生民，非为王也，而天立王以为民也。故其德足以安乐民者，天予之；其恶足以贼害民者，天夺之。"（卷七《尧舜不擅移汤武不专杀》）

---

① 张岂之：《中国思想文化史》，高等教育出版社2006年版，第126页。

上天安排君主和民众，虽然是君主主宰民众，但在根本上，“天立王以为民”，非生民以“为王”。在上天面前，民众比君王更为根本，更为重要。在对君王进行赏罚时，上天也主要看君王是“安乐民”还是“贼害民”，民众利益的维护还是损害，成为上天赏罚君王的标准。即使面对鬼神，董仲舒也要和他们讲上天“利人”“利民”（卷一六《止雨》）的道理，用人文的民众需要规定鬼神主宰的内涵，用理性认识的民心民意制约鬼神主宰的性能，体现了其儒教思想[①]的人文理性特征。

关于天命中的君民关系，董仲舒认为两者不可分割，对立统一。在董仲舒思想里，君权神授观念镶嵌着民心民意内容，皇权思想容纳了民本意识。君权天授与民心民意统一，君王主宰与民惟邦本统一，反映了我国古代儒家天人合一、权力统一于道德的德治思想要旨。

从制度理论看，民本也是董仲舒三纲说的固有内容。首先，君主民从原则的落实，要有一个恰当的度，就是君主不“与民争利业”。董仲舒说，圣人治国，“象天所为为制度，使诸有大奉禄，亦皆不得兼小利，与民争利业，乃天理也”（卷八《度制》）。换言之，社会贫富差距应有一个度；这个度，不是指经济学上讲的基尼（Gini）系数，而是指礼法制度要确保的社会底线。有这个制度制约，促使富贵者不骄，而放弃继续发展的努力；有这个制度保障，能使贫贱者不忧，而还能生存发展。董仲舒说：“若去其度制，使人人从其欲，快其意，以逐无穷，是大乱人伦而靡斯财用也，失文采所遂生之意矣……今欲以乱为治，以贫为富，非反之制度不可。”（卷八《度制》）认识到这个度的必要性和重要性，然后在实践上制定这个度，在实施中把握好这个度，就是国家拨乱反正，使民众脱贫致富的根本所在。董仲舒尊卑等级的“制度”观念中暗含有民本内核，这是需要我们注意的。

董仲舒的君主修养论可谓儒家“君君”说的具体细化。儒家“君君”说，要在阐明君道，对君王加以鞭策，用理想引领君王治国理

---

① 张茂泽：《论董仲舒的儒教思想》，《衡水学院学报》2019年第6期，第12—22页。

政；更重要的是针对庸君，针对安于现状、不思进取的治国者，促其梦醒。历史上君主专制不断加强、极化，屈民而不屈君，民意表现缺乏正规渠道，伸君而不伸天，天意表现也缺乏理性解释，于是周公设计的天、君、民三角循环系统被解构，董仲舒“屈君”“贬天子”理论就越来越难以落实。结果，君权独大，没有实际限制，以至于肆无忌惮。这说明，董仲舒的君主修养论在君主专制条件下是很难得到落实的。但也可以断定，董仲舒并非君主专制的应声虫，而是针对君主政治现实，用儒学思路进行独立思考的学者；其政治思想也不能说就是一味维护君主统治的庸俗王权主义，而是汉唐儒者理性思考和解决治国理政大课题的学术宗师。

五、教化民众的观念

关于君民关系，董仲舒有自己的经验观察。他描述其观察所得说：“人之得天得众者，莫如受命之天子。下至公、侯、伯、子、男，海内之心，悬于天子。”（卷九《奉本》）而“民”似乎缺乏与天交通、合一的能力。照董仲舒看，当时民众来不及教化，只“可使守事从上而已”。意思是说，当时民众文盲半文盲众多，对天地自然、社会人生都缺乏理性认识，独立认识、实践能力弱，只能“守事从上”“受成性之教于王”，接受君王教化。在他看来，“民受未能善之性于天，而退受成性之教于王。王承天意，以成民之性为任者也”（卷一〇《深察名号》），教化民众，使之向善，本就是君王受命的内容和任务。董仲舒认为，君主修养高，而民众有“未能善之性”，这是君主能够教化民众的逻辑原因；此说思路和荀子“化性起伪”说接近。而君主教化民众，其本质是“成性之教”，则此说又和孔孟之言接近。这说明董仲舒的君民观融会了先秦儒学思想，而又有自己的新发现。

虽然民不能与天直接沟通，但董仲舒依然大胆肯定民众也可以、也能够“效天所为”（卷一〇《深察名号》）。他直接断定，劳动群众进行道德修养，一样有光明前途。违道悖德，即使富贵，也“羞辱大恶。恶深，祸患重，非立死其罪者，即旋伤殃忧尔，莫能以乐生而终其身”，以至于“刑戮夭折”。因为人生命运规则是，“夫人有义者，虽贫能自乐也。而大无义者，虽富莫能自存”。不是他们主观上想不快乐、不自存，而是不明白人生快乐、自存的真理（卷九《身之养重于义》）。一些人因小失大，见利忘义，如同掉入自挖的陷阱、埋入自挖的坟墓；圣人发现人生真理，而孜孜告人，正是立下人生的交通警示牌，提醒众人“小心”，不要自陷、自弃。

在董仲舒看来，臣民也要进行道德修养，忠君事上。诸侯、大夫、士各有与其名号相应的职责，诸侯要“谨视所候奉之天子”，大夫应“厚其忠信，敦其礼义，使善大于匹夫之义，足以化也”，士则要做事，“守事从上”（卷一〇《深察名号》）。百姓也要讲礼义廉耻。无德者，只能是“州国人民，甚者不得系国邑”，成为“无名姓号氏于天地之间，至贱乎贱者也”（卷一五《顺命》）。没有道德修养的人，便没有丝毫社会地位。董仲舒将道德修养高低和社会政治经济地位高低挂钩，使两者相应，符合儒家德治思想的基本要求。

董仲舒君主教化民众的主张主要涉及信仰教化、礼制教化、教育教化等方面。

在信仰教化上，他提出天人感应论，希望以学术思想说明人们应该尊神、事天，理性地建设汉代人的精神家园，其现实目的则在于为当时多民族统一大国提供信仰或信念基础。他提出尊神的动机，在神化皇权及其人格化的君主，令民不见不闻，而生敬畏等宗教情绪，进而神道设教，使万众同心，悉听君主教化。臣民具有敬畏上天、敬畏君上的宗教情绪，就为忠君为国提供了心理基础。董仲舒认为，臣民一生应“勤劳在地，名一归于天”，所以，“下事上，如地事天”，这可谓“大忠”（卷一〇《五行对》）。人多无知而畏，无奈而信，这是宗教心理活动的重要原则。董仲舒利用这一心理原则大讲天命鬼神，目的却落脚在治国理政上，为维护和巩固君主国家的统一稳定服务，使宗教的天命鬼神服务于人文理性的政治活动，政治性极强。

在礼制教化上，他提出君主要教化民众遵守三纲五常等礼治秩序。他说，礼仪制度是“继天地，体阴阳”而生的，故可求于天，在天地、自然中能找到源泉；礼制针对人的欲望而加以规范，使之有节，“体情而防乱”（《天道施》），有人皆“受命”于天的人性基础；礼制的基本原则是“礼无不答，施无不报”，这也是“天之数”（《楚庄王》）；其具体内容则有“慎主客，序尊卑、贵贱、大小之位，而差外内、远近、新故之级”（卷九《奉本》）等。

董仲舒在谈到欲望是治国理政的抓手时，强调以君主制度为核心的礼法制度乃是天命如此，而且这些制度多因人性民情而设。他说：“夫礼，体情而防乱者也，民之情不能制其欲，使之度礼，目视正色，耳听正声，口食正味，身行正道，非夺之情也，所以安其情也。”（卷一七《天道施》）礼法制度正是个人需要和社会供给产品之间保持平衡的一个度。将这个度找出来，加以规范化，就是制度。制度这个词产生于《周易》。《易・节》：“天地节，而四时成。节以制度，不伤财，不害民。”节就是节制、限制，符合规范。董仲舒著作中有“度制”篇。顺天应人的礼法制度则是他中和思维的规范化表现。非礼勿视听言动，即是实践上保持和达到中和境界的基本方法。

在教育教化上，董仲舒主张君主治国理政，必须任贤，而贤能的培育、养成，需要正规教育。他明确提出中央办太学，养育人才。其建议得到施行，朝廷开办太学，地方也办郡国学[①]，有力推动了我国古代教育的发展，也使教育活动成为治国者推己及人、仁爱天下以化民成俗的重要组成部分。

本文为“2021中国・衡水董仲舒与儒家思想国际研讨会暨中华孔子学会董仲舒研究委员会学术年会”提交的论文。

张茂泽（1965—），男，四川广安人，西北大学中国思想文化研究所教授，博士生导师。

---

① 《汉书》卷八九《循吏传・文翁》：汉景帝末，文翁为蜀郡守，仁爱好教化，遣十余人诣京师，“受业博士，或学律令”“数岁，蜀生皆成就归还”，受重用。文翁“又修起学官于成都市中，招下县子弟以为学官弟子，为除更徭，高者以补郡县吏，次为孝弟力田”。“由是大化，蜀地学于京师者比齐鲁焉。”“至武帝时，乃令天下郡国皆立学校官，自文翁为之始云。”董仲舒于朝廷建言，文翁于地方兴学，两相配合，极大推进了我国古代教育文化的普及、传承和发展。

董仲舒的民本思想及其理论渊源[①]

李有梁　黄冰清

作为汉代最有影响力的经学家，集先秦诸子百家之大成并策划儒学从诸子百家之中脱颖而出成为国家意识形态的董仲舒，其思想体系博大精深，源远流长，其影响至今甚巨。而学界对董仲舒所进行的研究，多集中在其公羊学政治哲学、天人感应论、祥瑞灾异之说等方面，对其民本思想关注不多。实际上，董仲舒的民本思想继承和发展了孔子、孟子和其他学派思想家的观点，内容丰富，见解深刻，在中国思想史上有着非常重要的地位，对于当前“以人民为中心”发展观的提出和政治伦理思想的形成，具有很大的启发意义。其民本思想主要体现在以下三个方面：

一、敬贤重民，与民同乐

董仲舒对统治者与人民的关系，有着非常清醒的认识。《春秋繁露·灭国》篇曰：“王者，民之所往；君者，不失其群者也。故能使

① 基金项目：本文为国家社科基金一般项目“社会转型视阈下的晚清经学改革研究”（项目编号：16BZX046）；湖南省学位与研究生教学改革研究项目“新文科背景下地域文化与中文类研究生培养耦合机制建构与实施研究”（项目编号：2021JGYB193）阶段性成果。

万民往之，而得天下之群者，无敌于天下。”他采用声训的方法，把“王”解释为“民之所往”，把“君”解释为“不失其群”，这说明“王”与“君”就是社会群体的领头者，只有万民支持，君王才能“无敌于天下”。董仲舒对君王与百姓关系的界定，是对《荀子·王制篇》“君者，舟也；庶人者，水也。水则载舟，水则覆舟”说法的继承与发展，且将二者关系讲得更加明白透彻。正因为“民”是君王赖以生存的基础，董仲舒遂提出了敬贤重民的观点，其《春秋繁露·竹林》篇说：

> 《春秋》之常辞也，不予夷狄，而予中国为礼，至邲之战，偏然反之，何也？曰：“《春秋》无通辞，从变而移，今晋变而为夷狄，楚变而为君子，故移其辞以从其事。夫庄王之舍郑，有可贵之美，晋人不知其善，而欲击之，所救已解，如挑与之战，此无善善之心，而轻救民之意也，是以贱之，而不使得与贤者为礼。秦穆侮蹇叔而大败，郑文轻众而丧师，春秋之敬贤重民如是。是故战攻侵伐，虽数百起，必一二书，伤其害所重也。”

上引文字，很显然是董仲舒在回答他人所提有关“夷夏之辨”[①]的问题。按照礼的要求，《春秋》在记载历史事件时，在提及中原之国时应使用褒义词，在提及夷狄之国时应使用贬义词，可《春秋》在记载邲之战时，却正好相反。邲之战是周定王十年（前597）由当时实力最为强大的两个诸侯国——晋国和楚国为争夺中原之地而发起的一次战役。楚庄王带兵亲征，围攻郑国，晋国将领荀林父帅军救郑，但因内部不和，又担心秦军偷袭，被楚军击败，楚庄王从而确立了霸主地位。这次战争，《春秋》记为：“晋荀林父帅师及楚子战于邲。”对此，《春秋公羊传》的解释是：“大夫不敌君，此其称名氏以敌楚子何？不与晋而与楚子为礼也。”[②] 意即晋国的荀林父与楚庄王，在级别上是不对等的，一个是大夫，一个是君王，《春秋》故意这样说，

① 李帆：《“夷夏之辨”和近代中国的民族国家认同》，河南人民出版社2000年版，第3—9页。

② 徐彦：《春秋公羊传注疏》，北京大学出版社1999年版，第349页。

表达了孔子赞扬夷狄之国楚国而批评中原之国晋国的意思。这就是《春秋繁露》所谓的“偏然反之”。

那么，为何《春秋》记录此事时要“偏然反之”呢？董仲舒说，《春秋》在记录史事时并无常规之法，其用词往往因事实变化而变化。《左传·宣公十二年》载：“楚（军）〔君〕讨郑，怒其贰而哀其卑，叛而伐之，服而舍之，德刑成矣。伐叛，刑也；柔服，德也：二者立矣。”① 在邲之战中，楚国讨伐背盟投晋的郑国，这是伐叛之刑；使之臣服后马上退兵，这又是君子之德。相反，中原之国晋国却要与这种“仁义之师”开战，这种“不知其善”的做法更像是夷狄所为。所以《春秋》没有用“常辞”载录这件史事。苏舆《春秋繁露义证》对此评论说：“以此见中国夷狄之判，圣人以其行，不限以地，明矣。”② 意即评判“中国”与“夷狄”的标准，不在于地理位置，而应看该国的所作所为是否符合儒家的政治伦理主张。苏舆此说，当是董仲舒本旨，当今学者多有采纳，如张世亮、钟肇鹏、周桂钿等认为：“华夷之辨不局限于地域划分，主要从礼的文明程度来划分。”③ 董仲舒在这里还举了两个例子：一是僖公三十三年（前627），秦国大夫蹇叔力阻秦穆公偷袭郑国，遭秦穆公侮辱，结果穆公兵败于殽；一是闵公二年（前661），郑文公公然违背民意，导致军队溃败，将军高克投奔陈国。前一个例子，意在说明尊贤的重要性；后一个例子，意在说明重民的重要性。尊贤的目的，其实就是重民，因为贤人之所以成为贤人，是因为“好恶与民同情，取舍与民同统，行中矩绳而不伤于本，言足法于天下而不害于其身，躬为匹夫而愿富，贵为诸侯而无财”④。可见，区分“中国”与“夷狄”的根本标准，也就在于国家大政方针是否有利于人民的安定和幸福。

春秋战国时期，这种尊贤重民的思想，并非儒家专利，墨家有关

---

① 陈戍国：《春秋左传校注》，岳麓书社2005年版，第393页。

② 苏舆：《春秋繁露义证》，中华书局1992年版，第47页。

③ 董仲舒撰、张世亮等译注：《春秋繁露》，中华书局2012年版，第49页。

④ 王聘珍：《大戴礼记解诂》，中华书局1983年版，第10—11页。

尊重贤人的民本思想，在《墨子·尚贤上》篇中有鲜明的体现，其文如下：

> 故古者圣王之为政，列德而尚贤，虽在农与工肆之人，有能则举之，高予之爵，重予之禄，任之以事，断予之令，曰："爵位不高则民弗敬，蓄禄不厚则民不信，政令不断则民不畏。"举三者授之贤者，非为贤赐也，欲其事之成。故当是时，以德就列，以官服事，以劳殿赏，量功而分禄。故官无常贵，而民无终贱，有能则举之，无能则下之。举公义，辟私怨，此若言之谓也。故古者尧举舜于服泽之阳，授之政，天下平。禹举益于阴方之中，授之政，九州成。汤举伊尹于庖厨之中，授之政，其谋得。文王举闳夭、泰颠于罝罔之中，授之政，西土服。故当是时，虽在于厚禄尊位之臣，莫不敬惧而施，虽在农与工肆之人，莫不竞劝而尚意。

墨子认为，选举贤人参与政事，是古代圣王最大的政治。他们选择贤人的标准，不以地位为标准，而是看重他们的品德和能力，即使是地位低下的从事农业和手工业的人，只要有能力就会被选拔出来授予高官重禄，给予事务裁夺之权。更重要的是，墨子还认为必须打破阶层固化，根据能力高低来决定人民在社会流动中的方向，为官的不能永远富贵，当老百姓的不能永远卑贱，有能就举官，无能就罢官。墨子认为，就是所谓的推行公义去除私怨的做法。墨子还进一步举例说明不论出身惟才是举的好处，如尧所推举的舜、禹所推举的益、汤所推举的伊尹、周文王所推举的闳夭和泰颠，都曾经身份卑微，但天子授之以政后，皆取得了辉煌的成绩。这样一来，就会形成这样的局面：拥有厚禄尊位的大臣，也会因为害怕下层民众来替代他而谨慎为官；务农务工的低贱之人，也会努力工作以求上进。墨子这种尊贤重民的论调，为底层民众发出了渴望社会阶级和阶层流动的声音，具有鲜明的民本主义立场，在等级制度森严的战国时期，实属难得。

老子虽然反对尊崇贤人，却仍然有非常鲜明的"重民"思想，如《老子》第三章：

> 不上贤，使民不争；不贵难得之货，使民不为盗；不见可

> 欲，使民不乱。是以圣人之治也，虚其心，实其腹，弱其志，强其骨，常使民无知无欲也。使夫知者不敢为也，为无为，则无不治矣。

以往学界常常将这段话裁定为老子有愚民思想的主要证据，其实不然，因为《老子》第四十九章也曾说过："圣人无常心，以百姓为心。"老子对百姓的看重，于此可见一斑。故王弼《道德经注》对"常使民无知无欲"的注释是"守其真也"[①]，意即老子在此所强调"无知无欲"是人的本真，如能引导百姓守住它，对于国家治理来说是非常重要的，并没有愚民之意。无独有偶，苏辙《老子解》也把这段话解释为："不以三者衔之，则民不知所慕，澹然无欲，虽有智者，无所用巧矣。"[②] 故在苏辙看来，"无知"并非是使人民没有知识而变得愚蠢，而是统治者不标榜"贤"、"难得之货"和"可欲"之物的高大上，这样百姓就不知道此三者的价值所在，也就不会产生竞争追逐之意，也就是老子所谓的"虚其心"和"弱其志"。此外，老子认为统治者还要使人民"实其腹"和"强其骨"，也就是不但能让他们吃饱饭，还能使他们身强体壮，健康长寿，这样就会"无不治矣"。由此可见，老子认为治理国家的关键点，正在于人民的生活过得是否安康，有没有产生过分的欲求。

和老子一样，庄子也否定圣贤，然其重民思想也非常突出，如《庄子·外篇·马蹄》篇就有这样一段话：

> 马，蹄可以践霜雪，毛可以御风寒，龁草饮水，翘足而陆，此马之真性也。虽有义台路寝，无所用之。及至伯乐，曰："我善治马。"烧之，剔之，刻之，雒之，连之以羁䇄，编之以皁栈，马之死者十二三矣；饥之，渴之，驰之，骤之，整之，齐之，前有橛饰之患，而后有鞭筴之威，而马之死者已过半矣。陶者曰："我善治埴，圆者中规，方者中矩。"匠人曰："我善治木，曲者中钩，直者应绳。"夫埴木之性，岂欲中规矩钩绳哉？然且世世

① 王弼注，楼宇烈校释：《老子道德经注校释》，中华书局 2008 年版，第 8 页。

② 苏辙：《老子解》，日本国立国会图书馆藏本，第 6 页。

称之曰“伯乐善治马而陶匠善治埴木”，此亦治天下者之过也。

此段的论述中心，就在于最后一句“此亦治天下者之过也”。庄子用了三个比喻来进行说明：一是马被伯乐用各种手段去驯化，去束缚，结果超过一半的马会死去。二是陶者所制造的陶器，圆的可以合乎圆规所画，方的可以合乎矩尺所画；三是木匠所做的木器，弯曲的可以合乎钩子所画，直的可以合乎准绳所量。但这些陶器和木器，皆是经过雕琢而失去本性的。庄子认为，治理天下的人，也跟伯乐、陶者和木匠一样，对老百姓各种干涉、管理甚至压迫，这无疑与老子所主张的无为而治背道而驰。而老庄所主张的无为而治，固然有为统治者建言的可能，但最为根本的意图，却是维持人民的本性，让王者的统治顺应民心。故王先谦《庄子集解》说：“其过与治天下者等。”①

如果说尊贤和重民是董仲舒民本思想最基本的态度，那么与民同乐，则是一种更高的思想境界。在《春秋繁露·楚庄王》篇中，董仲舒回答“新王必改制”这一重要问题时，曾论及与民同乐这个重要命题：

问者曰：“物改而天授，显矣，其必更作乐，何也?”曰：“乐异乎是，制为应天改之，乐为应人作之，彼之所受命者，必民之所同乐也。是故大改制于初，所以明天命也；更作乐于终，所以见天功也；缘天下之所新乐，而为之文，且以和政，且以兴德，天下未遍合和，王者不虚作乐，乐者，盈于内而动发于外者也，应其治时，制礼作乐以成之，成者本末质文，皆以具矣。是故作乐者，必反天下之所始，乐于己以为本。舜时，民乐其昭尧之业也，故韶，韶者，昭也；禹之时，民乐其三圣相继，故夏，夏者，大也；汤之时，民乐其救之于患害也，故頀，頀者，救也；文王之时，民乐其兴师征伐也，故武，武者，伐也。四者天下同乐之，一也，其所同乐之端，不可一也。作乐之法，必反本之所乐，所乐不同事，乐安得不世异!

① 王先谦：《庄子集解》，商务印书馆1946年版，第53页。

上引一段，是董仲舒较为集中地讨论了国家文化建设中如何制作音乐的问题：与“应天改制”相对的是，“作乐”是“应人”的，意即顺应人民意志而制作音乐。董仲舒特别强调“民之所同乐”的重要性，重新制作出来的“乐”，经过文饰之后，可以用来调和政治，推行教化。他还认为，音乐制作人应该以“反天下之所始，乐于已以为本”，也就是《礼记·乐记》所谓的“乐，乐其所自生；礼，反其所自始”①，意即音乐和礼一样，彰显的是道德，故“王者正乐，欢乐其已之所由生”②，顺应了人民的呼声。如舜帝之时的乐为《韶》，韶是昭的意思，这是因为百姓欣赏舜帝能昭显尧的功业；大禹之时的乐为《夏》，夏是大的意思，这是因为赞扬大禹能够继承二圣之业；商汤之时的乐为《頀》，頀是救的意思，这是因为百姓感激他把他们救出刀山火海；文王之时的乐为《武》，武是征伐之意，这是因为人民喜欢他能兴师伐纣。董仲舒说，这四种音乐的制作，因有其不同的表层原因，便其深层原因却是相同的，那就是顺应民意，与民同乐。从这段文字亦可看出，与民同乐（音乐），就是与民同乐（快乐），这与《礼记》“乐者乐也”的说法又何其一致。

董仲舒与民同乐的思想，最直接的来源就是先秦时期原始儒家的民本思想。孔子、孟子是原始儒家最为著名的两位代表人物。作为儒家学派创始人的孔子，其“仁者爱人”的思想对我国古代“以民为本”伦理思想体系的构建，具有非常重要的意义。其《论语》一书，有诸多相关的表述，除了《颜渊》篇“樊迟问仁，子曰爱人”之外，另有《学而》篇“节用而爱人”、《宪问》篇“爱之，能勿劳乎”、《阳货》篇“君子学道则爱人”等，这里的“爱人”“爱之”等，都是统治者关爱人民的意思。此外，《礼记·哀公问》篇也有相关记载，孔子在回答鲁哀公“为政如之何”的问题时说：“古之为政，爱人为大。所以治爱人，礼为大。”爱人也好，礼也好，其最终目的就在于与民同乐，故该篇在解释“古之为政，爱人为大”时说：“不能爱人，不

① 孙希旦：《礼记集解》，中华书局1989年版，第1008页。

② 孔颖达：《礼记正义》，上海古籍出版社1990年版，第682页。

能有其身。不能有其身，不能安土。不能安土，不能乐天。不能乐天，不能成其身。”根据“他者”理论，“道德的目标在于培养责任主体”，但“主体不是孤立的个体，而是始终处于和他者的关系之中”①，“如果跟某人交往所得到的回报大于付出的成本”，或者能使之在交往过程中“心情愉悦”，那么人们“就喜欢并愿意继续维持这种关系”②。可见“爱人”必然会使百姓“愉悦”，故百姓乐意为天子纳贡赋，服徭役，使天子保有其身，守土安疆，“乐循天理”③。朱熹谓“天理流行，触处皆是”④，这种“乐天”之乐，自然也是与民共享的。

儒家的另一个代表人物亚圣孟子也有很多有关“与民同乐”的阐述，在《孟子·尽心上》篇里，孟子曰：“仁言，不如仁声之入人深也。”何谓“仁言”和“仁声”呢？朱熹引程子之言解释道：“仁言，谓以仁厚之言加于民。仁声，谓仁闻，谓有仁之实而为众所称道者也。此尤见仁德之昭著，故其感人尤深也。”所谓“仁言”，就是施之于人民的仁厚之言；至于“仁声”，则是人民对为政者因施仁政于民而发出的称赞。朱熹说这一点更能显示出仁德对老百姓重要性。在这里，孟子还说：“善政，不如善教之得民也。善政民畏之，善教民爱之；善政得民财，善教得民心。”朱熹注曰：“政，谓法度禁令，所以制其外也。教，谓道德齐礼，所以格其心也。”⑤ 因此，所谓“善政”，就是完善的法令制度，老百姓望而生畏，而统治者可以借助它获得人民的税赋，这些虽然好，但只是一种表面上的、形式上的好。不如“善教”，即完善的道德礼义，它们深入人心，广受欢迎。《孟子·梁惠王下》还提出了与民同忧乐才能为王的理念：“乐民之乐者，民亦乐其乐；忧民之忧者，民亦忧其忧；乐以天下，忧以天下，然而

① 郭菁：《基于他者伦理的责任主体观》，《云梦学刊》2021年第2期。

② 戴维·迈尔斯《社会心理学》，人民邮电出版社2006年版，第311—312页。

③ 孙希旦：《礼记集解》，中华书局1989年版，第1264页。

④ 朱熹：《朱子全书》（第十五册），上海古籍出版社、安徽教育出版社2002年版，第1435页。

⑤ 朱熹：《四书章句集注》，中华书局1983年版，第353页。

不王者，未之有也。”只有为老百姓忧，为老百姓乐，老百姓才会为君王忧，为君王乐。也就是说，只有为天下忧乐的人才可以成为王。《孟子·梁惠王上》还进一步提出“后乐”的理念：“孟子见梁惠王，王立于沼上，顾鸿雁麋鹿，曰：‘贤者亦乐此乎?’孟子对曰：‘贤者而后乐此，不贤者虽有此，不乐也。”贤者后乐，意味着只有人民乐了，贤者才能乐，此乃“后乐”之意孟子这种忧乐观，直接开启了范仲淹“先天下之忧而忧，后天下之乐而乐”的表述，其本质都是民本思想。

二、屈人伸君，以人随君

作为西汉时期“天人合一”哲学的代表性人物，董仲舒对天、君、人三者的关系做过非常深刻的思考，《春秋繁露·玉杯》篇中有一段非常有名的话：

> 《春秋》之法：以人随君，以君随天。曰：缘民臣之心，不可一日无君，一日不可无君，而犹三年称子者，为君心之未当立也，此非以人随君耶！孝子之心，三年不当，而踰年即位者，与天数俱终始也，此非以君随天邪！故屈民而伸君，屈君而伸天，春秋之大义也。

因其中“以人随君，以君随天”“屈民而伸君，屈君而伸天”的表述，长期以来，很多学者都认为董仲舒因强化君权而忽视了儒家传统理念中最为可贵的“以人为本”，这种说法，甚至影响了2014年江苏省历史科目高考试题答案的设置，说董仲舒“背离了原始儒学的民本思想”①。

不过，也有不少学者对此种论调做过有力的驳斥。如周桂钿早在2001年就对这句话有过解读：“这个‘民’，主要不是指老百姓，而

① 张程远：《董仲舒背离民本思想了吗?》，《光明日报》2014年10月29日，第14版。

是指拥有地方势力的诸侯国君。”[①] 对“民”这个概念做了独特的阐发。再如李存山《董仲舒在中国思想文化史上的地位与影响》一文虽承认“‘以人随君’，‘屈民而伸君’，是对君主集权制度的肯定，故董仲舒有‘三纲’之说”，但又专门撰写《民本思想》一节高度评价董仲舒在儒家民本思想传承过程的作用[②]。无独有偶，朱汉民也指出：“通过‘以人随君’‘屈民而伸君’以充分保障君王的政治权力；同时，又通过‘以君随天’‘屈君而伸天’将儒家思想传统及其倡导的德治理念、民本思想转化为‘天’的精神权威以限制君权。”[③] 这些观点，都大大肯定了董仲舒借“天”限制和削弱君权从而彰显其民本思想的做法。

值得注意的是，清末公羊学家苏舆在解释这一段话时，并没有认为董仲舒是在“肯定”和“保障”君主权威，反而特别强调其中“贵民”的观点。董仲舒在这里使用的“民臣”一词，苏舆认为这是“以民首臣”之意，意即在百姓之中，为天子服务的臣子，乃是万民之首，因此是“贵民之意”，也就是特意抬高“民”的地位。至于“以人随君，以君随天”的原因，苏舆也论证得非常清楚：天子去世之后，继位的新君因为“孝子之心”，“犹三年称子”。但百姓却认为“不可一日无君”，或者说“不可一日无天子”，即使这样，他们还是顺从继位者的意愿，称其为“子”。这就是“以人随君”和“屈民而伸君”的意思，说得通俗一点，就是老百姓要顺从君王，在刚刚继承天子之位时，要抑黜百姓的意愿而伸张君王的意愿，使之合乎孝道。可实际上，继位者在第二年便即位改元，其原因有二：一是“不可旷年无君”，也就是不能多年没有天子；一是“一年不可有二君”，要“与天数俱终始”，即刚去世的天子所使用的年号，须等当年结束方才

---

① 周桂钿：《董仲舒天人感应论的真理性》，《河北学刊》2001年第3期。

② 李存山：《董仲舒在中国思想文化史上的地位与影响》，《河北学刊》2010年第4期。

③ 朱汉民：《“屈民而伸君”与“屈君而伸天”——董仲舒〈春秋〉大义的政治智慧》，《天津社会科学》2018年第2期。

结束使命，而继位新君的年号，则要次年正月才能投入使用。这就是“以君随天”和“屈君而伸天”的意思，说得通俗一点，就是天子去世之时，如果顺从继位新君的主观意愿，须守孝三年之后才能即位，但因为要契合“天数”，国不可“旷年无君”，故新天子不得不第二年就改元即位了。这就是抑黜君王的意愿而伸张“天”的意志，与君主专制并无关联。

这样看来，董仲舒这种表述，既未强调君权，也未违背原始儒学以民为本的基本主张。苏舆还对董仲舒人、君、天三者的关系做了更进一步的阐述：

> 屈民以防下之畔，屈君以警上之肆。夫天生民而立之君，此万古不敝之法也。圣人教民尊君至矣，然而盛箴谏以纠之，设灾异以警之，赏曰天命，刑曰天讨，使之罔敢私也。视自民视，听自民听，使之知所畏也。崩迁则有南郊称天告谥之文，有宗庙观德之典，屈伸之志微矣。故曰《春秋》大义。①

“屈伸之志”可谓十分精微：屈抑百姓的意愿，是防止他们发生违背君王的叛乱；屈抑君王的意愿，是警示他们过于恣肆浪荡。当然，苏舆也明确表示，既然有老百姓，就应该为他们配设一个君王，这是“万古不敝之法”，也可以看出圣人教育百姓尊敬君王的良苦用心。董仲舒这种屈抑百姓而尊崇君王理论，在大一统的西汉王朝，自然要迎合君主之需要。但是，董仲舒并未一味强调君权的绝对性，“民”和“天”都是牵制君权的重要力量。也就是说，在君主与人民的关系上，君主固然要统治人民，但人民也是君主赖以生存的基础。君主一旦有过错，民臣可以多次进谏使之纠正错误，上天也可以施加灾异来予以警告，使之不敢私心自用。当然，苏舆更多的是从民臣这个角度来考量“君”与“民”的关系：君王要学会从“民”的角度看问题、听消息，同时还要明白，君王一旦崩迁，民臣就会给他一个带有褒贬色彩的谥号，并在宗庙举行“观德之典”，这样一来，才会有

① 苏舆：《春秋繁露义证》，中华书局1992年版，第31—32页。

畏惧之心。由此可见，民、君、天三者，其权威性逐渐递增，但民臣是君王的基石，上天是君王的监督，君王如不高度重视，后果不堪设想。笔者以为，苏舆对“屈民而伸君，屈君而伸天”的解读，高举“以民为本”的大旗，说理最为透彻，逻辑最为清楚，深得董仲舒本意，应引起学界更多的重视。

那么，“贵民”有哪些具体措施呢？《春秋繁露·王道》篇有这样话：

> 《春秋》何贵乎元而言之？元者，始也，言本正也；道，王道也；王者，人之始也。王正，则元气和顺，风雨时，景星见，黄龙下；王不正，则上变天，贼气并见。五帝三王之治天下，不敢有君民之心，什一而税，教以爱，使以忠，敬长老，亲亲而尊尊，不夺民时，使民不过岁三日，民家给人足，无怨望忿怒之患、强弱之难，无谗贼妒疾之人，民修德而美好。

孔子所编订的《春秋》，第一句就是“元年春王正月”。董仲舒认为这是《春秋》对“元”的重视：“元”就是开始，就是“本正”。而“王者”就是“人之始”，意即万民之首。万民之首正的话，就会出现“元气和顺”“风雨时”“景星见”“黄龙下”等祥瑞；不正的话，就会出现“上变天”“贼气并见”等灾异。显然，这是董仲舒天人合一哲学观的直接体现。那么，什么样的君王才是“正”的呢？董仲舒并没有归纳出来，而是举了远古时期五帝三王的例子来说明。他认为，收取极少数的税收，用“爱”“忠”“敬”“亲”“尊”等观念来教化人民，不抢夺他们的生产时间，百姓服役的时间一年不超过三天，这样就会家族富足，人丁兴旺。由此可见，董仲舒对“王者，人之始也”的论证，最终还是落实到了“贵民”的层面，亦可视为他对“君”“民”关系所做的补充说明。

至于“君”与“天”的关系，董仲舒有更多的表述。如《春秋繁露·楚庄王》篇曰：“《春秋》之道，奉天而法古。……故圣者法天，贤者法圣，此其大数也。”明确提出圣人都要效法“天”，此为《春秋》之道，君王就更不用说了。而且，董仲舒还认为，“新王”即位，“非继前王而王也”，而是“受命于天”，也就是说，其王位的合法性，是“天”所赋予的。对此，《春秋繁露·二端》篇又做了更为充分的申说：

> 是故《春秋》之道，以元之深正天之端，以天之端正王之政，以王之政正诸侯之即位，以诸侯之即位正竟内之治，五者俱正而化大行。故书日蚀、星陨、有蜮、山崩、地震、夏大雨水、冬大雨雹、陨霜不杀草、自正月不雨至于秋七月、有鸜鹆来巢，《春秋》异之，以此见悖乱之征。……然而《春秋》举之以为一端者，亦欲其省天谴而畏天威，内动于心志，外见于事情，修身审己，明善心以反道者也，岂非贵微重始、慎终推效者哉！

上引是董仲舒讨论“贵微重始”的一段文字，比较有代表性地揭示了“君”与“天”的密切关系。在这里，“元”是一个类似于本体的概念，“天”决定于“元”，“王之政”又决定于“天之端”，“君”是受制于“天”，一旦君王犯有过错，遂天降灾异，如《春秋》里所记载的“日蚀、星陨、有蜮、山崩、地震、夏大雨水、冬大雨雹、陨霜不杀草、自正月不雨至于秋七月、有鸜鹆来巢”等。

董仲舒强调“天”为最高的权威，其目的在于警戒统治者要有“贵民”之心，这与墨子的民本观念联系颇多。墨子出身低贱，作为百家争鸣时代下层人民的代表，他一直主张“兼爱”和“非攻”，以最大程度保障人民的切身利益。如《墨子·兼爱中》篇云：“爱利万民，爱利百姓。”又云：“今若夫攻城野战，杀身为名，此天下百姓之所皆难也。”明确“爱”对于万民百姓的重要意义，也道出战争对人民的伤害最深，故而主张“兼相爱、交相利之法”。虽然，在墨子构建的“天、鬼（神）、君、民”四维体系理论框架中，上天意志的作用被放大到了极点，意欲通过“尊天明鬼”的主张，以钳制君王至高无上的权力①。墨子这种做法，在余英时看来，“不过是假传统的旧‘天道’以加强他的新‘人道’而已”②。新“人道”，说到底就是一种以民为本的思想理论。

---

① 钱永生：《墨子人本思想的结构》，《湖南大学学报（社会科学版）》2009年第1期。
② 余英时：《士与中国文化》，上海人民出版社2003年版，第34页。

《管子》一书，对人民与君王的关系，也有过较多的讨论。这本后人假托其名而汇集诸家言论而成的著作，思想驳杂，内容繁多，其中《霸言》篇是古代典籍中第一次明确提出“以人为本”的文本，而其《牧民》篇也有相似的表述：

> 政之所兴，在顺民心；政之所废，在逆民心。民恶忧劳，我佚乐之；民恶贫贱，我富贵之；民恶危坠，我存安之；民恶灭绝，我生育之。能佚乐之，则民为之忧劳；能富贵之，则民为之贫贱；能存安之，则民为之危坠；能生育之，则民为之灭绝。故刑罚不足以畏其意，杀戮不足以服其心。故刑罚繁而意不恐，则令不行杀戮众而心不服，则上位危矣。故从其四欲，则远者自亲；行其四恶，则近者叛之。故知予之为取者，政之宝也。

此一章取名为“四顺”，其中心意思是顺应民心就可以使国政兴盛，忤逆民心则会使国政废败。因此，统治者在治国理政时，对老百姓要做到四个顺应：一是老百姓不喜欢忧愁和劳累，就要使他们安逸快乐，这样统治者面临危险时百姓就会为他担心为他出力；二是老百姓不喜欢贫穷和低贱，统治者就要想办法让他们富贵起来，这样统治者面临危险时老百姓就会甘于贫贱而使之富贵；三是老百姓不喜欢危险和地位下降，统治者就要保全和安抚他们，这样统治者面临危险时百姓甘于“危坠”而使之安存；四是老百姓不喜欢没有后代，统治者就要创造条件帮助他们生育，这样统治者面临危险时百姓就会甘愿自己灭绝也要为统治者创造繁衍后代的条件①。刑罚和杀戮都不能使百姓畏服，顺应了民心，即便远方之人也会变得亲近起来。

董仲舒的“人—君—天”三维政治伦理结构，显然继承和发展了孟子“民贵君轻”的思想，但又打上了鲜明的时代烙印而有极大的不同。《孟子·尽心下》里的“民为贵，社稷次之，君为轻。是故得乎丘民而为天子，得乎天子而为诸侯，得乎诸侯而为大夫”。什么是社稷呢？朱熹注曰：“社，土神。稷，谷神。建国则立坛壝以祀之。”可

---

① 黎翔凤：《管子校注》，中华书局2004年版，第13页。

见，相比较孔子而言，孟子更直接地表明了“民”在国家治理体系中的重要性：比土神和谷神重要，比国君本人更重要。对此，朱熹进一步阐述：“盖国以民为本，社稷亦为民而立，而君之尊，又系于二者之存亡，故其轻重如此。”① 他认为，国君的存亡，依赖于社稷和人民，如果社稷和人民不能确保存在，国君也就不存在了。朱熹这种论述，可谓得孟子之真意。孟子视人民为最“贵”，而董仲舒虽然承认人民的基础性作用，却又引入了起决定作用的“天”。这与当时大一统的社会政治背景是密不可分的。

三、让利于民，均衡贫富

美国学者罗尔斯说，作为公平的“正义是社会制度的首要价值”②。董仲舒在《春秋繁露·度制》篇里，也主张建立一个不与民争利、积极调节贫富差距的以公平正义为指向的制度。这种思想，从根本上说仍是以民为本。其文曰：

> 孔子曰：“君子不尽利以遗民。”《诗》云：“彼其遗秉，此有不敛穧，伊寡妇之利。”故君子仕则不稼，田则不渔，食时不力珍，大夫不坐羊，士不坐犬。……天不重与，有角不得有上齿，故已有大者，不得有小者，天数也。夫已有大者，又兼小者，天不能足之，况人乎！故明圣者象天所为为制度，使诸有大奉禄，亦皆不得兼小利、与民争利业，乃天理也。

此处所引“君子不尽利以遗民”至“以亡其身”一段，亦见于《礼记·坊记》，意思是说，作为领导者的君王，不应该与百姓争夺利益，而应该施留一点让百姓去获取，就像《诗经·大雅·北山之什》篇里所说，那些遗落在田间地头的粮食，是留给那些孤寡无助之人去捡拾的。所以，出仕为官的人不能从事农业生产，打猎的不去捕鱼。董仲舒还从“天理”的角度解释为何要让利于民：有角的动物，不会

① 朱熹：《四书章句集注》，中华书局1983年版，第367页。

② 约翰·罗尔斯：《正义论》，中国社会科学出版社1988年版，第1页。

有锋利的上齿，说明上天在制造万物时，“已有大者，不得有小者”，也就是说，不会给某种生物以双重利器。人类社会也一样，那些有“大奉禄”的，也不能兼得小利，和老百姓争抢利益，这是圣人“象天所为”而设计出来的制度所规定的。类似的表述，在《汉书·董仲舒传》中亦可寻其踪迹，其文曰：

> 夫天亦有所分予，予之齿者去其角，傅其翼者两其足，是所受大者不得取小也。古之所予禄者，不食于力，不动于末，是亦受大者不得取小，与天同意者也。夫已受大，又取小，天不能足，而况人乎！此民之所以嚣嚣苦不足也。身宠而载高位，家温而食厚禄，因乘富贵之资力，以与民争利于下，民安能如之哉！是故众其奴婢，多其牛羊，广其田宅，博其产业，畜其积委，务此而亡已，以迫蹴民，民日削月朘，寖以大穷。富者奢侈羡溢，贫者穷急愁苦；穷急愁苦而不上救，则民不乐生；民不乐生，尚不避死，安能避罪！此刑罚之所以蕃而奸邪不可胜者也。故受禄之家，食禄而已，不与民争业，然后利可均布，而民可家足。此上天之理，而亦太古之道，天子之所宜法以为制，大夫之所当循以为行也。故公仪子相鲁，之其家见织帛，怒而出其妻，食于舍而茹葵，愠而拔其葵，曰：“吾已食禄，又夺园夫红女利乎！”

董仲舒在这里罗列了当时“所予禄者”“与民争利”的种种表现：身居高位，俸禄丰厚，奴婢众多，牛羊成群，田宅甚广，产业发达，用一句话来概括就是“奢侈羡溢”。董仲舒更强调“与民争利”的不良后果：“民”，也就是老百姓，却因为上述现象而“穷急愁苦”，君王如果不予施救，他们就不愿活着，也就是不怕死，不怕死就敢于犯罪，最终导致刑罚繁多而奸邪之事不可胜数。因此，只有“不与民争业”，才能平均分配利益，家家户户才能丰足。那么，怎样做才是正确的呢？董仲舒认为，天子应该制定相应的法律，大夫应该循良而行，像公仪子在鲁国担任臣相，返家省亲时见其家人织帛植葵，遂出妻拔葵，阻止家人与“园夫”“红女”等争夺利益。在《春秋繁露·度制》篇里，董仲舒还说：

> 孔子曰：“不患贫而患不均。”故有所积重，则有所空虚矣。

> 大富则骄，大贫则忧，忧则为盗，骄则为暴，此众人之情也。圣者则于众人之情，见乱之所从生，故其制人道而差上下也，使富者足以示贵而不至于骄，贫者足以养生而不至于忧，以此为度而调均之，是以财不匮而上下相安，故易治也。今世弃其度制，而各从其欲，欲无所穷，而俗得自恣，其势无极，大人病不足于上，而小民羸瘠于下，则富者愈贪利而不肯为义，贫者日犯禁而不可得止，是世之所以难治也。

董仲舒进一步申述，财富的总量大体上有一个定数，如果某些人积蓄太多，另一些人肯定会有所亏空，这样社会上就会出现“大富”之人与“大贫”之人并存的现象，也就是今天所谓的贫富两极分化。大富之人易生骄恣之态，往往更加贪图暴利；大贫之人“知道摆脱贫困的前景非常渺茫”，“心中没有了希望”①，往往铤而走险冒犯法律而沦为盗贼，导致社会治理的难度大大增加。其具体的解决策略是：“制人道而差上下”，也就是设计各种制度来调适上下阶层的人民，使富人能够显示其身份高贵但不会骄傲，穷人能够活下来而不至于过于忧虑，这样的话，即使社会财富总量不多，也会上下相安无事，社会治理的难度也会小很多。

董仲舒这种平均主义思想，与春秋战国时期诸子百家尤其是儒家的“平均”理念是分不开的。《周易·谦卦·象辞》曰：“君子以裒多益寡，称物平施。”称物平施，就是说天道主施，任何人的所获所得，都不能有太多差别，故统治者应该“损有余以补不足”，“这反映了孔子思想中的平均观念”②。而《论语·季氏》对此有更详尽的呈现。该篇记载，冉有和子路担任鲁国大夫季氏宰，在季氏准备讨伐颛臾的时候，他们来向孔子请教。孔子却认为颛臾是“社稷之臣”，不能讨伐，并责备二位弟子未能尽到劝阻季氏发动内战的职责。后文又曰：

> 冉有曰：“今夫颛臾，固而近于费。今不取，后世必为子孙忧。”孔子曰：“求！君子疾夫舍曰欲之，而必为之辞。丘也闻有

---

① 约瑟夫·E. 斯蒂格利茨：《不平等的代价》，机械工业出版社2020年版，第6页。

② 金景芳、吕绍纲：《周易全解》，上海古籍出版社2005年版，第148页。

国有家者，不患寡而患不均，不患贫而患不安。盖均无贫，和无寡，安无倾。夫如是，故远人不服，则修文德以来之。既来之，则安之。今由与求也，相夫子，远人不服而不能来也；邦分崩离析而不能守也。而谋动干戈于邦内。吾恐季孙之忧，不在颛臾，而在萧墙之内也。”

朱熹《四书章句集注》曰：“寡，谓民少。贫，谓财乏。均，谓各得其分。安，谓上下相安。季氏之欲取颛臾，患寡与贫耳。然是时季氏据国，而鲁公无民，则不均矣。君弱臣强，互生嫌隙，则不安矣。均则不患于贫而和，和则不患于寡而安，安则不相疑忌，而无倾覆之患。”①朱熹的这段话，系结合孔子之时鲁国的史实，集中阐发了孔子对“有国有家者”在治国理政时所做的“建言”。他说，治理国家时，不必担心百姓少而应该担心分配不均，因为分配平均就不可能导致某些百姓陷入赤贫。如果这样做，远方之人仍然不来归附，也要修治文德，使自己身边的百姓富足安康，这样远方之人就会主动来投靠。如果不能这样做，还在国内发动战争，这样只会给子孙后代留下祸患。孔子这段话，正是一种以民为本的论述。此外，《论语·子路》篇说：“叶公问政，子曰：‘近者说，远者来。’”朱熹《四书章句集注》对此的阐述是：“被其泽则悦，闻其风则来。然必近者悦，而后远者来也。”② 从朱熹语意揣测，“被其泽”“闻其风”“近者悦”“远者来”的主体，是远近之民，为政者所要做的，就是要推行德政，以仁义治国，这样才能使身边的人民愉悦，远方的人民听闻国君所推行的德政，闻风前来归附。

当然，必须承认，这种以民为本的平均主义思想亦非儒家独有，春秋战国时期的其他学派亦多有此论。如法家典籍《商君书·说民》篇说：“故贫者益之以刑则富，富者损之以赏则贫。治国之举，贵令贫者富，富者贫。贫者富，国强；富者贫，三官无虱。国久强而无虱

① 朱熹：《四书章句集注》，中华书局1983年版，第170页。

② 朱熹：《四书章句集注》，中华书局1983年版，第145页。

者，必王。”[1] 认为国家和人民生死与共，若要长治久安，王位永固，统治者应该采用刑罚的手段逼迫他们从事耕作而使穷人增加财富，也要采用奖赏的手段而使富人拿出一些财富从事公益活动，贫富差距一缩小，社会才能趋于稳定而没有危害。而法家的集大成之作《韩非子》有《六反》篇，批判了社会上六种广受赞誉却奸诈虚伪的人，并提出“明主之治国也，适其时事以致财物，论其税赋以均贫富”的主张，不仅要求统治者按照时令获取财物，还要求政府通过赋税的征收来调节人民的贫富，其平均主义色彩十分鲜明。墨家虽然与法家道不相同，但其以“兼爱”为核心的思想，本身就是以平等和公正为导向的，故《墨子·尚贤下》篇将“有力者疾以助人，有财者免以分人，有道者劝以教人”的做法称为“为贤之道”。而董仲舒作为西汉极力主张以民为本的儒者，肯定深受这些观点的影响。

本文原载于陈明、朱汉民主编《原道》（第 43 辑），湖南大学出版社 2022 年版。

李有梁（1977—），湖南平江人，博士，湖南理工学院副教授，主要研究方向为中国经学史、古代文学。

黄冰清（1998—），湖南临澧人，湖南理工学院中国语言文学学院研究生，主要研究方向为古代文学。

① 商鞅撰，石磊译注：《商君书》，中华书局 2009 年版，第 58 页。

公开和隐藏：董仲舒隐喻之下的君主政治理论

李晓英

董仲舒通过拟物、拟人、拟事、方位和文化象征，以各种具有主宰决定性的物象广泛隐喻天和君（主）；以各种灾异折射暴政、苛政及强权贪欲所导致的恶果败象；以混沌质朴之物隐喻圣人的教化和民性的启蒙；通过各种负荷、隐忍、孤独的表述暗示转制更化的维艰沉重。在丰富多样的隐喻中，董仲舒传达出并行的两种观点：一方面国家必须法天设君立臣化民治国，另一方面屈君伸天和屈民伸君。

一、拟物的隐喻

董仲舒将道展开为君主政治论，将道表示为君主为政应有的准则，比喻为“路”：

道者，所遥适于治之路也。

将万民之性隐喻为睡眠时的眼睛：

民之号，取之瞑也，使性而已善，则何故以瞑为号。以者言，弗扶将则颠陷猖狂，安能善？性有似目，目卧幽而瞑，待觉而后见。当其未觉，可谓有见质，而不可谓见。今万民之性，有其质而未能觉，譬如瞑者待觉，教之然后善。当其未觉可谓有善

> 质，而不可谓善，与目之瞑而觉一概之比也。①

瞑，凌曙注："古眠字。"万民之性就像睡眠时的眼睛，待人觉醒后才能看见东西。当人未觉醒时，可以讲有"见质"而不能讲看见东西。万民之性就如有见质而未觉醒，待觉醒后而有所见，犹待教化后而变善。当其未觉醒时可以讲有其"善质"而不可说已善。民的名号就是取睡眠之意，这是天的作为，效法天之所为而起名号为民，王承天意教，化万民而使之善。假如万民之性已善，就会失天意而去王教的责任。

董仲舒从不同角度将君子比喻成"玉"和"山"：

> 君子比之玉，玉润而不污，是仁而至清洁也；廉而不杀，是义而不害也；坚而不磬，过而不濡，视之如庸，展之如石，状如石，搔而不可从绕，洁白如素而不受污，玉类备者，故公侯以为贽。②

以玉隐喻君子的节操，这是继承儒家的一贯思维方式，孔子运用这种体物方式教育学生："岁寒，然后知松柏之后凋也。"山川则隐喻君子的包容之功，

> 山川神祇立，宝藏殖，器用资，曲直合，大者可以为宫室台榭，小者可以为舟舆浮滠。大者无不中，小者无不入，持斧则斫，折镰则艾，生人立，禽兽伏，死人入，多其功而不言，是以君子取譬也。③

董仲舒将性与善的关系比作禾与米的关系：

> 故性比于禾，善比于米。米出禾中，而禾未可全为米也。善出性中，而性未可全为善也。善与米，人之所继天而成于外，非在天所为之内也。④

所以人性只能说有善的成分，却不能说性善，这就如同禾与米，

① 苏舆：《春秋繁露义证》卷一〇，中华书局1992年版。

② 苏舆：《春秋繁露义证》卷一〇，中华书局1992年版，第420—421页。

③ 苏舆：《春秋繁露义证》卷一〇，中华书局1992年版，第423页。

④ 苏舆：《春秋繁露义证》卷一〇，中华书局1992年版。

米出于禾，但禾不是米。善也需要教化才能实现。他认为人性是不可改变的：

> 人受命于天，有善善恶恶之性，可养而不可改，可豫而不可去，若体之可肥臞而不可得革也。是故虽有至贤，能为君亲含容其恶，不能为君亲令无恶。①

他还用蚕茧与鸡卵的比喻来说明这种关系：

> 性如茧如卵。卵待覆而成雏，茧待缫而为丝，性待教而为善。此之谓真天。②

蚕茧和鸡卵都不是直接就能成为丝和鸡的，而要通过缫丝和孵化才能实现的。

后天教训已不是性：

> 中民之性，如茧如卵。卵待覆二十日，而后能为雏；茧待缫以涫汤，而后能为丝；性待渐于教训，而后能为善。善，教训之所然也，非质朴之所能至也，故不谓性。性者，宜知名矣，无所待而起，生而所自有也。善所自有，则教训已非性也。是以米出于粟，而粟不可谓米；玉出于璞，而璞不可谓玉；善出于性，而性不可谓善。③

因此，性也不是直接就可以成为善的，而是需要教化才能实现的。董仲舒人性论有形上的依据，又以日常物象隐喻，符合人们对人性的观察，对后世影响极大。

为了论证天道的秩序，董仲舒以荠、荼为例，具体地说明了食物对于人之合适与不合适的选择，从而使得人能够获得天地之美好和四季之调和。

> 故荠以冬美，而荼以夏成，此可以见冬夏之所宜服矣。冬，水气也，荠，甘味也，乘于水气而美者，甘胜寒也，荠之为言济与，济，大水也；夏，火气也，荼，苦味也，乘于火气而成者，

① 苏舆：《春秋繁露义证》卷一〇，中华书局 1992 年版，第 34 页。
② 苏舆：《春秋繁露义证》卷一〇，中华书局 1992 年版，第 312 页。
③ 苏舆：《春秋繁露义证》卷一〇，中华书局 1992 年版，第 312 页。

苦胜暑也。天无所言，而意以物，物不与群物同时而生死者，必深察之，是天之所以告人也。故荠成告之甘，荼成告之苦也，君子察物而成告谨，是以至荠不可食之时，而尽远甘物，至荼成就也。天所独代之成者，君子独代之，是冬夏之所宜也。

如果能够依循天之道来妥善地选择食物，这就是养身的最好的方式，也是对于人的外在形体的最佳的照顾，如果能够这样做，那就是对于生命本身最好的维护，也就是中和常在于身。

董仲舒对国君的特点、国家中位置以及作为国君应发挥的作用进行多种形象的隐喻：

一国之君，其犹一体之心也：隐居深宫，若心之藏于胸；至贵无与敌，若心之神无与双也；其官人上士，高清明而下重浊，若身之贵目而贱足也；任群臣无所亲，若四肢之各有职也；内有四辅，若心之有肝肺脾肾也；外有百官，若心之有形体孔窍也；亲圣近贤，若神明皆聚于心也；上下相承顺，若肢体相为使也；布恩施惠，若元气之流皮毛腠理也；百姓皆得其所，若血气和平，形体无所苦也；无为致太平，若神气自通于渊也。①

二、拟人隐喻

拟人隐喻是把物比成人，将天做出多种拟人化表述：父亲、曾祖父、百神之君、人、人之情感、君（主宰的君主）神等等。首先董仲舒把天比作人之父亲和曾祖父：

天者群物之祖也，故遍覆包函而无所殊，建日月风雨以和之，经阴阳寒暑以成之。②

天地者，万物之本、先祖之所出也。③

天亦人之曾祖父也。此人之所以乃上类天也。

① 苏舆：《春秋繁露义证》卷一〇，中华书局1992年版。

② 班固：《汉书·董仲舒传》。

③ 苏舆：《春秋繁露义证》，中华书局1992年版，第269页。

天人不仅有外在形体上的相似性，而且有内在血缘宗族、意识德行上的联系。确认天是有意志的上帝，是世界的最高主宰。君主是天的儿子，称为天子，子受父命，治理国家。

> 受命之君，天意之所予也。故号为天子者，宜视天如父事天以孝道也。①

从这个意义上说，董仲舒把自古以来的天神崇拜与祖宗崇拜合而为一了。畏敬、崇拜天的宗教仪式便是祭祀。

> 天子不可不祭天，无异人之不可以不事父。为人子而不事父者天下莫能以为可②。

祭天犹如奉养父母。天与天子、父与子既是一种亲情的关系，又是一种畏敬的关系，祭祀与事奉既是一种义务，也是一种责任。

董仲舒还将天比喻为“百神大君”，以神和君加重天之权威，以百神之君比喻“天神”“天意”的人格神及其意志：

> 天者，百神之大君也。事天不备，虽百神犹无用也。③（《春秋繁露·郊语》）
>
> 天者，百神之君也，王者之所最尊也。（《春秋繁露·郊义》）

将天之气比喻为人之感情变化。

> 天亦有喜怒之气、哀乐之心，与人相副。④
>
> 天有寒有暑。夫喜怒哀乐之发与凊暖寒暑，其实一类也。喜气为暖而当春，怒气为凊而当秋，乐气为太阳而当夏，哀气为太阴而当冬。⑤
>
> 凡气从心，心、气之君也。⑥

他认为，天的情感会通过自然现象表现出来，故以喜气、怒气、乐气、哀气来描述天的情感变化。

---

① 苏舆：《春秋繁露义证》，中华书局1992年版。

② 苏舆：《春秋繁露义证》卷一五，中华书局1992年版，第467页。

③ 《春秋繁露·郊语第六十五》，中华书局2012年版，第536页。

④ 董仲舒：《春秋繁露·阴阳义第四十九》，第445页。

⑤ 董仲舒：《春秋繁露·王道通三第四十四》，第423页。

⑥ 董仲舒：《春秋繁露》。

进而董仲舒将天比喻为君、地比喻为臣：

是故仁义制度之数，尽取之天。天为君而覆露之，地为臣而持载之；阳为夫而生之，阴为妇而助之；春为父而生之，夏为子而养子；秋为死而棺之，冬为痛而丧之。王道之三纲，可求于天。①

将天视为君，地视为臣，阳视为夫，阴视为夫，春为父，夏为子。所谓取法于天的仁义制度之数，就是把君臣、父子、夫妇的三纲关系纳入天地、阴阳、四时之中以证明三纲的自然合理性。董仲舒把阴比喻为臣、妻、子，阳比喻为君、夫、父，进而将阴阳二分的思维嵌入三钢：

阴者阳之合，妻者夫之合，子者父之合，臣者君之合。物莫无合，而合各有阴阳。②

君臣、父子、夫妇之义，皆取诸阴阳之道。君为阳，臣为阴；父为阳，子为阴；夫为阳，妻为阴。③

一阴一阳谓之道，阴阳作为相对待范畴，具有规定一切相对待范畴的性质。这样阴阳便成为一种思维模式。这种合蕴涵着阴、妻、子、臣合于阳、夫、父、君的意思，即以阳、夫、父、君为主导、主体。

君人者，国之本也者，夫为国，其化莫大于崇本。崇本则君化若神，不崇本则君无以兼人。④

董仲舒以“神”强化中央集权的政治制度，确立君主至高无上“一元”政治权力。

凡气从心，心、气之君也。

三、拟事隐喻

拟事隐喻事将一件事情和另外一件事情关联起来，以做一件事来

① 苏舆：《春秋繁露义证》卷一二，中华书局1992年版，第467页。

② 苏舆：《春秋繁露义证》卷一二，中华书局1992年版，第467页

③ 苏舆：《春秋繁露义证》卷一二，中华书局1992年版，第467页

④ 董仲舒：《春秋繁露·立元神第十九》，第193页。

隐喻做另外一件事：

有阴阳之气，常渐人者，若水常渐鱼也。[①]

天地是最根本的，人生于天地之间，而五行既是构成这个世界的质料，其相生相克又是这个世界的运行规律。天通过阴阳五行来推动人世的运行，人通过对阴阳五行的顺逆与天互动，或可说阴阳五行是天人感应的中介。

夫不素养士而欲求贤，譬犹不琢玉而求文采也。[②]

以不琢玉而求文采批评汉武帝还未能“养士求贤”。

事君，若土之敬天也，可谓有行人矣。[③]

土之事天竭其忠。[④]

董仲舒在“五行之义”中以土为五行之主，特别推崇土德，实质是要求臣民像“土”一样：董仲舒从“土之事天”的天道原理，引申出臣民忠君的政治道德。

夫万民之从利也，如水之走下，不以教化堤防之，不能止也。是故教化立而奸邪皆止者，其堤防完也，教化废而奸邪并出，列罚不能胜者，其堤防坏也。[⑤]

民对利益的追逐像水往低处流一样是天然的本性：

命者天之令也，性者生之质也，情者人之欲也。或夭或寿，或仁或鄙，陶冶而成之，不能粹美，有治乱之所生，故不齐也。[⑥]

夭寿仁鄙，犹如陶以造瓦，冶以铸金。制瓦铸金的人按照其法和模范使其成器；君主的行为起着教化人民的作用。尧舜行德则民仁寿。桀纣行暴则民鄙夭、上之君主教化下民，下民服从于上。

将良工的善调比喻成大贤的善治。

① 苏舆：《春秋繁露义证》卷一〇，中华书局1992年版，第467页。

② 《汉书·天人三策》。

③ 董仲舒：《春秋繁露·五行之义第四十二》，第405页。

④ 董仲舒：《春秋繁露·五行之义第四十二》，第407页。

⑤ 班固：《汉书》卷五六，中华书局1962年版。

⑥ 班固：《汉书》卷五六，中华书局1962年版。

今汉继秦之后，如朽木粪墙矣，虽欲善治之，亡可奈何。法出而奸生，令下而诈起，如以汤止沸，抱薪救火。以朽木粪墙比喻乱政；窃譬之琴瑟不调，甚者必解而更张之，乃可鼓也为政而不行，甚者必变而更化之，乃可理也。

琴瑟失调当改弦方可弹奏，国政败乱，只要更化方可治理。否则“虽有良工不能善调也”，“虽有大贤不能善治也”。

拟事的比喻还有，将四时（季）比喻父、母和子的关系。

《盐铁论、论灾》所引董仲舒说云：“始江都相董生推言阴阳，四时相继，父生之，子养之，母成之，子藏之。”

春 ＝ 父生之

夏 ＝ 子养之

秋 ＝ 母成之

冬 ＝ 子藏之

同样，坂本先生也整理《春秋繁露五行对》的五行说[①]：

木 ＝ 春 ＝ 父之所生，其子长之

火 ＝ 夏 ＝ 父之所长，其子养之

土 ＝ 季夏 ＝ 父之所养，其子成之

金 ＝ 秋 ＝ 父之所成，其子藏之

水 ＝ 冬 ＝ 父之所藏，其子生之

董仲舒以男女之事隐喻天道：

男女之法，法阴与阳。阳气起于北方，至南方而盛，盛极而合乎阴；阴气起乎中夏，至中冬而盛，盛极而合乎阳；不盛不合。是故十月而壹俱盛，终岁而乃再合。天地久节，以此为常。是故先法之内矣，养身以全，使男子不坚牡，不家室，阴不极盛，不相接，是故身精明难衰而坚固，寿考无忒，此天地之道也。[②]

① 关村博道：《日本学者关于〈春秋繁露〉的论争评析》，《西南民族大学学报》（人文社科版）2009年第1期。

② 董仲舒：《春秋繁露》。

董仲舒认为，男女的原则，就是效仿阴气与阳气。从经验的观察可以看出，阳气起始在北方，到南方就兴盛，兴盛到极点便与阴气相合。而阴气，则由中夏起始，到中冬时最旺盛，旺盛到极点就和阳气相合。所以，从自然的经验来看，阴阳之气如果不旺盛就不会相合，所以十月就全部兴盛，到年终时便第二次相合。因此，我们可以很清楚地看到，天地之所以长久，就是因为阴阳二气的这种调节和节制，这就是二气运动的基本方式，也是天地之道的表现。因此，对于人来说，就应该首先从自我的行为方式来效仿阴阳二气之道，以蓄养自身而长成。所以，我们从生活经验中也可以看到，如果男子的牡具不坚就不能成家室，女子的阴气不极盛就不能相交接，而只有等男女成年之后，才可以有男女之事，这就是天道的表达。

四、方位隐喻

上下的隐喻："上""下"既有空间意义，"邪气积于下，怨恶畜于上"，相当于英文中的 up 和 down，表示空间方位最常用的方位词，其基本义是"位置在高处的""位置在低处的"，同时也有隐喻含义。当"上""下"表示空间方位时，其语义和结构大都呈对称状态，尤其表现在其对举使用上：

> 凡物必有上必有下，必有左必有右，必有前必有后，必有表必有里。有美必有恶，有顺必有逆，有喜必有怒，有寒必有暑，有昼必有夜。此皆其合也。①

因为无上就无所谓下，无表亦无所谓里，无美也无所谓恶，无昼即无所谓夜，这就是为什么物必有合的理由、根据所在。

> 阴适右，阳适左，适左者其道顺，适右者其道逆。逆气左上，顺气右下，故下暖而上寒。②

西入东出，相反而相顺，相顺而不乱。阴阳左右顺逆。

---

① 苏舆：《春秋繁露义证》卷一二，中华书局 1992 年版。

② 苏舆：《春秋繁露义证》卷一二，中华书局 1992 年版。

天有两和以成二中，岁立其中，用之无穷。是北方之中用合阴，而物始动于下；南方之中用合阳，而养始美于上。其动于下者，不得东方之和不能生，中春是也。其养于上者，不得西方之和不能成，中秋是也。①

董仲舒的解释，就是阴阳二气的流转的过程，所以北方的“中”（冬至）用的与阴气相合，而万物开始在阴气之下活动；南方的“中”（夏至）用的与阳气相合，而万物开始在阳气之上养成。由此，那些在阴气下运动的，不得东方的“和”（春分）不能生长，中春就是这么来的。那些在阳气上养成的，不得西方的“和”（秋分）不能成熟，中秋就是这么来的。“上下”具有空间方位意义。

而当“上”“下”隐喻其他非空间概念时，其使用和意义的不对称性较明显。“上”“下”在文本中从最初的空间范畴渗透到时间、数量、社会、伦理范畴。“上下”的空间方位义引申出空间、时间的范围义，指称人的范围义，甚至是转向社会地位的高低义。

“上”“下”指代时间的范围意义，

春秋上绌夏，下存周，以《春秋》当新王。②

而欲以上通五帝，下极三王，以通百王之道，而随天之终始，博得失之效，而考命象之为，极理以尽情性之宜，则天容遂矣。③

“上”“下”分别指出从夏到商的时间的维度。帝王历史推进论，或者是“王者必受命而后王”之类的君权天授论等，都是以天至高无上的神祇和哲学本体为基础的天道论发展出来的历史理论。

“上”“下”也指社会地位的高低，喻指君臣。

上下不和，则阴阳缪盭而妖孽生矣。此灾异所缘而起也。④

人受命于天，固超然异于群生，入有父子兄弟之亲，出有君

① 苏舆：《春秋繁露义证》，中华书局 1992 年版。

② 苏舆：《春秋繁露义证·三代改制质文第二十三》，中华书局 1992 年版。

③ 董仲舒：《春秋繁露·符瑞第十六》。

④ 《天人三策》。

臣上下之谊，会聚相遇则，有耆老长幼之施，粲然有文以相接，欢然有恩以相爱，此人之所以贵也。①

民财，内足以养老尽孝，外足以事上共税，下足以畜妻子极爱，故民说从上。（汉书·食货志上）

“上”“下”分别指上位者和下位者，即君民。“上下”（君民）之关系是教化和服从的关系：

未上之化下，下之从上，犹泥之在钧，唯甄者之所为，犹金之在熔，唯冶者之所铸。“绥之斯，动之斯和”，此之谓也。（《天人三策》）

“上下”由上位者和下位者的引申开来，又具有动词如何面对上位者和下位者的问题：

非曰上奉天施而下正人，然后可以为王也云尔！（《竹林第三》）

王者上谨于承天意，以顺命也；下务明教化民，以成性也。（《天人三策》）

上位者向上要沿袭天意，向下要明教化民，造就民之善性。类似的还有：

孔子作《春秋》，上揆之天道，下质诸人情，参之于古，考之于今。（《天人三策》）

仲尼之作《春秋》也，上探正天端，王公之位，万民之所欲，下明得失，起贤才，以待后圣。（《春秋繁露·俞序第十七》）

董仲舒再三推崇孔子的教主地位和春秋经传治国的重要性：对上要揣度天道，对下要验证民情。

夫《春秋》，上明三王之道，下辨人事之纪，别嫌疑，明是非。（《汉书·司马迁列传》）

其意曰上承天之所为，而下以正其所为。（《天人三策》）

（孔子在鲁国乱世中）上以讳尊隆恩，下以避害容身。②

---

① 《天人三策》。

② 何休、徐彦疏：《春秋公羊传注疏》，上海古籍出版社2014年版，第1050页。

“上”有如何面对上天和君主之意，“下”有如何面对人间和臣民之意。

“上”“下”还具有伦理意义，如董仲舒常以“中民之性”来称他的人性论。他说：

> 名性，不以上，不以下，以其中名之。(《深察名号》)

上下分别指价值意义上的分疏：

> 圣人之性，不可以名性；斗筲之性，又不可以名性，名性者，中民之性。(《实性》)

圣人之性近于全善，小人之性近于全恶，唯中民之性可善可恶。

“上”“下”分开使用，如“上”之单独出现，“上天祐之”和“上天之理”，可看出上与天组合，形成最高的权威。

> 义不讪上，智不危身。故远者以义讳，近者以智畏。①

义是界定“上”道德权威的标准。“阴阳之气，在上天，亦在人。在人者，为好恶喜怒；在天者，为暖清、寒暑、出入、上下、左右、前后平行而不止。”②

“下”单独出现：

> 虐政用于下，而欲德教之被四海，故难成也。
>
> 今陛下并有天下，海内莫不率服，广览兼听，极群下之知，尽天下之美，至德昭然……③

“群下”意指百姓。

董仲舒引用《诗经·邶风·谷风》“采葑采菲，无以下体”，“下体”指的是根茎葑菲的根和叶皆可吃，但食用以根茎为主。采摘蔓菁、萝卜，不能因叶子不好看而不用它们的根茎。原比喻娶妻重在品德，不能因色衰而抛弃她。后也泛指对人对事不能因某些缺点而否定其主要优点。之句说明诸子所主张的理论，都是普遍适用的原则，而芈子反的行为则是个别的变通做法，不能拘泥于一般原则去评判。周

① 《楚庄王》。

② 金春峰：《汉代思想史》，中国社会科学出版社 1997 年版，第 172 页。

③ 《天人三策》。

桂钿提出“在这里，董仲舒把仁爱的原则看得高于君和政。只要确实符合仁爱原则，专政、轻君都无不可。不但不应贬抑，而且还要赞扬”①。

> 陛下发德音，下明诏……臣谨案《春秋》之中，视前世已行之事，以观天人相与之际，甚可畏也。

此处“下”有向下层下级颁布、发布之意。

> 人之得天得众者，莫如受命之天子。下至公、侯、伯、子、男，海内之心悬于天子，疆内之民统于诸侯。②

“下”有往下论之意，说的是一国的安否和民众的运命系于君主个人。

> 夫万民之从利也，如水之走下，不以教化隄防之，不能止也。

下有下风、下游、甘处下风、态度谦卑之意。

五、文化象征

文化及宗教象征是转喻的特殊形式。董仲舒对策曰：“天下之人同心归之，若归父母，故天瑞应诚而至。《书》曰：‘白鱼入于王舟，有火复于王屋，流为乌’此盖受命之符也。”③ 天下人如同心归父母那样归向国家，君主必能以至诚感动上天，天就会应诚而降祥瑞。白鱼火乌是“应诚而至”的天瑞，即“受命之符”，以昭告天下圣人受天之命，是一个与君权的正当性与合法性相关的思想。

文化象征是转喻的特殊形式：

> 民修德而美好，被发衔哺而游，不慕富贵，耻恶不犯，父不哭子，兄不哭弟，毒虫不螫，猛兽不搏，抵虫不触，故天为之下

---

① 周桂钿：《周桂钿文集·秦汉思想研究：五》，福建教育出版社 2015 年版，第 272—273 页。

② 《春秋繁露·奉本第三十四》。

③ 班固：《汉书》卷五六，中华书局 1962 年版。

甘露，朱草生，醴泉出，风雨时，嘉禾兴，凤凰麒麟游于郊。[①]

王正，则元气和顺，风雨时，景星见，黄龙下；王不正，则上变天，贼气并见。[②]

董仲舒设计凤凰、麒麟和黄龙的象征性并非任意的，它基于它们在先秦文化中的概念，以及在中国民俗信仰理论中的概念产生。为什么白鱼火鸟和黄龙象征祥瑞，而非其他物如毒虫猛兽，这是有原因的。黄龙被认为是吉祥的、风调雨顺的、温和的，同时也是和平安静的。像白鱼火鸟最重要的是灵验的，具有预示性预警性，它们被认为是来自于神灵，等同于保护寻常百姓的典范；文化与民俗信仰概念系统本质上是隐喻性的，连贯的隐喻体系赋予信仰及文化以特色，而象征转喻正是联系日常经验和隐喻体系的关键一环。基于我们物理经验的象征转喻，为我们理解信仰和文化概念提供了至关重要的途径。

凡灾异之本，尽生于国家之失。国家之失乃始萌芽，而天出灾害以谴告之，谴告之而不知变，乃见怪异以惊骇之。惊骇之尚不知畏恐，其殃咎乃至。

火干木，蛰虫蚤出，蚿雷蚤行。土干木，胎夭卵毈，鸟虫多伤。金干木，有兵。水干木，春下霜。[③]

董仲舒以灾异描述了在生活、处世、治理中遇到的各种危险和凶险，以及上位者如何避免这些危险和凶险。

董仲舒立论的宗旨是以天道说人事，以天道道说治事，是从君主和政治家的角度思考研究政治与治理。董仲舒通过拟物、拟人、拟事、方位和文化象征，以各种具有主宰决定性的物象广泛隐喻天和君（主）；以各种灾异折射暴政、苛政及强权贪欲所导致的恶果败象；以混沌质朴之物隐喻圣人的教化和民性的启蒙；通过各种负荷、隐忍、孤独的表述暗示转制更化的维艰沉重。在丰富多样的隐喻中，董仲舒传达出并行的两种观点：一方面国家必须法天设君立臣化民治国，另

① 班固：《汉书》卷五六，中华书局 1962 年版。

② 《春秋繁露·王道第六》。

③ 苏舆：《春秋繁露义证》，中华书局 1992 年版，第 383 页。

一方面屈君伸天和屈民伸君。

本文为“2021 中国·衡水董仲舒与儒家思想国际研讨会暨中华孔子学会董仲舒研究委员会学术年会”提交的论文。

李晓英（1970—），女，周口师范学院老子研究中心教授，历史学博士。研究方向先秦思想、道家思想。

从孟荀到董仲舒："汤武革命"与西汉政权合法性论题[①]

钮则圳

一、孟荀对"汤武革命"的仁义论证明

"汤武革命"一词出自《周易·革卦·彖传》："天地革而四时成。汤武革命，顺乎天而应乎人，革之时大矣哉。"[②] 这是从"顺天"与"应人"两个角度出发，对汤武革命予以肯定。但就实际的历史演进情况而言，汤武革命所涉及的问题以及引发的争论远没有如此简单。后世每逢改朝换代，往往会有思想家将之与汤武革命进行比较，或径直援引为理论资源。正如赵金刚所说："'汤武革命'涉及两个问题：首先是历史朝代更迭中的王朝合法性问题，即天命转移问题；其次是忠孝与革命问题。这两个问题既有一定的独立性，又相互纽结在一起。天命之转换与忠孝原则何时被打破密切相关，而革命的目的也是

① 基金项目：本文系国家社科基金重点项目"汉唐孟子思想解释史研究"（项目编号：18AZX001）的阶段性成果。

② 李鼎祚撰，王丰先点校：《周易集解》，中华书局 2016 年版，第 302—303 页。

为了建立新的忠孝秩序。”[①] 换言之，汤武革命的争论焦点不仅在朝代如何更迭，更意味着本属“臣下”身份的汤武何以能够突破君臣上下的界限，从而获取通过流放或流血征伐的方式使得暴君桀纣“易位”的合法性根据。可见，汤武革命背后实则关联着天命、道德与人事等诸多要素。

汤武革命是先秦诸子争论的焦点问题。对这一问题，诸子有赞之者，亦不乏弹之者。对“汤武革命”批评较为严厉的是庄子。《庄子·盗跖》篇借盗跖之口指出：“尧、舜作，立群臣，汤放其主，武王杀纣。自是之后，以强陵弱，以众暴寡。汤、武以来，皆乱人之徒也。”“世之所高，莫若黄帝，黄帝尚不能全德，而战涿鹿之野，流血百里。尧不慈，舜不孝，禹偏枯，汤放其主，武王伐纣，文王拘羑里。此六子者，世之所高也，孰论之，皆以利惑其真而强反其情性，其行乃甚可羞也。”[②] 庄子立足于道家的衰落史观，认为汤放桀、武王伐纣皆是以革命之名行牟利之实，打破了原有的统治秩序，导致社会走向混乱。而韩非子的批评更为激烈。在《忠孝》篇中，韩非子有言：“尧、舜、汤、武或反君臣之义，乱后世之教者也。尧为人君而君其臣，舜为人臣而臣其君，汤、武为人臣而弑其主、刑其尸，而天下誉之，此天下所以至今不治者也……今尧自以为明而不能以畜舜，舜自以为贤而不能以戴尧，汤、武自以为义而弑其君长，此明君且常与而贤臣且常取也。故至今为人子者有取其父之家，为人臣者有取其君之国者矣。父而让子，君而让臣，此非所以定位一教之道也。臣之所闻曰：‘臣事君，子事父，妻事夫，三者顺而天下治，三者逆而天下乱。此天下之常道也，明王贤臣而弗易也。’”[③] 在《说疑》篇也说：“舜逼尧，禹逼舜，汤放桀，武王伐纣。此四王者，人臣弑其君

① 赵金刚：《朱熹的历史观：天理视域下的历史世界》，生活·读书·新知三联书店2018年版，第395页。

② 曹础基：《庄子浅注（重排修订本）》，中华书局2000年版，第352页。

③ 王先慎撰、钟哲点校：《韩非子集解》，中华书局2013年版，第509—510页。

者也，而天下誉之。察四王之情，贪得人之意也；度其行，暴乱之兵也。”[①] 韩非子严格站在维护君主权威、守卫等级秩序的立场，认为君臣关系绝对不容倒置，臣子必须恪守对君上绝对忠孝的原则，因此他不仅严厉斥责汤武革命，将其视为意图攫取权力的暴乱之兵，而且一并否定了尧舜禅让。在韩非子看来，正是尧、舜、汤、武违背君臣人伦的行为才导致后世篡逆情况的出现。

传统儒家是汤武革命的支持者。孔子本人并未对汤武革命表露出明显的态度，先秦儒者中最先对汤武革命高度赞扬的是孟子。《孟子》2·8记录了孟子与齐宣王的一段对话：

> 齐宣王问曰：“汤放桀，武王伐纣，有诸?”
>
> 孟子对曰：“于传有之。”
>
> 曰：“臣弑其君，可乎?”
>
> 曰：“贼仁者谓之‘贼’，贼义者谓之‘残’。残贼之人谓之‘一夫’。闻诛一夫纣矣，未闻弑君也。”

基于传统的君臣关系立场，齐宣王的疑问透露出他对汤武革命的直接看法：汤武有弑上篡逆的嫌疑。“弑君”一词明显带有道德谴责的意味。孟子则肯定汤武革命确有其事，但他从是否行仁义之道的角度判定施行虐政的桀纣实为残贼仁义的“一夫”，不再具有统治天下的资格，因此汤武革命不能被定性为“弑君”。此处的“一夫”不仅意指桀纣德性方面的亏欠，也有失却民心而成为“孤家寡人”的含义。孟子以行仁义之政为标准，认为君主若残害仁义，则自动丧失其统治的合法性。鉴于此，孟子质疑《尚书·武成》所描述的“血流漂杵”惨状：“尽信《书》，则不如无《书》。吾于《武成》，取二三策而已矣。仁人

---

① 王先慎撰，钟哲点校：《韩非子集解》，中华书局2013年版，第443页。

无敌于天下，以至仁伐至不仁，而何其血之流杵也？”（14·3）[①] 汤武身体力行仁义之道（13·30），兴仁义之师进行革命，面对武王的这支军队，在纣王暴虐统治下的臣民理应望风归附，绝对不会出现大规模的流血战争。孟子质疑“血流漂杵”既意在说明行仁义之道是君王执政的德性基础，也在于强调获取民心的现实效验。因此，孟子指出桀纣失去天下的实质是失去民心，并非是由于汤武以下犯上的“篡逆”，实则咎由自取，将百姓拱手相让于汤武：“桀纣之失天下也，失其民也；失其民者，失其心也。得天下有道：得其民，斯得天下矣；得其民有道：得其心，斯得民矣；得其心有道：所欲与之聚之，所恶勿施，尔也。民之归仁也，犹水之就下、兽之走圹也。故为渊驱鱼者，獭也；为丛驱爵者，鹯也；为汤武驱民者，桀与纣也。”（7·9）

除了汤武革命，传统的政权转移方式还有禅让与世袭。孟子认为在一定前提下，这几种方式就其实质而言并无差别，可以一概予以肯定。《孟子·万章上》所载孟子与万章的两段对话值得我们重视。面对弟子万章尧是否将天下让与舜的问题，孟子的回答是否定的。孟子的意图并非否认禅让制，而是意在说明天子之位不能私相授受。在孟子看来，天子只享有管理天下的权力，天下的所有权并非个人所独享，而是在于天，因此天子之位不能随便仅凭个人意志让与他人。在政权交替时，天子可以向天举荐贤者，天虽不言，但是可以通过民意

① 王充对“血流漂杵”问题也有充分讨论。在《论衡·语增》篇王充说：“孔子曰：‘纣之不善，不若是之甚也，是以君子恶居下流，天下之恶皆归焉。’孟子曰：‘吾于《武成》，取二三策耳。以至仁伐不仁，如何其血之浮杵也？’若孔子言，殆沮浮杵；若孟子之言，近不血刃。浮杵过其实，不血刃亦失其正。一圣一贤，共论一纣，轻重殊称，多少异实。”黄晖：《论衡校释（附刘盼遂集解）》，中华书局1990年版，第345页。此处怀疑孟子说“兵不血刃”言过其实。在《论衡·艺增》篇王充说：“夫《武成》之篇，言‘武王伐纣，血流浮杵’。助战者多，故至血流如此。皆欲纣之亡也，土崩瓦解，安肯战乎……《武成》言血流漂杵，亦太过焉。死者血流，安能浮杵？案武王伐纣于牧之野，河北地高，壤靡不干燥，兵顿血流，辄燥入土，安能杵浮？”黄晖：《论衡校释（附刘盼遂集解）》，第390—391页。这两段固然体现了王充“疾虚妄”的思想特色，但是在“血流漂杵”问题上足见王充实则与孟子立场相近，均持怀疑甚至否定的态度。这提醒我们，在讨论“刺孟”问题的同时，王充与孟子思想相似的向度同样值得关注。

表达出来。因此，“尧荐舜于天，而天受之；暴之于民，而民受之……天不言，以行与事示之而已矣”（9·5）。舜在尧去世为了避免与尧的儿子丹朱争夺天子之位而主动选择隐居，但是天下的臣民却主动臣服于舜，这就是民心所归、天意所向的体现，因此孟子赞同《尚书》中的观点：“天视自我民视，天听自我民听。”（9·5）

对于万章所询问的大禹将王位不传于贤而是传于子是不是意味着道德衰落的疑问，孟子同样给予否定。孟子说“天与贤，则与贤；天与子，则与子”（9·6），认为启世袭禹之位是因为受到了百姓的拥戴，相比之下禹向天所推荐的益并未受到百姓的拥护，亦即不合天意，因而也就不具备继承天子之位的合法性。因此，孟子认为平民要想登上天子之位，既要德配尧舜，也要被天子举荐于天，即合于天意，主客观两方面条件缺一不可。孟子非常赞同孔子的观点：“唐虞禅，夏后殷周继，其义一也。”（9·6）结合孟子关于汤武革命的仁义论证明，面对极端的暴政情形，符合民心的贤者一样可以通过革命的方式得位，就如商汤伐桀、武王伐纣；而王权的权威，更重要的是来自于“天受之”与“民受之”，被先王向天举荐的程序环节在必要时可以省略。因此，孟子认为无论是传贤、传子还是禅让、革命，这几种政权交替方式都具备合理性，前提在于必须有天、民的认可而使其配得乎其位。“天意”实则又表现为“民意”，因此在孟子看来只要能够反映民心向背的方式都值得肯定①。

可以看出，孟子基于对“天”的信仰，面对传亲和传贤可能会包

---

① 孟子的这一思想可能会面临一个疑问：既然说禅让、世袭“其义一也”，如此则两种方式互相更替也可以实现治世，那么后世缘何还会出现以武力推翻暴政的革命？孟子仍将此问题置于“天命”：“继世以有天下，天之所废，必若桀纣者也”（9·6），如此则无法排除桀纣这样现实性暴政的存在，因而在政局衰败之时，人民使用“非常手段”来废除暴君依旧具有合理性。足见孟子的思想并不仅限于理想层面。正如许景昭所言：“孟子兼顾了理想及现实两个层面，其政论并不是纯粹的高谈阔论。孟子除了高陈其理想的政治思想外，同时也回归了家天下之现实层面，想方设法不让君主为所欲为。”氏著：《禅让、世袭及革命——从春秋战国到西汉中期的君权传承思想研究》，上海古籍出版社 2014 年版，第 171 页。

含“私意”的质疑，把理想政治秩序的基础指向了“天受之”与“民受之”，又将天的“行与事”诉诸民，以一种现实性立场把天下之利、百姓之利作为理想政治秩序的标准。孟子虽然强调“顺天”与“应人”两个层面是政权转移两个必不可少的条件，但就实质而言孟子最终归结为“应人”，认为民心向背决定着政权的最终命运。因此，孟子曾多次强调统治者作为“民之父母”的责任伦理，讽谏不施仁政、四境不治的齐宣王可能丧失统治的合法性基础；又认为要依据民意来定夺人才任用与生杀予夺（2·7），甚至认为有大过的君主有被“易位”的可能性（10·9）[①]，其思想核心在于将民心作为政权的合法性根基。

荀子虽然对孟子有诸多批评，但是在“汤武革命”问题上二者却有着极强的相似性[②]。在仁义论证方面，与孟子将残暴的桀纣称为“一夫”类似，荀子对其冠以“独夫”之名[③]。荀子在《议兵》篇有言：“故齐之技击，不可以遇魏氏之武卒；魏氏之武卒，不可以遇秦之锐士；秦之锐士，不可以当桓文之节制；桓文之节制，不可以敌汤武之仁义……故王者之兵不试。汤武之诛桀纣也，拱挹指麾，而强暴之国莫不趋使，诛桀纣若诛独夫。故泰誓曰：‘独夫纣。’”在荀子看来，汤武的仁义之师之所以攻无不克，在征讨暴君桀纣时势不可挡，并非因其作战勇猛，而是以至仁讨伐至不仁，掌握了道德上的绝对话

① 孟子认为君主也可以“易位”，背后建基于他对于爵制的理解。《孟子》10·2说：“天子一位，公一位，侯一位，伯一位，子、男同一位，凡五等也。”萧公权先生指出：“此暗示君主有职，同于百官，失职者当去也。”氏著：《中国政治思想史》，第95页。不过正如许景昭所说：“孟子所关心的并不是政制问题，而是在位者能否推行德政，以得到人民的支持及肯定。”氏著：《禅让、世袭与革命——从春秋战国到西汉中期的君权传承思想研究》，上海古籍出版社2014年版，第167页。

② 参见牟宗三：《政道与治道》，吉林出版集团有限责任公司2010年版，第13—15页；杨海文：《汤武放伐与王霸之辨——从〈荀子·议兵〉看孟荀思想的相似性》，《哲学研究》2014年第10期。

③ 除了孟子言纣为“一夫”、荀子以之为“独夫”外，《史记·淮南衡山列传》亦载孟子曰：“纣贵为天子，死曾不若匹夫。”司马迁撰：《史记》，中华书局1982年版，第3087页。其对暴君之蔑视与批判态度可见一斑。

语权，从而取得了各方面的拥戴。在《正论》篇中，荀子也表达了类似观点。世俗之为说者说：“桀纣有天下，汤武篡而夺之。”这是以庄子等为代表批评汤武革命的传统观点。荀子反驳说：“以桀纣为常有天下之籍则然，亲有天下之籍则不然，天下谓在桀纣则不然……汤武非取天下也，修其道，行其义，兴天下之同利，除天下之同害，而天下归之也。桀纣非去天下也，反禹汤之德，乱礼义之分，禽兽之行，积其凶，全其恶，而天下去之也。天下归之之谓王，天下去之之谓亡。故桀纣无天下，汤武不弑君，由此效之也。汤武者，民之父母也；桀纣者，民之怨贼也。今世俗之为说者，以桀纣为君，而以汤武为弑，然则是诛民之父母，而师民之怨贼也，不祥莫大焉。”荀子认为桀纣负有管理天下的责任，但不能说其拥有天下，也不能说天下在桀纣个人手中。因此，当桀纣没有履行天子之责时，自然成了“民之怨贼”，与广得民心、为民父母的汤武形成了鲜明对比，丧失了统治的合法性。汤武讨伐桀纣其实质并非是为了争夺天下，而是意在维护正义的统治秩序。

孟子质疑“流血漂杵”，那么在革命过程中是否存在大规模的流血牺牲？荀子同样会面对这一问题。《荀子·议兵》篇记载了陈嚣与荀子的一段论辩。陈嚣认为仁义应该以爱人循理为本，但是武力征伐总是陷溺于争夺杀戮，与仁义之道背离，为何荀子如此赞扬汤武征伐？荀子回答说：“彼兵者所以禁暴除害也，非争夺也。故仁者之兵，所存者神，所过者化，若时雨之降，莫不说喜。是以尧伐驩兜，舜伐有苗，禹伐共工，汤伐有夏，文王伐崇，武王伐纣，此四帝两王，皆以仁义之兵，行于天下也。故近者亲其善，远方慕其德，兵不血刃，远迩来服，德盛于此，施及四极。”在荀子看来，与一般暴力性的武力征伐不同，仁义之师是王者德性长期熏陶的结果，因其取得民心，因此往往可以兵不血刃，迅速获得讨伐无道之君的胜利。其中，“存神过化”亦属于对《孟子》（13·13）思想的吸收。可见，在对汤武革命进行仁义论证明方面，荀子与孟子实则一脉相承。

荀子认为虽然桀纣名曰天子，占据着广土众民，但是由于不施仁义，最终落得政治失序、众叛亲离的下场；而汤武虽然占据弱势，但因其修习礼义，广播仁义之道，最终能够兴起仁义之师发动革命。正如荀子在《王霸》篇中所言："汤以亳，武王以鄗，皆百里之地也，天下为一，诸侯为臣，通达之属，莫不从服。无它故焉，以济众矣。是所以义立而王也。""致忠信，著仁义，足以竭人矣……《诗》曰：'自西自东，自南自北，无思不服。'一人之谓也。"荀子认为所占土地不在于是否广博，而在于能否行忠信仁义之道，从而获得百姓的一致拥戴。孟子将其称之为"以德服人"："以力假仁者霸，霸必有大国；以德行仁者王，王不待大——汤以七十里，文王以百里。以力服人者，非心服也，力不赡也；以德服人者，中心悦而诚服也，如七十子之服孔子也。《诗》云：'自西自东，自南自北，无思不服。'此之谓也。"（3・3）在强调汤武革命是播行王道而非追求武力霸权的问题上，荀子的立场与孟子也是一致的，都很重视民心向背与政权合法性的问题。

孟子不仅强调民心民意之于政权的重要性，还基于此强调君王的政治责任，更认为"民为贵，社稷次之，君为轻"（14・14），使得其政治思想"遂成为针对虐政之永久抗议"①。与孟子类似，荀子也强调"天之生民，非为君也；天之立君，以为民也"（《荀子・大略》），将百姓的重要性置于君主之上，强调百姓才是政权的主体与价值根据。荀子还以舟水之喻来体现国君爱民的重要性："君者，舟也；庶人者，水也。水则载舟，水则覆舟。"（《荀子・王制》）经由孟荀的仁义论，汤武革命的合法性不仅获得了证明，"不嗜杀人"、广得民心的圣贤可以讨伐不义、建立良好的统治秩序也最终成为儒家的价值信条。

二、西汉儒者论"汤武革命"

秦国重用法家霸术统一六国，但是很快就因暴政二世而亡，汉高

① 萧公权：《中国政治思想史》，商务印书馆2011年版，第97页。

祖刘邦"诛暴秦"而建立汉帝国，"汤武革命"的故事再度上演。在汉朝成立之初，儒者们就有意识地援引"汤武革命"来论证汉政权的合法性。其中的代表性人物当属贾谊。在《新书·立后义》中，贾谊说：

殷汤放桀，武王伐纣，此天下之所同闻也。为人臣而放其君，为人下而弑其上，天下之至逆也；而所以有天下者，以为天下开利除害，以义继之也。故声名称于天下而传于后世，隐其恶而扬其德美，立其功烈而传之于久远，故天下皆称圣帝至治。其道之下，当天下之散乱，以强凌弱，众暴寡，智治愚，士卒罢弊，死于甲兵，老弱骚动，不得治产业，以天下之无天子也。

高皇帝起于布衣而兼有天下，臣万方诸侯，为天下辟，兴利除害，寝天下之兵，天下之至德也。而天下莫能明高皇帝之德美，定功烈而施之于后世也。①

贾谊并不否认汤武放伐带有以下弑上的性质，但他认为个人违背君臣之分与拯救天下于水深火热之中相比，后者显然更为重要。从历史的现实效验看，后世并不会因其"反叛"的行为而否定汤武的盛德。这实则继承了孟荀对于汤武放伐的仁义论证。与汤武革命类似，贾谊指出秦朝导致天下散乱、倚强凌弱的乱世，秦王实则丧失了统治的合法性，在道义上天子一位实则处于虚悬的状态，汉高祖刘邦为天下万民讨伐暴秦，建立新的统治秩序，自然与汤武一样是"天下之至德"。

有见于秦朝的速亡，贾谊深深忧虑汉王朝也会重蹈覆辙，因此主张全面汲取亡秦的经验教训。这不仅在其传世名篇《过秦论》中有所体现，他在给文帝的奏疏中也强调了治国方式的重要性：

秦王之欲尊宗庙而安子孙，与汤武同，然而汤武广大其德行，六七百岁而弗失，秦王治天下，十余岁则大败。此亡它故矣，汤武之定取舍审而秦王之定取舍不审矣。夫天下，大器也。今人之置器，置诸安处则安，置诸危处则危。天下之情与器亡以

① 贾谊撰，阎振益、钟夏校注：《新书校注》，中华书局2000年版，第409页。

> 异，在天子之所置之。汤武置天下于仁义礼乐，而德泽洽，禽兽草木广裕，德被蛮貊四夷，累子孙数十世，此天下所共闻也。秦王置天下于法令刑罚……祸几及身，子孙诛绝，此天下之所共见也……今或言礼谊之不如法令，教化之不如刑罚，人主胡不引殷、周、秦事以观之也？①

贾谊通过类比汤武之道与秦朝暴政的方式，指出治国方式当直接导致王朝的命运，因此劝谏汉文帝在“汉承秦制”的背景下，不要继承秦朝严刑峻法的治国理念，而应重视儒家的礼义与教化思想，以避免天下再度陷入混乱以及“革命”的再度发生。此外，与孟荀一样，有见于民心向背对于政权的重要性，贾谊在《新书·大政上》说：“夫民者，万世之本也，不可欺。”② 该篇的主旨即劝谏国君要以民为本，重视百姓之于政权的意义：

> 仁义者，明君之性也。故尧舜禹汤之治天下也，所谓明君也，士民乐之，皆即位百年然后崩，士民犹以为大数也。桀纣所谓暴乱之君也，士民苦之，皆即位数十年而灭，士民犹以为大久也。故夫诸侯者，士民皆爱之，则其国必兴矣；士民皆苦之，则国必亡矣。故夫士民者，国家之所树而诸侯之本也，不可轻也。呜呼！轻本不祥，实为身殃。戒之哉！戒之哉！③

贾谊将桀纣的失民心与尧舜的得民心进行对比，前者失天下之迅速与后者得天下之久长恰好可以形成鲜明对比，以此凸显出“民为贵”的重要性，这与孟子的思想是一致的。可见，贾谊的目的不仅在于论证新兴汉帝国的合法性，更在于劝谏君王如何维持汉帝国的稳固。

然而，汉初奉行黄老之学，休养生息，贾谊的主张并未占据绝对主流。景帝时期持儒家立场的辕固生与黄老学者黄生在御前的辩论就体现了这一点：

---

① 严可均辑：《全汉文》，商务印书馆 1999 年版，第 161 页。

② 贾谊撰，阎振益、钟夏校注：《新书校注》，中华书局 2000 年版，第 341 页。

③ 贾谊撰，阎振益、钟夏校注：《新书校注》，中华书局 2000 年版，第 341—342 页。

> 清河王太傅辕固生者，齐人也。以治《诗》，孝景帝时为博士。与黄生争论景帝前。黄生曰："汤武非受命，乃弑也。"辕固生曰："不然。夫桀纣虐乱，天下之心皆归汤武，汤武与天下之心而诛桀纣，桀纣之民不为之使而归汤武，汤武不得已而立，非受命为何?"黄生曰："冠虽敝，必加于首；履虽新，必关于足。何者，上下之分也。今桀纣虽失道，然君上也；汤武虽圣，臣下也。夫主有失行，臣下不能正言匡过以尊天子，反因过而诛之，代立践南面，非弑杀而何也?"辕固生曰："必若所云，是高帝代秦即天子之位，非邪?"于是景帝曰："食肉不食马肝，不为不知味；言学者无言汤武革命，不为愚。"遂罢。是后学者莫敢明受命放杀者。①

从论辩中所列举的冠与履等例子可知，黄生十分强调君臣上下等级之别，这说明他所代表的黄老思想可能已经不是原本意义的道家思想，而是融合了等级名分等因素，这符合汉初思想相融合的特征。从儒者辕固生与他势均力敌的论辩也可以看出，与不喜儒生的刘邦相比，汉帝国对儒生的态度已经产生极大转变，儒生也越来越多地参与到政治生活中来②。辕固生认为，汤武受命的原因在于天下归心，虽然他没有直接引用《孟子》，但很明显与孟子"天与之""民与之"的思想一脉相承。可见，论辩双方实则是先秦韩非与孟荀在汤武革命问题上观念斗争的延续，体现了传统忠孝思想与儒家天命论在革命问题上的冲突。这场论辩的结果是被景帝紧急叫停，且没有追究论辩双方的责任，这反映了景帝矛盾的心理状态：如果否定汤武革命，则无法说明汉高祖刘邦起兵革命的合理性，即无法回答辕固生"高帝代秦即天子之位"是否合法的问题；如果赞扬汤武革命，则难免又给人以效法汤

---

① 司马迁撰：《史记》，中华书局 1982 年版，第 3122—3123 页。

② 汉初，刘邦不喜儒生，认为天下乃居马上得之，儒生对其新兴政权并无现实价值。陆贾说："马上得之，宁可以马上治之乎？且汤武逆取以顺守之，文武并用，长久之术也。"刘邦才面露惭色，逐渐意识到儒生的价值。参见班固撰，颜师古注：《汉书》，中华书局 1962 年版，第 2113 页。

武革命的遐想。因此，汉景帝只能将问题搁置不论。

随着汉武帝“罢黜百家，表章六经”，儒学在汉帝国的影响力空前提升，在汤武革命问题上儒者的态度也渐渐成为主流。董仲舒《春秋繁露·尧舜不擅移、汤武不专杀》即系统论述了这一问题：

> 尧舜何缘而得擅移天下哉?《孝经》之语曰：“事父孝，故事天明。”事天与父，同礼也。今父有以重予子，子不敢擅予他人，人心皆然。则王者亦天之子也，天以天下予尧舜，尧舜受命于天而王天下，犹子安敢擅以所重受于天者予他人也……儒者以汤武为至圣大贤也，以为全道究义尽美者，故列之尧舜，谓之圣王，如法则之。今足下以汤武为不义，然则足下之所谓义者，何世之王也……且天之生民，非为王也；而天立王以为民也。故其德足以安乐民者，天予之；其恶足以贼害民者，天夺之……王者，天之所予也，其所伐皆天之所夺也。今唯以汤武之伐桀纣为不义，则七十二王亦有伐也。推足下之说，将以七十二王为皆不义也！故夏无道而殷伐之，殷无道而周伐之，周无道而秦伐之，秦无道而汉伐之。有道伐无道，此天理也，所从来久矣，宁能至汤武而然耶?夫非汤武之伐桀纣者，亦将非秦之伐周，汉之伐秦，非徒不知天理，又不明人礼。礼，子为父隐恶。今使伐人者而信不义，当为国讳之，岂宜如诽谤者，此所谓一言而再过者也。君也者，掌令者也，令行而禁止也，今桀纣令天下而不行，禁天下而不止，安在其能臣天下也?果不能臣天下，何谓汤武弑?①

董仲舒认为天子敬天就像子事父一样，天子之位承接自天，代表着天的意旨，因而天子之位不能私相授受，而是要依凭天意。同样，董仲舒认为汤武放伐“皆天之所夺也”，也是天命流转的体现。由此，董仲舒将尧舜禅让与汤武革命都归结为天意，这与孟子的思想是一致的。董仲舒也继承了前代儒者“有道伐无道”的价值追求，在此引领下汉帝国获得了取秦而代之的合法性。董仲舒又说“天之生民非为王

① 苏舆撰，钟哲点校：《春秋繁露义证》，中华书局2019年版，第193—195页。

也；而天立王以为民也”，这既继承了《荀子·大略》“天之生民，非为君也；天之立君，以为民也”的思想，又体现了孟子天命以人心为依归的主张，总体上是统合孟荀重民爱民的思想。此外，董仲舒在《春秋繁露·仁义法》中说：“王者爱及四夷，霸者爱及诸侯，安者爱及封内，危者爱及旁侧，亡者爱及独身。独身者，虽立天子、诸侯之位，一夫之人耳，无臣民之用矣。如此者，莫之亡而自亡也。”[①] 这是继承了孟子以失去民心的君王为“一夫”的思想。

与孟子不同者，董仲舒强调“屈民而伸君，屈君而伸天”（《春秋繁露·玉杯》）[②]，似乎是以天—君—民为价值序列，强调百姓对于君王的服从。然而，在董仲舒思想体系中，一方面天意又表现为民意，正所谓“天无常予，无常夺”，在统治者失德时民意有影响君位稳固的可能性；另一方面，在董仲舒“天人感应”的思维模式下，君王贵为天之子，依附于天，上天也会对君王降下祥瑞或灾异以警醒，以要求统治者讲求道德修养，避免下位者革命行为的发生。可见，董仲舒思想中的天、君、民并不是单线条的依附关系，而是多元互动的关系。在这种互动关系中，董仲舒由此在证明君王权力正当性的同时也实现了对汉帝国政治的监督与批评。

与董仲舒同时期的作品《淮南子》也广泛继承了孟子对待汤武革命问题的思想主张。如《泰族训》认为：“所谓有天下者，非谓其履势位，受传籍，称尊号也；言运天下之力，而得天下之心……纣有南面之名，而无一人之德，此失天下也。故桀、纣不为王，汤、武不为放。周处酆镐，地方不过百里，而誓纣牧之野，入据殷国……得民心也。”[③]《氾论训》也说：“尧无百户之郭，舜无置锥之地，以有天下。禹无十人之众，汤无七里之分，以王诸侯。文王处岐周之间也，地方不过百里，而立为天子者，有王道也。夏桀、殷纣之盛也，人迹所

① 苏舆撰，钟哲点校：《春秋繁露义证》，中华书局2019年版，第222页。

② 苏舆撰，钟哲点校：《春秋繁露义证》，中华书局2019年版，第28页。

③ 刘文典撰，冯逸、乔华点校：《淮南鸿烈集解》，安徽大学出版社、云南大学出版社1998年版，第835—836页。

至，舟车所通，莫不为郡县，然而身死人手而为天下笑者，有亡形也……汤、武之所以处小弱而能以王者，以其有道也；桀、纣之所以强大而见夺者，以其无道也。”① 可以看出，《淮南子》完全继承了孟子重视民心、仁者无敌等思想。考虑到《淮南子》的性质属于杂家，这可以体现出孟子革命思想在当时的影响力已十分巨大。尔后，刘向也是孟荀汤武革命论的拥护者。刘向《说苑·贵德》有言：“桀、纣以不仁失天下，汤、武以积德有海土，是以圣王贵德而务行之。”②《说苑·君道》也说：“夫天之生人也，盖非以为君也；天之立君也，盖非以为位也。夫为人君，行其私欲而不顾其人，是不承天意，忘其位之所以宜事也。”③ 与孟子类似，刘向也借由汤武革命强调了君王的责任伦理，告诫君王施行仁政的重要性以及重视民心向背等问题。成帝时期，儒生谷永提出：“王者以民为基”④，“方制海内非为天子，列土封疆非为诸侯，皆以为民也。垂三统，列三正，去无道，开有德，不私一姓，明天下乃天下之天下，非一人之天下也”⑤。这是将孟子重视百姓、重视民心向背的思想向前更推进一步，明确提出了“天下为公”的主张，这在当时无疑具有进步意义。综合这些儒者对汤武革命问题的论述，可以看出孟子由汤武革命问题而引出的施行仁政、重视天意、重民爱民等不仅成为汉代的核心价值思想，更促进了汉代“公天下”思想的发展。

经过几代儒者的努力，汉儒虽然可以在道义上证明汉代暴秦的合法性，但是尴尬之处始终在于汉高祖刘邦由布衣而有天下，并不具备汤武的盛德，这是既定的历史事实。因此，仅仅从孟荀仁义论的角度

① 刘文典撰，冯逸、乔华点校：《淮南鸿烈集解》，安徽大学出版社、云南大学出版社 1998 年版，第 528—531 页。

② 刘向撰，向宗鲁校证：《说苑校证》，中华书局 1987 年版，第 100 页。

③ 刘向撰，向宗鲁校证：《说苑校证》，中华书局 1987 年版，第 30 页。

④ 班固撰，颜师古注：《汉书》，中华书局 1987 年版，第 3462 页。

⑤ 班固撰，颜师古注：《汉书》，中华书局 1962 年版，第 3466—3467 页。

证明汉帝国的合法性略显欠缺[①]。为了弥补这一缺陷，汉人选择增强汉高祖本人以及汉帝国的神圣性。《史记·高祖本纪》记载了许多刘邦的传说，其中既包括高祖出生时蛟龙出现的“异象”，高祖“隆准而龙颜”的过人相貌以及作为赤帝子斩杀白蛇等故事。[②] 这些故事显然是人为编造的，目的在于神话刘邦，从而证成其获得天命以及推翻秦朝统治并夺取天下的合法性。而后，汉人又运用德运说来证明汉帝国政权的合法性，如《汉书·高帝纪》班固赞曰：“汉承尧运，德祚已盛，断蛇著符，旗帜上赤，协于火德，自然之应，得天统矣。”[③] 以汉家承接尧运，既符合天意，又有所谓的“人事”作为证明。与孟子相比，这种“受命于天”的思想无疑是寄托于神话或特定的历史观而非民意，具有神秘性的特征。这种神秘性虽然可以让臣民笃信汉帝国建立的合法性，但是在汉人“天人感应”的思维模式下，士大夫同样可以在统治失序时，根据自然所发生的“异象”来质疑政权的合法性。阎步克先生指出：“这种神道化的浪潮虽然也强调了君主的‘受命于天’，但是在另一方面它却又直接动摇了君主的权威。它使汉儒的政治批评具有了神圣的支柱。”[④] 西汉以“异象”言禅让的代表是董仲舒再传弟子眭弘以及儒生盖宽饶：

> 眭弘……从嬴公受《春秋》……孝昭元凤三年正月，泰山、莱芜山南……有大石自立……昌邑有枯社木卧复生……孟推《春秋》之意，以为“石、柳皆阴类，下民之象……非人力所为，此当有从匹夫为天子者……”即说曰：“先师董仲舒有言，虽有继

---

① 后世学者中，朱子认为汉高祖具有“利心”，其占据天下并非出于仁义之心，这一观点较有代表性。据《朱子语类》载，朱子弟子认为：“汉唐之兴，皆是为利。须是有汤武之心始做得……”朱子曰：“汉高祖见始皇出，谓：‘大丈夫当如此耳！’项羽谓：‘彼可取而代也！’其利心一也。”黎靖德编：《朱子语类》，中华书局 1986 年版，第 3244 页。

② 参见司马迁撰：《史记》，中华书局 1982 年版，第 341—347 页。

③ 班固撰，颜师古注：《汉书》，第 82 页。关于“汉承尧运”思想，详参杨权：《“汉家尧后”说考论》，《史学月刊》2006 年第 6 期。

④ 阎步克：《士大夫政治演生史稿》，北京大学出版社 2015 年版，第 348 页。

体守文之君，不害圣人之受命。汉家尧后，有传国之运。汉帝宜谁差天下，求索贤人，擅以帝位，而退自封百里，如殷周二王后，以承顺天命。”孟使友人内官长赐上此书……下其书廷尉。廷尉奏赐、孟妄设袄言惑众，大逆不道，皆伏诛。①

是时上（宣帝）方用刑法，信任中尚书宦官，宽饶奏事曰：“方今圣道？抟&废，儒术不行，以刑余为周召，以法律为《诗》《书》。”又引《韩氏易传》言：“五帝官天下，三王家天下，家以传子，官以传贤。若四时之运，功成者去，不得其人则不居其位。”书奏，上以宽饶怨谤终不改……遂下宽饶吏。宽饶引佩刀自到北阙下，众莫不怜之。②

在以德治为本、重视天意的思想前提下，加之对于自然异象以及谴告的信奉，眭弘、盖宽饶出现这种劝谏皇帝禅位的情况实则不足为奇。然而正如艾兰所说：“在实际的政治方面，世袭统治者要抗衡于反叛者或者篡权者可能声称天命转化了的这种可能性……新的统治者强调美德的原则，而在位的统治者强调世袭的权力。但两种原则中总有一种有其存在的可能。”③ 在汉帝国的世袭统治已经日趋稳固的情况下，统治者自然要杜绝一切宣称天命可能发生转移的言论。与现实趋于稳固的刘姓统治相比，儒者追求通过禅让优化政治统治的想法无疑成为具有道德理想主义色彩的一厢情愿。

三、结语

总而言之，西汉儒者大规模继承了孟荀肯定汤武革命的传统立场，从诛暴秦、施仁政、得民心等角度论证了汉帝国的合法性。西汉儒者一方面通过对桀纣虐政的反思，劝谕皇帝施行仁政，强调德性政

---

① 班固撰，颜师古注：《汉书》，中华书局 1962 年版，第 3153—3154 页。

② 班固撰，颜师古注：《汉书》，中华书局 1962 年版，第 3247—3248 页。

③ 艾兰著，余佳译：《世袭与禅让——古代中国的王朝更替传说》，商务印书馆 2015 年版，第 9 页。

治，并对君主加以约束，避免因失道而导致“革命”的再次发生。另一方面，当这套政治权力正当性理论与汉儒所信奉的天人感应、灾异谴告等思想结合时，又可能会导致新的改朝换代思想或追求更好政治秩序的可能性。在汉帝国统治日趋稳固的环境下，这种思想极具理想主义色彩，并最终显示出王道理想与现实统治的张力。

本文为“2021中国·衡水董仲舒与儒家思想国际研讨会暨中华孔子学会董仲舒研究委员会学术年会”提交的论文。

钮则圳（1992—），男，内蒙古包头人，中共广东省委党校（广东行政学院）哲学教研部校聘副教授，清华大学哲学博士。

“罢黜百家，独尊儒术”的历史考察

——以“六艺之科”与“孔子之术”的分合为中心①

杨　勇

一、问题的提出

汉武帝即位，一改汉初以来的“无为而治”而“罢黜百家，独尊儒术”，依托儒学创建文治政府，开创了新的政治格局。这一论断自20世纪初提出后产生重大影响，得到普遍认同，可以说是关于中国历史最重要的论断之一。尽管部分学者提出异议甚至否定，如孙景坛认为“汉武帝‘罢黜百家，独尊儒术’是个学术谎言”②。实事求是地讲，“独尊儒术”一语确未直接见《史》《汉》等处，《汉书·武帝纪》乃做“罢黜百家，表章《六经》”③。这四个字是近代才用以概况

① 基金项目：本文系国家社会科学基金后期资助项目“历史多元视野中的盐铁会议与《盐铁论》”（项目编号：16FZS007）阶段性成果。

② 持类似观点的还有庄春波、余治平等。见孙景坛：《汉武帝“罢黜百家，独尊儒术”子虚乌有——一个近现代儒学反思的一个基点性错误》，《南京社会科学》1993年第6期；庄春波：《汉武帝“罢黜百家，独尊儒术”考辨》，《孔子研究》2000年第4期；余治平：《汉武帝独尊儒术的虚与实——论汉帝国主导意识形态的最初确立》，《中国社会科学院研究生院学报》2004年第5期；郭炳洁：《近三十年“罢黜百家，独尊儒术”研究综述》，《史学月刊》2015年第8期。

③ 班固撰，颜师古注：《汉书》卷六《武帝纪》，中华书局1962年版，第212页。

武帝政治的①。然据《史记·魏其武安侯列传》“魏其、武安、赵绾、王臧等务隆推儒术，贬道家言”②，及《汉书·董仲舒传》“自武帝初立，魏其、武安侯为相而隆儒矣，及仲舒对册，推明孔氏，抑黜百家”③。合而观之，“罢黜百家，独尊儒术”之说细思虽不免有些许武断，却自有其据④。从更长历史时段看，此举确实开启了儒学主导政治生态的大幕。

进一步来看，这一论断主要依据武帝即位后采取的一系列举措：第一，察举制的完善及其儒家化。建元元年（前140）举贤良方正直

① “独尊儒术”最早见南宋史浩《谢得旨就禁中排当札子》：“下陋释老，独尊儒术”。但将“独尊儒术”用于汉武帝则是近代学人反传统专制下的概括。最早或见易白沙1916年刊于《新青年》第1卷第6号《孔子平议》：“汉武当国，扩充高祖之用心，改良始皇之法术，欲蔽塞天下之聪明才志，不如专崇一说，以灭他说。于是罢黜百家，独尊儒术”，“闭户时代之董仲舒，用强权手段，罢黜百家，独尊儒术”。史浩文载史浩：《鄮峰真隐漫录》卷三〇，《文渊阁四库全书1141册·集部4·别集类3》，台北：台湾商务印书馆1985年版，第765页；《孔子平议》见庞朴、马勇、刘贻群编：《先秦儒家研究》，湖北教育出版社2003年版，第88—99页；

② 司马迁撰，裴骃集解，司马贞索隐，张守节正义：《史记》卷一〇七《魏其武安侯列传》，中华书局1959年版，第2843页。

③ 班固：《汉书》卷五六《董仲舒传》，中华书局1962年版，第2525页。

④ 武帝“罢黜百家，独尊儒术”乃针对官方政治层面，“民间不禁讲习”（萧公权：《中国政治思想史》，台北：中国文化学院出版部，1980年，第308页）。只是在制度上开始切断非儒家学者的仕进之道。这些人的仕进之路在武帝时也还未完全断绝，政治的多事还需要各种人才：“至今上即位，博开艺能之路，悉延百端之学，通一伎之士咸得自效，绝伦超奇者为右”（司马迁：《史记》卷一二八《龟策列传》，第3224页）。故班固有“汉之得人，于兹为盛”（班固：《汉书》卷五八《公孙弘卜式儿宽传赞》，中华书局1962年版，第2634页）之叹。这也成为一些学者否定汉武“独尊儒术”的重要依据。然而政治上的儒家取向使此后“儒术始独盛，而百家之学微矣”（谢无量：《中国哲学史》第2编上，中华书局1940年版，第3页），也是不能否认的历史趋向。相关研究见金春峰：《汉代思想史》，中国社会科学出版社2006年版，第170—171页；林剑鸣：《秦汉史》，上海人民出版社1989年版，第330—331页；刘桂生：《论近代学人对“罢黜百家，独尊儒术”的曲解》，《北大史学》第2辑，北京大学出版社1994年版，第116—132页；杨生民：《汉武帝“罢黜百家，独尊儒术”新探——兼论汉武帝“尊儒术”与“悉延（引）百端之学”》，《首都师范大学学报》（社会科学版）2000年第5期；楼劲：《魏晋子学的传播与流行及相关问题》，《中国社会科学历史研究所学刊》（第八集），商务印书馆2013年版，第183—219页。

言极谏之士，丞相卫绾奏所举贤良治申、商、韩非、苏秦、张仪之言者乱国政请皆罢，得到批准，为选举向儒学靠拢打开了突破口。至建元六年（前 135）五月窦太后崩田蚡为相，“绌黄老、刑名百家之言，延文学儒者数百人”[①]，汉初以来颇为显学的黄老刑名之学亦被明确排除在外，儒者更大进。及至元光元年（前 134）冬十一月初令郡国举孝廉各一人，“孝”“廉”都是极富儒学意味的选目，这一科又是岁举，更标志着选举制度的进一步成熟及其儒家化；第二，博士学官制度的完善及其儒家化。建元五年（前 136）春，在文景时已立某些经书博士[②]的基础上扩而广之，统一置《五经》博士，此外不再设博士。博士从混杂诸家，掌通古今一变而以研究、传授《五经》为主要职能。其后丞相公孙弘又为博士置弟子，以经学为弟子入仕之阶。此后博士亦多出任大官，改变了文景时“诸博士具官待问，未有进者”[③] 的状况。

上述两点制度性地保证了儒者入仕，“公卿大夫士吏斌斌多文学之士矣”[④]，是政治儒家化的关键措施。而上述举措与建元初窦婴、田蚡、赵绾、王臧等人迎鲁申公欲设明堂，以礼为服制以兴太平的“务隆推儒术”[⑤] 之举，及董仲舒以贤良对策上《天人三策》中“臣愚以为诸不在六艺之科孔子之术者，皆绝其道，勿使并进。邪辟之说

① 司马迁：《史记》卷一二一《儒林列传》，中华书局 1959 年版，第 3118 页。

② 张汉东指出：“《后汉书·翟酺传》酺上书云：‘孝文皇帝始置一经博士’。据《史记·儒林列传》和《汉书·楚元王传》所载，文帝时，治《诗》博士有鲁人申培，燕人韩婴；景帝时，治《诗》博士又有齐人辕固，并增加了治《公羊春秋》博士董仲舒与胡毋生。又，伏胜弟子张生治《书》为博士，可知至迟在景帝时已设置《书》博士。这样，武帝以前，经学博士已置《诗》《书》《春秋》三经，《诗》博士已有齐、鲁、韩三家”。见张汉东：《论秦汉博士制度》，载安作璋、熊铁基：《秦汉官制史稿》，齐鲁书社 2007 年版，第 413—414 页。

③ 司马迁：《史记》卷一二一《儒林列传》，中华书局 1959 年版，第 3117 页。

④ 司马迁：《史记》卷一二一《儒林列传》，中华书局 1959 年版，第 3119—3120 页。

⑤ 司马迁：《史记》卷一〇七《魏其武安侯列传》，中华书局 1959 年版，第 2843 页。

灭息，然后统纪可一而法度可明，民知所从矣”的“更化”主张，并主“立学校之官，州郡举茂材孝廉”① 有密切联系。

以上是学界关于武帝“罢黜百家，独尊儒术”的基本架构。值得指出的是，上述事件除置博士弟子一事发生于元朔五年（前 124）外，均发生于武帝前期建元（前 140 年—前 135）至元光元年（前 134）间。于是基于此就有了两种不同看法：有学者据此说“独尊儒术始于建元元年，完成于元朔年间”②；又有人则认为“公孙弘上奏增加博士弟子后，儒教政策便销声匿迹，武帝推行的儒教政策仅存在于即位初的十余年间”③。然而，上述观点仅仅根据这些政策的颁布来判断“罢黜百家、独尊儒术”的“完成”或“销声匿迹”，似都过于简单。应该如何认识与评价武帝上述尊儒之举？“罢黜百家，独尊儒术”有什么样的性质？在汉代有怎样的历史演进？察举制与博士学官又在其间分别发挥了怎样的作用？对之应做何种评价？笔者感到应理出新的线索，并从更宽广的历史视野去看。逐渐发现从“六艺之科”与“孔子之术”的分合出发考虑，或能触及一些本质问题。董仲舒《天人三策》中“诸不在六艺之科孔子之术者，皆绝其道，勿使并进”一语，历来被引作武帝“罢黜百家、独尊儒术”的总纲，“确立了汉代儒学转变的思路，甚至奠定了中国两千年国家意识形态的基

---

① 班固：《汉书》卷五六《董仲舒传》，中华书局 1959 年版，第 2525 页。上《天人三策》的时间有争议，有建元元年（前 140）、元光元年（前 134）等说。近年成祖明提出其出炉应持续数年。第一策在建元三年（前 138）九月日食后；第二策在建元四年（前 137）夏“有风赤如血”及六月旱灾后四年底五年（前 136）第三策则可能到建元六年（前 135）。此处采成说。见成祖明：《诏策贤良文学制度背景下的“天人三策”》，《历史研究》2012 年第 4 期。

② 陈苏镇：《汉代政治与〈春秋〉学》，中国广播电视出版社 2001 年版，第 267 页。

③ 见渡边义浩引福井重雅《儒教成立史上的二三个问题———对于五经博士的设置与董仲舒事迹的疑义》一文。引自渡边义浩撰，仙石知子、朱耀辉译：《论东汉“儒教国家化”的形成》，《文史哲》2015 年第 4 期。

础"①。但鲜有学者注意到"六艺之科"与"孔子之术"间复杂的联系与区别，以及汉代历史进程中二者呈现的微妙分合②。借由对这一对概念的辨析，或许可以窥探到一些历史的真实。而所谓"历史视野"，钱穆先生指出"历史之变以渐不以骤"③。历史前后相继，没有任何事件可以独立存在。柯林武德说："历史学家研究的不是单纯的事件，而是行动。而一个行动则是一个事件的外部和内部的统一体……他的主要任务就是要把自己放到这个行动中去思想……历史学家要单纯地超越于发现历史事件之外。"④ 既不能抹杀，也不能拔高某些事件的地位，而应将其放在一个合理时段，综合各种因素更具体分析其来龙去脉，进而理解整个历史⑤。

二、"六艺之科"与"孔子之术"在武帝时的分裂与对立

所谓"六艺之科"，是关于"六艺"即《六经》的。《新书·六术》"以兴《诗》《书》《易》《春秋》《礼》《乐》六者之术以为大义，谓之'六艺'"⑥。所谓"孔子之术"则是孔子及其儒家的一套思想理念。无疑，二者有相当的重合与一致。孔子本人即以"六艺"显。

---

① 葛兆光：《中国思想史（第1卷）——七世纪前中国的知识、思想与信仰世界》，复旦大学出版社2001年版，第385—386页。

② 也有学者注意此，林聪舜从《公羊春秋》视野分析了"六艺之科"、"孔子之术"，认为这一提法"把孔子和《春秋》神化，至少是神圣化了，如此孔子就类似有德有位的帝王，具有受命改制的正当性"。见林聪舜：《儒学与汉帝国意识形态》，上海人民出版社2017年版，第171—173页。

③ 钱穆：《国史大纲》，商务印书馆版，1996年，第147页。

④ 柯林伍德：《历史的观念》，何兆武，张文杰译，商务印书馆1996年版，第301页。

⑤ 本文研究方法颇受余英时研究宋代理学与政治文化，"探讨儒学理想与观念落在政治领域中究竟产生了哪些正面或负面的效应"，"政治现实与文化理想之间怎样彼此渗透、制约以至冲突"方法的影响。见余英时：《宋明理学与政治文化》，吉林出版集团有限责任公司2008年版，第14页。

⑥ 贾谊撰，阎振益、钟夏校注：《新书校注》卷八《六术》，中华书局2000年版，第316页。

《史记·孔子世家》载孔子正《乐》、删《诗》、喜《易》，并序《彖》《系》《象》《说卦》《文言》。又因《史记》作《春秋》，以《诗》《书》《礼》《乐》教，弟子身通“六艺”者七十二人。《汉书·儒林传》亦云孔子：

> 叙《书》则断《尧典》，称《乐》法《韶舞》，论《诗》则首《周南》。缀周之礼，因鲁《春秋》，举十二公行事，绳之以文武之道，成一王法，至获麟而止。盖晚而好《易》，读之韦编三绝，而为之传。皆因近圣之事，以立先王之教，故曰：“述而不作，信而好古。”①

孔子之学本先王之教，先王之教则尽在“六艺”中。因之孔子立教也可谓立于“六艺”，所谓“兴于《诗》，立于《礼》，成于《乐》”（《论语·泰伯》），所谓“游于艺”（《论语·述而》）②。司马迁也说“中国言‘六艺’者折中于夫子”③。从这个角度看，孔子发展出的儒学与“六艺”密不可分。可以说，“凡是在《五经》中获得知识并以《五经》的解释阐发为业的就是‘儒’”④。“六艺”正是在孔门儒者的学习、阐释中代代传承。司马谈《论六家要旨》“夫儒者以‘六艺’为法”⑤，《汉书·儒林传》“古之儒者，博学乎‘六艺’之文。‘六艺’者，王教之典籍，先圣所以明天道，正人伦，致至治之成法也”⑥，及《庄子·天下》“其在于《诗》《书》《礼》《乐》者，邹鲁之士、搢绅先生多能明之”，都准确地揭示了儒家与“六艺”不可分割甚至合二为一的关系。也正因此故，司马迁作《儒林列传》，班固

---

① 班固：《汉书》卷八八《儒林传》，中华书局1962年版，第3589页。

② 关于“游于艺”之“艺”，古今诸家多依《周礼·地官司徒·保氏》解为礼、乐、射、驭、书、数。近年黄克剑指出“艺”非传统庠序、国学所习之“六艺”，而是成为儒门教化的《诗》《书》《礼》《乐》《易》《春秋》新“六艺”。见黄克剑：《〈论语·述而〉“游于艺”义趣辨证》，《哲学动态》2012年第8期。

③ 司马迁：《史记》卷四七《孔子世家》，中华书局1959年版，第1947页。

④ 葛兆光：《中国思想史（第1卷）——七世纪前中国的知识、思想与信仰世界》，复旦大学出版社1998年版，第371页。

⑤ 司马迁：《史记》卷一三〇《太史公自序》，中华书局1959年版，第3290页。

⑥ 班固：《汉书》卷八八《儒林传》，中华书局1962年版，第3589页。

作《儒林传》，都是对儒者如何博学、传习《六经》的历史考察。可以说在汉代人看来，《六经》之学即儒学。

但不能就此把“六艺”或者《六经》与儒学画等号。儒者固然博学乎“六艺”之文，“是与传统文明关系最密切的学派”①，然而博学“六艺”者却不一定都是儒者。这可以从两个方面去理解。首先，从历史的观念看，“六艺”承载了上古三王至春秋源远流长的礼乐文明传统。这一传统经过长期蕴含、积淀，至战国之世渐成为颇具“普适性”的历史文化资源，具有浓厚的史学特质，章学诚所谓“六经皆史”②。尽管孔门在其文本接受、定型、传承上发挥主要作用，但仍不能说只是儒者的专利，而是人人可用、家家可取的历史文化资源。李学勤指出“当时所有人所受的教育，都是来自‘六艺’，来自《诗》《书》《礼》《乐》，不管他赞成还是不赞成。这属于他们的传统文化”③。儒者固然可将《六经》经典化以阐发义理，儒门外的人如诸子也可用以论证可能与孔门不合的思想。章学诚说“道体无所不该，‘六艺’足以尽之。诸子之为书，其持之有故而言之成理者，必有得于道体之一端”④，可谓深得其理。诸子共同继承着“六艺”这一遗产。熊十力说：“诸子之学，其根底皆在经也。”⑤ 如墨家亦常引《诗》《书》证已说。又如庄子虽以《六经》为“先王之陈迹”，然而庄子“其学无所不窥”⑥，当然包括《六经》。其学只是对《六经》及

---

① 林聪舜：《儒学与汉帝国意识形态》，上海人民出版社 2016 年版，第 287 页。

② 章学诚：《文史通义校注》卷一《易教上》，中华书局，2004 年，第 1 页。章学诚又说“‘六艺’非孔氏之书，乃周官之旧典也”。姜广辉说“《尚书》从尧舜讲起，而《春秋》已写到孔子晚年，因此《六经》即是从尧舜到孔子的约 1700 年的历史。儒家传承《六经》，寻绎这 1700 年间的兴衰治乱之迹，总结其中历史的经验和教训”。见姜广辉：《传统之源——兼谈“六经”的价值》，《湖南大学学报》（社会科学版）2013 年第 4 期。

③ 李学勤：《国学的主流是儒学，儒学的核心是经学》，《中华读书报》，2010 年 8 月 4 日，第 15 版。

④ 章学诚：《文史通义校注》卷一《易教上》，中华书局 2004 年版，第 1 页。

⑤ 熊十力：《读经示要》，中国人民大学出版社 2006 年版，第 3 页。

⑥ 司马迁：《史记》卷六三《老子韩非列传》，中华书局 1959 年版，第 2143 页。

儒学的“否定之否定”。《汉书·艺文志》论道家“合于尧之克让，《易》之嗛嗛”，法家则合于《易》“先王以明罚饬法”。进而提出诸子十家“合其要归，亦《六经》之支与流裔”① 的观点。尤其其将“六艺”与“诸子”分述。儒家仅列“诸子”，也是“支与流裔”，钱穆所谓“儒亦百家之一，不得上侪于‘六艺’”②。由此可见“六艺之科”与“孔子之术”不尽同这一点，汉人也是很清楚的③。

“六艺之科”与“孔子之术”的不尽同，更主要的是在思想内涵上。孔子及其开创的儒家更着力于阐发与践行仁、义、礼、智、信及德、忠、孝、礼乐、教化等理念。这些理念虽仍与“六艺”有密切渊源，但自孔子以来的儒者青出于蓝而胜于蓝，开创了一片新的文化天地和思想境界。子曰“志于道，据于德，依于仁，游于艺”（《论语·述而》），对道、德、仁的追求被排在“六艺”前，颇值得注意。韩星指出“‘道’‘德’‘仁’三者相通，属同一层级的概念，在价值上同样重要。与‘艺’相比为形而上、为本、为体，‘艺’则为形而下、为末、为用”④。众所周知，“仁”字早已见《诗经》等处，但“‘仁’在春秋时代只不过是‘德’之一目，到了孔子手里获得了极大提升，

① 司马迁：《汉书》卷三〇《艺文志》，中华书局1962年版，第1746页。马一孚则云“墨家统于《礼》，名、法亦统于《礼》，道家统于《易》”。见马一孚：《泰和宜山会语》，辽宁教育出版社1998年版，第10页。

② 钱穆：《秦汉史》，生活·读书·新知三联书店2004年版，第94页。值得注意的是，《论语》《孝经》在汉代家户普及，“受经与不受经者皆诵习之”（王国维）。这两本与孔子关系密切却并非《五经》的书被列于《六艺略》，又启示汉人对“六艺”与“儒家”混同的一面。二者正处在“六艺”与“儒家”的中间过度。陈少明解释道“《论语》虽然不是原始的经，但也不是一般的子书，因为它有传经的意义。由子而传、从传至经”。何俊指出“‘六经’在知识体系上虽结构自足，但他并没有使它成为封闭系统，通过附上了《论语》与《孝经》，从言说与践履两方面对‘六经’加以补充”。见王国维：《汉魏博士考》，《观堂集林》（第一册）卷四，中华书局1959年版，第178页；陈少明：《〈论语〉的历史世界》，《中国社会科学》2010年第3期；何俊：《中国传统知识谱系中的知识观念》，《中国社会科学》2016年第9期。

③ 此点可参黄开国、黄子鉴：《“经学是研究儒家经典的学说”质疑》，《哲学研究》2017年第2期。

④ 韩星：《儒家核心价值体系——“仁”的构建》，《哲学研究》2016年第10期。

成为诸多德目的总目”①。其含义之深非《五经》能言，“孔子所以伟大，亦全在此”②；“礼”字也如此，“孔子则对于当时贵族之礼，不仅知道，实别有一番理想，别有一番抱负，欲以改革世道也。孔子勉子夏为‘君子儒’者在此”③。孔子以仁释礼、仁礼结合，注意发掘“礼”背后的意义，创造了集大成的思想高峰。此外，思孟学派及荀子等对“性”的讨论，《中庸》“诚明”“中庸”的思想，《大学》“三纲八条目”，以及孟子对仁义、性善、仁政、王道的追求，都可谓言《五经》所不能言。春秋战国是一个“哲学的突破”的“轴心时代”，“认识所达到的层次之高，是从来都未曾有的”④。正是在这一“哲学的突破”中，儒家形成了一整套内涵丰富的思想体系。

综合言之，真正的儒者必然兼备上述“历史的”与“思想的”两种气质，融“六艺”的历史学养及孔门的新思想理念于一身。这两方面，“一面是历史的观念，根据文王、周公，从礼之本源处看；一面是人道的亦可说是哲学的观念，根据天命、性、仁、恕等等的观点，从礼的意义上看”⑤。《汉书·艺文志》云：

> 儒家者流，盖出于司徒之官，助人君顺阴阳明教化者也。游文于《六经》之中，留意于仁义之际，祖述尧舜，宪章文武，宗师仲尼，以重其言。⑥

“游文于六经之中，留意于仁义之际”一语最为精辟紧要。前者

---

① 韩星：《儒家核心价值体系——“仁”的构建》，《哲学研究》2016年第10期。陈少明指出仁的观念“是孔子依对人性的体验同传统价值的理解相折衷而形成的”。见陈少明：《〈论语〉的历史世界》，《中国社会科学》2010年第3期。

② 梁启超：《儒家哲学》，岳麓书社2010年版，第23页。

③ 钱穆：《国史大纲》，商务印书馆2010年版，第98页。

④ 余英时：《古代知识阶层的兴起与发展》，载《士与中国文化》，上海：上海人民出版社1987年版，第28页。

⑤ 钱穆：《国史大纲》，商务印书馆2010年版，第98页。

⑥ 班固：《汉书》卷三〇《艺文志》，中华书局1962年版，第1728页。

是“历史的”，后者正是“思想的”[①]。这也恰与董仲舒“六艺之科”“孔子之术”对应。

明了上述背景，再进一步来看武帝的“罢黜百家，独尊儒术”。武帝似乎重作为“历史的”“六艺之科”，而忽视作为“思想的”“孔子之术”：

第一，文献能考者，除“为儒者宗”的董仲舒提出“仁、谊、礼、知、信五常之道，王者所当修饬也”，“道者，所由适于治之路也，仁义礼乐皆其具也。故圣王已没，而子孙长久安宁数百岁，此皆礼乐教化之功也”[②]，“先之以博爱，教以仁也；难得者，君子不贵，教以义也；虽天子必有尊也，教以孝也；必有先也，教以弟也”[③] 一类思想，及公孙弘言仁义礼智为“治之本，道之用也，皆当设施，不可废”[④] 外，并未见有人系统阐释弘扬“思想的”儒学。除司马迁著《史记》时表达一番“心向往之”外，也未见有人推尊孔子。且董仲舒的这些建议根本就不为武帝所用（详见后文）。一直要到武帝去世后的盐铁会议，仁义教化及推尊孔子之论才再次出现。武帝即位初虽“向儒术”，有尊儒一番举措。但相比对文辞、好神仙方术这些明显的偏好，似乎显得微不足道。对此可从诏书来看：观武帝诏书，“思想的”儒学色彩总的来讲较淡薄。元光五年（前 130）征贤良文学策诏

---

① 徐复观说孔子“把立基于人类历史实践所取得的经验教训，和他由个人的实践发现出生命的道德主体，两相结合。这便使来自历史实践中的知识，不停留在浅薄无根的经验主义之上；同时又使发自道德主体的智慧，不会成为某种‘一超绝待’的精神的光景，或顺着逻辑推演而来的与具体人生社会愈离愈远的思辨哲学”；朱汉民说“将儒家的六艺之学与诸子之学结合起来才构成完整的儒学”，“‘子’是思想主体，而‘经’则不过是思想资源。经学主要表达儒家对三代文明体系与思想传统的继承，子学则主要表达儒家因社会政治关切而追求思想创新”。这些观点都可与本处相发。见徐复观：《两汉思想史》卷三，华东师范大学出版社 2011 年版，第 157 页；朱汉民：《儒学的六经、诸子与传记》，《北京大学学报》（哲学社会科学版）2016 年第 5 期。

② 班固：《汉书》卷五六《董仲舒传》，中华书局 1962 年版，第 2499 页。

③ 苏舆撰、钟哲点校：《春秋繁露义证》卷一一《为人者天》，中华书局，1992 年，第 319—320 页。

④ 班固：《汉书》卷五八《公孙弘传》，中华书局 1962 年版，第 2616 页。

中云“仁义礼知四者之宜，当安设施”①，表明武帝对“思想的”儒学有所关注，但却也体现出对这些概念认识上的模糊。正如汲黯“陛下内多欲而外施仁义”② 之言，他对“孔子之术”的态度是表面化的。武帝封禅时“颇采儒术以文之”③，及修郊祀，改正朔，定历数，协音律，作诗乐，建封禅，礼百神，绍周后诸事，“都是所谓儒术的缘饰”④。

第二，相比“孔子之术”的冷遇，“六艺之科”则得到君臣一致重视。武帝各种诏书及大臣上书、撰文，皆多引《五经》并逐渐成为惯例。此点稍观《史》《汉》即可知。以诏书为例，武帝前诸帝诏书，除《史记·孝文本纪》载十三年（前 167）夏除肉刑诏引《诗》外未见明确引用《五经》。但元朔元年（前 128）春三月诏书中引用《易》《诗》，元狩元年（前 122）夏四月诏书亦引《诗》。此后诏书引《五经》为常例。这种变化在一定程度上说明立《五经》博士后“六艺”在政治中地位的上升，进入皮锡瑞所说的“经学昌明时代”⑤。

钱穆先生尝论曰：

> 汉武立《五经》博士，谓其尊“六艺”则可，然谓其尊儒术，似亦未尽然也。特“六艺”多传于儒者，故后人遂混而勿辨之耳……汉武罢斥百家，表章“六艺”，重为古者王官之旧，乃所以求稽古考文之美。⑥

这段话敏锐意识到武帝“尊‘六艺’”与“尊儒术”之别，给人极大启发。那么“六艺”与“儒术”在武帝朝到底呈现一种怎样的关系呢？顺着这一思路继续思考，可以得出一个结论：武帝“罢黜百家，独尊儒术”的架构中蕴含了一个深刻矛盾，“历史的”儒学与

---

① 班固：《汉书》卷五八《公孙弘传》，中华书局 1962 年版，第 2614 页。

② 司马迁：《史记》卷一二〇《汲郑列传》，中华书局 1959 年版，第 3106 页。

③ 司马迁：《史记》卷二八《封禅书》，第 1397 页。

④ 杨向奎：《汉武帝与董仲舒》，载《绎史斋学术文集》，上海人民出版社 2001 年版，第 104 页。

⑤ 皮锡瑞著，周予同注释：《经学历史》，中华书局 2004 年版，第 41 页。

⑥ 钱穆：《秦汉史》，商务印书馆 2010 年版，第 94—95 页。

"思想的"儒学之间，即"六艺之科"与"孔子之术"间发生了分裂。这种分裂贯穿武帝朝并逐渐走向对立。对此从两个角度分析：

第一，武帝之"尊儒"，非真能尊。盐铁会议上服膺"孔子之术"的文学言：

> 人主方设谋垂意于四夷，故权谲之谋进，荆、楚之士用，将帅或至封侯食邑，而克获者咸蒙厚赏，是以奋击之士由此兴。其后，干戈不休，军旅相望，甲士糜弊，县官用不足，故设险兴利之臣起，磻溪熊罴之士隐。泾、渭造渠以通漕运，东郭咸阳、孔仅建盐、铁，策诸利，富者买爵贩官，免刑除罪，公用弥多而为者徇私，上下兼求，百姓不堪，抏弊而从法，故憯急之臣进，而见知、废格之法起。杜周、咸宣之属，以峻文决理贵，而王温舒之徒以鹰隼击杀显。其欲据仁义以道事君者寡，偷合取容者众。①

这段发言距武帝去世仅六年，提纲挈领揭示出武帝政治的主线：大规模对外征伐，继而引发财政危机，兴利之臣行聚敛之治，民生大乱，又兴酷吏政治镇压三个前后相续的步骤。儒家对外主张"修文德以来之"（《论语·季氏》），"威天下不以兵革之利"（《孟子·公孙丑下》）的和平德化。对内则讲制民之产藏富于民，"与其有聚敛之臣，宁有盗臣。国不以利为利，以义为利也"（《礼记·大学》）。又反对滥用刑罚，要"道之以德，齐之以礼"（《论语·为政》）。武帝外事征伐、内兴聚敛及酷吏均与儒家不合。武将、聚敛之臣、酷吏占据政治舞台的主角，"据仁义以道事君"的孔门儒者在此状况下不能见用。这一点有部分学者已认识到。吕思勉说武帝政策"无一不与儒家之道相背"；金春峰说"儒生在残酷的战争面前黯然失色，被历史扫进了无权的角落"；韦政通说"儒家在武帝朝并没有受到真正尊重"；西嶋定生说"假如酷吏是当时官僚的代表这一论点成立的话，那么，儒学

---

① 桓宽撰，王利器校注：《盐铁论校注》卷二《刺复》，中华书局1992年版，第132页。

在当时被国教化的观点就有必要被重新考虑”[①]。但被武帝“罢黜百家，独尊儒术”的呼声淹没，这些观点未受重视。

第二，武帝尊“六艺”，正如钱先生所言“乃所以求稽古考文之美”。武帝欲建不世之功，天下骚动。若在《六经》等古代经典中找到依据，有类似《庄子》所谓“重言”加以比附，则更利于说服上下。至于比附是否恰当，是否与儒学相符往往不在考虑之列。如太初四年（前101）：

> 汉既诛大宛，威震外国。天子意欲遂困胡，乃下诏曰：“高皇帝遗朕平城之忧，高后时单于书绝悖逆。昔齐襄公复九世之雠，《春秋》大之”。[②]

武帝只在《春秋》中找依据，而不考虑“困胡”在民生疾苦等方面与儒家的根本冲突。对此朱子看得真切：“非为祖宗雪积年之忿，但假此名而用兵耳。”[③] 借上引《艺文志》之语，这只是“游文于《六经》之中”而不能“留意于仁义之际”。武帝这种“积思于《六经》，留神于王事，驰骛于唐虞，折节于三代”[④] 的心态正是“六经注我”的思维，在儒门看来属于《艺文志》所谓“随时抑扬”的“辟者”[⑤] 一类。这一例子正生动体现了“六艺之科”与“孔子之术”在此时的分裂。

不仅武帝如此，群臣同样抱这种观念。元鼎（前116年—前111）中博士徐偃使行风俗，矫制使胶东、鲁国鼓铸盐铁。回朝后张汤告发其矫制大害当处死。徐偃“以为《春秋》之义，大夫出疆，有可以安

① 吕思勉：《秦汉史》，上海古籍出版社2005年版，第73页；金春峰：《汉代思想史》，第257页；韦政通：《董仲舒》，台北：东大图书出版有限公司，1986年，第205页；西嶋定生：《秦汉帝国：中国古代帝国之兴亡》，社会科学文献出版社2017年版，第257页。

② 司马迁：《史记》卷一一〇《匈奴列传》，第2917页。

③ 黎靖德编，王星贤点校：《朱子语类》卷一三五《历代（2）》，中华书局1986年版，第3227页。

④ 班固：《汉书》卷六五《东方朔传》，中华书局1962年版，第2856页。

⑤ 班固：《汉书》卷三〇《艺文志》，中华书局1962年版，第1728页。

社稷，存万民，专之可也”。博士弟子谒者给事中终军难曰：

> 古者诸侯国异俗分，百里不通，时有聘会之事，安危之势，呼吸成变，故有不受辞造命专己之宜；今天下为一，万里同风，故《春秋》“王者无外”。偃巡封域之中，称以出疆何也？[①]

徐偃不能辩解服罪当死，后被武帝赦免[②]。此事徐偃实多本儒家爱民、民本，这与后来盐铁会议贤良、文学前后呼应。终军以善辩著称，但《艺文志·儒家》有《终军》八篇，也属孔门中人。然而有意思的是双方都把“孔子之术”撇一边，只以“六艺之科”为据论辩，这也是“六艺之科”重于“孔子之术”的典型表现。戴震批评理学家“以理杀人”[③]，此处可说终军“以‘六艺’杀人”。

抱着这种思维遂有“引经决狱”之事大兴。廷尉张汤决大狱欲傅古义，请博士弟子治《尚书》《春秋》者补廷尉史以平疑法。得到董仲舒等大儒的支持，《艺文志·六艺略·春秋类》有《公羊董仲舒治狱》十六篇。仲舒弟子长史吕步舒持节治淮南王谋反案，以《春秋》之义正之，得到武帝赞许。“引经决狱”逐步制度化，赵翼所谓“皆无成例可援，而引经义以断事”[④]。这正是以“六艺”杀人的制度化，本质上则是以“六艺”治国的制度化。汉人一切思想、活动，逐渐以经学为最高指导。《六经》不仅成为汉代文化精神的主源，也为世俗政治、人伦风俗、社会运行提供了依据。

由此可见，武帝的“罢黜百家，独尊儒术”只是尊“历史的”“六艺”之儒，而不是“思想的”孔孟之儒。只有明晰这一事实，才更清楚《汉书·武帝纪》“赞”为何说“罢黜百家，表章《六经》”而

---

① 班固：《汉书》卷六四下《终军传》，中华书局1962年版，第2818页。

② 王先谦云“《郊祀志》载‘徐偃云太常诸生行礼不如鲁善’，事在元封元年，是偃即罪后仍得赦免也”。见王先谦：《汉书补注》（下），中华书局1983年版，第1268页。

③ 戴震：《与某书》，《戴震集》，上海古籍出版社2009年版，第187页。

④ 赵翼著，王树民校正：《廿二史札记校正》卷二，中华书局1984年版，第43页。引经决狱参张涛：《经学与汉代社会》，河北人民出版社2001年版，第190—204页。

不是“罢黜百家，独尊儒术”。两种说法之间的差异值得玩味。当然，鉴于此时“六艺”之学即儒学这种普遍认识，也不应否定这仍是“尊儒”。因此就性质来讲，此时“六艺之科”与“孔子之术”间的矛盾还属于儒学内部的学理矛盾。然而继续发展，则一变而为儒学和非儒学之矛盾。下一节将揭示这一点。

三、“六艺之科”与“孔子之术”在盐铁会议上的斗争与融合

“六艺之科”与“孔子之术”的分裂和矛盾，发展之极则是始元六年（前 81）盐铁会议的召开。会议双方一是三辅、太常及各郡国所举来自民间的儒生贤良、文学六十余人，一是御史大夫桑弘羊及其下属丞相史、御史（丞相田千秋虽参会，但“当轴处中，括囊不言，容身而去”①）。双方都大量引用“六艺”。稍读《盐铁论》即可知桑弘羊一方拥有丰富的“六艺”学识。如丞相史云：

> 故谋及下者无失策，举及众者无顿功。《诗》云：“询于刍荛。”故布衣皆得风议，何况公卿之史乎？《春秋》士不载文，而书咺者，以为宰士也。孔子曰：“虽不吾以，吾其与闻诸。”仆虽不敏，亦尝倾耳下风，摄齐句指，受业径于君子之途矣。②

短短数句引及《诗》《春秋》，甚至《论语》（“孔子曰”出自《论语·子路》）。类似发言比比皆是。“受业径于君子之途”则表示他们也接受过经学教育。正因此故，他们也被文学称为“儒”。然而此“儒”却明确反对“孔子之术”：

> 大夫曰：“文学所称圣知者，孔子也，治鲁不遂，见逐于齐，不用于卫，遇围于匡，困于陈、蔡。夫知时不用犹说，强也；知困而不能已，贪也；不知见欺而往，愚也；困辱不能死，耻也。若此四者，庸民之所不为也，而况君子乎！”

① 桓宽：《盐铁论校注》卷一〇《杂论》，中华书局 1992 年版，第 618 页。

② 桓宽：《盐铁论校注》卷五《刺议》，中华书局 1992 年版，第 318 页。

御史曰："文学祖述仲尼，称诵其德，以为自古及今，未之有也。然孔子修道鲁、卫之间，教化洙、泗之上，弟子不为变，当世不为治，鲁国之削滋甚……若此，儒者之安国尊君，未始有效也。"

御史曰："孟轲守旧术，不知世务，故困于梁宋。孔子能方不能圆，故饥于黎丘。今晚世之儒勤德，时有乏匮，言以为非，困此不行。"

丞相史曰："晏子有言'儒者华于言而寡于实……道迂而难遵，称往古而訾当世，贱所见而贵所闻。'"

大夫曰："嘻！诸生阘茸无行，多言而不用……是孔丘斥逐于鲁君，曾不用于世也。何者？以其首摄多端，迂时而不要也。故秦王燔去其术而不行，坑之渭中而不用。乃安得鼓口舌，申颜眉，预前论议，是非国家之事也？"①

不难看出，这些"儒"是尊"六艺之科"之儒，而非尊"孔子之术"之儒。他们继续维护外事征伐、内兴聚敛及酷吏之治等武帝旧政，无一不与儒者相背离。不过，他们引"六艺"与前述武帝及终军驳徐偃虽一脉相承，但也有绝大不同：武帝、终军君臣虽已重"六艺之科"而轻"孔子之术"，但还没有公然挑战后者。上述发言却是彻底的反孔言论，为汉开国以来所未有。桑甚至盛赞秦"焚书坑儒"，这在以秦政为大戒的汉代真是令人咂舌之论。他们进而肯定申、商、韩法家，赞颂"申、商以法强秦、韩"，韩非"明其法势，御其臣下，富国强兵"②。称孔孟为"愚儒"，贤良文学为"拘儒"。这些"儒"完全走到儒家的对立面，对武帝"罢黜百家，独尊儒术"的政治架构提出了严峻挑战。这就突破原本儒学内部学理之争的性质，一变而有

---

① 桓宽：《盐铁论校注》卷一〇《大论》，中华书局1992年版，第604—605页；卷二《论儒》，第149、150页；卷五《论诽》，第299页；卷五《毁学》，第324页。

② 桓宽：《盐铁论校注》卷一〇《申韩》，中华书局1992年版，第579页；卷一〇《刑德》，第567—568页。

浓厚的所谓“儒法之争”① 的气息了。

进一步地说，这一派人的政治，究其本质是秦政的继续，但却包了一层“六艺”的外衣。他们以申、韩法家之学为体，以《六经》古王官之学为用的架构则为秦政所无，可谓一种“新秦政”。这种“新秦政”从远源来看，是战国以来经学与子学长期互相吸收、融合的结果。从近源来看，则是武帝以来“六艺之科”重于“孔子之术”的传统发展、演变的必然突破。参会的御史、丞相史具体有多少人史无载，从桓宽书末《杂论》“若夫群丞相、御史”② 云云来看人数不会少。这些“六艺之科”型的“儒”聚首在资历深厚、功业甚伟的桑弘羊之下，广布于朝，影响力不可小视了。而这也表明了建元元年举贤良治申、商、韩非、苏秦、张仪之言者皆罢之举，并没有达到预期的效果。

与这种极端分裂相伴随的则是完全相反的另一端。六十余名贤良、文学的产生，是武帝“举贤良文学”“延文学儒者”的察举发挥导向，在民间经过数十年酝酿、积淀的结果，是武帝朝不能得志而蛰伏的儒者的苏醒和回归。而按照“历史的”以及“思想的”两要素看，他们可谓兼而有之。

首先，“六艺”仍然是其主要依据。他们同样大量引用《五经》③，且相比对方他们对“六艺”的热情更高。文学云：

> 陛下宣圣德，昭明光，令郡国贤良、文学之士，乘传诣公车，议五帝、三王之道，“六艺”之风，册陈安危利害之分，指

---

① 此次会议“儒法之争”的研究，参见徐复观：《两汉思想史》卷三，华东师范大学出版社 2001 年版，第 115—127 页；杨勇：《盐铁会议“儒法之争”与法家在西汉中期的危机》，《中国史研究》2017 年第 3 期。

② 桓宽：《盐铁论校注》卷一〇《杂论》，中华书局 1992 年版，第 614 页。

③ 会议双方引用《五经》的研究，参见曹道衡：《〈盐铁论〉与西汉诗经学》，《河北师范学院学报》1994 年第 3 期；陈苏镇：《汉代政治与〈春秋〉学》，中国广播电视出版社 2001 年版，第 318 页；龙文玲：《〈盐铁论〉引书用书蠡测》，《中国典籍与文化》2010 年第 1 期；林中明：《〈诗〉行天下：从〈盐铁论〉大辩论的引〈诗〉批儒说起》，《诗经研究丛刊》2007 年第 1 期。

意粲然。①

这种以弘扬"六艺"为己任的气质，在我者皆"六艺"之风的自信，是对方所不能有的。桑弘羊也不禁感慨：

今贤良、文学臻者六十余人，怀"六艺"之术，骋意极论②。

《盐铁论·杂论》中朱子伯也向桓宽说：

贤良茂陵唐生、文学鲁国万生之伦，六十余人，咸聚阙庭，舒"六艺"之风，论太平之原。智者赞其虑，仁者明其施，勇者见其断，辩者陈其词③。

贤良、文学对"六艺"的秉承也是武帝"表章《六经》"的产物，这与对方并无不同。但他们身上儒家"思想的"要素更值得关注。其云：

窃闻治人之道，防淫佚之原，广道德之端，抑末利而开仁义，毋示以利，然后教化可兴，而风俗可移也。

王者设庠序，明教化，以防道其民，及政教之洽，性仁而喻善。

圣王之治世，不离仁义。故有改制之名，无变道之实。上自黄帝，下及三王，莫不明德教，谨庠序，崇仁义，立教化。此百世不易之道也。

今废仁义之术，而任刑名之徒，则复吴、秦之事也。夫为君者法三王，为相者法周公，为术者法孔子，此百世不易之道也④。

并且他们自觉划清了与对方"儒"的界限。文学刺曰：

今子处宰士之列，无忠正之心，枉不能正，邪不能匡，顺流

① 桓宽：《盐铁论校注》卷一《复古》，中华书局1992年版，第79页。

② 桓宽：《盐铁论校注》卷二《刺复》，中华书局1992年版，第130页。

③ 桓宽：《盐铁论校注》卷一〇《杂论》，中华书局1992年版，第613页。

④ 桓宽：《盐铁论校注》卷一《本议》，中华书局1992年版，第1页；卷一《授时》，第422页；卷五《遵道》，第292页；卷一〇《刑德》，第568页。

以容身，从风以说上……衣儒衣，冠儒冠，而不能行其道，非其儒也。譬若土龙，文章首目具而非龙也。葶历似菜而味殊，玉石相似而异类。子非孔氏执经守道之儒，乃公卿面从之儒，非吾徒也。[①]

贤良、文学“奋由、路之意，推史鱼之节”，以一种强烈的儒者经世情怀，“言王道，矫当世，复诸正，务在乎反本”[②]，痛感内外多欲政策导致的民生疾苦，主张行孔孟仁政王道，兴礼乐教化。孟子被提升到与孔子齐同的高度，孔孟儒家得到了重构与发挥[③]。“为术者法孔子”之说及对孔子“自古及今，未及有也”[④] 的推尊，正与董仲舒尊“孔子之术”前后呼应。

自董仲舒提出“诸不在六艺之科孔子之术者，皆绝其道，勿使并进”后，“六艺之科”与“孔子之术”在主流政治中就一直处于分离状态。随着武帝内外政治的深入，前者渐显达，后者渐式微。其后“六艺之科”干脆与法家合流，在武帝去世后产生否定“孔子之术”的极端派别。但同时二者为一的呼声在民间儒者中也逐渐高涨。盐铁会议正是两股力量的生死对决。借助霍光的支持，贤良、文学在会上取得优势，桑弘羊被沉重打击。权力与政见的双重危机使他铤而走险参与燕王旦、上官桀谋反。伴随着桑在会后第二年的败亡，此派势力铲除殆尽，“六艺之科”与“孔子之术”的这种极端分裂也就无疾而终，汉代政治翻开新的一页。从这一视角出发，说贤良、文学对汉代“罢黜百家，独尊儒术”的贡献仅次于董仲舒，似也不为过。正是他们的努力，才避免了汉政退回秦政老路的危险。

---

① 桓宽：《盐铁论校注》卷五《刺议》，中华书局 1992 年版，第 318—319 页。

② 桓宽：《盐铁论校注》卷一〇《杂论》，中华书局 1992 年版，第 613 页。

③ 此次会议对孟子地位提升的意义，参见金春峰：《汉代思想史》，中国社会科学出版社 2006 年版，第 245—266 页；杨勇：《〈盐铁论〉与孟子思想探微》，《哲学研究》2017 年第 1 期。

④ 桓宽：《盐铁论校注》卷二《论儒》，中华书局 1992 年版，第 149 页。

四、察举制、《五经》博士学官与尊儒

武帝前期建立了多种察举制、《五经》博士学官两大保障政治儒家化的制度。这是以官方为主导进行的。最顶层的是武帝，其次则是窦婴、田蚡、赵绾、王臧诸公卿。此外还有三位重要学者：景帝时治《春秋》为博士的董仲舒，鲁《诗》大师申公，武帝时两度被征为博士的公孙弘。后两位都来自民间。申公被赵、王不情愿地勉强请出，对这一运动颇有微词："为治者不在多言，顾力行何如耳。"① 这代表了民间对实行儒家政治与官方的差异。而申公很快因赵、王事败罢归。总的来讲，这一过程尚缺乏民间知识阶层的参与。

那么这两大制度对"罢黜百家，独尊儒术"究竟产生了怎样的作用呢？首先来看《五经》博士学官。上已详述"六艺之科"在武帝时的大用。经学独特地位的造成与博士学官的建立高度相关，遂使这一制度在武帝时获重视：

> （申公）弟子为博士者十余人：孔安国至临淮太守，周霸至胶西内史，夏宽至城阳内史，砀鲁赐至东海太守，兰陵缪生至长沙内史，徐偃为胶西中尉，邹人阙门庆忌为胶东内史……学官弟子行虽不备，而至于大夫、郎中、掌故以百数。
>
> 仲舒弟子遂者：兰陵褚大，广川殷忠，温吕步舒。褚大至梁相。步舒至长史……弟子通者，至于命大夫；为郎、谒者、掌故者以百数。而董仲舒子及孙皆以学至大官。②

《五经》博士成了士人入仕的最佳途径。"士病不明经术，经术苟明，其取青紫如俯拾地芥耳。学经不明，不如归耕"③，"遗子黄金满

---

① 司马迁：《史记》卷一二一《儒林列传》，中华书局1959年版，第3121—3122页。

② 司马迁：《史记》卷一二一《儒林列传》，中华书局1959年版，第3122、3129页。

③ 班固：《汉书》卷七五《夏侯胜传》，中华书局1962年版，第3159页。

籯，不如一经”[1] 的观念由此渐深入人心。经学开始前所未有地繁荣起来。然而这种繁荣却与儒学的真正复兴有相当距离。一方面这只是出于“禄利之路然”，只是“利而行之”。更重要的，这主要是儒学“历史的”要素的繁荣，孔门儒学的真精神很大程度上已被遗忘。如上引所列经术得官诸人，除徐偃外史籍中见不到他们倡导、履践“孔子之术”的记载，这绝不是偶然的。

武帝一朝经博士仕进至大官，名传于后世的儒者有董仲舒、公孙弘、兒宽三人。《汉书》中三次将三人并举：论武帝得人之盛，首则曰“儒雅则公孙弘、董仲舒、兒宽”[2]；武帝问东方朔“方今公孙丞相、兒大夫、董仲舒……之伦，皆辩知闳达，溢于文辞”[3]；《循吏传》“江都相董仲舒、内史公孙弘、兒宽，居官可纪”[4]。可见三人在武帝政治中的特殊地位。可由三人进一步窥探武帝朝博士与“罢黜百家，独尊儒术”的关系。

三人中董仲舒最知名。班固论曰“仲舒遭汉承秦灭学之后，《六经》离析，下帷发愤，潜心大业，令后学者有所统一，为群儒首”，又赞其“为世纯儒”[5]。朱子也说“汉儒最纯者莫如董仲舒”[6]。董仲舒之伟大，所以能为“群儒首”“纯儒”，一方面在于他为学官制度及举孝廉的建立，为经学尤其《春秋》学的发展做出重大贡献，其著作“皆明经术之意”[7]。但更主要的在他能在经学中注重孔门儒学的真精神，追求“六艺之科”与“孔子之术”的合一。从儒家哲学看，他

① 班固：《汉书》卷七三《韦贤传》，中华书局1962年版，第3107页。

② 班固：《汉书》卷五八《公孙弘传》，中华书局1962年版，第2634页。

③ 班固：《汉书》卷六五《东方朔传》，中华书局1962年版，第2863页。

④ 班固：《汉书》卷八九《循吏传》，中华书局1962年版，第3623页。

⑤ 班固：《汉书》卷五六《董仲舒传》，中华书局1962年版，第2526页；卷一〇〇下《叙传》，第4255页。

⑥ 黎靖德编，王星贤点校：《朱子语类》卷八七《礼（4）》，中华书局1959年版，第2226页。

⑦ 班固：《汉书》卷五六《董仲舒传》，中华书局1962年版，第2525页。

"从阴阳气论高度论证仁观念的源起及其存在之正当性"[①]，构建了新的"天人合一"的仁学体系。虽张汉代言阴阳灾异之风，但对缺乏形上维度的孔孟儒学某种程度上来讲也是一种推进；从政治思想看，力主尊孔，论行礼乐教化、限制并兼、盐铁归民、去奴婢、薄赋敛、省徭役、宽民力、轻刑罚诸项皆得孔孟精义[②]。但此时武帝内外之政都是"多欲"之治，故武帝不能用董仲舒。其历任江都、胶西相后即去位归家，以修学著书为事。尽管朝廷有大议则遣使者及张汤求教，但朝廷感兴趣的只是其《春秋》经学，而非其传承的孔孟之道[③]。

其次是公孙弘。他亦以《春秋》为博士，从"学统"的角度讲地位却远不及董仲舒。但他由平民儒生直任至御史大夫、丞相，是武帝朝用世儒生的代表。这种经历正代表了官方儒学的平民化倾向，同时具有儒学"政统"上的重大象征意义。然而他虽有置博士弟子之功，又起客馆开东阁延贤人，对"孔子之术"也有一定程度认同，在"尊儒"上却实在乏善可陈。他不能坚守儒家立场，"不肯面折庭争"，"有所不可，不肯庭辩"的记载充斥于史，这正是儒门最不齿的"乡愿"型官员，文学所谓"面从之儒"。如武帝北筑朔方之郡，"数谏，以为罢弊中国以奉无用之地，愿罢之"[④]，这是孔孟思想的体现。但朱买臣与之论难不能答后马上改变初衷附和之，所谓"曲学以阿世"，与董仲舒"为人廉直"形成鲜明反差。究其根本，他的为官理念是

---

① 曾振宇：《"仁者安仁"：儒家仁学源起与道德形上学建构——儒家仁学从孔子到董仲舒的哲学演进》，《中国文化研究》2014 年春之卷。

② 参见李威熊：《董仲舒与西汉学术》，台北：文史哲出版社，1978 年，第 120—135 页；张实龙：《董仲舒学说内在理路探析》，浙江大学出版社 2007 年版，第 87—113 页；王永祥：《董仲舒评传》，南京大学出版社 2011 年版，第 376—395 页。

③ 武帝博士中尚有一例外。博士狄山谏"兵凶器，未易数动……今自陛下兴兵击匈奴，中国以空虚，边大困贫。由是观之，不如和亲"（班固：《汉书》卷五九《张汤传》，中华书局 1962 年版，第 2641—2642 页）。这"代表了一般儒生的看法"（韦政通：《董仲舒》，第 207 页）。但在武帝以武力征服的大环境下没有空间。山亦被张汤目为"愚儒"。武帝遣山乘鄣，月余匈奴斩山头。狄山不能行其道，境遇与董仲舒同。

④ 班固：《汉书》卷五八《公孙弘传》，中华书局 1962 年版，第 2619 页。

“习文法吏事，缘饰以儒术”①，与武帝的“内多欲而外施仁义”若合符节。因此他虽位列三公，怎能望不枉道取容的孔孟于万一？又怎能望他开辟一个仁政王道，礼乐教化的局面？他又“性意忌，外宽内深”②，不遗余力迫害董仲舒、主父偃等儒者。董的不能用世与其排斥有直接关系。进而论之，公孙、董分别代表了武帝朝官方儒家的用世派、学术派。如两人能齐心并力促成儒家“政统”与“学统”合一，则“罢黜百家，独尊儒术”必将有大进展。但事实上二人却分裂了。这显示武帝朝以博士为代表的官方儒家不能真正完成“独尊儒术”③。正如朱子感慨“使合下便得个真儒辅佐，岂不大有可观？惜乎无真儒辅佐，不能胜其多欲之私”④。

其次来看察举制。关于举贤良、文学，史载武帝“娄举贤良文学之士”⑤，田蚡为相“绌黄老、刑名百家之言，延文学儒者数百人”。盐铁会议上御史也说武帝“诏举贤良方正、文学之士，超迁官爵，或至卿大夫”⑥。依此应选举不少儒生入仕。考诸史籍，可见建元元年（前140）冬十月、元光元年（前134）夏五月及元光五年（前130）有过三次选举，其后则未见。所举之人今知有冯唐、辕固生、董仲舒、公孙弘、严助、邓公六人。冯唐、辕固生武帝初被征时已年九十余。邓公仅见《史记·袁盎晁错列传》，起家为九卿一年即病免，其

---

① 班固：《汉书》卷五八《公孙弘传》，中华书局1962年版，第2618页。

② 班固：《汉书》卷五八《公孙弘传》，中华书局1962年版，第2621页。

③ 至于兒宽，影响不及董、公孙二人。他为御史大夫“以称意任职，故久无有所匡谏于上，官属易之”，大体走入公孙弘一路。当然也要看到“宽既治民，劝农业，缓刑罚，理狱讼，卑体下士，务在于得人心；择用仁厚士，推情与下，不求名声，吏民大信爱之……收租税，时裁阔狭，与民相假贷，以故租多不入”（班固：《汉书》卷五八《兒宽传》，2630页）。这正是在履践儒家仁厚爱民的精神，开后来循吏之先。他是汉代第一名真正儒学意义上的循吏。

④ 黎靖德编，王星贤点校：《朱子语类》卷一三五《历代二》，中华书局1959年版，第3226页。

⑤ 班固：《汉书》卷六四上《严助传》，中华书局1962年版，第2775页。

⑥ 桓宽：《盐铁论校注》卷二《刺复》，中华书局1992年版，第131页。

人可不论。董、公孙二人上文已详述①。而严助此人，虽《艺文志·儒家》有《庄（严）助》四篇，但其对尊儒似无更多贡献，他长于纵横之学。在建元三年（前138）力劝武帝救东瓯，持节发会稽兵浮海救之，开武帝对外用兵先例，故其人亦可不论。

相比贤良、文学科，孝廉是察举的主要科目，“为主要官吏的正途”②。但此科设立后也未立刻担起选举重任，元朔元年（前128）冬十一月诏曰：

> 兴廉举孝，庶几成风……今或至阖郡而不荐一人，是化不下究，而积行之君子雍于上闻也。二千石官长纪纲人伦，将何以佐朕烛幽隐，劝元元？③

此时距孝廉科之设已过六年，官民却都还没有适应这种方式，积极性不高。尽管此时定不举孝察廉之罪，贯彻可能更有力，但整个武帝时代孝廉科影响似亦不大。两汉孝廉今可考者307人④，武帝时孝廉无一人传世，更无一人至大官，这应该不是偶然的。

总的来看，这一时期察举制还在草创阶段，功用有限。平心而论，相较《五经》博士学官，察举更能选拔接近“思想的”意义的儒者。对贤良、文学科而言，治诸子百家尤其申商韩非、黄老之言者皆已不能被选，只有儒门中人符合条件。在当时情况下贤良、文学固然不能不通经，但实际上并无类似博士弟子需“通一经”的具体要求，

① 公孙弘先以贤良征为博士后被免，后又举贤良文学以策对第一拜为博士。董仲舒则先为博士后举贤良。汉代既被察举又为博士者始行于二人。后亦不乏其人。如王吉以郡吏举孝廉为郎，又举贤良为昌邑中尉，后病去官复征为博士；贡禹则以明经洁行征为博士、凉州刺史，病去官，复举贤良为河南令；师丹举孝廉为郎，元帝末为博士，后免，建始中州举茂才复补博士。不同察举科目之间多次察举，察举与博士的关系，都是值得进一步注意的课题。黄留珠指出“两汉的现任官吏能够按照各种察举科目被再察举升迁，这说明当时察举与对已任官吏之考课，并无严格区分”。见黄留珠：《秦汉仕进制度》，西北大学出版社1985年版，第237页。

② 劳榦：《汉代察举制度考》，载《汉代政治论文集》，台北：艺文印书馆1976年版，第666页。

③ 班固：《汉书》卷六《武帝纪》，中华书局1962年版，第166—167页。

④ 参见黄留珠：《秦汉仕进制度》，西北大学出版社2006年版，第106—147页。

只需“受策察问”① 接受考察，优秀者即可出仕。可以选拔出富有学养、见识而不抱经守残的儒者。《艺文志》所谓“古之学者耕且养，三年而通一艺，存其大体，玩经文而已，是故用日少而畜德多，三十而《五经》立”② 的伟大理想，一定程度上被寄托于这个制度。对孝廉科而言，“居乡里有廉清孝顺之称”③，以道德为标准录用官员，则更可能选举到孔子最赞赏的“入则孝，出则悌，谨而信，泛爱众，而亲仁”（《论语·学而》），及如伯夷“目不视恶色，耳不听恶声”（《孟子·万章下》）的力行孝悌清廉之人。应劭《汉官仪》引光武帝诏，孝廉四科取士“皆有孝悌、廉正之行”的“丞相故事”里又有“学通行修，经中博士”④ 一条，对所举孝廉经学素养要求也较高。这又是孔子所谓“行有余力，则以学文”了。黄留珠的研究也指出“两汉孝廉的个人资历以儒者为最多”⑤。因此贤良文学及孝廉两科正是官方吸引民间儒者的较好途径。然而这两科在武帝时的不兴，对比博士学官下经术之士的大起，说明了此时风气是“六艺之科”胜过“孔子之术”。这种状况直到武帝去世也没有变化。

明确了这一背景再来看盐铁会议，就更清楚此次会议在察举制发挥功能及民间儒学崛起上的意义。贤良、文学六十余人乃前一年下诏察举。就出身看，他们都是居于乡间的平民知识分子，对方刺曰“发于畎亩，出于穷巷”“内无以养，外无以称，贫贱而好义”⑥。正是孟子所谓“无恒产而有恒心”的士；就地域看，来自三辅、太常及全国各郡国，具有广泛的地域代表性。他们深知各地民间因武帝“多欲”之治带来的民生疾苦。如盐铁国营致“贫民或木耕手耨，土耰淡食”

---

① 班固：《汉书》卷六《武帝纪》，中华书局1962年版，第161页。

② 班固：《汉书》卷三〇《艺文志》，中华书局1962年版，第1723页。

③ 范晔：《后汉书》卷五《安帝纪》，第211页。

④ 应劭撰：《汉官仪》卷上，载孙星衍等辑，周天游点校：《汉官六种》，中华书局1990年版，第125页。

⑤ 黄留珠：《秦汉仕进制度》，西北大学出版社2006年版，第143、148—151页。

⑥ 桓宽：《盐铁论校注》卷二《忧边》，中华书局1992年版，第162页；卷四《毁学》，第229页。

之不便，对外征伐致“老母垂泣，室妇悲恨”，“甲士死于军旅，中士罢于转漕”之惨状，酷吏“不本法之所由生，而专己之残心，文诛假法，以陷不辜，累无罪”[①] 之冤屈陷害；就学识看，他们有丰富的“六艺”底蕴，非常熟悉且笃信孔孟之道，抱着“辅明主以仁义，修润洪业之道”[②] 的王道理想积极参与国政。这是武帝建立儒家化的察举制，然其功能长期不显以后，民间儒学利用这个制度的第一次集体发声，标志着民间儒者开始自觉加入官方政治建设。从这一角度讲这次会议也标志着汉代“罢黜百家，独尊儒术”进入一个新的阶段。

五、总结：西汉至新莽尊儒的四个节点

汉代“罢黜百家，独尊儒术”并非汉武帝一时一事完成，而是在若干要素互相影响、交替作用下，随政局、思想不断嬗变，经过漫长的历史演进形成的。考察西汉至新莽历史，有汉武帝前期、盐铁会议、元帝、王莽四个节点需特别注意：

第一节点是武帝前期察举、《五经》博士学官为主的官方政策，“罢黜百家，独尊儒术”的基本架构就此建立。但这“不意味着国家对儒学的崇奉已成定局”[③]。出现了“六艺之科”与“孔子之术”的分离甚至对立，也排斥了民间儒者的参与。这些矛盾发展的结果是盐铁会议的召开。民间儒者走上前台并纠正了二者的对立，是为第二节点。详情前面章节已论及。

然而盐铁会议也没有真正完成尊儒。武帝后霍光秉政的二十年（前87—前68），虽多有缓和民生之举，“有儒家思想的气息”[④]。然而

---

① 桓宽：《盐铁论校注》卷七《备胡》，中华书局1992年版，第446页；卷七《击之》，第471—472页；卷一〇《申韩》，第580页。

② 桓宽：《盐铁论校注》卷一《复古》，第79页。

③ 葛兆光：《中国思想史（第1卷）——七世纪前中国的知识、思想与信仰世界》，第388页。

④ 西嶋定生：《秦汉帝国：中国古代帝国之兴亡》，社会科学文献出版社1986年版，第288页。

“孔子之术”在官方却仍被排斥。霍光用人多用门下亲信如王䜣、杨敞、蔡义等而不任儒者。如后来名儒魏相、萧望之等都不被用。作为托孤重臣，霍光对武帝“六艺之科”的传统则很重视。始元五年京兆尹隽不疑以《春秋》义果断收捕假冒卫太子者，霍光“闻而嘉之，曰：‘公卿大臣当用经术明于大谊’”①。夏侯胜以《洪范》预测昌邑王将被废，“光以此益重经术士”②。但对“孔子之术”就态度不同了。霍光去世后霍山说“诸儒生多窭人子，远客饥寒，喜妄说狂言，不避忌讳，大将军（霍光）常仇之”③。盐铁会议贤良、文学这类高谈孔孟理想主义的儒者不被他称许。这种态度与其政敌桑弘羊又有何不同？因此班固评价霍光“不学亡术，暗于大理”④。所谓术，可以理解为“孔子之术”。

这种状况至宣帝亲政后继续保持，“罢黜百家、独尊儒术”无根本进展。史载宣帝（前74年—前49年在位）“不甚从儒术”，又与太子论“俗儒不达时宜，好是古非今，使人眩于名实，不知所守，何足委任”⑤。对儒者的鄙夷一如霍光。分别被举孝廉、贤良，又为博士通《五经》的大儒王吉抱“建万世之长策，举明主于三代之隆”向宣帝上书：

> 孔子曰“安上治民，莫善于礼”，非空言也。王者未制礼之时，引先王礼宜于今者而用之。臣愿陛下承天心，发大业，与公卿大臣延及儒生，述旧礼，明王制，驱一世之民济之仁寿之域，则俗何以不若成康，寿何以不若高宗？⑥

这种制礼明王制、驱仁寿之域精神的来源除了“六艺”，更体现了孔门对礼乐教化的追求。然而宣帝“以其言迂阔，不甚宠异也”⑦。

---

① 班固：《汉书》卷七一《隽不疑传》，中华书局1962年版，第3038页。

② 班固：《汉书》卷七五《夏侯胜传》，中华书局1962年版，第3155页。

③ 班固：《汉书》卷六八《霍光传》，中华书局1962年版，第2954页。

④ 班固：《汉书》卷六八《霍光传》，中华书局1962年版，第2967页。

⑤ 班固：《汉书》卷七八《萧望之传》，中华书局1962年版，第3284页；卷九《元帝纪》，第277页。

⑥ 班固：《汉书》卷七二《王吉传》，中华书局1962年版，第3063—3064页。

⑦ 班固：《汉书》卷七二《王吉传》，中华书局1962年版，第3065页。

这种“迂阔”与贤良、文学一脉相承。盐铁会议上丞相史讥刺贤良、文学“道迂而难遵”，御史也刺曰“迂而不径”①。众所周知，孟子以“迂阔”著称，“迂阔”是孔孟儒学理想主义的特征。宣帝的“不甚宠异”，正是其对“孔子之术”抱警惕与怀疑的体现。所以盖宽饶上书也说“方今圣道浸废，儒术不行”②。宣帝霸王道杂之，是一位偏现实的帝王，“能理当时之务，而不能创远大之规”③，无法对极具理想色彩的“孔子之术”有热情。相比之下，“六艺之科”取得立《五经》博士以来的最大发展：著名的石渠会议（前51）召开，诸儒讲论《五经》同异。小夏侯《尚书》，大、小戴《礼》，施、孟、梁丘《易》，《穀梁春秋》等先后被列为博士。博士弟子员额也成倍增加。

但亦不能说宣帝时“孔子之术”无推进。此时循吏多出。《汉书·循吏传》所载五人中王成、黄霸、朱邑、龚遂都为官于宣帝时。黄霸任颍川太守，“力行教化而后诛罚，外宽内明得吏民心”，使“吏民向于教化，兴于行谊”；朱邑“廉平不苛，以爱利为行，未尝笞辱人。存问耆老孤寡，遇之有恩，所部吏民爱敬焉”；龚遂提出“治乱民犹治乱绳，不可急也；唯缓之，然后可治”④。此外还有韩延寿为官“教以礼让，接以礼意”，“上礼义，好古教化，所至必聘其贤士，以礼待用，广谋议，纳谏争”⑤。这些政风不就是贤良、文学礼乐教化理想的实践么？这些循吏与“孔子之术”间是余英时所言的“小传统”与“大传统”互动的关系。他们是传播“孔子之术”“一批最重要的先驱人物”，“与原始儒家教义之间的一致性已达到了惊人的程度”，而“终司马迁之世，积极从事于教化工作的循吏尚未成为普遍

① 桓宽：《盐铁论校注》卷五《论诽》，中华书局1962年版，第299页；卷一〇《申韩》，第578页。

② 班固：《汉书》卷七七《盖宽饶传》，中华书局1962年版，第3247页。

③ 吕思勉：《秦汉史》，第141页。

④ 班固：《汉书》卷八九《循吏传》，中华书局1962年版，第3639页。

⑤ 班固：《汉书》卷七六《韩延寿传》，中华书局1962年版，第3211页。

的典型”[①]。此外，这些人中黄霸、朱邑二人是举贤良出身，龚遂则以明经为官。这些儒学地方官员的出现，是盐铁会议以来儒家思想影响在基层及民间不断扩大的证明，也是察举制在发扬“孔子之术”的表现。

在这种“大传统”与“小传统”互动，尤其“小传统”向“大传统”不断渗透下，至元帝（前49年—前33年在位）时“罢黜百家，独尊儒术”取得新进展，是为西汉“尊儒”的第三节点。元帝“柔仁好儒”，“好儒术文辞，颇改宣帝之政”[②]。即位即征王吉、贡禹，这是一个巨大的变化。虽王吉不久去世，而举贤良出身的贡禹本孔孟儒家对政治多有匡正。及至初元三年（前46）善说《诗》的匡衡上书：

> 臣愚以为宜一旷然大变其俗……昭无欲之路，览“六艺”之意……以崇至仁，匡失俗，易民视，令海内昭然咸见本朝之所贵，道德弘于京师，淑问扬乎疆外，然后大化可成，礼让可兴也[③]。

此处览《六艺》、崇至仁、弘道德、成大化、兴礼让的移风易俗精神，再度追求“六艺之科”与“孔子之术”合一。王吉、贡禹、匡衡是察举制与《五经》学官制度的产物，是“历史的”与“思想的”两种要素兼具的儒者。宣帝不能用王吉，元帝则能用匡衡。元帝多行宽政，如罢苑囿、假田与贫民、罢齐三服官、北假田官、盐铁官、常平仓，对“孔子之术”的认同与宣帝不可同日而语。西嶋定生指出：“盐铁会议时，那些曾被认为是脱离现实的儒者们的空想、根本不被寄予希望的提案，到了元帝时期，虽然未能被全部采用，但其中一部

---

① 余英时：《汉代循吏与文化传播》，载《士与中国文化》，第144、151、155页。严延年用刑刻急号“屠伯”，遭其母“幸得备郡守，专治千里，不闻仁爱教化，顾乘刑罚多刑杀人，欲以立威，岂为民父母意哉”（班固：《汉书》卷九〇《酷吏传》，中华书局1962年版，第3672页）的严厉训斥。另，大、小传统的论述参见陈来：《儒家思想的根源》，载《陈来自选集》，广西师范大学出版社1997年版，第42—44页。

② 班固：《汉书》卷八一《匡衡传》，中华书局1962年版，第3338页。

③ 班固：《汉书》卷八一《匡衡传》，中华书局1962年版，第3334—3337页。

分被确切地实施了”[①]，这种论断无疑是很犀利的。关于这一点，我们同样可从其诏书得到证明：《元帝纪》所载诏书中“民渐薄俗，去礼义，触刑法”“德不能覆，而有其刑”“崇敬让而民兴行，故法设而民不犯”“德薄明晻，教化浅微”[②]等语，发挥儒家礼义、德、敬让、教化等理念，这在武、昭、宣诏书中是很少见的。这也正是其接受“孔子之术”细微却又可谓显著的表现。此外，此时“六艺”之学则仍然顺其既有之势不断推进，《京氏易》被立为学官，能通一经者皆复，博士弟子设员千人，又在郡国置《五经》百石卒史。由此可见元帝对“六艺之科”与“孔子之术”都是同等重视的。因此可以说到此时，“罢黜百家，独尊儒术”才基本达到。学界普遍认为的元帝时“儒教作为国家正统思想的地位得以确立”[③]之说，无疑有相当合理性。

由此而下就到新莽时期（8—25），是为汉代尊儒的第四个节点。王莽极重《六艺》，为安汉公时即奏起明堂、辟雍、灵台，为学者筑舍万区。立《左氏春秋》、《毛诗》、逸《礼》、古文《尚书》为学官，又立《乐经》博士，增加博士员至每经各五人。即真后设《六经》祭酒各一人。上下奉《六经》为准绳，“朝臣论议，靡不据经”，“锐思于地理，制礼作乐，讲合《六经》之说。公卿旦入暮出，议论连年不决”[④]。同时他受孔孟儒家影响也极深，如推尊孔子、行王田私属、德怀四夷等，“承汉末思潮而远承先秦儒家”[⑤]。由此看来，王莽继承

---

① 西嶋定生：《秦汉帝国：中国古代帝国之兴亡》，社会科学文献出版社 1986 年版，第 346 页。

② 班固：《汉书》卷九《元帝纪》，中华书局 1962 年版，第 287—296 页。

③ 渡边义浩撰，仙石知子、朱耀辉译：《论东汉“儒教国家化”的形成》，《文史哲》2015 年第 4 期。渡边义浩引平井正士《汉代儒家官僚对公卿阶层的渗透》“自设置太学到武帝退位的 37 年间，儒家渗透到公卿阶层的比率大约只有 1.9%左右，程度十分有限。但到元帝时，高峰时期儒家的人数竟达到公卿阶层总数的 26.7%。可见儒学在元帝时期首次取得了支配地位”。

④ 班固：《汉书》卷九九上《王莽传》，中华书局 1962 年版，第 4073 页；卷九九中《王莽传》，第 4140 页。

⑤ 阎步克：《士大夫政治演生史稿》，北京大学出版社 1996 年版，第 388 页。

元帝“六艺之科”与“孔子之术”并重并有推进，“罢黜百家，独尊儒术”达到新的高度。然而他出于现实需要又制定了许多违背儒学的政策，学术信仰与政治利益纠缠不清。如五均、六筦制源于武帝盐铁酒国营、均输平准，长期以来遭儒者反对。为了解决这种矛盾，他从羲和鲁匡之议以《诗》“无酒酤我”，及《论语》“酤酒不食”来为酒榷张目。又从国师公刘歆言下诏说“夫《周礼》有赊、贷，《乐语》有五均，传记各有筦焉，今设诸筦者，所以齐众庶，抑并兼也”①。这继承的不仅是武帝“稽古考文”一套，仍是“六艺之科”高于“孔子之术”。同时也继承了桑弘羊一派以“六艺之科”来对抗“孔子之术”的理路，并有过之而无不及，班固所谓“莽诵《六艺》以文奸言”②。肆意复古不顾民生疾苦到极点，走向儒家政治的反面，造成其迅速倾覆。

回顾上述四个节点，可以看到儒家政治存在“六艺之科”与“孔子之术”两条主线。尽管二者时有会合之势，如董仲舒、盐铁会议贤良文学、王吉及元帝、王莽等，但始终没有能很好地合二为一，汉代政治走上了博士学官引领的经学化道路。而代表“孔子之术”的察举制，尤其举孝廉虽渐入轨道，也确实出现了一些秉持“孔子之术”的官员。除上文所举诸人外，如鲍宣明经、孝廉出身，以悲天悯人之心论民有“七亡七死”；龚胜三举孝廉居谏官，数上书言百姓贫，盗贼多，吏不良，风俗薄不可不忧。但总的来讲，察举并未制度化地担负起弘扬“孔子之术”的使命。因为所举者也多以经术自任，走上“六艺之科”一路。如京房举孝廉为郎，以说《易》闻名。孟喜、杜邺、师丹等人亦如此。这是当时察举制下的常态。此外，“明经”科渐起。此科设置具体时间不详。眭弘以明经为议郎，龚遂以明经至昌邑郎中令，蔡义以明经给事大将军莫府，皆在昭帝之世。此科或武帝时即设。专立此科“更说明经学在汉代政治上居于重要地位”③。“明经”

---

① 班固：《汉书》卷二四下《食货志》，中华书局1962年版，第1179—1180页。

② 班固：《汉书》卷九九下《王莽传》，中华书局1962年版，第4194页。

③ 黄留珠：《秦汉仕进制度》，西北大学出版社2006年版，第190—191页。

甚至成了孝廉科的主要选举依据，有学者指出汉武帝后“孝廉多以明经进。西汉一代，明经实际上是察举孝廉的主要标准”①。一言以蔽之，儒家化的察举制没有能跳出儒家化的《五经》学官规模之外。我们不否认汉儒在传承古代经典上发挥的重要历史价值，然而儒者以礼乐教化、仁政王道平治天下的精神，不能盖过对这些经典的机械推崇及此带来的功名利禄。《汉书·儒林传》载：

> 严彭祖为宣帝博士，至河南、东郡太守。以高第入为左冯翊，迁太子太傅，廉直不事权贵。或说曰：“天时不胜人事，君以不修小礼曲意，亡贵人左右之助，经谊虽高，不至宰相。愿少自勉强！”彭祖曰：“凡通经术，固当修行先王之道，何可委曲从俗，苟求富贵乎！”彭祖竟以太傅官终。②

像严彭祖这样以“通经术”为“修行先王之道”，不委曲从俗苟求富贵者，在这个经学崇拜的时代真是寥寥无有。在这样的大环境下，即使有真能“修行先王之道”者，也不能真进用，如董仲舒、贤良文学一辈。而即若真如王莽贵而有天下者，也不能真行其道。王莽的失败，标志着汉儒以“孔子之术”治国理政的失败，无疑为这段历史做了一个悲剧性的结局。正如钱穆先生感慨，这“不是王莽个人的失败，是中国史演进过程中的一个大失败”③。

及至东汉，经学主导政治的传统愈加深入。“在东汉初期，东汉政权枢机要官的70%以上是有儒教教养的人士。将这一数字与儒教渗透最盛期的西汉元帝时的27%相比，可以明显看出东汉时期儒教向中央官僚阶层渗透程度之深。”④ 儒者虽多一门弟子数百成千之例，但他们沉浸在今古文之争及对《六经》的章句训诂中，“务碎义逃难，

① 详见安作璋、熊铁基：《秦汉官制史稿》，第371页。劳榦详列两汉“由明经为州郡县吏或为州郡县吏再通经术”被举孝廉者16人，“由儒生被察举”者53人。劳榦：《汉代察举制度考》，载《汉代政治论文集》，第110—112页。

② 班固：《汉书》卷八八《儒林传》，中华书局1962年版，第3616页。

③ 钱穆：《国史大纲》，商务印书馆2010年版，第153页。

④ 渡边义浩撰，仙石知子、朱耀辉译：《论东汉“儒教国家化”的形成》，《文史哲》2015年第4期。

便辞巧说，破坏形体"[1]，严守师法家法，逐渐造成"累世经学"的门第。又有"清议"之起，品鉴人伦，放言高论，嘘枯吹生。除王符、仲长统等少数人外，绝少人能注意到一般民生疾苦，更不能求根本上的改变。举孝廉为主的察举制更与经学大族结合，成为其仕进的重要凭借。而察举"选举不实，邪佞未去，权门请托"[2]的倾向也越来越显著。"既不能昭练贤鄙，然又劫于贵人之风指，胁以权势之属托，请谒填门，礼贽辐辏"[3]，成了沽名钓誉、请托营私的工具[4]，并逐渐与门第合流，甚至出现如《曹全碑》所载"四世孝廉"的状况[5]。在此格局下遂导致民间儒学与官方的互动逐渐隔绝。汉代的"尊儒"所尊只是庄子所谓"先王之陈迹"而非"其所以迹"，"思想性"的儒学不能兴，顾炎武所谓"师儒虽盛而大义未明"[6]。当然也就不能解决政治上的实际问题。东汉末年政治、社会、民族危机总爆发。钱穆先生指出"大一统政府逐渐腐败，此亦因儒家思维未能发挥

---

① 班固：《汉书》卷三〇《艺文志》，中华书局1962年版，第1723页。

② 范晔：《后汉书》卷二《孝明帝纪》，中华书局1962年版，第98页。

③ 王符著，汪继培笺，彭铎校正：《潜夫论笺校正》卷二《本政》，中华书局1985年版，第93—94页。

④ 钱穆说"道德乃人人普遍所应有，并非可以争高斗胜。若专以道德来分别人高下，便造成社会上种种过高不近人情的行为，而其弊且导人入于虚伪"；西嶋定生指出，"以孝廉这种道德的标准来采用官吏，反过来讲，就是用利益来引导道德的最终走向。因此，出现故意卖弄孝举、假装廉洁的现象，也就不足为奇了"。见钱穆：《国史大纲》，商务印书馆2010年版，第190页；西嶋定生：《秦汉帝国：中国古代帝国之兴亡》，社会科学文献出版社1986年版，第482页。

⑤ 《郃阳令曹全碑》，详见徐玉立主编：《汉碑全集》（第五册），河南美术出版社2006年版，第1773页。

⑥ 顾炎武著，黄汝成集释，栾保群、吕宗力校点：《日知录集释》（中）卷一三《两汉风俗》，上海古籍出版社2006年版，第752页。

尽致”[1]。所谓“未能发挥尽致”，根本正在“思想的”儒学在经学掩盖下不能行其道。汉末党人以“依仁蹈义，舍命不渝”[2]的壮烈也不能挽狂澜于既倒。伴随政治坍塌，经学也坍塌了，士人由尊“六艺之科”一变而为尊“老庄之学”，化机械的信古守经为玄虚的见独适己。其后五胡乱华天下大乱，分裂割据数百年，佛教思潮趁势兴起，深刻影响了南北朝隋唐历史与思想。一直到唐末两宋，士人才重新思考“孔子之术”的价值。北宋以二程为代表的儒者在“《诗》、《书》、‘六艺’之文，与夫孔、孟之遗言，颠错于秦火，支离于汉儒，幽沉于魏晋六朝”的情况下，给予孔孟儒家新的审视，“度越诸子，而上接孟氏”，“格物致知为先，明善诚身为要”[3]，建构了新的儒家政治哲学。南宋朱子继而承其学而光大之。“孔子之术”在政治领域进入了一个真正意义上的复兴阶段[4]。

原载于《文史哲》2019年第6期。

杨勇（1965—），男，云南鹤庆人，博士，中山大学历史学系副教授，硕士生导师。

---

① 钱穆：《国史大纲》，商务印书馆2010年版，第355页。朱子与陈亮论汉唐三代，言“所谓‘人心惟危，道心惟微；惟精惟一，允执厥中’者，尧、舜、禹相传之密旨也……夫子之所以传之颜渊、曾参者，此也；曾子之所以传之子思、孟轲者，亦此也……但以儒者之学不传，而尧、舜、禹、汤、文、武以来转相授之心不明于天下……此其所以尧、舜、三代自尧、舜、三代，汉祖、唐宗自汉祖、唐宗，终不能合而为一也”。见［宋］朱熹：《答陈同甫八》，载《晦庵先生朱文公文集》卷三六，清同治十二年六安涂氏仿嘉靖壬辰本校刻本，第25a—27b页。

② 顾炎武著，黄汝成集释，栾保群、吕宗力校点：《日知录集释》（中）卷一三《两汉风俗》，第752页。

③ 脱脱等撰：《宋史》卷四二七《列传一八六·道学一》，中华书局1977年版，第12710页。

④ 赵寻指出“赵宋之世作为中国文明的高峰却是举世公认的。而汉唐则虽因缘际会，以一时之力霸，然‘上无教化，下无廉耻’（范祖禹），一霸即永入衰落。只有认识到这一点，我们才能接受基于社会的物质与精神同步发展、社会进步与个人价值共同实现意义上的、真正的‘文明史’”。见赵寻：《孟子：儒学普遍主义的可能与基础》，《文汇学人》，2017年1月20日，第7、8版。

董仲舒政治哲学与西汉的政治实践简论

刘信心

一、政治需求下的儒学发展

汉初，国家经济亟待振兴。在黄老“无为而治”的治国方略下，经济上采取了与息的政策，“开关梁，驰山泽之禁，是以富商大贾周流天下，交易之物莫不通”①，极大地刺激了社会各阶层的生产积极性，使社会农工商经济得以有序恢复，各地方郡国也呈现出繁荣发展的态势。《汉书》记载：“武帝之初七十年间，国家亡事，非遇水旱，则民给家足，都鄙廪庾尽满，而府库余财。京师之钱累百巨万，贯朽而不可校。太仓之粟陈陈相因，充溢露积于外，腐败不可食。”② 这样繁荣的经济也蕴含着社会各阶层的矛盾，在“重农抑商”及“轻徭薄赋”的政策推行下，农耕经济中的土地兼并频发造成大地主阶层与个体农耕贫富分化的矛盾；“抑商”政策引发了大商人势力与国家政权的矛盾；地方诸侯在封地内对盐铁等自然资源的绝对控制以及拥有收纳赋税的财政权使得地方强权势力膨胀，造成地方割据与中央集权的矛盾。在社会各项矛盾愈发激化的政治环境中，“顺其自然”的黄

① 《史记》卷一二九《货殖列传》，中华书局，第753页。

② 《汉书》卷二四上《食货志上》，中华书局，第162页。

老之道已不能满足汉武帝加强中央集权政治统治的需求。

以“权”“术”“势”为核心理论的法家正是由于满足了秦君主专制大一统的目的才成为秦的治国支柱思想，但严苛刑法带来的暴力与精神高压并不得民心。由此，国家政治统治既需要法家，又不能只有冷酷残暴的法，它需要柔和的“仁德”来中和威严的法，它需要提倡“礼法并施”的儒家。但传统的孔孟仁德与荀子的儒学理论对于满足汉武帝强化皇权威势与加强中央集权的两大政治目标来说还不足够，汉武帝需要的儒家是能在秦朝灭亡之后、黄老、阴阳家盛行的基础上，探究到某种根本的、永恒的、振聋发聩又让人心悦诚服的至理“大道”来，它能够从理论上阐明社会发展的根源与趋向，能够让人从崇信的至理落实到日常的社会生活实践上。除了能满足汉武帝政治统治中当前的需求外，最好莫过于能使社会在国泰民安中稳步发展。这是汉初政治统治上提出的理论要求，汉代董仲舒的政治哲学也是响应着这样的理论目标而发展起来的。

二、传统儒学的传承与转化

西汉发展到汉武帝时期，结合社会政治经济发展的状况，法家与黄老之道在思想上都不适宜政治发展的需求，儒家学者也须对传统的孔孟儒学进行整合，紧密结合汉武帝时期的社会现状使儒学理论得以建构出一套服务于君主专制的中央集权制度的理论体系。

孔子儒学思想的“仁”倡导统治者体察民情，宣扬“仁者爱人”；要实现“爱人”即要遵循忠恕之道，做到“己所不欲，勿施于人”；倡导“克己复礼”克制自己的欲望遵循、恢复西周礼制，要求人们的行为符合礼的准则。《论语·为政》中指出：“其为人也孝悌，而好犯上者，鲜矣。不好犯上而好作乱者，未之有也。君子务本，本立而道生，孝悌也者，其为人之本欤?”[①] 孔子把“孝悌”这样的礼作为仁

① 朱熹：《四书章句集注》，中华书局 2011 年版。

的基础，把“亲亲尊尊”的礼仪规范作为仁的标准，通过血缘把氏族关系和等级制度构造起来，制定一整套在衣食住行方面合乎尊卑等级身份的礼仪规范。孟子认为土地、人民、政事是国家的三件宝物，统治者以仁爱之心以德服人，在此基础上又提出“民为贵，社稷次之，君为轻”。除此之外，孟子在孔子“为政以德”的前提下，充实了崇尚的美好德性的具体内容，人性本善指人生来天生就具备仁、义、礼、智、信等美好的道德品质。德内涵丰富，做到哪种程度的“德”才是孔孟大力弘扬的德性呢？孟子“人性本善”意蕴指既然本质就具备仁义礼智信的德性，那人们只有做到比本身具备的还要更好的程度才是应该，便没有作恶的因由。这实质上，孟子是从根源上拔高了人们日常行为实践的道德目标，从人性本质根源上发出的对德性的倡导，这就使“为政以德”具化到社会生活实践的方方面面。由此，施行孔孟的仁德有利于社会秩序的稳定，董仲舒继续宣扬儒家孔孟仁德适宜汉武帝时期政治统治的需要，但董仲舒仍须结合汉武帝强化皇权至上威势的政治需求对传统孔孟仁德进行必不可少的整合重塑。

在加强皇权的政治目标前提下，董仲舒再大肆宣扬孟子“民为贵，社稷次之，君为轻”的儒学理论就稍有不适，“民贵君轻”思想的本质“民本”思想是应大力崇尚、是非常可取的，只是从“民贵君轻”字面上探究理解到“民本”内涵还须一定水平的思想认知。对于普遍的人民群众来说，在政府“重农抑商”政策的持续推行下，大部分群众以精耕细作的农业为生，农田中辛苦劳作结束后再去读书提高知识水平的相对属于小众；其次相比于流动性市场的商业来说接触到的信息开拓的视野相对封闭，这是农业发展的特点。以此单从“民贵君轻”出发，普遍的理解认知多半处在字面层次，“君轻”与汉武帝想要追求的“皇权至上”有些许冲突，董仲舒即淡化了孟子的“民贵君轻”理论，仍采用“民本”内涵强调君王施政应以德为主，提倡孟子“人性本善”并把仁义礼智信作为人“五常之道”，倡导广泛地理解和体贴他人，以此调整人际关系、稳定社会统治。董仲舒即根据汉武帝时期现实政治统治的需要对传统孔孟仁德理论有所传承有所调整的沿用，使儒学重新焕发新的生命力符合历史发展的趋势。

三、灾异谴告说的约束作用

战国时代荀子的儒家理论包含着朴素的唯物思想，“天行有常，不为尧存、不为桀亡”，认为天是客观存在的自然界，自然界运行有自己的规律不以人的意志为转移；同时，人也可以发挥自己的主观能动性去适应自然加以改造“制天命而用之”。从战国经历大一统的秦朝发展到西汉时，随着生产力的提高与自然知识理论的发展，商周时期的神与天绝对的神秘感逐渐淡化，在西周时期即出现“以德配天”“敬德保民”等思想；西汉时，在司马迁的《史记》中即提出期望“究天人之际，通古今之变，成一家之言。”由此可见，天与人的关系成为社会普遍关注的重点，董仲舒在天人关系的探究中，进一步加强了本体论的理论体系构建。董仲舒在《举贤良对策》中指出“观天人相与之际，甚可畏也”①。“天人相与”指天人之间的相互关系，董仲舒为什么说天人关系可畏，又畏在哪些方面呢？跟随这些疑问，董仲舒在《春秋繁露·阴阳义》中指出：“天亦有喜怒之气，哀乐之心，与人相副，以类合之，天人一也。”② 认为天人不仅“相与”相互之间会产生关系，甚至天和人相类相通，天能对人类社会的行为造成影响，个体行为群体社会的发展也能感应上天。以此把周时以来的天人关系升华到“天人感应”的程度，天人之间即存在相互感应的关系，又如何进一步把“天人感应”的儒家哲学理论与现实政治统治强化君权的目标相联结又是一大理论难题。

董仲舒在《春秋繁露·四时之副》中指出：“王者配天，谓其道。天有四时，王有四政，四政若四时，通类也，天人所同有也。庆为春，赏为夏，罚为秋，刑为冬。庆赏罚刑之不可不具也，如春夏秋冬

① 班固撰，颜师古注，《汉书》卷五六，《董仲舒传第二十六》，中华书局1962年版。

② 汉董仲舒撰，《春秋繁露》卷一二，《阴阳义第四十九》上海书店出版社2012年版。

之不可不备也。”[①] 确认人事政治与自然规律有类别的同形和序列的同构，进一步在人类社会政治上加强了人与天的联结，这就使“天人感应”的理论范围缩小到政治统治层面。出于加强皇权威势的目的，董仲舒特别强调了人的形象，《春秋繁露·为人者天》中指出：“君之所好，民必从之。”[②] 认为普遍大众的百姓都服从于国家的政权统治，《春秋繁露·为人者天》：“天子受命于天，天下受命于天子。”认为君主是社会政治生活中唯一的最高权威。因此，国家政治核心的皇帝即成为人类社会中“人”的首要符号，天与人感应的重点就迁移转化为天与人间皇帝的感应。为进一步建构统一帝国的上层建筑提供理论体系，进一步神化皇权，董仲舒认为人君受命于天，应当“屈民而伸君”，宣扬天即上帝的旨意和命令，主宰人世的一切。但如果皇帝至上的权威过于强大，也会过犹不及的走向初衷的反面，君主随心所欲肆无忌惮地运用政治权力会造成社会统治混乱，甚至倾覆统治政权。因此，董仲舒在“君权神授”的基础上又试图延用天的绝对权威性对君主的行为进行相对范围的约束，提出“谴告说”。《春秋繁露·必仁且知》：“国家之失乃始萌芽，而天出灾害以谴告之；谴告之而不知变，乃见怪异以惊骇之；惊骇之尚不知畏恐，其殃咎乃至。”[③] 认为君主治理天下必须遵循天运行的法则，如若君主滥杀无辜的使用皇权，有背人伦天道，天就会给予自然灾害以示责罚，这使得自然灾害和君主的错误之间产生了因果联结，以此对君主的皇权进行相对程度的束缚，这在当时的社会生活中发挥了重要的作用，对于西汉政府的社会统治具有长久稳定且重要的价值。

四、选官对董子哲学的施行

董仲舒在《春秋繁露·精华》中指出：“故变天地之位，正阴阳

---

① 董仲舒撰《春秋繁露》（卷一三），上海书店出版社 2012 年版，四时之副第五十五。

② 董仲舒撰《春秋繁露》（卷一一），上海书店出版社 2012 年版，为人者天第四十一。

③ 董仲舒撰：《春秋繁露》卷八，《必仁且知》，上海书店出版社 2012 年版。

之序，直行其道而不忘其难，义之至也。是故胁严社而不为不敬灵，出天王而不为不尊上，辞父命而不为不承亲，绝母属而不为不孝慈，义矣夫。"① 为遵循自然社会中的天地阴阳秩序，董仲舒把自然社会与人伦社会相结合指出民众也应敬灵，以国家政权的皇帝为尊，强化君主至高唯一的权威，不仅臣子，包括人民群众也要以君主为绝对的权威轴心，进而提出"君为臣纲"这就从理论上维护了君主专制的政治制度。在《春秋繁露·义证》中指出："是故王者上谨于承天意，以顺命也；下务明教化民，以成性也；正法度之宜，别上下之序，以防欲也；修此三者，而大本举矣。"② 认为统治天下的大本为三，维护君主专制权威、上下尊卑的秩序差别，重视道德教化的作用，"天下之人，人有士君子之行而少过"③。因此除却维护君主专制以外，还需加强人民百姓中存在的上下秩序，在社会统治的基层郡县乡镇单位中，提高世家大族或家族中父权的地位，在家庭细胞中晚辈子孙以父命为重而承亲孝慈，倡导"父为子纲"强化宗族社会中父权的绝对权威；家庭细胞单位中还存在两性夫妻关系，以女性的贞德维护男权的至上地位。以"君为臣纲、父为子纲、夫为妻纲"为天经地义的社会人伦，在三纲之下相对应的形成臣对君以忠，子对父以孝，妻对夫以贞的道德理论权威，至此，统治天下的三本"王者上谨于承天意""下以明教化民""别上下之序"，董仲舒的"三纲之道"都周全兼顾，稳固了社会生活中的人伦等级秩序，儒学理论哲学思想落实到政治统治中。

国家政权建设需要不断充实更新官僚队伍，选官制度是官僚体系运行的根本，汉武帝时期施行了两套选官制度，其一为征辟制，是中央和地方官府向社会征聘人才的方式；其二为察举制，是让各郡国每年向国家推荐人才。这样不讲出身不限地域范围的选官方式打破了此

① 董仲舒撰：《春秋繁露》卷三，《精华》，上海书店出版社 2012 年版。

② 董仲舒著，清苏舆撰：《春秋繁露义证》卷第十，《深察名号》，中华书局 1992 年版。

③ 董仲舒撰：《春秋繁露》卷六，《俞序》，上海书店出版社 2012 年版。

前以血缘贵族为重的政治风气，有利于形成社会上下阶层人才流动的渠道，对于各地方宗族来说，宗族体系内的任一家庭成员经由地方郡国推荐而选举成为政府官僚，这都是宗族内极大的荣耀。因此地方各郡国推荐人才选用的标准，察举制考核选拔人才的尺度就成为地方民众潜移默化中倡导的教化指标、遵循的行为规范。在“三纲”中董仲舒提倡统治阶层的官僚臣子以君主的旨意为行事作风的规范纲领，以忠君为核心道义；家庭细胞中的子孙以父为日常生活的轴心则要以孝父为基准，“忠”“孝”两大道德品质成为维护君主专制、强化父权威势的标杆，“忠君孝父”的德行即成为社会日常行为教化的道德标准。因此，在政府官僚选拔的过程中，任用践行“忠孝”道德感强的优秀人才为臣子，以“孝悌”为立国之本，利于达到维护君权的目的，也强化了道德教化物质上的奖赏优待，加强了民众精神上光宗耀祖的荣誉感，更加强了百姓对“三纲五常”的认同感。由此，察举制采用“忠孝”品德标准来选拔官员充实官僚队伍，使小到三口之家的家庭单位、大到宗族体系的乡镇组织；上到中央的皇家贵族、下到郡县的小门小户都以践行“忠孝”品德为尚。以“忠孝”道德品质为改变自身命运的筹码，形成了各地崇尚仁善的乡风民俗，也有利于塑造社会秩序中温顺恭谨的风气，弘扬儒家提倡的文化道德，具有重要的现实意义。

五、结语

伴随着社会政治环境的成熟稳定，经济不断的复苏繁荣，社会文化思潮也随之革新。历经法家与黄老之道的西汉初期，董仲舒结合社会具体现状对传统孔孟荀的儒家核心思想进行历史性的传承，整合扬弃的沿用了仁德政治传统，结合强化皇权加强中央集权的政治目标提出君权神授予三纲五常，使“忠孝”道德伦理思想与以“孝廉”为核心的察举选官制度之间形成了社会政治统治与道德教化的内在联结。虽然以“忠孝”为人才选拔标准的察举制带有极强的目的性，在这样的标准之下也有人利欲熏心为了当选官员而表现出具备“忠孝”的品德，或是空有仁德毫无执政吏治的才能。尽管如此，这套汉代采用的选官体系，在运行中一定程度上满足了统治阶层当时的政治需求，充实了官僚队伍，解决了各地行政的一些问题。察举制的选官以“忠孝”道德伦理实行日常教化对民众行为进行约束与指导，这使得儒家的仁义道德成为社会从上至下的精神支柱，使道德教化发挥到最大功用，有利于巩固君主专制打击地方割据势力，巩固国家主权为西汉的强盛奠定了坚实的基础。自此，在董仲舒的政治哲学发展中，儒学成为了中国古代封建统治思想的支柱，也确立了儒学在中国传统文化中流砥柱的地位。

本文为“2021中国·衡水董仲舒与儒家思想国际研讨会暨中华孔子学会董仲舒研究委员会学术年会”提交的论文。

刘信心（1990－），女，河北邯郸人，西南民族大学哲学学院在读博士生。